Das Turbo C Buch

Das Turbo C Buch

Dietmar Gromm

DÜSSELDORF · SAN FRANCISCO · PARIS · LONDON · ARNHEIM

Anmerkungen:

Intel ist ein eingetragenes Warenzeichen von Intel Corporation.
CP/M, CP/M-86, DOS plus und GEM sind eingetragene Warenzeichen von Digital Research.
IBM, PC-DOS, PS/2, EGA (Enhanced Graphics Adapter), IBM-PC, IBM-PX/XT, IBM-PC/AT und VGA sind eingetragene Warenzeichen von International Business Machines Corporation.
MS-DOS, OS/2, XENIX, BASICA und GW-BASIC sind eingetragene Warenzeichen von Microsoft Corporation.
Turbo Pascal und Turbo C sind eingetragene Warenzeichen von Borland International.
WordStar ist ein eingetragenes Warenzeichen von MicroPro International.
UNIX ist ein eingetragenes Warenzeichen von American Telephone and Telegraph Co.
Hercules Graphics Adapter ist ein eingetragenes Warenzeichen von Hercules Computer Technology.

Satz: Holger Kahlen, Mettmann
Umschlagfoto: Studio Gladow, Düsseldorf
Farbreproduktionen: Rheinische Reprotechnik, Düsseldorf
Druck und buchbinderische Verarbeitung: Druckerei Albers, Düsseldorf

ISBN 3-88745-688-2
1. Auflage 1988
2. Auflage 1988
3. Auflage 1989

Inhaltsverzeichnis

Danksagung

In erster Linie möchte ich mich bei meiner Frau Roswitha sowie bei meinen Kindern Christian und Sven bedanken. Wenn man sich ein Buch mit ca. 700 Seiten zum Ziel gesetzt hat und die Arbeit an diesem Buch einfach nicht enden will, muß man sich zwangsweise etliche Nächte und Wochenenden "um die Ohren schlagen". Mein Familienleben kam zu kurz, aber das Verständnis meiner Frau hat mich ständig motiviert. Darüber hinaus gehört mein Dank auch den Leuten, die mir eine erste Bewährung in der Software-Entwicklung gaben und somit meinen Grundstein für den beruflichen Werdegang legten. Insbesondere danke ich somit Herrn Gerhard Memmen-Krüger und Herrn Martin Brust von der Firma M.B.S. in Krefeld. Während der Realisierungsphase stand mir Herr Michael Beisecker mit seinem fachmännischen Rat zur Seite und lieferte mir wertvolle Unterstützung. Auch bei ihm sowie dem SYBEX-Verlag möchte ich mich an dieser Stelle herzlich bedanken.

Dietmar Gromm

Vorwort

Ich selbst habe vor langer Zeit mit der Sprache BASIC angefangen und versucht, die Geheimnisse des Computers zu ergründen. Nach vielen Versuchen und schlaflosen Nächten war ich soweit. Mein erstes Programm war fertig! Der Sprung in die Anwendungs- und Organisationsprogrammierung war nur noch ein Kinderspiel. Durch Schulungen und Berufspraxis sammelte ich weiter meine Erfahrungen, und die Kenntnisse sowie das Verständnis für die EDV wuchsen. Allerdings wurde ich jedesmal auf den Boden der Tatsachen zurückgeworfen, wenn ich meine BASIC- oder COBOL-Kenntnisse in der Systemprogrammierung probieren wollte. Meine Neugierde wuchs, und die Sprache Assembler war mir persönlich zu umständlich. Also wählte ich die Sprache C zu meinem Favoriten. Aber es sollte noch eine Ernüchterung auf mich zukommen. Gerade in der systemnahen Programmierung mit C stieß ich immer wieder auf ein Problem. Zumindest im deutschsprachigen Raum fehlte ein Buch, das hinsichtlich der Systemprogrammierung umfassende, mit Beispielen versehene Auskunft geben konnte. Es half mir nicht sehr viel, wenn ich in einem Buch die Theorie beschrieben fand. Vielmehr interessierte mich, wie die Funktionen in der Praxis eingesetzt werden. Bedeutsame Informationen, z.B. in Verbindung mit den MS-DOS-Interrupts, wurden zu allgemein beschrieben, oder es wurden die ohnehin sehr simplen Funktionen erläutert.

Was aber macht beispielsweise die Funktion printf(), oder wie werden Disketten sektorenweise eingelesen und editiert? Sie möchten ein Verzeichnis einlesen oder Grafiken erstellen? Daß es theoretisch geht, wissen Sie bestimmt. Wie es in der Praxis realisiert wird, erfahren Sie in diesem Buch. Sie werden auf viele Fragen eine Antwort finden, und für den Anfänger wie auch für den fortgeschrittenen Programmierer ist dieses Buch ein wertvolles Nachschlagewerk.

Basiswissen und Systemumgebung

Als Basiswissen sollten Sie zumindest über gute Grundkenntnisse in der Programmierwelt verfügen und ggf. schon in einer anderen Sprache erste Erfahrungen gesammelt haben. Der erfahrene C-Programmierer wird in diesem Buch einige Funktionen wiederfinden, die er sicherlich schon in der Praxis angewandt hat. Hier folgt jedoch eine Beschreibung, die die Hintergründe darstellt.

Die in diesem Buch vorgestellten Programme wurden auf folgenden Geräten getestet:

IBM PC   (XT und AT02)
Tulip-PC Compact 2 (XT)
Commodore PC   (AT)

Die Systemumgebung bestand aus der DOS-Version 3.2, und als Tools dienten der Microsoft C-Compiler 3.0 und Turbo C.

Einleitung

Dieses Buch wurde so aufgebaut, daß es sowohl vom Anfänger mit einigen Grundkenntnissen als auch vom erfahrenen Programmierer als praktische Hilfe und Nachschlagewerk verwendet werden kann. Es wurde bewußt vermieden, seitenlange Programme in noch mehr Seiten zu erläutern. In diesem Buch kommt es vielmehr darauf an, Ihnen den Umgang mit der Sprache C sowie deren Funktionen nahezubringen. Gerade wenn Sie noch keine oder wenig Kenntnisse in dieser Sprache haben, werden Sie genug zu verarbeiten haben. Dies soll allerdings keine Warnung sein. Sie werden schnell feststellen, wie komfortabel Turbo C ist und welche ungeahnten Möglichkeiten sich dahinter verbergen. Lassen Sie sich nicht abschrecken, und fangen Sie einfach an. Es lohnt sich!

Anfänger mit Grundkenntnissen oder auch Umsteiger von anderen Sprachen in die Programmierung mit der Sprache C werden sehr schnell feststellen, daß diese Sprache in vielen Punkten von dem bisher gewohnten Standard abweicht. Sie werden mit Sicherheit in einigen Bereichen auf "Neuland" stoßen. Konstruktionen, in denen z.B. Bedingungsabfragen mit Funktionsaufrufen kombiniert werden, sind in der Sprache C keine Seltenheit. Ebenso werden die Zeiger-Arithmetik und die Parameterübergabe an Funktionen dem Programmierer gerade in der "Einsteigerzeit" das Leben schwer machen. Daher sollte der Anfänger in jedem Fall mit Kapitel 1 beginnen und dies intensiv durcharbeiten. Wenn Sie Kenntnisse in der Turbo Pascal-Umgebung haben, werden diese den Start erleichtern, da verschiedene Arbeitsweisen in Turbo C und Turbo Pascal identisch sind. Aber auch der erfahrene oder nur etwas fortgeschrittene C-Programmierer wird in keiner Weise zu kurz kommen. Sie werden besonders im Bereich der systemnahen Programmierung viele Funktionen und Anregungen finden, die Ihre Phantasie beflügeln werden.

Kapitel 1 beschäftigt sich ausschließlich mit einer Einführung in die Sprache C. Sie finden dort ausreichende Erklärungen über die Syntax, Operatoren, Konstanten, Befehle und Funktionen dieser Sprache. Viele Beispiele, die Sie für den Anfang nicht überfordern, werden Ihnen den Start erleichtern. Darüber hinaus werden einige Aufgaben gestellt, um Ihnen die Möglichkeit zur Selbstkontrolle zu geben. Diese Aufgaben sind auf den jeweils behandelten Bereich abgestimmt. Die Lösungen finden Sie in Anhang B. Für Leser dieses Buches, die bereits Erfahrungen mit anderen C-Versionen gesammelt haben, wird es ab Kapitel 2 interessant. Dort wird der eigentliche Umgang mit Turbo C 1.0 detailliert beschrieben. Die erweiterte Turbo C-Version 1.5 wird gesondert in Kapitel 5 behandelt.

Informationen über die Installation, Auswahl der Speichermodelle, Compiler-/Linker-Optionen und die Belegung der Funktionstasten werden auf den ersten Seiten des Kapitels 2 beschrieben. Das Arbeiten mit dem Turbo C-Editor sowie das Compilieren und Linken wird schrittweise anhand eines Beispielprogramms durchgesprochen. Fehlermeldungen des Compilers finden Sie in Anhang C. Wie ein Assembler-Modul in die C-Bibliothek eingebunden und von einem C-Programm aufgerufen wird, ist ebenfalls beschrieben. Der Schwerpunkt liegt allerdings in der Beschreibung der Turbo C-Bibliothek. Sie erhalten eine Beschreibung aller Funktionen und werden nicht nur erfahren, wie es theoretisch geht, sondern finden eine Fülle von praktischen Anwendungen. Die Beschreibung der Funktionen ist so gegliedert, daß Funktionen, die z.B. zur Dateibearbeitung gehören, auch dort beschrieben wurden. Es wurde also von der alphabetischen Reihenfolge abgewichen.

Kapitel 3 befaßt sich mit Strukturen, wobei für den Laien zunächst eine Einführung in den Begriff "Dateibearbeitung" stattfindet. Dort finden Sie eine ausführliche Beschreibung zum Aufbau einer Datei und deren Datensätze. Welche Definitionsformen gibt es? Wie werden diese definiert oder deklariert? Zeiger auf Strukturen oder rekursive Strukturen, was steckt dahinter? Wie werden die Adressen der Strukturen ermittelt, und welche Datentypen können im Datensatz definiert werden? Diese und weitere Fragen werden dort beantwortet. Als Beispiel wird ein Teilausschnitt (Dialog) einer Spendenverwaltung behandelt, die auch in eine Vereins- oder Mitgliedsverwaltung umgeändert werden kann. Die Aufgabenstellung wird vorgegeben, und schrittweise wird ein Dialogprogramm erarbeitet. Die einzelnen Strukturformen werden begleitend beschrieben und mit Beispielen dokumentiert.

Kapitel 4 beschäftigt sich mit dem System selbst. Dort finden Sie interessante Informationen über den Hauptspeicher oder über verschiedene Controller. Die Diskettenverarbeitung und der Diskettenaufbau werden ebenfalls beschrieben. Dies sind nur einige Beispiele. Sie werden die wichtigsten Informationen finden, die Ihnen in der systemnahen Programmierung weiterhelfen. Im weiteren Verlauf werden dann alle Interrupts vorgestellt. Wir unterscheiden dabei Funktionen, die uns von DOS und vom BIOS zur Verfügung gestellt werden. Die Interrupts wurden einzeln beschrieben. Sie sehen in den Beschreibungen, welche Register belegt und welche als *return*-Code nach dem Interrupt-Aufruf übernommen werden können. Zum Abschluß des Kapitels 4 wird noch beschrieben, wie man eigene Grafikfunktionen erstellt oder den Bildschirmspeicher adressiert. Dies dürfte nicht nur für Besitzer von älteren Turbo C-Versionen interessant sein. Wissen Sie, wie ein Kreis oder eine Linie per Programm gezeichnet wird? Schauen Sie nach, diese Funktionen bieten einen ersten Ansatz und können in Grafikprogramme eingebunden werden.

Das Kapitel 5 beschreibt ausschließlich die neue Turbo C-Version 1.5. Die Firma Borland International hat sich einiges einfallen lassen und insbesondere ein fast unabhängiges Grafikpaket entwickelt. Kenner der Turbo Pascal-Version 4.0 werden viele Übereinstimmungen feststellen. Diese Funktionen sowie alle neuen oder modifizierten Funktionen werden beschrieben und anhand von Beispielen vorgeführt. Darüber hinaus wird gezeigt, wie Sie eigene C-Module in einer Bibliothek ablegen und diese aus einem Programm heraus aufrufen. Das Einbinden eines Assembler-Moduls wird in Kapitel 2 erklärt. Leser mit der neuen Version brauchen keine Angst um Programme der älteren Version zu haben. Es wurden nicht sehr viele Funktionen modifiziert, und die Änderungen sind leicht einzubringen.

In den Anhängen A bis F erhalten Sie zusätzliche Informationen (ASCII-Tabelle, Sytemadressen, Lösungen usw.). Interessant dürfte auch der Anhang E sein. Dort werden noch einige Programme gezeigt. Sie sehen u.a., wie alle Verzeichnisse der Festplatte oder Diskette eingelesen werden oder wie Sie Dateiattribute ändern können. Sie können eigene Dateien schützen und versteckt anlegen. Weiterhin finden Sie dort ein Programm, das kombinierte Zuweisungen, insbesondere in der Zeiger-Verarbeitung, auf richtige Syntax prüft. Darüber hinaus entschlüsselt Ihnen dieses Programm unübersichtliche Klammern. Dies hilft Ihnen z.B. dann weiter, wenn Sie Programme modifizieren müssen, die von anderen Programmierern erstellt wurden.

Dieses Buch wurde somit als umfassendes Standardwerk für die Turbo C-Programmiersprache konzipiert und dient als Lernhilfe für den Einsteiger oder als Nachschlagewerk für den Informationsbedarf in der täglichen Praxis.

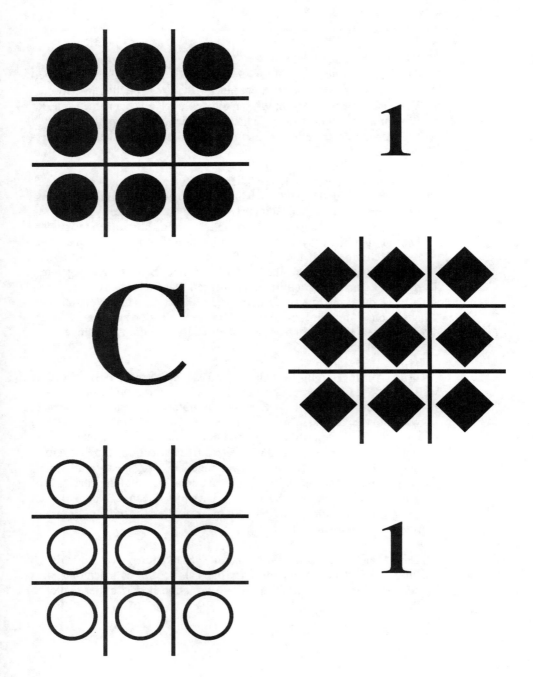

Kapitel 1

Die Sprache C

Allgemeine Informationen zu C

Nach dem heutigen Entwicklungsstand der Programmiersprachen ist C
eine relativ alte Sprache, da die eigentliche Basis zum jetzigen C-Stan-
dard bereits in den 60er-Jahren anhand der Sprache BCPL geschaffen
wurde.

Entwicklungsgeschichte

Die Sprache BCPL wurde von Martin Richards in Massachusetts entwickelt und war seinerzeit eine der gängigsten Sprachen in der Systemprogrammierung. Als Weiterentwicklung folgte 1970 durch Ken
Thompson die Sprache B für den Einsatz des ersten UNIX-Systems auf
der PDP 7.

Im Jahre 1972 wurde diese Sprache nochmals weiterentwickelt und für
die PDP 11-Serie implementiert, wobei der bis zum heutigen Stand be-
kannte Name wohl endgültig in C umbenannt wurde.

Dabei sollten wir an dieser Stelle jedoch festhalten, daß C nicht als ein
Dialekt der Sprachen B oder BCPL anzusehen ist, da beide Sprachen als
typenlos zu bezeichnen sind. Bezüglich der Sprachelemente gibt es lediglich charakteristische Zusammenhänge zwischen C und BCPL. In C hingegen gibt es die vier grundlegenden Datentypen *Integer* (ganze Zahlen),
Gleitkommazahlen, *Text* und *Zeiger*. In BCPL oder in B besteht der einzige Datentyp aus einem Maschinenwort, dessen Zugriff nur über spezielle Operatoren möglich ist.

Aus dem Gedanken heraus, die Sprache C für das Betriebssystem UNIX
auszubauen, bewirkte diese Entwicklung weiterhin, daß C eine relativ unabhängige Sprache hinsichtlich verschiedener Betriebssysteme wurde.
Was die Programm-Portabilität angeht, bietet die Sprache C geradezu

enorme Möglichkeiten. In den meisten Fällen können in C erstellte Anwendungen ohne nennenswerten Aufwand auf andere Rechner angepaßt werden. Diese Unabhängigkeit vom Betriebssystem machten sich bisher viele Software-Hersteller zunutze, so daß mittlerweile eine Vielzahl von Standardprodukten, die in der Sprache C geschrieben wurden, auf dem Software-Markt vorzufinden ist (Datenbankverwaltungen, Textverarbeitung etc.).

Zusammenfassend kann man über C festhalten, daß es sich um eine maschinennahe in allen Programmbereichen nutzbare Sprache handelt, die von vielen Programmierern auch als "komfortabler Assembler" bezeichnet wird.

Der Befehlsvorrat von C

Die Sprache C ist für den Anfänger oder Umsteiger schnell zu erlernen, da der eigentliche Befehlsvorrat sehr klein ist. Er wird bei Bedarf durch die in der Bibliothek abgelegten Funktionen beträchtlich erweitert. Begriffe wie Operatoren, Zeiger, Vektoren sowie der strukturelle Aufbau sind in diesem Buch relativ einfach und verständlich beschrieben und werden Ihnen anhand vieler Beispiele veranschaulicht. In Kapitel 1 werden die C-Befehle vorgestellt und einzeln beschrieben.

Strukturierte Programmierung

Strukturierte Programmierung mit überschaubaren Programmen liegt immer im Geschick des betreffenden Programmierers. Gerade die C-eigene Blockstruktur ermöglicht es, ein in sich geschlossenes Projekt in kleinere zu unterteilen und diese wiederum in einzelne Funktionen aufzuteilen (Top-Down-Programmierung). Die Unübersichtlichkeit rührt oft daher, daß mit C weitaus komplexere Probleme gelöst werden können, als es mit anderen Programmiersprachen üblich oder möglich ist. Gerade in der Praxis läßt man sich schnell dazu verleiten, ein Programm fertigzustellen und die eigentliche Strukturgestaltung auf einen späteren Zeitpunkt zu verschieben. Was sich letztlich daraus ergibt, merken Sie spätestens dann, wenn eine neue Aufgabe auf Sie zukommt. Gewöhnen Sie sich also von Anfang an daran, eine gewisse Einheitlichkeit beizubehalten. Es kann nur von Vorteil für Sie sein!

Anwendungsgebiete

Das Betriebssystem UNIX sowie die dort vorhandenen Dienstprogramme wurden in C geschrieben, so daß C immer wieder mit UNIX in Verbindung gebracht wird. Das muß jedoch nicht unbedingt bedeuten, daß ein C-Programmierer in der UNIX-Welt zu Hause ist. Mit C lassen sich beispielsweise Multitasking-Systeme oder andere komplexe Anwendungen problemlos realisieren. Problemlos heißt in diesem Fall jedoch nur, daß die notwendigen Kenntnisse vorhanden sein müssen, was wiederum eine mehrjährige Berufserfahrung, möglichst in der Anwendungs- und Systemprogrammierung, voraussetzt.

Im Bereich der Anwendungs- oder Organisationsprogrammierung wurden Produkte wie z.B. Textverarbeitungen oder Datenbankverwaltungen in C realisiert. Der funktionale Aufbau dieser Sprache ermöglicht es, komplexe Anwendungen dieser oder ähnlicher Art in einzelne Blöcke zu unterteilen und unabhängig voneinander zu realisieren. Aus dem Hauptprogramm heraus können diese Blöcke mit Parameterübergaben aufgerufen werden. Die Initialisierung der notwendigen Variablen findet dann block- bzw. funktionsintern statt. Da C im Gegensatz zu beispielsweise Pascal eine nicht typengebundene Sprache ist, erlaubt sie gerade in der Blockstruktur und Zeichenkettenverarbeitung einen enormen Spielraum. Die Möglichkeit, Werte an andere Funktionen zu übergeben, ohne daß diese in der aufrufenden Funktion verändert werden, gestattet ein sicheres Vorgehen im gesamten Projekt.

Für die System- oder systemnahe Programmierung wird ebenfalls in C einiges geboten. Erweiterungen für ein Betriebssystem (z.B. Bildschirm löschen mit Farbattributen oder Erweiterung der Textausgabe über den ECHO-Befehl in MS-DOS) lassen sich auch für Nicht-Profis auf diesem Gebiet herstellen. Die Nutzung der MS-DOS-Befehle aus dem eigenen Programm heraus ist ebenso möglich wie die eigene Erstellung entsprechender Funktionen.

Diese und viele weitere Vorteile der Sprache C gestatten dem Programmierer somit eine einfache Assembler-Programmierung.

Unter Zuhilfenahme von Funktionen, die entweder schon im Programmpaket neuerer C-Versionen vorhanden sind, oder auch mit selbst erstellten Funktionen können Sie z.B. Dateiverwaltungen auf Ihre speziellen Bedürfnisse zuschneiden. Produkte, die eine C-Schnittstelle bieten, können von Anwendern mit den notwendigen Kenntnissen erweitert werden.

Grundbegriffe

In den folgenden Abschnitten wollen wir kurz ein paar grundlegende Begriffe im Zusammenhang mit der Sprache C erläutern, die im Verlaufe des Kapitels alle noch ausführlicher zur Sprache kommen werden.

Nicht an dieser Stelle, sondern in Kapitel 2 bei der Darstellung von Turbo C, werden wir dann auch noch auf die Unterschiede zwischen einem Editor, einem Compiler und einem Linker zu sprechen kommen.

Variablen

Stellen Sie sich einmal ein Regal mit mehreren Fächern vor. In diesen Fächern werden von Ihnen irgendwelche Dinge abgelegt. Je nach Gedächtnis oder Regalumfang sind Sie auch in der Lage sich die Fächer zu merken, in denen bestimmte Artikel abgelegt wurden. Dehnen wir nun den Begriff Regal auf die Größenordnung eines Materiallagers aus, dann wird die Angelegenheit schon problematischer. Eine sinnvolle Hilfe bietet in diesem Fall die Beschriftung und Katalogisierung der einzelnen Fächer. Wenn Sie nun den Auftrag erhalten, zu einem bestimmten Zeitpunkt einen Ihnen unbekannten Gegenstand aus einem der reichlich vorhandenen Fächer zu holen, stehen Sie vor folgender Situation:

Wie heißt dieser Gegenstand?
Wo finde ich ihn?

Ein Verzeichnis oder Katalog der Fächer steht Ihnen zur Verfügung. Sie benötigen zur Identifikation zunächst den Namen des Inhalts. Danach können Sie im Verzeichnis, das z.B. alphabetisch geordnet ist, nach dem Namen suchen. Dort steht dann, in welchem Regal und Fach dieser Gegenstand aufbewahrt wird.

Sie haben somit den Namen des Gegenstands und die Adresse, wo dieser zu finden ist.

Um diesen Ablauf nun anhand von EDV umzusetzen, gehen wir ähnlich vor. Um den Aufbewahrungsort brauchen wir uns noch nicht zu kümmern, aber ein Name wird benötigt, damit der Rechner den Ort oder die Adresse ermitteln bzw. identifizieren kann. Natürlich wollen wir diesen Adressen keine Gegenstände, sondern Werte zuteilen. Diese können aus Zahlen und/oder Buchstaben zusammengesetzt und über den Namen in eine bestimmte Adresse übertragen werden.

Der Zeitpunkt, wann dieser Wert benötigt wird, ergibt sich z.B. dann, wenn eine Bedingung erfüllt ist. Wenn etwa bei der Anwendung des Programms eine falsche Eingabe gemacht wird, soll ein Fehlertext angezeigt werden. Dieser Text wird im Programm über einen Namen angesprochen, und die Adresse des Textes wird vom Rechner ermittelt, so daß dieser zum Bildschirm transportiert und dort angezeigt wird.

Der Rechner arbeitet also mit Adressen. Diese werden entweder direkt oder über einen Variablennamen angesprochen. Die Speicheradressen können wie bei einem Lager unterschiedlichen Inhalts sein. Im wesentlichen bedeutet dies zunächst eine Unterscheidung zwischen numerischen und alphanumerischen Werten. Die numerischen Variablen werden nochmals in verschiedene Typen unterteilt. Doch dazu kommen wir später noch ausführlich.

Konstanten

Als Konstanten werden Speicherbereiche bezeichnet, deren Inhalt sich im gesamten Programmablauf nicht verändert. Der Wert einer Konstanten wird am Programmanfang festgelegt und kann alphanumerischer oder auch numerischer Natur sein. Vergleichsweise bleibt ein Adressenstempel immer konstant, da man ihn niemals verändert.

Funktionen

Jedes Programm-Modul in C ist eine Funktion, die als Ergebnis einen Wert liefern kann. Es ist jedoch auch möglich, diese Funktionsergebnisse zu ignorieren oder gar nicht erst zu erzeugen. Es gibt verschiedene Typen von Funktionen, wovon einer z.B. die eingebaute Funktion ist. Andere wiederum werden vom Programmierer selbst geschrieben.

Operatoren

Operatoren dienen der Bearbeitung von Speicherbereichen. Werte, die in diesen Bereichen abgelegt sind und über Variablennamen angesprochen werden, können mit bestimmten Operatoren ein Multiplikations- o.ä. Ergebnis liefern. Weiterhin gibt es Operatoren, die Vergleiche dieser Bereiche durchführen, um wiederum eine bestimmte Aktion auszulösen. Eine detaillierte Beschreibung zu diesem Thema finden Sie in diesem Kapitel unter dem Stichwort Operatoren.

Zeiger

Ein Zeiger ist im Prinzip nichts anderes als eine Variable. Sie benutzen ihn, um auf Speicherbereiche zu "zeigen" und den dort abgelegten Wert für Ihr Programm zu verwenden. Ein Zeiger erhält genau wie eine Variable eine Klassifizierung entsprechend des Inhalts, auf den er zugreifen

soll. Versuchen Sie also nicht, mit einem Zeiger, der für Textfelder bestimmt ist, auf numerische Werte zuzugreifen.

Vektoren

Der Begriff Vektor steht für das englische Wort "Array" und stellt eine
ein- oder mehrdimensionale Verbindung von Speicherbereichen dar. Dabei müssen alle Vektorkomponenten vom gleichen Datentyp sein. Ein
Vektor wird über seinen Namen angesprochen, und die einzelnen Elemente innerhalb des Vektors werden durch eine Indexnummer, die dem
Vektornamen folgt, eindeutig bestimmt und individuell ansprechbar.

Generelle Vereinbarungen

Merken Sie sich bitte noch folgendes:

Zeiger, Variablen oder Vektoren müssen richtig klassifiziert werden.
Dies geschieht über die Vergabe eines bestimmten Datentyps. Ein Zeiger,
der auf einen numerischen Wert zugreifen soll, muß demzufolge auch
von numerischem Typ sein. Die meisten Fehler treten nämlich zu Anfang
bei der Definition von Variablen auf.

Einführung in C

Variablen und Konstanten

Im Verlauf dieses Buchs werden alle Variablen, Befehls- und Funktionsnamen der Sprache C kleingeschrieben dargestellt. Konstanten hingegen werden großgeschrieben. Variablen und Konstanten können wie
folgt unterschieden werden:

Variablen sind Datenobjekte, die einen Namen und einen Typ besitzen
und denen Werte zugewiesen werden können, die sich im Verlauf der
Programmausführung auch ändern können. Demgegenüber erhalten
Konstanten zu Beginn einen Wert zugewiesen, der während des Programmlaufs nicht mehr geändert werden kann.

Bei den Werten kann es sich um alphanumerische Werte (ASCII-Zeichensatz 0 – 255) oder rein numerische Werte, also Zahlenwerte handeln
(siehe auch Abb. 1.1). Eine detaillierte Beschreibung zum ASCII-Zei-

chensatz finden Sie in Anhang A. Dort werden alle Zeichen (inkl. Steuerzeichen) im Bereich der Dezimalwerte von 0 – 255 dargestellt und erläutert.

Eine Variable wird also programmintern als Bereich behandelt, der eine bestimmte Speicheradresse hat und dessen Inhalt man bei Bedarf verändern kann. Das bedeutet für den Programmierer, daß er die Variablen am Programmanfang oder am Beginn einer Funktion definiert, indem er den Typ, Namen und gegebenenfalls auch einen Anfangswert vergibt.

Variablen

Name	Typ	Zulässiger Inhalt	Beispiele
textbyte	char	ein Zeichen aus dem Zeichensatz (Anzahl Bits: 8)	'a', 'Z' '1', '*' 'I','»'
textfeld	char[]	eine Zeichenkette, deren Länge in eckigen Klammern angegeben wird	"12345678" "abcDEF12" "*+?$%%&&"
wertint	int	ein ganzzahliger numerischer Wert (Anzahl Bits: 16)	123 −12345 +32767
wertlong	long	ein großer ganzzahliger Wert (Anzahl Bits: 32)	−50000 150000 −200000
wertfloa	float	ein Gleitkommawert mit einfacher Genauigkeit (Anzahl Bits: 32)	−1234,56 −1234,56 0,01
wertdoub	double	ein Gleitkommawert mit doppelter Genauigkeit (Anzahl Bits: 64)	0,00001 0,101056 1000,0001

Abb. 1.1: Variablentypen mit ihrer möglichen Darstellungsgröße in Bit
(8 Bits = 1 Byte oder 1 Zeichen)

Name

Variablennamen können frei gewählt werden. Sie müssen sich allerdings im Rahmen der im folgenden beschriebenen zulässigen Konventionen bewegen.

Typ

Je nach Variablen- oder Datentyp wird Speicherbereich von einem Byte bis zu acht Bytes reserviert.

Zulässiger Inhalt

Entsprechend des Datentyps wird der jeweils zulässige Wert aufgenommen, der entweder numerisch oder alphanumerisch sein kann.

Variablennamen

Namen oder Bezeichner (Identifier) für Variablen, Konstanten oder Funktionen können in allen C-Versionen eine Länge von 8 Zeichen haben. Viele neuere C-Compiler können zwar auch längere Namen handhaben, beachten aber die Zeichen hinter dem achten nicht. Man sagt dazu: Die ersten acht Zeichen sind signifikant. In Turbo C sind demgegenüber 32 Zeichen signifikant.

Die Namen können sich nur aus den Großbuchstaben A bis Z, den Kleinbuchstaben a bis z, den Ziffern 0 bis 9 und dem Unterstrich zusammensetzen. Dabei wird zwischen Groß- und Kleinbuchstaben unterschieden. In Turbo C ist zusätzlich das Dollarzeichen ($) erlaubt. Deutsche Umlaute und ß sind nicht zulässig. Der Name muß stets mit einem Buchstaben oder einem Unterstrich beginnen.

Eine weitere Einschränkung bei der Namensgebung ist durch die in C reservierten Schlüsselwörter gegeben. Sie dürfen nicht verwendet werden:

```
auto        extern      short
break       float       sizeof
case        for         static
char        goto        struct
continue    if          switch
default     int         typedef
do          long        union
double      register    unsigned
else        return      while
```

Reservierte Wörter im erweiterten ANSI-Standard sind ferner:

```
const       signed      volatile
enum        void
```

In Turbo C wird die Liste der reservierten Wörter noch einmal um die folgenden erweitert:

```
asm         _ss         _CX
cdecl       _AH         _DH
far         _AL         _DL
huge        _AX         _DX
near        _BH         _BP
pascal      _BL         _DI
_cs         _BX         _SI
_ds         _CH         _SP
_es         _CL
```

In der Praxis erweist sich der Unterstrich bei der Namensgebung als sehr praktisch, wenn man sinnvolle Bezeichnungen sucht. Soll eine Variable einen Gesamtbetrag liefern, so wäre es sicher unsinnig, dieser den Namen

```
asterix
```

zu geben, Sie sollten besser einen selbstbezeichnenden Namen wie

```
ges_betr
```

verwenden.

Definieren – Deklarieren

In der Sprache C wird zwischen Definition und Deklaration unterschieden. Allgemein werden Variablen in der Form:

Speicherklasse Datentyp Variablenname Initialisierung

vereinbart. Dabei kann die Angabe der Speicherklasse (Erläuterung siehe Funktionen) und die Initialisierung (Anfangswertzuweisung) wahlweise entfallen.

Wir sprechen von einer Definition, wenn eine Variable angelegt und gleichzeitig Speicherplatz reserviert wird. Der Wert oder Inhalt dieses Speicherbereichs kann entweder zu Beginn oder auch später im Programm vergeben werden:

```
int  maxbetrag = 25000;
```

oder

```
char kunden[5][20];
```

Wir sprechen von einer Deklaration, wenn erst der Name und Typ bestimmt, der Wert jedoch erst später im Programm festgelegt wird. Die Variable wird dem Programm also zunächst einmal bekanntgemacht:

```
int maxbetrag;
```

oder

```
char kunden[][];
```

Mehrfachdeklarationen in einer Zeile können zuweilen praktisch sein:

```
auto int i, j, k, kbhit;
```

Datentypen

Die den Variablen oder Konstanten zugewiesenen Inhalte werden, entsprechend der jeweiligen Form, in unterschiedlichen Größenordnungen abgespeichert. Der Compiler muß wissen, wie die im Programm definierten Variablen zu behandeln sind. Daher gehört zu einer vollständigen Definition auch die Festlegung des Variablentyps.

Von den Variablen und Konstanten wissen wir bis jetzt, daß diese

- mit Namen angesprochen werden,
- Namen eine bestimmte Form haben müssen,
- einen Text- oder numerischen Inhalt haben,
- den Wert in einen Speicherbereich ablegen,
- definiert oder deklariert werden

und außerdem bestimmte Datentypen darstellen. In dem vorangegangenen Abschnitt haben Sie bei den Beispielen für Definitionen bereits die Typen *int* und *char* kennengelernt.

Alles in allem gibt es in C folgende Datentypen:

`char`	ein Zeichen aus dem Zeichensatz
`int`	ganzzahliger Wert
`float`	einfachgenauer Gleitkommawert
`double`	doppeltgenauer Gleitkommawert

Variablen des Typs *int* können darüber hinaus nochmals klassifiziert werden.

```
short int      kleiner ganzzahliger Wert
long int       großer ganzzahliger Wert
unsigned int   positiver ganzzahliger Wert
```

Die Typenbezeichnung *int* können Sie hier weglassen, da diese bei einer solchen Vereinbarung bereits angenommen wird.

Die in Turbo C vorhandenen Datentypen mit ihrem jeweiligen Wertbereich sind in der folgenden Tabelle zusammengefaßt:

Typ	Wertbereich	Anzahl Bits
unsigned char	0 – 255	8
char	–128 – 127	8
unsigned short	0 – 65535	16
short	–32768 – 32767	16
unsigned int	0 – 65636	16
int	–32768 – 32767	16
enum	–32768 – 32767	16
unsigned long	0 – 4294967295	23
long	–2147483648 – 2147483647	32
float	3.4E–38 – 3.4E+38	32
double	1.7E–308 – 1.7E+308	64
long double	1.7E–308 – 1.7E+308	64

Umwandlungsregeln

Zwangsläufig wird es vorkommen, daß in Operationen mit mehreren Variablen unterschiedlicher Datentypen gearbeitet wird. Dabei finden automatisch Konvertierungen statt, die nach bestimmten Regeln erfolgen. Der definierte Datentyp bleibt erhalten, denn es handelt sich um rechnerinterne Umwandlungen. Diese geschehen nach den folgenden Regeln:

1. Generell wird mit keiner kleineren Größe als 2 Bytes gerechnet. Variablen des Typs *char* und *short* werden implizit, ohne Einwirkung des Programmierers, nach *int* umgewandelt.

2. Werden innerhalb einer Zuweisung Operanden mit unterschiedlichen Datentypen benutzt, dann wird das Resultat der rechts vom Zuwei-

sungsoperator ausgeführten Berechnung implizit in den linken Datentyp umgewandelt.

3. Bei Gleitkomma-Berechnungen wird immer mit *double* gerechnet.
   Der Datentyp *float* wird also immer in *double* umgewandelt. Bei einer
   Umwandlung von *double* in *float* wird gerundet.

4. Sind mehrere Operanden eines Ausdrucks unterschiedlich in ihrem
   Datentyp, so wird immer in den speicheraufwendigsten Typ umgewandelt.

5. Ist einer der verwendeten Operanden als *unsigned* deklariert, werden
   die anderen ebenfalls in *unsigned* umgewandelt.

Zuweisung Textkonstanten

Mit der Vereinbarung

```
char feld[11];
```

legen Sie ein Feld an, das zehn Bytes bzw. zehn alphanumerische Zeichen
und das Feldende-Kennzeichen (\0) aufnehmen kann. Die zuzuweisen-
den einzelnen Zeichen werden in Apostrophe eingeschlossen und in jedes
einzelne Byte übertragen, wie das folgende Beispiel zeigt:

```
feld[0] = 'A';
feld[1] = 'n';
feld[2] = 't';
feld[3] = 'o';
feld[4] = 'n';
feld[5] = '\0';
```

Der zugewiesene Feldinhalt kann z.B. mit der C-Funktion

```
printf("Mein Name ist %s\n",feld);
```

auf dem Bildschirm ausgegeben werden. Die Funktion *printf* gibt numerische oder alphanumerische Werte formatiert auf dem Bildschirm aus. In
diesem Fall lautet die Ausgabe:

```
Mein Name ist Anton
```

Die Angabe *%s* in der *printf*-Funktion bedeutet, daß ein String (Textfeld) angezeigt werden soll. Das Feldende-Kennzeichen \0 ist unbedingt

als Abschluß des Strings erforderlich, damit der *printf*-Befehl nicht auch noch den Inhalt weiterer Vektoren oder den Inhalt des folgenden Speicherbereichs anzeigt.

Die Angabe \n ist ein Steuerzeichen. Sie gibt der printf-Funktion die Anweisung, den Cursor an den Beginn der nächstfolgenden Zeile zu positionieren. Die Angabe \0 wird als Feldende-Zeichen interpretiert. Wir hätten das Zeilenvorschubzeichen auch direkt in das Feld übertragen und die *printf*-Funktion aufrufen können. Dies würde dann so aussehen:

```
feld[0] = 'A';
feld[1] = 'n';
feld[2] = 't';
feld[3] = 'o';
feld[4] = 'n';
feld[5] = '\0';
feld[6] = '\n';
printf("Mein Name ist %s",feld);
```

Formatzeichen

Es gibt eine Reihe von Zeichen, die zwar alphanumerischer Natur sind, allerdings nicht alleine in ein alphanumerisches Feld (*char*) übertragen werden dürfen.

Diese Zeichen setzen sich aus den Sonderzeichen (z.B. ein Anführungszeichen oder Apostrophe) und aus den Steuerzeichen (Zeilenvorschub, Blattwechsel) zusammen und steuern beispielsweise die Bildschirm- oder Druckausgabe. Um von der jeweiligen Funktion (*printf, scanf*) identifiziert werden zu können, müssen diese Zeichen in Verbindung mit dem Backslash (\), gefolgt von dem jeweiligen Buchstaben oder dessen Dezimalwert, eingetragen werden.

Bei Verzeichnisangaben, die z.B. bei der Dateiverwaltung erforderlich sind, müssen zwei Backslashes (\\) hintereinander angegeben werden.

Die Steuerzeichen haben folgende Bedeutung:

\n	LF Linefeed	– Zeilenvorschub
\f	FF Formfeed	– Seitenvorschub
\r	CR Carriage return	– Wagenrücklauf
\b	Backspace	– ein Zeichen zurück
\t	Tabulator	– horizontal
\v	Tabulator	– vertikal
\a	Signal	– Piepston
\0	Feldende	

Sie können die Zeichen auch mit ihrem oktalen Wert zuweisen, wobei

    \n   dem Wert   \012
    \a   dem Wert   \07

entspricht.

Die Steuerzeichen zur formatierten Ausgabe haben alle einen Dezimalwert im Bereich 1 – 30 und können in der ASCII-Tabelle im Anhang A
nachgesehen werden.

Sie haben in der *printf*-Funktion gesehen, daß Texte und Formatierungszeichen in Anführungszeichen und Steuerzeichen mit einem Backslash
angegeben werden. Mitunter kann es vorkommen, daß Sie diese Sonderzeichen ebenfalls auf den Bildschirm oder Drucker bringen müssen. Um
dies zu erreichen, geben Sie einfach den Backslash mit an.

Der Aufruf

```
printf("Siehe auch Seite 5 \"Hilfe\"");
```

zeigt auf dem Bildschirm

```
Siehe auch Seite 5 "Hilfe"
```

Zusammenfassung

Wir haben nun einiges über die verschiedenen Datentypen und Zuweisungen kennengelernt und sind in der Lage, ein kleines Testprogramm zu
erstellen und laufenzulassen. Bevor Sie jedoch weiterlesen, sollten Sie zu
Ihrer eigenen Sicherheit die im folgenden aufgeführten Kontrollaufgaben lösen. Die Aufgaben sind so aufgebaut, daß die Definitionen hinterher in das Testprogramm übernommen werden können.

Wir fassen die bisherigen Erklärungen noch einmal stichwortartig zusammen:

Variablen/Konstanten	sind Speicherbereiche, in denen Werte abge-legt sind
Variablennamen/ Konstantennamen	dienen zur programminternen Identifikation dieser Bereiche.
Variableninhalt	kann alphanumerisch (Text) oder numerisch (Zahlen) sein.

Typ	legt die Eigenschaft der Variablen fest.
Definition	legt für eine Variable Typ, Namen und Speicherbereich fest.
Deklaration	legt nur die eigentliche Variable an, ohne Speicherplatz zu reservieren.
Deklarationen/ Definitionen	werden auch als Vereinbarungen bezeichnet.

Aufgaben:

1. Legen Sie folgende Variablen an:

Rechenfeld	*refe*	einfaches numerisches Feld
Summenfeld	*summe*	einfaches numerisches Feld
Textfeld	*name*	20 alphanumerische Zeichen, zusätzlich ein Feldende-Kennzeichen.

2. Übertragen Sie den Namen "Lurtzer K.G." bei der Definition des name-Feldes in das Textfeld.

3. Ändern Sie unsere Bildschirmfunktion *printf* so ab, daß auf dem Bildschirm folgendes erscheint:

```
Name des Kunden: "Fa. Lurtzer K.G."
```

Ein erstes Programm

Das erste Beispielprogramm soll die folgende Aufgabe lösen:

Es soll eine Summe gebildet werden, die sich aus einer Kundenbestellung der Fa. Lurtzer K.G. ergibt, die mehrere Artikel bestellt hat. Die einzelnen Artikelpreise werden vom Anwender eingegeben. Wenn eine 0 eingegeben wird, soll die Summe berechnet und zusätzlich ein Mehrwertsteuerbetrag von 14 % addiert und mit einem Text auf dem Bildschirm ausgegeben werden.

Die folgende Beschreibung gilt für alle Leser, die Turbo C bereits auf ihrem PC installiert haben und direkt testen möchten. Gleichzeitig ist diese Kurzbeschreibung für alle weiteren Programmbeispiele gültig und wird daher nur an dieser Stelle gegeben.

Eine detaillierte Beschreibung zur Installation und zum Start von Turbo C finden Sie in Kapitel 2.

Geben Sie zunächst

```
tc Testprog <Return>
```

ein, und tippen Sie dann das Programmlisting 1.1 einfach Wort für Wort ein.

Hinweis: Vergessen Sie nicht, an jedem Zeilenende, außer bei Funktionsnamen und Präprozessorbefehlen, die durch # gekennzeichnet sind, ein Semikolon einzutippen. Erst durch das Semikolon wird das jeweilige Ende eines Befehls erkannt.

Wenn Sie das Programm eingegeben haben, können Sie die Tastenkombination <Alt>-R drücken (<Alt>-Taste festhalten und den angegebenen Buchstaben tippen). Dadurch wird das Programm automatisch compiliert (in Maschinencode übersetzt), gelinkt (Einbinden von Modulen) und gestartet. Der Anwender wird nun, falls das Programm fehlerfrei eingegeben wurde, aufgefordert, die Artikelsummen einzugeben. Da mit ganzzahligen Werten gerechnet wird, darf die Gesamtsumme inkl. MwSt. die Zahl 32767 nicht überschreiten, da es sonst zu fehlerhaften Ergebnissen kommt.

```
/**********************/
/* Programmlisting 1.1 */
/**********************/

/***********************************/
/* Präprozessorbefehle          */
/***********************************/
#include <stdio.h>
#define TEXTZEILE   "Betr. Gesamtsumme mit MwSt"

/***********************************/
/* Variablen- und Konstantendef.  */
/***********************************/
int    refe;
int    summe;
int    prozent  = 14;
char   name[21] = {'L','u','r', 't','z','e','r',''
                   ','K','.','G','.','\0' };

/***********************************/
/* Hauptprogramm                 */
/***********************************/
```

```
main()
{
printf("\n%s\n",TEXTZEILE);
printf("\nBitte geben Sie Summen ein.  0 = Ende\n");
printf("\n(nur ganzzahlige Werte)\n");

eingabe();      /*Funktion Eingabe der Artikelsummen*/

summe += (summe/100*prozent);
printf("\n\nKunde %s ",name);
printf("\n Ges.Summe inkl. 14 Proz. MwSt: %d ,DM",summe);
exit(0);

}



/**********************************/
/* Eingaberoutine für Artikelsummen */
/**********************************/
eingabe()
{
int i=0;

do                 /*Eingabeschleife bis Eingabe = 0*/
{
printf("\nArtikel %d: ",++i);
scanf("%d",&refe);
summe += refe;
}
while(refe != 0);

}
```

Das Programmlisting besteht im Prinzip aus vier Teilen:

– Präprozessorbefehle
– Definitionsteil
– Hauptprogramm
– Eingabefunktion

Wir wollen diese Teile einzeln betrachten.

Präprozessorbefehle

Für bestimmte Funktionsbereiche, wie z.B. in diesem Fall die Standard-
Ein-/Ausgabe, gibt es bestimmte Include-Dateien, die mit dem gleichnamigen Befehl den Präprozessor veranlassen, diese Dateien in das Programm einzubinden.

Da in unserem Beispielprogramm die Funktionen *printf* und *scanf* aufgerufen werden, muß die Datei stdio.h eingebunden werden. Diese beiden und diverse andere Standardfunktionen sind dort weiter definiert und ersparen Ihnen zusätzliche Schreibarbeit.

Mit dem *define*-Befehl veranlassen Sie den Präprozessor, eine Textzeile anzulegen, die für das ganze Programm gültig ist und nicht verändert werden kann. Wir werden diesen Befehl in weiteren Beispielen noch öfter verwenden. Die Befehle oder Anweisungen für den Präprozessor müssen grundsätzlich mit dem Nummernzeichen # beginnen.

Definitionsteil

Die in diesem Bereich definierten oder deklarierten Variablen sind global für das gesamte Programm gültig. An dieser Stelle sollten wir kurz festhalten, daß es unterschiedliche Geltungsbereiche für Variablen gibt, was wiederum mit der Blockstruktur von C zusammenhängt. Die Variable *i* in der Eingaberoutine kann nur in dieser Funktion angesprochen werden, da keine globale Definition wie bei den Variablen *refe*, *summe* und *prozent* erfolgte. Die Variable *summe* hingegen kann im Hauptprogramm und in der Eingaberoutine verwendet werden, da sie global definiert wurde.

Sollten Sie das Programm eingetippt haben, probieren Sie einfach einmal aus, was Ihnen der Compiler meldet, wenn Sie in der *main*-Funktion folgendes eingeben:

```
++i;
```

Wir nehmen die Lösung vorweg: Sie werden eine Error-Meldung erhalten, da die Variable in der *main*-Funktion nicht bekannt ist.

Hauptprogramm

Der Name *main* wird von C als Hauptprogramm interpretiert und muß in jedem Programm einmal vorhanden sein. Sie können den Hauptprogrammteil an eine beliebige Stelle ins Programm setzen, sollten jedoch in Ihrem eigenen Interesse darauf achten, einen logischen Programmaufbau beizubehalten und main möglichst am Anfang einzutragen, um die Übersichtlichkeit des Listings zu erhalten.

Bei einer Verbindung von mehreren Quelldateien durch den Linker ist nur in einer Datei der Name *main* erforderlich.

Die geschweiften Klammern *{ }* müssen jeweils am Anfang und Ende einer Funktion vorhanden sein, um diese klar abzugrenzen. Sollten Sie beim Compilieren eines Programms plötzlich eine ungeheure Anzahl von Fehlermeldungen erhalten, so prüfen Sie am besten die in den ersten Fehlern genannten Zeilennummern nach, ob Sie ggf. vergessen haben, eine Klammer zu öffnen oder zu schließen. Alle weiteren Variablen, die z.B. in der Eingaberoutine definiert wurden, können nicht mehr vom Compiler interpretiert werden und führen daher zu Fehlermeldungen.

Eingabefunktion

Die Eingabefunktion wird in dem vorliegenden Programmbeispiel aus der *main*-Funktion heraus aufgerufen und könnte aber ebenso noch aus anderen Funktionen heraus angesprochen werden.

Diese Vorgehensweise, große Programme in viele kleine Funktionen zu unterteilen und Werte an diese zu übergeben, ist einer der Vorteile von C. Dies wird später noch detaillierter behandelt. Sie könnten die Eingabefunktion auch vor das *main*-Programm setzen, dies wäre jedoch der Übersichtlichkeit abträglich.

Wir haben nun die vier wichtigsten Teile eines Programms beschrieben. Weitere Routinen bzw. Funktionen sollten Sie vom Aufbau her so organisieren, daß der logische Ablauf aufeinanderfolgend und entsprechend den jeweils zugehörigen Unterprogrammen ist.

Begleitende Funktionen, die nur mittelbar zum Ablauf gehören (Anzeigemasken, Fehlermeldungen etc.), sollten Sie an das Programmende verlagern.

Der strukturelle Aufbau eines Eingabeprogramms ist in Abb. 1.2 schematisch dargestellt. Das Programm wird bei Auftreten eines Fehlers bei der Dateieröffnung oder durch Betätigen der <Esc>-Taste abgebrochen.

1. Einlesen der *include*-Dateien. Dort werden konstante Werte und Funktionsaufrufe der Bibliothek definiert.
2. Vereinbarung der global gültigen Variablen.
3. Hauptprogramm *main()*
   a) Dateien öffnen.
   b) Bildschirm mit Text und Leerfeldern anzeigen (7).
   c) Eingabe der Felder inkl. Prüfroutine (5).
   d) Eingabesatz in die Datei schreiben und zurückverzweigen zu Punkt b.

4.   Dateien bei Programmende schließen.
5.   Felder auf richtige Eingabe prüfen.
6.   Fehlerroutine.
7.   Bildschirm anzeigen (Rahmen, Text, Leerfelder).

1	Include-Dateien einlesen
2	Variablen vereinbaren
3	Hauptprogramm
a	Dateien öffnen bei Fehler → Fehlerroutine (6) und Programmende
b	Bildschirm anzeigen
c	Eingaberoutine Felder prüfen (5) bei Falscheingabe Fehlerroutine (6) und neue Eingabe Wenn <Esc>-Taste dann Ende (4)
d	Satz abspeichern und neue Eingabe
4	Ende Dateien schließen und ggf. Folgeprogramm starten
5	Felder auf Plausibilität prüfen und Rücksprung zur Eingabe
6	Fehlermeldung und Rücksprung zur rufenden Funktion
7	Bildschirm anzeigen und Rücksprung zur rufenden Funktion

Abb. 1.2: Struktureller Aufbau eines Eingabeprogramms

Funktionen

Im vorangegangenen Programmbeispiel haben wir bereits eine Funktion
beschrieben. Eine solche Funktion kann beliebig oft, auch von verschiedenen anderen Funktionen, aufgerufen werden.

```
eingabe()
{
   int i=0;
   do                       /*Eingabeschleife bis Eingabe = 0*/
   {
      printf("\nArtikel %d  : ",++i);
      scanf("%d",&refe);
      summe += refe;
   }
   while(refe != 0);
}
```

In dieser Funktion geschieht folgendes:

Zunächst wird eine Zählvariable *i* definiert, die nur für diese Funktion Gültigkeit hat und deren Inhalt aus dem Speicher entfernt wird, sobald die Funktion verlassen wird. Diesen Speicher nennt man *Stack* (Stapelspeicher).

Der Stack nimmt Variablen auf, die nur begrenzte Gültigkeit haben. Wird dieser Bereich nicht wieder freigegeben, hätte dies einen Speicherüberlauf zur Folge (ähnlich wie eine überladene Schublade).

Innerhalb einer Schleife:

```
do
{
   printf ...
}
while(refe != 0);
```

wird der Anwender aufgefordert, einen Wert einzugeben, wobei mit der Variablen *i* die laufende Artikelnummer angezeigt wird. Diese Schleife wird so lange durchgeführt, wie die Bedingung in der *while*-Abfrage erfüllt ist. Solange *refe* also ungleich (!=) Null ist, wird die Schleife durchlaufen.

Der Eingabewert wird durch den Befehl *scanf* in die Variable *refe* übertragen (siehe auch Befehlsvorrat von C) und durch den Operator += auf den Wert von *summe* aufaddiert.

Diese Addition können Sie auch folgendermaßen schreiben:

```
summe = summe + refe;
```

Das erfordert allerdings mehr Schreibaufwand.

Außer Funktionen werden Ihnen vielleicht schon die Begriffe *Prozedur* oder *Routine* begegnet sein. Die Sprache C macht hier keinen Unterschied. Im weiteren Verlauf soll daher nur noch von Funktionen die Rede sein.

Bei den meisten Programmen ist es sinnvoll sinnvoll, diese in viele kleine Funktionen zu unterteilen. Denken Sie z.B. an einen Betrieb, in dem mehrere Abteilungen eine Gesamtleistung erbringen und deren Dienste wiederum von anderen Abteilungen in Anspruch genommen werden können.

Diese Funktionsbereiche kann man untergliedern in:

1. Funktionen, die keine Werte übernehmen und keine zurückliefern.

2. Funktionen, die Werte übernehmen, jedoch keine zurückliefern.

3. Funktionen, die Werte übernehmen und auch zurückliefern.

4. Funktionen, die immer wieder und von allen anderen Routinen angesprochen werden.

5. Funktionen, die sozusagen einmalig sind und sinnvollerweise nicht von allen Routinen angesprochen werden.

6. Funktionen, die allgemein einen *int*-Wert zurückübergeben (*funk()*).

7. Funktionen, die durch "*" gekennzeichnet sind und nicht nur *int*-Werte zurückliefern (**funk()*).

Wie Sie feststellen können, befassen sich die Punkte 1 – 3 mit der Übergabe von Werten. Sie können also Werte an Funktionen übergeben (Punkt 2), ohne daß diese einen Wert zurückliefern, z.B. dann, wenn eine bestimmte Bedingung nicht erfüllt ist. Doch dazu kommen wir später. Zunächst einmal sollten wir klären, was ein Wert ist und was dieser bewirkt.

Ein Übergabe- oder Rückgabewert kann eine Zahl oder auch eine Variable sein, wobei dieser Übergabewert auch als Argument oder Parameter bezeichnet wird. Wir unterscheiden innerhalb einer Funktion die formalen und die aktuellen Parameter (Werte). Schauen wir uns dazu die oben beschriebene Funktion *eingabe()* noch einmal an.

```
eingabe()
{
   int i=0;
   do                        /*Eingabeschleife bis Eingabe = 0*/
   {
      printf("\nArtikel %d: ",++i);
      scanf("%d",&refe);
      summe += refe;
   }
   while(refe != 0);
}
```

In dieser Funktion ist z.Zt. noch kein Übergabewert und somit weder ein formaler, noch ein aktueller Parameter vorhanden. Wir erweitern die Funktion nun so weit, daß diese verlassen wird, wenn eine bestimmte Anzahl von Artikelsummen oder wenn eine 0 (Null) eingegeben wurde. Die Anzahl der Eingaben soll dem Hauptprogramm als Rückgabewert mit dem C-Befehl *return* bekannt gemacht werden.

Der Aufruf aus dem *main*-Programm lautet:

```
      if((dummy = eingabe(5)) != 0)
         error_msg();
```

```
eingabe(wieviel)
int wieviel;
{
   int i=0;
   do                             /*Eingabeschleife bis Eingabe = 0*/
   {
         printf("\nArtikel %d: ",++i);
         scanf("%d",&refe);
         summe += refe;
   }
         while(refe != 0  && i <= wieviel);
         if(i != wieviel)
            return i;
   else
         return 0;
}
```

Der aktuelle Parameter ist in diesem Beispiel die Zahl 5, die bei dem Aufruf *eingabe(5)* übergeben wird. Der Übergabewert 5 wird in die Variable *wieviel* übertragen und kann mit diesem Namen angesprochen werden. Der formale Parameter ist die Variable *wieviel*, die unmittelbar nach dem Funktionsnamen und außerhalb der geschweiften Klammer deklariert werden muß, da der Übergabewert sonst nicht erkannt wird und der Compiler eine Fehlermeldung liefern würde.

Die Großzügigkeit der Sprache C gestattet Ihnen sogar, eine Funktion, in der Übergabeparameter definiert wurden, aufzurufen, ohne einen Parameter anzugeben. Den tieferen Sinn eines solchen Aufrufs wollen wir jedoch dahingestellt lassen und nicht weiter untersuchen.

Der Turbo C-Compiler ist jedoch so komfortabel, daß eine Meldung erfolgt, wenn eine Variable innerhalb einer Funktion zwar deklariert, aber
nicht angesprochen wurde.

Der Zähler *i* dient in der *while*-Schleife dazu abzuprüfen, wieviel Eingaben vom Anwender gemacht wurden. Sollte der Anwender eine Null eingeben, obwohl die Anzahl der vorgegebenen fünf Eingaben noch nicht
erreicht ist, wird die Variable *i* durch *return* zurückgegeben, und es erfolgt eine Fehlermeldung aus dem *main*-Programm heraus, da der *return*-Wert, der in die Variable *dummy* übertragen wird, ungleich Null
ist.

```
if(i!= wieviel)
    return i;
else
    return 0;
```

Im anderen Fall wird eine Null zurückgeliefert, und die Fehlermeldung
durch die Funktion *error_msg()* erfolgt nicht.

Gültige *return*-Werte

Der Wert oder das Ergebnis einer Funktion wird mit

```
        return Wert;
```
oder
```
        return (Wert);
```

der aufrufenden Funktion zurückgeliefert. In einer Funktion, die *return*-
Werte liefern soll, müssen nicht unbedingt Parameter übergeben oder aktuelle bzw. formale Parameter vereinbart werden.

Folgende *return*-Anweisungen sind zulässig:

```
return (fu(z,s));    /*Wert einer anderen Funktion    */
return (&feld[n]);   /*Adresse eines Vektorelements   */
return (w1 + w2);    /*Wert eines Ausdrucks           */
return (wert);       /*Wert einer Variablen           */
return (50);         /*Konstante                      */
return (*zeiger);    /*Inhalt eines Zeigers           */
return (a*b*c/d);    /*Ergebnis einer Berechnung      */
return (2*3.141);    /*Ergebnis auf Zahlenbasis       */
return;              /*Kein return-Wert               */
```

Diese *return*-Anweisungen können auch ohne die äußersten runden Klammern angegeben werden. Sie finden hier vielleicht einige Angaben, die bisher noch nicht beschrieben wurden. Lassen Sie sich davon nicht verunsichern, wir werden später noch einmal darauf Bezug nehmen.

return-Anweisungen dürfen an jeder beliebigen Position innerhalb einer Funktion vorkommen, also nicht unbedingt nur am Funktionsende. Selbst wenn Sie *return* ohne einen Wert angeben, wird an die aufrufende Funktion ein *return*-Wert übergeben. Da dieser allerdings nicht definiert ist, sollten Sie *return* nicht ohne Übergabewert in die Funktion einfügen. Der Turbo C-Compiler macht Sie allerdings mit einer Fehlermeldung oder ggf. auch einer Warnmeldung auf die Unterlassung aufmerksam.

Funktionsaufbau

Der Aufbau einer Funktion gliedert sich wie folgt:

1. Deklaration des Namens, Typs und der formalen Parameter.
2. Deklaration der Argumente, die die Übergabewerte aufnehmen.
3. Die geschweifte Klammer wird geöffnet.
4. Deklaration oder Definition der funktionsinternen bzw. lokalen Variablen.
5. Die eigentlichen C-Befehle, die bestimmen, was in der Funktion geschehen soll.
6. Die geschweifte Klammer wird geschlossen.

Die Punkte 2 und 4 sind nur dann erforderlich, wenn Werte übergeben werden oder Variablen o.ä. für den funktionsinternen Ablauf benötigt werden. Wir wollen nun den Funktionsaufbau an einem Beispiel betrachten:

```
funk(wert1,wert2)              /* Punkt 1   */
int wert1, wert2;              /* Punkt 2   */
{                              /* Punkt 3   */
    int a = 5, b = 6, c = 3;   /* Punkt 4   */
    wert1 *= a;                /* Punkt 5   */
    wert2 /= c;
    wert1 += wert2;
    if (wert1 > 1000)
        return (wert1);
    else
        return (0);
}                              /* Punkt 6   */
```

Beachten Sie bitte, daß Funktionen nicht ineinander verschachtelt werden dürfen!

<table>
<tr><td>

1.
```
main()
{
   eingabe()
   {
     Befehle ...
   }
}
```

</td><td>

2.
```
main()
{
   eingabe()
   }
   {
   Befehle ...
   }
```

</td></tr>
</table>

Beide Konstruktionen sind völlig falsch!

Standardisierung durch Argumente

Sicherlich haben Sie bemerkt, daß die Möglichkeit, Werte an Funktionen zu übergeben, eine sehr interessante Variante ist, um Standardfunktionen zu schreiben, die aus allen Programmbereichen aufgerufen werden können. Wir werden Ihnen dazu noch einige Beispiele zeigen. Zunächst wollen wir noch einmal zusammenfassen, was wir bis jetzt über Funktionen wissen:

1. Funktionen sind in sich geschlossene Bereiche, die durch geschweifte Klammern eingegrenzt werden.

2. Funktionen müssen einen syntaktisch richtigen Namen haben, und ihr Aufruf muß mit einem Semikolon abgeschlossen werden.

3. Funktionen können entsprechend Ihrer Definition Werte übernehmen und zurückliefern, wobei die Werte beim Aufruf als Zahlen oder Variablen in runden Klammern übergeben werden und nur durch Variablen in die Funktion übernommen werden können.

4. Die Variablen für die Übergabewerte müssen vor der geschweiften Klammer deklariert werden. Man bezeichnet sie als "formale Parameter".

5. Funktionen können auch aufgerufen werden, wenn nicht alle oder gar keine Parameter in die Funktion übergeben werden.

6. Funktionen lassen Variablendefinitionen innerhalb des Funktionsbereichs zu, wobei diese Variablen nur begrenzte Gültigkeit haben.

7. Funktionen haben einen bestimmten Aufbau und bieten eine Vielzahl von Möglichkeiten zur Programmgestaltung.

Den *printf*-Befehl haben wir bereits beschrieben. Mit ihm können Texte oder Zahlen formatiert auf dem Bildschirm ausgegeben werden. Dazu werden bestimmte Formatierungszeichen verwendet. Wie mühsam und schreibaufwendig dieser Befehl sein kann, werden Sie feststellen, wenn Sie Programme schreiben, die sehr bildschirmintensiv arbeiten und verschiedene Werte anzeigen müssen.

Das Programmlisting 1.2 stellt eine erste Anregung zur Standardisierung von *printf* vor und wird im weiteren Verlauf noch verfeinert.

```
/********************/
/* Programmlisting 1.2 */
/********************/

/********Präprozessor*****/                                       001
                                                                  002
#include <stdio.h>                                                003
                                                                  004
/******Programm PRINT*****/                                       005
main()                                                            006
{                                                                 007
     init_scr();                                                  008
     exit(0);                                                     009
}                                                                 010
/******************************/                                  011
 /* Unterfunktion von main        */                             012
/******************************/                                  013
 init_scr()                                                       014
 {                                                                015
    pr("",'X',0,1);                                               016
    pr("Dies ist die Übergabe zum Text!!",' ',0,2);              017
    pr("",' ',20000,3);                                           019
    pr(500,' ',"Dies ist die Übergabe zum Text!!",3);           018
 }                                                                020
                                                                  021
/*************************/                                       022
/*Schreibe Zeichen oder Zahl  */                                 023
/*************************/                                       024
pr(text,zeichen,wert,wie)                                         025
char *text, zeichen;                                              026
int wert, wie;                                                    027
{                                                                 028
 switch(wie)                                                      029
 {                                                                030
case 1:printf("\nübergabewert Zeichen = %c",zeichen);           031
        break;                                                    032
case 2:printf("\nübergabewert String  = %s",text);              033
        break;                                                    034
case 3:printf("\nübergabewert Zahl    = %d",wert);              035
        break;                                                    036
   }                                                              037
 }                                                                038
```

```
/******************/
/* Programmausgabe */
/******************/
Übergabewert Zeichen  = X
Übergabewert String   = Dies ist die Übergabe zum Text!!
Übergabewert Zahl     = 20000
Übergabewert Zahl     = 195
```

Anmerkung: Der Wert 195 kann je nach Maschine anders ausfallen!

Wir wollen nun das Programmlisting 1.2 genauer betrachten.

Die Zeilennumerierung, die Sie rechts im Bild sehen, hat nur erklärende
Funktion und gehört nicht zum eigentlichen Programm.

Zeilen 1, 5, 11 bis 13 und 22 bis 24

In diesen Zeilen sind keine C-Befehle enthalten. Sie dienen nur der besseren Erklärung eines Programms. Solche Kommentare können an jeder
beliebigen Stelle im Programm eingefügt werden. Sie müssen mit

```
/*
```

beginnen und mit

```
*/
```

enden.

Beispiel:

```
/* Dies ist eine Bemerkung und
   dient der Programmerklärung  */
```

Achten Sie darauf, daß Sie keine Befehle, Funktionen oder sonstige Bezeichnungen, die für das Programm benötigt werden, in diese Bemerkung
einschließen. Spätestens der Compiler oder Linker wird Sie dann darauf
hinweisen, daß er z.B. eine Funktion oder Variable nicht finden kann.

Zeilen 6 bis 10

In diesen Zeilen befindet sich das Hauptprogramm. Aus diesem wird die
Funktion *init_scr()* gerufen, die in diesem Fall Beispiele auf den Bildschirm ausgeben soll. Genausogut könnte diese Funktion der Bildschirm-

initialisierung dienen und z.B. eine Eingabemaske oder einen Rahmen ausgeben. Doch dazu kommen wir später.

Zeilen 14 bis 20

Die Funktion *init_scr()* ruft wiederum die Funktion *pr()* auf, in der der eigentliche Inhalt auf dem Bildschirm ausgegeben wird. Sie sehen, daß in der Funktion *init_scr()* keine Variablen und Parameter definiert wurden, was auch nicht unbedingt erforderlich ist.

Es werden jedoch Werte (Parameter) an die Funktion *pr()* übergeben, die dort bestimmen, was auf dem Bildschirm erscheinen soll.

Zeilen 25 bis 38

Die Funktion *pr(text,zeichen,wert,wie)* übernimmt vier Übergabewerte, was allerdings nicht als Maximum gilt. Infolgedessen müssen vier formale Parameter vor dem Funktionsbeginn deklariert werden (Zeilen 26, 27).

Zeile 26: `char *text, zeichen;`

Sie lernen hier direkt einen neuen Datentyp kennen, nämlich den Zeiger, der bei der Definition einer Variablen durch einen * (Stern) gekennzeichnet wird. Wir werden später noch sehr viel mehr darüber hören.

Dieser Zeiger ist in unserem Beispiel für den Text des zweiten Funktionsaufrufs zuständig.

Da bei der Variablen *zeichen* kein Stern vergeben wurde, gilt diese lediglich als *char*-Zeichen, das nur ein alphanumerisches Zeichen aufnehmen kann. Variablen mit gleichem Typ können zusammen in einer Mehrfachdeklaration angelegt werden.

Zeile 27: `int wert, wie;`

Diese beiden Variablen übernehmen ganzzahlige numerische Werte. Die Variable *wert* dient der Ausgabe und übernimmt den Wert 20000, um diesen an die Funktion *printf* weiterzuleiten.

Die Variable *wie* wird für die *switch*-Abfrage benötigt, wobei je nach Übergabewert die *case*-Adressen 1, 2 oder 3 angesprungen und die dort abgelegten Befehle ausgeführt werden.

Der *break*-Befehl dient als Endemarke, und die *switch*-Abfrage wird
wieder verlassen. Da in diesem Beispiel außerhalb der *switch*-Klammer
kein weiterer Befehl folgt, gilt die Funktion als beendet, und der nächste
pr()-Aufruf erfolgt.

Die *pr()*-Funktion wird viermal aus der Funktion *init_scr()* heraus aufgerufen. Anschließend gilt diese Funktion ebenfalls als beendet, und der
weitere Verlauf des Programms wird wieder durch die Funktion *main* bestimmt. Dort können entweder weitere Aktionen folgen, oder es kann wie
in diesem Beispiel das Programm mit der Anweisung *exit(0)* beendet
werden.

Ablauf der Argumentübergabe

Wir wollen noch einmal den genauen Ablauf der Argumentübergabe betrachten.

Der Funktionsaufruf mit Argumenten muß entsprechend der Funktionsdefinition erfolgen. Das bedeutet beispielsweise, daß der Übergabetext
"Dies ist die Übergabe zum Text!!" aus dem zweiten Aufruf:

```
pr("Dies ist die Übergabe zum Text !!",' ',0,2);
```

in den deklarierten Zeiger **text* und der numerische Übergabewert
20000 aus dem dritten Aufruf:

```
pr("",' ',20000,3);
```

infolgedessen richtig in die Variable *wert* übertragen wird.

Die Parameterübergabe findet im einzelnen wie folgt statt. Als Beispiel
wollen wir den zweiten Aufruf der *pr*-Funktion betrachten:

```
pr("Dies ist die Übergabe zum Text!!",' ',0,2);

pr(text,zeichen,wert,wie)
```

Erläuterungen:

1. Der Text "Dies ist die Übergabe zum Text!!" wird in das Zeigerfeld
   *text übertragen.

2. Der zweite Parameter *zeichen* nimmt keinen Wert auf, da mit ' ' lediglich ein Zeiger auf einen Leerstring übergeben wurde.

3. Die Variable *wert* erhält den Wert 0 (Null), genausogut könnte eine andere Zahl übergeben werden, sie wird jedoch nicht angezeigt, weil:

4. in die Variable *wie* der Wert 2 übergeben wird, wodurch die Marke *case 2:* bewirkt, daß ein Text und keine Zahl angezeigt wird.

Sie sehen, es ist recht einfach. Es können ruhig alle Werte übergeben werden, jedoch muß beachtet werden, daß die aktuellen Parameter des Funktionsaufrufs in Anzahl und Typ mit den formalen Parametern der Funktionsdefinition übereinstimmen.

Falsche Parameterübergabe

In dem vorangegangenen Beispiel wurde bewußt der Aufruf

```
pr(500,' ',"Dies ist die Übergabe zum Text!!",3);
```

hinzugefügt, bei dem die Übergabewerte vertauscht sind.

Das Ergebnis lautet:

```
Übergabewert Zahl = 195
```

Wir werden gleich sehen, aus welchem Grund der Wert 195 als Übergabewert auf dem Bildschirm erscheint.

Als erster Parameter wird die Zahl 500 in eine Zeiger-Variable übergeben. Der zweite Parameter beinhaltet nur ein Leerzeichen, was durch ' ' gekennzeichnet ist, und im dritten Parameter wird der Text "Dies ist die Übergabe zum Text!!" in eine Integer-Variable übergeben. Der vierte und für die Funktionsaktion entscheidende Wert ist die Zahl 3, wodurch die dritte Marke *case 3:* angesprungen wird. Dort soll mit *printf* ein Dezimalwert (%d) auf dem Bildschirm ausgegeben werden.

Dieser Dezimalwert (500) wird in der Funktion als dritter Parameter deklariert, steht jedoch im Funktionsaufruf an erster Stelle. Der Text befindet sich hingegen an der Stelle, wo ein numerischer *int*-Wert deklariert wurde. Eine eindeutige Zuweisung ist also nicht mehr gewährleistet. Bedingt durch diese Verschiebung, versucht die *printf*-Funktion den Text als Dezimalwert zu interpretieren, was natürlich ein unsinniges Ergebnis verursacht.

Anstelle der korrekten Parameter-Reihenfolge

```
pr(1, 2, 3, 4);
```

wurde die Funktion in der Reihenfolge

```
pr(3, 2, 1, 4);
```

aufgerufen. Dies liefert logischerweise ein falsches Resultat.

Beachten Sie bitte, daß der Compiler keine Fehlermeldung herausgab, da, wie bereits erwähnt, die Sprache C sehr großzügig mit Funktionen umgeht. Genausogut könnten Sie die Funktion mit

```
pr("tralala");
```

aufrufen, ohne den Compiler aus der Ruhe zu bringen.

Übergabe aus der Kommandozeile

Um das Thema Funktionen vorerst abzurunden, wollen wir noch die Übergabe von Argumenten an das aufzurufende Programm aus der Kommandozeile heraus beschreiben.

Nach dem Programmstart wird *main* als Hauptprogramm aufgerufen, und es werden zunächst die dort abgelegten Befehle und Funktionen ausgeführt. *main* kann sowohl aus der Kommandozeile wie auch aus anderen Programmen Parameter übernehmen. Der Vorgang ist etwas anders als bei den programminternen und externen Funktionsaufrufen. Der Unterschied liegt darin, daß nicht, wie bereits beschrieben, mehrere Parameter beliebigen Typs, sondern nur zwei Parameter definiert werden.

Die Syntax lautet:

```
main(int argc,char *argv[])
```

In *argc* wird die Anzahl der übergebenen Parameter eingetragen, und *argv[]* ist in diesem Fall ein Zeiger auf einen Vektor, in dem die übergebenen Zeichenketten abgelegt werden. Im Vektor *argv[0]* steht in jedem Fall der Programmname und der Pfad, in dem sich das Programm befindet.

Nehmen wir an, Sie rufen das Programmlisting 1.3, das sich im Pfad *C:\WORK* befindet, mit folgendem Befehl auf:

```
test par1 par2 par3 par4
```

so werden die übergebenen Argumente wie in Abb. 1.3 abgelegt:

Übergabetabelle	Beispielaufruf
Argument[0]	:\WORK\test
Argument[1]	par1
Argument[2]	par2
Argument[3]	par3
Argument[4]	par4

Abb. 1.3: Übergabetabelle von Parametern

Das Programmlisting 1.3 zeigt Ihnen, wie ein Programm aussehen könnte, das Parameter aufnimmt und auf dem Bildschirm ausgibt. Die DOS-Anwender unter Ihnen kennen sicher den *echo*-Befehl, der ebenfalls einen Text auf dem Bildschirm ausgibt. Versuchen Sie anhand des Listings, diesen Befehl selbst zu erstellen und ggf. zu erweitern.

```
/*********************/
/* Programmlisting 1.3 */
/*********************/
#include <stdio.h>

/***********************************/
/*Argumente aus der Kommandozeile    */
/***********************************/
main(int anzahl,char *parameter[])
{
    int i;

    for(i=0; i < anzahl; i++)
    printf("\n Argument %d = %s ",i,parameter[i]);

    exit(0);
}
```

Die Variable *anzahl* wird normalerweise *argc* genannt und wurde nur aufgrund der Namensfreiheit umbenannt. Sie beinhaltet die Anzahl der übergebenen Argumente. Diese werden, wie in Abb. 1.3 gezeigt, in den Vektoren *parameter[0]* bis *parameter[n–1]* abgelegt.

Detaillierte Erläuterungen zu Zeiger und Vektoren erhalten Sie in diesem Kapitel im Abschnitt "Zeiger und Vektoren".

Beachten Sie auch bitte die Besonderheit von Turbo C. Andere Compiler liefern ggf. eine Fehlermeldung, wenn innerhalb einer Funktionsklammer eine Deklaration stattfindet. Der Turbo C-Compiler ist in dieser Angelegenheit recht großzügig. Ob dies nun ein Vor- oder Nachteil ist, sollten Sie in der Praxis und nicht in der Theorie entscheiden.

Gültigkeitsbereiche

Wir wissen jetzt, daß als Platzhalter für die eigentlichen Werte Variablen verwendet werden, und wir haben besprochen, wie diese als Argumente an Funktionen und an das Programm selbst übergeben werden. Variablen und Funktionen haben einen bestimmten Gültigkeitsbereich und eine bestimmte Speicherklasse, die Sie bei der Deklaration mit angeben können. In den folgenden Beispielen werden wir von Variablen und Funktionen als von Objekten sprechen. Der Gültigkeitsbereich eines Objekts gibt an, in welchem Bereich das Objekt angesprochen werden kann. Dieser ist entweder

– extern   (für das gesamte Programm und auch für andere Programme gültig)

oder

– intern   (nur innerhalb einer Funktion gültig, wobei wir dies bereits anhand der lokalen Argumente besprochen haben)

Funktionen sind generell als extern zu betrachten, da diese ohnehin in sich geschlossene Bereiche sind und die Sprache C keine Verschachtelung von Funktionen zuläßt.

Variablen hingegen können intern und extern sein, wobei wir uns merken sollten, daß alle Variablen, die in einer Funktion oder unmittelbar nach dem Funktionsnamen auftauchen, als intern zu behandeln sind. Sie können in keiner anderen Prozedur angesprochen, jedoch als Argument übergeben werden. Variablen, die innerhalb einer Funktion deklariert sind, werden aktiv, wenn die Funktion aufgerufen wird, und inaktiv, wenn die Funktion wieder verlassen wird, und gelten somit als intern. Variablen, die außerhalb aller Funktionen, also im Definitionsteil, definiert werden, gelten als extern. Diese haben eine globale Gültigkeit und können von allen Funktionen, die sich innerhalb des zu linkenden Bereichs befinden, angesprochen werden.

Funktionen und Variablen, die als extern bezeichnet werden oder globale Gültigkeit haben, können in verschiedenen Quelldateien abgelegt werden.

Angenommen, Sie haben ein Projekt in zwei Quelldateien unterteilt, und in der ersten ist die Funktion *meldung()* und die Variable *summe* definiert worden. Die Namen werden in der zweiten Quelldatei als extern deklariert und können ganz normal angesprochen werden. Der Zusammenhang wird hergestellt, wenn diese Quelldateien einzeln compiliert und im Anschluß durch den Linker verbunden werden.

Beispiel:

Quelldatei 1: Hier werden die o.a. Objekte definiert, und die Funktion *eingabe()* wird als extern angegeben, da diese in der *Quelldatei 2* definiert ist.

```
#include <stdio.h>
int summe = 0;
extern eingabe();

main()                  /* Hauptprogramm nur einmal*/
{
    meldung();
    eingabe();          /* EINGABE befindet sich in
    exit();                Quelldatei 2 und wurde hier
}                          als extern angegeben*/

    meldung()           /* Meldung wird von Quelldatei 2
    {                      mit angesprochen*/
      printf("\nHauptprogramm Meldung!");
    }
```

Quelldatei 2: Hier werden *summe* und *meldung()* als extern angegeben, und *eingabe()* wird definiert.

```
extern summe;
extern meldung();
eingabe()
```

```
    {
        meldung();
        printf("Bitte geben Sie die Summe ein");
        scanf("%d",&summe);
    }
```

Wenn Sie eine bestimmte Funktion (z.B. *stdio.h*) mit *include* einmal in
eine Quelldatei eingelesen haben, dürfen Sie diese Funktion kein zweites
Mal einlesen. Spätestens der Linker wird eine Fehlermeldung ausgeben.

Speicherklassen

Neben dem Gültigkeitsbereich gibt es zusätzlich die Speicherklassen.
Diese bestimmen, in welcher Speicherart eine Variable abgelegt werden
soll. Wir unterscheiden die Speicherklassen:

— auto
— register
— static

Auto

Alle Variablen, die innerhalb einer Funktion definiert sind, haben automatisch diese Speicherklasse. Daher ist die explizite Angabe *auto* in C-
Programmen selten zu finden. Variablen mit der Speicherklasse *auto*
werden erst bei Aufruf oder bei Eintritt in den Funktionsblock auf dem
Stack (Stapelspeicher) abgelegt und bei Verlassen der Funktion wieder
entfernt. Somit sind sie für andere Funktionen nicht mehr ansprechbar.

Register

Variablen mit der Speicherklasse *register* werden immer dann verwendet, wenn eine hohe Programmablauf-Geschwindigkeit erreicht werden
soll. Der Inhalt dieser Variablen wird CPU-intern in Speichern abgelegt,
da der Zugriff auf diese Register um ein Vielfaches schneller ist. Da Register keine Adressen haben, können Sie infolgedessen den Adreßoperator
(Kapitel 1, "Operatoren") für diese Variablen nicht benutzen. Da der
Compiler für interne Arbeitsabläufe bereits Register für sich selbst bean-
sprucht, sollten Sie nicht unbedingt davon ausgehen, daß tatsächlich alle
Variablen, die Sie als *register* bezeichnen, auch diese Speicherklasse erhalten. Betrachten Sie diese Zuordnung also lieber als Empfehlung für
den Compiler.

Static

Die Zuordnungen dieser Speicherklasse veranlaßt Compiler und Linker, die Variable vor den anderen Funktionen zu verstecken, so daß gleiche Variablennamen verwendet werden können. Variablen mit der Speicherklasse *static* werden im Gegensatz zu den anderen Speicherklassen nicht auf dem Stack, sondern in einem allgemeinen Datenbereich abgelegt. Globale Variablen, die also außerhalb aller Funktionen deklariert sind, haben automatisch die Speicherklasse *static*.

Beispiele:

```
auto     int wert1, wert2;
static   char zeichen1, feld[10];
register char *ZEIGER, tic.
```

Operatoren

C-Programme bestehen aus Funktionen und diese wiederum aus Befehlen. Die Befehle gliedern sich in Schlüsselwörter (belegte Wörter der jeweiligen Sprache) und Ausdrücke auf. Operatoren (siehe Abb. 1.4) sind dabei die Symbole, mit denen auszuführende Operationen festgelegt werden.

Wozu dienen Operatoren?

Zuweisungen oder Bedingungsabfragen sowie Bit-Manipulationen u.v.a.m. werden über Operatoren gesteuert. Die einzelnen Operatoren haben unterschiedliche Prioritäten. Dies ist notwendig, um bestimmten Verarbeitungsformen einen Vorrang einzuräumen. Für diese Prioritäten gibt es in der Sprache C eine vorgegebene Norm, die bei kombinierten Zuweisungen o.ä. eingehalten und beachtet werden muß (siehe auch Prioritäten). Bei den wichtigsten Operatoren werden wir kurz auf die Priorität hinweisen.

Die bereits vorgestellten Ausdrücke und C-Befehle wollen wir in diesem Zusammenhang noch einmal genau untersuchen:

```
for(i = 0; i < 10; i++)
    printf("\nTestprogramm");
```

Das Schlüsselwort *for* ist ein C-Befehl, der wie die *for-next*-Schleife in BASIC arbeitet und so lange eine vorgegebene Anzahl von weiteren Befehlen durchführt, bis eine bestimmte Bedingung eintritt. In unserem Fall wird die Schleife beendet, wenn die Variable *i* den Wert *10* erreicht hat.

Eine solche Verarbeitungsvorschrift, die zu einem Ergebnis führt, wird auch *Ausdruck* genannt. Ausdrücke sind Konstruktionen aus Objekten als Operanden, Operatoren und runden Klammern. Eine Schachtelung von Ausdrücken ist möglich, indem ein Ausdruck wieder Teil eines größeren Ausdruckes ist.

Wenn der Ausdruck mit einem Semikolon (;) abgeschlossen wird, wird er zum Befehl.

Zwei besondere Ausdrucksformen können hervorgehoben werden:

Links-Ausdruck   erscheint nur auf der linken Seite einer Zuweisung, z.B. Variablen, Stern-Operator.

Rechts-Ausdruck   erscheint nur auf der rechten Seite einer Zuweisung, z.B. Konstanten.

Die Zeichen

    (= ; < ; ++)

in unserem Beispiel sind Operatoren und werden für einen Befehl benötigt, um die dort mitgeführten Operanden zu bearbeiten. Sie sind festdefinierte Elemente und dienen der Wertermittlung von Ausdrücken. Die in der Sprache C gültigen Operatoren werden in der Abb. 1.4 dargestellt und anschließend im Detail beschrieben.

Tabelle der Operatoren

	Funktion	Operator
	Divisionsrest (modulo)	%
	Division	/
1	Addition	+
	Subtraktion	−
	Multiplikation	*

Abb. 1.4: Operatoren in C

	Funktion	Operator
2	kleiner als kleiner gleich größer als größer gleich gleich ungleich	< <= > >= == !=
3	logische Negation bitweise Negation nach links schieben nach rechts schieben bitweises Und bitweises Oder bitweises exklusives Oder logisches Und logisches Oder Fragezeichen-Operator	! ~ << >> & | ^ && || ?
4	Funktionsaufruf Array oder Vektor Pfeil-Operator Strukturverweis Inkrement-Operator Dekrement-Operator Negativvorzeichen Cast-Operator Stern-Operator Adreß-Operator sizeof-Operator Zuweisung mit Varianten Komma-Operator	() [] -> . ++ -- - (Typ) * & sizeof = ,

1) Arithmetische Operatoren
2) Vergleichs-Operatoren
3) Logische Operatoren
4) Zuweisungs- und Adreß-Operatoren

Abb. 1.4: Operatoren in C (Fortsetzung)

Arithmetische Operatoren

Divisionsrest %

Der Modulo-Operator (Rest-Operator) liefert den Restwert einer Division und kann nur auf ganze Zahlen angewendet werden. Darüber hinaus kann er auch in Befehle, die z.B. eine bestimmte Bedingung prüfen, eingebunden werden.

```
if(wert % 5)
    funk();
```

Die Funktion wird ausgeführt, wenn *wert* modulo *5* ungleich *0* (Null) ist. Hat *wert* beispielsweise den Inhalt 100, dann lautet das Ergebnis

für   wert % 5   ergibt sich 0
für   wert % 6   ergibt sich 4

Die Funktion wird im ersten Fall also nicht ausgeführt, da die *if*-Abfrage nur als erfüllt gilt, wenn ein Wert ungleich 0 als Resultat geliefert wird, was bei dem Ausdruck *wert % 6* der Fall ist.

Divisions-Operator /

Dieser Operator liefert bei einer Division mit *int*-Variablen einen ganzzahligen und bei einer Division mit *float*-Variablen einen Gleitkommawert als Ergebnis. Dividieren Sie eine *int*-Variable durch eine *float*-Variable, so erhalten Sie als Ergebnis einen Gleitkommawert (*float*). Eine Division durch 0 (Null) ist unzulässig und führt zum Programmabsturz.

Beispiel:

```
#include <stdio.h>
int wert = 100;
float wertx = 123.45;

main()
{
    int wint1;
    float wfloa2;
    float wfloa3;
    wint1 = wert / 7;
    printf(" %d",wint1);
    wfloa2 = wert / 7.2;
    printf(" %f",wfloa2);
    wfloa3 = wertx / 1.12;
    printf("   %f",wfloa3);
}
```

Programmausgabe:

```
wint1  = 14
wfloa2 = 13.888889
wfloa3 = 110.223213
```

Additions-Operator +

Dieser Operator dient der Addition von Variablen des Typs:

– int
– float
– char
– long
– double

und ist auch auf *unsigned*-Varianten anwendbar. Zeichenketten-Verknüpfungen wie z.B.

```
feld = "abcdef" + "yxz";
```

sind nicht zulässig. Auch wenn Sie ein *char*-Feld und einen *int*-Wert miteinander addieren, erhalten Sie ggf. ein unsinniges Ergebnis. Der Inhalt des *char*-Feldes wird bei der Addition in seinen Dezimalwert umgewandelt. In dem folgenden Beispiel wird zu dem Wert *A* eine *1* addiert. Der Dezimalwert *A* entspricht *65*. Das Ergebnis lautet also *66*.

Beispiel:

```
#include <stdio.h>
int wert = 100;
float wertx = 123.45;
char feld = 'A';

main()
{
    int wint0, wint1;
    float wfloa2;
    float wfloa3;
    wint0  = feld + 1;
    printf(" %d",wint0);
    wint1  = wert + 7;
    printf(" %d",wint1);
    wfloa2 = wert + 7.2;
    printf(" %f",wfloa2);
    wfloa3 = wertx + 1.12;
    printf("  %f",wfloa3);
}
```

Programmausgabe:

```
wint0  = 66
wint1  = 107
wfloa2 = 107.19997
wfloa3 = 124.570000
```

Subtraktions-Operator −

Hier gelten bis auf einen kleinen Unterschied die gleichen Regeln wie bei dem Additions-Operator. Der Subtraktions-Operator darf auch auf Zeiger angewandt werden.

Multiplikations-Operator *

Dieser Operator ist nicht auf Zeiger anwendbar. Bei der Programmerstellung sollten Sie vorsichtig sein, da dieser Operator mit dem Stern-Operator vom Aussehen her identisch ist. Um eine hohe Geschwindigkeit bei der Berechnung zu erzielen, können Sie für die Multiplikation auch den Shift-Links-Operator (<< gilt nur mit 2er-Potenzen) verwenden. Es gelten die gleichen Regeln wie bei der Addition.

Beispiel:

```
#include <stdio.h>
int wert = 100;
float wertx = 123.45;
char feld = 'A';
main()
{
    int wint0, wint1;
    float wfloa2;
    float wfloa3;
    wint0  = feld * 2;
    printf(" %d",wint0);
    wint1  = wert * 7;
    printf(" %d",wint1);
    wfloa2 = wert * 7.2;
    printf(" %f",wfloa2);
    wfloa3 = wertx * 1.12;
    printf("   %f",wfloa3);
}
```

Bei der Multiplikation des *char*-Feldes *feld* wird der Dezimalwert des Inhalts (A hat den ASCII-Code 65) genommen.

Programmausgabe:

```
wint0  = 130
wint1  = 700
wfloa2 = 720.0000
wfloa3 = 138.263992
```

Vergleichs-Operatoren

Diese Operatoren vergleichen zwei Ausdrücke miteinander, wobei als
Ergebnis *gleich*, *ungleich*, *größer* oder *kleiner* festgestellt wird. Sie
können für gleiche oder gemischte Datentypen sowie in der Zeiger-
Arithmetik benutzt werden. Bezüglich der Programmsteuerung werden
diese Operatoren häufig mit *while*- oder *if*-Schleifen kombiniert. Es gibt
folgende Vergleichs-Operatoren:

Kleiner als	<
Größer als	>
Kleiner gleich	<=
Größer gleich	>=
Gleich	==
Ungleich	!=

Beispiel:

```
#include <stdio.h>
int wert = 100, wert1 = 200;
char feld[6] = {'A','B','C','D','E','\0'};
char *zeiger = "AACDE";

main()
{
    if(wert < wert1)        /*Abfrage int < int*/
        printf("Kleiner");
    else
        printf("Größer");

    if(feld < zeiger)       /*Abfrage Zeiger < Zeiger*/
        printf("Kleiner");
    else
        printf("Größer");

    if(wert < *zeiger)      /*Abfrage int < char*/
        printf("Kleiner");
    else
        printf("Größer");
```

```
    if(wert < *feld)         /*Abfrage int < char*/
        printf("Kleiner");
    else
        printf("Größer");
}
```

Programmausgabe:

```
    Kleiner
    Kleiner
    Größer
    Größer
```

Zeiger-, Funktions- und Vektor-Operatoren

Funktionsaufruf ()

Die runden Klammern dienen der Definition und dem Aufruf einer
Funktion, wobei die Argumente, die bei der Definition als Variablen de-
klariert wurden, die Übergabewerte aus dem Aufruf übernehmen. Beim
Aufruf einer Funktion können Variablen oder Werte übergeben werden.
In der Definition einer Funktion dürfen keine Werte als Parameter dekla-
riert werden.

Array-Elemente []

Als Array bezeichnet man eine Tabelle oder einen Vektor mit Objekten
des gleichen Typs. Diese können einzeln (*feld[5]*) oder gemeinsam
(*feld*) angesprochen werden. Die einzelnen Array-Elemente werden über
eine Indexnummer angesprochen, die sich im Rahmen der festgelegten
Anzahl von Elementen bewegen sollte. Unterschieden werden:

– eindimensionale Arrays: `feld[20];`
– mehrdimensionale Arrays: `feld[20][20];`

Pfeil-Operator –>

Über den Pfeil-Operator werden Strukturelemente ausgewählt. Diese
werden allerdings nicht über den Namen, sondern über einen Zeiger, der
auf das Strukturelement zeigt, angesprochen.

Beispiel:

```
struct                  /*Deklaration der Struktur,  */
{                       /*die beim Einlesen aus      */
    char feld1[10];     /*der Datei mit satz ange-   */
    char feld2[15];     /*sprochen wird              */
    int  wert;
} satz, *zeiger;

zeiger = &satz;
zeiger -> feld1[5]  = 'a';  /*Feld1 wird angesprochen*/
zeiger -> feld2[11] = 'b';  /*Feld2 wird angesprochen*/
```

Punkt-Operator .

Wie bei dem Pfeil-Operator werden auch hier die Strukturelemente angesprochen. Hier gilt jedoch die Einschränkung, daß kein Zeiger als Ein-
stieg in die Struktur verwendet werden kann, sondern die Elemente über
den Struktur- und Objektnamen angesprochen werden.

Beispiel:

```
struct                  /*Deklaration der Struktur,  */
{                       /*die beim Einlesen aus      */
    char feld1[10];     /*der Datei mit satz ange-   */
    char feld2[15];     /*sprochen wird              */
    int  wert;
} satz;

satz.feld1[5]  = 'a';       /*Feld1 wird angesprochen*/
satz.feld2[11] = 'b';       /*Feld2 wird angesprochen*/
```

Adreß-Operator &

Der Adreß-Operator liefert die Adresse einer Variablen, eines Vektorele-
ments oder einer Struktur. Registervariablen dürfen nicht angesprochen
werden, da diese keine Adresse haben. Funktionen und Vektornamen
sind bereits Adressen, daher sollte dieser Operator dort nicht verwendet
werden.

Beispiel:

```
#include <stdio.h>
char wert[10] = { 'A','B','C','D','E',
                  'F','G','H','I','J'};
char *zeiger;
```

```
main()
{
    zeiger = &wert;
    printf("\nzeiger = %d  *zeiger = %c",zeiger,*zeiger);
    *zeiger = 'X';
    printf("\nwert[0] = %c",wert[0]);
}
```

Programmausgabe:

```
zeiger = 158  *zeiger = A
wert[0] = X
```

Die Adresse 158 kann je nach Rechner unterschiedlich sein!

Stern-Operator *

Der Stern-Operator vor einem Zeiger bewirkt, daß der Inhalt der Adresse, auf die der Zeiger zeigt, geliefert wird. Man darf den Stern-Operator nicht mit dem Multiplikations-Operator verwechseln, der ebenfalls durch das Symbol * identifiziert wird. Der Stern-Operator kann für Links- und Rechtswerte einer Zuweisung verwendet werden. Entsprechend des Variablentyps, auf dessen Wert bzw. Speicherinhalt der Zeiger zugreifen soll, muß dieser richtig definiert werden. Ein Zeiger vom Typ *char* sollte nicht unbedingt auf eine Variable des Typs *int* oder *double* zugreifen, da sonst ein unsinniges Ergebnis erzielt wird.

Beispiel:

```
#include <stdio.h>
int wert,wert1;
int *zeiger;

main()
{
    wert = 250, wert1 = 300;
    printf("\nWert = %d  Wert1 = %d",wert,wert1);
    zeiger = &wert;
    *zeiger = 1000;
    printf("\nWert = %d  Wert1 = %d",wert,wert1);
    zeiger = &wert1;
    *zeiger = 2000;
    printf("\nWert = %d  Wert1 = %d",wert,wert1);
}
```

Programmausgabe:

```
Wert =  250   Wert1 =  300
Wert = 1000   Wert1 =  300
Wert = 1000   Wert1 = 2000
```

Bit-Operatoren

Logische Negation !

Dieser Operator darf nur bei ganzzahligen Objekten verwendet werden und kann z.B. in einer Bedingungsabfrage eingesetzt werden. Hat die abzufragende Variable einen Wert ungleich 0 (Null), so ergibt die Negation 0 (Null). Hat die abzufragende Variable den Wert 0 (Null), dann ergibt die Negation 1.

Beispiele:

Die Befehle in den geschweiften Klammern werden durchgeführt, wenn die Variable *dummy* einen Wert ungleich 0 hat.

```
dummy = 5;
if(dummy)
{
printf("Wert ist ungleich 0");
funk();
}
```

Die Befehle in den geschweiften Klammern werden durchgeführt, wenn die Variable *dummy* den Wert 0 (Null) hat.

```
dummy = 0;
if(!dummy)
{
printf("Wert ist gleich 0");
funk();
}
```

Bitweise Negation ~

Dieser Operator darf nur bei ganzzahligen Objekten angewandt werden. Das links von der Zuweisung stehende Objekt erhält die gegenteilige Bitmaske des zu negierenden Objekts.

Beispiel:

```
wert  = 0xffff       /* 1111 1111 1111 1111 */
wert1 = ~wert        /* 0000 0000 0000 0000 */
```

Inkrement-Operator ++

Dieser Operator dient der Addition von ganzzahligen Variablen und wird häufig in *for*-Schleifen angewendet, um dort die betreffenden Zähler aufzuaddieren.

Das Gegenstück zu diesem Operator ist der Dekrement-Operator – –, der die Zähler um 1 vermindert.

Beispiel:

```
for(i = 0; i < 10; i++)
    for(j = 0; j < 20; j++)
        feld[i][j] = ' ';
```

Die Variable *feld* stellt eine Matrix in der Größe 10 x 20 dar. Die zwei verschachtelten *for*-Schleifen bewirken, daß jedes Element über die Indizes *i* und *j* angesprochen wird und durch ein Blank geleert wird.

Beim Auf- oder Abzählen durch den Inkrement- oder Dekrement-Operator können Sie bestimmen, ob die Zählvariable entweder vor der Aktion auf- oder abgezählt wird (++i) oder nach der Aktion auf- oder abgezählt wird (i++).

Negativvorzeichen –

Der Negativ-Operator dient der Darstellung von negativen bzw. Minuswerten. Ist dieser in einer Zuweisung nicht angegeben, dann wird der Wert automatisch als positiv behandelt, da die Sprache C keinen Positiv-Operator vorgesehen hat.

Beispiel:

```
int wert =  100     /*positiv*/
int wert = -100     /*negativ*/
```

Cast-Operator (Typ)

Dieser Operator konvertiert in den angegebenen Typ, darf aber nicht für das linksstehende Objekt einer Zuweisung verwendet werden. Als Typ in runden Klammern angegeben, können alle gültigen Typen-Bezeichnungen (*float*, *int*, *double* etc.) vorgegeben werden.

Beispiel:

Ein Divisionsergebnis, das als Resultat einen ganzzahligen Wert liefert, soll korrekt in eine *float*-Variable übertragen werden.

```
#include <stdio.h>
float wert1;

main()
{
   wert1 = 225/2;
   printf("wert1 = %f",wert1);

   wert1 =   (float) 225/2;
   printf("wert1 = %f",wert1);
}
```

Programmausgabe:

```
wert1 = 112.000000     ohne Cast-Operator
wert1 = 112.500000     mit Cast-Operator float
```

sizeof-Operator

Dieser Operator berechnet die Größe von Objekten, kann diese jedoch nicht verändern. Er wird häufig in der Dateiverarbeitung eingesetzt, um z.B. mit einem Schlüssel, der an beliebiger Position im Datensatz definiert ist, auf den jeweils nächsten Datensatz zuzugreifen, wobei die jeweils folgende Feldposition anhand einer bestimmten Formel ermittelt wird.

Beispiel:

```
struct
{
   char feld1[20];
   char feld2[20];
} satz;

printf("\nSatzlängen = %d",sizeof(satz));
```

Programmausgabe:

```
Satzlängen = 40
```

Shift-links-Operator <<

Dieser Operator wird z.B. bei Rechenoperationen, insbesondere bei der
Multiplikation, die eine "Zweierpotenz" darstellt, verwendet und sollte
nur auf ganze Zahlen angewandt werden. Shift-links verschiebt das Bitmuster des linken Operanden um die Anzahl nach links, die im rechten
Operanden angegeben ist.

Hinweis: Wenn durch die Operation in das Vorzeichenbit, das sich im
Bitmuster ganz links befindet, eine 1 "hineingeschoben" wird, entsteht
ein negativer Wert.

Beispiel:

```
int wert = 128;  /* Anfangswert 128 in der Variablen wert */
wert << 2;       /* Bitmuster von wert um 2 Stellen nach */
                 /* links schieben */
```

Ergebnis:

```
     wert = 512;
```

Shift-rechts-Operator >>

Dieser Operator wird z.B. bei Rechenoperationen, insbesondere bei der
Division von Werten, die eine "Zweierpotenz" darstellt, verwendet und
sollte nur auf ganze Zahlen angewandt werden. Shift-rechts verschiebt
das Bitmuster des linken Operanden um die Anzahl nach rechts, die im
rechten Operanden angegeben ist, wobei das Vorzeichenbit mit verschoben wird.

Beispiel:

```
int wert = 512;  /* Anfangswert 512 in der Variablen wert */
wert << 2;       /* Bitmuster von wert um 2 Stellen nach */
                 /* rechts schieben */
```

Ergebnis:

```
     wert = 128;
```

Bitweises Und &

Dieser Operator ist nicht zu verwechseln mit dem Adreß-Operator, denn
hier wird das Bitmuster zweier ganzzahliger Objekte verknüpft. Und

zwar wird im Ergebnis eine Bitposition nur dann mit dem Wert 1 besetzt, wenn in beiden Operanden an dieser Stelle eine 1 steht.

Beispiel:

```
wert3 = wert1 & wert2

Bitmuster wert1:    0010 0001 1010 0011
Bitmuster wert2:    0011 1011 0110 1001
Bitmuster wert3:    0010 0001 0010 0001
```

Bitweises Oder |

Dieser Operator verknüpft das Bitmuster zweier ganzzahliger Objekte. Und zwar wird im Ergebnis eine Bitposition dann mit dem Wert 1 besetzt, wenn in mindestens einem der Operanden an dieser Stelle eine 1 steht.

Beispiel:

```
wert3 = wert1 | wert2

Bitmuster wert1:    0010 0001 1010 0011
Bitmuster wert2:    0011 1011 0110 1001
Bitmuster wert3:    0011 1011 1110 1011
```

Exklusives Oder ^

Der exklusive Oder-Operator (XOR) besetzt eine Bitposition im Ergebnis nur dann mit dem Wert 1, wenn nur einer der beiden Operanden an dieser Stelle eine 1 hat.

Beispiel:

```
wert3 = wert1 ^ wert2

Bitmuster wert1:    0010 0001 1010 0011
Bitmuster wert2:    0011 1011 0110 1001
Bitmuster wert3:    0001 1010 1100 1010
```

Logisches Und &&

Dieser Operator dient der Abfrage einer Bedingung, die nur dann als erfüllt gilt, wenn die Objekte der linken Seite und die Objekte der rechten Seite als "wahr" gelten. Trifft nur eine Bedingung zu, wird die Abfrage als

falsch bewertet. Es können mehrere Abfragen als Kombination angegeben werden. Beachten Sie jedoch, daß die Bewertung der Kombination
entsprechend der Prioritäten bewertet wird (siehe auch "Prioritäten der
Operatoren").

Beispiel:

```
wert1 = 100, wert2 = 200;

if(wert1 == 200 && wert2 == 200)
    funk();
```

Die Funktion *funk()* wird nicht aufgerufen, da nur der rechte Ausdruck
wert2 == 200 als erfüllt gilt. *wert1* hat den Wert *100*.

Bei der Abfrage

```
if(wert1 == 100 && wert2 == 200)
    funk();
```

wird die Funktion *funk()* aufgerufen, da beide Ausdrücke den logischen
Wert "wahr" ergeben.

Logisches Oder ||

Im Gegensatz zum logischen Und-Operator gilt hier die Bedingung als
erfüllt, wenn entweder nur einer oder auch beide Ausdrücke den logischen Wert "wahr" haben. Die Bedingung gilt nur dann als nicht erfüllt,
wenn beide Ausdrücke logisch falsch sind. Bezüglich der Prioritäten gelten hier die gleichen Regeln wie beim &&-Operator.

Beispiel:

```
wert1 = 100, wert2 = 200;
if(wert1 == 200 || wert2 == 200)
    funk();
```

Die Funktion *funk()* wird gerufen, da eine Variable, in diesem Fall *wert2*,
den abgefragten Inhalt *200* hat. Bei der Abfrage

```
if(wert1 == 500 || wert2 == 500)
    funk();
```

wird die Funktion funk() nicht gerufen, da beide Werte ungleich 500 sind.

Zuweisungs-Operatoren

Komma-Operator ,

Durch diesen Operator legen Sie die Reihenfolge fest, in der die Objekte verarbeitet oder definiert werden sollen. Sie können z.B. Variablen des gleichen Typs, durch Kommas getrennt, definieren und müssen nicht für jede Variable die Typenbezeichnung angeben.

```
int wert1 = 0, wert2, wert3, wert4 = 100;
```

Es wurden vier Variablen gleichen Typs definiert, und den Variablen *wert1* und *wert4* wurde bereits ein Anfangswert zugewiesen. Sie können diesen Komma-Operator auch in einer *for*-Schleife anwenden, werden jedoch ein verblüffendes Ergebnis erhalten. Die Wirkung des Befehls

```
for(i = 0; i < 10; i++)
    for(j = 0; j < 20; j++)
        feld[i][j] = ' ';
```

ist nicht identisch mit dem Befehl

```
for (i = 0, j = 0; i < 10, j < 20; i++, j++)
    feld[i][j] = ' ';
```

Seien Sie an dieser Stelle vor solchen Kombinationen gewarnt. Sie sollten nicht davon ausgehen, daß die Variable *j* für jeden Wert der Variablen *i* zwanzigmal mal hochgezählt wird.

Vielmehr werden beide Variablen gleichzeitig um den Wert 1 erhöht. Testen Sie es aus, indem Sie die Werte der Variablen anzeigen lassen.

Zuweisungs-Operator =

Dieser Operator dient der Gleichsetzung zweier oder mehrerer Objekte, darf jedoch nicht auf Zeichenketten, Strukturen und Verbunde angewendet werden (siehe Kapitel 3, "Strukturen"). Diese werden mit C-Funktionen wie z.B. *strcpy()* (kopiert Zeichenketten) bearbeitet. Generell gilt für die Zuweisung "Das Objekt der linken Seite erhält den Wert des Objekts der rechten Seite". Der Zuweisungsoperator kann auch in Verbindung mit den

– arithmetischen Operatoren
– Shift-Operatoren
– Bit-Operatoren

Verwendung finden und wird dann als kombinierte Zuweisung bezeichnet.

kombinierte Zuweisungen	bedeuten:
`wert1 += wert2`	`wert1 = wert1 + wert2`
`wert1 -= wert2`	`wert1 = wert1 - wert2`
`wert1 *= wert2`	`wert1 = wert1 * wert2`
`wert1 /= wert2`	`wert1 = wert1 / wert2`
`wert1 %= wert2`	`wert1 = wert1 % wert2`
`wert1 >>= wert2`	`wert1 = wert1 >> wert2`
`wert1 <<= wert2`	`wert1 = wert1 << wert2`
`wert1 &= wert2`	`wert1 = wert1 & wert2`
`wert1 |= wert2`	`wert1 = wert1 | wert2`
`wert1 ^= wert2`	`wert1 = wert1 ^ wert2`

Darüber hinaus können mehrere Variablen gleichzeitig oder auch der *return*-Wert einer Funktion zugewiesen werden. Die Zuweisung

```
wert1 = wert2 = wert3 = wert4;
```

bedeutet im einzelnen:

```
wert3 = wert4
wert2 = wert3
wert1 = wert2
```

In Verbindung mit einem Funktionswert sieht eine Zuweisung z.B. so aus:

```
if((point = open(DATEI,"r")) == 0);
 · printf("Datei kann nicht geöffnet werden!");
```

Die Funktion *open()* öffnet eine Datei entsprechend des übergebenen Parameters ("r" steht für read – Lesen). Der *return*-Wert wird an *point* übergeben. Ist er z.B. 0 (Null), dann existiert die Datei nicht und kann folglich nicht geöffnet werden.

Fragezeichen-Operator ?

Als einziger der bisher beschriebenen Operatoren benötigt der Fragezeichen-Operator drei Objekte. Dieser Operator ist synonym zur *if-else*-Abfrage der Sprache C, wobei die Abfrage bewertet wird und entweder

Parameter 1:   (? "tue dieses")

oder

Parameter 2:   (: "sonst jenes")

übergeben wird.

Beispiel:

```
#include <stdio.h>
#define DISP 1

main()
{
    funk(1);
    funk(0);
}

funk(code)
int code;
{
    display( 5, 10, (code == DISP) ? "1" : " ");
    display( 6, 10, (code == DISP) ? "2" : " ");
    display( 7, 10, (code == DISP) ? "3" : " ");
    display( 8, 10, (code == DISP) ? "4" : " ");
}
```

Die Funktion *display()* übernimmt 3 Parameter und ist wie folgt definiert:

```
void display(int zeile, int spalte, char zeichen);
```

DISP wird als Konstante mit Wert *1* deklariert. Im ersten Aufruf aus *main()* wird der Wert *1* an die Funktion *funk()* übergeben und in die Variable *code* übernommen. *code* und *DISP* haben nun beide den Wert *1*. Die Bedingung ist erfüllt und der Fragezeichen-Operator gültig. An die Funktion *display* werden also Zeile (5 bis 8), Spalte (10) und jeweils die Werte 1 bis 4 in Form eines *char*-Zeichens übergeben.

Programmausgabe:

Zeile	Spalte	Wert
5	10	1
6	10	2
7	10	3
8	10	4

Das Gegenteil ist im zweiten Aufruf *funk(0)* der Fall: *DISP* und *code* sind ungleich, infolgedessen werden nicht die Zahlen 1 bis 4, sondern ein Leerzeichen übergeben, wodurch die betreffenden Spalten gelöscht werden.

Aufgaben:

Bevor Sie sich mit Zeigern und Vektoren beschäftigen, sollten Sie einige Kontrollaufgaben lösen und feststellen, wie weit Ihre Kenntnisse fortgeschritten sind.

1. Vereinfachen Sie folgende Zuweisungen:

```
summe = summe + 500;
var1  = var1 >> var2;
num1  = num2;
num2  = num3;
```

2. Können folgende Abfragen auch anders lauten?

```
if ( wert >= 1 )
if ( wert == 0 )
```

3. Prüfen Sie anhand der folgenden Funktionsdefinition, ob die anschließend beschriebenen Funktionsübergaben alle richtig sind.

Funktionsdefinition:

```
funk(string,zahl,zeichen)
char *string;
int zahl;
char zeichen;
```

Funktionsaufrufe:

```
funk("abcdef", 10, 'x');
funk("text01", 0.1, 'x');
funk(123, 456, ' ');
funk("123456", 1000, 'X');
```

4. Sind die folgenden Zuweisungen anhand der definierten Variablen korrekt?

```
int wert1;
float wert2;
char *text, feld[30];
```

Zuweisung:

```
wert1 = 1000;
wert2 = 500;
text  = "abcdef";
feld  = "abcdef";
wert2 = (float) 100/14;
```

5. Was gibt die Funktion *display()* auf dem Bildschirm aus, wenn *DISP = 1* ist und für *code* der Wert *5* übergeben wird ?

```
display(5, 10, (code == DISP) ? "text" : "leer");
```

Die Lösungen finden Sie in Anhang B.

Zeiger und Vektoren

Wir wissen jetzt, daß Variableninhalte, die einen numerischen oder alphanumerischen Wert haben können, mit Namen angesprochen werden und in einem Speicherbereich abgelegt sind. Sie können anderen Objekten (Variablen, Strukturen etc.) zugewiesen und an Funktionen als Parameter übergeben werden. In einigen Beispielen haben wir bereits kurz beschrieben, wie auf eine Variablenadresse zugegriffen und der Wert verändert werden kann, ohne die Variable selbst mit Namen anzusprechen.

Dazu haben wir Zeiger verwendet!

Was ist ein Zeiger?

Der Zeiger, auch als Pointer bezeichnet, dient dazu, über Adressen auf den direkten Inhalt einer Variablen zugreifen zu können, ohne die Variable selbst in einer Zuweisung anzusprechen. Wir sollten uns noch einmal an die Kennzeichen einer Variablen erinnern. Der Typ ist vorerst nicht relevant. Eine Variable hat:

– einen Namen
– eine Adresse
– einen Inhalt

wobei alle drei Kriterien für den Zeiger von Bedeutung sind, denn dieser muß:

— zunächst über den Namen die Adresse ermitteln,
— über die Adresse den Wert ansprechen
— und kann dann den eigentlichen Wert ändern oder auch nicht.

Wir erinnern uns an das Beispiel mit dem Stern-Operanden!

Beispiel:

```
#include <stdio.h>
int wert,wert1;
int *zeiger;

main()
{
    wert = 250, wert1 = 300;
    printf("\nWert = %d  Wert1 = %d",wert,wert1);
    zeiger = &wert;
    *zeiger = 1000;
    printf("\nWert = %d  Wert1 = %d",wert,wert1);
    zeiger = &wert1;
    *zeiger = 2000;
    printf("\nWert = %d  Wert1 = %d",wert,wert1);
}
```

Programmausgabe:

```
Wert =  250    Wert1 =  300
Wert = 1000    Wert1 =  300
Wert = 1000    Wert1 = 2000
```

Da der Zeiger auf eine *int*-Variable bzw. deren Inhalt zugreift, muß dieser richtig angelegt werden. Sie können zwar mit einem *char*-Zeiger auf einen *int*-Wert zugreifen, allerdings würde dieser Zugriff ein falsches Ergebnis liefern, und der Compiler würde eine Warning-Meldung erzeugen. Daher wurde der Zeiger als

```
    int *zeiger
```

definiert. Den Grund dafür werden Sie gleich besser verstehen. Die Abbildung 1.5 wird Ihnen den Programmablauf verdeutlichen.

Zuweisung int *zeiger;		
Inhalt des Zeigers ist leer		
Zeiger steht		
wert=250	wert1=300	irgendwo

Zuweisung zeiger = &wert		
Inhalt des Zeigers ist die Adresse der Variablen wert		
Zeiger steht		
wert=250	wert1=300	irgendwo

Zuweisung *zeiger = 1000		
Inhalt des Zeigers ist die Adresse der Variablen wert		
Zeiger steht		
wert=1000	wert1=300	irgendwo

Abb. 1.5: Schematisierter Programmablauf

Zeigertypen

Wie Sie sehen, kann ein Zeiger als Variable behandelt werden. Sie müssen diesen nur entsprechend durch den Stern-Operator deklarieren.

Aus welchem Grund müssen Zeiger aber mit einem bestimmten Typ versehen werden? Schließlich wird doch auf Maschinenadressen gezeigt,

die ohnehin numerischer Natur sind und lediglich *int-*, *char-* oder *float-*
Werte usw. enthalten können.

Die Antwort darauf ist folgende: In der Sprache C ist eine Arithmetik mit
Zeigern möglich, die jedoch typgebunden ist. Wie bereits beschrieben
wurde, benötigen die verschiedenen Typen unterschiedlich viel Spei-
cherplatz (Bytes). Ein *char*-Feld belegt im Speicher ein Byte, ein *int*-
Wert zwei Bytes, ein *float*-Wert vier Bytes und ein *double*-Wert acht
Bytes.

Sie können nun einem Zeiger eine Basisadresse zuweisen und z.B. durch
die Addition *++zeiger* die Adresse der nächsten Variablen ermitteln,
wobei Sie dann davon ausgehen, daß auch der tatsächliche Variablenin-
halt zur Verfügung steht.

Sie werden sicher eine unangenehme Überraschung erleben, wenn Sie
z.B. mit einem als *char *zeiger* deklarierten Zeiger durch den Befehl
++zeiger versuchen, auf den folgenden Wert eines *int*-Vektors zuzugreifen.

Beispiel:

```
#include <stdio.h>
int wert[5] = {100,200,300,400,500};
int     *iz;
double *dz;
char    *cz;

main()
{
  int i;
  iz = wert;  /*int_zeiger erhält Anf.Adr. Vektor wert*/
  dz = wert;  /*double_zeiger erhält Anf.Adr. Vektor wert*/
  cz = wert;  /*char_zeiger erhält Anf.Adr. Vektor wert*/

  printf("\nEs folgen die int-Werte 1 - 5");
  printf("\n\nint_zeiger  double_zeiger  char_zeiger\n");
  for(i=0; i<5; i++)
     printf("\n %d      %d       %d",*iz++,*dz++,*cz++);
}
```

Das Ergebnis ist ebenso logisch wie verblüffend, wobei wir jedoch erwähnen sollten, daß der Turbo C-Compiler bei den beiden falschen Poin-
ter-Zuweisungen eine entsprechende Warning-Meldung brachte.

Programmausgabe:

```
Es folgen die int-Werte 1 - 5
int_zeiger   double_zeiger   char_zeiger

      100          100            200
      200          500           5243
      300        16527         -20971
      400        16543         -31457
      500        16551         -31457
```

Was ist geschehen? Wir haben drei Zeiger deklariert:

iz – Zeiger auf *int*-Wert
dz – Zeiger auf *double*-Wert
cz – Zeiger auf *char*-Wert

Als *int*-Werte haben wir die Zahlen *100* bis *500* in einen Vektor mit dem Namen *int wert[5]* geschrieben. Der einzige Zeiger, der richtig auf diesen Vektor zugreifen kann, ist infolgedessen der Zeiger *iz*, der als *int *iz* deklariert wurde. Er findet anhand der korrekten Deklaration (*int*) den entsprechend der Größenordnung (*int* = 2 Bytes) nächsten Wert in der Tabelle und interpretiert diesen, wie das Ergebnis zeigt, richtig.

Die beiden anderen Zeiger vom Typ *double *dz* und *char *cz* können zwar hochgezählt werden, führen jedoch nicht zu einem korrekten Resultat. Die Abb. 1.6 zeigt Ihnen anhand der Basisadresse *1000*, die für alle drei Zeiger als Anfangswert gilt, wie diese unterschiedlich addiert wurden. Sie werden feststellen, daß nur der als *int* deklarierte Zeiger das richtige Ergebnis liefern konnte, da z.B. die zweite Adresse des *double*-Zeigers *dz* bereits bei Adresse *1008* liegt, wo der Wert *500* eingetragen wurde.

int-Wert	Adresse	Zeigertyp		
		int	double	char
100	1000	1000	1000	1000
200	1002	1002	1008	1001
300	1004	1004	1016	1002
400	1006	1006	1024	1003
500	1008	1008	1032	1004

Abb. 1.6: Inkrementierung der unterschiedlichen Zeigertypen

Mit der Anweisung:

```
zeiger++ oder zeiger = zeiger + 1;
```

wird ein Zeiger also nicht unbedingt um den Wert 1 erhöht, sondern entsprechend des Zeigertyps unterschiedlich nach oben oder nach unten versetzt. Aus diesem Grund sind die Zeiger, wie bereits erwähnt, typgebunden.

Die Gegenüberstellung der verschiedenen Zeigertypen im folgenden
Programmlisting 1.4 zeigt Ihnen, welche Adressen bei Erhöhungen um
eine 1 wirklich in den Zeiger übertragen werden. Als Basisadresse wird in
allen fünf Zeigern vor Beginn des *main()*-Programms die Anfangsadresse des jeweiligen Vektors zugewiesen. Da die Vektoren *1* bis *5* eigen-
ständige Adressen sind, muß der Adreß-Operator & bei den Zuweisungen:

```
char *cz = w1 usw.
```

nicht mit angegeben werden. Die Anfangsadresse des Vektorfeldes
w1[0] wird dem Zeiger übergeben. Im *main()*-Programm werden die aktuellen Adressen sowie deren Inhalt anhand der Zeiger auf dem Bildschirm angezeigt. Anschließend wird der jeweilige Zeiger durch

```
++cz;
```

um eine Adresse erhöht und diese als *Adr.+1* angezeigt, wobei Sie den
neuen Inhalt überprüfen können und feststellen, daß die Adresse sich z.B.
um zwei Bytes (*int*) erhöht hat.

Anhand der Ergebnisse können Sie sehen, daß Zeiger eine recht einfach
handzuhabende Angelegenheit sind, solange Sie diese richtig zuordnen.

char-Zeiger	zum	char-Zeichen
int -Zeiger	zum	int-Wert
long-Zeiger	zum	long-Wert
float-Zeiger	zum	float-Wert
double-Zeiger	zum	double-Wert

Wenn Sie darüber hinaus auch berücksichtigen, daß Vektoren, Strukturen und Funktionen bereits Adressen sind und dies bei der Zeigerdefiniti-
on entsprechend beachten, sind Sie für den Anfang in bezug auf die Anwendung von Zeigern gut gerüstet.

Wenn Sie also hergehen und ein Feld mit *feld[10]*; definieren, dann haben Sie kein Feld in der Größe von 10 Bytes, sondern einen Zeiger mit 10 Zeigern angelegt!

In Kapitel 3 werden Strukturen weiter beschrieben.

```
/**********************/
/* Programmlisting 1.4 */
/**********************/

/**********************************/
/* Demoprogramm, um die Bytegröße    */
/* der unterschiedlichen Typen       */
/* anhand Ihrer Adresse darzustellen */
/**********************************/
#include <stdio.h>

/**********************************/
/* Definition der Vektoren           */
/**********************************/
char   w1[5] = {'A','B','C','D','E'};
int    w2[5] = {10, 20, 30, 40, 50 };
long   w3[5] = {100, 200, 300, 400, 500 };
float  w4[5] = {10.01, 20.02, 30.03, 40.04, 50.05 };
double w5[5] = {10.001, 20.002, 30.003, 40.004, 50.005 };

/**********************************/
/* Definition der Zeiger             */
/**********************************/
char   *cz = w1; /*Zeiger auf char-Vektor   */
int    *iz = w2; /*Zeiger auf int-Vektor    */
long   *lz = w3; /*Zeiger auf long-Vektor   */
float  *fz = w4; /*Zeiger auf float-Vektor  */
double *dz = w5; /*Zeiger auf double-Vektor */

main()
{
    printf("\nZeiger char");
    printf("\nAdr.   = %d Inh.= %c ",cz, *cz);
    ++cz;
    printf("\nAdr.+1 = %d Inh.= %c ",cz, *cz);

    printf("\n\nZeiger int");
    printf("\nAdr.   = %d Inh.= %d ",iz, *iz);
    ++iz;
    printf("\nAdr.+1 = %d Inh.= %d ",iz, *iz);

    printf("\n\nZeiger long");
    printf("\nAdr.   = %d Inh.= %d ",lz, *lz);
    ++lz;
    printf("\nAdr.+1 = %d Inh.= %d ",lz, *lz);
```

```
printf("\n\nZeiger float");
printf("\nAdr.   = %d Inh.= %f ",fz, *fz);
++fz;
printf("\nAdr.+1 = %d Inh.= %f ",fz, *fz);

printf("\n\nZeiger double");
printf("\nAdr.   = %d Inh.= %f ",dz, *dz);
++dz;
printf("\nAdr.+1 = %d Inh.= %f ",dz, *dz); }
```

Programmausgabe:

```
Zeiger char                zeig auf die Adresse des
Adr.    158 Inh.=A         Vektors w1
Adr.+1  159 Inh.=B         erhöht um 1 Byte im Speicher

Zeiger int                 zeigt auf die Adresse des
Adr.    163 Inh.=10        Vektors w2
Adr.+1  165 Inh.=20        erhöht um 2 Bytes im Speicher


Zeiger long                zeigt auf die Adresse des
Adr.    173 Inh.=100       Vektors w3
Adr.+1  177 Inh.=200       erhöht um 4 Bytes im Speicher

Zeiger float               zeigt auf die Adresse des
Adr.    193 Inh.=10.00999  Vektors w4
Adr.+1  197 Inh.=20.00199  erhöht um 4 Bytes im Speicher

Zeiger double              zeigt auf die Adresse des
Adr.    213 Inh.=10.001000 Vektors w5
Adr.+1  221 Inh.=20.002000 erhöht um 8 Bytes im Speicher
```

Die hier ausgegebenen Adressen können sich je nach Speicherplatz in ihrem Basiswert verändern. Die Erhöhung ist jedoch konstant, allerdings auch maschinenabhängig.

Die Abweichung der Werte des *float*-Zeigers ergeben sich aus der nur "einfachen Genauigkeit" beim Typ *float*, wohingegen die Werte bei dem Typ *double* korrekt ausgegeben wurden.

Hinweis: Sie können einen Zeiger ohne Bedenken um eins oder mehr erhöhen, wenn dieser den richtigen Typ hat, den Rest erledigt der Compiler für Sie. Wenn jedoch beim Compilieren Ihres Programms Warning-Meldungen auftreten wie z.B.

```
Suspicious pointer conversion
```

sollten Sie überprüfen, ob der Zeiger richtig deklariert wurde.

Was sind Vektoren?

Wir haben beschrieben, wie Sie mit einem Zeiger eine Adresse ansprechen und auf deren Inhalt zugreifen. Es wurde auch schon erwähnt, daß
die Adressen bei Vektoren (Arrays) etwas anders angesprochen werden,
da Vektoren bereits Adressen sind.

Ein Vektor ist eine Zusammenfügung (Liste) mehrerer Elemente gleichen Typs. Diese Elemente können den bisher beschriebenen Typen entsprechen und einen ein- oder mehrdimensionalen Aufbau haben. Ein
Vektor wird generell durch die eckigen Klammern [] gekennzeichnet, in
die bei der Deklaration die Anzahl der einzelnen Vektorelemente eingetragen wird und beim Zugriff auf einzelne Vektoradressen der jeweilige
Index einzutragen ist. Der Index ist ein Schlüssel für den Zugriff auf ein
einzelnes Element. Die Definition

```
vektor[21];
```

legt ein 21 Stellen langes Feld mit dem Namen *vektor* an, wobei das letzte
Element für das Feldende-Kennzeichen (\0) reserviert werden sollte.
Wenn Sie ein bestimmtes Element ansprechen möchten, lautet der Befehl
beispielsweise:

```
vektor[5] = 'A';
```

Einige Besonderheiten sollten Sie im Umgang mit Vektoren beachten. Es
ist eine Eigenschaft der Sprache C, Felder an Ihrem Ende mit \0 zu markieren. Das hängt damit zusammen, daß viele String-Funktionen das
Feldende-Kennzeichen (\0) abfragen. Bei der Bildschirmausgabe mit
printf können Sie durch den Befehl

```
printf("Feld = %s",vektor);
```

das oben definierte Feld auf dem Bildschirm ausgeben. Wie Sie sehen,
wird für den *printf*-Befehl keine Längenangabe benötigt (was jedoch
möglich ist, siehe C-Befehle), da dieser das Feldende durch die Markie-
rung \0 erkennt. Sehen Sie das bei Ihren Felddefinitionen aber besser
nicht voraus. Nicht alle C-Versionen reservieren automatisch das letzte
Element für das Feldende. Werden mehrere Vektoren angelegt, können

Sie davon ausgehen, daß diese nacheinander im Speicher abgelegt werden und Probleme bei der Verarbeitung auftreten können. Sie sollten diese Tatsache bei der Bearbeitung und Definition von Vektoren entsprechend berücksichtigen und ggf. die Felder um 1 Byte verlängern.

Diese Tatsache bedeutet außerdem, daß die einzelnen Elemente ab der Position 0 (null) und nicht, wie vielleicht gewohnt, ab Position 1, angesprochen werden.

Die Sprache C verfügt über keine Operatoren, die es erlauben, einen Vektor als Einheit zu bearbeiten. Sie können einem Vektor, den Sie mit

```
char vektor[21];
```

deklariert haben, keine Zeichenkette zuweisen, indem Sie die Zuweisung:

```
vektor = "Überschrift Text!";
```

eingeben. Für die Bearbeitung von Vektoren gibt es in der Turbo C-Bibliothek spezielle Funktionen, die Zeichenketten übertragen, vergleichen oder an einen anderen Vektor anfügen (siehe auch Befehle in C). Die Zuweisung einer Zeichenkette würde z.B. lauten:

```
strcpy(vektor,"Überschrift Text !!");
strcat(vektor,'\0');
```

Die folgenden Dinge sollte man sich über Vektoren merken:

1. Vektoren sind bereits Adressen. Daher lautet eine Anweisung, die einem Zeiger eine Anfangsadresse zuweisen soll:

```
zeiger = vektor;
```

2. Vektorelemente werden mit der Indexnummer des jeweiligen Elements angesprochen:

```
vektor[8] = 'A';
```

3. Ein Zeiger, der auf ein bestimmtes Vektorelement weisen soll, erhält diese Adresse durch:

```
zeiger = &vektor[8];
```

Das Programmlisting 1.5 zeigt Ihnen anhand einiger Beispiele, wie Vektoren bearbeitet werden.

```
/***********************/
/* Programmlisting 1.5 */
/***********************/
#include <stdio.h>
char vektor[20];
int  wert_vektor[20];
char *zeiger;

main()
{
    int i;

    /* 1 ***Vektortext kopieren*************/
    strcpy(vektor,"Seite 1 Überschrift");
    strcat(vektor,'\0');
    printf("\n%s\n",vektor);

    /* 2 ***Vektorenwerte in Schleife zuweisen***/
    for (i = 0; i < 20; i++)
        {
        wert_vektor[i] = i;
        printf(" %d",wert_vektor[i]);
        }

    /* 3 ***Vektor kopieren und vergleichen****/
    strcpy(vektor,"Seite 2 Überschrift");
    if(strcmp(vektor,"Seite 2 Überschrift") == 0);
        printf("\nVektor ist mit Zeichenkette gleich");

    /* 4 ***Vektorenelemente einzeln ändern****/
    vektor[6]  = '3';
    vektor[20] = '\0';
    printf("\n%s",vektor);

    /* 5 ***Vektor löschen von Ende nach Anf.**/
    for (i = strlen(vektor); i >= 0; i--)
        vektor[i] = ' ';

    /* 6 ***Vektor teilweise kopieren und Länge anz.*/
    strncpy(vektor,"1234567890ABCDEFGHI",10);
    printf("\n%s",vektor);
    printf("\nVektorlänge = %d\n",strlen(vektor));

    /* 7 ***Zeiger auf Vektoradresse 0********/
    zeiger = vektor;
    for ( i = 0; i < 20; i++)
        printf("%c",*zeiger++);

    /* 8 ***Zeiger auf Vektoradresse 4********/
    zeiger = &vektor[3];
```

```
    printf("\n");
    for ( i = 0; i < 16; i++)
        printf("%c",*zeiger++);
}
```

Programmausgabe:

```
Seite 1 Überschrift
0 1 2 3 4 5 ... 19
Vektor ist mit Zeichenkette gleich
Seite 2 Überschrift
Seite 3 Überschrift
1234567890
Vektorlänge = 19
1234567890
4567890
```

Mehrdimensionale Vektoren

In eindimensionale Vektoren Texte einzutragen, die z.B. als Bildschirm-
erklärung o.ä. dienen, ist teilweise sehr umständlich und schreibaufwendig. Das ist besonders dann der Fall, wenn Sie einen langen Text buchsta-
benweise mit der Definition

```
vektor[10] = {'A','B','C' ...}
```

anlegen müssen.

Mit der Definition eines mehrdimensionalen Vektors schaffen Sie Abhilfe und können den zu definierenden Text zusammenhängend in den jeweiligen Vektor eintragen und im Programm ebenfalls über einen Indexwert ansprechen. Die Deklaration

```
vektor[12][10];
```

legt beispielsweise 12 Felder mit der Länge 10 an. Einen Text erhalten
diese Felder durch die Zuweisung:

```
vektor[12][10] = {"Januar", ..., "Dezember"}
```

Die Abb. 1.7 stellt den Unterschied zwischen "eindimensional" und
"mehrdimensional" dar.

Zuweisung: Eindimensional

```
Vektor[10] = {'A','B','C','D','E','F','G','H','I','J'};
```

Vektor:

Inhalt	A	B	C	D	E	F	G	H	I	J	\0
Vektor[]	0	1	2	3	4	5	6	7	8	9	10

Zuweisung: Mehrdimensional

```
Vektor[6][8] = {"Januar","Februar","Maerz",
                "April","Mai","Juni"};
```

Vektor:

Vektor[]	Inhalt							
[0]	J	a	n	u	a	r	\0	
[1]	F	e	b	r	u	a	r	\0
[2]	M	a	e	r	z	\0		
[3]	A	p	r	i	l	\0		
[4]	M	a	i	\0				
[5]	J	u	n	i	\0			
Index	0	1	2	3	4	5	6	7

Abb. 1.7: Unterschied zwischen ein- und mehrdimensionalen Vektoren

Das Programmlisting 1.6 zeigt Ihnen einige Beispiele für die Bearbeitung von mehrdimensionalen Vektoren.

```
/***********************/
/* Programmlisting 1.6 */
/***********************/
```

```
#include <stdio.h>
char vektor[12][10] = { "Januar",
                        "Februar",
                        "Maerz",
                        "April",
                        "Mai",
                        "Juni",
                        "Juli",
                        "August",
                        "September",
                        "Oktober",
                        "November",
                        "Dezember"};


main()
{
   int i;

   /* 1 **Monat komplett schreiben*****/
   for(i=0; i<12; i++)
      printf("\n%s",vektor[i]);

   /* 2 **Nur ersten Buchstaben********/
   for(i=0; i<12; i++)
      printf("\n%c",vektor[i][0]);

   /* 3 **Monat ohne Anfangsbuchstaben*/
   for(i=0; i<12; i++)
      printf("\n%s",vektor[i]+1);

   /* 4 **Text mit strcpy kopieren*****/
   for(i=0; i<10; i++)
      vektor[3][i]= ' ';  /*-------> Vektor 3 löschen, */
                          /*um in diesen mit */
   strcpy(vektor[0],"Vektor--0");   /*der Funktion      */
   strcpy(vektor[1],"Vektor");      /*strcat() die      */
   strcpy(vektor[2],"--3");         /*Texte "Vektor"    */
   strcat(vektor[3],vektor[1]);     /*und    "--3" zu   */
   strcat(vektor[3],vektor[2]);     /*verknüpfen.       */
   printf("\n%s",vektor[0]);        /*Das Löschen       */
   printf("\n%s",vektor[1]);        /*ist nicht unbe-   */
   printf("\n%s",vektor[2]);        /*dingt erforderl.  */
   printf("\n%s\n\n",vektor[3]);    /*sollte aber       */
                                    /*gemacht werden    */
}
```

Die wichtigsten Bibliotheksfunktionen werden im Abschnitt "Befehle in C" kurz beschrieben. Eine detaillierte Beschreibung der Funktionen finden Sie in Kapitel 2.

Programmausgabe:

Teil 1:	Teil 2:	Teil 3:
Januar	J	anuar
Februar	F	ebruar
Maerz	M	aerz
April	A	pril
Mai	M	ai
Juni	J	uni
Juli	J	uli
August	A	ugust
September	S	eptember
November	N	ovember
Dezember	D	ezember

Teil 4:

```
Vektor--0
Vektor
--3
Vektor--3
```

Aufgaben:

Bevor Sie den Abschnitt "Befehle in C" lesen, sollten Sie die folgenden
Aufgaben lösen:

6. Erklären Sie den Begriff "Zeiger".

7. Erklären Sie den Begriff "Vektor".

8. Welche Arten von Vektoren unterscheidet man?

9. Definieren Sie jeweils:

char	Zeiger und Vektor
float	Zeiger und Vektor
double	Zeiger und Vektor
long	Zeiger und Vektor
int	Zeiger und Vektor

10. Ist die folgende Aussage richtig?

Ein *char*-Zeiger kann auf jedes beliebige Feld oder auf jede beliebige Variable verweisen und deren Inhalt ändern.

11. Begründen Sie Ihre Antwort zu Aufgabe 10!

Die Lösungen finden Sie in Anhang B.

Befehle in C

Wir haben jetzt die Basiskomponenten kennengelernt, die in der Sprache C gebraucht werden, um Anwendungen (Programme) zu erstellen.

Je nach Anwendung werden zwar nicht alle bisher beschriebenen Komponenten benötigt, doch wir wollen sie noch einmal kurz zusammenfassen:

Bestandteile eines Programms können sein:

– Variablen und Konstanten
– eigene Programmfunktionen
– Bibliotheksfunktionen
– Operatoren
– Zeiger
– Vektoren

Aus diesen Komponenten kann mittels Befehlen ein Programm aufgebaut werden, das unsere Daten verarbeiten soll.

Bei den Funktionen unterscheiden wir zwischen selbsterstellten Funktionen und Funktionen, die bereits in der Bibliothek (Library) vorhanden sind. In den Beispielen haben Sie bereits einige Befehle und Standardfunktionen kennengelernt und wissen nun, daß z.B. ein Feld oder eine Variable mit der *printf*-Funktion ausgegeben werden kann.

Unterschied Befehl – Funktion

Eine Funktion besteht aus einer Folge von Anweisungen oder Befehlen, in der ebenfalls wieder Funktionen aufgerufen werden können. Eine Funktion kann allerdings keinen Wert einer Variablen oder eines Feldes

abfragen. Sie kann jedoch Werte als Parameter übernehmen und zurückliefern. Der Name einer Funktion kann frei gewählt werden.

Ein Befehl ist ein fester vorgegebener Begriff der Sprache C, mit dem bestimmte Abläufe ausgelöst oder überwacht werden können. Dieser Begriff kann also nicht frei benannt werden und hat darüber hinaus eine vorgegebene Syntax, die im Programm eingehalten werden muß.

Durch diese Befehle können z.B. Programmteile wiederholt ausgeführt
werden, oder ein Programmteil kann angesprungen werden, der nur in einer bestimmten Situation von Bedeutung ist (z.B. Fehlermeldung).

Es gibt natürlich noch mehr Unterschiede und Eigenschaften, die diese
beiden Begriffe kennzeichnen, doch wir sollten uns für den Anfang damit
zufrieden geben.

Vielleicht merken Sie sich noch, daß es wesentlich weniger Befehle als
Funktionen gibt. Befehle sind relativ einfach zu lernen und zu merken. Im
folgenden werden wir die Befehle nun einzeln beschreiben und für jeden
ein Beispiel geben.

Die for-Schleife

Syntax:

```
for  (anfang = 0; anfang < ende; anfang++)
     {
     Befehl1;
     Befehl2;
     ...
     }
```

allgemein:

```
for ( Ausdruck1; Ausdruck2; Ausdruck3)
     Anweisung innerhalb der Schleife;

Anweisungen außerhalb der Schleife
```

Ausdruck1   initialisiert die Schleifenvariable.

Ausdruck2   prüft das Abbruchkriterium.

Ausdruck3   verändert die Schleifenvariable, wenn *Ausdruck2* noch
              nicht erfüllt ist.

Diese drei Ausdrücke können teilweise oder ganz in der Schleife fehlen, die Semikola in der Klammer müssen jedoch angegeben werden.

Folgt nur eine Anweisung auf die *for*-Schleife, so ist eine geschweifte Klammer nicht erforderlich. Sollen jedoch mehrere Anweisungen folgen, dann müssen diese in geschweifte Klammern gesetzt werden.

Innerhalb einer *for*-Schleife können weitere *for*-Schleifen definiert werden.

Darüber hinaus können auch mehrere Variablen in einem Ausdruck angegeben werden, um ggf. mehrere Schleifen in einer Abfrage einzubinden:

```
for (a=0,b=0; a<10,b<10; a++,b++)
     Anweisung;
```

```
/**********************/
/* Programmlisting 1.7 */
/**********************/
#include <stdio.h>

main()
{
   int anf=10, end=20;
   int i, j, k;

   /* 1 **Einfache for-Schleife*********/
   for(i=anf; i<end; i++)
       printf(" %d",i);
   printf("\n"); /*-----gehört nicht zur Schleife*/

   /* 2 **Schleife mit i,j**************/
   for(i=anf,j=end; i<j; i++,j--)
       printf(" %d",i);
   printf("\n"); /*-----gehört nicht zur Schleife*/

   /* 3 **Schleife mit i,j,k************/
   for(i=0,j=0,k=0; i<10,j<10,k<10; i++,j++,k++)
      printf(" %d %d %d",i,j,k);
   printf("\n"); /*-----gehört nicht zur Schleife*/

   /********************************************/
   /* 4 **Schleife mit i,j,k und Klammern.*/
   /* Die Variablen i, j und k werden      */
   /* gleichzeitig hochgezählt und nicht   */
   /* nacheinander.                        */
   /********************************************/
```

```
for(i=0,j=0,k=0; i<10,j<10,k<10; i++,j++,k++)
   {
   printf(" %d" ,i);
   printf(" %d" ,j);
   printf(" %d" ,k);
   }

}
```

Programmausgabe:

Teil 1:	10 11 12 13 14 15 16 17 18 19
Teil 2:	10 11 12 13 14
Teil 3:	000 111 222 333 444 555 666 777 888 999
Teil 4:	000 111 222 333 444 555 666 777 888 999

Die Operatoren ++ oder – – in unserem Beispiel bewirken das Addieren oder Subtrahieren der Variablen, die für die Bedingungsabfrage benötigt werden. Die Abfrage kann erfolgen

– bevor der Wert verändert wird, wobei der Operator rechts von der Variablen anzugeben ist:

```
i++;
```

– nachdem der Wert verändert wurde, wobei der Operator links von der Variablen anzugeben ist:

```
--i;
```

Mehrere Variablen werden durch den Komma-Operator (,) getrennt in der *for*-Schleife angegeben. Diese Technik sollte sich jedoch im Rahmen der Programmübersicht bewegen, um die Schleifenkonstruktion nicht zu überladen.

Schleifen können ineinander verschachtelt werden.

```
for(a = 0; a < b; a++)
  for(c = 0; c < d; c++)
    for(e = 0; e < f; e++)
      for(g = 0; g < h; g++)
        printf("Text");
```

Der *printf*-Befehl dieser Verschachtelung wird nur der innersten Schleife zugeordnet.

Die while-Schleife

Syntax:

```
while(Wert == 3)
{
   Befehl1;
   Befehl2;
   ...
}
```

allgemein:

```
while(Ausdruck)
{
   Anweisungen;
}
```

Die *while*-Schleife wird so lange durchlaufen, wie die Bedingung innerhalb der runden Klammer zutrifft. Ist die Bedingung in der runden Klammer nicht mehr erfüllt, wird der auf die *while*-Schleife folgende Befehl ausgeführt.

Eine *for*-Schleife mit folgendem Aufbau:

```
for(a=0; a<50; a++)
```

kann mit der while-Schleife wie folgt nachgebildet werden:

```
a=0;
while(a<50)
{
   Befehl1;
   Befehl2;
   a++;
}
```

Sollen in einer *while*-Schleife mehrere Anweisungen ausgeführt werden, sind diese in geschweifte Klammern zu setzen. Ein einzelner Befehl kann der *while*-Schleife ohne geschweifte Klammern zugeordnet werden.

Wir können uns folgendes merken: Eine *while*-Schleife wird nur dann durchlaufen, wenn die Bedingung innerhalb der runden Klammer zutrifft. Wenn diese Bedingung niemals verändert wird, kommen Sie aus der Schleife nicht mehr heraus. Sie haben eine Endlosschleife konstruiert! Wird z.B. der Wert *a* bei der o.a. *while*-Schleife nicht verändert, werden *Befehl1* und *Befehl2* immer wieder durchgeführt. Sie können das Programm in den meisten Fällen nur noch durch Aus- und Einschalten des Gerätes abbrechen.

```c
/**********************/
/* Programmlisting 1.8 */
/**********************/
#include <stdio.h>

main()
{
   int anf=10,end=20;
   int i, j, k;
   /* 1 **Einfache while-Schleife*********/
   i = anf;
   while(i++<end)
    printf(" %d",i);
   printf("\n");   /*----gehört nicht zur Schleife*/

   /* 2 **Schleife mit i,j********************/
   i=anf, j=20;
   while(i++ < j)
   {
     j=20;
     printf(" %d",i);
     while(j-- > 16);  /*------leere Anweisung********/
   }

   printf("\n");   /*-----gehört nicht zur Schleife*/

   /* 3 **Schleife mit i, j, k ohne Klammer*/
   i=0, j=0, k=0;
   while(i++<10)
     while(j++<10)
      while(k++<10)
        printf(" %d %d %d",i,j,k);

   /* 4 **while-Abfragen ***************/
   i=0;
   while(i)
   {
     printf("\nerste Klammer ausgeführt");
     i--;
   }

   i=0;
   while(!i)
   {
     printf("\nzweite Klammer ausgeführt");
     i++;
   }

}
```

Programmausgabe:

Teil 1:   11 12 13 14 15 16 17 18 19 20
Teil 2:   11 12 13 14 15
Teil 3:   1 1 1 1 2 1 1 3 1 1 4 1 1 5 1 1 6 1 1 ...
Teil 4:   zweite Klammer ausgeführt

Die do-while-Schleife

Syntax:

```
do
{
  Befehl1;
  Befehl2;
  ...
}
while(wert == 0);
```

allgemein:

```
do
{
  Anweisungen;
}
while(Ausdruck);
```

Im Gegensatz zu der *while*-Schleife, die nur dann durchlaufen wird, wenn der Ausdruck in der runden Klammer erfüllt ist, werden die Anweisungen in der *do-while*-Schleife mindestens einmal ausgeführt. Die Prüfung der Bedingung findet bei dieser Schleife nämlich erst am Ende statt. *do-while*-Schleifen bieten sich dort an, wo Programmabläufe in jedem Fall mindestens einmal ausgeführt werden müssen, bevor entschieden wird, ob der Vorgang wiederholt werden muß (z.B. wenn in jedem Fall ein Wert auf dem Bildschirm erscheinen soll oder wenn erst eine Berechnung eines Wertes durchgeführt werden soll).

Die Regeln zur Bedingungsabfrage sind identisch mit denen der *while*-Schleife, nur daß die Abfrage unten nach der geschweiften Klammer erfolgt. Die Entscheidung, welche dieser beiden Schleifen in einem Programm zweckmäßiger ist, bleibt Ihnen überlassen, da diese Unterschiede im Stil der jeweiligen Programmstruktur zu suchen sind. *do*-Schleifen können mit der *switch*-Anweisung kombiniert werden. Die *switch*-Anweisung ist hierbei vor der geschweiften Klammer anzugeben.

Wir können also folgendes merken: Die Anweisungen einer *do-while*-Schleife werden mindestens einmal ausgeführt, da die Bedingung in den runden Klammern erst am Ende geprüft wird.

Die Anweisungen in einer *while*-Schleife hingegen werden nur dann durchgeführt, wenn die Bedingung erfüllt ist, da diese bereits zu Beginn der Schleife geprüft wird.

Das folgende Programmlisting 1.9 zeigt Ihnen einige Beispiele für *do*-Schleifen.

```
/**********************/
/* Programmlisting 1.9 */
/**********************/
#include <stdio.h>

main()
{
    int anf=10, end=20;
    int i, j, k;

    /* 1 **Einfache do-while-Schleife*******************/
    i = anf;
    do
    {
        printf(" %d",i);
    }
    while(i++<end);
    printf("\n");   /*----gehört nicht zur Schleife*****/

    /* 2 **Schleife mit i,j*************************/
    i=anf, j=20;
    do
    {
        printf(" %d",i);
        do
        {
            printf(" X ");   /*wird in jedem Fall durchlaufen/
        }
        while(j == 0);
    }
    while(i++ < 16);

    printf("\n");      /*-----gehört nicht zur Schleife***/


    /* 3 **do-while-Abfragen ***********************/
    i = -1;
    do
    {
        printf("\nerste Klammer ausgeführt");
```

```
   i--}
while(i > 0);

   i = 0;
do
{
   printf("\nzweite Klammer ausgeführt");
   i++;
}
while(i < 2);

}
```

Programmausgabe:

Teil 1:	`10 11 12 13 14 15 16 17 18 19 20`
Teil 2:	`10 X 11 X 12 X 13 X 14 X 15 X 16 X`
Teil 3:	`erste Klammer ausgeführt`
	`zweite Klammer ausgeführt`
	`zweite Klammer ausgeführt`

Die switch-case-Anweisung

Syntax:

```
switch(wohin)
{
case hier       : Befehle;
                  break;

case oder_da    : Befehle;
                  break;

case oder_hier  : Befehle;
                  break;
}
```

Je nach Inhalt der Variablen *wohin* wird eine Ansprungmarke innerhalb der *switch*-Klammer ausgeführt. Ist dieser Wert mit keiner Ansprungmarke der *switch*-Anweisung identisch, wird die Schleife übersprungen, falls keine *default*-Marke gesetzt wurde. Diese Konstruktion ist z.B. sinnvoll, wenn mehrere Feldeingaben auf dem Bildschirm eingegeben werden müssen. Je nach *feld*-Wert wird dann mit der Abfrage

```
switch(feld)
```

eine entsprechende *case*-Marke gefunden, und die dort abgelegten Befehle oder Prüfroutinen werden ausgeführt. Es ist empfehlenswert, eine *default*-Marke zu setzen, die dann zur Geltung kommt, wenn keine *case*-Marke gefunden wird.

Beispiel:

```
switch(feld)
{
case 1  : Befehle;
          break;
case 2  : Befehle;
          break;
case 3  : Befehle;
          break;
default : Befehle;
          break;
}
```

Die *default*-Marke wird immer dann angesprungen, wenn der Wert der Variablen *feld* ungleich einem der Werte 1 bis 3 ist. Die *break*-Anweisung dient als Unterbrechungskennzeichen für die jeweilige *case*-Marke. Sobald die dort abgelegten Befehle ausgeführt sind, wird die *switch*-Schleife verlassen. Die Bezeichnung Schleife ist hier nicht ganz richtig, da nur eine Marke angesprungen wird, wenn der entsprechende Fall eintritt. Darüber hinaus wird die *switch*-Anweisung ohnehin wieder verlassen und muß in jeder Funktion neu aufgerufen werden.

case-Marken können entweder numerisch oder alphanumerisch sein und müssen dementsprechend auch syntaktisch richtig geschrieben werden. Soll das Programm z.B. aufgrund einer *int*-Variablen eine *case*-Marke mit der Bezeichnung:

```
case '1'  :  Befehle;
             break;
```

anspringen, werden Sie leider kein Glück haben, da die *1* in Hochkommas nicht als numerischer Wert, sondern als Textwert interpretiert wird. Sie müßten in diesem Fall in der *switch*-Anweisung keine *int*-Variable mit dem Wert *1*, sondern eine *char*-Variable mit dem Wert *'1'* verwenden.

Um eine *switch*-Anweisung nicht ständig in einer Funktion aufrufen zu müssen, kann sie mit einer *do-while*-Schleife kombiniert werden. Die Syntax sieht dann wie folgt aus:

```
do
switch(dummy = inchar())
{
case 'A' : printf("A");
           break;
case 'B' : printf("B");
           break;
}
while(dummy != 'C');
```

Diese Anweisung wird so lange durchgeführt, bis die Variable *dummy* ein *C* erhält. Es werden nur die *case*-Marken *A* und *B* angesprungen, egal welcher Wert in *dummy* steht. Wenn Sie diese Kombination wählen, muß die *switch*-Anweisung unmittelbar nach *do* erfolgen, wobei nur einmal geschweifte Klammern notwendig sind und diese der *do-while*-Schleife zugeordnet werden.

Infolgedessen gilt auch die Syntax der *do-while*-Schleife. Die Funktion *inchar()* liefert über die Tastatureingabe einen *char*-Wert an die Variable *dummy* und kann ebenso in der *while*-Abfrage zum Tragen kommen. Die Konstruktion würde dann so aussehen:

```
do
switch(dummy)
{
case 'A' : printf("A");
           break;
case 'B' : printf("B");
           break;
}
while((dummy = inchar()) != 'C');
```

Zusammenfassend können wir sagen:

case-Marken sind Ansprungsadressen in einer *switch*-Anweisung und können als Variablen, Zahlen oder String-Felder angegeben werden. Der Datentyp in der *switch*-Anweisung muß mit dem Datentyp der *case*-Marke übereinstimmen.

case-Marken werden mit der Anweisung *break* unterbrochen, die nicht unbedingt erst am Ende der jeweiligen Marke stehen muß. Sie kann z.B. auch in Verbindung mit einer Bedingung zum Zuge kommen. Die Reihenfolge der *case*-Marken ist beliebig.

default-Marken bieten eine Alternative zu allen *case*-Marken und kommen dann zur Geltung, wenn keine passende *case*-Marke gefunden wird.

Sie sind jedoch nicht unbedingt erforderlich. Ist keine *default*-Marke vorhanden und wird keine passende *case*-Marke gefunden, dann wird die *switch*-Anweisung übersprungen. Die Vollständigkeit oder Richtigkeit der Anweisung sollte dann überprüft werden.

Das Programmlisting 1.10 zeigt Ihnen einige Beispiele der *switch*-Anweisung.

```c
/***********************/
/* Programmlisting 1.10 */
/***********************/
#include <stdio.h>

main()
{
    funk_num(1);
    funk_num(5);
    funk_num();
    funk_alpha('A');
    funk_alpha('C');
    funk_alpha();
    funk_alpha(88); /*Achtung! Hier wird der ASCII-Wert*/
                    /*des Zeichens X, also 88 übergeben*/
}
funk_num(wo)
int wo;
{
    switch(wo)
    {
    case 5 : printf("\ncase num 5 ausgeführt");
             break;
    case 2 : printf("\ncase num 2 ausgeführt");
             break;
    case 4 : printf("\ncase num 4 ausgeführt");
             break;
    case 1 : printf("\ncase num 1 ausgeführt");
             break;
    case 3 : printf("\ncase num 3 ausgeführt");
             break;
    default: printf("\ndefault num ausgeführt");
             break;
    }
}
funk_alpha(wo)
char wo;
{
    switch(wo)
    {
    case 'A' : printf("\ncase alpha A ausgeführt");
             break;
```

```
        case 'B' : printf("\ncase alpha B ausgeführt");
                   break;
        case 'C' : printf("\ncase alpha C ausgeführt");
                   break;
        case 'X' : printf("\ncase alpha X ausgeführt");
                   break;
        default  : printf("\ndefault alpha ausgeführt");
                   break;
        }
}
```

Programmausgabe:

```
        case num 1 ausgeführt
        case num 5 ausgeführt
        default num ausgeführt
        case alpha A ausgeführt
        case alpha C ausgeführt
        default alpha ausgeführt
        case alpha X ausgeführt
```

Die goto-Anweisung

Syntax:

```
        goto dort_hin;

        dort_hin: printf("Was soll ich hier?");
```

allgemein:

```
        goto Marke;
```

Mit der *goto*-Anweisung können Sie Ansprungadressen (Marken) innerhalb einer Funktion ansprechen und Anweisungsblöcke in Schleifen
(*for*, *do-while* etc.) verlassen. In vielen Programmiersprachen, auch in
der Sprache C, stellt diese Anweisung eine äußerst umstrittene Form der
Programmierung dar, denn je mehr *goto*-Anweisungen in einem Programm vorhanden sind, desto unüberschaubarer wird es.

Die *goto*-Anweisung sollte daher mit größter Sorgfalt in ein Programm
eingefügt werden und nur dann Verwendung finden, wenn sich eine andere Lösung äußerst umständlich oder überhaupt nicht durchführen läßt.

Prinzipiell sollten daher nicht mehr *goto*-Anweisungen als unbedingt notwendig verwendet werden.

Entscheiden müssen Sie jedoch letztlich selbst, nehmen Sie dies nur als Warnung zur Kenntnis. Vielleicht stellen Sie in Ihrer Praxis fest, daß die "Strukturierte Programmierung" eine gute Methode ist, um Programme ohne *goto*-Anweisungen zu erstellen. Dennoch, es gibt immer einige Programme oder Funktionsbereiche, in denen mittels der *goto*-Anweisung eine elegante Lösung geboten wird. Zum Beispiel dann, wenn eine Abfrage oder Schleife nur sehr umständlich verlassen werden kann, bietet sich die *goto*-Anweisung oft als letzter Ausweg an.

Das folgende Beispiel soll die Schwierigkeit demonstrieren, bei einem auftretenden Fehler aus einer inneren verschachtelten Schleife herauszugelangen.

Beispiel:

```
sinnlos()
{
    int i=1, j=5, k=10, dummy;

    do
    {
        dummy = funk1(++i);
        if(dummy % 2 == 0)
        {
            do
            {
                funk2();
                for(j=i; j<i+10; j++)
                {
                    funk3();
                    do
                    {
                        funk4();
                        if(black_out)
                            goto rette_mich;
                        else
                            funk5();
                    }
                    while(dummy != 0);
                }
            }
            while(dummy == 1);
        }
    }
    while(dummy);

    rette_mich: printf("\hDas war wohl nichts!!");
}
```

Wenn man an Stelle der *goto*- eine *break*-Anweisung verwendet, bewirkt dies lediglich den Abbruch der inneren Schleife.

Die Ansprungmarke *rette_mich* wird bei korrekter Ausführung der
Schleifen ignoriert, so daß der *printf*-Befehl nicht zur Geltung kommt.

Das Programmlisting 1.11 zeigt Ihnen einige Beispiele für die *goto*-An-
weisung.

```
/***********************/
/* Programmlisting 1.11 */
/***********************/
#include <stdio.h>

main()
{
    funk_num(1);
    funk_num(5);
    funk_num(3);
    funk_alpha('B');
    funk_alpha('A');
    funk_alpha('E');
}

funk_num(wo)
int wo;
{
    switch(wo)
    {
    case 1    : goto error_msg;
    case 2    : goto error_msg;
    case 3    : goto error_msg;
    case 4    : goto error_msg;
    case 5    : goto error_msg;
    }
    error_msg: printf("\nFehler bei case %d",wo);
}

funk_alpha(wo)
char wo;
{
    switch(wo)
    {
    case 'A' : goto error_msg;
    case 'B' : goto error_msg;
    case 'C' : goto error_msg;
    case 'D' : goto error_msg;
    case 'E' : goto error_msg;
    }
    error_msg: printf("\nFehler bei case %c",wo);
}
```

Programmausgabe:

```
Fehler bei case 1
Fehler bei case 5
Fehler bei case 3
Fehler bei case B
Fehler bei case A
Fehler bei case E
```

Die break-Anweisung

Syntax:

```
do
{
    funk();
    do
    {
        if((dummy = funk1()) == 0)
            break;
        funk2();
    }
    while(dummy);
}
while(!ende);
```

allgemein:

```
do
 {
 Befehle
 .....
 if(.....)
   break;
 Befehle
 }
 while(....)
```

Die *break*-Anweisung bewirkt einen Abbruch der Befehlsausführung in einer Schleife (*do, while, for* etc.). Bei einer Verschachtelung von mehreren Schleifen erfolgt nur der Abbruch der Schleife, in der *break* eingetragen wurde. In dem obigen Beispiel wird die innere *do*-Schleife unterbrochen, wenn der Wert der Variablen *dummy* gleich 0 (null) ist. Der Aufruf der Funktion *funk2()* erfolgt nicht mehr. Die äußere *do*-Schleife wird jedoch weiter durchlaufen. Die *break*-Anweisung gilt für alle

Schleifenvarianten. Sie bricht den Arbeitsprozeß im Gegensatz zur *continue*-Anweisung ganz ab. Darüber hinaus gehört die *break*-Anweisung an das Ende einer *case*-Verzweigung, um einerseits die Lesbarkeit eines Programms zu optimieren und um andererseits sicherzustellen, daß weitere Befehle nicht ausgeführt werden.

Das Programmlisting 1.12 zeigt einige Beispiele.

```
/************************/
/* Programmlisting 1.12 */
/************************/
#include <stdio.h>


main()
{
    int i, j;
    /***********************************/
    /* Abbruch wenn i = 10 ist,        */
    /* obwohl bis 20 gezählt werden soll*/
    /***********************************/
    for(i=0; i<20; i++)
        {
        if(i == 10)
           break;
        printf(" %d",i);
        }


    /******************************************/
    /* Schleife (i) wird bei 6 und            */
    /* Schleife (j) wird auch bei 6           */
    /* abgebrochen, wobei beim j-Abbruch      */
    /* die i-Schleife weiter ausgeführt       */
    /* wird!                                  */
    /******************************************/
    for(i=0; i<20; i++)
        {
        if(i == 6)
           break;
        printf("\nI-Durchlauf  %d   Werte J = ",i);
        for(j=0; j<10; j++)
            {
            if(j==6)
               break;
            printf(" %d",j);
            }
        }
}
```

Programmausgabe:

Teil 1:	0 1 2 3 4 5 6 7 8 9
Teil 2:	I-Durchlauf 0 Werte J = 0 1 2 3 4 5
	I-Durchlauf 1 Werte J = 0 1 2 3 4 5
	I-Durchlauf 2 Werte J = 0 1 2 3 4 5
	I-Durchlauf 3 Werte J = 0 1 2 3 4 5
	I-Durchlauf 4 Werte J = 0 1 2 3 4 5
	I-Durchlauf 5 Werte J = 0 1 2 3 4 5

Die continue-Anweisung

Syntax:

```
do
{
    funk();
    for(i = 0; i < 10; i++)
        {
        if(dummy = funk1() == 0)
                continue;
        funk2();
        }
}
while(!ende);
```

allgemein:

```
do
{
Befehle
..... 146
if(.....)
    continue;
Befehle
}
while(....)
```

Die *continue*-Anweisung bewirkt einen Abbruch der Befehlsausführung in einer Schleife (*do, while, for* etc.). Im Gegensatz zur *break*-Anweisung wird die Schleife jedoch nicht ganz verlassen, sondern es wird nur der aktuelle Schleifendurchlauf abgebrochen.

Steht *continue* in einer *switch*-Konstruktion und diese z.B. in einer *do*-Schleife, wird die Schleife wiederholt, da *continue* nur in Schleifen und nicht in *switch*-Anweisungen wirksam ist.

Das Programmlisting 1.13 zeigt einige Beispiele.

```
/***********************/
/* Programmlisting 1.13 */
/***********************/
#include <stdio.h>

main()
{
    int i, j;
    /**********************************/
    /* continue, wenn i = 10, 11 und 15 */
    /* ist, obwohl bis 20 gezählt wird   */
    /**********************************/
    for(i=0; i<20; i++)
        {
        if(i == 10 || i == 11 || i == 15)
          continue;
        printf(" %d",i);
        }

    /************************************/
    /* Schleife (i) wird bei 6 und      */
    /* Schleife (j) wird bei 6 und 7    */
    /* im Gegensatz zur break-Anweisung */
    /* nur unterbrochen und nicht       */
    /* abgebrochen!                     */
    /************************************/
    for(i=0; i<8; i++)
        {
        if(i == 6)
           continue;
        printf("\nI-Durchlauf  %d   Werte J = ",i);
        for(j=0; j<10; j++)
            {
            if(j==6 || j==7)
              continue;
            printf(" %d",j);
            }
        }
}
```

Programmausgabe:

Teil 1: 0 1 2 3 4 5 6 7 8 9 12 13 14 16 17 18 19

Teil 2: I-Durchlauf 0   Werte J = 0 1 2 3 4 5 8 9
       I-Durchlauf 1   Werte J = 0 1 2 3 4 5 8 9
       I-Durchlauf 2   Werte J = 0 1 2 3 4 5 8 9
       I-Durchlauf 3   Werte J = 0 1 2 3 4 5 8 9
       I-Durchlauf 4   Werte J = 0 1 2 3 4 5 8 9
       I-Durchlauf 5   Werte J = 0 1 2 3 4 5 8 9
       I-Durchlauf 7   Werte J = 0 1 2 3 4 5 8 9

Die *I*-Schleife wurde mit *continue* bei Wert 6 und die *J*-Schleife jeweils bei Wert 6 und 7 unterbrochen!

Die if-else-Anweisung

Syntax:

```
if(wert1 < wert2)
   {
   funk();
   printf("\nText ....");
   }
else
   {
   funk1();
   funk2();
   }
```

allgemein:

```
if(Bedingung)
   Anweisung-A
else
   Anweisung-B
```

Folgt nach *if* oder *else* nur eine Anweisung, dann werden keine geschweiften Klammern benötigt.

Die *if*-Abfrage prüft die in den runden Klammern angegebene Bedingung und führt den oder die folgenden Befehle aus, wenn die Bedingung erfüllt ist. Wahlweise kann ein *else*-Zweig hinzugefügt werden, der festlegt, welche Anweisungen ausgeführt werden sollen, wenn die *if*-Bedingung nicht erfüllt ist.

Der nach *if* folgende, in runden Klammern angegebene Ausdruck kann eine direkte Bedingungsabfrage oder eine Variable sein.

Bei einer Variablen gilt die Bedingung als erfüllt, wenn diese einen Wert != 0 (ungleich null) hat, und sie gilt als nicht erfüllt, wenn dieser Wert = 0 (gleich null) ist.

Wir können uns also merken: Die *if*-Abfrage prüft zuerst die in den runden Klammern vorgegebene Bedingung und führt die Anweisung aus, wenn die Bedingung als erfüllt gilt.

Wird ein *else*-Zweig mit angegeben, kommt dieser zur Geltung, wenn die
if-Bedingung als nicht erfüllt bewertet wird.

Das Programmlisting 1.14 zeigt einige Beispiele.

```
/************************/
/* Programmlisting 1.14 */
/************************/
#include <stdio.h>


main()
{
    int i;
    /**********************************/
    /* if-Abfrage für die Variable i    */
    /* schreibt einen Text wenn i = 3,4,8*/
    /**********************************/
    for(i=0; i<10; i++)
        {
        if(i == 3 || i == 4 || i == 8)
            printf("\nWert %d  Abfrage OK!",i);
        }

    /**********************************/
    /* if-Abfrage für die Variable i    */
    /* schreibt einen Text wenn i > 0    */
    /**********************************/
    for(i=0; i<3; i++)
        {
        if(i)
            printf("\nWert %d  Abfrage OK!",i);
        }

    /**********************************/
    /* if-Abfrage für die Variable i    */
    /* if (!i) = Negationsabfrage!       */
    /* schreibt einen Text wenn i <= 0   */
    /* ansonsten kommt Text von else     */
    /**********************************/
    for(i=0; i<3; i++)
        {
        if(!i)
            printf("\nWert %d  Abfrage OK!",i);
        else
            printf("\nBedingung nicht erfüllt!");
        }

}
```

Programmausgabe:

Teil 1:
```
Wert 3 Abfrage OK!
Wert 4 Abfrage OK!
Wert 8 Abfrage OK!
```

Teil 2:
```
Wert 1 Abfrage OK!
Wert 2 Abfrage OK!
```

Teil 3:
```
Wert 0 Abfrage OK!
Bedingung nicht erfüllt
Bedingung nicht erfüllt
```

Verknüpfte Bedingungsabfragen

Sie haben nun die wichtigsten Befehle zur Programmsteuerung kennengelernt. Um diese Angelegenheit nicht allzu kompliziert zu gestalten, wurde in den aufgeführten Beispielen bewußt noch nicht erwähnt, wie diese Schleifen oder Abfragen in Zusammenhang mit den einzelnen Operatoren angewendet werden. Ein Ausdruck, der eine Bildschirmeingabe mit einer Bedingungsabfrage verknüpft, ist gerade für den Anfänger ein recht seltsames Gebilde. An dieser Stelle werden wir daher noch kurz erklären, wie Bedingungsabfragen mit Operatoren und Funktionen kombiniert werden. Auf Anhieb mag Ihnen die Anweisung

```
while(printf("Bitte Eingabe") && scanf("%d",text)
        && dummy && strlen(text) > 1)
```

ziemlich undurchsichtig erscheinen. Wir haben bereits erwähnt, daß sich Funktionsaufrufe oder Anweisungen mit C-Operatoren verknüpfen lassen. Nehmen wir die o.a. Anweisung einfach schrittweise auseinander.

– Die *while*-Schleife kennen wir bereits.
– Die *printf*-Funktion wurde ebenfalls in einigen Beispielen beschrieben.
– Den Operator *&&* (logisches Und) verwenden wir, wenn mehrere Abfragen verbunden werden. Beispielsweise bedeutet *if(a == b && c == d)* nichts anderes als die Frage, ob der Wert *a* gleich dem Wert *b* UND der Wert *c* gleich dem Wert *d* ist. Wir können ja nicht nur Variablen, sondern auch Ergebnisse aus Funktionen verknüpfen, die, wie wir bereits wissen, ebenfalls einen *return*-Wert liefern. Das trifft in diesem Fall für den Funktionsaufruf *scanf(...)* zu, der eine Tastatureingabe in den Vektor *text* überträgt.

— Wir wissen auch, daß eine Variable den logischen Wert *wahr* oder *true* liefert, wenn ihr Wert größer als 0 (null) ist. Hätte in diesem Fall die Variable *dummy* einen Wert kleiner oder gleich 0 (null), dann wäre die Bedingung nicht mehr erfüllt, da die Operanden mit *&&* verknüpft sind und *dummy* den logischen Wert *false* liefern würde.

— Schließlich steht in unserem Beispiel noch die Funktion *strlen(text)*. Diese liefert die aktuelle Länge eines Feldes. Ist der Eingabetext von *scanf* also länger als ein Zeichen, so ist diese Bedingung ebenfalls erfüllt.

Anders formuliert, könnte unser Beispiel auch so aussehen:

```
while(dummy)
{
printf("\nBitte Eingabe");
scanf("%s",text);
   if(strlen(text) > 1)
      {
      Befehle...
      }
   else
      dummy = 0;
}
```

Die eigentliche Bedingung zur Auslösung einer Aktion wird hier letztendlich nur durch die *if*-Abfrage gesteuert. Für den Anfang sollten Sie vielleicht diese Variante und erst später die andere Konstruktionsart wählen.

Zusammenfassung

Wir wissen jetzt, daß die Befehle

```
while
do-while
switch
for
if-else
```

nichts anderes als Schleifenkonstruktionen sind, die eine oder mehrere Anweisungen oder Funktionsaufrufe auslösen, wenn eine bestimmte Bedingung erfüllt wird. Die Bedingungsabfragen bzw. deren Objekte können

– direkte Werte	`while(1)`
– Variablen	`while(dummy)`
– Funktionsergebnisse	`while(funk(wert))`

sein und durch Operatoren miteinander verknüpft werden. Das Programmlisting 1.15 zeigt einige Beispiele, wie Bedingungen miteinander verbunden werden können. Dieses Programm soll nur Demonstrationszwecken dienen. Für praktische Anwendungen ist es nicht sinnvoll einsetzbar. Für den Anfänger ist es ohnehin noch nicht empfehlenswert, solche Kombinationen in eigene Programme einzufügen. Versuchen Sie zunächst nur, den jeweiligen Ablauf nachzuvollziehen und einige Kombinationen umzuändern oder selbst zu kreieren. Im weiteren Verlauf dieses Buchs werden noch interessantere Möglichkeiten veranschaulicht. Wir möchten hier weniger verdeutlichen, wie es geht, sondern nur zeigen, daß es geht.

```c
/***********************/
/* Programmlisting 1.15 */
/***********************/
#include <stdio.h>
#include <dos.h>
int    dummy = 1,x,i;
int    wert, wert1;
char   text[80];

/**********************************/
/*Programm bricht ab, wenn keine  */
/*Parameter übergeben werden oder */
/*wenn der erste Parameter nicht  */
/*START ist!                      */
/*Programm wird aufgerufen mit    */
/* KAP1TEST START                 */
/**********************************/
main(int argc, char *argv[])
{
if (argc == 0 || (strcmp(argv[1],"START")) != 0)
   {
   printf("\nFalsche Parameterübergabe !!");
   exit(0);
   }

/************************************/
/*Ausgabe der übergebenen           */
/*Parameter in einer while-Schleife */
/************************************/
printf("\n\n\nBeispiel 1: Parameter anzeigen\n");
while(argc--)
   printf("\nParameter %d = %s ",argc,argv[argc]);
```

```
/********************************/
/*Kombinierte while-Schleife    */
/*mit Textausgabe und Eingabe   */
/*eines Werts von 1-4, der mit  */
/*switch abgefragt wird.        */
/********************************/
printf("\n\n\nBeispiel 2: Buchstabe und Return = Ende\n");
while(printf
       "\nBitte Eingabe ") && dummy && scanf("%d",&wert))
       switch(wert)
          {
          case 1  :  printf("\nEingabewert = %d\n",wert);
                     continue;
          case 2  :  printf("\nEingabewert = %d\n",wert);
                     continue;
          case 3  :  printf("\nEingabewert = %d\n",wert);
                     continue;
          case 4  :  printf("\nEingabewert = %d\n",wert);
                     continue;
          default :  printf("\nNur Eingabe 1-4 erlaubt\n");
          }


/**********************************/
/*Hier wird eine Texteingabe er-  */
/*wartet, die in while durch die  */
/*Funktion strcmp verglichen wird.*/
/*Ist die Eingabe ungleich den    */
/*Zahlen 1234567890, wird eine    */
/*neue Eingabe erwartet.          */
/**********************************/
printf("\n\n\nBeispiel 3: 1234567890 = Ende\n");
   do
   {
   printf("\nBitte geben Sie einen Text ein ");
   scanf("%10s",text);
   printf("\nEingabetext = %s",text);
   }
   while(strcmp(text,"1234567890") != 0);


/************************************/
/*Hier wird eine Texteingabe er-    */
/*wartet, deren Länge durch die     */
/*Funktion strlen abgefragt wird.   */
/*Ist die Eingabe kleiner als 20    */
/*Stellen, wird an den Text mit     */
/*strcat "--->Zusatz" angehängt     */
/*und angezeigt.                    */
/************************************/
printf("\n\n\nBeispiel 4: Mehr als 10 Zeichen = Ende\n");
   while(printf("\nEingabe ? ") &&
          scanf("%s",text)
          && strlen(text) < 10) /*gehört zu while*/
           printf("\nText = %s",strcat(text,"--->Zusatz"));
```

```
/***********************************/
/*In der Schleife wird mit printf  */
/*der Wert x an die Funktion funk  */
/*übergeben. Dieser wird einfach   */
/*mit 100 multipliziert, zurück-   */
/*gegeben und dann ausgedruckt.    */
/***********************************/
printf("\n\n\nBeispiel 5: Wert aus Funktion holen\n");
    for (x=1; x<11; x++)
        {
        printf("\nWert i vor Aufruf  = %d",x);
        printf("\nWert i nach Aufruf = %d",funk(x));
        }

/***********************************/
/*Eine Texteingabe wird verkehrt   */
/*herum angezeigt.                 */
/***********************************/
printf("\n\n\nBeispiel 6: DREH_MICH\n");
printf("Eingabe eines Zeichen und Return = Ende");
while(printf("\n") && scanf("%s",text) && strlen(text) > 1)
        {
        for(i = (strlen(text)-1); i != -1; i--)
          printf("%c",text[i]);
        }

/***********************************/
/*Die Funktion asc_wert liefert    */
/*den ASCII-Wert der Funktions-    */
/*tasten und Cursortasten. Sie     */
/*ruft die Funktion get_key auf,   */
/*die den eigentlichen Wert        */
/*an asc_wert zurückliefert!       */
/***********************************/
printf("\n\n\nBeispiel 7: ASCII Wert ermitteln\n"); asc_wert();

} /*-------------------------main-Klammer zu*/

/**************************/
/*Funktion zu Beispiel 5  */
/**************************/
funk(i)
int i;
{
    return (i * 100);
}

/**************************/
/*Funktion zu Beispiel 7  */
/**************************/
asc_wert()
{                               /**********************/
union scan {                    /*eine Beschreibung zu */
      int c;                    /*union erfolgt im     */
      char ch[2];               /*Kapitel 3, Strukturen */
      } sc;                     /**********************/
```

```
    printf("\nBitte drücken Sie eine Taste <ESC> = Ende");

    do
    {
    sc.c = get_key();
    if (sc.ch[0] == 0)
        printf("\nASC-Wert = %d <ESC> = Ende",sc.ch[1]);
        else
        printf("\nASC-Wert = %d <ESC> = Ende",sc.ch[0]);
    }
    while(sc.ch[0] != 27);

}
/**************************/
/*Funktion zu asc_wert    */
/**************************/
get_key()
{
union  REGS r;
    r.h.ah = 0;
    return int86(0x16,&r,&r);
}
```

Prioritäten

Die letzten beiden Abschnitte des Einführungskapitels behandeln spezielle Themen. Wo immer Sie Operatoren verwenden, ist es wichtig zu wissen, wie die zugehörigen Ausdrücke entsprechend der Priorität der Operanden abgearbeitet werden.

Die Prioritäten sind in der Abb. 1.8 zusammengefaßt.

Priorität	Operator	Assoziativität
15	() [] ->	von links nach rechts
14	! ~ ++ --- (Typ) * & sizeof	von rechts nach links
13	* / %	von links nach rechts
12	+ -	von links nach rechts
11	<< >>	von links nach rechts
10	< <= > >=	von links nach rechts
9	== !=	von links nach rechts
8	&	von links nach rechts

Abb. 1.8: Prioritäten der Operanden

Priorität	Operator	Assoziativität
7	^	von links nach rechts
6	|	von links nach rechts
5	&&	von links nach rechts
4	||	von links nach rechts
3	?:	von rechts nach links
2	= += −= /= *= %=	
	>>= <<= &= |= ^=	von rechts nach links
1	,	von links nach rechts

Abb. 1.8: Prioritäten der Operanden (Fortsetzung)

Die Assoziativität gibt an, in welcher Reihenfolge Operatoren gleicher Priorität bearbeitet werden.

Beispiel:

```
if((a > b) && (c < d) || (x == y))
```

Zuerst wird die Bedingung *a > b*, anschließend *c < d* und zuletzt *x == y* geprüft.

Woher – Wohin

Bei den Zuweisungs-Operatoren wollen wir untersuchen, woher ein Zuweisungswert kommt und wohin dieser übertragen wird. Zuweisungs-Operatoren sind:

```
+ - * / % << >> & ^ |
```

wenn sie mit dem Operator = kombiniert werden. Bei den Zuweisungen

```
wert1 += wert2
```

oder ausführlich

```
wert1 = wert1 + wert2
```

wird der Wert des rechten Ausdrucks in den linken Ausdruck übertragen. Dies gilt ebenso für alle anderen Zuweisungs-Operatoren.

Zusammengesetzte Ausdrücke

Wenn Sie einen zusammengesetzten Ausdruck wie folgt definieren

```
if(a+=b == c && d/=e != f)
```

können Sie nicht davon ausgehen, daß zuerst die arithmetischen Berechnungen durchgeführt und die Ergebnisse danach verglichen und verknüpft werden. Die Prioritätenregelung für Operatoren legt für die Bearbeitung dieses zusammengesetzten Ausdrucks eine andere Reihenfolge
fest, und zwar die folgende durch Klammerung deutlich gemachte:

```
if(a = a + ((b == c) && d) = d / (e != f))
```

Das war sicher nicht beabsichtigt. Seien Sie also äußerst vorsichtig, und
setzen Sie lieber eine Klammer zuviel als zu wenig.

Richtig geklammert könnte der Ausdruck so aussehen:

```
if(((a+=b) == c) && ((d/=e) != f)))
```

Wir wollen ihn einmal zerlegen:

1. `if((a = a + b) == c)`
2. `if((d = d / e) != f)`

Zuerst wird *a+=b* berechnet und anschließend *d/=e*. Erst dann wird geprüft, ob das Ergebnis den jeweils rechts angegebenen Werten *c* und *f*
entspricht bzw. nicht entspricht.

Schrittweise wird der zusammengesetzte Ausdruck also folgendermaßen
ausgewertet:

Ausrechnen

1. `a = a + b`   (b wird zu a addiert)
2. `d = d / e`   (d wird durch e dividiert)

Bedingung prüfen 1

1. Ist das Ergebnis von *(a = a + b)* gleich dem Wert *c*?
   Bei "nein" wird die weitere Prüfung abgebrochen.
2. Ist das Ergebnis von *(d = d / e)* ungleich dem Wert *f*?
   Bei "nein" wird die weitere Prüfung abgebrochen.

Bedingung prüfen 2

Ist das Ergebnis aus der Operation 1 *(a+=b==c)*
gleich dem Ergebnis der Operation 2 *(d/=e==f)*?
Bei "ja" gilt die Bedingung als erfüllt.

Fehlerbeispiele

Wenn Sie mit Turbo C arbeiten, wird zwangsläufig immer wieder die Frage auftauchen, was zulässig ist und was nicht.

– Wann dürfen z.B. Anweisungen oder Zuweisungen getrennt werden?
– Wo ist ein Präprozessor-Befehl erlaubt?
– Wo dürfen Kommentare (/*text*/) angebracht werden?
– Darf man eine eckige Klammer einfach trennen?

Einige markante Fehler, die Sie vermeiden sollten, werden wir in einer Gegenüberstellung von zwei Programmen im folgenden kurz aufführen. Listing 1.16 ist richtig, und in Listing 1.17 ist alles falsch. Was immer Sie dazu treibt, solche Formen wie in Listing 1.16 zu wählen: Sie sind erlaubt!

```
/***********************/
/* Programmlisting 1.16 */
/***********************/
#include <stdio.h>

char x    [100];
#define  dummy = 1 /*--richtig kein Semikolon*/

main()
{
/**Beispiel 1 ----------richtig**/
int a1 = 1, a2 = 2, a3 = 3;
char zeich[];

/**Beispiel 2 ----------richtig**/
x
  [0] = 'A';

/**Beispiel 3 ----------richtig**/
x [
   1
    ]
    =
      'B'
        ;
```

```
/**Beispiel 4 -----------richtig**/
zeich[1] = '1'; zeich[0] = '0';zeich[2
] = '2';

/**Beispiel 5 -----------richtig**/
printf ("\nWert x und zeich = %s %c %c %c
",x,zeich[0],zeich[

1],zeich[2]);

/**Beispiel 6 -----------richtig**/
printf("\nWert aus a1 + a2 + a3 = %d",
        a1+a2+a3);

/**Beispiel 7 -----------richtig**/
if (a1+a2+a3 !=
        7)
        printf("\nWert ist ungleich 7"
                );

/**Beispiel 8 -----------richtig**/
#define dummy2 = 4

/**Beispiel 9 -----------richtig**/
while(1)
    /* hier folgt mittendrin ein Text
       zur Erläuterung, was while
       gerade machen soll*/
    printf("\nWhile-Schleife");


} /*---alles zulässig!*/




/*****************************************/
/* Programmlisting 1.17  (alles falsch) */
/*****************************************/
#include stdio.h  /*---nicht zulässig!   */
char x[];    /*--------nicht zulässig!   */
#define 1    /*--------nicht zulässig!   */

main()
{
/**Beispiel 1 ---falsch, nur Komma-Operator als Trennung**/
int a1 = 1 a2 = 2 . a3 = 3;
char *;

/**Beispiel 2 ---falsch, "A" nur bei char-Zeigern**/
x
 [0] = "A";
```

```
/**Beispiel 3 ---falsch, Zuweisung = steht falsch**/
x = [
    1
     ]
      'B'
       ;

/**Beispiel 4 ---falsch, unzulässige Werte in []**/
zeich["1"] = '1'; zeich[] = '0';zeich[-2
] = '2';

/**Beispiel 5 ---falsch, Zeichenkette unterbrochen**/
printf ("\nWert x und zeich =
                %s %c %c %c ",x,zeich[0],zeich[1],zeich[2]);

/**Beispiel 6 ---falsch, unzulässiges Formatzeichen %y **/
printf("\nWert aus a1 + a2 + a3 = %y",
        a1+a2+a3);

/**Beispiel 7 ---falsch, einmal " vergessen**/
if (a1+a2+a3 !=
        7)
        printf ("\nWert ist ungleich 7
                );

/**Beispiel 8 ---falsch, include-Name Anführungszeichen*/
#include stdio.h

/**Beispiel 9 ---falsch nur mit Werten**/
while(+)
  printf("\nwhile-Schleife");


/*---alles falsch, außerdem wurde die
    geschweifte Klammer zum Schließen
    vergessen! Der Compiler würde
    hier total ins Schleudern kommen.*/
```

Kleines Fehlerglossar

In der Praxis beim Programmieren am eigenen PC sind es oft die berühmten Kleinigkeiten, die einem zu schaffen machen. Einige Fehler, die ggf. auf Sie zukommen könnten, haben wir zusammengefaßt. Es handelt sich hierbei um typische Fehler, wie sie dem Anfänger, aber manchmal auch dem Fachmann, passieren können. Im übrigen werden Sie mit der Zeit Übung darin bekommen, Fehler zu suchen und zu korrigieren. Sie können davon ausgehen, daß kaum ein Programm auf Anhieb fehlerfrei läuft.

Fehler:

Ungewöhnlich viele Fehlermeldungen beim Compilieren?

Mögliche Ursachen:

- Irgendwo wurde eine geschweifte Klammer nicht geöffnet oder geschlossen.
- Ein Semikolon folgt nach einem Funktionsnamen.
- Eine eckige oder eine runde Klammer wurde nicht geöffnet oder geschlossen.
- In einer Standardfunktion, wie z.B. *printf*, wurde ein Anführungszeichen vergessen.
- *main* wurde vergessen.

Fehler:

Falsches Ergebnis bei mathematischen Operationen.

Mögliche Ursachen:

- Falsche Zeiger- oder Vektordefinition.
- Zugriff mit einem inkorrekten Zeiger, der trotzdem richtig definiert wurde (z.B. *char*-Zeiger auf *int*-Variable).
- Falsche Definition von Variablen oder Zeigern. Eine Rechenoperation liefert beispielsweise einen Gleitkommawert, der in eine *int*-Variable übertragen werden soll.
- Falsche Formel.
- Wurden die Prioritäten beachtet?

Fehler:

Falsche Anzeige von Feldinhalten.

Mögliche Ursachen:

- Feldende-Kennzeichen (\0) ist nicht oder an falscher Position vorhanden.
- Der alte Inhalt wurde nicht gelöscht oder vorbelegt (wichtig bei Dateibearbeitung).
- Falsches Formatzeichen in *printf*.
- Ein falscher Wert wurde zugewiesen.

– Der Vektor ist nicht groß genug für den aufzunehmenden Inhalt.
– Der Indexwert der Vektorelemente wurde falsch vergeben oder liegt außerhalb des Größenbereichs.

Fehler:

Ein Funktionsaufruf liefert ein falsches oder kein Ergebnis.

Mögliche Ursachen:

– *return* falsch, vergessen oder an falscher Position.
– Funktionsname und Aufrufname stimmt nicht überein. Ist der Name falsch, kommt eine Meldung vom Linker, da die Funktion nicht gefunden wurde.
– Es wurde vergessen, das Funktionsergebnis einer Variablen zuzuweisen.

Fehler:

Bedingungsabfrage in einer *if-* oder *while*-Schleife arbeitet nicht korrekt.

Mögliche Ursachen:

– Prioritäten wurden nicht berücksichtig.
– Bei einem zusammengesetzten Ausdruck wurden keine Klammern der einzelnen Objekte angegeben (Prioritäten).
– Es wurde versehentlich der Zuweisungs-Operator = anstelle des Vergleichs-Operators == angegeben.
– Die abzufragende Variable o.ä. wurde versehentlich auf den abzufragenden Wert gesetzt.
– Die falsche Variable wird abgefragt. Beachten Sie, daß es globale und interne Variablen gibt, diese könnten den gleichen Namen haben.

Fehler:

Eine *case*-Marke wird nicht angesprungen.

Mögliche Ursachen:

– Falsche Namen der *case*-Marken. Wenn diese z.B. als alphanumerische Marken wie '1' angegeben werden, können sie nicht mit einem numerischen Wert 1 angesprungen werden.
– Wurde eine bestimmte *case*-Marke vergessen?

Fehler:

Das Programm hängt sich plötzlich auf.

Mögliche Ursachen:

– Vielleicht wurde eine Endlos-Schleife konstruiert, die nur bei be-
  stimmten Bedingungen ausgelöst wird.
– Eine C-Funktion wurde falsch benutzt. Vielleicht wurde ein falscher
  Parameter übergeben

Aufgaben:

Im folgenden finden Sie einige Aufgaben aus dem Einführungskapitel in
bunter Reihenfolge. Die Lösungen finden Sie in Anhang B.

12. Was sind Variablen und Konstanten?

13. Wie viele Funktionen können maximal in einer Funktion zusätzlich
    angelegt werden?

14. Wozu dienen Operatoren?

15. Was geschieht, wenn in einer Abfrage mehrere Verknüpfungen
    sind?

16. Nennen Sie die Ihnen bekannten Typenbezeichnungen.

17. Nennen Sie einige ungültige Variablennamen.

18. Ist die folgende Aussage richtig?

    Es dürfen nur numerische Werte mit einem *char*-Zeiger angespro-
    chen werden.

19. Wozu dienen Funktionen?

20. Wie oft muß *main* vorkommen, wenn mehrere Dateien einzeln
    compiliert und dann gelinkt werden?

21. Wann muß ein Semikolon als Abschluß angegeben werden und
    wann darf keins stehen?

22. Wann sprechen wir von einer Deklaration und wann von einer Defi-
    nition?

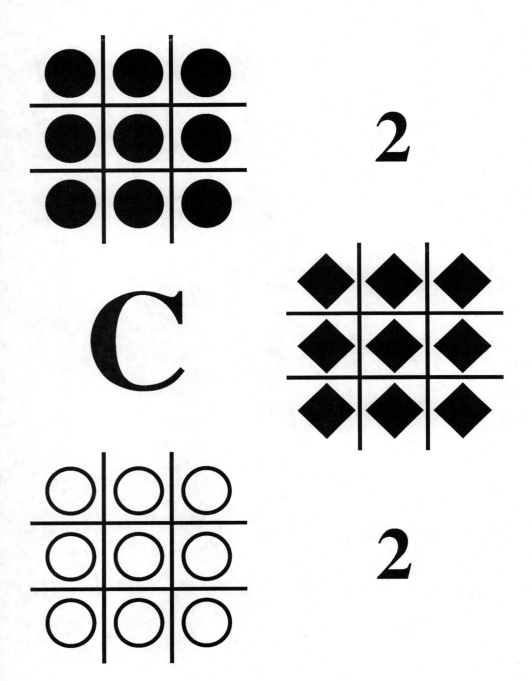

2

C

2

Kapitel 2

Turbo C

Bevor wir uns mit den Funktionen von Turbo C befassen, wollen wir zunächst ein paar allgemeine Dinge über den Umgang mit dem Programmpaket Turbo C besprechen. Für Leser, die Turbo C noch nicht installiert haben, folgt zunächst eine Beschreibung zu den Disketten und der Installation. Anschließend wird der Editor vorgestellt. Dort werden z.B. Funktionstasten und Menüpunkte beschrieben. Wir werden dann ein kleines Programmbeispiel angeben und zeigen, wie dieses Programm zu einer EXE-Datei compiliert und gelinkt wird. Die Optionen des Compilers und Linkers folgen anschließend. Darüber hinaus wird es für Sie interessant sein zu sehen, wie ein Assembler-Modul in eine Bibliothek eingebunden und aus einem C-Programm heraus aufgerufen wird. Wenn wir das geschafft haben, widmen wir uns dem Kernpunkt. Es werden alle Funktionen der Turbo C-Modulbibliothek vorgestellt, wobei wir uns in diesem Kapitel auf die Turbo C-Version 1.0 beschränken. Die erweiterten Funktionen neuerer Versionen werden gesondert in Kapitel 5 behandelt. Die Fehlermeldungen des Compilers und des Linkers werden in Anhang C aufgeführt.

Die Disketten

Das Turbo C-Programmpaket besteht aus 4 Disketten, die folgendes beinhalten:

Diskette 1: Integrierte Entwicklungsumgebung

`TC.EXE`	Turbo C-Entwicklungsumgebung
`TCHELP.TCH`	Turbo C-Hilfedatei
`TCINST.COM`	Installationsprogramm für Turbo C
`README.COM`	Informationsprogramm
`README`	Informationstext

Diskette 2: Kommandozeilen-Version und Dienstprogramme

TCC.EXE	Kommandozeilen-Version
TLINK.EXE	Linker (Binder)
CPP.EXE	Präprozessor separat
MAKE.EXE	Dienstprogramm für große Programme
TOUCH.EXE	Dienstprogramm zur Aktualisierung von Datum und Uhrzeit

Dateien mit Startcodes

C0.ASM	Quelltext für Startcodes
RULES.ASI	Include-Datei für Startcode
BUILD-C0.BAT	Batch-Datei zur Erstellung von Startcode
CNVTCFG.EXE	Konvertierungsprogramm
CPINIT.OBJ	Objektdatei zum Linken von C-Programmen in Turbo Prolog
MATHERR.C	Quellcode für Laufzeitfehler in mathematischen Routinen

Diskette 3: Include-Dateien und Bibliotheken 1

Coprozessor

FP87.LIB	Interface zum mathematischen Coprozessor 8087
EMU.LIB	Emulation des Coprozessors 8087

Include-Dateien

ALLOC.H	Speicherverwaltung
ASSERT.H	Makro für Fehlersuche
BIOS.H	BIOS-Funktionen
CONIO.H	direkte Ein-/Ausgabe-Funktionen
CTYPE.H	Zeichen-Klassifikationen
DIR.H	Strukturen/Funktionen für Verzeichnisse
DOS.H	DOS-Interface-Routinen zum 8086
ERRNO.H	Systemfunktionen-Fehlerdateien/Nummern
FCNTL.H	Dateibearbeitung
FLOAT.H	Gleitkommakonstanten
IO.H	Ein-/Ausgabe-Strukturen und Deklarationen

LIMITS.H	Systemumgebungs-Parameter
MATH.H	Mathematische Funktionen
MEM.H	Speichermanipulations-Funktionen
PROCESS.H	Prozeßsteuerung und Deklarationen
SETJMP.H	Deklarationen für *setjmp* und *longjmp*
SHARE.H	Datei-Sharing-Deklarationen
SIGNAL.H	Signal-Definitionen
STDARG.H	Makros für Funktionen mit variabler Parameterzahl
STDDEF.H	Eigene Typen und Makros
STDIO.H	Standardein-/ausgabe
STDLIB.H	Deklarationen einiger Standardroutinen
STRING.H	Stringmanipulationsdatei
TIME.H	Datum-/Zeitfunktionen
SYS\STAT.H	Deklarationen für Statusabfragen

Laufzeitbibliotheken

C0T.OBJ	Startcode für Speichermodell *tiny*
C0S.OBJ	Startcode für Speichermodell *small*
CS.LIB	Routinen für *tiny* und *small*
MATHS.LIB	Mathematische Funktionen für *tiny* und *small*
C0L.OBJ	Startcode für Speichermodell *large*
CL.LIB	Routinen für *large*
MATHL.LIB	Mathematische Funktionen für *large*

Diskette 4: Bibliotheken 2

Laufzeitbibliotheken für die Speichermodelle *compact*, *medium* und *huge*

C0C.LIB	Startcode für Speichermodell *compact*
CC.LIB	Routinen für *compact*
MATHC.LIB	Mathematische Funktionen für *compact*
C0M.OBJ	Startcode für Speichermodell *medium*
CM.LIB	Routinen für *medium*
MATHM.LIB	Mathematische Funktionen für *medium*
C0H.OBJ	Startcode für Speichermodell *huge*
CH.LIB	Routinen für *huge*
MATHH.LIB	Mathematische Funktionen für *huge*

Installation

Bevor Sie die Installation des Turbo C-Compilers vornehmen, sollten Sie
folgende Überlegungen anstellen:

– Wie ist Ihr PC ausgestattet?
– Soll die integrierte Entwicklungsumgebung (TC.EXE) oder die Kom-
  mandozeilen-Version (TCC.EXE) eingespielt werden?
– Welches Speichermodell (*tiny*, *large* usw.) soll installiert werden?

Wenn Ihr PC keine Festplatte besitzt, sollten Sie in jedem Fall die integrierte Entwicklungsumgebung auswählen. Das Programm TC.EXE belegt zwar mehr Platz als die Kommandozeilen-Version, benötigt aber weniger Zusatzdateien. Die Installation beider Versionen zusammen ist ohne Festplatte nicht empfehlenswert, wenn nicht sogar undurchführbar, da
der benötigte Speicherplatz immerhin bei ca. 1,2 MB liegt. Darüber hinaus wird zusätzlich noch Speicherplatz für die Anwendungen benötigt.
Bei der Wahl des Speichermodells gibt es die folgenden Möglichkeiten:

– tiny
– small
– medium
– compact
– large
– huge

Die Wahl des jeweiligen Modells hat u.U. Konsequenzen für die Laufzeit
Ihrer Anwendungen. In einem *large*-Modell beispielsweise wird Ihr Programm ca. 25 bis 40 % langsamer ablaufen als in einem *small*-Modell.
Die Adressen sind je nach Modell unterschiedlich groß. In einem *small*-
Modell werden die Segmentregister nicht verändert, sie bleiben während
des Programmlaufs konstant. In einem großen Modell hingegen können
diese Register ständig verändert werden. Dies erfordert infolgedessen
häufiger Ladeoperationen für die Segmentregister, was den Programmlauf nicht unbedingt beschleunigt.

    Adressen im *small*-Modell: 2 Bytes
    Adressen im *large*-Modell: 4 Bytes

Wenn Sie keine speziellen Anforderungen stellen, sollte je ein *small*-
und ein *large*-Modell für die Installation ohne Festplatte genügen. Hat
Ihr Gerät eine Festplatte, dann können Sie mit ruhigem Gewissen alles installieren.

Speichermodelle

Für die Speicheradressierung der 8088/8086-Prozessoren werden die Segmentregister

DS, CS, SS und ES

verwendet. In diesen Registern werden Basisadressen bereitgestellt, die mit einem Offset (Zusatzadresse) eine relative Adresse bilden.

Beispiel:

Basis   10000
Offset   200
relative Adresse   10200

Werden diese Segmentregister nicht verändert, dann können maximal 64 KByte adressiert werden. Die Wahl des Speichermodells spielt eine sehr wesentliche Rolle beim Aufruf des Compilers. Da die Bibliotheken für die einzelnen Modelle sehr viel Speicherplatz belegen, sollte dies entsprechend berücksichtigt werden. Von den Herstellern wird daher nicht nur ein Modell zum Compiler geliefert. In der Abb. 2.1 sehen Sie eine Aufstellung der verschiedenen Speichermodelle.

Speicher- modell	Eigenschaften
tiny (winzig)	Alle 4 Basisregister haben den gleichen Wert. Programmcode, Daten und Stack können zusammen maximal 64 KByte belegen. Programme dieses Modells lassen sich in .COM-Dateien umwandeln. Zeigergröße: 2 Bytes.
small (klein)	Standardeinstellung des Compilers. Code- und Datensegment sind unterschiedlich. Programmcode, Daten und Stack können maximal 128 KByte belegen. Zeigergröße: 2 Bytes.

Abb. 2.1: Speichermodelle in Turbo C

Speicher-modell	Eigenschaften
medium (mittel)	Eignet sich für lange Programme mit geringem Datenaufkommen. Zeiger auf Marken, Prozeduren usw.: 4 Bytes Datenzeiger: 2 Bytes.
compact (kompakt)	Eignet sich für kleinere Programme mit großem Datenaufkommen (Gegenstück zu *medium*). Zeiger auf Marken, Prozeduren usw.: 2 Bytes Datenzeiger: 4 Bytes
large (groß)	Ist für komplexere Programmanwendungen gedacht. Arrays dürfen hier maximal 64 KBytes aufnehmen. Zeigergröße: 4 Bytes
huge (riesig)	In diesem Modell sind für die Zeiger-Arithmetik spezielle Routinen notwendig, was die Programmgeschwindigkeit beeinflußt. Arrays dürfen mehr als 64 KByte aufnehmen.

Abb. 2.1: Speichermodelle in Turbo C (Fortsetzung)

Gemischte Adressierung

Wie Sie der Abb. 2.1 entnehmen können, werden für die Zeiger bei den jeweiligen Speichermodellen Standardgrößen festgesetzt. Diese Größen können durch entsprechende Deklaration der Zeiger unabhängig vom Speichermodell verändert werden. Zeiger vom Typ *near* erhalten eine Größe von 16 Bits, die Typen *far* und *huge* 32 Bits.

Wenn Sie z.B. Systemadressen in Ihrem Programm verwenden, die außerhalb des belegten Segments liegen, könnte ein als *far* deklarierter Zeiger diese Adresse ansprechen. Programmlisting 2.1 zeigt Ihnen als Beispiel die Adressierung des Videospeichers mittels eines *far*-Zeigers. Als Programmausgabe erhalten Sie lauter *A* invertiert auf dem Bildschirm. Beachten Sie bitte die Deklaration der Zeiger *screen* und *vek*, die als *far** angegeben werden müssen, da sich die Adresse außerhalb des Segments befindet. Die Konstante *FARBE* wird mit 0x70 belegt. Der Präpro-

zessor setzt diesen Wert überall dort ein, wo die Konstante *FARBE* angesprochen wird. In diesem Listing ist das in der Funktion *put_zeichen()*
der Fall. Dort wird das Zeichen mit seinem Attribut in den Bildschirmspeicher geschrieben. Der Zeiger *position* nimmt die gerade ermittelte
Bildschirmadresse auf, die sich aus dem Offset *screen* und der Berechnung in der *for*-Schleife (160 * i + 2 * j) ergibt. Wie der Bildschirminhalt
vor dem Schreiben gesichert werden kann, erfahren Sie bei den "Spei-
cher-Funktionen" im Abschnitt "Die Turbo C-Modulbibliothek".

```
/***********************/
/* Programmlisting 2.1 */
/***********************/
#include <stdio.h>
#include <dos.h>
#define FARBE  0x70
char far* position;

/*************************************************/
/* Diese Funktion überträgt das Zeichen "A"   */
/* mit Farbattribut auf den Bildschirm.       */
/* vek muß als far deklariert sein.           */
/*************************************************/
void put_zeichen(char far* vek, char zeichen)
{
vek[0]=zeichen;
vek[1]=FARBE;
}
/*************************************************/
/* Hauptprogramm                              */
/* Der Zeiger far* screen erhält nach der     */
/* peekb-Abfrage die Videoadresse.            */
/*************************************************/
main()
{
   char far* screen;
   int i,j;
     /***************************/
     /* Abfragen der Videoadresse */
     /* und der Grafikkarte       */
     /***************************/
     if(peekb(0x40,0x49)==7)
         {
         screen=MK_FP(0xb000,0); /*Herkules*/
         }
     else
         {
         screen=MK_FP(0xb800,0);  /*EGA      */
         }
```

```
/****************************/
/* In dieser for-Schleife   */
/* wird an die void-Funktion */
/* put_zeichen gerufen.      */
/****************************/
for(i=1;i<24;i++)
    {
    for(j=1;j<80;j++)
        {
        position = screen + 160 * i + 2 * j;
        put_zeichen(position,'A');
        }
    }

}
```

Installation ohne Festplatte

Für die Installation von Turbo C auf einem System mit nur einem Laufwerk benötigen Sie zwei formatierte Leerdisketten – eine für DOS und
Turbo C und eine für Daten. Auf die erste Diskette kopieren Sie außer
dem Betriebssystem noch die C-Dateien TC.EXE und TCHELP.TCH.
Auf der Arbeitsdiskette legen Sie zunächst zwei Unterverzeichnisse an:

    \LIB   für die Bibliotheken
    \INCLUDE   für die Include-Dateien

Die DOS-Befehle für das Anlegen der Verzeichnisse und das Kopieren
der Dateien finden Sie im folgenden Abschnitt "Installation mit Festplatte". Anstelle des Laufwerks C: verwenden Sie jedoch A: oder B:. In das
Unterverzeichnis \LIB kopieren Sie die Dateien FP87.LIB und EMU.LIB
und die jeweils drei Dateien für das von Ihnen ausgewählte Speichermodell, also beispielsweise C0S.LIB, CS.LIB und MATHS.LIB für das
Speichermodell *small*. In das Unterverzeichnis \INCLUDE kommen alle Include-Dateien (mit der Namenserweiterung .H). Zum Starten der Anwendung legen Sie dann zunächst die Programmdiskette ein und tippen:

    TC <Return>

Im Anschluß daran legen Sie die Arbeitsdiskette mit den Bibliotheken
und den Include-Dateien in das Laufwerk A ein. Wenn Sie ein Programm
nach der Erstellung compilieren wollen, werden von dieser Diskette die
Include-Dateien eingebunden. Die Programmdiskette wird dabei nicht
benötigt, da sich die Anwendung resident im Speicher befindet.

Die Installation mit zwei Laufwerken gestaltet sich etwas einfacher. Sie können hierbei die Kommandozeilen-Version mit allen Zusatzdateien auf einer Diskette ablegen. Diese Version ist im Gegensatz zur integrierten Entwicklungsumgebung kleiner und benötigt weniger Speicherplatz auf der Diskette. Allerdings muß der Linker (TCLINK.EXE) auf der Diskette vorhanden sein. Mit etwas Glück passen alle Include-Dateien, Bibliotheken und EXE-Dateien auf eine Diskette, so daß eine freie Datendiskette im anderen Laufwerk zur Verfügung steht.

Installation mit Festplatte

Turbo C gestattet Ihnen ein beliebiges Anlegen von Unterverzeichnissen, in denen die Anwendung installiert werden kann. In dieser Beschreibung werden Ihnen die Namen vorgegeben, diese müssen jedoch nicht übernommen werden. Sollten Sie andere Namen verwenden, achten Sie bitte darauf, daß die Dateien bei der Installation richtig übertragen werden.

Nach der Installationsbeschreibung für die Festplatte wird Ihnen gezeigt, wie Sie mit Hilfe des Programms TCINST.COM verschiedene Parameter (Farben, Pfade, Funktionstasten) selbst einstellen und jederzeit wieder ändern können.

Doch zunächst wenden wir uns der Installation zu. Zur Installation der Turbo C-Anwendung auf der Festplatte gehen Sie bitte folgendermaßen vor:

Nachdem Sie Ihr Gerät eingeschaltet haben, erscheint auf dem Bildschirm das Bereitschaftszeichen C:>. Sie befinden sich somit im Hauptverzeichnis. Legen Sie von hier aus einen Pfad mit dem Namen TURBO-C an. Der Befehl dazu lautet:

```
MD TURBO-C  <Return>
```

Anschließend wechseln Sie mit

```
CD TURBO-C  <Return>
```

in dieses Verzeichnis und legen dort drei Unterverzeichnisse an:

1. für die Bibliotheken
2. für die Include-Dateien
3. für die EXE-Dateien

Sie sollten darauf achten, daß die Verzeichnisnamen sinnvoll gewählt sind und erkennbar darstellen, was in diesem Verzeichnis abgelegt ist. Geben Sie beispielsweise folgendes ein:

```
MD LIB       <Return>
MD INCLUDE   <Return>
MD EXE       <Return>
```

Mit dem DIR-Befehl können Sie kontrollieren, ob die Verzeichnisse ordnungsgemäß angelegt wurden. Geben Sie

```
DIR *.
```

ein, und betätigen Sie die <Return>-Taste. Auf Ihrem Bildschirm sollten drei Unterverzeichnisse

```
LIB <DIR>
INCLUDE <DIR>
EXE <DIR>
```

angezeigt werden.

Wechseln Sie mit dem Befehl

```
CD LIB       <Return>
```

in das Verzeichnis \LIB, um die Bibliotheken einzulesen. Dazu legen Sie nacheinander die Disketten 3 und 4 ein und kopieren alle Dateien mit der Namenserweiterung .LIB und .OBJ in dieses Verzeichnis. Die Befehle dazu lauten:

```
COPY A:*.LIB <Return>   und
COPY A:*.OBJ <Return>
```

Im Anschluß daran wechseln Sie mit dem Befehl

```
CD \TURBO-C\INCLUDE <Return>
```

in das Verzeichnis für die Include-Dateien, die sich auf der Diskette 3 befinden. Legen Sie diese in Laufwerk A, und geben Sie folgenden Befehl ein:

```
COPY A:*.H   <Return>
```

Es werden alle Include-Dateien mit der Namenserweiterung .H in dieses Verzeichnis kopiert.

Zum Schluß müssen Sie noch den Editor, Linker etc. in das Verzeichnis TURBO-C kopieren. Geben Sie bitte den folgenden Befehl ein:

```
CD \TURBO-C   <Return>
```

Bitte nacheinander Diskette 1 und 2 einlegen und kopieren:

```
COPY A:*.*    <Return>
```

Sie können im Anschluß überprüfen, ob alles ordnungsgemäß eingespielt wurde. Geben Sie einfach den Befehl DIR ein, und betätigen Sie die <Return>-Taste. Der Inhalt des jeweiligen Verzeichnisses wird auf Ihrem Bildschirm ausgegeben.

Anpassungen

Mit dem Programm TCINST.EXE haben Sie die Möglichkeit, Änderungen an einigen Voreinstellungen vorzunehmen. Es können u.a. Farbattribute und Fenstergrößen verändert werden. Sie können das Programm mit der Eingabe:

```
TCINST        <Return>
```

starten. Auf Ihrem Bildschirm erscheint ein Menü, das wie folgt unterteilt ist:

```
Turbo C directories   (Verzeichnis TC ändern)
Editor commands       (Funktionstasten ändern)
setup environment     (Standardeinstellung ändern)
Display mode          (Bildschirmoptionen)
Colors                (Farbattribute bez. Editor)
Resize Windows        (Fenstergröße einstellen)
Quit/save             (Installation verlassen)
```

Alle Einstellungen können Sie nach Ihrer Wahl vornehmen. Wir wollen uns nur für den weiteren Verlauf auf eine einheitliche Tastaturbelegung einigen. Dieser sowie alle restlichen Auswahlpunkte sind menügeführt und für den Anwender recht einfach handzuhaben.

Mit den Cursortasten wird die Option angesteuert und durch Betätigen der Eingabetaste <Return> bestätigt. Über weitere Untermenüs kommen Sie zum eigentlichen Aktionspunkt. Durch Betätigen der <Esc>-Taste gelangen Sie jeweils um eine Menüebene zurück.

Funktionstasten

Standardmäßig wird eine Tastenbelegung vorgegeben. Wenn Sie bisher
mit keinem anderen Editor gearbeitet haben, können Sie diese beibehalten. Wir werden in der weiteren Beschreibung von der Standardeinstellung ausgehen, wollen aber beschreiben, wie Sie Änderungen für Ihren
eigenen Bedarf vornehmen können. Zunächst einmal schauen wir uns die
Einstellung an, die als Standardbelegung vorgegeben ist.

Turbo-Tastaturbelegung			
Neue Zeile	<Return>	Löschen Zeilenende	<Ctrl><Q><Y>
Cursor links	<Crtl><S>	Löschen Wort	<Ctrl><T>
Cursor rechts	<Ctrl><D>	Löschen Zeichen	<Ctrl><G>
Wort links	<Ctrl><A>	Marke Blockanfang	<Ctrl><K><B>
Wort rechts	<Ctrl><F>	Marke Blockende	<Ctrl><K><K>
Cursor hoch	<Ctrl><E>	Markiere Wort	<Ctrl><K><T>
Cursor unten	<Ctrl><X>	Verstecke Block	<Ctrl><K><H>
Zeile links	<Ctrl><Q><S>	Block kopieren	<Ctrl><K><C>
Zeile rechts	<Ctrl><Q><D>	Block versetzen	<Ctrl><K><V>
Erste Zeile	<Ctrl><Q><E>	Block löschen	<Ctrl><K><Y>
Letzte Zeile	<Ctrl><Q><X>	Block lesen	<Ctrl><K><R>
Textanfang	<Ctrl><Q><R>	Block schreiben	<Ctrl><K><W>
Textende	<Ctrl><Q><C>	Block Drucken	<Ctrl><K><P>
Blockbeginn	<Ctrl><Q><B>	Editor verlassen	<Ctrl><K><D>
Blockende	<Ctrl><Q><K>	Tabulator	<Ctrl><I>
Erste Position	<Ctrl><Q><P>	Toggle Autoindent	<Ctrl><0><I>
Sprung Marke 0	<Ctrl><Q><0>	Toggle Tabulator	<Ctrl><0><T>
Sprung Marke 1	<Ctrl><Q><1>	Zeile zurückholen	<Ctrl><Q><L>
Sprung Marke 2	<Ctrl><Q><2>	Suche Text	<Ctrl><Q><F>
Sprung Marke 3	<Ctrl><Q><3>	Suchen und ersetzen	<Ctrl><Q><A>
Einfügemodus	<Ctrl><V>	Suche weiter	<Ctrl><L>
Einfügen Zeile	<Ctrl><N>	CRT-Char. einfügen	<Ctrl><P>
Scroll hoch	<Ctrl><W>	Marke 0 setzen	<Ctrl><K><0>
Scroll unten	<Ctrl><Z>	Marke 1 setzen	<Ctrl><K><1>
Blättern UP	<Ctrl><R>	Marke 2 setzen	<Ctrl><K><2<
Blättern DOWN	<Ctrl><C>	Marke 3 setzen	<Ctrl><K><3>
Löschen Zeile	<Ctrl><Y>		

Abb. 2.2: Standard-Tastaturbelegung

Die Bezeichnung <Ctrl> bedeutet: Die <Ctrl>-Taste wird niedergedrückt und gehalten, während die Taste mit dem darauffolgenden Zeichen betätigt wird.

Beispiele:

<Ctrl><Y>

Die <Ctrl>-Taste und der Buchstabe Y werden gedrückt.

<Ctrl><Q><A>

Die <Ctrl>-Taste und der Buchstabe Q werden gedrückt und anschließend der Buchstabe A.

Die Tastaturbelegung wird durch Auswahl der Option "Editor Commands" – allerdings mit englischen Bezeichnungen – auf dem Bildschirm angezeigt. Dabei sieht die Aufstellung je nach Turbo C-Version etwas anders aus als die im folgenden gezeigte. Die Taste <Enter> entspricht dabei <Return>. Eine Tastenkombination wie <Ctrl S> wird im Buch als <Ctrl><S> dargestellt.

```
───────────────── Turbo C Installation Program ─────────────────
UP/D-scroll PgUp-PgDn-page R-restore fact. defaults ESC exit

New Line                 <Enter>
Cursor Left              <CtrlS>
Cursor Right             <CtrlD>
Word Left                <CtrlA>
usw.
```

Die in den eckigen Klammern angegebenen Tasten zeigen die aktuelle Einstellung. Darüber hinaus können Sie eine alternative Taste zusätzlich zu jeder Funktion definieren. Angenommen, Sie möchten die Tastenbelegung

```
Word Left    <CtrlA>
```

ergänzen. Steuern Sie dazu mit den Cursortasten das entsprechende Feld an, und betätigen Sie die <Return>-Taste. Sie befinden sich im Anschluß rechts neben dieser Funktion. Nun betätigen Sie bitte die Funktionstaste, die als Zusatz definiert werden soll. In unserem Beispiel wählen wir die

Funktionstaste <F4> aus, indem wir diese einfach drücken. Die Belegung sieht nun wie folgt aus:

```
──────────────── Turbo C Installation Program ────────────────
UP/D-scroll PgUp-PgDn-page R-restore fact. defaults ESC exit
────────────────────────────────────────────────────────────

New Line                 <Enter>
Cursor Left              <CtrlS>
Cursor Right             <CtrlD>
Word Left                <CtrlA>                <F4>
usw.
```

Betätigen Sie, um den Vorgang zu beenden, erneut die <Return>-Taste. Im Anschluß können Sie weitere Tasten zusätzlich belegen. Die Standardeinstellung <CtrlA> bleibt in jedem Fall erhalten. Das Tastenbelegungs-Menü können Sie durch Betätigen der <Esc>-Taste wieder verlassen. Daraufhin befinden Sie sich wieder im Hauptmenü.

Der Editor

Turbo C beinhaltet einen Editor, für den die beschriebenen Tastenkombinationen gültig sind. Sie können Turbo C aus der DOS-Ebene heraus mit dem Befehl:

    TC Programmname

starten. Wenn Sie den Programmnamen weglassen, wird das im Editor erstellte Programm zunächst mit dem Namen

    NONAME.EXE

versehen. Sie können diesen Namen aber vor dem Speichern des Programms ändern. Wenn Sie beispielsweise die Anwendung mit der Eingabe

    TC TEST <Return>

aufrufen, erscheint auf dem Bildschirm das folgende Fenster:

```
┌─────────────────────────────────────────────────────────────────┐
│   File   Edit   Run   Compile   Project    Options    Debug       │
│ ═══════════════════════════════ Edit ═══════════════════════════  │
│    Line 1   Col 1   Insert   Indent   Tab   C:TEST.C              │
│                                                                   │
│                                                                   │
│                                                                   │
│                                                                   │
│                                                                   │
│                                                                   │
│ ───────────────────────────── Message ─────────────────────────  │
│                                                                   │
│                                                                   │
│                                                                   │
│                                                                   │
│ F1-Help  F5-Zoom  F6-Message  F9-Make  F10-Main menü              │
└─────────────────────────────────────────────────────────────────┘
```

Bevor wir das erste Programm erstellen, wollen wir uns mit den Funktionen des Editor-Menüs vertraut machen.

Zunächst betrachten wir die Menüfunktionen, die in sich geschlossene Programmbereiche bilden und sich in der ersten Bildschirmseite befinden. Wenn Sie sich z.B. im Edit-Fenster befinden, gelangen Sie durch Drücken der Funktionstaste <F10> in diese Auswahlzeile. Dort können Sie mit den Cursortasten einen Punkt ansteuern und durch Drücken von <Return> dieses Menü selektieren. Außerdem gibt es global gültige Funktionstasten, die für alle Bereiche gelten. Diese sind in der untersten Bildschirmzeile aufgeführt.

Es folgt eine kurze Beschreibung der einzelnen Menüpunkte und der wichtigsten Funktionstasten.

Menüpunkte

Optionen	Aktivitäten
File	Dateien laden und speichern. Das aktuelle Verzeichnis ändern. Turbo C verlassen und z.B. zur DOS-Ebene verzweigen, wobei Turbo C resident bleibt. Kommandos an den Kommandointerpreter (SHELL) übergeben.

Optionen	Aktivitäten
Edit	In den Editor verzweigen. Programme erstellen und compilieren. Andere Dateien zuladen usw.
Run	Das aktuelle Programm compilieren, linken und ausführen. Alternativ zur Auswahl dieser Option können Sie die Tastenkombination <Alt><R> betätigen. Diese löst den gleichen Vorgang aus.
Compile	Das Quellprogramm nur compilieren. Das Quellprogramm nur linken. Das Quellprogramm compilieren und linken.
Project	Module koordinieren, die zu einem Projekt (ausführbares Programm) zusammengefügt werden.
Option	Konfigurationsparameter laden. Konfigurationsparameter abspeichern. Argumente an das *main()*-Programm übergeben, das compiliert werden soll. Optionen für den Compiler und Linker festlegen. Suchpfade für Linker und Präprozessor festlegen.
Debug	Meldungen des Compilers verwalten. Meldungen aller Dateien/Programme. Meldungen der aktuellen Datei/Programm. Nachrichten löschen. Nachrichten längere Zeit verwalten.

Funktionstasten

Taste	Aktivitäten
<Esc>	Das aktuelle Menü verlassen und zur jeweils höheren Ebene zurückkehren. Dies gilt jedoch nicht für den Editor. Aus diesem können Sie mit <F10> oder <Ctrl><K> <D> in die Menüleiste zurückkehren.
<F1>	Hilfetext für das aktuelle Fenster anfordern. Angenommen, Sie befinden sich im Options-Bereich und wissen nicht mehr weiter. Nach Betätigen der Taste <F1> erscheint ein konkretbezogener Hilfetext.

Taste	Aktivitäten
\<F2>	Speichern. Der aktuelle Quellcode, der im Editor bearbeitet wird, kann durch Drücken von \<F2> gesichert werden. Falls noch kein Programmname vergeben wurde, kann das jetzt nachgeholt werden. Dabei wird die Namenserweiterung .C automatisch angehängt
\<F3>	Eine Datei laden. Laufwerk- und Verzeichnisname können mit angegeben werden, so daß Dateien auch von der Diskette eingeladen werden können.
\<F5>	Das aktuelle Fenster vergrößern. Im Normalfall stehen Ihnen 13 editierbare Zeilen zur Verfügung. Durch Betätigen der Taste \<F5> wird dieser Bereich auf 22 Zeilen erweitert. Erneutes Betätigen dieser Taste verkleinert das Fenster wieder.
\<F6>	Zwischen dem Edit-Fenster und dem Message-Fenster wechseln. Diese Möglichkeit ist interessant bei Fehlerkorrekturen nach dem Compilieren. Sie können im Message-Fenster eine bestimmte Fehlermeldung über die Cursortasten anwählen und die \<Return>-Taste drücken. Daraufhin verzweigt der Editor direkt in die Fehlerzeile.
\<F7/F8>	Fehlermeldungen vor- und zurückblättern. Wenn Sie im Editor diese Tasten betätigen, wird jeweils um eine Meldung vor- oder zurückgeblättert. Die jeweils nächste Meldung wird invertiert in der oberen Bildschirmhälfte angezeigt.
\<F9>	Den Quellcode compilieren und linken. Diese Funktion tritt nur dann in Kraft, wenn der Quellcode wirklich editiert wurde. Wenn ein Programm compiliert wurde und Sie betätigen anschließend, ohne den Text geändert zu haben, erneut die Taste \<F9>, geschieht gar nichts. Die gleiche Wirkung wird durch Drücken der Tastenkombination \<Alt>\<R> erzielt.
\<F10>	Ins Hauptmenü zurückkehren.

Das erste Programm

Wir wollen nun ein kleines Programm erstellen und compilieren. Wenn Sie keine andere Vorgabe zur Hand haben, geben Sie bitte folgendes ein:

```
/*************************/
/* Einlesen der Include-  */
/* Dateien und Definition */
/* der Variablen und      */
/* Konstanten             */
/*************************/
#include <stdio.h>
#define  TEXT       "Mein erstes C-Programm"
#define  HURRA      "Hurra! Hurra!"

int zaehler = 10;


/*************************/
/* Hauptprogramm main()   */
/* Ausgabe der konstanten */
/* Texte auf dem Bild-    */
/* schirm mit printf()    */
/*************************/
main()
{
  printf("\nStart!");

    /***************************/
    /* Die while-Schleife wird */
    /* neunmal durchlaufen!    */
    /* Beim 10. Mal hat die    */
    /* Variable zaehler den    */
    /* Wert 0.                 */
    /***************************/

    while(--zaehler)
      {
      printf("\n%s",TEXT);
      printf("   %s,HURRA);
      }

  printf("\nStop!");

}
```

Das Programm kann entweder durch Betätigen der Taste <F9> oder durch gleichzeitiges Betätigen der Tasten <Alt><R> compiliert und direkt gestartet werden.

Während das Programm in die Maschinensprache übersetzt wird, erscheint in der Bildschirmmitte ein Fenster, das Ihnen etwaige Fehler oder die Belegung des Hauptspeichers anzeigt. Bei richtiger Eingabe wird das Programm fehlerfrei übersetzt und gibt folgendes auf dem Bildschirm aus:

```
Start!
Mein erstes C-Programm     Hurra! Hurra!
Mein erstes C-Programm     Hurra! Hurra!
Mein erstes C-Programm     Hurra! Hurra!
...
Stop!
```

Fehlerkorrektur

Eine Hauptfehlerquelle stellen die syntaktischen Fehler dar. Hierbei handelt es sich in der Regel um Schreib- und Tippfehler. Fehler verursachen auch Variablen oder Konstanten, die im Programm angesprochen werden, allerdings nicht definiert oder deklariert wurden. In allen diesen Fällen wird der Compilier-Vorgang abgebrochen. Nicht ganz so schwerwiegend sind die Warning-Meldungen. Der Compiler weist lediglich darauf hin, daß irgend etwas nicht in Ordnung ist. Dies kann beispielsweise eine funktionsinterne Variablendefinition sein, wobei die Variable innerhalb dieser Funktion nirgends angesprochen und somit als überflüssig betrachtet wird. Die Fehler, die Ihnen der Linker meldet, beziehen sich nur auf den eigentlichen Link-Vorgang, wobei vorausgesetzt wird, daß das Programm als Objektmodul zur Verfügung steht.

Syntax-Fehler

Bei syntaktischen Fehlern, wie z.B. falschen Definitionen oder Verwendung von Variablen, wird das Programm nicht gestartet. Sie erhalten in dem Compiling-Fenster eine entsprechende Meldung, die Ihnen die Anzahl der Fehler anzeigt. Durch Betätigen einer beliebigen Taste gelangen Sie wieder in den Editor, wo zuerst alle Fehler angezeigt werden. Mit den Cursortasten können Sie eine der dort aufgeführten Fehlermeldungen anwählen und dann die <Return>-Taste drücken. Der Editor springt sofort zu der betreffenden Zeile und erspart Ihnen langes Suchen. Nachdem der Fehler korrigiert wurde, betätigen Sie die Taste <F6>, wodurch das Message-Fenster mit den Fehlern wieder eingeblendet wird. Sie können nun eine weitere Meldung selektieren und die Fehlerkorrektur fortsetzen.

Warning-Fehler

Diese Fehlermeldungen behindern nicht direkt den Programmlauf und werden daher vom Compiler nicht sehr ernst genommen. Das Programmergebnis kann allerdings fehlerhaft sein. In jedem Fall wird das Programm zu Ende compiliert und zum Testen gestartet. Wenn z.B. die Meldung

```
Warning non-Portable Pointer assignment
```

auftritt, wird nur das Programmergebnis beeinflußt, da eine falsche Zeigerzuweisung stattfand, aber nicht der Programmablauf. Diese Warnings werden anschließend im Editor angezeigt und können, wie im vorigen Abschnitt über Syntax-Fehler beschrieben, korrigiert werden.

Linker-Fehler

Diese Fehlermeldungen erscheinen, wenn eine Funktion aufgerufen wird, die nicht

– in der Bibliothek
– in der aktuellen Quelldatei
– in einer anderen Quelldatei (wenn extern)

vorhanden ist. Sobald ein Funktionsaufruf stattfindet, durchsucht der Linker die Bibliotheken und die zu linkenden Programme nach dieser Funktion und bricht den Link-Vorgang ab, wenn diese Funktion nicht gefunden wird. Funktionen, die vorhanden sind, aber nicht aufgerufen werden, stören den Linker nicht in seiner Arbeit.

Eine typische Linker-Meldung ist:

```
- Linker Error: undefined symbol TEST() in module TEST.OBJ
```

was bedeutet, daß die Funktion mit dem Namen TEST() nicht vorhanden ist. Sie sollten zuerst überprüfen, ob der Funktionsname keinem Schreibfehler zum Opfer fiel.

Compiler-Optionen

Die Kommandozeilen-Version von Turbo C wird von der DOS-Ebene aus mit dem folgenden Befehl

```
TCC -Option1 -Option2 ... Programmname
```

aufgerufen. Dabei kann eine Vielzahl von Optionen für den Compiler, den Linker und die Arbeitsumgebung vor dem Programmnamen angegeben werden. Die meisten Optionen haben in der integrierten Entwicklungsumgebung eine Entsprechung. Dort können sie durch Auswahl der Hauptmenüpunkte *Option* und anschließend über die Optionen *Compiler* bzw. *Linker* menügesteuert eingestellt werden.

In der Kommandozeilen-Version wird jede Option durch einen Bindestrich (–) eingeleitet. Um eine Option abzuschalten, wird zusätzlich ein Bindestrich nach der Option angegeben.

```
TCC -r- -Z- MEINPRG
```

Die Namenserweiterung des Dateinamens muß nur dann angegeben werden, wenn sie anders als .C lautet.

Ähnlich wie in der integrierten Entwicklungsumgebung können Sie auch in der Kommandozeilen-Version den Linker- mit dem Compiler-Aufruf verbinden, der ohnehin automatisch gerufen wird. Der Compiler-Aufruf über TCC.EXE löst also das Übersetzen, Linken und teilweise Assemblieren (Standard-MASM) aus, so daß bei einfachen Anwendungen kein zusätzliches Linken erforderlich ist. Die UNIX-Kenner unter Ihnen werden diesen Vorgang kennen. Das Compilieren und Linken mit den notwendigen Bibliotheken und Objektmodulen wird beim Aufruf der Kommandozeilen-Version wie folgt eingeleitet:

```
TCC -r- -Z- meinprg erste.obj zweite.obj diese.lib
```

Die Objektmodule

```
erste.obj
zweite.obj
```

sowie die Bibliothek

```
diese.lib
```

müssen bei einem solchen Aufruf mit Namenserweiterung angegeben werden.

Wenn der Quellcode Ihres Programms Zeilen beinhaltet, die mit dem Schlüsselwort *asm* beginnen, oder wenn eine Namenserweiterung .ASM lautet, wird automatisch der Makro-Assembler MASM aufgerufen. Sollten Sie allerdings den Assembler MASM nicht auf Ihrer Festplatte oder Diskette installiert haben, wird weder die Angabe des Schlüsselwortes, noch die Namenserweiterung etwas bewirken.

Wir wollen uns das Wichtigste merken:

– Optionen müssen mit vorangestellten Bindestrichen angegeben werden:

```
TCC -Option1 -Option2 testprg
```

– Optionen können mit einem nachgestellten Bindestrich ausgeschaltet werden:

```
TCC -Option1- -Option2- testprg
```

– Bibliotheken und Objektmodule können zugefügt werden:

```
TCC -r- -Z- meinprg erste.obj zweite.obj diese.lib
```

– Wird eine Namenserweiterung mit .ASM oder wird im Quellcode *asm* angegeben, dann wird zusätzlich der MASM gerufen (wenn vorhanden).

Wir wollen an dieser Stelle noch auf eine Besonderheit bezüglich des Schlüsselwortes *asm* hinweisen. Von anderen Compilern her sind Sie es vielleicht gewohnt, daß *asm* als Schlüsselwort nur am Blockanfang innerhalb der geschweiften Klammern angegeben werden muß. In Turbo C muß *asm* in jeder Zeile angegeben werden, in der Assembler-Befehle verwendet werden.

Die Abbildung 2.3 zeigt eine Aufstellung der wichtigsten Compiler-Optionen.

Option	Funktion
–mt	Code für das Speichermodell *tiny*
–ms	Code für das Speichermodell *small*
–mm	Code für das Speichermodell *medium*
–ml	Code für das Speichermodell *large*
–mh	Code für das Speichermodell *huge*

Abb. 2.3: Compiler-Optionen

Option	Funktion
–mc	Code für das Speichermodell *compact*.
–f87	Code für den Arithmetik-Coprozessor 8087.
–A	ANSI-kompatibler Code, Turbo C-eigene Schlüsselwörter (*far*, *cdecl* usw.) werden nicht mehr als solche behandelt.
–M	Der Linker legt eine MAP-Datei an, die die Adreßinformationen für den Debugger beinhaltet.
–c	Der Linker wird nicht automatisch gerufen.
–O	Spezielle Optimierung für kleinen Code.
–B	MASM wird aufgerufen und Assemblercode erzeugt.
–G	Großer und schneller Code wird erzeugt.
–I	Pfad für Include-Dateien wird angegeben: `-IPfadname`.
–k	Generieren eines Standard-Stackframes, ermöglicht somit bei der Fehlersuche die Verfolgung eines Funktionsaufrufs.
–L	Pfad für Bibliotheken wird angegeben: `-LPfadname`
–r–	Verwendung von Registervariablen wird verhindert (Schlüsselwort *register* wird ignoriert).
–y	Compiler erzeugt Zeilennummern im Quellcode.
–D	Makro-Definition: –Dxxx=String (entspricht dem/-Befehl des Präprozessors).
–i#	Das Nummernzeichen # steht für die maximale Stellenanzahl von Funktionsnamen oder Variablen usw.

Abb. 2.3: Compiler-Optionen (Fortsetzung)

Linker-Optionen

In der integrierten Entwicklungsumgebung brauchen Sie sich um den
Linker nicht zu kümmern, da dieser in TC.EXE integriert ist. Für die
Kommandozeilen-Version benutzen wir den Linker

```
TLINK.EXE
```

Da dieser vom Compiler automatisch gerufen wird, haben Sie auch hier
recht selten mit ihm zu tun. Es sei denn, Sie erstellen Anwendungen, die
über mehrere Quelldateien verteilt sind und ein explizites Linken erforderlich machen. Die Syntax hat jedoch mit dem UNIX-Standard keine
Ähnlichkeit. Hier läuft die Orientierung eher in Richtung Microsoft. Die
Syntax eines Link-Aufrufs sieht so aus:

```
tlink [Option] Objekt-Dateien, .EXE-Dateien,
              .MAP-Dateien, Bibliotheken
```

Ein Aufruf in der Praxis könnte so aussehen:

```
tlink /m lib\c0s prg1 prg2, prg1, prg1, lib\cs
```

Es werden die Programme *prg1* und *prg2* gelinkt. Das ausführende Programm (die .EXE-Datei) hat den Namen *prg1.exe*. Da dem Linker die
Option *m* übergeben wurde, enthält die .MAP-Datei mit dem Namen
prg1.map außer den Segmentnamen und -adressen auch die Namen aller
öffentlichen Bezeichner. Als Bibliothek wird im Verzeichnis \lib die Modulbibliothek *cs.lib* (Speichermodell *small*) verwendet. Bei der Datei
c0s ebenfalls aus dem Verzeichnis \lib handelt es sich um eine Objekt-
Datei, die als Startmodul für die zu erstellende .EXE-Datei *prg1.exe* benötigt wird. Ohne dieses Modul wäre das Programm nicht lauffähig.
Sinnvollerweise sollten alle Startmodule, die zum Linken erforderlich
sind, ebenfalls im Verzeichnis \lib abgelegt werden. Wie Sie aus dem
Disketteninhalt ersehen, handelt es sich um die Objektmodule:

```
c0s.obj, c0l.obj und c0m.obj
```

Diese sind für die Speichermodelle *small, large* und *medium*. Die genannten Module bilden die Schnittstelle zwischen dem Betriebssystem
und dem eigentlichen Programm. Aus diesen Modulen heraus wird
main() aufgerufen. Für die im Abschnitt über Speichermodelle beschriebenen Dateien sind beim Linken drei Module aus dem Verzeichnis der Bibliothek erforderlich:

```
c0s.lib
c0s.obj
maths.obj
```

Diese drei werden beispielsweise für das Speichermodell *small* gebraucht. Für das kleinste Modell (*tiny*) gibt es nur ein Startmodul. Ebenso
wie bei anderen Linkern auch erhalten Sie die Möglichkeit der manuellen
Eingabe, wenn Sie TLINK ohne Optionen aufrufen. Die Abb. 2.4 zeigt
eine Aufstellung der wichtigsten Optionen.

Option	Funktion
/c	Unterscheidung zwischen Groß- und Kleinschreibung
/m	.MAP-Datei enthält die Namen aller öffentlichen Bezeichner; standardmäßig enthält eine .MAP-Datei nur Segmentinformationen (sehr interessant für den Einsatz des Debuggers)
/i	Initialisierung sämtlicher Segmente
/s	Wie Option /m, allerdings wesentlich detaillierter

Abb. 2.4: Linker-Optionen

Einbinden von Modulen in die Library

Wir wollen im folgenden kurz beschreiben, wie man eigene Assembler-
Module in C-Programme einbindet. Je nach installiertem Speichermodell werden zum Linken des Programms unterschiedliche Bibliotheken
verwendet. Im allgemeinen ist es sinnvoll, das *small-* und das *medium-*
Modell zu installieren. Die Bibliotheken für alle Modelle sind einfach zu
erkennen. Sie beginnen mit dem Buchstaben C, gefolgt von dem An-
fangsbuchstaben des jeweiligen Speichermodells (CS.LIB ist beispielsweise die Bibliothek für das Speichermodell *small*).

Sie haben in Turbo C aber auch die Möglichkeit, ein Objektmodul in Assembler zu erstellen und dieses anschließend mit Ihrem Programm zu einer .EXE-Datei zu linken. Dann sollten Sie jedoch die Voreinstellung von
Turbo C dahingehend ändern, daß Ihr Programm zunächst nur compiliert
wird, damit Sie anschließend den Objekt-Code an das Assembler-Modul
binden können. Wir werden beide Vorgänge nacheinander beschreiben.

Wir beginnen mit dem Einbinden von Modulen in eine Bibliothek. Die
Pfadangaben in unserem Beispiel müssen dabei nicht unbedingt mit den
Ihren übereinstimmen.

Wir wollen annehmen, daß die Include-Dateien im Verzeichnis *c:\turbo-
c\include*, die Bibliotheken und Objektmodule im Verzeichnis *c:\turbo-
c\lib* und die .EXE-Dateien im Verzeichnis *c:\turbo-c\exe* abgelegt sind.
Der Quelltext ist im Verzeichnis *c:\turbo-c* untergebracht.

Compilieren Sie nun zunächst das C-Programm und das Assembler-Programm zu Objekt-Codes und verbinden diese durch das Kommando

```
link name1 name2;
```

Wir wollen uns nun dem Einbinden in eine Modulbibliothek zuwenden.
Zur besseren Veranschaulichung wurde das C-Programm sehr klein gehalten. Es soll nur die eingebundene Funktion aufrufen.

```
/***************************/
/* Assemblerprogramm TON    */
/* in die Bibliothek CS.LIB */
/* einbinden.               */
/***************************/
#include <stdio.h>

main()
{
    printf("\nWenn Sie alles richtig gemacht haben,");
    printf("\nwerden Sie nun einen Ton hören,");
    printf("\nder durch Drücken von F1 beendet wird!!");
    TON();
}
```

Die Funktion wird mit *TON();* aufgerufen. In diesem Beispiel müssen
Sie den Namen in Großbuchstaben eingeben, da die Funktion unter diesem Namen in der Bibliothek abgelegt wurde.

Der Funktionsname muß im Assembler-Programm als *public* bezeichnet
werden, um diese Funktion für andere Programme zugänglich zu machen. Das C-Programm wird wie gewöhnlich compiliert und gelinkt. Beachten Sie bitte, daß diese Funktion in der Bibliothek des Speichermodells *small* (CS.LIB) abgelegt wird.

Das Assembler-Programm erzeugt einen Ton, der bei Betätigen der
Funktionstaste <F1> abgebrochen wird.

```
;********************************************************
;* Programm TON zur Tonausgabe und zum Einbinden        *
;* in die Turbo C-Bibliothek CS.LIB.                    *
;* Compiliert wird es mit  MASM TON  --  LINK TON,      *
;* anschließend wird es mit LIB in die Bibliothek       *
;* eingebunden.                                         *
;* LIB CS   Operation = +ton                            *
;* Aufruf aus C-Programm lautet TON()  (Großschrift)    *
;* Autor  D.Gromm                                       *
;********************************************************
stack          segment  para stack 'stack'
               db       256 dup (0)              ;256 Bytes im Stack
stack          ends
data           segment para public 'data'
freq           dw       3000                     ;für Signal
data           ends
code           segment para public 'code'

public         _ton
_ton           proc far

assume         cs:code
push           ds            ;Segmentadresse sichern
mov            ax,0
push           ax            ;Offset sichern
mov            ax,data
mov            ds,ax         ;Extrasegment einrichten
assume         ds:data
in             al,61h        ;aktuellen Inhalt aus Kanal pb lesen
or             al,3          ;Timer 2 Gate und Speaker Signal auf 1
out            61h,al        ;Inhalt al nach Kanal pb
mov            al,0b6h       ;Zeitgeberbefehl Read/Write LSB-MSB
out            43h,al        ;Sende Befehl an Steuerregister
                             ;des 8253
mov            bx,freq       ;Frequenz übertragen
mov            al,bl         ;Start bei LSB
out            42h,al        ;LSB an Zwischenregister
mov            al,bh         ;MSB zuletzt senden
out            42h,al        ;MSB an Zwischenregister

;-------Warteschleife, bis F1 gedrückt wird--*
stopme:
mov            ah,7          ;Funktion des Interrupts 21
                             ;Nr.7 - Eingabe -
int            21h           ;Interrupt 21 aufrufen Funktion 7
cmp            al,3bh        ;al-Register auf F1 abfragen
jne            stopme        ;Wenn ungleich F1 - zurück
;-------------------------------------------*

in             al,61h        ;Inhalt von pb einlesen
and            al,0fch       ;Timer 2 Gate und Speaker-
                             ;Signal auf 0
out            61h,al        ;Inhalt al nach Kanal pb
ret                          ;Rücksprung DOS
```

```
_ton      endp
code      ends
end       _ton
```

Das Programm wird mit dem Aufruf (IBM-Makro-Assembler)

```
masm ton;
```

compiliert. Wenn Sie es direkt testen möchten, geben Sie bitte zusätzlich den Befehl

```
link ton;
```

ein. Sie erhalten anschließend eine lauffähige .EXE-Datei, die mit der Eingabe *ton* gestartet und durch Betätigen der Taste *<F1>* abgebrochen wird. Das Objektmodul *ton.obj* wird in das Verzeichnis *c:\turbo-c\lib* kopiert.

Nun wollen wir das Modul in die Bibliothek einbinden. Geben Sie dazu bitte folgendes ein:

```
lib <Return>
```

Das Library-Programm fordert nun den Namen der Bibliothek an. Geben Sie bitte den Namen Ihrer Bibliothek ein (beispielsweise CS).

Nun wird die Operation erwartet, die der Library-Manager durchführen soll. Objektmodule werden durch den Operator + oder – eingefügt bzw. herausgenommen. Geben Sie dort bitte *+ton* ein.

Wenn Sie zusätzlich eine .MAP-Datei mit detaillierteren Informationen anlegen möchten, dann können Sie nach der Aufforderung

```
List File [NUL.MAP]
```

den Namen eingeben, unter dem Sie die Datei ansprechen möchten. Diese können Sie dann wie eine normale Textdatei behandeln.

Bei den restlichen Eingabeaufforderungen können Sie einfach die <Return>-Taste betätigen. Es wird nichts weiter benötigt.

Der Library-Manager fügt das Assembler-Objektmodul in die Bibliothek ein. Wenn Sie nach *List-File* einen Namen angegeben haben und die Datei z.B. mit dem DOS-Befehl *type Dateiname* anschauen, werden Sie das Modul aller Wahrscheinlichkeit nach ganz unten finden.

Die Turbo C-Modulbibliothek

Eine sehr starke Unterstützung für den Anwender bietet Turbo C mit seiner Modulbibliothek. Weit über den Standard von anderen Versionen der Sprache C hinaus werden hier Funktionen geboten, die eine einfache und verständliche Programmierung zulassen. Wenn Sie bereits die Interrupts in Kapitel 4 betrachtet haben, werden Sie feststellen, daß viele der Funktionen aus den Interrupts heraus kreiert wurden. Sie selbst können diese Funktionen ebenfalls verwenden, indem Sie mit *int86x()*, *bdos()* oder *int86()* arbeiten. Einige Programmbeispiele finden Sie in Anhang E. Dort werden Programme aufgeführt, die sowohl mit den Interrupts als auch mit Turbo C-Funktionen arbeiten.

Den gesamten Funktionsvorrat anhand von Beispielen darzustellen, ist aus Platzgründen nicht möglich. Funktionen, die meiner Meinung nach wichtig sind, wurden im folgenden jedoch mit einem kurzen Beispiel versehen. Teilweise wurden dabei mehrere Funktionen in kleinen Testprogrammen zusammengefaßt, nachdem sie zuvor einzeln beschrieben wurden.

Selbstdefinierte Variablen sowie Schlüsselwörter, Bibliotheksfunktionen usw., die direkt der Sprache C angehören, werden in den Programmen in Kleinschrift dargestellt.

Hinweis: Bei den folgenden Funktionsbeschreibungen werden Sie häufig auf Angaben wie z.B.

```
char    *Funktionsname(char *zeichen, int wert);
int     Funktionsname(void);
void    Funktionsname(int wert);
```

stoßen. Lassen Sie sich dadurch nicht irritieren. Dies besagt nur, daß beispielsweise die als *char* * bezeichnete Funktion einen Zeiger auf eine Zeichenkette zurückliefert. Zeiger werden mit einem Stern (*) gekennzeichnet. Funktionen, die einen Zeiger zurückliefern, müssen infolgedessen ebenfalls als Zeigerfunktionen angegeben werden. Das gleiche gilt für Funktionen, die z.B. eine Struktur zurückliefern; diese Funktionen müssen dann ebenfalls richtig angegeben werden (*struct *funktion(char ...)*). Sie können eine Funktion, die einen Zeiger zurückliefert, auch so ansprechen:

```
char    *zeiger
        zeiger = funk();
```

Die Funktion wird wie folgt angelegt:

```
char *funk()
{
return zeigerwert;
}
```

Der Begriff *void* in unserem Beispiel und in den folgenden Funktionsbeschreibungen besagt lediglich, daß kein *return*-Code von der Funktion
zurückgegeben wird

```
void   Funktionsname(int wert);
```

sondern nur ein oder mehrere Parameter an die Funktion übergeben werden muß. Das Gegenteil ist bei einer Funktion wie z.B.

```
int    Funktionsname(void);
```

der Fall. Es wird kein Wert an die Funktion übergeben, diese liefert jedoch einen *int*-Wert zurück.

String-Funktionen

Die String-Funktionen dienen zum Vergleichen, Verschieben, Kopieren,
Suchen und Verbinden von Zeichenketten und Teilzeichenketten.

Include: `string.h`
`stdlib.h` (für *strtod()* und *strtol()*)

Syntax:
```
double strtod(char *string, char **error);
long strtol(char *string,  char **error,
                          int format);

char  *strcat(char *string,  char *zusatz);
char  *strncat(char *string, char *zusatz,
                          unsigned lg);

char  *strchr(char *string, char such);
int    strcmp(char *verg1, char *verg2);
int    strcmpi(char *verg1, char *verg2);
int    stricmp(char *ziel, char *quelle);
int    strncmp(char *verg1, char *verg2,
                          unsigned lg);

int    strnicmp(char *ziel, char *quelle,
                          unsigned lg);

int    strncmpi(char *verg1, char *verg2,
                          unsigned lg);
```

```
char *strcpy(char *ziel, char *quelle);
char *strncpy(char *ziel, char *quelle,
                            unsigned lg);
int   strlen(char *string);

char *strlwr(char *string);
char *strupr(char *string);
char *strdup(char *string);
char *strset(char *string, char zeichen);
char *strnset(char *string, char zeichen,
                            unsigned lg);

char *strrev(char *string);
int   strcspn(char *verg1, char *verg2);
char *strpbrk(char *verg1, char *verg2);
char *strrchr(char *string, char zeichen);
int   strspn(char *verg1, char *verg2);
char *strtok(char *verg1, char *verg2);
char *strstr(char *verg1, char *verg2)
```

Allgemein gilt:

Alle Funktionen, die mit *char *str..* beginnen, liefern einen Zeiger auf
das Ergebnis zurück, und alle Funktionen, die mit *int str..* bezeichnet
sind, liefern einen *int*-Wert zurück.

strtod() und strtol()

Diese Funktionen wandeln einen String-Wert in einen *double*-Wert
(*strtod()*) bzw. in einen *long*-Wert (*strtol()*) um. Wenn der String-Wert
nicht interpretiert werden kann, wird der Zeiger ****error* auf das erste
nicht interpretierbare Zeichen gesetzt. Die Funktion *strtol()* erwartet zusätzlich einen dritten Parameter. Dieser dient dazu, dem Übergabewert
das richtige Zahlensystem zuzuordnen. Es sind Werte von 2 bis 36 zulässig. Der Wert 10 bedeutet beispielsweise, daß der übergebene Wert als
Dezimalzahl interpretiert werden soll.

strcat() und strncat()

Diese Funktionen hängen den zweiten String *(zusatz)* an den ersten an.
Bei der Funktion *strncat()* ist zusätzlich eine Längenangabe zulässig, die
festlegt, wie viele Zeichen angehängt werden sollen.

strchr()

Diese Funktion durchsucht einen String nach dem in *such* angegebenen Zeichen. Ist dieses Zeichen vorhanden, dann wird der Zeiger an dieser Stelle positioniert und aus der Funktion übergeben.

strcmp(), stricmp(), strcmpi(), strncmp(), strnicmp() und strncmpi()

Diese Funktionen führen Vergleichsoperationen zwischen zwei Strings durch. Die Funktion *strcmp()* berücksichtigt bei dem Vergleich Groß- und Kleinbuchstaben (A ist ungleich a). Die beiden Funktionen *stricmp()* und *strcmpi()* führen ebenfalls einen Vergleich durch, jedoch ohne Groß- und Kleinbuchstaben zu berücksichtigen (A ist gleich a). Die gleiche Beschreibung gilt für die drei Funktionen *strncmp()*, *strnicmp()* und *strncmpi()*. Diese erlauben zusätzlich die Festlegung einer Längenangabe, die sich auf den Zeiger **verg2* bezieht. Für alle Funktionen gelten folgende *return*-Codes:

verg1	kleiner	*verg2*	*return*-Code kleiner 0
verg1	gleich	*verg2*	*return*-Code gleich 0
verg1	größer	*verg2*	*return*-Code größer 0

strcpy() und strncpy()

Diese Funktion kopieren die Zeichenkette *quelle* in die Adresse des Zeigers *ziel*. In der Funktion *strncpy()* ist zusätzlich eine Längenangabe möglich, die festlegt, wie viele Zeichen von *quelle* kopiert werden sollen.

strlen()

In dieser Funktion wird die Länge einer Zeichenkette ermittelt und zurückgeliefert.

strlwr()

Diese Funktion wandelt alle Großbuchstaben der Zeichenkette in Kleinbuchstaben um.

strupr()

Diese Funktion ist das Gegenteil der Funktion *strlwr()*. Alle Kleinbuchstaben werden in Großbuchstaben umgewandelt.

strdup()

Diese Funktion bewirkt im Prinzip das gleiche wie *strcpy()*. Hier ist jedoch nur ein Parameter erforderlich. Als *return*-Code wird ein Zeiger
übergeben, der auf das Duplikat verweist.

strset() und strnset()

Die gesamte Zeichenkette wird durch das Zeichen *zeichen* ersetzt. Die
Funktion *strnset()* läßt darüber hinaus eine explizite Längenangabe zu.

strrev()

Diese Funktion kehrt die Reihenfolge der Zeichenkette um. Das letzte
Zeichen wird nach Position 0, das vorletzte Zeichen nach Position 1 versetzt usw.

strcspn()

Diese Funktion ermittelt die Länge der Teilzeichenkette von *vergl*, die
keines der Zeichen von *verg2* enthält.

strpbrk()

Diese Funktion durchsucht die Zeichenkette *vergl* nach dem ersten Auftreten von *verg2* und übergibt einen Zeiger auf diese Position. Ist keins
der Zeichen vorhanden, wird der Wert 0 zurückgeliefert.

strrchr()

Die Zeichenkette *string* wird von hinten nach vorne nach dem in *zeichen*
enthaltenen *char-Wert* durchsucht. Ist dieser vorhanden, wird ein Zeiger
auf diese Position übergeben. Das Feldende (\0) wird als Bestandteil der

Zeichenkette bewertet und als erstes Element verglichen. Wenn Sie also das Feldende vergleichen möchten, lautet der Aufruf dafür *strrchr(string,0)*. Es wird ein Zeiger auf das Nullzeichen zurückgeliefert.

strspn()

Diese Funktion bildet das Gegenstück der Funktion *strcspn()*. Der Vergleich wird nicht bei der ersten Übereinstimmung beendet, sondern es wird mit dem nächsten Zeichen fortgefahren. Als Ergebnis erhalten Sie hier die Position des ersten nicht übereinstimmenden Zeichens.

strtok()

Diese Funktion betrachtet die Zeichenkette als Folge von "Token", die voneinander durch die in *verg2* übergebenen Zeichen getrennt sind. Hat z.B. die Zeichenkette *verg1* den Inhalt "Wir sind durch – – getrennt worden" und die Zeichenkette *verg2* den Inhalt "–", so liefert der erste Aufruf dieser Funktion einen Zeiger auf den Anfang der Zeichenkette und der zweite Aufruf einen Zeiger auf das Zeichen nach den Bindestrichen. Die Funktion schneidet den String durch, indem anstelle des gefundenen Zeichens ein EOS gesetzt wird. Beim zweiten Aufruf dieser Funktion wird an der Position aufgesetzt, die das Zeichen nicht mehr beinhaltet.

strstr()

Diese Funktion prüft, ob die Zeichenkette *verg2* in der Zeichenkette *verg1* enthalten ist. Ist dies der Fall, wird ein Zeiger auf den Beginn von *verg2* in *verg1* übergeben.

Beispielprogramm:

```
/****************************/
/* String-Funktionen        */
/****************************/
#include <stdio.h>
#include <string.h>
#include <stdlib.h> /*für strtod*/
char *text = "Textinhalt des Zeigers";
char *ziel;
double wert;
char **error;
```

```
main()
{
    char *c;
    int erg;

    /*-String text nach c übertragen-*/
    c = strdup(text);
    printf("\n%s",c);

    /*--Durchsuchen nach i--*/
    c = strchr(text,'i');
    printf("\n%s",c);

    /*-Alle Groß- in Kleinbuchstaben umwandeln-*/
    c = strlwr(text);
    printf("\n%s",c);

    /*-Kopieren-*/
    c = strcpy(text,"Neuer Text!");
    printf("\n%s",c);

    /*-Teilkopieren und \0 anfügen-*/
    c = strncpy(text,"Ein ganz neuer Text! Ende",20);
    strcat(c,"\0");
    printf("\n%s",c);

    /*-Text umdrehen-*/
    c = strrev(text);
    printf("\n%s",c);

    /*-Text in c durch A ersetzen-*/
    c = strset(c, 'A');
    printf("\n%s",c);

    /*-String-Wert in double-Variable-*/
    wert = strtod("100.01",error);
    printf("\nDouble-Wert = %f ",wert);

    /*-Kopieren und mit Token arbeiten
    strtok() liefert beim ersten Aufruf
    einen Zeiger, der bei "Wir" beginnt, und
    beim zweiten Aufruf einen Zeiger, der
    bei "getrennt" beginnt. Die beiden
    Zeichen -- werden ignoriert-*/

    strcpy(text,"Wir sind durch -- getrennt worden");
    c = strtok(text,"-");
    printf("\n%s",c);
    c = strtok(NULL,"-");
    printf("%s",c);

    /*-Suche "eine Frau"-*/
    strcpy(text,"Ich suche eine Frau!");
    c = strstr(text, "eine");
    printf("\n%s",c);
}
```

swab()

Vertauschen von Worthälften.

Include: stdlib.h

Syntax: void swab(char *alt, char *neu, unsigned lg);

Die Funktion *swab()* liest so viele Bytes, wie durch *lg* angegeben sind,
aus der Zeichenkette *alt* und vertauscht Byte 0 mit Byte 1, Byte 2 mit
Byte 3 usw. Die alte Zeichenkette bleibt unverändert. Das Ergebnis wird
der Zeichenkette *neu* zugewiesen. Der Speicherbereich dieser Zeichenketten darf sich nicht überlappen, und beide Zeichenketten müssen bereits einem Speicherbereich zugeordnet sein. Der in *lg* angegebene Wert
sollte einer geraden Zahl entsprechen.

Beispielprogramm:

```
/**************************/
/* Worthälften mit swab() */
/* vertauschen            */
/**************************/
#include <stdlib.h>
#include <stdio.h>
char *alt = "1234567890";
char *neu = "          ";

main()
{
    swab(alt,neu,10);
    printf("\n%s",alt);
    printf("\n%s",neu);
}
```

Ein-/Ausgabe-Funktionen

cprintf() und cputs()

cprintf()   Formatierte Ausgabe auf dem Bildschirm.
cputs()   Zeichenkette auf dem Bildschirm ausgeben.

Include: conio.h

Syntax: char *cgets(char *ein_str);
                 int cprintf("formatzeichen", variablen);
                 void cputs(char *aus_str);
                 int cscanf("formatzeichen", variablen);

cscanf()

Eingabe von der Tastatur unter Berücksichtigung bestimmter Formate einlesen.

Include: `conio.h`

Syntax: `int cscanf("formatzeichen", variablen);`

gets() und cgets()

gets()   Zeichenkette von *stdin* (Tastatur) einlesen.
cgets()   Zeichenkette von *stdin* (Tastatur) einlesen.

Include: `stdio.h`   (gets())
             `conio.h`   (cgets())

Syntax: `char *gets(char *ein_str);`
             `char *cgets(char *ein_str);`

getch(), getche(), ungetch(), ungetc()

getch()   Ein Zeichen ohne Echo einlesen.
getche()   Ein Zeichen mit Echo einlesen.
ungetc()   Zeichen in Datei zurückstellen.
ungetch()   Zeichen in *stdin* zurückstellen.

Include: `stdio.h`

Syntax: `int getch(void);`
             `int getche(void);`
             `int ungetch(int zeichen);`
             `int ungetc(char zeichen, FILE *datei);`

Die beiden *get*-Funktionen liefern den ASCII-Wert des eingegebenen Zeichens zurück, wobei die Funktion *getch()* das Zeichen nicht anzeigt. Die Funktion *ungetc()* schreibt ein Zeichen in die Datei, und die Funktion *ungetch()* schreibt ein Zeichen in den Tastaturpuffer (*stdin*) zurück.

Beispielprogramm:

```
/************************/
/* Zeichen einlesen und  */
/* zurückstellen.        */
/************************/
#include <stdio.h>
#define CR 13
```

```
main()
{
  int dummy = 0, i;
  /*--Ohne automatisches Echo*/
  while((dummy = getch()) != CR)
      printf(" %c",dummy);

  /*--Mit automatischem Echo*/
  printf("\n");
  while((dummy = getche()) != CR);

  /*--Warten, bis Taste gedrückt*/
  printf("\n");
  getchar();

  /*Zeichen 0 in Tastaturpuffer schreiben*/
  /*und direkt wieder auslesen           */
  ungetch(48);     dummy = getch();
  printf("%c",dummy);

}
```

printf() und scanf()

printf()   Formatierte Bildschirmausgabe.
scanf()   Formatierte Bildschirmeingabe.

Hinsichtlich der *printf()*- und *scanf()*-Funktionen unterscheiden wir:

printf() und *scanf()*   für Bildschirm-Ein-/Ausgabe.
fprintf() und *fscanf()*   für Datei-Ein-/Ausgabe.
sprintf() und *sscanf()*   für Speicher-Ein-/Ausgabe.

Die folgende Beschreibung gilt ebenfalls für die Dateifunktionen *fprintf()* und *fscanf()*, wobei die gleiche Syntax wie für *printf()* und *scanf()* gilt und zusätzlich noch die Datei angegeben werden muß. Die Funktionen *sprintf()* und *sscanf()* werden im Abschnitt "Speicherfunktionen" und in Anhang E beschrieben.

Include: stdio.h

Syntax: printf("Format",Argumentliste);
             fprintf(FILE *datei,"Format",Argumentliste);
             scanf("Format",Argumentliste);
             fscanf(FILE *datei,"Format",Argumentliste);

Über die Format-Zeichenkette kann die Ausgabe der nachfolgenden Argumente gesteuert werden. In den Anführungszeichen der Formatausgabe können direkt auszugebende Texte und Formatierungsanweisungen eingeschlossen werden. Diese Anweisungen beginnen stets mit einem Prozentzeichen %. Danach kann eine Reihe von weiteren Angaben folgen, die jedoch alle außer der Festlegung des Typs optional sind:

```
% Flags Breite .Präzision Argumentgröße Typ
```

Bei der Angabe von *Flags* gibt es vier verschiedene Möglichkeiten:

– Das Minuszeichen legt eine linksbündige Ausgabe fest (Standard ist rechtsbündig).

+ Das Pluszeichen bewirkt die Ausgabe eines Pluszeichens bei numerischen Werten (Standard ist Minuszeichen bei negativen Werten und kein Zeichen bei positiven Werten).

' ' Das Leerzeichen bewirkt die Ausgabe eines führenden Leerzeichens bei positiven Werten.

\# Das Nummernzeichen zusammen mit einigen Typangaben bewirkt eine andere Ausgabe als normal, und zwar wie folgt:

Typ	Wirkung
o	Eine Null wird dem Wert vorangestellt.
x, X	0x bzw. 0X wird dem Wert vorangestellt.
e, E, f	Dezimalpunkt wird ausgegeben, auch wenn der Wert keine Nachkommastelle hat.
g, G	Überflüssige Nullen nach dem Dezimalpunkt werden mit ausgegeben.

Die *Breite* bestimmt die Mindestanzahl der Zeichen, die das Aufnahmefeld aufnehmen soll. Ist der Ausgabewert jedoch größer, so wird er trotzdem in seiner vollen Länge ausgegeben. Ist er kleiner, so wird er entsprechend der Bündigkeit mit Leerzeichen bzw. nach Definition mit führenden Nullen aufgefüllt. Wird für den Parameter Breite ein Stern * eingesetzt, dann wird der nächste ganzzahlige Wert aus der Argumentliste als Feldlängenangabe interpretiert.

Die Angabe der *Präzision* wird durch einen Dezimalpunkt von dem Parameter Breite getrennt. Standardmäßig werden Werte der Typen d, i, o, u, x und X mit einer Genauigkeit von einer Stelle und Werte der Typen e, E und f mit einer Genauigkeit von sechs Stellen ausgegeben. Die Standardausgabe kann wie folgt geändert werden:

.0   Ein Dezimalpunkt und überflüssige Nullen bei den Typen e, E und f werden nicht ausgegeben.

.n   Ein Wert wird mit der Genauigkeit von n-Stellen ausgegeben.

Wird für den Parameter Präzision ein Stern * eingesetzt, dann wird der nächste ganzzahlige Wert aus der Argumentliste als Genauigkeitsangabe interpretiert.

Die *Argumentgröße* legt explizite Größen für vom Speichermodell abweichende Zeiger- und Argumentgrößen fest:

F   Das Argument soll als *far*-Zeiger interpretiert werden.
N   Das Argument soll als *near*-Zeiger interpretiert werden.
h   Die Argumenttypen d, i, o, u, x und X werden als *short* interpretiert.
l   Die Argumenttypen d, i, o, u, x und X werden als *long* und e, E, f, g und G werden als *double* interpretiert.

Abschließend erfolgt die Beschreibung der obligatorischen *Typangabe*. Hierfür können folgende Parameter eingesetzt werden:

d   Das Argument wird als Dezimalzahl ausgegeben.

i   wie d.

o   Das Argument wird als Oktalzahl ausgegeben.

x   Das Argument wird als Hexadezimalzahl ausgegeben.

X   wie x mit Großbuchstaben.

f   Das Argument wird als vorzeichenbehaftete Gleitkommazahl ausgegeben.

e   Das Argument wird als vorzeichenbehafteter Wert in wissenschaftlicher Schreibweise ausgegeben.

E   wie e mit Großbuchstaben.

g   Das Argument wird im Stil von f oder e ausgegeben, je nachdem, welche Ausgabeart die kürzeste Darstellung bei voller Genauigkeit ermöglicht.

G   wie g mit Großbuchstaben.

c   Das Argument wird als Zeichen ausgegeben.

s   Das Argument wird als Zeiger auf einen String interpretiert.

u   Das vorzeichenlose, ganzzahlige Argument wird als Dezimalzahl ausgegeben.

%   Das Prozentzeichen wird ausgegeben.

n   Die Anzahl der aktuell ausgegebenen Zeichen wird im Argument gespeichert.

p   Das Argument wird als Zeiger in hexadezimaler Form ausgegeben.

Beim Aufruf der Funktionen *scanf()* und *fscanf()* haben die Parameter für die Formatausgabe die entsprechenden Bedeutungen. Hier entfallen jedoch die Parameter *Flags* und *Präzision*.

Beispielprogramm:

```
/***********************/
/* Beispiele für       */
/* printf() / scanf()  */
/***********************/
#include <stdio.h>
char *text = "Ausgabedemo mit printf()";

main()
{
    int i,j;
    float wertfloa;
    int wertint;

    /*Zeichenkette mit Längenangabe ausgeben*/
    /*Beachten Sie bitte den Punkt.        */
    printf("\n\07%.11s",text);
    printf("\n\%.15s",text);
    printf("\n\%s\n\n",text);

    /*Hex-Werte der Zeichenkette ausgeben*/
    printf("\nEs folgen die Hex-Werte der Zeichen\n");
    j = strlen(text);
    for(i=0;i<j;i++)
       printf("%#4x ",text[i]);

    /*Dezimalwert der Zeichenkette ausgeben*/
    printf("\nEs folgen die Dez-Werte der Zeichen\n");
    for(i=0;i<j;i++)
       printf("%d ",text[i]);
```

```
        /*Text mit Tabulator ausgeben*/
        printf("\n\t%s",text);

        /*Float-und Int-Wert formatiert ausgeben*/
        printf("\nBitte einen float-Wert, anschließend");
        printf("\nein Leerzeichen und dann einen Int-Wert");
        printf("\neingeben: ");

        scanf("%f %d",&wertfloa,&wertint);
        printf("\nFloat-Ausgabe    :   %.2f",wertfloa);
        printf("\nMit Vorzeichen   :   %+.2f",wertfloa);
        printf("\nint-Ausgabe RE   :   %6d",wertint);
        printf("\nint-Ausgabe LI   :   %#0d",wertint);
        printf("\nint-Ausgabe      :   %#06d",wertint);
}
```

putc(), putch(), putchar() und puts()

putc()   Ein Zeichen in eine Datei schreiben.
putch()   Ein Zeichen auf dem Bildschirm ausgeben.
putchar()   Ein Zeichen auf dem Bildschirm ausgeben.
puts()   Zeichenkette auf dem Bildschirm ausgeben.

Include: stdio.h

Syntax: int putc(int zeichen, FILE *DATEI);
             void putch(int zeichen);
             int putchar(int zeichen);
             int puts(char *string;

Diese Funktionen dienen zwar der Zeichenausgabe, können allerdings
nicht formatiert werden.

Beispielprogramm:

```
/*************************/
/* Unformatierte Zeichen- */
/* ausgabe. put..()       */
/*************************/
#include <stdio.h>
#include <ctype.h>
char *text = "\nWir sind alles Düsseldorfer Jungens ..";
FILE *point;

main()
{
    int i = 0, j = strlen(text);
    /*-Datei anlegen-*/
    point = fopen("test.dat","a+");
```

```
if (!point)
    {
    printf("\nFehler beim Öffnen der Datei!");
    exit(0);
    }

/*-Text zeichenweise in Datei schreiben-*/
while(i < j)
    putc((int) text[i++], point);

fclose(point);

/*-Text zeichenweise auf Bildschirm ausgeben-*/
i = 0;
while(i < j)
    {
    putch((int) text[i++]);
    putchar(32);
    }
/*-Zeichenkette ganz ausgeben-*/
puts(text);

}
```

Konvertierungsfunktionen

atof() , atoi() und atol()

atof()   ASCII-Wert in Gleitkommazahl umwandeln.
atoi()   ASCII-Wert in ganze Zahl umwandeln.
atol()   ASCII-Wert in *long*-Wert umwandeln.

Include: stdlib.h

Syntax:
```
double atof(char *zeiger);
int atoi(char *zeiger);
long atof(char *zeiger);
```

Diese Funktionen konvertieren einen *char*-Wert in einen numerischen Wert. Der *char*-Wert muß ein Zeiger oder Vektor sein.

ecvt(), fcvt() und gcvt()

Gleitkommawerte in Zeichenketten umwandeln.

Include: stdlib.h

Syntax: char *ecvt(double wert, int lg, int *wopunkt,
                        int *wiewert);
             char *fcvt(double wert, int lg, int *wopunkt
                        int *wiewert);
             char gcvt(double wert, int lg, char *puffer);

Die Funktion *ecvt()* wandelt die Variable *wert* in einen String mit der in *lg* vorgegebenen Länge um. Durch den *int*-Zeiger **wopunkt* wird die Position des Dezimalpunkts zurückgeliefert und durch den *int*-Zeiger **wiewert* erhalten Sie bei einer positiven Zahl den Wert 0 und bei einer negativen Zahl den Wert 1 als *return*-Code. Sie müssen nicht unbedingt beide Variablen als Zeiger deklarieren, genausogut können Sie normale *int*-Variablen verwenden und deren Adressen übergeben. Die Funktion *fcvt()* arbeitet analog wie die Funktion *ecvt()*. Der Unterschied liegt hier in der Rundung des Übergabewerts, die dem *f*-Format der Funktion *printf()* entspricht. Die Funktion *gcvt()* arbeitet vom Prinzip her genauso. Allerdings wird hier zunächst versucht, den Wert in das *f*-Format umzuwandeln. Gelingt dies nicht, z.B. wenn die Länge des Parameters *lg* durch die Stelle des Werts überschritten wird, verwendet diese Funktion das *e*-Format.

Beispielprogramm:

```
/*************************/
/* double-Wert mit ecvt() */
/* in String umwandeln     */
/*************************/
#include <stdlib.h>
#include <stdio.h>

/*************************/
/* Definitionen für atof, */
/* atoi und atol          */
/*************************/
char *zeiger1 = "2.99";
char *zeiger2 = "100";
char *zeiger3 = "12";

/*************************/
/* Definitionen für ecvt */
/*************************/
int wopunkt, wiewert;
char *dummy;
double wertpos = 2111.23;
double wertneg = -12345.66;
int l = 7;
```

```
main()
{
   /*-Aufrufe atof, atoi, atol-*/
   printf("\n\n");
   if(atof(zeiger1) < 3.12)
     printf("\natof-Wert von zeiger1 < 3.12");
   if(atoi(zeiger2) > 99)
     printf("\natoi-Wert von zeiger2 > 99");
   if(atol(zeiger3) < 20)
     printf("\natol-Wert von zeiger3 < 20");

   /*--Positiv--*/
   dummy = ecvt(wertpos, 1, &wopunkt , &wiewert);
   printf("\n%s",dummy);
   printf("\nPunkt/Wert = %d / %d",wopunkt, wiewert);

   /*--Negativ--*/
   dummy = ecvt(wertneg, 1, &wopunkt , &wiewert);
   printf("\n%s",dummy);
   printf("\nPunkt/Wert = %d / %d",wopunkt, wiewert);

   exit(0);
}
```

dostounix() und unixtodos()

Datum und Uhrzeit werden in das UNIX-Format umgewandelt.

Include: dos.h

Syntax: long dostounix(struct date *dat,
                          struct time *tm);
       void unixtodos(long zeit, struct date *dat,
                          struct time *tm);

Die Funktion *dostounix()* erwartet als Übergabe jeweils einen Zeiger auf die Strukturen, die das Muster *date* und *time* erhalten haben. Als *return*-Wert übergibt diese Funktion einen *long*-Wert, der z.B. den Wert interpretiert, der auch von der Funktion *time()* geliefert wird (siehe *asctime()*). Genau das Gegenteil wird durch die Funktion *unixtodos()* bewirkt. Diese erwartet einen *long*-Wert sowie beide Strukturen. Der *long*-Wert wird konvertiert an beide Strukturen übergeben.

toascii(), tolower(), toupper(), _tolower() und _toupper()

toascii()   Zeichen in ASCII-Format umwandeln.
tolower()   Zeichen in Kleinbuchstaben umwandeln.

toupper()   Zeichen in Großbuchstaben umwandeln.
_tolower()   Groß- in Kleinbuchstaben umwandeln.
_toupper()   Klein- in Großbustaben umwandeln.

Include: ctype.h

Syntax: int touascii(int byte);
              int toulower(int byte);
              int toupper(int byte);
              int _tolower(int byte);
              int _toupper(int byte);

Außer bei der Funktion *toascii()* werden von allen anderen Funktionen
nur Buchstaben vernünftig umgewandelt. Umlaute, Ziffern und Sonderzeichen sind ungültig und erzeugen unsinnige Ergebnisse.

itoa(), ltoa() und ultoa()

itoa()   *int*-Wert in Zeichenkette umwandeln.
ltoa()   *long*-Wert in Zeichenkette umwandeln.
ultoa()   *unsigned long*-Wert in Zeichenkette umwandeln.

Include: stdlib.h

Syntax: char *itoa(int wert, char *string, int format);
          char *ltoa(long wert, char *string, int format);
          char *ultoa(unsigned long wert, char *string,
                      int format);

Als zweiter Parameter muß die Adresse eines Zeigers übergeben werden.
Unter dieser Adresse wird der umgewandelte Wert, bezeichnet durch die
jeweilige Variable *wert*, als String abgelegt. Die betreffende Adresse
wird von allen Funktionen heraus zurückgeliefert. Die Funktion *ultoa()*
erwartet in jedem Fall einen *unsigned long*-Wert. Übergeben Sie dieser
Funktion einen negativen Wert, so erhalten Sie ein unsinniges Resultat
(siehe Beispiel). Die Variable legt mit Werten von 2 bis 36 die Basis des
Zahlensystems für die Konvertierung fest. Der Wert 10 bewirkt, daß bei
einem negativen Wert ein Minuszeichen vorangesetzt wird, außer bei der
Funktion *ultoa()*, die mit Komplementbildung arbeitet.

Beispielprogramm:

```
/************************/
/* Umwandlungen         */
/************************/
```

```
#include <ctype.h>
#include <stdio.h>
#include <stdlib.h>
char *buff, buff1;
char *klein = "Dietmar GROmm";


main()
{
    int i = strlen(klein), j = 0;
    /*-In Großbuchstaben umwandeln-*/
    while(j < i)
        {
        klein[j] = toupper(klein[j]);
        ++j;
        }
    printf("\n%s",klein);


    /*-In Kleinbuchstaben umwandeln-*/
    j = 0;
    while(j < i)
        {
        klein[j] = tolower(klein[j]);
        ++j;
        }
    printf("\n%s\n",klein);


    /*-Werte 40 bis 120 in ASCII-Zeichen-*/
    /*-umwandeln-*/
    j = 40;
    while(j++ < 120)
        printf("%c",toascii(j));


    /*-itoa, ltoa und ultoa-*/
    buff = itoa(1000, &buff1, 10);
    printf("\nInteger-String %s",buff);


    buff = ltoa(-1000000, &buff1, 10);
    printf("\nLong-String %s",buff);


    buff = ultoa((unsigned long) -1000000, &buff1, 10);
    printf("\nFalsch, weil Wert negativ ist %s",buff);


    buff = ultoa((unsigned long) 1000000, &buff1, 10);
    printf("\nLong-String %s",buff);

}
```

Prüffunktionen

isatty()   prüft, ob das mit *handle* angegebene Gerät in eine der folgen-
            den Kategorien fällt:

            – serielle Schnittstelle
            – Terminal
            – Konsole (Drucker mit Tastatur)
            – Drucker

Include: io.h

Syntax: int isatty(int handle);

Wird die Prüfung als *true* bewertet, erhält man einen *return*-Code ungleich 0, ansonsten den Wert 0. Eine Fehlermeldung bezüglich eines falschen *handles* ist nicht definiert.

isalpha()   prüft, ob es sich bei dem Zeichen um einen Groß- oder Klein-
            buchstaben handelt.
isalnum()   prüft, ob das Zeichen ein Buchstabe oder eine Ziffer ist (keine
            Sonderzeichen).
isascii()   prüft, ob das Zeichen im ASCII-Code der Werte 0 bis 127
            liegt.
iscntrl()   prüft, ob ein Steuerzeichen vorliegt. Diese Zeichen entspre-
            chen dem ASCII-Code 0 bis 31. Das Steuerzeichen DEL
            (ASCII-Code 127) wird zusätzlich berücksichtigt.
isdigit()   prüft, ob das Zeichen eine der Ziffern 0 bis 9 ist.
isgraph()   prüft, ob es sich um ein druckbares Zeichen handelt. Hier wird
            der ASCII-Wert verglichen. Alle Zeichen im Bereich 21h bis
            7Eh liefern das Ergebnis *wahr* bzw. *true*.
islower()   prüft, ob es sich bei dem Zeichen um einen Kleinbuchstaben
            handelt.
isprint()   prüft wie *isgraph()*. Hierbei werden zusätzlich auch Leerzei-
            chen berücksichtigt.
ispunct()   prüft auf Interpunktionszeichen (Punkt, Komma, Bindestrich
            usw.). Die Funktion liefert nur dann den Wert *true*, wenn
            isalnum(), *isspace()* und *iscntrl()* alle den Wert *false* erge-
            ben.
isspace()   prüft auf Zeichen, die nicht angezeigt werden bzw. als weiße
            Leerzeichen gelten. Dazu zählen u.a. Zeilenvorschub, Tabu-
            latorsprünge, Leerzeichen und Blattvorschübe.
isupper()   prüft, ob es sich bei dem Zeichen um einen Großbuchstaben
            handelt.
isxdigit() prüft Hex-Ziffern (A – F, a – f und 0 – 9).

Außer für die Funktion *isatty()* gilt die folgende Beschreibung für alle Funktionen.

Include: ctype.h

Syntax: int Funktion(int Zeichen);

Alle Funktionen liefern einen Wert ungleich 0 zurück, wenn die Bewertung als *true* betrachtet wird. Ergibt die Prüfung den Wert *false*, liefern die Funktionen den Wert 0 zurück. Keine dieser Funktionen berücksichtigen Umlaute. Außer den Funktionen *isascii()*, *isprint()* und *isgraph()* liefern alle Routinen nur dann ein korrektes Ergebnis, wenn das zu prüfende Zeichen in der ASCII-Tabelle 0 bis 127 vorhanden ist oder den Wert EOF (−1) beinhaltet.

Beispielprogramm:

```
/***************************/
/* ASCII-Zeichen überprüfen */
/***************************/
#include <ctype.h>
#include <stdio.h>

/*- Das Zeichen \t ist das
    Steuerzeichen TAB -*/

char *zeichen = "12ABcd.-  +*\t";

main()
{
    int i = strlen(zeichen),j=0;

    printf("\nFunktion isalpha() Text %s\n",zeichen);
    printf("1 = true / 0 = false     ");
    while(j < i)
        {
        if (isalpha(zeichen[j]))
           printf("1");
           else printf("0");
        ++j;
        }
    j = 0;

    printf("\n\nFunktion isalnum() Text %s\n",zeichen);
    printf("1 = true / 0 = false     ");
    while(j < i)
        {
        if(isalnum(zeichen[j]))
           printf("1");
           else printf("0");
        ++j;
```

```
    }
    j = 0;

    printf("\n\nFunktion isascii() Text %s\n",zeichen);
    printf("1 = true / 0 = false    ");
    while(j < i)
        {
        if(isascii(zeichen[j]))
            printf("1");
            else printf("0");
        ++j;
        }
        j = 0;
    printf("\n\nFunktion isdigit() Text %s\n",zeichen);
    printf("1 = true / 0 = false    ");
    while(j < i)
        {
        if(isdigit(zeichen[j]))
            printf("1");
            else printf("0");
        ++j;
        }
        j = 0;
    printf("\n\nFunktion islower() Text %s\n",zeichen);
    printf("1 = true / 0 = false    ");
    while(j < i)
        {
        if(islower(zeichen[j]))
            printf("1");
            else printf("0");
        ++j;
        }
        j = 0;
    printf("\n\nFunktion ispunct() Text %s\n",zeichen);
    printf("1 = true / 0 = false    ");
    while(j < i)
        {
        if(ispunct(zeichen[j]))
            printf("1");
            else printf("0");
        ++j;
        }
        j = 0;
    printf("\n\nFunktion isspace() Text %s\n",zeichen);
    printf("1 = true / 0 = false    ");
    while(j < i)
        {
        if(isspace(zeichen[j]))
            printf("1");
            else printf("0");
        ++j;
        }
```

```
            j = 0;

    printf("\n\nFunktion iscntrl() Text %s\n",zeichen);
    printf("1 = true / 0 = false      ");
    while(j < i)
        {
        if(iscntrl(zeichen[j]))
            printf ("1")
            else printf ("0")
        ++j;
        }
        j = 0;
}
```

Mathematische Funktionen

abs(), fabs() und cabs()

abs()   liefert den Absolutwert einer *int*-Variablen.
fabs()   liefert den Absolutwert einer Gleitkommazahl.
cabs()   liefert den Absolutwert einer Struktur des Typs *complex*.

Include: `stdlib.h` oder `math.h`

Syntax: `int abs(int wert);`
            `double fabs(double wert);`
            `double cabs(struct complex nummer);`

Wenn Sie im Quellcode *#undef abs* angeben, müssen Sie den Absolutwert in einer eigenen Funktion berechnen. Ein Beispiel für den Einsatz
der Funktion *cabs()* finden Sie bei den mathematischen Funktionen
hypot() und *poly()*.

acos(), cos(), cosh(), atan() und atan2()

acos()   liefert den Arcuskosinus.
cos()   liefert den Kosinus.
cosh()   liefert den hyperbolischen Kosinus.
atan()   liefert den Arcustangens.
atan2() liefert den Arcustangens von wert1/wert2.

Include: `math.h`

Syntax: `double acos(double wert);`
                 `double cos(double wert);`
                 `double cosh(double wert);`
                 `double atan(double wert);`
                 `double atan2(double wert1, double wert2);`

fmod() und modf()

fmod()   liefert den Restwert einer Division.
modf()   entspricht einer Modulo-Operation.

Include: `math.h`

Syntax: `double fmod(double wert1, double wert2);`
                 `double modf(double wert, double *rest);`

Bei einem Funktionsaufruf wie beispielsweise

         `fmod(1234.567, 1.0);`

erhalten Sie als Ergebnis 0.567. Die Funktion *modf()* würde in diesem
Fall ebenfalls den Wert 0.567 liefern. Der ganzzahlige Anteil wird dabei
der Variablen *rest* übergeben.

exp()

Exponentialfunktion, Logarithmus und Quadratwurzel berechnen.

Include: `math.h`

Syntax: `double exp(double wert);`
                 `double frexp(double wert, int *exponent);`
                 `double ldexp(double wert, int exponent);`
                 `double log(double wert);`
                 `double log10(double wert);`
                 `double pow(double wert1, double wert2);`
                 `double pow10(int wert);`
                 `double sqrt(double wert);`

Die Funktion *exp()* liefert das Ergebnis der Berechnung e^x, wobei diese
für die Basis des natürlichen Logarithmus 2.71828 steht. Die Funktion
frexp() berechnet aus *wert* eine Mantisse (absoluter Wert größer als 0.5
und kleiner als 1.0) zusammen mit einem Exponenten der Basis 2 (wert =

x·2^n). Die Funktion *ldexp()* bildet das Gegenstück zu *frexp()*. Durch die Funktionen *log()* wird der natürliche Logarithmus (x=e^n) und durch *log10()* der Logarithmus zur Basis 10 zur Erfüllung einer Gleichung wie x = 10^n zurückgeliefert. Die Funktionen *pow()* und *pow10()* liefern Ergebnisse wie x^y bzw. 10^x, wobei *pow10()* nur mit ganzen Zahlen arbeitet. Die Funktion *sqrt()* berechnet die Quadratwurzel.

floor() und ceil()

floor()   rundet auf die nächstkleinere ganze Zahl ab.
ceil()   rundet auf die nächsthöhere ganze Zahl auf.

Include: `math.h`

Syntax: `double floor(double wert);`
            `double ceil(double wert);`

Die Funktion *floor()* liefert beispielsweise bei einer Übergabe des Werts 7.4 den Wert 7 und die Funktion *ceil()* bei einer Übergabe des Werts 5.2 den Wert 6 zurück.

_fpreset()

Die Routinen zum Bearbeiten der Gleitkommazahlen werden neu initialisiert.

Include: `float.h`

Syntax: `void _fpreset();`

Nach Funktionsaufrufen wie *system()* oder *exec()* sollte mit dieser Funktion eine Neuinitialisierung des mathematischen Coprozessors durchgeführt werden.

_clear87()

Löscht das momentane Statuswort des Coprozessors 8087.

Include: `float.h`

Syntax: `unsigned int _clear87(void);`

Als *return*-Wert erhalten Sie das zuletzt beinhaltete Statuswort.

_control87() und _status87()

_control87()   Statuswort des mathematischen Coprozessors lesen
                    oder setzen.
_status87()   liefert das momentane Statuswort der Gleitkomma-Rou-
                    tinen.

Include: `float.h`

Syntax: ```
                    unsigned _control87(unsigned neu,
                                        unsigned maske);
                    unsigned _status87();
                    ```

Diese Funktionen sind verwandt zu den Funktionen *_clear87()* und
*_fpreset()*.

Die einzelnen Bits des Statuswortes legen u.a. die Rundung und die Genauigkeit der Berechnungen fest. Übergeben Sie durch *maske* einen
Nullwert, so wird der momentane Status zurückgeliefert. Die Struktur
*maske* muß als Bitstruktur angelegt werden, da der Statuswert als *unsigned* zurückgeliefert wird und die jeweiligen Bits abgefragt werden
müssen (siehe Kapitel 3, "Bitstruktur"). Sie können den Status entweder
über die Bitstruktur und deren Elemente oder auch wie folgt setzen:

```
status = ((status & ~maske) | (neu & maske));
```

wobei die einzelnen Bits von *maske* bestimmen, welche Bits des Statuswortes verändert werden. Eine Beschreibung der jeweiligen Bedeutung
des Statuswortes (einzelne Bits) finden Sie in der Include-Datei *float.h*.

asin()

Arcussinus berechnen.

Include: `math.h`

Syntax: `double asin(double wert);`

Beispielprogramm:

```
/*************************/
/* Beispiele für mathe-  */
/* matische Funktionen   */
/*************************/
```
```

```c
#include <stdio.h>
#include <math.h>

/*-Variablen---------*/
double tan1, tan2;
int abswert;
double cosinus, sinus, ceil1, floor1;
double exp1, frexp1, ldexp1, log1;
double log101,sqrt1;
int point, pow101;
double pow1;

/**********************************/
/* Hauptprogramm                  */
/**********************************/
main()
{

    /*-Tangens------------*/
    tan1 = atan(5000);
    printf("\nATAN (5000) = %f",tan1);
    tan2 = atan2(6000,7000);
    printf("\nATANH (6000/7000) = %f",tan2);

    /*-Absolutwert--------*/
    abswert = abs(-123);
    printf("\nABS  (-123) = %d",abswert);

    /*-Kosinus/Sinus------*/
    cosinus = cos(123.45);
    printf("\nCOS    (123.45) = %f",cosinus);
    cosinus = cosh(123.45);
    printf("\nCOSH   (123.45) = %f",cosinus);
    sinus = sin(123.45);
    printf("\nSIN    (123.45) = %f",sinus);

    /*-Auf-/Abrunden------*/
    ceil1 = ceil(123.45);
    printf("\nCEIL   (123.45) = %f",ceil1);
    floor1 = floor(123.45);
    printf("\nFLOOR  (123.45) = %f",floor1);

    /*-Exponenten---------*/
    exp1 = exp(123.45);
    printf("\nEXP    (123.45) = %f",exp1);
    frexp1 = frexp(123.45, &point);
    printf("\nFREXP  (123.45) = %f / %d ",frexp1, point);
    ldexp1 = ldexp(123.45, 10);
    printf("\nLDEXP  (123.45) = %f / %d ",ldexp1, point);

    /*-Logarithmen--------*/
    log1 = log(123.45);
    printf("\nLOG    (123.45) = %f",log1);
    log101 = log10(123.45);
    printf("\nLOG10  (123.45) = %f",log101);
```

```
pow1 = pow(123.45, 2);
printf("\nPOW    (123.45,2) = %f",pow1);
pow101 = pow10(12);
printf("\nPOW10  (12)  = %f",pow101);
sqrt1 = sqrt(123.45);
printf("\nSQRT   (123.45) = %f",sqrt1);
}
```

srand() und rand()

srand()   setzt einen Startwert für die Generierung von Zufallszahlen.
rand()   liefert eine Zufallszahl zurück.

Include: `stdlib.h`

Syntax: `void srand(unsigned startwert);`
               `int rand(void);`

Der Zufallszahlen-Generator wird beim Programmstart mit dem Wert 1 initialisiert, was mit *srand()* geändert werden kann. Die Funktion *rand()* verwendet ein multiplikatives Kongruenzverfahren (Multiplikation mit anschließender Modulo-Operation) und liefert die ermittelte Zufallszahl zurück.

Beispielprogramm:

```
/*************************/
/* Zufallszahlen erzeugen */
/*************************/
#include <stdlib.h>
#include <time.h>
#include <stdio.h>

main()
{
    int i;
    long zufall;
    /*-Durch die Funktion time() wird die
    aktuelle Uhrzeit ermittelt.
    Diese wird mit modulo 20 ausgewertet
    und durch srand() neu gesetzt --*/

    srand(time(&zufall) % 20);

    for(i=0;i<10;i++)
       printf("\nZufallswert %d = %d",i,rand());

}
```

hypot() und poly()

hypot()   berechnet die Hypotenuse eines rechtwinkligen Dreiecks.
poly()   erzeugt aus den Übergabeparametern ein Polynom.

Include: math.h

Syntax: double hypot(double a, double b);
            double poly(double x, int grad, double koef[]);

Die Funktion *hypot()* liefert als Ergebnis die Länge der Hypotenuse eines Dreiecks, wobei die Länge für die Kathete in *a* und die Länge der Ankathete in *b* vorgeben wird. Die Funktion *poly()* liefert als Ergebnis ein Polynom des Grades *grad* mit den Koefizienten, die in den einzelnen Elementen des Arrays *koef[]* abgelegt sind.

Beispielprogramm:

```
/**************************/
/* Hypotenuse und Polynom */
/* berechnen              */
/**************************/
#include <math.h>
#include <stdio.h>
struct complex cabs_wert;
double rest, anf;
double koef[5] = {1.1 , 2.2, 3.3, 4.4, 5.5 };

main()
{
   printf("\nHypotenuse (10.5, 20.5) = %f",
                  hypot(10.5, 20.5));

   cabs_wert.x = -123.45;
   cabs_wert.y = 678.90;
   printf("\nAbsolutwert complex = %f",
                  cabs(cabs_wert));

   printf("\nfmod-Wert (100.21, 1) = %f",
                  fmod(100.21, 1));
   anf = modf(100.21, &rest);
   printf("\nmodf-Wert (100.21, 1) = %f und %f",
                  rest,anf);

   printf("\nPolynom mit koef[] = %f ",
                  poly(100.20, 5, koef));

}
```

Dateifunktionen

fclose(), fcloseall(), fflush() und flushall()

fclose()   schließt eine Datei, ohne Puffer zu berücksichtigen.
fcloseall()   schließt alle Dateien, ohne Puffer zu berücksichtigen.
fflush()   Puffer wegschreiben und eine Datei schließen.
fflushall()   Puffer wegschreiben und alle Dateien schließen.

Include: stdio.h

Syntax: ```
int fclose(FILE *handle);
int fcloseall(void);
int fflush(FILE handle);
int flushall(void);
```

Die Funktion *fclose()* schließt nur die durch *handle* spezifizierte Datei, wohingegen durch *fcloseall()* alle Dateien (ausgenommen *stdout*, *stdin* und *stderr*) geschlossen werden. Die Funktionen *fflush()* und *flushall()* sorgen zusätzlich dafür, daß der Puffer bei Eingabedateien gelöscht und bei Ausgabedateien noch weggeschrieben wird. Bei fehlerfreier Durchführung wird von *fflush()* und *fclose()* der Wert 0 übergeben, und die anderen beiden Funktionen liefern die Anzahl der geschlossenen Dateien zurück.

### fdopen(), freopen(), fopen(), rewind(), fseek(), lseek() und ftell()

fdopen()    ordnet einer geöffneten Datei einen *handle* zu.
freopen()   wechselt die einem *stream* zugeordnete Datei.
fopen()     öffnet eine Datei.
rewind()    Dateizeiger zurücksetzen (je nach Modus).
fseek()     Dateizeiger positionieren.
lseek()     Dateizeiger positionieren.
ftell()     liefert die momentane Position des Dateizeigers.

*Include:*    stdio.h

*Syntax:*     ```
FILE *fdopen(int handle, char *typ);
FILE *freopen(char *dateiname, char *modus,
              FILE alte_datei);
FILE *fopen(char *dateiname, char *modus);
int rewind(FILE *datei);
int fseek(FILE *stream, long offset, int wo);
long lseek(int handle, long offset, int wo)
long ftell(FILE *datei);
```

Durch *fopen()* wird die durch **dateiname* bezeichnete Datei unter dem angegebenen Modus geöffnet, wobei ein Zeiger auf die Datei zurückgeliefert wird. Die Funktion *fdopen()* ordnet den *handle* einer mit *creat()*, *dup()*, *dup2()* oder *open()* angelegten Datei zu. Die Angabe *typ* muß dem Typ entsprechen, mit dem die Datei bearbeitet bzw. angelegt wurde. Durch die Funktion *freopen()* wird die *alte_datei* geschlossen und die Datei *dateiname* geöffnet. Beachten Sie in diesem Zusammenhang, daß die alte Datei auf jeden Fall geschlossen wird, unabhängig davon, ob die neue Datei fehlerfrei geöffnet wird.

Als Modus gelten folgende Übergaben:

a+ Datei wird geöffnet, und Sätze können an das Ende angefügt werden. Der alte Inhalt bleibt erhalten. Ist die Datei noch nicht vorhanden, so wird diese neu angelegt.

w+ Es wird eine leere Datei angelegt. Ist die Datei bereits vorhanden, wird der alte Inhalt gelöscht.

r+ Eine Datei wird geöffnet, die bereits vorhanden ist.

a Eine Datei wird für Schreiboperationen geöffnet. Die Daten werden an das Dateiende angefügt (append).

w Eine bestehende Datei wird gelöscht, ansonsten wird eine Datei für Schreiboperationen angelegt (write).

r Die Datei, die geöffnet werden soll, muß vorhanden sein und kann nur gelesen werden (read).

Die Funktion *fseek()* arbeitet mit dem DOS-Interrupt 21h und der Unterfunktion 42h. Der Zeiger **stream* zeigt auf die Datei, und durch *offset* wird die zu setzende Entfernung in Bytes angegeben. Gleichbedeutend hierzu ist die Funktion *lseek()*. Diese verwendet anstelle von *stream* einen *handle*. Die *int*-Variable *wo* gibt eine der drei Konstanten an, die in der Include-Datei *stdio.h* definiert sind. Es gelten:

SEEK_SET (Wert 0) : relativ zum Dateianfang
SEEK_CUR (Wert 1) : relativ zur vorherigen Position
SEEK_END (Wert 2) : relativ zum Dateiende

Die Funktion *ftell()* liefert die aktuelle Zeigerposition, relativ zum Dateianfang. Es wird nicht nach der Satzlänge, sondern nach Anzahl der Bytes ausgewertet. Alle Funktionen liefern bei auftretendem Fehler den Wert 0 zurück, andernfalls einen Wert ungleich 0.

fgetc(), fgets() und fscanf()

fgetc() liest ein Zeichen aus einer Datei ein.
fgets() liest eine Zeichenkette aus einer Datei ein.
fscanf() liest eine Zeichenkette formatiert ein.

Include: stdio.h

Syntax: int fgetc(FILE *datei);
    int fgets(char *string, int anzahl,
         FILE *datei);
    int fscanf(FILE *datei, "Format", Argumentliste);

Für die Funktion *fscanf()* gelten die gleichen Regeln wie für die Eingabefunktion *scanf()*. Hier wird jedoch zusätzlich eine Datei angegeben. Beispiele hierzu finden Sie im Kapitel 3, "Strukturen". Beispiele zu den anderen Dateifunktionen finden Sie bei der Verzeichnisfunktion
fnmerge().

filelength()

Liefert die Dateilänge in Bytes.

Include: io.h

Syntax: long filelength(int handle)

Die Datei muß geöffnet sein, wenn der entsprechende *handle* an die
Funktion übergeben wird. Die Funktion arbeitet unabhängig von Ver-
zeichniseinträgen. Sie liefert die aktuelle Länge der Datei.

fileno()

Liefert den Handle (Referenznummer) einer Datei.

Include: stdio.h

Syntax: int fileno(FILE *datei);

Die Datei muß geöffnet sein, da sonst ein undefinierter Wert zurückgeliefert wird und eine Fehlernummer nicht existiert.

fprintf(), fputc(), fputchar() und fputs()

fprintf()   Text und Zahlen formatiert in eine Datei schreiben.
fputc()   Ein Zeichen in eine Datei schreiben.
fputchar() Ein Zeichen in *stdin* schreiben.
fputs()   Eine Zeichenkette in eine Datei schreiben.

Include: stdio.h

Eine Beschreibung zu den Funktionen wird bei den Ein-/Ausgabe-Funktionen *printf()*, *putc()*, *putchar()* und *puts()* gegeben.

dup() und dup2()

Für eine Datei wird ein zweiter Handle angelegt.

Include: io.h

Syntax: int dup(int handle);
            int dup2(int alter_handle, int neuer_handle);

Die Funktionen *dup()* und *dup2()* verwenden die Funktionen 45h (69 dez.) und 46h (70 dez.) des DOS-Interrupts 21h. Beide Funktionen liefern den Handle einer Datei als *int*-Wert zurück. Die Funktion *dup()* erhält als Parameter einen bereits existierenden Handle. Ein weiterer verfügbarer Handle wird als *return*-Code zurückgeliefert. Die Funktion *dup2()* hingegen erwartet zwei existierende Handle, wobei der neue Handle an den alten angeglichen wird. Zeigt der Handle auf eine noch offene Datei, so wird diese geschlossen (siehe auch Interrupt 21, Funktionen 69 dez. und 70 dez.).

creat(), _creat(), creatnew() und creattemp()

Neuanlegen oder Überschreiben einer vorhandenen Datei.

Include: io.h
            sys\stat.h (nur für creatl())

Syntax: int creat(char *dateiname, int attribut);
            int _creat(char *dateiname, int attribut);
            int creatnew(char *dateiname, int attribut);
            int creattemp(char *dateiname, int attribut);

Eine bestehende Datei wird gelöscht und neu angelegt. Ist die Datei noch nicht vorhanden, so wird diese angelegt. Durch die *int*-Variable *attribut* können Sie den Zugriff auf die Datei regeln. Diese Attribute können bestimmen, ob es sich beispielsweise um eine nur zum Lesen zulässige Datei handeln soll. Der Zeiger **dateiname* gibt den Dateinamen an. Die Funktionen *_creat()*, *creatnew()* und *creattemp()* arbeiten alle nach dem gleichen Schema. Die Funktion *creatnew()* bricht allerdings mit einem Fehler (–1) ab, wenn die Datei bereits besteht. Die Funktion *creattemp()* benötigt keinen Dateinamen. Dieser wird aus der Funktion heraus gebildet (siehe auch DOS-Interrupt 21) und nach Beendigung des Programms wieder gelöscht. Bei dieser Funktion muß in dem Zeiger **dateiname* das betreffende Verzeichnis übergeben werden. Soll die Datei nur zum Lesen zulässig sein, so tritt das Attribut erst nach dem ersten Schließen der Datei in Kraft, da Sie sonst keine Daten hineinschreiben könnten.

close()

Schließen einer Datei.

Include: io.h

Syntax: int close(int handle);

Der Zeiger einer Datei wird durch die Funktionen *open()*, *creat()* oder *creatnew()* angelegt. Nach der Verarbeitung muß die Datei wieder geschlossen werden. Bei ordnungsgemäßer Durchführung wird als *return*-Code 0, andernfalls der Wert –1 zurückgeliefert. In der Funktion *close()* muß ein gültiger Zeiger übergeben werden, der auf eine geöffnete Datei zeigt. Die verwandte Funktion *_close()* ist nur auf MS-DOS-Systemen verfügbar.

clearerr()

Die Fehlerbedingung "Dateiende" wird für eine bestimmte Datei zurückgesetzt.

Include: stdio.h

Syntax: void clearerr(FILE *datei);

Eine Beschreibung wird bei der Fehlerfunktion *ferror()* gegeben.

_close()

Schließen einer Datei.

Include: `io.h`

Syntax: `int _close(int handle);`

Eine Beschreibung wird bei der Dateifunktion *close()* gegeben.

_chgmod() und chmod()

Attribute und Zugriffsmöglichkeiten einer Datei ändern.

Include: `io.h`

Syntax:
```
int _chmod(char *dateiname, int funktion,
                            int attribut);
int  chmod(char *dateiname, int funktion);
```

Jede Datei wird von DOS auf das zugehörige Attribut geprüft. Versteckte Files haben z.B. das Attribut 0x02, und Dateien, die nur zum Lesen zugelassen sind, haben das Attribut 0x01. Wenn Sie nun versuchen, eine Datei zu löschen, die als Attribut den Wert 0x01 hat, erhalten Sie die Meldung:

```
access denied
```

was bedeutet, daß ein Zugriff verweigert wird, sobald die Datei gelöscht oder beschrieben werden soll. Mit den vorliegenden Funktionen kann das Dateiattribut geändert werden, und Dateien können entsprechend geschützt werden. In der DOS-Umgebung sollten Sie *chmod()* ohne Unterstrich verwenden, da sonst ggf. Probleme auftreten können.

Die Funktion *chmod()* prüft nur das Attribut, während die Funktion *_chmod()* dieses Attribut darüber hinaus neu setzen kann. Auf UNIX-Systemen kann *_chmod()* nicht benutzt werden.

fread(), read() und _read()

fread()	Daten einlesen
read()	Daten einlesen
_read()	Daten einlesen

Include: `stdio.h` (für *fread()*)
              `io.h`   (für *read()* und *_read()*)

Syntax:
```
int fread (void *ab, int block, int anzblk,
           FILE *datei);
int read(int handle, void *puffer, int lg);
int _read(int handle, void *puffer, int lg);
```

Der Parameter *anzblk* gibt vor, wie viele Datenelemente (*block*) ab der Adresse (**ab*) eingelesen werden. Der Zeiger **ab* kann auf Datenkonstruktionen wie Strukturen oder Arrays zeigen. Alle drei Funktionen liefern bei fehlerfreier Durchführung die Anzahl der gelesenen Elemente zurück.

Die beiden *read*-Funktionen lesen aus der Datei, die durch *handle* angegeben wird, so viele Bytes ein, wie in *lg* vorgegeben wird. Die eingelesenen Daten befinden sich an der Adresse des Zeigers **puffer*. Bei fehlerfreier Durchführung wird die Anzahl der eingelesenen Bytes übergeben. Andernfalls wird der Wert 1 übergeben und *errno* auf einen der folgenden Codes gesetzt:

                EBADF   falscher Handle oder Datei nicht offen
                EACCES   Zugriff verweigert

eof()

Es wird geprüft, ob das Dateiende erreicht wurde.

Include: `io.h`

Syntax: `int eof(int *handle);`

Wurde das Dateiende erreicht, so wird der Wert 1, ansonsten der Wert 0 als *return*-Code übergeben. Erhält man den Wert -1, so wurde ein Fehler festgestellt.

access()

Zugriffsmöglichkeiten auf eine Datei werden geprüft.

Include: `io.h`

Syntax: `int access(char *dateiname, int kriterium)`

Folgende Kriterien können geprüft werden:

00 Datei vorhanden
01 Datei nur zum Ausführen zulässig
02 Datei nur zum Schreiben zulässig
04 Datei nur zum Lesen zulässig
06 Datei zum Lesen und Schreiben zulässig

Unter MS-DOS können Dateien nicht gegen Lesezugriff gesperrt werden! Die Funktion liefert hier für *kriterium* 00 und 04 das gleiche Ergebnis.

Für *dateiname* kann auch ein Verzeichnis angegeben werden, dessen Vorhandensein dann geprüft wird. Bei korrekter Ausführung der Funktion wird 0 andernfalls der Wert –1 zurückgeliefert.

Zum Test des folgenden Programms legen Sie bitte eine Datei mit dem Namen an, den Sie im Programm ansprechen wollen.

Beispielprogramm:


```
/*******************************/
/* Dateiattribut ändern        */
/*******************************/
#include <stdio.h>
#include <dos.h>

/********************************/
/* Tabelle für Dateioptionen    */
/* zu setzen in _chmod(a,b,c)   */
/* a = Dateiname/Programmname   */
/* b = 1 oder 0 (1 = setzen     */
/*              0 = lesen       */
/* c = Hex-Wert 0x00 - 0x??     */
/* 0x00   Alle Bits auf null    */
/* 0x10   Lesen                 */
/* 0x80   Schreiben             */
/* 0x40   Ausführungen          */
/* 0x20   Archiv                */
/* 0x10   Verzeichnis           */
/* 0x08   Marke                 */
/* 0x04   Systemdatei           */
/* 0x02   Versteckte Datei      */
/* 0x01   Nur-Lesen-Attribut    */
/********************************/

int zaehler = 1;
```

```
/****************************************/
/*        H A U P T P R O G R A M M     */
/* Die zu ändernden Dateien werden als  */
/* Argument an das Programm aus der      */
/* Kommandozeile übergeben.              */
/* Es können mehrere Dateien angegeben  */
/* werden.                               */
/* Die Namenserweiterung muß mit ange-  */
/* geben werden.                         */
/* Beispiel:                             */
/* CHA FILE1.DAT FILE2.DAT FILE3.BAS     */
/* Das Attribut wird durch die           */
/* Variable int so an _chmod()           */
/* übergeben                             */
/****************************************/

main(int argc, char *argv[])
{
    int so = 0x01; /*Nur Lesen*/

    if(argc > 1)
    {
    do
       {
       printf("%s          ",argv[zaehler]);
       _chmod(argv[zaehler],1,so);
       printf("\nAusführung %s Wert %4x ",argv[zaehler],so);
       }
    while(++zaehler < argc);
    }
    else
       printf("\nEs wurden keine Dateien angegeben!");


}
```

Beispielprogramm:

```
/***************************/
/* Dateibearbeitung         */
/***************************/
#include <stdio.h>
#include <fcntl.h>

main()
{
    int handle, status;
    FILE *datei_stream;

    /*--Datei öffnen--*/
    handle = open("DATEI.DAT",O_CREAT);
```

```
    /*--Datei einem Stream zuweisen--*/
    datei_stream = fdopen(handle,"w");
    if(!datei_stream)
        {
        printf("\nFehler beim Öffnen");
        exit(0);
                                }

    /*--Text in Datei schreiben--*/
    fprintf(datei_stream, "Erste Textzeile ");
    fclose(datei_stream);


    /*--Datei nochmals öffnen--*/
    datei_stream = fopen("DATEI.DAT","a+");

    /*--Rewind ist nur sinnvoll, wenn anderer--*/
    /*--Modus gewählt wird                 --*/
    rewind(datei_stream);
    fprintf(datei_stream, "Zweite Textzeile ");

    /*--Zeiger zurücksetzen und Zeichenweise einlesen--*/
    rewind(datei_stream);
    while(!feof(datei_stream))
        printf("%c",fgetc(datei_stream));


    fclose(datei_stream);

}
```

Beispielprogramm:

```
/***********************/
/* Dateizugriff        */
/***********************/
#include <stdio.h>
#include <io.h>
#define  IST_DA   0
#define  NUR_LES  4

main()
{
   if(datei_att("TEST.DAT",IST_DA)==0)
   {
   printf("\nDatei TEST.DAT ist vorhanden!");
   if(datei_att("TEST.DAT",NUR_LES)==0)
   printf("\nDatei TEST.DAT kann nur gelesen werden!");
   else
   printf("\nDatei TEST.DAT kann beschrieben werden!");
   }
   else
   printf("\nDatei TEST.DAT ist nicht vorhanden!");
}
```

```
/***************************************/
/* Funktion access()                   */
/* wird in die Funktion datei_att()    */
/* eingebaut, um in die int-Variable   */
/* attribut den zu prüfenden Wert      */
/* zu übergeben.                       */
/***************************************/
int datei_att(char *datei_name, int attribut)
{
    return (access(datei_name, attribut));
}
```

fstat() und stat()

Beide Funktionen liefern Informationen über eine Datei und die Funktion *stat()* zusätzlich Informationen über Verzeichnisse.

Include: `sys\stat.h`

Syntax: `int stat(char *pfad, struct stat *puffer);`
`int fstat(int handle, struct stat *puffer);`

Die Struktur *stat* ist in der Include-Datei *stat.h* definiert. Die *return*-Werte können dort eingesehen werden. Bei fehlerfreier Ausführung wird der Wert 0, andernfalls der Wert −1 zurückgegeben.

getftime() und setftime()

Datum einer offenen Datei lesen oder setzen.

Include: `io.h`

Syntax: `int getftime(int handle, struct ftime *ftimep);`
`int setftime(int handle, struct ftime *ftimep);`

Die Struktur *ftime* ist in der Include-Datei *io.h* definiert und als Bitstruktur angelegt. Als Elemente stehen die Felder *Sekunden, Minuten, Stunden, Tag, Monat* und *Jahr* zur Verfügung. Um die genaue Sekundenzahl zu ermitteln, muß der eingelesene Wert mit 2 multipliziert und der weggeschriebene Wert vorher durch 2 dividiert werden. Beide Funktionen liefern bei fehlerfreier Ausführung den Wert 0 zurück, andernfalls wird der Wert −1 übergeben.

open() und _open()

Dateien mit Attribut öffnen.

Include: fcntl.h
            io.h

Syntax: int open(char *pfad, int zugriff, int aktion);
           int _open(char *pfad, int zugriff);

Für den Zugriff sind folgende Konstanten in der Include-Datei *fcntl.h* definiert:

O_RDONLY	nur zum Lesen
O_WRONLY	nur zum Schreiben
O_RDWR	Lesen und Schreiben
O_NDELAY	nur für UNIX, bei DOS ohne Wirkung
O_APPEND	Daten anhängen
O_CREAT	Datei neu anlegen; ist diese bereits vorhanden, hat diese Funktion keine Wirkung
O_TRUNC	Datei in jedem Fall neu anlegen
O_EXCL	nur für UNIX, bei DOS ohne Wirkung
O_BINARY	Binärdatei
O_TEXT	Textdatei

Für den Parameter *aktion* sind folgende Konstanten definiert:

S_IWRITE	Schreiben zulässig
S_IREAD	Lesen zulässig
S_IREAD I S_IWRITE	
	Lesen und Schreiben zulässig

Beispielprogramm:

```
/************************/
/* Funktionen open(),   */
/* lseek(),getftime()   */
/************************/
#include <stdio.h>
#include <io.h>
#include <fcntl.h>
char *DATEI = "TEST.DAT";
char *text  = "Eingabetext in dei Datei";
char *text1 = "die";
int point;
long seekint;
struct ftime dattime;
```

```
main()
{
    /*-Datei neu anlegen und öffnen-*/
    point = open(DATEI,O_CREAT);
    if(point==NULL)
        {
        printf("\nFehler %d beim Öffnen");
        exit(0);
        }
    /*-Falschen Text in Datei schreiben-*/
    write(point,text, (unsigned) strlen(text));

    /*-Dateizeiger auf "dei" positionieren-*/
    /*-und Text korrigieren              -*/
    seekint=lseek(point,16,SEEK_SET);
    write(point,text1, (unsigned) strlen(text1));

    /*-Dateidatum/Zeit lesen-*/
    if(getftime(point,&dattime) < 0)
        {
        printf("\nDatum kann nicht ermittelt werden");
        close(point);
        exit(0);
        }
    printf("\nSekunden = %d",dattime.ft_tsec);
    printf("\nMinuten  = %d",dattime.ft_min);
    printf("\nStunden  = %d",dattime.ft_hour);
    printf("\nTag      = %d",dattime.ft_day);
    printf("\nMonat    = %d",dattime.ft_month);
    printf("\nJahr     = %d",dattime.ft_year);
    close(point);
}
```

vfprintf(), vsprintf(), vprintf(), vfscanf(), vsscanf() und vscanf()

vfprintf()   Daten formatiert in eine Datei schreiben.
vsprintf()   Daten formatiert in eine Datei schreiben.
vprintf()   Daten formatiert in eine Datei schreiben.
vfscanf()   Daten formatiert einlesen.
vsscanf()   Daten formatiert einlesen.
vscanf()   Daten formatiert einlesen.

Include: stdio.h
             stdarg.h

Syntax: int vfprintf(FILE *datei, "Format",
                          va_list Argumentliste);
             int vsprintf(char *puffer, "Format",
                          va_list Argumentliste);

```
int vprintf("Format", va_list Argumentliste);
int vfscanf(FILE *Datei, "Format",
            va_list Argumentliste);
int vsscanf(char *puffer, "Format",
            va_list Argumentliste);
int vscanf("Format", va_list Argumentliste);
```

Diese Funktionen arbeiten vom Prinzip her alle wie die Ein-/Ausgabe-Funktionen *printf()* und *scanf()*. Die Argumentliste wird mit Hilfe der Funktion *va_list()* übergeben (siehe dort).

write(), _write() und fwrite()

Daten in eine Datei schreiben.

Include:	stdio.h	(für *fwrite()*)
	io.h	(für *write()* und *_write()*)

Syntax:
```
int write(int handle,void *puffer,unsigned lg);
int _write(int handle,void *puffer,unsigned lg);
int fwrite(void *ab, int block, int anzblk,
           FILE *datei);
```

Die Funktionen *write()* und *_write()* schreiben in die Datei, die durch *handle* angegeben wird, so viele Bytes, wie in *lg* angegeben ist. Bei fehlerfreier Durchführung wird die Anzahl der eingelesenen Bytes übergeben. Andernfalls wird der Wert 1 übergeben und *errno()* auf einen der folgenden Codes gesetzt:

EBADF	falscher Handle oder Datei nicht offen
EACCES	Zugriff verweigert

Die Funktion *fwrite()* ist das Gegenstück zu *fread()*. Der Parameter *anzblk* gibt vor, wie viele Datenelemente (*block*) ab der Adresse **ab* weggeschrieben werden.

setmode(), setbuf() und setvbuf()

setmode()	Modus einer geöffneten Datei setzen.
setbuf()	explizite Zuordnung eines Puffers zu einem stream.
setvbuf()	explizite Zuordnung eines Puffers mit beliebiger Größe zu einem stream.

Include:	stdio.h	(für *setbuf()* und *setvbuf()*)
	io.h	(für *setmode()*)

Syntax:
```
int setmode(int handle, int modus);
void setbuf(FILE *datei, void *puffer);
void setvbuf(FILE *datei, void *puffer
                  int typ, unsigned größe);
```

Die Funktion *setmode()* setzt den Modus entweder auf

O_TEXT: Die Endezeichen CR/LF werden in das Zeichen \n umgewandelt.

oder auf

O_BINARY: Es findet keine Übersetzung statt.

Bei fehlerfreier Durchführung wird der Wert 0, andernfalls der Wert –1 zurückgeliefert. Die Variable *errno* beinhaltet einen der folgenden Codes:

EINVAL   falscher Parameter (Es wurde weder O_TEXT noch O_BINARY angegeben.)

EBADF   falscher *handle* oder Datei nicht offen

Der standardmäßige Puffer, der beim Öffnen automatisch vergeben wird, kann durch die Funktionen *setbuf()* und *setvbuf()* geändert werden. Diese Funktionen weisen der Datei, die durch **datei* angegeben ist, einen expliziten Puffer (**puffer*) zu.

setbuf():   Die Daten werden ungepuffert und direkt in die Datei geschrieben.

setvbuf():   Durch den Aufruf der Funktion *malloc()* wird ein Speicherbereich von der angegebenen Größe reserviert. Dieser Bereich wird der Datei zugeordnet.

Beim Arbeiten mit einem Puffer werden Ein-/Ausgabedaten zeichenweise zwischengespeichert und blockweise in die Datei geschrieben. Der Parameter *typ* muß durch eine der folgenden Konstanten ersetzt werden, die in der Include-Datei *stdio.h* definiert sind und folgende Bedeutung haben:

_IONBF   Es wird kein Puffer dazwischengeschaltet. Die Daten werden direkt in die Datei geschrieben oder aus ihr gelesen.

_IOFBF   Die Ein-/Ausgabe wird vollständig gepuffert: Wenn der Puffer leer ist, wird er erst komplett wieder aufgefüllt.

_IOLBF   Die Ausgabe wird zeilenweise gepuffert. Nach jedem Zeilenvorschub wird der Puffer geleert.

Die Funktion *setbuf()* darf nur direkt nach dem Öffnen einer Datei oder
nach *fseek()* angewendet werden. Sie liefert keinen *return*-Code. Die
Funktion *setvbuf()* hingegen liefert bei fehlerfreier Durchführung den
Wert 0, andernfalls einen Wert ungleich 0 zurück.

```
/***********************/
/* Pufferfunktionen      */
/***********************/
#include <stdio.h>
#include <io.h>
FILE *output;
char buffer[1024];

main()
{
    int i=0;
    char var;

    output = fopen("file.out","w");

    /*-Zeilenweise Puffern, Belegung mit malloc()-*/
        if(setvbuf(output,puffer,_IOLBF,1024) != 0)
    printf("\nEingabepuffer nicht belegt");
    else
        printf("\nPuffer gesetzt");

    /*-Texte schreiben nach output-*/
    while(i++ <1024)
        fprintf(output,"X");

    printf("\nPufferinhalt wird geschrieben\n");
    printf("%s",puffer);
    getchar();
    fclose(output);
}
```

lock(), unlock() und unlink()

lock()   sperrt eine "SHARED-Datei" für andere Programme.
unlock()   gibt den gesperrten Bereich frei.
unlink()   löscht eine Datei.

Include: dos.h   (für *unlink()*)
            io.h   (für *lock()* und *unlock()*)

Syntax: int lock(int handle, long offset, long lg);
            int unlock(int handle, long offset, long lg);
            int unlink(char *dateiname);

Der Modus SHARED ist erst ab der DOS-Version 3.0 definiert. Er bedeutet, daß Dateien von mehreren Programmen gleichzeitig verarbeitet werden. Dabei können sie durch *lock()* geschützt werden. Dies ist insbesondere dann von Bedeutung, wenn zwei oder mehr Programme auf denselben Datensatz zugreifen und diesen ggf. überschreiben. Nach der Bearbeitung eines Satzes oder eines Teilbereichs der Datei wird diese mit *unlock()* wieder freigegeben.

Die Funktion *unlink()* löscht eine Datei. Sie können natürlich eine Datei auch mit DOS-Befehlen löschen. Bei der Verwendung von *unlink()* haben Sie allerdings den Vorteil, daß Sie das Dateiattribut z.B. mit _*chmod()* wieder herstellen und somit eine gelöschte Datei zurückholen können. Bei der Angabe des Dateinamens gelten die üblichen DOS-Regeln, d.h. Pfade oder Laufwerke können angegeben werden. Joker-Zeichen wie z.B. ? oder * sind allerdings nicht zulässig.

mktemp()

Anlegen eines temporären Strings.

Include: `dir.h`

Syntax: `char *mktemp(char *name);`

Diese Funktion ermöglicht die Festlegung eines einzigartigen Dateinamens. Sie können einen Pfad für die Datei angeben und die ersten Buchstaben des Namens selbst bestimmen. Der Rest wird zunächst in die ASCII-Zeichen *A* umgewandelt. Ist die Datei unter diesem Namen bereits vorhanden, wird der letzte Buchstabe auf *B*, dann *C* usw. gesetzt, und zwar so lange, bis der Name eindeutig ist und noch nicht existiert. Im Gegensatz zu anderen Compilern erwartet Turbo C, daß der Name mit sechs X endet. Im Gegensatz zu der Funktion *creattemp()*, die eine temporäre Datei anlegt, wird hier lediglich ein temporärer String erzeugt.

Verzeichnisfunktionen

findfirst() und findnext()

findfirst()   liefert den ersten Eintrag des Dateiverzeichnisses.
findnext()   liefert alle folgenden Einträge.

Include: dir.h

Syntax: int findfirst(char *pfad, struct ffblk *name,
                          int attribut);
             int findnext(struct ffblk *name);

Es wird in dem Verzeichnis gesucht, das unter *pfad* angegeben ist. Dabei
können alle Suchoptionen verwendet werden, die in DOS gültig sind (*.*,
*. usw.). Die Struktur *ffblk* ist in der Include-Datei *dir.h* definiert. Diese
Satzstruktur beinhaltet u.a. Dateinamen, Dateigröße, Datum usw.

Durch den Parameter *attribut* legen Sie das jeweilige Attribut fest, nach
dem gesucht werden soll. Sie können u.a. bestimmen, ob Sie nach Verzeichnisnamen suchen (FA_DIREC) oder versteckte Dateien einlesen
möchten (FA_HIDDEN).

Alle gültigen Konstanten für den Parameter *attribut* sind in der *Include*-
Datei *dos.h* definiert. Sie können bei Bedarf durch *OR*-Operationen verknüpft werden.

Ein Programmbeispiel hierzu finden Sie in Anhang E unter dem Namen
"Funktion findnext()".

fnmerge() und fnsplit()

fnmerge()   setzt einen Pfad zusammen.
fnsplit()   nimmt einen Pfad auseinander.

Include: dir.h

Syntax: int fnmerge(char *pfad, char *laufwerk,
                         char *verz, char *datei,
                         char *erweiterung);
             int fnsplit(char *pfad, char *laufwerk,
                         char *verz, char *datei,
                         char *erweiterung);

Beide Funktionen setzen voraus, daß alle Bezeichnungen zur Verfügung
stehen, ansonsten erhalten Sie ein unsinniges Ergebnis. Die im folgenden
Beispielprogramm groß geschriebenen Konstanten sind in der *Include*-
Datei *dir.h* definiert.

Beispielprogramm:

```
/******************************/
/* Verzeichnisfunktionen      */
/* fnsplit() und fnmerge()    */
/******************************/
#include <stdio.h>
#include <dir.h>

char  laufwerk[MAXDRIVE], verz[MAXDIR],
      datei[MAXFILE], erw[MAXEXT];

main()
{
      char eingabe[MAXPATH], ausgabe[MAXPATH];
      int flag;

      /*---Abbruch durch Ctrl-Break--*/
      while(1)
      {
         printf("> ");
         if(!gets(eingabe)) break;
         /*-Eingabe aufsplitten--*/
         flag = fnsplit(eingabe,laufwerk,verz,datei,erw);
           if(flag & DRIVE)
             printf("Laufwerk              %s\n",laufwerk);
           if(flag & DIRECTORY)
             printf("Pfad                  %s\n",verz);
           if(flag & FILENAME)
             printf("Datei                 %s\n",datei);
           if(flag & EXTENSION)
             printf("Namenserweiterung %s\n",erw);

         /*--Eingabe in Ausgabe zusammensetzen--*/
         fnmerge(ausgabe,laufwerk,verz,datei,erw);
         printf("\n\n%s",ausgabe);

      }

}
```

chdir(), mkdir(), rmdir()

Wechseln des aktuellen Verzeichnisses. Die Arbeitsweise ist identisch
mit den jeweiligen DOS-Befehlen.

Include: dir.h

Syntax: int chdir(char *pfad);
            int mkdir(char *pfad);
            int rmdir(char *pfad);

Sie können Verzeichnisse anlegen, wechseln und wieder löschen. Wenn
Sie den Pfad als Konstante definieren, müssen Sie den Backslash doppelt
angeben.

Als *return*-Wert wird bei ordnungsgemäßer Durchführung der Wert 0
und im Fehlerfall der Wert –1 zurückgeliefert.

Beispielprogramm:

```
/***************************/
/* Verzeichnisfunktionen   */
/* mkdir(), rmdir(),       */
/* chdir() und getcurdir() */
/***************************/
#include <stdio.h>  /*Standard-include   */
#include <dir.h>    /*für dir-Funktionen */

char altpfad[50];
char pfadnun[50];

/*--Diese Funktion übergibt den aktuellen Pfad*/
char *aktpfad (char *pfad)
    {
    strcpy(pfad, " :\\");
    pfad[0]='A'+getdisk(); /*Laufwerk*/
    getcurdir(0,pfad+3);
                                    return (pfad);
    }

main()
{
    /*--Aktuellen Pfad anzeigen und neuen anlegen*/
    printf("\nAktueller Pfad = %s",aktpfad(altpfad));
    if(mkdir("NEU") != 0)
      {
      printf("\nVerzeichnis kann nicht erstellt werden");
      exit(0);
      }
    /*--in neuen Pfad wechseln und anzeigen*/
    if(chdir("NEU") != 0)
      {
      printf("\nVerzeichnis nicht vorhanden");
      exit(0);
      }
    printf("\nAktueller Pfad ist %s",aktpfad(pfadnun));

    /*--in alten Pfad zurück und anzeigen*/
    if(chdir(altpfad) != 0)
      {
      printf("\nVerzeichnis nicht vorhanden");
      exit(0);
      }
```

```
printf("\nAktueller Pfad ist %s",aktpfad(pfadnun));

/*--neu angelegten Pfad wieder löschen*/
if(rmdir("NEU") != 0)
  {
  printf("\nVerzeichnis kann nicht gelöscht werden");
  exit(0);
  }

}
```

getcurdir() und getcwd()

Aktuelles Verzeichnis ermitteln.

Include: dir.h

Syntax:
```
int getcurdir(int laufwerk, char *verz);
char *getcwd(char *puffer, int pufflg);
```

Die Funktion *getcurdir()* ermittelt das Standardverzeichnis auf dem angegebenen Laufwerk. Geben Sie für den Parameter *laufwerk* eine 0 an, so wird das aktuelle Laufwerk angesprochen, bei den Werten 1 und 2 das Laufwerk *A* bzw. *B*. Der Backslash, der normalerweise bei Pfadangaben üblich ist, wird nicht zurückgeliefert. Durch die Funktion *getcwd()* wird das aktuelle Verzeichnis einschließlich der Laufwerksangabe als String zurückgeliefert. Die Länge des Puffers, in den der Pfad hineingeschrieben wird, muß im Parameter *pufflg* angegeben werden.

Beide Funktionen liefern bei korrekter Durchführung den Wert 0 zurück. Bei aufgetretenem Fehler liefert die Funktion *getcurdir()* den Wert −1, und die Funktion *getcwd()* setzt *errno* auf einen von drei definierten Fehlern:

ERANGE	ungültige Pufferlänge
ENOMEM	nicht genügend Hauptspeicherplatz
ENODEV	Laufwerk nicht bereit

Beispielprogramm:

```
/***************************/
/* Aktuelles Verzeichnis   */
/* ermitteln               */
/***************************/
```

```
#include <dir.h>
#include <stdio.h>
#include <errno.h>

char *verzeichnis(char *pfad)
{
char *dummy = " ";
strcpy(pfad,":\\");
pfad[0]='A'+getdisk();
getcurdir(0,dummy);
strcat(pfad,dummy);
return(pfad);
}

main()
{
    char aktpfad[MAXDRIVE+MAXPATH];
    char puff1[MAXPATH]; char *puff2;
    /*--getcurdir()--*/
    printf("\nSie befinden sich im Verzeichnis");
    printf(" %s",verzeichnis(aktpfad));

    /*--zweimal getcwd()--*/
    if(getcwd(puff1,MAXPATH)==0)
      printf("\nFehler: ERRNO = %d",errno);
    if((puff2 = getcwd(NULL,MAXPATH))==0)
      printf("\nFehler: ERRNO = %d",errno);
    if(!errno)
      {
      printf("\n%s",puff1);
      printf("\n%s\n",puff2);
      }

}
```

remove() und rename()

Dateien löschen und umbenennen.

Include: stdio.h

Syntax: int remove(char *dateiname);
        int rename(char *alter_name, char *neuer_name);

Im Gegensatz zu den DOS-Befehlen DEL (delete) und REN (rename) sind hier die Joker *.*, * und ? nicht zulässig. Um geschützte Dateien zu löschen, muß man zuvor das Attribut mit _chmod() verändern. Beide Funktionen liefern bei aufgetretenem Fehler den Wert –1, andernfalls den Wert 0 zurück.

searchpath()

Dateien suchen.

Include: dir.h

Syntax: char *searchpath(char *dateiname);

Diese Funktion sucht zunächst im aktuellen Verzeichnis und anschließend in allen gesetzten Pfaden nach der bezeichneten Datei. Der zu suchende Dateiname muß vollständig, also mit Namenserweiterung angegeben werden. Unter MS-DOS lautet der Befehl zum Setzen der Pfade:

```
    path c:\pfad1; c:\pfad2; .... Pfadn;
```

Wird die Datei gefunden, so liefert diese Funktion die komplette Bezeichnung zurück (Laufwerk, Pfad, Unterpfad usw.).

Beispielprogramm:

```
/***************************************/
/* Dieses Programm durchsucht alle     */
/* gesetzten Pfade nach dem übergebe-  */
/* nen Argument.                       */
/* Eingabe: Verz_3 Name1.exe ....      */
/***************************************/
#include <stdio.h>
#include <dir.h>
#include <dos.h>

main(int argc, char *argv[])
{
  int i = 1;
  char *wo;
  char *was;
  if(argc > 1)
  {
  cls();
  printf("\nEs werden alle gesetzten Pfade durchsucht!\n");
  do
     {
     was = argv[i];
     wo = searchpath(was);
     printf("\nPfad von %s = %s",was,wo);
     }
     while(++i < argc);
  printf("\n\n");
  }
```

```
      else
      {
      cls();
      printf("\nEs werden nur gesetzte Pfade durchsucht!");
      printf("\n\nDie genaue Eingabe lautet:");
      printf("\n\nwo name1.ext name2.ext usw.\n\n\n");
      }


   }


/**********************************/
/* Funktion Bildschirm löschen    */
/**********************************/
cls()
{
union REGS r
    r.h.ah=6;        /*Screen-Scroll-Code     */
    r.h.al=0;        /*Clear-Screen-Code      */
    r.h.ch=0;        /*Startzeile             */
    r.h.cl=0;        /*Startspalte            */
    r.h.dh=24;       /*Endzeile               */
    r.h.dl=79;       /*Endspalte              */
    r.h.bh=7;        /*Leere Zeile schwarz    */
    int86(0x10, &r, &r); }
```

Diskettenfunktionen

absread() und abswrite()

absread() liest Diskettensektoren.
abswrite() schreibt Diskettensektoren.

Include: dos.h

Syntax: int absread (int laufwerk, int anzsekt,
                         int sektnr, void *puffer);
            int abswrite (int laufwerk, int anzsekt,
                          int sektnr, void *puffer);

Als Laufwerk kann angegeben werden 0=A, 1=B, 2 oder 0x80=C, 3 oder 0x81 = D usw.

Die Anzahl der zu lesenden Sektoren wird in *anzsekt* angegeben. Die maximale Grenze von 64 KByte darf nicht überschritten werden.

Gelesen wird ab der Sektornummer *sektnr*. Außerdem wird der Puffer *puffer* angegeben, in den der Inhalt übertragen oder aus dem er ausgele-

sen werden soll. Da die Vektoren je nach Speichermodell ein Maximum
von 64 KByte nicht überschreiten dürfen, können Sie nicht unbegrenzt
einlesen oder wegschreiben (siehe auch Speichermodelle).

Diese Funktionen ermöglichen ein direktes Lesen und Schreiben eines
oder mehrerer Sektoren auf der Diskette oder Festplatte. Da keine Diskettenseite spezifiziert werden kann, wird nur die Seite 0 gelesen. Eine kleine Diskette hat ca. 360 KByte. Sie ist normalerweise in 40 Spuren zu je 9
Sektoren unterteilt. Ein Sektor umfaßt 512 Bytes. Wenn Sie z.B. in der
Spur 5 den Sektor 1 lesen möchten, müssen Sie diesen wie folgt berechnen:

Sektor = 5 * 9 + 1

allgemein:

Sektor = Spur * 9 + Sektor der zu lesenden Spur

Beispielprogramm:

```
/***************************/
/* Diskettenfunktionen     */
/* absread() und abswrite() */
/***************************/
#include <stdio.h>
#include <process.h>
#include <stdlib.h>
#include <dos.h>

#define  LAUFWERK 0
#define  ANZ_SEKT 1
#define  AB_SEKT  21

char puffer[512];

main()
{
    int i;

    /***********************************/
    /* Achtung!                  <-- */
    /* Verwenden Sie zum Test bitte <-- */
    /* eine Diskette, die Sie nicht <-- */
    /* benötigen!                <-- */
    /***********************************/

    /*--Sektor 21 auf Laufw. A lesen u. anzeigen--*/
    absread(LAUFWERK, ANZ_SEKT, AB_SEKT, puffer);
    printf("\nSektorinhalt\n%512s",puffer);
```

```
/*--Puffer mit lauter A belegen--------------*/
for(i = 0; i < 512; i++)
    puffer[i] = 'A';


/*--Puffer in gleichen Sektor schreiben------*/

abswrite(LAUFWERK, ANZ_SEKT, AB_SEKT, puffer);

/*--Zur Kontrolle noch einmal lesen u. anzeigen-*/
absread(LAUFWERK, ANZ_SEKT, AB_SEKT, puffer);
printf("\nSektorinhalt\n%512s\n",puffer);

/**********************************/
/* Funktion abort()               */
/* Programm mit Meldung: Abnormal.. */
/* verlassen                      */
/**********************************/
abort();

}
```

getdfree(), getdisk() und setdisk()

getdfree()   ermittelt den freien Platz auf der Diskette.
getdisk()   liefert das aktuelle Laufwerk.
setdisk()   setzt ein Laufwerk als Standard.

Include: dos.h   (für *getdfree()*)
              dir.h   (für *getdisk()* und *setdisk()*)

Syntax: void getdfree(unsigned char laufwerk,
              struct dfree *tabelle)
              int getdisk(void);
              int setdisk(int laufwerk);

Die Struktur *dfree* ist in der Include-Datei *dos.h* definiert.

getdta(), setdta(), und getfat()

getdta()   liefert die aktuelle DTA-Adresse.
setdta()   setzt die DTA-Adresse.
getfat()   liefert Informationen über die Diskette/Festplatte.

Include: dos.h

Syntax: `char far *getdta(void);`
              `void setdta(char far *adresse);`
              `void getfat(unsigned char laufwerk,`
              `struct fatinfo *tabelle);`

Beim Setzen einer neuen DTA-Adresse (DTA bedeutet *disk transfer area* und ist ein Übergabebereich für Daten) muß ein Speicherbereich von 128 Bytes reserviert sein, der ab der neuen Adresse beginnt. Die Struktur *fatinfo* ist in der Include-Datei *dos.h* definiert.

getenv() und putenv()

getenv()   DOS-Variablen abfragen.
putenv()   DOS-Variablen setzen oder löschen.

Include: `stdlib.h`

Syntax: `char *getenv(char *begriff);`
              `int putenv(char *begriff);`

In der DOS-Umgebung können Schalter gesetzt oder Suchpfade angelegt werden. Mit den Funktionen *getenv()* und *putenv()* haben Sie die Möglichkeit, auf die Einträge in der Environment-Tabelle von MS-DOS zuzugreifen und diese in eigenen Programmen zu verwenden.

getverify() und setverify()

getverify()   fragt das Verify-Flag ab.
setverify()   setzt das Verify-Flag.

Include: `dos.h`

Syntax: `int getverify(void);`
              `void setverify(int wert);`

Zum Setzen und Einlesen dieses Flags sind nur die Werte 0 oder 1 gültig (0 = aus, 1 = an). Ist das Flag gesetzt, so werden geschriebene Daten automatisch noch einmal überprüft.

Beispielprogramm:

```
/*****************************/
/* Diverse Diskettenfunktionen */
/*****************************/
#include <dos.h>
#include <stdio.h>
#include <stdlib.h>

#define LAUFWERK 0    /*Aktuelles Laufwerk*/

/* Struktur dfree in dos.h
struct   dfree
         {
         unsigned df_avail;
         unsigned df_total;
         unsigned df_bsec;
         unsigned df_sclus;
         };
*/

struct dfree frei;
char far *pointer;
char *envir;
struct fatinfo fat;

main()
{
    /*-Laufwerksinformationen lesen-*/
    getdfree(LAUFWERK, &frei);
    printf("\nFreie Cluster        %d",frei.df_avail);
    printf("\nCluster gesamt       %d",frei.df_total);
    printf("\nBytes pro Sektor     %d",frei.df_bsec);
    printf("\nSektoren pro Cluster %d",frei.df_sclus);


    /*-DTA-Adresse ermitteln-*/
    pointer = getdta();
    printf("\nDTA = %8x",pointer);

    /*-Environment lesen-*/
    envir = getenv("PATH");
    printf("\nPath = %s",envir);

    /*-Environment setzen und lesen-*/
    putenv("schalter = OFF");
    envir = getenv("schalter");
    printf("\nSchalter = %s",envir);

    /*-Schalter wieder löschen-*/
    putenv("schalter=");
    envir = getenv("schalter");
    printf("\nSchalter = %s",
          envir == NULL ? "Schalter gelöscht" : envir);
```

```
/*-Informationen über FAT lesen-*/
getfat(LAUFWERK,&fat);
printf("\nSektoren pro Cluster %d",fat.fi_sclus);
printf("\nFAT ID-Byte          %d",fat.fi_fatid);
printf("\nCluster gesamt       %d",fat.fi_nclus);
printf("\nBytes pro Sektor     %d",fat.fi_bysec);

}
```

Interrupt-Funktionen

brk() und sbrk()

Die (dynamische) Belegung im Datensegment wird verändert.

Include: alloc.h

Syntax: int brk(void *end_segment);
          char *sbrk(int wert);

Die neue Obergrenze des Datensegments wird auf den durch *end_seg-ment* vorgegebenen Wert gesetzt. Die Funktion *sbrk()* bietet die Möglichkeit, die Obergrenze mit einer negativen Angabe für den Parameter *wert* zu verringern. Beide Funktionen prüfen bei einer Vergrößerung des Datensegments eine etwaige Kollision mit dem Stack ab und liefern im Fehlerfall den Wert −1 zurück.

Eine fehlerfreie Durchführung von *sbrk()* liefert die alte Obergrenze als Zeiger zurück. Die Funktion *brk()* gibt bei ordnungsgemäßer Durchführung den Wert 0 zurück.

ctrlbrk()

Es wird ein Vektor zur Behandlung von <Ctrl><Break> gesetzt.

Include: dos.h

Syntax: void ctrlbrk(int (*zeiger)(void));

Sobald die Tastenkombination <Ctrl><Break> betätigt wird, leitet das Betriebssystem einen Abbruch der jeweiligen Aktion ein. Dies geschieht durch die Funktion, die unter dem Interrupt-Vektor 23h adressiert ist. Durch die Funktion *ctrlbrk()* können Sie die Unterbrechung in eine eigene Funktion umleiten. Nach Programmbeendigung wird der alte Vektor von DOS wiederhergestellt (siehe auch PSP in Kapitel 4). Die Funktion *ctrlbrk()* liefert keinen *return*-Code. Die umgeleitete Funktion kann durch einen *return*-Code bestimmen, ob das Programm abgebrochen oder beendet wird.

Das folgende Beispiel zeigt Ihnen, wie <Ctrl><Break> umgeleitet wird. Das Programm wird durch Betätigen einer beliebigen Taste beendet. Wenn Sie <Ctrl><Break> betätigen, wird zunächst in die Funktion *umleiten()* verzweigt und das Programm beendet. Die Bedingung der *while*-Schleife im Hauptprogramm *main()* ist in jedem Fall erfüllt. Dies sollte Sie jedoch nicht daran hindern, ein Programm dahingehend zu ändern, daß es trotzdem fortgesetzt wird.

Beispielprogramm:

```
/*********************************/
/* Ctrl-Break in programminterne */
/* Funktion umleiten             */
/*********************************/
#include <stdio.h>
#include <dos.h>

/*--Deklaration der Umleitung--*/
int umleiten(void);

/*************************/
/* Hauptprogramm         */
/*************************/
main()
{
   ctrlbrk(umleiten);
   while(!keine_taste_gedrueckt())
     printf("\nEnde: beliebige Taste außer Ctrl-Break");


}

/*************************/
/* Taste abfragen        */
/*************************/
keine_taste_gedrueckt()
{
   return ((char) bdos (0xB,0,0));
}

/*************************/
/* In diese Funktion wird */
/* Ctrl-Break umgeleitet  */
/*************************/
```

```
umleiten(void)
{
   printf("\nCtrl-Break wurde betätigt");
   printf("\nund in diese Funktion umgeleitet.");
   printf("\nBitte drücken Sie eine Taste ...");
   while (!keine_taste_gedrueckt());
}
```

disable(), enable() und geninterrupt()

disable()   unterdrückt Hardware-Interrupts (außer NMI).
enable()   läßt Hardware-Interrupts zu.
geninterrupt()   löst einen Software-Interrupt aus.

Include: dos.h

Syntax: void disable(void)
                  void enable(void)
                  void geninterrupt(int interrupt_nummer);

Bis auf NMI werden von der Funktion *disable()* durch Zurücksetzen des
jeweiligen Prozessor-Flags alle Hardware-Interrupts unterdrückt. Die
umgekehrte Aktion wird durch die Funktion *enable()* ausgelöst. Das
Flag wird gesetzt, und Peripheriegeräte wie Tastatur, Uhr oder Drucker
können den Prozessor wieder unterbrechen. Beide Funktionen liefern
keinen *return*-Code.

Die Funktion *geninterrupt()* löst einen Interrupt aus. Nach Übergabe einer Interrupt-Nummer (0 bis 255) und entsprechend der Vektoradresse
wird der Interrupt durchgeführt. Diese Funktion liefert Werte zurück, die
von dem jeweiligen Interrupt abhängig sind.

getcbrk() und setcbrk()

getcbrk()   ermittelt, bei welchen Funktionen auf <Ctrl><Break>
                  geprüft wird.
setcbrk()   setzt die Art der Überprüfung.

Include: dos.h

Syntax: int getcbrk(void);
                  int setcbrk(int wert);

Es gibt zwei Möglichkeiten, wie MS-DOS prüft, ob eine Unterbrechung durch <Ctrl><Break> vorliegt; entweder nach jedem Funktionsaufruf (*getcbrk()* liefert den *return*-Wert 1) oder nur bei Ein-/Ausgaben (*getcbrk()* liefert den Wert 0). Entsprechend kann durch Angabe der Werte 1 und 0 in der Funktion *setcbrk()* die Unterbrechungskontrolle gesetzt werden.

gsignal() und ssignal()

gsignal()   liest Flags für Software-Interrupts.
ssignal()   setzt Flags für Software-Interrupts.

Include: signal.h

Syntax: int gsignal(int signal);
                    int (*ssignal(int signal,
                    int (*funktion()))) ();

Wenn die Include-Datei *signal.h* in ein Programm geladen wird, erzeugt diese eine Tabelle mit 15 Zeigern auf C-Funktionen, die entsprechend von 1 bis 15 durchnumeriert sind. Durch die Funktion *ssignal()* können Sie eine bestimmte Funktion setzen, die durch den Aufruf von *gsignal()* aktiviert wird. Für den Parameter *funktion()* in der Funktion *ssignal()* gibt es 4 Möglichkeiten. Beachten Sie bitte auch, daß die Zeigernummern in beiden Funktionsaufrufen identisch sein müssen:

Eigene C-Funktion:
Der Zeiger mit der Übergabenummer wird auf diese Funktion gesetzt. Die dort abgelegten Befehle werden nach Aktivieren durchgeführt. Wurde die Funktion einmal aktiviert, muß diese vor dem nächsten Aufruf erst wieder gesetzt werden.

SIG_IGN (Signal ignorieren):
Der Zeiger wird auf "Ignor" gesetzt. Sobald *gsignal()* mit der entsprechenden Zeigernummer gerufen wird, setzt diese den Zeiger auf SIG_DFL zurück und liefert als *return*-Code den Wert 1.

SIG_DFL (Signal default):
Der Zeiger wird wieder auf "Standard" gesetzt. Wird *gsignal()* aufgerufen, geschieht nichts. Als *return*-Code erhalten Sie den Wert 0.

SIG_ERR (Signal-Fehler):
Der Zeiger wird auf "Fehler" gesetzt. Sobald *gsignal()* gerufen wird, erhalten Sie als *return*-Code den Wert −1. Der Zeiger bleibt unverändert.

Beispielprogramm:

```
/*****************************/
/* Ctrl-Break abfragen/setzen */
/* Signal setzen/abfragen      */
/*****************************/
#include <stdio.h>
#include <dos.h>
#include <signal.h>

int gesetzt,wert=0;

/***********************************/
/* Diese Funktionen werden         */
/* aktiviert, sobald gsignal()     */
/* mit dem Wert 5 (Funktion1) oder */
/* mit dem Wert 9 (Funktion 2)     */
/* aufgerufen wird                 */
/***********************************/
int sig_funk1(void)
    {
    printf("\nFunktion 1 wurde aufgerufen!");
    return(10);
    }

int sig_funk2(void)
    {
    printf("\nFunktion 2 wurde aufgerufen!");
    return(20);
    }

main()
{
    /*-Ctrl-Break abfragen und setzen-*/
    gesetzt=getcbrk();
    printf("\nBreak steht auf %d",gesetzt);
    if(gesetzt) gesetzt=0;
      else gesetzt=1;

    setcbrk(gesetzt);
    gesetzt=getcbrk();
    printf("\nBreak ist steht %d",gesetzt);

    /*-Vektor für Funktion 1 und 2 setzen-*/
    ssignal(5,sig_funk1);
    ssignal(9,sig_funk2);

    /*-Funktion 1 aktivieren-*/
    printf("\nreturn-Code der Funktion 1 ist %d",gsignal(5));
    printf("\nreturn-Code der Funktion 1 ist %d",gsignal(5));

    /*-Funktion 2 aktivieren-*/
    printf("\nreturn-Code der Funktion 2 ist %d",gsignal(9));
    printf("\nreturn-Code der Funktion 2 ist %d",gsignal(9));

}
```

getvect() und setvect()

getvect() liest einen Interrupt-Vektor.
setvect() setzt einen Interrupt-Vektor.

Include: dos.h

Syntax:
```
void interrupt(*getvect(int interrupt_nummer))();
void setvect(int interrupt_nummer,
             void interrupt(*xxx)());
```

Im Speicher ist das erste KByte für Interrupt-Vektoren reserviert. Diese Vektoren sind aufsteigend numeriert und werden mit *far*-Zeigern angesprochen. Die Funktion *getvect()* liefert als *return*-Code einen *far*-Zeiger auf den Vektor oder, genau genommen, auf eine Funktion des Typs *interrupt*. Durch die Funktion *setvect()* haben Sie die Möglichkeit, einen Interrupt dahingehend umzuleiten, daß eine eigene C-Funktion ausgelöst wird. Da DOS nicht so großzügig ist und bei Programmende veränderte Vektoren wieder herstellt, sollten Sie entsprechend vorsichtig sein.

int86(), int86x(), intdos() und intdosx()

int86()   Software-Interrupt.
int86x()   Software-Interrupt mit Segmentregistern.
intdos()   DOS-Aufruf.
intdosx() DOS-Aufruf mit Berücksichtigung der Segmentregister.

Include: dos.h

Syntax:
```
int int86(int interrupt_nummer, union REGS *ein,
          union REGS *aus);
int int86x(int interrupt_nummer, union REGS *ein,
          union REGS *aus,
          struct SREGS *segreg);
int intdos(union REGS *ein, union REGS *aus);
int intdosx(union REGS *ein, union REGS *aus,
          struct SREGS *segregs);
```

Diese Funktionen lösen einen Interrupt aus, wobei die beiden *int86*-Funktionen für die BIOS- und die beiden *intdos*-Funktionen für die DOS-Interrupts 21 verwendet werden. Die Definitionen der Strukturen REGS und SREGS finden Sie in der Include-Datei *dos.h*. Weitere Beschreibungen und Erläuterungen können Sie Kapitel 4 entnehmen, in dem alle Interrupts beschrieben sind. Einige Beispiele finden Sie in Anhang E.

inport(), inportb(), outport() und outportb()

inport()   liest zwei Bytes von einer I/O-Adresse.
inportb() liest ein Byte von einer I/O-Adresse.
outport() schreibt zwei Bytes in eine I/O-Adresse.
outportb() schreibt ein Byte in eine I/O-Adresse.

Include: `dos.h`

Syntax: ```
int inport(int port_adresse);
int inportb(int port_adresse);
void outport(int port_adresse, int wert);
void outportb(int port_adresse, char zeichen);
```

Über die Port-Adressen haben Sie hier die Möglichkeit, verschiedene Controller einzulesen oder Werte hineinzuschreiben. Die Port-Adresse kann beliebige *int*-Werte annehmen, da diese funktionsintern als *unsigned* behandelt werden. Diese Funktionen sind jedoch nur auf Rechnern mit 80xx-Prozessoren verwendbar.

### kbhit()

Diese Funktion prüft, ob eine Taste betätigt wurde oder nicht.

*Include:*   `conio.h`

*Syntax:*    `int kbhit(void);`

Sofern keine Taste betätigt wurde, erhalten Sie als *return*-Code den Wert 0, andernfalls wird ein Wert ungleich 0 übergeben.

### peek(), peekb(), poke() und pokeb()

peek()   liest zwei Speicherzellen.
peekb()  liest eine Speicherzelle.
poke()   schreibt einen *int*-Wert in zwei Speicherzellen.
pokeb()  schreibt einen *char*-Wert in eine Speicherzelle.

*Include:*   `dos.h`

*Syntax:*    ```
int peek(unsigned segment, unsigned offset);
int peekb(unsigned segment, unsigned offset);
void poke(unsigned segment, unsigned offset,
          int wert);
void pokeb(unsigned segment, unsigned offset,
           char zeichen);
```

Diese Funktionen ermöglichen ein direktes Schreiben und Lesen des Speichers. Beispiele finden Sie Kapitel 4, "Grafik", bzw. im Abschnitt "Textausgabe im Bildschirmspeicher".

Programmspezifische Funktionen

abort()

Programmabbruch.

Include: `process.h` oder `stdlib.h`

Syntax: `void abort(void);`

Die Funktion liefert keinen *return*-Wert. Das Programm wird bei Aufruf dieser Funktion mit der folgender Meldung beendet:

`Abnormal program termination`

Es wird also eine Nachricht an *stderr* übergeben und das Programm unterbrochen.

assert()

Test einer Bedingung und möglicher Abbruch des Programms.

Include: `assert.h`

Syntax: `void assert(int test);`

Die Funktion kann als Bestandteil einer *if*-Abfrage verwendet werden. Trifft die Bedingung nicht zu, wird das Programm mit einer *Assertion*-Meldung abgebrochen. Verzeichnis, Programmname und Zeilennummer werden nach Abbruch angezeigt.

atexit()

Funktionen werden aufgerufen, die nach Programmende durchgeführt werden sollen.

Include: `stdlib.h`

Syntax: `int atexit(Funktion);`

Maximal können 32 Funktionen nach Beendigung eines Programms aufgerufen werden. Der Funktionszeiger wird einem Register übergeben. Nach Programmende und bevor das Programm in die Kommandoebene zurückkehrt, wird die mit *atexit()* angesprochene Funktion aufgerufen. Bei ordnungsgemäßer Durchführung wird als *return*-Wert 0 übergeben und ein Wert ungleich 0 bei aufgetretenem Fehler.

exec...()

Laden und Ausführen eines Programms.

Include: process.h

Syntax: int execl(char *pfad, char *par0, parameterliste);
           int execle(char *pfad, char *par0, parameterliste,
                   char *env[]);
           int execlp(char *pfad, char *par0, parameterliste
           int execlpe(char *pfad, char *par0, parameterliste,
                   char *env[]);
           int execv(char *pfad, char *par[]);
           int execve(char *pfad, char *par[], char **env);
           int execvp(char *pfad, char *par[]);
           int execvpe(char *pfad, char *par[], char **env);

Es werden Programme geladen, die als Child-Prozesse betrachtet werden. Das heißt, das zu ladende Programm wird zusätzlich in den Speicher geladen, und der Speicherplatz muß für beide Programme reichen. Wenn bei dem Programmnamen keine explizite Erweiterung durch .COM oder .EXE angegeben wird, erfolgt die Suche zunächst nach einer .COM-Datei und anschließend nach einer .EXE-Datei. Dateien des rufenden Programms werden nicht geschlossen. Dies gilt für alle Funktionen. Die Namensendungen von *exec*, also *l*, *e*, *v* oder *p* stehen für besondere Fähigkeiten:

e	(environment): Es ist zulässig, auch dem aufgerufenen Child-Programm ein eigenes Environment zuzuweisen.
v	(vektor): Die Übergabeparameter an das zu rufende Programm werden in Form eines Zeigervektors übergeben.
l	(list): Die Parameter werden als Argumentliste übergeben. Dies sollte dann Verwendung finden, wenn die Anzahl der Parameter konstant ist.
p	(pfad): Die *exec*-Funktion sucht nicht nur im aktuellen Verzeichnis nach dem zu rufenden Programm. Es werden alle Verzeichnisse durchsucht, die mit dem DOS-Befehl *Path* gesetzt wurden.

Die Länge aller Übergabeparameter darf 127 Bytes nicht überschreiten. Wird dem Zeiger *pfad* kein spezieller Pfad zugewiesen, so wird das zu rufende Programm nur im aktuellen bzw., wenn Sie mit der Option *p* arbeiten, in den gesetzten Pfaden gesucht. Selbst wenn Sie mit *p* (Pfad) arbeiten, können Sie einen bestimmten Pfad zusätzlich angeben. Das letzte Element der Parameterliste muß mit einem Nullstring (\0) abgeschlossen werden.

Sie sehen im folgenden ein Beispiel. In dem darauffolgenden Beispielprogramm wurde als Pfad *c:\turbo-c\c* angegeben. Dies können Sie ggf. ändern. Ist das zu rufende Programm nicht vorhanden, so erscheint die Fehlermeldung und zeigt Ihnen mittels der Variablen *errno* die Fehlernummer an.

_exit() und exit()

Beenden des Programms.

Include: `process.h`

Syntax: `void _exit(int status);`
           `void exit(int status);`

Die Funktion *_exit()* (mit Unterstrich) wird als letzte Operation zum Abschluß eines Programms von der Funktion *exit()* (ohne Unterstrich) gerufen. Die Funktion *_exit()* beendet das Programm sofort. Das heißt, Dateien oder noch im Puffer befindliche Daten interessieren diese Funktion nicht. Daher sollten Sie entsprechend vorsichtig sein. Die Funktion *exit()* hingegen schließt zunächst offene Dateien und führt auch noch die Funktionen aus, die ggf. durch die Funktion *atexit()* benannt wurden. Der durch *status* festgelegte Exit-Code kann z.B. durch den DOS-Befehl ERRORLEVEL abgefragt werden.

Beispielprogramm:

```
/***********************/
/* assert() und atexit() */
/***********************/
#include <stdio.h>
#include <assert.h>        /*für assert()--------*/
#include <stdlib.h>        /*für atexit()--------*/

/********************************/
/* Definitionen zu assert()     */
/********************************/
```

```
struct item {
                int key;
                int wert;
            };
void add_item(struct item *itemptr)
{
    assert(itemptr != 0);
}

/**********************************/
/* Definitionen zu  atexit()     */
/**********************************/
void exit_funk1()
{
    printf("\nFunktion 1 gerufen");
}
void exit_funk2()
{
    printf("\nFunktion 2 gerufen");
}

main()
{

    /*---------------- Aufruf zu atexit()-*/
    atexit(exit_funk1);
    atexit(exit_funk2);
    printf("\nProgramm wurde beendet!\n");

    /*---------------- Aufruf zu assert()-*/
    add_item(0);
}
```

Beispielprogramm:

```
/****************************/
/* Programmname: Start      */
/* Starten des Programms    */
/* mit dem Namen Ziel im    */
/* Verzeichnis c:\turbo-c\c */
/****************************/
#include <process.h>
#include <stdio.h>
#include <errno.h>

main()
{
    int i = 0;
    while(i++ < 5)
        printf("\nProgramm 1 Start i = %d ",i);

    execl("c:\\turbo-c\\c\\ziel","Para1","Para2",NULL);
```

```
    printf("\nDiese Meldung erscheint nur,");
    printf("\nwenn ein Fehler auftrat!");
    printf("\nFehlernummer = %d",errno);

    exit(1);

}


/*************************/
/* Programmname: Ziel    */
/* Dieses Programm wird von */
/* dem Programm mit dem  */
/* Namen Start aufgerufen. */
/*************************/
#include <stdio.h>

main(int argc, char *argv[])
{
    int i = 0;
    while(argc--)
        printf("\nParameter %d = %s",argc,argv[argc]);

    while (i++ < 5)
        printf("\nProgramm 2 Start i = %d ",i);

    exit(0);

}
```

keep()

Programm beenden und im Speicher lassen.

Include: dos.h

Syntax: void keep(int status, int speicherplatz);

Wenn das Programm mit *keep()* beendet wird, wird über den Parameter *status* der Exit-Code an MS-DOS übergeben. Der belegte Speicherplatz wird von DOS nicht wieder freigegeben. Sie müssen das System neu booten. Der Speicherplatz wird als zweiter Parameter in 16-Byte-Einheiten angegeben (siehe auch Anhang E, "Residente Programme").

sleep()

Programmpause in Sekunden.

Include: `dos.h`

Syntax: `void sleep(unsigned sekunden);`

Das Programm wird für die angegebene Anzahl von Sekunden gestoppt.

system()

Aufruf eines DOS-Befehls.

Include: `stdlib.h`

Syntax: `int system(char *befehl);`

Der DOS-Befehl wird ausgeführt und im Anschluß daran der nächstfolgende Programmbefehl. Bei einigen Befehlen wie CLS oder Diskettenbefehlen sollten Sie entsprechend vorsichtig sein. Etwaige DOS-Meldungen können bei auftretenden Fehlern mitten in der Bildschirmmaske erscheinen.

getpsp()

Liefert die Adresse des PSP (program segment prefix).

Include: `dos.h`

Syntax: `unsigned getpsp(void);`

Näheres dazu finden Sie in Kapitel 4.

parsfnm()

Kommandozeile auswerten.

Include: `dos.h`

Syntax: `char *parsfnm(char *befehls_zeile, struct fcb *fcb,`
`                       unsigned char option);`

Die Struktur *fcb* (file control block) ist in der Include-Datei *dos.h* definiert und beinhaltet u.a. Informationen über Dateiname, Erweiterung oder Blocknummer. Die Form der Auswertung wird durch den Parameter *option* festgelegt:

Bit 0:   Standardmäßig erwartet DOS, daß der Dateiname mit dem ersten Zeichen der Befehlszeile beginnt. Ist das Bit 0 jedoch gesetzt, werden Trennzeichen vor dem Dateinamen ignoriert.

Bit 1:   Normalerweise verwendet DOS das Standardlaufwerk und trägt dies in die FCB-Struktur ein. Wenn das Bit 1 jedoch gesetzt ist, wird das Standardlaufwerk der Befehlszeile eingetragen.

Bit 2:   Sofern dieses Bit gesetzt wird, trägt DOS nur einen gültigen Dateinamen im FCB ein.

Bit 3:   Die Dateierweiterung wird nur verändert, wenn die Befehlszeile ein Suffix beinhaltet.

longjmp() und setjmp()

longjmp()   springt zu der Adresse, die mit *setjmp()* markiert wurde.
setjmp()   markiert die Adresse für *longjmp()*.

Include: setjmp.h

Syntax: void longjmp(jmp_buf adresse, int wert);
             int setjpm(jmp_buf adresse);

Für einen Sprung mit *goto* benötigen Sie eine explizite Ansprungadresse. Durch *setjmp()* können Sie beliebige Adressen markieren, die dann mit *longjmp()* angesprungen werden. Angenommen, Sie rufen bei einer Koordinate X die Funktion *setjmp()* auf. In diesem Moment wird der aktuelle Zustand des Prozessors und des Stacks quasi fotografiert und steht dann für *longjmp()* bereit. Wird diese Funktion an einer beliebigen Stelle gerufen, so fährt das Programm in der Ausführung unmittelbar nach *setjmp()* fort.

Beispielprogramm:

```
/**************************/
/* longjmp() und setjmp() */
/**************************/
#include <setjmp.h>
#include <stdio.h>

jmp_buf puffer;
```

```
main()
{
    int intit_wert;
    /*--Koordinate X --*/
    if((intit_wert=setjmp(puffer)) == NULL)
        printf("\nAnsprungadresse markiert");
    else
        printf("\nSprung zur Koordinate X mit longjmp");
    printf("\nWeitere Befehle");
    if(!intit_wert)
        ansprung_marke();
    printf("\nEnde");

}

/***********************/
/* Routine für jmp     */
/***********************/
ansprung_marke()
{
    printf("\nHier Radio Eriwan");
    longjmp(puffer,1);
}
```

spawn...()

Erzeugen und Ausführen von Child-Prozessen.

Include: `process.h`

Syntax:
```
int spawnl(int modus, char *pfad, char *par0,
              parameterliste);
int spawnle(int modus, char *pfad, char *par0,
              parameterliste);
int spawnlp(int modus, char *pfad, char *par0,
              parameterliste);
int spawnlpe(int modus, char *pfad, char *par0,
              parameterliste, char **env);
int spawnv(int modus, char *pfad, char *par[]);
int spawnve(int modus, char *pfad, char *par[],
              char ** env);
int spawnvp(int modus, char *pfad, char *par[]);
int spawnvpe(int modus, char *pfad, char *par[],
              char ** env);
```

Als einziger Unterschied zu den *exec*-Funktionen, die ein rufendes Programm beenden, wird bei den *spawn*-Funktionen ein Child-Programm gestartet, wobei das rufende Programm nicht beendet wird. Nach Beendigung des aufgerufenen wird in dem rufenden Programm weitergearbeitet. Man muß bei diesen Operationen darauf achten, daß der Speicher des

Rechners groß genug ist. Außerdem ist zu beachten, daß offene Dateien bei Aufruf des Child-Programms nicht geschlossen werden. Durch den Modus legen Sie fest, wie sich das Child-Programm verhalten soll. Folgende Konstanten sind dafür in der Include-Datei *process.h* definiert:

P_OVERLAY   (wie bei *exec*) Der Programmcode wird durch das gerufene Programm überschrieben, und nach seiner Beendigung wird in die DOS-Ebene und nicht mehr in das rufende Programm zurückgekehrt.

P_WAIT   Das rufende Programm bleibt erhalten, ist jedoch für die Durchführung des Child-Programms bedeutungslos. Nach Beendigung wird wieder in das rufende Programm verzweigt.

P_NOWAIT   Diese Funktion ist erst ab der DOS-Version 3.2 gültig. Beide Programme können mit Unterprogramm-Technik arbeiten.

Hinsichtlich der Namensunterschiede zwischen den einzelnen Funktionen und deren Parameter gilt die Beschreibung der *exec*-Funktionen.

Beispielprogramm:

```
/*************************/
/* Programmname: spawn1  */
/* Achtung!              */
/* Bevor dieses Programm */
/* richtig arbeitet, muß */
/* das Programm spawn2   */
/* erstellt und compiliert */
/* werden!               */
/*************************/
#include <process.h>
#include <stdio.h>
#include <dir.h>
#define ERROR 1

/*************************/
/* Diese Funktion nimmt den */
/* EXIT-Code des Childs auf */
/*************************/
void status(int wert)
{
    if(wert == -1)
      printf("\nDas war wohl nichts ..");
    else
      if (wert)
         {
         printf("\nDer Prozess wurde mit ");
```

```
            printf("Fehler %d beendet!\n",wert);
            }
}

/***************************/
/* Hauptprogramm           */
/***************************/
main()
{
    /****************************/
    /* Environment-Variablen    */
    /* Unter diesem Pfad wurde  */
    /* das Child-Programm       */
    /* abgelegt. Dieser Pfad muß*/
    /* ggf. geändert werden.    */
    /****************************/
    char *env[] =  {
                "PATH=C:\\TURBO-C\\C",
                "SCHALTER=GESETZT",
                NULL
                };

    char *child_prg; /*-Zeiger für Child-Name-*/

    /*-Parameter für Child-*/
    char *args[] ={
                "SPAWN2.EXE",
                "PAR_1",
                "PAR_2",
                NULL
                };

    /*******************************/
    /* Child mit searchpath suchen. */
    /* Der Pfad muß so gesetzt      */
    /* werden, daß diese Funktion   */
    /* das Child-Programm finden    */
    /* kann. searchpath() sucht     */
    /* nur in den gesetzten Pfaden. */
    /* Wenn Ihr Child-Programm im   */
    /* Verzeichnis c:\turbo-c\c     */
    /* abgelegt ist, muß mit dem    */
    /* DOS-Befehl PATH=... dieses   */
    /* Verzeichnis gesetzt werden.  */
    /*******************************/
    if((child_prg = searchpath("SPAWN2.EXE"))== NULL)
        {
        printf("\nChild-Programm nicht gefunden");
        exit(ERROR);
        }

    /***************************/
    /* Spawn-Aufrufe           */
    /***************************/
    printf("\nBitte drücken Sie nach jedem ");
```

```
        printf("Aufruf eine Taste!");
        printf("\n\nSpawnl :\n");
        status(spawnl(P_WAIT, child_prg, args[0], args[1],
                                            NULL));
        getchar();

        printf("\n\nSpawnv :\n");
        status(spawnv(P_WAIT, child_prg, args));
        getchar();

        printf("\n\nSpawnle :\n");
        status(spawnle(P_WAIT, child_prg, args[0], args[1],
                                            NULL, env));
        getchar();

        printf("\n\nSpawnvpe :\n");
        status(spawnvpe(P_WAIT, child_prg, args, env));
        getchar();

}


/****************************/
/* Programmname: spawn2     */
/* Achtung!                 */
/* Dies ist das von spawn1  */
/* gestartete Programm.     */
/* Achten Sie darauf, daß   */
/* der Pfad stimmt, in dem  */
/* dieses Programm abgelegt  */
/* wurde!                   */
/****************************/
#include <stdio.h>
#include <stdlib.h>

/****************************/
/* Hauptprogramm            */
/****************************/
main(int argc, char *argv[])
{
    int i;
    char *path, *schalter;

    /*-Environment-Variablen lesen-*/
    path = getenv("PATH");
    schalter = getenv("SCHALTER");
    if(path)
      printf("\nDer Pfad lautet : %s",path);
    if(schalter)
      printf("\nDummy = %s",schalter);

    while(argc)
        {
```

```
        printf("\nargv[%d] = %s",argc,argv[argc]);
        --argc;
        }

    }
```

va...()

Funktionen mit variabler Parameteranzahl.

Include: stdarg.h

Syntax: void va_start(va_list zeiger, parameter);
             type va_arg(va_list zeiger, typ);
             void va_end(va_list zeiger);

Mitunter werden Sie auf das Problem stoßen, eine variable Anzahl von
Parametern an Funktionen übergeben zu müssen. Standardfunktionen
wie *scanf()* oder *printf()* nehmen eine variable Anzahl von Parametern
auf und verarbeiten diese. Die *va*-Funktionen geben Ihnen die Möglichkeit, Funktionen so zu gestalten, daß nicht unbedingt eine festdefinierte
Anzahl von Argumenten übergeben werden muß.

Die Funktion *va_start()* ermittelt über den angegebenen Parameter *zeiger* den ersten und im Anschluß den jeweils folgenden Übergabeparameter. Beim ersten Aufruf wird der Zeiger auf das erste Argument gesetzt.
Durch den Aufruf der Funktion *va_arg()* mit zwei Parametern teilen Sie
der Funktion mit, um welchen Variablentyp es sich handelt, damit dieser
entsprechend verarbeitet werden kann. Nach der Verarbeitung aller Parameter muß ein Aufruf durch *va_end()* erfolgen. Der Zeiger wird wieder
auf null zurückgestellt. Sollten Sie so mutig sein und diesen Aufruf unter-
lassen, wundern Sie sich bitte nicht über die Ergebnisse. Da der Zeiger
noch am Ende der Parameterliste steht, setzt dieser bei der Zeiger-
Arithmetik in Speicherbereichen auf, die mit Sicherheit nicht die gewünschten Werte beinhalten.

Beispielprogramm:

```
/**************************/
/* va-Funktionen          */
/**************************/
#include <stdio.h>
#include <stdarg.h>
#define ERROR 20
```

```
/***************************/
/* Gesamtwert einer Para-   */
/* meterliste berechnen     */
/* Die Punkte ... müssen    */
/* in beiden Funktionen     */
/* angegeben werden!        */
/***************************/
void rechnen(char *msg,...)
     {
     int summe = 0;
     va_list argpoint;
     int arg;
     va_start(argpoint,msg);
     while((arg=va_arg(argpoint,int)) != NULL)
          {
          summe += arg;
          va_end(argpoint);
          }
          printf(msg,summe);
     }

/****************************/
/* Textausgabe durch vprintf */
/* mit oder ohne zusätzliche */
/* Parameter                 */
/****************************/
void error(char *format,...)
     {
     va_list argpoint;
     printf("\nFehler");
     va_start(argpoint, format);
     vprintf(format,argpoint);
     va_end(argpoint);
     }



/***************************/
/* Hauptprogramm           */
/***************************/
main()
{
     int a=10,b=20,c=30;
     rechnen("\nSumme der Parameter = %d\n", a,b,c,40,0);
     error("\nFehlermeldung ohne Parameter");
     error("\nFehler: %d",ERROR);
}
```

randbrd() und randbwr()

randbrd()   liest Blöcke aus einer Random-Datei.
randbwr()   schreibt Blöcke in eine Random-Datei.

Include: dos.h

Syntax: int randbrd(struct fcb *fcb, int blockanz);
              int randbwr(struct fcb *fcb, int blockanz);

Die Struktur *fcb* ist in der Include-Datei *dos.h* definiert. Diese Funktionen verwenden die DOS-Interrupts 27h (*randbrd()*) und 28h (*randbwr()*). Die Funktion *randbrd()* liest die Anzahl Blöcke ein, die in *blockanz* angegeben ist. Die Startadresse wird durch den jeweils aktuellen DTA bestimmt. Das gleiche gilt für die Funktion *randbwr()*. Hier besteht der Unterschied darin, daß bei einer Blockanzahl von 0 die Datei auf die durch *fcb_random* angegebene Länge minimiert wird. Dieses Feld ist Bestandteil der Struktur *fcb*. Für beide Funktionen gilt folgender *return*-Code:

0   Es wurde fehlerfrei gearbeitet.
1   Das Dateiende wurde erreicht. Die Funktion *randbwr()* bricht unmittelbar nach dieser Feststellung ab.
2   Der Schreib-/Lesevorgang geht über die Segmentgrenze hinaus.
3   Das Dateiende wurde erreicht. Der zuletzt geschriebene Satz wurde nicht mehr vollständig weggeschrieben.

ioctl()

Kontrolle der Peripheriegeräte.

Include: io.h

Syntax: int ioctl(int handle, int befehl, int *par1,
                     int par2);

Die Funktion *ioctl()* verwendet die Unterfunktionen des DOS-Interrupts 44h. Es stehen folgende Funktionen zur Verfügung, die über den Parameter *befehl* angegeben werden:

0   Geräteattribut lesen
1   Geräteattribut setzen
2   Kontrollstring von Kanal empfangen
3   Kontrollstring an Kanal senden
4   Kontrollstring von Laufwerk empfangen
5   Kontrollstring an Laufwerk senden
6   Abfragen des Eingabestatus
7   Abfragen des Ausgabestatus
8   Prüfung, ob Medium auswechselbar

9   Prüfung, ob lokales oder entferntes Laufwerk
10   Prüfung, ob lokaler oder entfernter Kanal
11   Anzahl Zugriffswiederholungen im *Shared*-Betrieb

Bei auftretendem Fehler liefert die Funktion den *return*-Code −1 und
setzt *errno* auf einen der folgenden Werte:

EINVDAT	ungültige Daten
EBADF	falscher Handle oder Datei nicht offen
EINVAL	falsche Funktionsnummer

Eine detaillierte Beschreibung finden Sie in Kapitel 4 bei den DOS-Interrupts.

Beispielprogramm:

```
/***************************/
/* ioctl()                 */
/***************************/
#include <stdio.h>
#include <dir.h>
#include <io.h>
#define   BEFEHL 8

main()
{
    if(!ioctl(0,BEFEHL,0,0))
        {
    printf("\nDer Datenträger in Laufwerk %c ",
                        getdisk() + 'A');
    printf("kann gewechselt werden");
        }
}
```

Fehlerfunktionen

harderr(), hardresume() und hardretn()

harderr()	installiert eine eigene Funktion zur Behandlung von Hardware-Fehlern.
hardresume()	Rücksprung zur Fehlerbehandlung von MS-DOS.
hardretn()	Rücksprung nach der Fehlerbehandlung von MS-DOS in das Programm.

Include: dos.h

Syntax: `void harderr(int (*routine) ());`
                   `void hardresume(int regist_retax);`
                   `void hardretn(int fehler_code);`

Durch die Funktion *harderr()* wird der Interrupt-Vektor 24h auf die durch **routine* angelegte C-Funktion umgeleitet. Hardware-Fehler, wie z.B. Drucker nicht bereit oder Schreib-/Lesefehler bei der Diskettenbearbeitung, werden nun nicht mehr von DOS gemeldet, vielmehr können diese in der angesprungenen Funktion verarbeitet werden. Die C-Funktion muß folgenden Aufbau haben:

```
int name(int fehler, int ax_reg, int bp_reg, int si_reg);
```

Die Variable *fehler* nimmt den von DOS gelieferten Fehlercode auf (DI-Register). Die Variablen *ax_reg*, *bp_reg* und *si_reg* nehmen die Registerwerte des Prozessors auf (AX, BP und SI). Beinhaltet das AX-Register einen größeren Wert als 0, so handelt es sich um Diskettenfehler. Es wird dann die Nummer des Laufwerks übergeben. Die Variablen der Register BP und SI müssen als *far*-Zeiger interpretiert werden und verweisen auf den Kopf des Treibers der jeweiligen Einheit, wo der Fehler auftrat. Um diese Informationen zu ermitteln, können Sie die Funktionen *peek()* und *peekb()* verwenden. Sie sollten sich allerdings davor hüten, die Funktionen *poke()* oder *pokeb()* zu verwenden, da Sie sonst den Inhalt des Treibers verändern. Sie lesen den Inhalt wie folgt aus:

```
peek(bp_reg,si_reg+0);   /* erstes Wort  */
peek(bp_reg,si_reg+2);   /* zweites Wort */
peek(bp_reg,si_reg+4);   /* drittes Wort */
usw.
```

Nach der Fehlerbehandlung können Sie die Funktion mit *hardresume()* oder *hardretn()* beenden. Die Funktion *hardresume()* erwartet einen der folgenden Parameter, die mit den Werten 0 – 2 angegeben werden müssen.

2 ABORT: Das laufende Programm wird abgebrochen. Dazu wird der Interrupt 23h (<Ctrl><Break>) aufgerufen. Sollten Sie diesen allerdings umgeleitet haben (siehe Interrupt-Funktionen *disable()*, *enable()*), so wird das Programm nicht beendet, sondern diese Funktionen werden aufgerufen.

1 RETRY: Die Operation wird wiederholt. Dies sollte z.B. geschehen, wenn vergessen wurde, eine Diskette einzulegen.

0 IGNORE: Der Fehler wird ignoriert. Bei der Dateibearbeitung sollten Sie vorsichtig mit IGNORE arbeiten. Sollen z.B. Dateien auf einer Diskette geöffnet werden und ein Diskettenfehler wird ignoriert, dann können zahlreiche Fehlermeldungen auftreten.

Die Funktion *hardretn()* bricht die DOS-Funktion ab und kehrt in das
laufende Programm zurück. Der Übergabewert *fehler_code* wird als das
Funktionsergebnis gesetzt, das die DOS-Operation an Ihr Programm geliefert hat. So können Sie z.B. einen eigenen Fehlercode setzen, wenn Sie
mit *intdos()* o.ä. arbeiten. An diese Funktionen wird durch das AX-Register ein Fehlercode übergeben. Tritt ein Fehler auf und Sie arbeiten mit
den hier beschriebenen Funktionen, dann haben Sie also zusätzlich die
Möglichkeit, diesen Fehlercode zu manipulieren. Bei Verwendung von
bibliothekseigenen Funktionen haben Sie allerdings nicht die Möglichkeit, den Fehlercode zu ändern. Diese liefern nämlich konstante Werte
wie −1 (*open()*, *chdir()* etc.) zurück.

Beenden Sie bitte eine Fehlerfunktion immer mit *hardresume()* oder
hardretn(). Wenn Sie nämlich z.B. mit *return()* aus der Funktion heraus-
springen, dann bringen Sie den gesamten Fehler-Stack von MS-DOS
durcheinander.

Da der Interrupt-Vektor 24h im PSP gesichert ist, brauchen Sie keine Sorge bezüglich einer Zerstörung zu haben. DOS sorgt bei Programmende
dafür, daß dieser wiederhergestellt wird.

Beispielprogramm:

```
/***************************/
/* Fehlerfunktion harderr() */
/***************************/
#include <dos.h>
#include <stdio.h>
#define PR_STRING 0x09  /*-DOS-Funktion
                          zur String-Ausgabe-*/

#define IGNORE 0
#define RETRY  1
#define ABORT  2

#pragma warn -par /* Durch diese Angabe
                     wird die Meldung
                     "Parameter is never used"
                     ausgeschaltet*/

/*********************/
/* Routine umleiten in */
/* diese Funktion      */
/*********************/
int um_leit(int err,int ax_reg,int bp_reg,int si_reg)
{
    char msg[40];
    int drive;
```

```
      if(ax_reg < 0)
         {
         /*--printf nicht möglich-*/
         bdosptr(PR_STRING,"geräte-Fehler$",0);
         hardretn(-1); /*-Zurück ins Programm-*/
         }
      drive = (ax_reg & 0xFF); /*-Laufwerksnummer-*/
      sprintf(msg,"Diskettenfehler Laufwerk %c$",
             'A'+drive);
      bdosptr(PR_STRING,msg,0);
      return(ABORT);
   }

main()
   {
   harderr(um_leit);
   printf("\nBitte prüfen, ob keine Diskette");
   printf("\nin Laufwerk A vorhanden ist.");
   printf("\nFalls doch, dann bitte entfernen!\n");
   getch();
   printf("\nIch versuche eine Datei anzulegen.\n");
   printf("\nEs dauert etwas, bis das Laufwerk");
   printf("\nreagiert.\n");
   fopen("A:DUMMY.DAT", "r");
   printf("\nOh!?!");
   getch();
   }
```

matherr() und _matherr()

matherr()   kann vom Programmierer angelegt werden, um Fehler nach
              Gleitkomma-Operationen zu behandeln.

_matherr()   hat die gleiche Aufgabe wie *matherr()*. Allerdings wird die-
              se Funktion vom System selbst gerufen und kann nicht er-
              stellt werden.

Include: math.h

Syntax: int matherr(struct exception *name);
              double _matherr(_mexcep why, char *funktion,
                         double *par1, double *par2,
                         double wertxy);

Tritt während der Verarbeitung ein Gleitkommafehler auf, so wird die
Routine *matherr()* automatisch durch die Funktion _*matherr()* (mit Unterstrich) aufgerufen. Diese Funktion ist in der *Include*-Datei *math.h* definiert und hat keinerlei Auswirkung. Sie liefert lediglich den Wert 0 zurück. Sie haben nun die Möglichkeit, diese Funktion dahingehend zu än-

dern, daß der Fehler behoben und das Programm nicht abgebrochen wird. Dazu sollten Sie *wertxy* entsprechend setzen und mit *return()* einen Wert ungleich 0 zurückgeben. Sollten Sie den Fehler nicht abfangen können, so müssen Sie den Wert 0 mit *return* übergeben. Die Kontrolle wird somit wieder an die Funktion *_matherr()* übergeben. Diese Funktion gibt eine Fehlermeldung aus und setzt die Variable *errno*. Die Verarbeitung der Funktion *_matherr()* läuft wie folgt ab: Mit den Übergabewerten wird die Struktur *exception* belegt. Anschließend wird die Funktion *matherr()* aufgerufen, die, falls nicht modifiziert, einen Nullwert zurückliefert. Die Variable *errno* wird gesetzt, eine Fehlermeldung ausgegeben und das Programm beendet. Dabei werden folgende Fehler unterschieden:

DOMAIN: Der Wert liegt außerhalb des gültigen Wertebereichs. Dies tritt z.B. dann auf, wenn Sie einer mathematischen Funktion unzulässige Werte übergeben (*log(–2)*).

SING: Sie würden als Ergebnis eine mathematische Singularität erhalten (*pow(0, –5)*).

OVERFLOW: Das Ergebnis einer mathematischen Funktion würde den zulässigen *double*-Bereich überschreiten und kann daher nicht mehr in der Variablen untergebracht werden (*exp(1000)*).

UNDERFLOW: Das Ergebnis wird unendlich klein und kann nicht mehr verarbeitet werden (*exp(–1000)*).

TLOSS: Die Dezimalstellen des Ergebnisses sind ungenau (*cos(1e70)*).

Die Struktur *exception*, die in *math.h* definiert ist, sieht wie folgt aus:

```
int     type;   /*Fehlerart (DOMAIN o.ä.)*/
char    *name;  /*Name der Funktion (log o.ä.)*/
double  arg1;   /*erster Parameter der Funktion*/
double  arg2;   /*ggf. zweiter Parameter der Funktion*/
double  retval: /*Ergebnis*/
```

In der Funktion *matherr()* können Sie auf alle Elemente zugreifen, beispielsweise den Namen der Funktion mit einer Konstanten vergleichen und den Fehler beheben oder negativ setzen (siehe Beispiel) und einen Wert ungleich 0 zurückliefern.

Beispielprogramm:

```
/*****************************/
/* Fehlerfunktion matherr() */
/*****************************/
#include <math.h>
#include <string.h>
```

```
matherr(struct exception *ax)
        {
        if(ax->type == DOMAIN)
            {
            if(strcmp(ax->name, "sqrt") == 0)
                {
                ax->retval = -(sqrt(-(ax->arg1)));
                return(1);
                }
            if(strcmp(ax->name, "log") == 0)
                {
                if(ax->retval > 0) return(1);
                ax->retval = -(log(-(ax->arg1)));
                return(1);
                }
            if(strcmp(ax->name, "exp") == 0)
                {
                ax->retval = -(exp(-(ax->arg1)));
                return(1);
                }
            }


        if(ax->type == OVERFLOW)
            {
            if(strcmp(ax->name, "exp") == 0)
                {
                ax->retval =  -exp(ax->arg1);
                return(1);
                }
            }
        if(ax->type == UNDERFLOW)
            {
            if(strcmp(ax->name, "exp") == 0)
                {
                ax->retval *= ax->retval;
                ax->retval = exp((ax->arg1));
                return(1);
                }
            }
        return(0);
        }


main()
{

    printf("\nWurzel    (-400)  = %f",sqrt(-400));
    printf("\nWurzel    (400)   = %f",sqrt(400));
    printf("\nLogarithmus (-1) = %f",log(-1));
    printf("\nLogarithmus  (1) = %f",log(1));
    printf("\nExponent  (-100)  = %f",exp(-100));
    printf("\nExponent  (100)   = %f",exp(100));

}
```

perror() und strerror()

perror() gibt eine Systemmeldung über *stderr* aus.
strerror() liefert Strings mit Fehlermeldungen.

Include: `stdio.h`
`string.h` (für *strerror()*)

Syntax: `void perror(char *string);`
`char *strerror(char *string)`

Sie können mit diesen Funktionen eine zusätzliche Fehlermeldung ausgeben. Normalerweise wird eine Meldung aus der Systemdatei *sys_err-
list* ausgegeben. Diese Datei ist ein Bestandteil des Systems und beinhaltet alle DOS-Fehlermeldungen. Diese sind in aufsteigender Reihenfolge
sortiert und numeriert, so daß die Funktion *perror()* durch den Wert, der
in *errno* abgelegt wird, darauf Zugriff hat. Als Ergebnis wird zunächst
die eigene und direkt hinterher die Systemmeldung ausgegeben. Diese
Funktion sollte unmittelbar hinter einem vermutlichen Systemfehler aufgerufen werden.

Die Funktion *strerror()* hat die gleiche Aufgabe wie *perror()*, wobei sie
jedoch keinen Fehler ausgibt, sondern vielmehr den erzeugten Fehler als
String zurückerhält.

Beispielprogramm:

```
/*************************/
/* Fehlerfunktionen      */
/* perror() und strerror() */
/*************************/
#include <stdio.h>
#include <errno.h>

main()
{
    char *puff2 = "Mein Text";
    char *puff1;

    mkdir("???");
    if(errno)
        perror("Meine Meldung ");
    chdir("???");
    if(errno)
        {
        perror("Noch eine Meldung ");
        puff1 = strerror(*puff2);
```

```
    printf("\n%s",puff1);
    }
}
```

BIOS-Funktionen

bdos() und bdosptr()

bdos()   ruft eine MS-DOS-Funktion auf.
bdosptr() ruft eine MS-DOS-Funktion mit Zeigerübergabe auf.

Include: dos.h

Syntax: bdos(dos_funktion, unsigned dx_reg,
                              unsigned al_reg);
            bdosptr(dos_funktion, void argument,
                              unsigned al_reg);

Die Funktionen ermöglicht die Nutzung von Systemfunktionen. Eine Systemfunktion kann direkt aufgerufen werden. In folgenden Betriebssystemen lauten diese Funktionen:

     MS-DOS: int 21h
     ATARI: TOS
     CP/M: XBIOS

Turbo C bietet mehrere Varianten, jedoch nur die Funktionen des *int86()* sind universell verwendbar. Eine detaillierte Beschreibung zu den Systemfunktionen erfolgt in Kapitel 4.

Der Parameter *dos_funktion* gibt die Nummer der MS-DOS-Funktion an und wird an das Register *AH* übergeben. Der Wert *al_reg* legt den Wert des Registers *AL* fest. In den Modellen *tiny*, *small* und *medium* haben *bdos()* und *bdosptr()* die gleiche Wirkung. *dx_reg* bzw. **argument* legen den Inhalt des Registers *DX* fest. Je nach MS-DOS-Funktion wird dieser Wert als Zeiger oder *int*-Wert interpretiert. Als *return*-Wert wird das Register *AX* übergeben und im Fehlerfall der Wert −1. *dos_funktion* entspricht der Funktionsnummer des Systemaufrufs und ist im Referenzhandbuch oder in Kapitel 4 zu finden.

In großen Speichermodellen unterscheiden sich die Funktionen *bdos()* und *bdosptr()* dadurch, daß *bdosptr()* zusätzlich das Datensegment-Register setzt.

bioscom()

Steuerung des seriellen Ports.

Include: bios.h

Syntax: int bioscom(int befehl, char zeichen, int port);

Durch den BIOS-Interrupt 0x14 haben Sie mit *bioscom()* die Möglichkeit zur Ein-/Ausgabe über die seriellen Schnittstellen *COM1* und *COM2*. Darüber hinaus können Sie die Parameter dieser Schnittstellen setzen.

Der Parameter *befehl* kann Werte von 0 bis 3 annehmen:

0   Setzen des in *zeichen* übergebenen Werts als Parameterbit.
1   Ein Zeichen wird über die serielle Schnittstelle ausgegeben.
2   Ein Zeichen wird über die serielle Schnittstelle eingelesen.
3   Der momentane Status der seriellen Schnittstelle wird eingelesen und *zeichen* wird ignoriert.

Für *befehl = 0* wird *zeichen* als Bitkombination wie folgt interpretiert.

Bit

5 – 7	Baudrate (Bits/Sekunden)
3 – 4	Paritätsprüfung
2	Anzahl der Stopbits
0 – 1	Wortlänge

Die folgende Auflistung zeigt Ihnen eine genaue Gliederung der o.a. Bitkombinationen. Die Übertragungsgeschwindigkeit wird beispielsweise durch die drei höchstwertigen Bits festgelegt. Sie haben im einzelnen folgende Möglichkeiten:

0x00	110 Baud
0x20	150 Baud
0x40	300 Baud
0x60	600 Baud
0x80	1200 Baud
0xA0	2400 Baud
0xC0	4800 Baud
0xE0	9600 Baud

0x00	keine Paritätsprüfung
0x08	ungerade Parität
0x10	keine Paritätsprüfung (nicht definiert)
0x18	gerade Parität

| 0x00 | 1 Stopbit |
| 0x04 | 2 Stopbits |

0x00	nicht definiert
0x01	nicht definiert
0x02	7 Datenbits
0x03	8 Datenbits

Wenn Sie eine der Schnittstellen neu initialisieren und beispielsweise
4800 Baud, ungerade Parität, 1 Stopbit und 7 Datenbits setzen möchten,
so wird die Initialisierung mit dem Übergabewert *0xCA* in die Variable
zeichen gesetzt. Der Wert *0xCA* ergibt sich aus der folgenden OR-Ope-
ration:

```
zeichen = (0xC0 | 0x08 | 0x00 | 0x02);
```

Das von *bioscom* zurückgelieferte höherwertige Byte beinhaltet für alle
befehl-Werte eine bitweise codierte Statusinformation mit folgender Bedeutung:

gesetztes Bit	Bedeutung
F	Time out – nicht bereit
E	Schieberegister leer
D	Übertragungspuffer leer
C	Break-Signal erhalten
B	Zeitfenster-Fehler
A	Paritätsfehler
9	Überlauf
8	Zeichen empfangen

Hat *befehl* den Wert 1, bedeutet ein gesetztes Bit 15: Das in *zeichen* ent-
haltene Zeichen konnte nicht gesendet werden.

Hat *befehl* den Wert 2 und wurde ein Zeichen fehlerfrei gelesen, so werden sämtliche Bits der höherwertigen Bytes auf 0 gesetzt. Das niederwertige Byte beinhaltet das gelesene Zeichen, so daß die Funktion *bioscom()*
einen Wert im Bereich von 0 bis 127 bzw. 0 bis 256 zurückliefert. Für die
befehl-Werte 0 und 3 liefert *bioscom()* ein höherwertiges Byte zurück,

das sich aus den oben beschriebenen Bits zusammensetzt. Darüber hinaus beinhaltet das niederwertige Byte folgende Informationen:

gesetztes Bit	Bedeutung
7	Daten-Carrier-Signal erkannt (DCD)
6	Ringindikator (RI)
5	Daten stehen bereit (DSR)
4	Sendebereit (CTS)
3	Delta-Daten-Carrier-Signal erkannt (DDCD)
2	Trailing-Edge-Ringindikator (TREI)
1	Delta-Daten bereit (DDSR)
0	Delta-Modus sendebereit (DCTS)

biosdisk()

Direkter Disketten oder Festplattenzugriff über den Interrupt 0x13.

Include: `bios.h`

Syntax: `biosdisk(int befehl, int laufwerk, int seite,`
`int sektnr, int anz_sekt, void *puffer);`

Durch den Parameter *laufwerk* wird das Diskettenlaufwerk bzw. die Festplatte festgelegt. Es gelten:

0x00 bis 0x7F   für Diskettenlaufwerke 1 bis n
0x80 bis 0xFF   für Festplattenlaufwerke 1 bis n

Es folgt eine Tabelle der gültigen Kommandos für *befehl*:

0	führt ein hartes Reset des Controllers durch. Sämtliche Parameter werden ignoriert.
1	liefert den Status der zuletzt durchgeführten Operation zurück. Alle anderen Parameter werden ignoriert.
2	liest einen oder mehrere Sektoren je nach Festlegung des Parameters *anz_sekt* von der Festplatte oder vom Diskettenlaufwerk. Der Puffer muß mindestens eine Größe von 512 (ein Sektor) haben.
3	schreibt einen oder mehrere Sektoren.
4	prüft einen oder mehrere Sektoren. Der Puffer wird ignoriert, da

es sich hierbei nur um eine Subfunktion handelt, die eine reine Prüfung der Datenkonsistenz durchführt.

5   formatiert den durch *seite* und *spur* angegebenen Bereich. Der Parameter *puffer muß auf eine Tabelle mit Parametern zeigen, in der Sektorzahl, Sektornummer und Sektorlänge definiert sind.

Die bisher beschriebenen Kommandos gelten für die Festplatte und auch für das Diskettenlaufwerk.

Die folgende Beschreibung gilt nur für die Festplatte.

6   formatiert den durch *seite* und *spur* angegebenen Bereich, wobei Kennzeichenbits für defekte Sektoren eingetragen werden.
7   formatiert ab einer bestimmten Spur.
8   liefert die Parameter des aktuellen Laufwerks.
9   initialisiert die Parametertabelle der Festplatte.
10   arbeitet wie 2. Zusätzlich zu dem Sektor werden noch vier Prüfbits eingelesen.
11   arbeitet wie 3. Zusätzlich werden noch vier Prüfbits mit übertragen.
12   setzt den Schreib-Lesekopf auf eine bestimmte Spur.
13   alternatives Reset wie 0.
14   liest den Sektorpuffer.
15   schreibt den Sektorpuffer.
16   prüft, ob das angegebene Laufwerk betriebsbereit ist.
17   setzt den Schreib-/Lesekopf auf Spur 0 zurück.
18   prüft des Controller-RAM.
19   prüft das Laufwerk.
20   prüft die internen Controller-Funktionen.

Sämtliche Aufrufe von *biosdisk()* liefern ein Statusbyte zurück, für das folgende Werte gültig sind:

0x00   Ausführung fehlerfrei
0x01   unbekannter Befehl in *befehl*
0x02   Adreßmarke nicht gefunden
0x03   schreibgeschützt (nur Diskettenlaufwerk)
0x04   ungültige Sektornummer oder Sektor nicht gefunden
0x05   Reset wurde nicht ausgeführt
0x06   nicht definierter Fehler
0x07   ungültige Parametertabelle
0x08   DMA-Fehler
0x09   Segmentgrenze 64 KByte wurde überschritten

0x0B   Spur ist als *bad* markiert
0x10   ECC-Prüfsummenfehler (ungültige Sektordaten)
0x11   Datenfehler durch ECC korrigiert (nur Festplatte)
0x20   Controller-Fehler
0x40   Spur nicht gefunden (SEEK-Operation)
0x80   Laufwerk nicht bereit (Time out)
0xBB   nicht definierter Fehler
0xFF   Prüfoperation mißlungen

Der Fehler 0x11 ist im eigentlichen Sinn kein Fehler. Die Daten wurden
durch ECC korrigiert. Er dient nur als Hinweis darauf, daß die Operation
nicht hundertprozentig durchgeführt werden konnte.

biosequip()

Liefert eine Liste installierter Peripheriegeräte unter Verwendung des
BIOS-Interrupts 0x11.

Include: bios.h

Syntax: int biosequip(void);

Der *return*-Wert wird nach folgendem Bitmuster entschlüsselt:

gesetztes Bit	Bedeutung
E – F	Anzahl Drucker (0 – 3)
D	frei
C	wenn 1, Spiele-Adapter installiert
9 – B	serielle Schnittstellen (0 – 7)
8	frei
6 – 7	Anzahl Laufwerke plus 1 (1 – 4)
4 – 5	Videomodus beim Start des Programms
2 – 3	RAM auf Hauptplatine
1	wenn 1, Coprozessor installiert
0	wenn 1, Diskettenlaufwerk vorhanden

Der Videomodus (Bits 4 und 5) wird wie folgt interpretiert:

00	nicht definiert (bei einigen PCs auch für EGA)
01	40 Spalten (CGA)
10	80 Spalten Farbmodus
11	80 Spalten monochrom

Die Bits 6 und 7 gelten nur, wenn das Bit 0 gesetzt ist. Die Bits 2 und 3 geben die RAM-Größe (16, 32, 48 und 64 KByte) an.

bioskey()

Ermöglicht eine Tastaturabfrage über den BIOS-Interrupt 0x14.

Include: `bios.h`

Syntax: `int bioskey(int befehl);`

Die jeweilige Operation oder Durchführungsart wird durch den Wert der Variablen *befehl* vorgegeben.

0   wartet auf ein Zeichen und liefert dieses zurück. Ein normales Zeichen wird als ASCII-Wert im niederwertigen Byte und als Scancode für die Tastatur im höherwertigen Byte zurückgegeben. Steuertasten werden im niederwertigen Byte mit 0 und im höherwertigen Byte mit dem erweiterten Tastaturcode übergeben.

1   prüft nur nach, ob ein Zeichen im Tastaturpuffer vorhanden ist. Dieses wird nicht übergeben, sondern muß mit befehl = 0 gelesen werden.

2   übergibt den aktuellen Stand der Modifizierungstasten (Alt, Shift etc.) als Bitmuster.

gesetztes Bit	Bedeutung
7	\<Ins\>-Taste aktiv
6	\<CapsLock\>-Taste aktiv
5	\<NumLock\>-Taste aktiv
4	\<ScrollLock\>-Taste aktiv
3	\<Alt\>-Taste gedrückt
2	\<Ctrl\>-Taste gedrückt
1	linke \<Shift\>-Taste gedrückt
0	rechte \<Shift\>-Taste gedrückt

biosmemory()

Übergibt die Gesamtgröße des Hauptspeichers unter Verwendung des BIOS-Interrupts 0x12.

Include: bios.h

Syntax: int biosmemory(void);

Es wird ein *int*-Wert zurückgeliefert, der die RAM-Größe wiedergibt.

biosprint()

Gesteuerte Druckausgabe und Initialisierung unter Verwendung des BIOS-Interrupts 0x17.

Include: bios.h

Syntax: int biosprint(int befehl, int zeichen, int port);

Die jeweilige parallele Schnittstelle wird über *port* angesprochen (0=LPT1 usw.). Der Wert des Parameters *befehl* löst folgende Aktionen aus:

gesetztes Bit	Bedeutung
0	Ausgabe von *zeichen*
1	Initialisieren – ignoriert *zeichen*
2	Statusabfrage – ignoriert *zeichen*

Alle drei Aktionen liefern ein Bitmuster zurück:

gesetztes Bit	Bedeutung
7	Drucker nicht bereit
6	ACK-Signal (Quittung) von Drucker bekommen
5	Papierende
4	Drucker wurde selektiert
3	Ein-/Ausgabe-Fehler
1 – 2	frei
0	Drucker nicht bereit (time out)

biostime()

Liefern oder Setzen des eingebauten Zählers über den BIOS-Interrupts 0x1A.

Include: bios.h

Syntax: long biostime(int befehl, long zaehler_stand);

Dieser Zähler beginnt um 0.00 Uhr mit dem Wert 0 und wird pro Sekunde 18,2mal um den Wert 1 erhöht. Es wird nicht die Uhrzeit im gewöhnlichen Sinne übergeben. Diese muß vielmehr anhand des Zählerwertes berechnet werden.

Wenn *befehl* den Wert 0 hat, wird der momentane Zählerstand zurückgeliefert, für befehl = 1 wird dieser anhand des Werts in *zaehler_stand* neu gesetzt.

Beispielprogramm:

```
/***********************/
/* Laufwerk holen       */
/* und Taste abfragen   */
/***********************/
#include <stdio.h>
#include <dos.h>

/***********************/
/* Definition für bdos() */
/* Laufwerk holen und   */
/* Taste drücken        */
/***********************/
char hol_laufwerk(void)
{
    char lauf;
    lauf = bdos(0x19,0,0);
    return ('A' + lauf);
}

keine_taste_gedrueckt()
{
    return((char) bdos (0xB,0,0));
}

main()
{

    /*-----------Aufruf Taste und Laufwerk holen-------*/
    while(!keine_taste_gedrueckt())
      printf("\nDas aktuelle Laufwerk ist %c:",
                            hol_laufwerk());

}
```

```
/************************/
/* Taste abfragen        */
/************************/
#include <stdio.h>
#include <bios.h>
#include <ctype.h>

#define CUR_RECHTS 0x0001
#define CUR_LINKS  0x0002


main()
{
    int taste, modus;

    while(bioskey(1) == 0);

    taste = bioskey(0);
    modus = bioskey(2);

    if(modus)
      {
      /*--Cursor rechts*/
      if(modus & CUR_RECHTS)
         printf("\nCursor rechts");
      /*--Cursor links*/
      if(modus & CUR_LINKS)
         printf("\nCursor links");
      }

    if(isalnum(taste & 0xFF))
      printf("\n %c",taste);
    else
      printf("\n%#02x",taste);

}
```

Uhrzeit- und Datumsfunktionen

Die Lesefunktionen wandeln das Systemdatum in einen ASCII-String um. Die Satzstruktur ist in *time.h* deklariert. Die einzelnen Felder können über die Strukturdefinition angesprochen werden (siehe Kapitel 3, "Strukturen").

Include: time.h   für *ctime(), asctime(), difftime(), gmtime(), localtime(), time(), stime()* und *tzset()*

   dos.h   für *gettime(), settime(), getdate()* und *setdate()*

Syntax:
```
char ctime(time_t *counter);
char *asctime(struct tm *tm_block);
double difftime(time_t zeit1, time_t zeit2);
struct tm *gmtime(time_t *counter);
struct tm *localtime(time_t *counter);
time_t time(time_t, *counter);
int stime(time_t, *counter);
void tzset(void);
void gettime(struct time *zeit);
void settime(struct time *zeit);
void getdate(struct date *datum);
void setdate(struct date *datum);
```

Wir wollen uns nun eingehend mit der Zeit und dem Datum beschäftigen. Wie Sie sehen, werden mehrere Funktionen zur Auswahl geboten. Die Funktionen *ctime()* und *asctime()* liefern einen Zeiger auf einen String zurück, der mit jedem Funktionsaufruf aktualisiert wird. Dies gilt übrigens für alle Funktionen, die das Datum und die Zeit einlesen. Über die Funktion *difftime()* erhalten Sie die Differenz zwischen zwei Uhrzeiten. Die Zeit zwischen *zeit1* und *zeit2* wird in Sekunden berechnet und als *double*-Wert zurückgeliefert. Bei *time_t* handelt es sich um einen Datentyp, der in der Include-Datei *time.h* als *long* definiert ist, und nicht, wie Sie vielleicht vermuten, um eine Struktur. Dies sollten Sie berücksichtigen und dementsprechend auch mit *long*-Werten arbeiten. Die einzelnen Strukturelemente der Strukturen *tm*, *date* und *time* ersehen Sie aus dem Programmbeispiel.

Die Funktionen *localtime()* und *gmtime()* liefern einen Zeiger auf die Struktur zurück, die durch *tm* zugewiesen wurde. Die Funktionen *setdate()* und *settime()* ermöglichen Ihnen, Datum und Uhrzeit neu einzustellen. Weitere Einzelheiten können Sie auch in Kapitel 4 dem Abschnitt "Interrupts" und aus Anhang E entnehmen.

Wenn Sie das folgende Beispiel betrachten, werden Sie jedoch feststellen, daß die Funktionen recht einfach zu verwenden sind. Sie sehen dort z.B., daß der aktuelle Wert des Zeitzählers durch die Funktion *time()* ermittelt wird. Mit diesem Wert kann dann u.a. durch die Funktionen *asctime()* und *ctime()* ein konvertierter String geformt und ausgegeben werden. *ctime()* liefert den Wert an einen Zeiger und *asctime()* den Wert direkt an die Struktur zurück.

Die Funktion *time()* setzt die übergebene Zähler-Variable auf exakt die Anzahl der Sekunden, die seit dem 1.1.1980 um 0.00 Uhr verstrichen sind und liefert diese Anzahl in einer *long*-Variablen zurück. Anders arbeitet die Funktion *stime()*, mit der Datum und Uhrzeit neu eingestellt werden. Diese Funktion liefert den Wert 0 zurück.

Artverwandte Funktionen sind *getftime()* und *setftime()*. Diese Funktionen greifen allerdings auf das Datum einer geöffneten Datei zu (siehe auch Dateifunktionen).

Beispielprogramm:

```
/******************************/
/* Datum/Uhrzeit/Zeitzähler   */
/******************************/
#include <stdio.h>
#include <time.h> /*localtime,asctime,ctime,time   */
#include <dos.h>  /*gettime,getdate,setdate,settime*/
struct tm *heute;
struct date datum;
struct time zeit;
long sekunden;
char *konvert;

main()
{
    time(&sekunden);
    printf("\nGesamtwert Zeitzähler %ld",sekunden);
    heute = localtime(&sekunden);
    printf("\nSommerzeit Kz. %d ",heute->tm_isdst);
    printf("\nTag im Jahr    %d ",heute->tm_yday);
    printf("\nWochentag      %d ",heute->tm_wday);
    printf("\nJahr           %d ",heute->tm_year);
    printf("\nMonat          %d ",heute->tm_mon);
    printf("\nTag im Monat   %d ",heute->tm_mday);
    printf("\nStunden        %d ",heute->tm_hour);
    printf("\nMinuten        %d ",heute->tm_min);
    printf("\nSekunden       %d ",heute->tm_sec);

    /*--ctime---*/
    printf("\n\nDatum und Zeit alt");
    konvert = ctime(&sekunden);
    printf("\nctime   %s",konvert);
    /*--asctime-*/
    printf("\nasctime %s",asctime(heute));

    /**********************************************/
    /* Vergleichen Sie nach Setzen der Zeit       */
    /* und des Datums die Ausgabe von getdate()   */
    /* und gettime() jeweils mit ctime() und      */
    /* asctime()                                  */
    /**********************************************/
    /*--setdate() und settime()--*/
    datum.da_day = 12;
    setdate(&datum);
    zeit.ti_hour = 10;
    settime(&zeit);
```

```
/*--getdate und gettime-*/
getdate(&datum);
gettime(&zeit);
printf("\n\nDatum und Zeit neu");
printf("\ngetdate %2d.%2d.%2d", datum.da_day,
                                 datum.da_mon,
                                 datum.da_year);
printf("\ngettime %2d.%2d.%2d", zeit.ti_hour,
                                zeit.ti_min,
                                zeit.ti_sec);

}
```

Speicherfunktionen

farmalloc(), farcalloc(), farfree(), farcoreleft() und farealloc()

Belegen von Speicherplatz auf dem *far-Heap*.

Include: `alloc.h`

Syntax:
```
void far *farmalloc(unsigned long bel_bytes);
void far *farcalloc(unsigned long bel_bytes,
                    unsigned long unit);
long farcoreleft(void);
void farfree(void far *block);
void far *farealloc(void far *alt_block,
                    unsigned long bel_bytes);
```

Diese Funktionen sind für die Bearbeitung des Speicherplatzes zuständig. Genauer gesagt, wird der Speicher zwischen der oberen Stack-Grenze und dem Hauptspeicherende bearbeitet. Die Funktion *farmalloc()* belegt einen Speicherplatz, wobei der Inhalt des Speichers noch undefiniert ist. Durch die Funktion *farcalloc()* wird so viel Speicherplatz belegt, wie durch *bel_bytes* angegeben wird. Der belegte Speicherplatz wird hierbei mit dem Wert 0 initialisiert. Durch die Funktion *farcoreleft()* können Sie prüfen, wieviel Speicherplatz auf dem *Heap* noch frei ist, und über die Funktion *farfree()* wird Speicherplatz freigegeben, der mit *farmalloc()* oder *farcalloc()* reserviert wurde. Die mit diesen Funktionen belegte Speichergröße kann durch die Funktion *farealloc()* wieder verändert werden.

Für alle Funktionen gilt: Der gesamte vom Rechner oder von MS-DOS bereitgestellte Speicher kann verwaltet werden, und die Blockgröße kann die 64-KByte-Grenze überschreiten. Beachten Sie bitte, daß alle Zeiger, die mit den Blöcken arbeiten, als *far* * deklariert werden müssen. Bezüglich der verschiedenen Speichermodelle können Unterschiede auftreten. *Heap* und *far Heap* sind z.B. in den Modellen *small* und *medium* zweierlei Speicherbereiche. Im *tiny*-Modell sollten *far*-Funktionen nicht verwendet werden, da in diesem Modell ein Fixup erforderlich ist und Probleme mit dem Linker auftreten.

Beispielprogramm:

```
/***************************/
/* Arbeiten mit alloc-     */
/* Funktionen              */
/***************************/
#include <alloc.h>
#include <stdio.h>


main()
{
    int far *speicher;
    long belegen = 100000;

    /*--Wieviel Speicherplatz ist frei--*/
    printf("\nSie haben an Speicherplatz noch");
    printf("\n%lu Bytes zur Verfügung.",farcoreleft());

    /*--Speicherplatz reservieren--*/
    speicher = farmalloc(belegen);
    if(!speicher)
        {
        printf("\nEs ist nicht genug Platz vorhanden,");
        printf("\num 65000 Bytes zusätzlich zu");
        printf("\nbelegen!");
        }

    /*--Freien Speicherplatz prüfen--*/
    printf("\nSie haben an Speicherplatz noch");
    printf("\n%lu Bytes zur Verfügung.",farcoreleft());

    /*--Block verkleinern--*/
    belegen /= 4;
    speicher = farrealloc(speicher, belegen);
    printf("\nSie haben an Speicherplatz noch");
    printf("\n%lu Bytes zur Verfügung.",farcoreleft());

    /*--Block wieder freigeben--*/
    farfree(speicher);
    printf("\nSie haben an Speicherplatz noch");
    printf("\n%lu Bytes zur Verfügung.",farcoreleft());

}
```

free(), freemem(), malloc(), setblock()

free()   gibt einen dynamisch belegten Speicherblock frei.
freemem()   gibt ein durch DOS belegtes Segment frei.
setblock() verändert die Größe eines Segments.
malloc()   Belegung von Speicherplatz.

Include: `stdlib.h` und `alloc.h`   (für *free()* und *malloc()*)
             `dos.h`   (für *freemem()* und *setblock()*)

Syntax: ```
             void free(void *block);
             int freemem(unsigned segment);
             void *malloc(unsigned größe);
             int setblock(int segment, unsigned neue_größe);
             ```

Diese Funktionen verwalten den Heap, und es kann Speicherplatz für dynamische Variablen belegt und wieder freigegeben werden. Die Größe des Heap beträgt maximal 64 KByte, wobei Turbo C unterhalb der aktuellen Stack-Spitze 256 Bytes reserviert hat. Die Funktion *malloc()* belegt einen Speicherplatz auf diesem Heap und liefert einen Zeiger auf diesen Bereich zurück. Die im Anschluß beschriebene Funktion *allocmem()* verwendet die DOS-Funktion 48h und *freemem()* die DOS-Funktion 49h des Interrupts 21. Es kann Speicherplatz für das laufende Programm angefordert und wieder freigegeben werden. Die Funktion *setblock()* kann die Größe des zusätzlich angeforderten Speichers verändern. Dazu wird die Funktion 4Ah des DOS-Interrupts 21 verwendet. *setblock()* und *allocmem()* liefern bei Fehlern den Wert –1 und bei korrekter Durchführung den noch verfügbaren Speicherplatz zurück. Die Funktion *freemem()* liefert bei einem Fehler ebenfalls den Wert –1, ansonsten den Wert 0 zurück.

Es folgt ein Beispiel zu diesen Funktionen, und darüber hinaus finden Sie in Kapitel 3 im Abschnitt "Rekursive Strukturen" ein weiteres Beispiel.

*Beispielprogramm:*

```
/*********************************/
/* Es wird eine Typedef-Struktur */
/* angelegt und für diese ein   */
/* Speicherbereich reserviert   */
/* und wieder freigegeben   */
/*********************************/

#include <stdio.h>
#include <stdlib.h>
```
```

```
typedef struct
        {
        char dummy[200];
        int wert;
        }
        BEREICH;

BEREICH *neuer_bereich()
        {
        return((BEREICH *) malloc(sizeof(BEREICH)));
        }
void freigeben(BEREICH *optr)
        {
        free(optr);
        }


main()

{
    BEREICH *mein_bereich;

    mein_bereich = neuer_bereich();
    if(mein_bereich == 0)
        {
        printf("\nNicht genug Platz");
        exit(0);
        }

    freigeben(mein_bereich);

}
```

allocmen()

Belegung zusätzlicher Speichersegmente für das laufende Programm.

Include: dos.h

Syntax: int allocmem(unsigned größe, unsigned *segment);

Die Größe des zusätzlich zu belegenden Speicherplatzes wird im Parameter *größe* in 16-Byte-Abschnitten (Paragraphen) festgelegt. DOS sucht mittels der Funktion 0x48 einen entsprechend großen Block. Bei korrekter Ausführung wird als *return*-Wert die Anfangsadresse des belegten Speicherplatzes übergeben. Andernfalls wird –1 als Fehlerwert übergeben.

FP_SEG(), MK_FP() und FP_OFF()

FP_SEG() liefert die Segmentadresse.
FP_OFF() liefert die Offset-Adresse.
MK_FP() erzeugt einen *far*-Zeiger.

Include: dos.h

Syntax: unsigned FP_SEG(void far *zeiger);
              unsigned FP_OFF(void far *zeiger);
              void far *MK_FP(unsigned segment,
                             unsigned offset);

Eine Beschreibung zum Arbeitsspeicher finden Sie in Kapitel 4. Das folgende Beispiel ist selbsterläuternd. Durch die Funktion *MK_FP()* wird ein *far*-Zeiger angelegt, der auf die erste Adresse im Bildschirmspeicher zeigt. Anschließend werden durch Zuhilfenahme dieses Zeigers die Segment- und Offset-Adresse ermittelt, und durch die Funktion *pokeb()* wird eine Konstante byteweise in den Bildschirmspeicher geschrieben.

Beispielprogramm:

```
/*************************/
/* Funktionen MK_FP(),   */
/* FP_SEG(), FP_OFF() und */
/* pokeb()               */
/*************************/
#include <stdio.h>
#include <dos.h>
#define TEXT "-AUSGABETEXT- Zeile 1"

main()
{
    char far *zeiger;
    unsigned segadr, offadr;
    int i = 0;
    /*-------------------------------------
        Zeiger auf die Anfangsadresse des
        Bildschirmspeichers setzen:
        0xB000 = Herkuleskarte
        0xB800 = Grafik-Karte EGA
        anschließend die Segment- und
        Offset-Adresse ermitteln
    -------------------------------------*/
    zeiger = MK_FP(0xB000,0);
    segadr = FP_SEG(zeiger);
    offadr = FP_OFF(zeiger);
```

```
printf("\nfar-Zeiger %Fp Segment: %4x Offset: %4x",
        zeiger,segadr,offadr);

/*--Text in Bildschirmspeicher schreiben--*/
while(i < 21)
    {
    pokeb(segadr,offadr,TEXT[i]);
    offadr+=2;i++;
    }

}
```

segread()

Die aktuellen Registerwerte (ES, CS, SS und DS) werden eingelesen.

Include: dos.h

Syntax: void segread(struct SREGS *segregs);

Im Gegensatz zu den *int86*..-Funktionen werden hier keine Registerwerte übergeben, sondern der momentane Registerinhalt eingelesen.

Beispielprogramm:

```
/************************/
/* Register einlesen    */
/************************/
#include <dos.h>
#include <stdio.h>

struct SREGS s;

main()
{
    segread(&s);
    printf("\nRegisterwerte:");
    printf("\nES: %x",s.es);
    printf("\nCS: %x",s.cs);
    printf("\nSS: %x",s.ss);
    printf("\nDS: %x",s.ds);
}
```

realloc(), calloc()

realloc()   ändert die Größe eines dynamischen Speicherbereichs.
calloc()   belegt Speicherplatz.

Include: `stdlib.h`
            `alloc.h`

Syntax: `void *realloc(void *block, unsigned neue_größe);`
           `void *calloc(unsigned elemente, unsigned block);`

mem.. ()

Kopieren, Vergleichen oder Durchsuchen von Arrays im Speicher.

Include: `mem.h`
            `string.h`

Syntax: `void *memccpy(void *ziel, void *quelle,`
                           `unsigned char zeichen,`
                           `unsigned anz);`
           `void *memchr(void *array, unsigned char zeichen,`
                           `unsigned anz);`
           `int memcmp(void *verg1, void *verg2,`
                           `unsigned anz);`
           `int memicmp(void *verg1, void *verg2,`
                           `unsigned anz);`
           `void *memmove(void *ziel, void *quelle,`
                           `unsigned anz)`
           `void *memcpy(void *ziel, void *quelle,`
                           `unsigned anz)`
           `void *memset(void *array, unsigned char zeichen,`
                           `unsigned anz);`

memccpy() kopiert so viele Bytes, wie durch *anz* angegeben ist, von *quelle* nach *ziel*. Der Vorgang wird beendet, wenn entweder der Wert *anz* erreicht ist oder wenn das erste Zeichen auftritt, das mit dem vorgegebenen *char*-Wert *zeichen* identisch ist.

memchr() durchsucht so viele Bytes, wie durch *anz* angegeben ist, nach dem *char*-Wert *zeichen* und liefert die Adresse des ersten gefundenen Zeichens zurück.

memcmp() vergleicht so viele Bytes der Arrays *verg1* und *verg2*, wie durch *anz* angegeben ist. Der Vergleich wird abgebrochen, sobald das erste nicht übereinstimmende Zeichen gefunden wird. Es gilt folgender *return*-Code:

kleiner 0, wenn *verg1* kleiner als *verg2* ist
gleich 0, wenn alle Zeichen gleich sind
größer 0, wenn *verg1* größer als *verg2* ist

memicmp() arbeitet wie *memcmp()*. Hier gilt allerdings noch, daß nicht zwischen Groß- und Kleinschreibung unterschieden wird. Dies gilt jedoch nicht für Umlaute.

memmove() und *memcpy()* kopieren so viele Bytes von *quelle* nach *ziel*, wie durch *anz* angegeben ist, wobei Überlappungen von *ziel* und *quelle* berücksichtigt werden. Als *return*-Code erhalten Sie einen Zeiger auf das Zielelement.

memset() ersetzt so viele Bytes von *array*, wie durch *anz* angegeben ist, durch das Zeichen aus dem *char*-Wert *zeichen*.

movebytes(), movedata(), movmem() und setmem()

Include: mem.h

Syntax:
```
void movebytes(void *quelle, void *ziel,
               unsigned anz);
void movedata(unsigned von_seg,
              unsigned von_off,
              unsigned nach_seg,
              unsigned nach_off,
              unsigned anz);
void movmem(void *quelle, void *ziel,
            unsigned lg);
void setmem(void *ziel, unsigned lg,
            unsigned wert);
```

movebytes() kopiert den Quellbereich *quelle* in den Zielbereich *ziel*, und zwar in der angegebenen Länge *anz*. Die Größen der verwendeten Zeiger (*far*, *near*) sind, im Gegensatz zu der Funktion *movedata()*, von dem jeweiligen Speichermodell abhängig.

movedata() erwartet für den Quell- und Zielbereich die Segmentadresse (*FP_SEG()* und *FP_OFF()*). Es werden so viele Bytes kopiert, wie durch *anz* angegeben ist. Diese Funktion findet speziell in den Speichermodellen *tiny*, *small* und *medium* Verwendung, wo die Funktion *memcpy()* mit *near*-Zeigern arbeitet. Daher ist das Kopieren von Datenblöcken außerhalb des Programms nicht zulässig.

movmem() kopiert den Quellbereich *quelle* mit der Länge *lg* in den Zielbereich. Überlappungen werden berücksichtigt.

setmem() füllt den Speicherbereich *ziel* mit dem Inhalt von *wert* in der Länge *lg* auf.

Sie sehen in dem folgenden Beispielprogramm, wie der Bildschirm beschrieben, sein Inhalt gesichert und nach ca. 4 Sekunden (*sleep(4)*) gelöscht wird (*cls()*). Durch Betätigen einer Taste wird der Inhalt wieder
aus dem Speicher geholt und in den Bildschirmspeicher übertragen. Diese Technik eignet sich z.B. für *Overlays* in der Bildschirmausgabe. Beachten Sie bitte, daß die Startadresse in diesem Beispiel für die Herkules-
Karte gilt. Sollten Sie eine EGA- oder CGA-Karte haben, müssen Sie die
Adresse in 0xB800 umändern.

Beispielprogramm:

```
/************************/
/* Bildschirminhalt     */
/* sichern und wieder   */
/* zurückholen          */
/************************/

#include <mem.h>
#include <stdio.h>
#include <dos.h>
#define BILDADR 0xB000   /* Startadresse
                            Bildschirmspeicher
                            CGA/EGA = 0Xb800*/

/*-Bildschirminhalt speichern-*/
void bild_sichern(char near *puffer)
{
    movedata(BILDADR,0,_DS,(unsigned) puffer,80*25*2);
}

/*-Bildschirminhalt setzen-*/
void bild_restore(char near *buffer)
{
movedata(_DS,(unsigned) puffer,BILDADR,0,80*25*2);
}

/*-Bildschirm löschen-*/
void cls()
{
    union REGS r;
    r.h.ah=6;      /*Screen-Scroll-Code   */
    r.h.al=0;      /*Clear-Screen-Code    */
    r.h.ch=0;      /*Startzeile           */
    r.h.cl=0;      /*Startspalte          */
    r.h.dh=24;     /*Endzeile             */
    r.h.dl=79;     /*Endspalte            */
    r.h.bh=7;      /*leere Zeile schwarz  */
    int86(0x10, &r, &r);

}
```

```
/*-Hauptprogramm-*/
main()
{
    char puff[80*25*2];
    int x;
    /*-Bildschirm vollschreiben-*/
    for(x=0;x<1920;x++)
      putch('X');
    /*-Bildschirminhalt sichern-*/
    bild_sichern(puff);
    sleep(4); /*-4 Sekunden Pause-*/

    /*-Bildschirm löschen-*/
    cls();
    /*-Nach Tastendruck den Inhalt wiederholen-*/
    printf("\nBitte drücken Sie eine Taste ..");
    getch();
    bild_restore(puff);

}
```

Such- und Sortierfunktionen

bsearch(), lsearch() und lfind()

Binäres Durchsuchen eines Arrays. Die im Array beinhalteten Elemente müssen in aufsteigender Form abgelegt sein.

Include: `stdlib.h`

Syntax: `void *bsearch(void *key, void *basis,`
`                 int elemente, int größe,`
`                 int (*vergl());`

Diese Syntax gilt ebenfalls für die Funktionen *lsearch()* und *lfind()*.

Der Parameter *basis* muß auf das erste Objekt im Array zeigen. *elemente* beinhaltet einen *int*-Wert, der die Indexnummer des momentan höchsten Array-Elements enthält. *größe* gibt die Elementgröße in Bytes an, und *key* zeigt auf die Suchinformation. Die Funktion *vergl* muß selbst erstellt werden. Dorthin werden zwei Zeiger als Vergleichsparameter übergeben (*key* und *element*). Diese Vergleichsroutine muß folgende Werte zurückliefern:

für	*key >	*element:	*int*-Wert < 0
für	*key ==	*element:	0
für	*key <	*element:	*int*-Wert > 0

Bei *lfind()* und *lsearch()*

> für *key != *element: *int*-wert != 0
> für *key == *element: 0

Wie Sie diese Vergleichsfunktion aufbauen, bleibt ganz allein Ihnen überlassen. Es gibt keine Vorschriften. Im folgenden Beispiel nennen wir diese Funktion "vergleich", und im danach folgenden Beispiel wurde dazu *strcmp()* verwendet.

qsort()

Die Elemente eines Arrays werden aufsteigend sortiert.

Include: stdlib.h

Syntax: void qsort(void *basis, int elemente, int größe,
               int (*vergl());

Der Zeiger *basis* zeigt auf das erste zu sortierende Element des Arrays, die Variable *elemente* gibt die Anzahl der Elemente an und *größe* die jeweilige Größe des Elements. Als Vergleichsfunktion wird entweder eine selbsterstellte Funktion oder eine Funktion der *str*-Familie (z.B. *strcmp*) angegeben.

Die Vergleichsfunktion erhält durch *qsort()* bei jedem Aufruf zwei Zeiger auf ein Element des zu sortierenden Arrays. Diese Vergleichsfunktion muß folgende Wert zurückliefern:

> für *element1 < element2:   Wert < 0
> für *element1 == element2:   0
> für *element1 > element2:   Wert > 0

Beispielprogramm:

```
/**************************/
/* Suchfunktion bsearch() */
/**************************/
#include <stdio.h>
#include <stdlib.h>

#define ELEMENTE(vektor) (sizeof(vektor)/
                sizeof(vektor[0]))
```

```
int nummer[] = { 100,200,300,400,500};

int vergleich(int *point1, int *point2)
    {
    return(*point1 - *point2);
    }

int look(int was)
    {
    int *was_point;
    was_point = (int *) bsearch(&was, nummer,
                ELEMENTE(nummer), sizeof(int),
                vergleich);

    return(was_point != 0);
    }

main()
{
    printf("\nDer Wert 200 ist %s enthalten!",
           (look(200)) ? "" : "nicht");

    printf("\nDer Wert 800 ist %s enthalten!",
           (look(800)) ? "" : "nicht");

}

/*************************/
/* Suchfunktion lsearch() */
/*************************/
#include <stdio.h>
#include <stdlib.h>
#include <string.h>

char *namen[20] = { "meier","mueller",
                    "hallmann","wurtz",
                    "kalienchen", "heckrath"};
int namanz = 6;

pruefen(char *name)
    {
    int nam_anz_alt = namanz;
    if( lsearch(name,namen,&namanz,sizeof(namen[0]),
        strcmp))
        return (namanz = nam_anz_alt);
    else return (0);
    }
main()
{
    int i;

    if(pruefen("meier"))
        {
        printf("\nDer Name meier existiert bereits.");
        printf("\nIch probiers mit \"thiebach\".");
```

```
        if(!pruefen("thiebach"))
           {
           printf("\nDer Name thiebach existiert bereits.");
           exit(0);
           }
           else {
                 namen[namanz]="thiebach";
                 }

        }

printf("\nHier sind alle Namen:");
for(i=0;i<=namanz;i++)
    printf("\nName %d = %s",i,namen[i]);

}
```

country()

Informationen über nationale Formate ermitteln.

Include: dos.h

Syntax: `struct country *country(int landkz,`
`                        struct country *country);`

Diese Funktion ermittelt und setzt die Formatzeichen wie Trennzeichen der Tausender-Werte, Währungssymbol o.ä. Die Struktur *country* ist wie folgt definiert:

```
struct country {
                int co_date;        /*Datumsformat*/
                char co_curr[5];    /*Währungssymbol*/
                char co_thsep[2];   /*1000der-Trennung*/
                char co_desep[2];   /*Dezimalpunkt*/
                char co_dtsep[2];   /*Datumtrennz.*/
                char co_tmsep[2];   /*Zeittrennz.*/
                char co_cuurstyle;  /*Währungsformat*/
                char co_digits;     /* " Nachkommast.*/
                long co_case;       /*Groß/Kleinschrift*/
                char co_dasep;      /*Datentrenner*/
                char co_fill[10];   /*Filler*/
                };
```

Für *co_date* sind folgende Werte gültig:

0   amerikanisches Datum MMM-TT-JJJJ
1   europäisches Datum TT-MMM-JJJJ
2   japanisches Datum JJJJ-MMM-TT

Für *co_currstyle* sind folgende Werte gültig:

0   Währungssymbol steht ohne Blank vor dem Betrag (DM100).
1   Währungssymbol steht ohne Blank hinter dem Betrag (100DM).
2   Währungssymbol steht mit Blank vor dem Betrag (DM 100).
3   Währungssymbol steht mit Blank hinter dem Betrag (100 DM).

Hat die Struktur *country* den Wert −1, wird der Systemparameter auf den in *landkz* angegebenen Wert gesetzt. In diesem Fall muß das *landkz* einen Wert ungleich 0 haben. Andernfalls, wenn *landkz* den Wert 0 hat und die Struktur einen Wert ungleich 0, wird der von DOS verwendete Code ermittelt. Hat die Struktur und das *landkz* einen Wert ungleich 0, wird die Information des angegebenen Landkennzeichens ermittelt.

```
/***************************/
/* Programm Country        */
/***************************/
#include <stdio.h>
#include <dos.h>
#define EUROPA 1
main()
{
struct country hol;
country(EUROPA,&hol);
printf("\nDatumsformat   : %d",hol.co_date);
printf("\nWährungssymbol : %s",hol.co_curr);
printf("\nTrennung 1000  : %s",hol.co_thsep);
printf("\nDezimalpunkt   : %s",hol.co_desep);
printf("\nTrennung Datum : %s",hol.co_dtsep);
printf("\nTrennung Zeit  : %s",hol.co_tmsep);
printf("\nWährungsformat : %c",hol.co_currstyle);
printf("\nWährung-Komma  : %c",hol.co_digits);
printf("\nGroß/Klein     : %ld",hol.co_case);
printf("\nDatentrenner   : %c",hol.co_dasep);
printf("\nFiller         : %s",hol.co_fill);
}
```

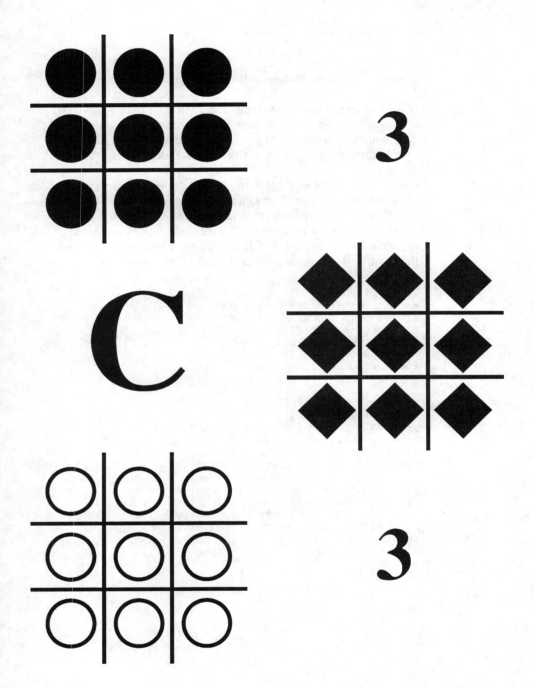

Kapitel 3

Strukturen

Einführung

Daten, die bei der Anwendung eines Programms erzeugt werden, müssen in externen Speicherbereichen aufbewahrt werden, damit sie ggf. zu späteren Zeitpunkten weiter verarbeitet werden können. In diesem Zusammenhang werden Sie immer wieder auf den Begriff "Datei" stoßen, womit wir direkt zum Thema kommen. Eine Datei gilt als Oberbegriff für eine Sammlung von Daten, die sich aus einer Vielzahl von Datensätzen zusammensetzt. Diese Datensätze wiederum unterteilen sich in einzelne Felder. Die Felder bilden ein Muster, das sich bei allen Datensätzen einer Datei wiederfindet. Bei zeichenorientierten Dateien wird die Länge eines Datensatzes als Anzahl der in ihr enthaltenen Zeichen bzw. Bytes angegeben. Somit sind wir in diesen Dateien bei der kleinsten Einheit, dem Byte, angelangt:

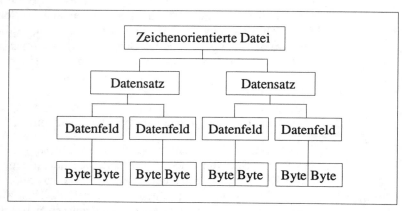

Abb. 3.1: Zeichenorientierter Dateiaufbau

Der Zugriff auf Datensätze einer Datei wird durch den Computer in der
Regel aus Optimierungsgründen blockweise durchgeführt, d.h., der
Computer liest oder schreibt bei jedem Zugriff eine festgelegte Anzahl
Zeichen. Dies hat jedoch auf die Bearbeitung der logischen
Satzstrukturen keinen Einfluß. Damit eine Datei eindeutig identifiziert
werden kann, benötigt diese einen Namen. Dieser muß sich im Rahmen
der jeweils gültigen Betriebssystem-Vereinbarungen bewegen. Nicht zulässige Zeichen innerhalb eines Dateinamens in der DOS-Umgebung
sind z.B.

    ? * Leerzeichen .

da diese bereits in einigen DOS-Befehlen verwendet werden (*dir*, *copy*
etc.). Außerdem wird noch eine Namenserweiterung benötigt, die den
Typ der Datei kennzeichnet. An dieser Stelle sollten wir noch erwähnen,
daß generell alles, was Daten beinhaltet und mit Namen angesprochen
wird, systemintern als Datei behandelt wird. Ein lauffähiges Programm
oder dessen Quellcode ist also ebenfalls eine Datei. Wir befassen uns hier
jedoch ausschließlich mit Daten, die von Programmen behandelt oder erzeugt werden (z.B. eine Kundendatei). Diese Datensätze haben einen bestimmten Aufbau, der bei Programmbeginn festgelegt wird und in allen
Programmen, die auf diese Datei zugreifen, definiert werden muß. Genausogut können Sie aber auch einzelne Texte oder Variablen z.B. mit der
Funktion *printf()* in eine Datei hineinschreiben und später mit *fscanf()*
wieder aus der Datei einlesen und verarbeiten, ohne einen Datensatzauf-
bau definiert zu haben. Sie sollten dann nur darauf achten, daß die Felder
in der Reihenfolge, in der sie mit *fprintf()* hineingeschrieben wurden,
auch mit *fscanf()* gelesen werden müssen.

Bei einer großen Anzahl von Feldern führt diese Methode natürlich zu einem Problem, denn die Übersicht geht dabei leicht verloren. Wenn Sie
darüber hinaus keine Dokumentation zur Hand haben, die eine genaue
Beschreibung der gespeicherten Daten liefert, stehen Sie auf verlorenem
Posten. Die Werte richtig herauszusuchen, erfordert einigen Zeitauf-
wand.

Diese und weitere Gründe sprechen dafür, eine Einheit zu schaffen, damit
Datensätze ordnungsgemäß verarbeitet werden können.

In der Sprache C verwenden wir dafür Strukturen. Eine Struktur wird
durch einen Strukturnamen identifiziert. Sie kann im Gegensatz zu einem
Array Komponenten mit unterschiedlichen Datentypen aufnehmen. Außerdem kann man sie schachteln, d.h., innerhalb einer Struktur können
weitere Strukturen benannt werden. Diese müssen nicht unbedingt außerhalb der Struktur definiert werden. Sie sollten in diesem Zusammenhang

jedoch folgendes beachten: Die Komponenten einer Struktur werden durch den Strukturnamen und den Namen des jeweiligen Feldes identifiziert. Geben Sie also innerhalb einer Struktur eine weitere Struktur an, so müssen zur eindeutigen Identifikation einer Komponenten beide Strukturnamen sowie der Feldname angegeben werden. Sie erkennen sicher, wie unübersichtlich und schreibaufwendig diese Angelegenheit werden kann. Seien Sie also nicht allzu freizügig mit Strukturverschachtelungen (siehe auch "Wie es nicht sein sollte" in diesem Kapitel).

Einfache Strukturen

Mehrere Objekte (Felder) können also zu einer Struktureinheit zusammengefaßt werden. Die einzelnen Strukturkomponenten müssen vom Namen her unterschiedlich, können aber beliebigen Datentyps sein. In einigen Programmiersprachen ist innerhalb einer Datei nur die String-Verarbeitung möglich. Das heißt, Felder werden generell in alphanumerischem Format abgespeichert. Numerische Felder müssen beim Speichern oder Einlesen des Satzes entsprechend umgewandelt werden. In der Sprache C können alle benannten Datentypen abgespeichert und wieder eingelesen werden, sofern diese korrekt definiert wurden. Der Datentyp *struct* ist ein zusammengesetzter Datentyp. Die Strukturdefinition wird durch das Schlüsselwort *struct* eingeleitet. Der Inhalt der Struktur wird in geschweiften Klammern eingeschlossen. Die folgende Deklaration ist nur eine Schablone; sie belegt noch keinen Speicherplatz:

```
struct muster
    {
    char name[32];
    int alter;
    float gehalt;
    };
```

Die Mitglieder der Struktur, die Strukturkomponenten, haben alle einen eigenen Namen und können von beliebigem Datentyp sein. Um für die o.a. Struktur Speicher zu belegen, kann man in einer separaten Befehlszeile eine Strukturvariable des durch *muster* spezifizierten Typs wie folgt deklarieren:

```
struct muster personal;
```

Es ist aber auch möglich, die Strukturvariable *personal* gleichzeitig mit der Deklaration des Strukturtyps und der Strukturkomponenten zu definieren, und zwar wie folgt:

```
struct muster
    {
    char name[32];
    int alter;
    float gehalt;
    } personal;
```

Um eine einzelne Strukturkomponente anzusprechen, muß man den
Komponentennamen durch den Namen der Strukturvariablen qualifizie-
ren, z.B.:

```
personal.alter
```

Bezugnamen auf Strukturkomponenten können auch über Zeiger erfolgen. Doch darüber und über verschachtelte Strukturen erfahren Sie später
mehr.

Anwendungsbeispiel

Mit Hilfe einer ersten einfachen Struktur, die wir im weiteren Verlauf
noch ausbauen werden, wollen wir folgendes Problem lösen:

Für eine Spendenorganisation wird eine Adreßdatei benötigt, wobei die
Spenderanschriften anhand eines Merkmals unterschieden werden. Über
dieses Merkmal können später Statistiken erstellt werden, die u.a. das
Spendenaufkommen im Privat- und im Geschäftsleben auswerten.

Wir werden diese Aufgabenstellung schrittweise behandeln, so daß am
Ende ein fertiges Dialogprogramm zur Verfügung steht. Als Basis für die
Auswertung wird ein Programm vorgegeben, das die Daten einliest und
die Spendersumme aufaddiert. Für den Dialog benötigen wir folgende
Programmbereiche:

- Strukturaufbau und weitere Definitionen
- Standardroutinen, die in Kapitel 4 und 5 behandelt werden (Auswahl
  über Funktionstasten, Bildschirmrahmen, Bildschirm löschen)
- Dateibearbeitungsroutinen (Öffnen, Schreiben, Lesen und Schließen)

Wir wollen die Struktur klein halten und nur die wichtigsten Komponenten definieren. Sie kann jedoch beliebig erweitert werden. (Wir werden
später noch eine weitere Struktur einfügen.) Ein selbständiges Erweitern
sollte jedoch erst dann erfolgen, wenn die folgenden Abschnitte durchge-

arbeitet wurden. Als Aufgabe kommt auf Sie außerdem noch eine kleine Anpassung im Dialogprogramm zu, und zwar soll die Eingaberoutine dahingehend angepaßt werden, daß vorhandene Daten korrigiert werden können.

Strukturaufbau

Als erstes benötigen wir ein Kennzeichen, das als Merkmal dienen soll, um die Spender nach Privatpersonen, Gruppen, Unternehmen o.ä. zu unterscheiden. Weiterhin werden Komponenten für die jeweilige Spenderanschrift benötigt. Für die Statistik ist zusätzlich noch ein Summenfeld erforderlich. Die Strukturdefinition könnte also wie folgt aussehen:

```
struct datei
    {
    int     kennz;
    char    name1[30];
    char    name2[30];
    char    strasse[30];
    int     plz;
    char    ort[30];
    float   summe;
    } spender;
```

Mit dieser Definition haben wir direkt eine Strukturvariable mit dem Namen *spender* angelegt.

Machen Sie sich bitte folgendes klar: Wird bei einer Deklaration noch kein Name vergeben (in diesem Fall *spender*), dann belegt das Strukturmuster noch keinen Speicherplatz, und die Strukturkomponenten (*kennz, name1* etc.) können noch nicht angesprochen werden.

Strukturmuster und Speicherbereich

Im folgenden Beispiel wollen wir im Gegensatz zum vorangegangenen zunächst nur die Strukturvariable ohne Belegung von Speicherplatz deklarieren:

```
/********************************/
/* Strukturmuster ohne          */
/* Zuweisung von Speicherplatz  */
/********************************/
```

```
struct datei
    {
    int     kennz;
    char    name1[30];
    char    name2[30];
    char    strasse[30];
    int     plz;
    char    ort[30];
    float   summe;
    };
```

Die explizite Zuweisung einer Strukturvariablen lautet dann:

```
struct datei spender;
```

Das Ergebnis ist immer gleich, egal, ob Sie den Namen bei der Definition selbst oder erst später vergeben. Definieren Sie ein solches Muster als "global gültig", so kann es von jeder Funktion intern unter einem lokalen Variablennamen benutzt werden. Bei dieser separaten Zuweisung einer Strukturvariablen hat man darüber hinaus die Möglichkeit, dasselbe Muster hintereinander verschiedenen Variablen zuzuweisen:

```
struct datei spender, spender1, spender2;
```

oder

```
struct datei spender;
struct datei spender1;
struct datei spender2;
```

Hier werden drei Strukturvariablen mit den Namen *spender*, *spender1* und *spender2* angelegt. Jede Variable sowie die in der Struktur beinhalteten Elemente haben einen unterschiedlichen Speicherbereich. Sie können dies mit folgendem kleinen Programm testen. Gleichzeitig wird demonstriert, wie die einzelnen Komponenten der jeweiligen Struktur angesprochen werden.

Beispielprogramm:

```
/*******************/
/* Strukturadressen */
/*******************/
#include <stdio.h>

/***************************/
/* Strukturmuster ohne     */
/* Variablenzuweisung      */
/***************************/
```

```
struct datei
     {
     int   kennz;
     char  name1[30];
     char  name2[30];
     char  strasse[30];
     int   plz;
     char  ort[30];
     float summe;
     };

/*****************************/
/* Es werden drei Variablen  */
/* vom Typ struct erzeugt.   */
/* Für alle drei ist das oben */
/* definierte Muster gültig.  */
/*****************************/
struct datei spender, spender1, spender2;

/*****************************/
/* Hauptprogramm             */
/*****************************/
main()
{
   printf("\nAdresse spender:        %d",&spender);
   printf("\nAdresse spender1:       %d",&spender1);
   printf("\nAdresse spender2:       %d",&spender2);
   printf("\nAdresse spender.kennz:  %d",&spender.kennz);
   printf("\nAdresse spender1.kennz: %d",&spender1.kennz);
   printf("\nAdresse spender2.kennz: %d",&spender2.kennz);
   printf("\nAdresse spender.name1:  %d",&spender.name1);
   printf("\nAdresse spender1.name1: %d",&spender1.name1);
   printf("\nAdresse spender2.name1: %d",&spender2.name1);
}
```

Programmausgabe:

```
          Adresse spender :        1162
          Adresse spender1:        1034
          Adresse spender2:        1290
          Adresse spender.kennz:   1162
          Adresse spender1.kennz:  1034
          Adresse spender2.kennz:  1290
          Adresse spender.name1:   1164
          Adresse spender1.name1:  1036
          Adresse spender2.name1:  1292
```

Beachten Sie bitte, daß diese Werte je nach Rechner und Speicherplatz unterschiedlich ausfallen können und mit Ihren Testergebnissen nicht unbedingt identisch sind. Darüber hinaus können diese Werte nach jedem Compilieren anders ausfallen.

Strukturadressen

In dem vorangegangenen Programm haben Sie gesehen, daß jede Strukturvariable (*spender*, *spender1* und *spender2*) eine eigene Adresse hat
und daß einem Muster beliebig viele Strukturvariablen zugeteilt werden
können. Schauen wir uns in Abb. 3.2 die Adressen aller Strukturkomponenten noch einmal genau an:

Strukturname	spender	spender1	spender2
Anfangsadresse	1162	1034	1290
Strukturkompo- nenten:			
kennz	1162	1034	1290
name1	1164	1036	1292
name2	1194	1066	1322
strasse	1224	1096	1352
plz	1254	1126	1382
ort	1256	1128	1384
summe	1286	1158	1414

Abb. 3.2: Anfangsadressen der Strukturkomponenten

Wir wollen in diesem Zusammenhang direkt das Ergebnis des folgenden
Programmbeispiels betrachten, das die jeweilige Größe der Struktur und
deren Komponenten liefert. Hierfür wurde die Funktion *sizeof( )* eingesetzt. Wir sehen, daß für die *char*-Elemente (*name1*, *name2*, *strasse*
und *ort*) jeweils 30 Bytes reserviert werden. Für die *int*-Variablen
(*kennz* und *plz*) werden 2 Bytes und für die *float*-Variable (*summe*) 4
Bytes reserviert.

Bezeichnung	Reservierter Speicherplatz in Byte
Struktur	128
kennz	2
name1	30
name2	30
strasse	30
plz	2
ort	30
summe	4

Abb. 3.3: Speicherplatz für die Strukturkomponenten

Der Speicherplatz wurde in unserem Beispiel in der Reihenfolge

spender1, *spender* und *spender2*

reserviert. Die niedrigste Adresse ist diejenige für *spender1*, und zwar
1034. Wenn man zu dieser Zahl jeweils die Strukturlänge von 128 Bytes
addiert, erhält man zunächst *1162* (Anfangsadresse von *spender*) und
dann *1220* (Anfangsadresse von *spender2*).

Die Speicherbereiche für die Strukturvariablen wurden unmittelbar aufeinanderfolgend reserviert. Dies muß nicht immer zutreffen, sondern ist
abhängig davon, wann die Definition stattfindet und wie viele Variablen
zwischen den einzelnen Zuweisungen definiert werden. Die Speicherbe-
legung der Strukturen könnte u.U. anders lauten, wenn Sie beispielsweise
folgende Definition angeben:

```
struct datei spender;
int var1, var2 = 100, var3 = 1000;
struct datei spender1;
float wert1, wert2 = 1000.10;
struct datei spender2;
```

Die Speicherreservierung ist in diesem Fall sicherlich nicht mehr wie
oben angegeben. Man muß besonders dann bei der Adressierung aufpas-
sen, wenn mit Zeigern auf eine Struktur zugegriffen wird. Werden beispielsweise innerhalb einer Schleife mehrere Strukturen mit gleichem
Muster verarbeitet, dann kann es durchaus passieren, daß man "vergißt",
dem Zeiger die jeweils nächste Strukturadresse zuzuweisen. Dabei kann
man aber, wie oben gezeigt, nicht immer voraussetzen, daß alle Bereiche
aufeinander folgen. In der Regel sollten deshalb Strukturvereinbarungen
und sonstige Variablen getrennt definiert werden, und die Speicheradressen sollten den Zeigern zugewiesen werden.

Beispielprogramm:

```
/****************************/
/* Ermittlung der Feldgrößen */
/****************************/
#include <stdio.h>

/***************************/
/* Strukturmuster und      */
/* Definition              */
/***************************/
```

```
struct datei
    {
    int    kennz;
    char   name1[30];
    char   name2[30];
    char   strasse[30];
    int    plz;
    char   ort[30];
    float  summe;
    } spender;


/*****************************/
/* Hauptprogramm          */
/*****************************/
main()
{
    printf("\nGröße der Struktur %d",sizeof(spender));
    printf("\nGröße kennz   %d",sizeof(spender.kennz));
    printf("\nGröße name1   %d",sizeof(spender.name1));
    printf("\nGröße name2   %d",sizeof(spender.name2));
    printf("\nGröße strasse %d",sizeof(spender.strasse));
    printf("\nGröße plz     %d",sizeof(spender.plz));
    printf("\nGröße ort     %d",sizeof(spender.ort));
    printf("\nGröße summe   %d",sizeof(spender.summe));
}
```

Programmausgabe:

```
        Größe der Struktur 128
        Größe kennz     2
        Größe name1     30
        Größe name2     30
        Größe strasse   30
        Größe plz       2
        Größe ort       30
        Größe summe     4
```

Beachten Sie bitte, daß die Größenangaben je nach Rechner unterschiedlich ausfallen können. Der Wert 2 für den Datentyp *int* ist beispielsweise
nicht immer gleich. Es kann vorkommen, daß die Speicherreservierung
für Variablen anders gehandelt wird.

Erster Programmentwurf

Wir haben jetzt genug Kenntnisse, um ein einfaches Eingabeprogramm
zu erstellen. Die bereits besprochene Struktur wollen wir in diesem Programm einsetzen. Der Einfachheit halber sowie aus Gründen der besseren Variablenübersicht wurde sie jedoch ein wenig geändert. Die numeri-

schen Komponenten befinden sich nun oberhalb, und die alphanumerischen Komponenten (*char*) wurden nach unten versetzt:

```
struct datei
    {
    int   kennz;
    int   plz;
    float summe;
    char  name1[30];
    char  name2[30];
    char  strasse[30];
    char  ort[30];
    } spender;
```

Darüber hinaus müssen noch ein paar Dinge beachtet werden. Da in einer
Struktur Elemente angelegt werden können, die ein Feldende-Kennzeichen haben müssen, sollten wir uns nicht auf die einzelnen C-Funktionen
verlassen. Außerdem sollten wir uns mit der Tatsache vertraut machen,
daß bei der Dateiverarbeitung, besonders beim Wegschreiben in die Datei, ein Satzende-Kennzeichen (\n) mit auf den Weg gegeben werden
muß. Sind diese beiden Kennzeichen nicht am Feld- bzw. am Satzende
vorhanden, werden mit großer Wahrscheinlichkeit beim späteren Einlesen der Daten einige unsinnige Ergebnisse auf Sie zu kommen. Sollten
bei der Dateibearbeitung falsche Ergebnisse auftauchen, so ist zunächst
die Schreibweise zu überprüfen. Gegebenenfalls können auch falsche
Formatierungen dazu beitragen. Ein String, der mit dem Format *%30s* in
eine Datei geschrieben wird, sollte auch so wieder eingelesen werden.
Das gleiche gilt für numerische Variablen.

Bei dem nun folgenden Beispielprogramm handelt sich um ein kleines
Eingabeprogramm, das Werte für die betreffenden Strukturkomponen-
ten aufnimmt und den Satz in die Datei *MITGL.DAT* hineinschreibt. Das
Programm läuft wie folgt ab:

1. Öffnen der Datei: Bei auftretendem Fehler erfolgt eine Meldung, und
   das Programm wird wieder verlassen.

2. Eingabeaufforderung: Wenn für *Merkmal* der Wert 9 eingegeben
   wird, ist das Programm beendet. Dieser Wert wird nicht abgespeichert. Die Datei wird mit *fclose(point)* geschlossen und das Programm verlassen.

3. Solange für *Merkmal* ein kleinerer Wert als 9 eingegebenwird, erscheinen die weiteren Eingabeanforderungen für die jeweiligen Komponenten. Für jede Komponente muß ein Wert eingegeben werden.
   Die Funktion *scanf()* läßt Sie sonst nicht heraus. Leereingaben oder
   Drücken von <Return> sind unzulässig!

4. Nachdem alle Eingaben erfolgt sind, wird der Inhalt der Struktur in die Datei geschrieben. Dann wird wieder mit *Merkmal* begonnen, wo entweder durch den Wert 9 das Programm beendet oder durch eine andere Eingabe fortgefahren wird.

Beispielprogramm:

```
/**************************/
/* Erstes Eingabeprogramm */
/* zur Spender-Struktur    */
/**************************/
#include <stdio.h>
struct datei
      {
      int   kennz;
      int   plz;
      float summe;
      char  name1[30];
      char  name2[30];
      char  strasse[30];
      char  ort[30];
      } spender;

/*--------Dateizeiger und -name--*/
FILE *point;
char *DATEI = "MITGL.DAT";
int schalter = 1;

/***************************/
/* Hauptprogramm           */
/***************************/
main()
{
   if((point = fopen(DATEI, "a+")) == 0)
      {
      printf("\n\07Datei kann nicht geöffnet werden!");
      exit(0);
      }

   /*----Satz eingeben; Merkmal 9 = Ende---*/
   while(schalter)
      {
      printf("\nEnde = 9");
      printf("\nMerkmal ....: ");
      scanf("%1d",&spender.kennz);
      if(spender.kennz != 9)
         {
         printf("\nVorname ....: ");
         scanf("%30s",&spender.name1);
         printf("\nZuname .....: ");
         scanf("%30s",&spender.name2);
         printf("\nStraße ....: ");
```

```
          scanf("%30s",&spender.strasse);
          printf("\nPLZ ........: ");
          scanf("%4d",&spender.plz);
          printf("\nOrt ........: ");
          scanf("%30s",&spender.ort);
          printf("\nSpende .....: ");
          scanf("%f",&spender.summe);
          schreiben();
          }
      else schalter = 0;
      }
   fclose(point);   exit(0);

}


/**********************************/
/* Satz in Datei schreiben        */
/**********************************/
schreiben()
{

   fprintf(point,"%1d",spender.kennz);
   fprintf(point,"%4d",spender.plz);
   fprintf(point,"%6.2f",spender.summe);
   fprintf(point,"%30s",spender.name1);
   fprintf(point,"%30s",spender.name2);
   fprintf(point,"%30s",spender.strasse);
   fprintf(point,"%30s\n",spender.ort);

}
```

Bevor wir zum folgenden Programm übergehen, das die Eingabedaten wieder einliest und auf dem Bildschirm ausgibt, wollen wir die Funktionen *scanf()* und *fprintf()* noch etwas genauer betrachten.

Als Beispiel nehmen wir die Komponenten *name1*, *plz* und *summe*. Diese werden mit der Funktion *scanf()* über die Formatangaben *%30s*, *%4d* und *%f* eingelesen und mit der Funktion *fprintf()* über die Formatangaben *%30s*, *%4d* und *%6.2f* in die Datei geschrieben. Das Format *%6.2f* besagt, daß der *float*-Wert der Komponenten *summe* mit sechs Vorkomma- und zwei Nachkommastellen gespeichert werden soll. Das Format der Variablen *plz* bestimmt eine vierstellige Eingabe und gleichbedeutendes Wegschreiben. Da *plz* eine *int*-Variable ist, wird das Format *%4d* verwendet. Eine Formatierung mit Nachkommastellen würde zu einem falschen Ergebnis beim Einlesen führen. Das Format *%30s* gilt für die String-Komponenten. Wenn ein kürzerer alphanumerischer Inhalt übergeben wird, dann wird das Feld trotzdem in dieser Länge abgespeichert.

Eingabe mit:

```
scanf("%4d",&spender.plz);
scanf("%f",&spender.summe);
scanf("%30s",&spender.name1);
```

Satz speichern mit:

```
fprintf(point,"%4d",spender.plz);
fprintf(point,"%6.2f",spender.summe);
fprintf(point,"%30s",spender.name1);
```

Beachten Sie bitte den letzten Schreibbefehl in der Funktion *schreiben()*.
Mit dem Format *%30s\n* wird das Satzende-Kennzeichen übergeben.
Dies ist erforderlich, um beim Einlesen der Sätze den jeweils folgenden
Satz richtig in die Struktur übertragen zu können. Ohne dieses Zeichen
würde u.U. eine Satzverschiebung eintreten, die falsche Ergebnisse lie-
fert.

Satzende:

```
fprintf(point,"%30s\n",spender.ort);
```

Sätze einlesen

Betrachten wir nun das folgende Programmlisting. Die Datei
MITGL.DAT, die mit dem vorigen Beispielprogramm angelegt worden
ist, wird zunächst geöffnet. Es kann ein Merkmal angegeben werden, ab
dem die Sätze angezeigt werden sollen. Sätze mit einem kleineren Merkmal werden nicht angezeigt.

Beispielprogramm:

```
/*************************/
/* Datensätze einlesen   */
/*************************/
#include <stdio.h>

struct datei
    {
    int   kennz;
    int   plz;
    float summe;
    char  name1[30];
    char  name2[30];
    char  strasse[30];
    char  ort[30];
    } spender;
```

```
/*--------Dateizeiger und name--*/
FILE *point;
char *DATEI = "MITGL.DAT";
int merkmal;

/*****************************/
/* Hauptprogramm            */
/*****************************/
main()
{
  if((point = fopen(DATEI, "a+")) == 0)
    {
    printf("\n\07Datei kann nicht geöffnet werden!");
    exit(0);
    }

  printf("\Lesen ab Merkmal? ");
  scanf("%d",&merkmal);

  /*----Satz eingeben; Merkmal 0 = Ende---*/
  while(lesen())
    {
      if(spender.kennz >= merkmal)
        {
        printf("\nMerkmal : %1d",spender.kennz);
        printf("\nVorname : %s",spender.name1);
        printf("\nZuname  : %s",spender.name2);
        printf("\nStraße  : %s",spender.strasse);
        printf("\nPLZ     : %4d",spender.plz);
        printf("\nOrt     : %s",spender.ort);
        printf("\nSpende  : %6.2f \n\n",spender.summe);
        }
    }
  fclose(point);
  exit(0);

}


/**********************************/
/* Satz einlesen                 */
/**********************************/
lesen()
{
  fscanf(point,"%1d",&spender.kennz);
  fscanf(point,"%4d",&spender.plz);
  fscanf(point,"%f",&spender.summe);
  fscanf(point,"%s",&spender.name1);
  fscanf(point,"%s",&spender.name2);

  fscanf(point,"%s",&spender.strasse);
  if((fscanf(point,"%s",&spender.ort)) > 0)
      return(1);   /*Dateiende wenn <= 0 */
  return(0);
}
```

Wir wollen auch hier einige wichtige Punkte besprechen. Die *while*-Schleife liest in der Funktion *lesen()* den Datensatz ein. Der Aufruf in der runden *while*-Klammer

```
while(lesen())
```

wird so lange durchgeführt, bis in der Funktion *lesen()* das Dateiende-Kennzeichen gefunden wird. Sind noch Sätze vorhanden, wird als *return*-Wert eine *1* übergeben, so daß die *while*-Bedingung als erfüllt gilt und die Sätze angezeigt werden, falls das Merkmal gültig ist.

Eine Option zur formatierten Ausgabe ist hier nicht notwendig, da die Daten im Eingabeprogramm bereits formatiert gespeichert wurden. Bei numerischen Werten kann dies aus Sicherheitsgründen jedoch geschehen, und wir haben es bei der Ausgabe auch so gemacht.

```
printf("\nVorname : %s",spender.name1);
printf("\nPLZ     : %4d",spender.plz);
printf("\nSpende  : %6.2f \n\n",spender.summe);
```

In der Funktion *lesen()* wird das letzte Element der Struktur auf *EOF* abgefragt. Man könnte genausogut die Funktion *fscanf()* abfragen. Dann müßte man ggf. die Leseroutine dahingehend ändern, daß nicht die einzelnen Felder, sondern die komplette Struktur selbst eingelesen wird. Zum besseren Verständnis verarbeiten wir die Komponenten in unserem Programm jedoch einzeln:

```
fscanf(point,"%4d",&spender.plz);
fscanf(point,"%f",&spender.summe);
fscanf(point,"%s",&spender.name1);
if((fscanf(point,"%s",&spender.ort)) > 0)
    return(1);  /*Dateiende wenn <= 0 */
```

Wird kein Satzende gefunden, übergibt diese Funktion den Wert *1*, der dann in der *while*-Abfrage ausgewertet wird. Die Bedingung ist noch erfüllt. Übergibt die Funktion *fscanf()* einen Wert der kleiner oder gleich 0 ist, ist entweder ein Fehler (*–1*) aufgetreten, was hier nicht abgefangen wird, oder es wurde *EOF* (0) gefunden. In diesen Fällen wird als *return*-Wert eine 0 an die *while*-Abfrage übergeben, und die Bedingung ist nicht mehr erfüllt.

Strukturschachtelung

Wir sprechen von einer Schachtelung, wenn innerhalb einer Struktur wieder eine oder mehrere Strukturen vereinbart werden. Diese weiteren Strukturen können dort entweder vollständig definiert oder nur mit Namen angegeben werden. Wir wollen den bisherigen Strukturaufbau um ein Datum erweitern, so daß die Möglichkeit besteht, Spender, die ab einem gewissen Zeitraum nicht mehr gespendet haben, anschreiben zu können. Bei der Erfassung ist unter diesem Datum lediglich Tag, Monat und Jahr der letzten Spende einzutragen. Weiterhin kann das Datum auch dafür Verwendung finden, um die Erfassung von neuen Spendern zu fixieren. Entweder wird der Datensatz um ein weiteres Datum ergänzt, oder man benutzt das bereits erfaßte Datum. Wenn wir eine Struktur mit einer anderen Struktur erweitern, haben wir mehrere Möglichkeiten. Zunächst präsentieren wir eine Form, die in der Praxis auf wenig Gegenliebe stößt, da es sich hierbei mehr um ein Verwirrspiel als um eine vernünftige Struktur handelt.

Wie es nicht sein sollte

Zwangsläufig geht bei mehreren Verschachtelungen und solchen "Definitionen in Definitionen" irgendwann der Überblick verloren. Deswegen sollten Sie das folgende Beispiel als Warnung betrachten.

Beispielprogramm:

```
/*********************/
/* Negatives Beispiel */
/*********************/

#include <stdio.h>

/**************************/
/* Strukturmuster-Definition */
/* in einer Struktur.        */
/**************************/
struct datei
    {
    struct neu
        {
        int tt;
        int mm;
        int jj;
        } akt;
```

```
int    kennz;
char   name1[30];
char   name2[30];
char   strasse[30];
int    plz;
char   ort[30];
float  summe;
} spender;
```

Hier erfolgt innerhalb der Struktur *spender* eine ausführliche Strukturdefinition mit Namen. Es mag Ihnen merkwürdig erscheinen, aber solche
Dinge sind nun mal in der Sprache C erlaubt. Wir wollen aber noch weitergehen. Das nächste Beispiel legt in der Definition einer Definition eine
weitere Struktur an.

```
/****************************/
/* Strukturmusterdefinition */
/* in einer Struktur.       */
/****************************/
struct datei
    {
    struct neu
        {
        int tt;
        int mm;
        int jj;
        struct neu1
            {
            int wert1;
            int wert2;
            int wert3;
            } akt1;
        } akt;
    int    kennz;
    char   name1[30];
    char   name2[30];
    char   strasse[30];
    int    plz;
    char   ort[30];
    float  summe;
    struct neu datum1;
    } spender;
```

In der Struktur *spender* haben wir eine weitere angelegt. Diese hat den
Namen *akt* und besteht aus den Datumselementen *tt*, *mm*, *jj* und einer
weiteren Struktur mit dem Namen *akt1*. Diese hat wiederum die Komponenten *wert1*, *wert2* und *wert3*. Sie erkennen, daß solche Vorgehens-
weisen absolut unüberschaubar sind. Mittlerweile entstehen ernsthafte
Schwierigkeiten, diesen Wirrwarr auseinanderzuhalten. Das folgende
Programmlisting zeigt Ihnen, wie auf die einzelnen Komponenten zuge-

griffen wird und die Felder angesprochen werden. Nehmen Sie dies jedoch nicht als Lernbeispiel. Es dient lediglich der Demonstration, *wie man es nicht machen sollte.*

Beispielprogramm:

```
/*********************/
/* Negatives Beispiel */
/*********************/

#include <stdio.h>
/***************************/
/* Strukturmusterdefinition */
/* in einer Struktur.       */
/***************************/
struct datei
     {
     struct neu
          {
          int tt;
          int mm;
          int jj;
          struct neu1
               {
               int wert1;
               int wert2;
               int wert3;
               } akt1;
          } akt;

     int    kennz;
     char   name1[30];
     char   name2[30];
     char   strasse[30];
     int    plz;
     char   ort[30];
     float  summe;
     struct neu datum1;
     } spender;

/****************************/
/* Hauptprogramm            */
/****************************/
main()
{
spender.akt.tt = 10;
spender.akt.akt1.wert1 = 20;
spender.datum1.tt = 30;
spender.plz = 4000;
printf("\n%d.%d.%d  PLZ = %d", spender.akt.tt,
                               spender.akt.akt1.wert1,
                               spender.datum1.tt,
                               spender.plz);
```

```
printf("\nAdresse spender               %d",&spender);
printf("\nAdresse spender.akt           %d",&spender.akt);
printf("\nAdresse spender.akt.akt1      %d",&spender.akt.akt1);
printf("\nAdresse spender.datum1        %d",&spender.datum1);
}
```

Programmausgabe:

```
10.20.30  PLZ = 4000
Adresse Spender            = 936
Adresse spender.akt        = 936
Adresse spender.akt.akt1   = 942
Adresse spender.datum      = 1076
```

Beachten Sie bitte, daß die Adressen unterschiedlich ausfallen können.

Wie es sein sollte

Wir wollen nun sehen, wie man Strukturen richtig und übersichtlich gestaltet. Um ein Strukturmuster mehrmals verwenden zu können, legt man
dieses separat an und vereinbart entsprechend die erforderlichen Strukturvariablen.

```
/*-------Strukturen----------*/
struct datum
      {
      int tt;
      int mm;
      int jj;
      } ;

struct datgl
      {
      struct datum akt;
      int kennz;
      int  plz;
      float summe;
      char name1[30];
      char name2[30];
      char strasse[30];
      char ort[30];
      } spender;
```

Das Strukturmuster *datum* wurde zunächst deklariert und durch die Anweisung

```
struct datum akt;
```

in die Struktur *spender* integriert. Die Variablen *tt*, *mm* und *jj* werden somit über beide Strukturnamen angesprochen. Sie sehen, der Überblick geht nicht verloren. Das Strukturmuster *datum* kann beliebig für andere Variablen unter einem neuen Namen definiert werden. Die Komponentennamen bleiben gleich.

Kopieren von Strukturen

Je nach Verarbeitungsform ist es sinnvoll, nicht die eigentliche Struktur zu bearbeiten, sondern eine Variable anzulegen, in der man den eingelesenen Satz zwischenspeichert. Soll z.B. eine Möglichkeit gegeben werden, vorhandene Sätze zu ändern, taucht schnell ein Problem auf. Die Werte müssen eingegeben werden. Bisher haben wir die Struktur *spender* dazu verwendet. Wird ein Satz eingelesen und ein neuer Wert eingeben, dann ist der alte Wert verschwunden. Bei einem Schreibfehler muß der alte Satz erst wieder eingelesen werden, und die Korrektur beginnt erneut. Eine Struktur kann jedoch auf einfache Weise in eine andere Struktur hineinkopiert werden. Die betreffende Funktion dafür legen wir selbst an. Als Parameter werden die Anfangsadressen der Ziel- und Quellstruktur an die Zeiger **ziel* und **quelle* übergeben. Die Strukturgröße (in Bytes) der Quellstruktur wird an die *int*-Variable *wieviel* übergeben. Die Zeiger werden als *unsigned* definiert.

Die Funktion wird wie folgt aufgerufen:

```
struct_copy(&zwischen,&spender,sizeof(spender));
```

```
/**********************************/
/* Struktur kopieren              */
/**********************************/
struct_copy(ziel,quelle,wieviel)
unsigned char *ziel,
*quelle;
int wieviel;
{
    while(wieviel-- > 0)
          *ziel++ = *quelle++;
}
```

Diese Kopierfunktion wird in das Programm eingebunden, das die Daten einliest. Ferner wird eine Gesamtsumme gebildet, die alle Spenden beinhaltet, deren Merkmal (*kennz*) im gültigen Bereich liegt. Nachdem der eingelesene Satz auf das gültige Merkmal geprüft ist, wird zunächst die Struktur *spender* in die Struktur *zwischen* kopiert. Alle Komponenten werden nun über diesen Namen angesprochen. Im folgenden Programm sehen Sie, daß diese Struktur direkt bei der Definition mit angelegt wurde.

Beispielprogramm:

```
/***************************/
/* Struktur einlesen und   */
/* zwischenspeichern       */
/***************************/
#include <stdio.h>

struct datum
     {
     int tt;
     int mm;
     int jj;
     };

struct datei
     {
     struct datum akt;
     int   kennz;
     int   plz;
     float summe;
     char  name1[30];
     char  name2[30];
     char  strasse[30];
     char  ort[30];
     } spender, zwischen;


/*--------Dateizeiger- und name--*/
FILE *point;
char *DATEI = "MITGL.DAT";

int merkmal;
float ges_summe = 0.0; /*--sollte auch bei Definition
                          erkennbar sein, daß float-*/


/***************************/
/* Hauptprogramm           */
/***************************/
main()
{
   if((point = fopen(DATEI, "a+")) == 0)
      {
      printf("\n\07Datei kann nicht geöffnet werden!");
      exit(0);
      }
```

```
      printf("\Lesen ab Merkmal? ");
      scanf("%d",&merkmal);

      /*----Satz eingeben Merkmal 0 = Ende---*/
      while(lesen())
         {
            if(spender.kennz >= merkmal)
               {
               struct_copy(&zwischen,&spender,sizeof(spender));

               printf("\nDatum   : %2d.%2d.%2d",zwischen.akt.tt,
                                                 zwischen.akt.mm,
                                                 zwischen.akt.jj);
               printf("\nMerkmal : %1d",zwischen.kennz);
               printf("\nVorname : %s",zwischen.name1);
               printf("\nZuname  : %s",zwischen.name2);
               printf("\nStrasse : %s",zwischen.strasse);
               printf("\nPlz     : %4d",zwischen.plz);
               printf("\nOrt     : %s",zwischen.ort);
               printf("\nSpende  : %6.2f \n\n",zwischen.summe);
               ges_summe+=zwischen.summe;
               }
         }
   printf("\nGesamtsumme = %6.2f\n\n",ges_summe);
   fclose(point);
   exit(0);
}

/**********************************/
/* Satz einlesen                  */
/**********************************/
lesen()
{
  fscanf(point,"%2d",&spender.akt.tt);
  fscanf(point,"%2d",&spender.akt.mm);
  fscanf(point,"%2d",&spender.akt.jj);
  fscanf(point,"%1d",&spender.kennz);
  fscanf(point,"%4d",&spender.plz);
  fscanf(point,"%f",&spender.summe);
  fscanf(point,"%s",&spender.name1);
  fscanf(point,"%s",&spender.name2);
  fscanf(point,"%s",&spender.strasse);
  if((fscanf(point,"%s",&spender.ort)) > 0)
       return(1);   /*Dateiende wenn <= 0 */

  return(0);
}


/**********************************/
/* Struktur kopieren              */
/* Übergeben werden die Adressen  */
/* des Ziel- und Quellbereichs    */
/* sowie die Anzahl der zu kopie- */
/* renden Bytes.                  */
/**********************************/
```

```
struct_copy(ziel,quelle,wieviel)
unsigned char *ziel, *quelle;
int wieviel;
{
    while(wieviel-- > 0)
        *ziel++ = *quelle++;
}
```

In der Abb. 3.3 ist die Arbeitsweise der Funktion *struct_copy()* aufgezeigt. In der Übersicht wird nur das *Datum*, *Merkmal* und die Strukturkomponente *name1* behandelt. Die Arbeitsweise gilt jedoch für alle anderen Komponenten genauso. Das *Datum* hat den Inhalt *111187* (11.11.87) und *Merkmal* den Wert 5. In der Komponente *name1* steht der Name "Meier". Als Basisadressen nehmen wir folgende Werte an, die an die Zeiger *ziel* und *quelle* übergeben werden:

Adresse *spender*	1000
Adresse *zwischen*	2000

Die Zeiger werden als *unsigned* definiert. Wir nutzen damit die implizite Umwandlung von Datentypen. Diese besagt u.a., daß beide Werte in *unsigned char* umgewandelt werden, wenn zumindest eine Variable als solche deklariert wurde (siehe auch Kapitel 1, "Umwandlungsregeln"). Die Anweisung *ziel++ = *quelle++ ist uns bekannt. Es erfolgt zunächst die Zuweisung, erst dann wird die Adresse des Zeigers entsprechend des jeweiligen Variablentyps erhöht.

	Struktur *spender*		Struktur *zwischen*	
Adreßerhöhung	Zeiger *ziel*		Zeiger *quelle*	
Zuweisung *ziel++ = *quelle++	Zeiger zeigt	Zeiger-adresse	Zeiger zeigt	Zeiger-adresse
Basisadressen	11	1000	11	2000
Adressen + 2 (int)	11	1002	11	2002
Adressen + 2 (int)	87	1004	87	2004
Adressen + 2 (int)	5	1006	5	2006

Abb. 3.3: Die Funktion struct_copy()

	Struktur *spender*		Struktur *zwischen*	
Adreßerhöhung	Zeiger *ziel*		Zeiger *quelle*	
Zuweisung *ziel++ = *quelle++	Zeiger zeigt	Zeiger- adresse	Zeiger zeigt	Zeiger- adresse
Adressen + 1 (char)	M	1009	M	2009
Adressen + 1 (char)	e	1010	e	2010
Adressen + 1 (char)	i	1011	i	2011
Adressen + 1 (char)	e	1012	e	2012
Adressen + 1 (char)	r	1013	r	2013
Adressen + 1	\0	1014	\0	2014
Adressen + 1 (char)	unbek.	1015	unbek.	2015
Adressen + 1 (char)	unbek.	1016	unbek.	2016
Adressen + 1 (char)	unbek.	1017	unbek.	2017
Adressen + 1 (char)	unbek.	1018	unbek.	2018
Adressen + 1 (char)	unbek.	1019	unbek.	2019
Adressen + 1 (char)	unbek.	1020	unbek.	2020

Die Adressen werden alle übertragen. Auch wenn ein Feldende-Kennzeichen (\0) erscheint, wird trotzdem bis zum definierten Ende übertragen.

Abb. 3.3: Die Funktion struct_copy() (Fortsetzung)

Sie sollten nicht davon ausgehen, daß der Zeiger, sobald dieser ein Feld-ende-Kennzeichen (\0) findet, automatisch beim nächsten Feld aufsetzt. Es werden exakt alle Adressen addiert und deren Inhalte in die Adressen der anderen Struktur übertragen. Wäre dies nicht der Fall, würde auch hier eine Feldverschiebung eintreten, die zu einem falschen Ergebnis führt. Es müssen alle Adreßinhalte übertragen werden.

Dialogprogramm

Wir werden Ihnen nun ein Eingabeprogramm vorgeben, in dem die bisher behandelten Punkte zusammengefaßt werden. Darüber hinaus werden einige Standardfunktionen benötigt, die wir zunächst erläutern wollen. Die Funktionen lauten:

```
get_key()
cls(w,x,y,z)
pr(z,s,text)
go(z,s)
rahmen(az,as,ez,es)
```

Diese Funktionen arbeiten alle mit der Turbo C-Funktion *int86()*, wobei die Interrupt-Funktionen des DOS-Systems benutzt werden (siehe Kapitel 4, "Interrupts"). Es werden Werte an Register übergeben, und die Funktion wird mittels der Interrupt-Nummer aufgerufen. Der Interrupt für *get_key()* liefert z.B. den Code der gedrückten Taste als *return*-Wert.

Standardfunktionen

Die Funktion *get_key()* liefert den Tastencode im ASCII-Format (siehe Anhang A, ASCII-Tabelle). Diese Funktion wird benötigt, um in der Auswahl (*auswahl()*) die Funktionstasten <F2> und <F3> sowie die Tasten <PgUp> und <PgDn> abzufragen. Die <F1>-Taste liefert z.B. den Dezimalwert 59 und die <PgUp>-Taste den Wert 81. Weiterhin wird die <Esc>-Taste (27) abgefragt, um das Programm zu beenden. In dieser Funktion sehen Sie eine neue Definition (*union*). Diese wird im Anschluß an das Programm erklärt. Für diese Funktion wird folgende Struktur benötigt:

```
union scan
    {
    int c;
    char ch[2];
    }sc;
```

und die Abfrage in der Funktion *auswahl()* lautet dann

```
sc.c = get_key();
if(sc.ch[0] == 27)
    wert = 27;
else
    wert = sc.ch[1];

switch(wert)
    {
    ....
    }


/********************/
/* get_key()       */
/********************/
get_key()
{
union REGS r;
    r.h.ah = 0;
    return int86(0x16,&r,&r);
}
```

Die Funktion *cls(w,x,y,z)* löscht den Bildschirm. Mit einer Parameter-übergabe an diese Funktion können auch Teilbereiche des Bildschirms gelöscht werden.

```
/************************************/
/* Funktion Bildschirm löschen     */
/************************************/
cls(w,x,y,z)
{
union REGS r;
    r.h.ah = 6;     /*Screen Scroll Code    */
    r.h.al = 0;     /*Clear Screen Code     */
    r.h.ch = w;     /*Startzeile            */
    r.h.cl = x;     /*Startspalte           */
    r.h.dh = y;     /*Endzeile              */
    r.h.dl = z;     /*Endspalte             */
    r.h.bh = 7;     /*Farbattribut (7 für schwarz)*/
    int86(0x10,&r,&r);
}
```

Die Funktionen *pr(z,s,text)* und *go(z,s)* steuern die Bildschirm-Eingabe und -Ausgabe. An die Funktion *pr()* werden Zeile und Spalte übergeben. Der Zeiger *text* ist für die Ausgabe mit *printf()* zuständig. Die Funktion *go()* sorgt für die Cursorpositionierung. Mittels der Koordinaten *z* und *s* wird die betreffende Zeile und Spalte angesteuert. Diese Funktion wird

nach der Ausgabe eines Textes und bei der Eingabe aufgerufen, um den
Cursor zum Anfang zu schicken.

```
/******************************/
/* print zeile,spalte,text    */
/******************************/
pr(x,y,text)
char *text;
{
    go(x,y);
    printf("%s",text);
    go(x,y);
    /*zurück zum Beginn     */

}

/**********************/
/* goto zeile,spalte  */
/**********************/
go(z,s)
{
union REGS r;
    r.h.ah = 2;              /* Cursor-Adreßfunktion  */
    r.h.dl = s;              /* Spalte                */
    r.h.dh = z;              /* Zeile                 */
    r.h.bh = 0;              /* Videoseite            */
    int86(0x10,&r,&r);

}
```

Die Funktion *rahmen(az,as,es,ez)* gibt einen Rahmen auf dem Bildschirm aus. Die Größe des Rahmens wird durch die Übergabeparameter
az, *as*, *es* und *ez* gesteuert. Diese haben folgende Bedeutung:

       az: Anfangszeile
       as: Anfangsspalte
       es: Endspalte
       ez: Endzeile

Bisher arbeiten alle diese Anzeigefunktionen ausschließlich mit der
Funktion *printf()*. In Kapitel 5 werden Sie noch kennenlernen, wie man
den Bildschirmspeicher direkt adressiert und die Bildschirmausgabe op-
timiert. Zur Zeit können noch keine Farbattribute übergeben werden.
Auch darauf kommen wir in Kapitel 5 zurück.

```
/*******************************************/
/* Funktion Rahmen bilden:                 */
/* Anfzeile,Anfspalte,Endzeile,Endspalte   */
/*******************************************/
```

```
rahmen(az,as,es,ez)
{
int i = 0, x, y;
union REGS r;
    /****Zeile oben/unten****/
    x = az,y = 1;
    do
    {
       for(y = as;y < es;y++)
         {
         r.h.ah = 2;      /* Cursor-Adreßfunktion  */
         r.h.dl = y;      /* Spalte                */
         r.h.dh = x;      /* Zeile                 */
         r.h.bh = 0;      /* Videoseite            */
         int86(0x10, &r, &r);
         printf("═");
         }
         x = ez;
    }
    while(++i < 2);


    i = 0,y = as-1;
    /****Spalte links/rechts****/
    do
    {
       for(x = az+1;x < ez;x++)
         {
         r.h.ah = 2;      /* Cursor-Adreßfunktion  */
         r.h.dl = y;      /* Spalte                */
         r.h.dh = x;      /* Zeile                 */
         r.h.bh = 0;      /* Videoseite            */
         int86(0x10,&r,&r);
         printf("║");
         }
       y = es;
    }
    while(++i < 2);


    /****alle 4 Ecken****/
    /**links oben**/
      r.h.ah = 2;        /* Cursor-Adreßfunktion   */
      r.h.dl = as-1;     /* Spalte                 */
      r.h.dh = az;       /* Zeile                  */
      r.h.bh = 0;        /* Videoseite             */
      int86(0x10,&r,&r);
      printf("╔");
    /**links unten*/
      r.h.ah = 2;        /* Cursor-Adreßfunktion   */
      r.h.dl = as-1;     /* Spalte                 */
      r.h.dh = ez;       /* Zeile                  */
      r.h.bh = 0;        /* Videoseite             */
      int86(0x10,&r,&r);
      printf("╚");
```

```
/**rechts oben*/
    r.h.ah = 2;            /* Cursor-Adreßfunktion  */
    r.h.dl = es;           /* Spalte                */
    r.h.dh = az;           /* Zeile                 */
    r.h.bh = 0;            /* Videoseite            */
    int86(0x10,&r,&r);
    printf("¬|");
/**rechts unten*/
    r.h.ah = 2;            /* Cursor-Adreßfunktion  */
    r.h.dl = es;           /* Spalte                */
    r.h.dh = ez;           /* Zeile                 */
    r.h.bh = 0;            /* Videoseite            */
    int86(0x10, &r, &r;
    printf ("_||");
}
```

Programmablauf

Das Programm wird mit dem von Ihnen definierten Namen gestartet. Mit
der Funktion *open_dat()* wird zunächst die Datei geöffnet oder neu angelegt. Bei auftretendem Fehler wird das Programm abgebrochen. Die
Funktion *init_scr()* ist für die Bildschirmausgabe zuständig. Der Bildschirm wird gelöscht, Rahmen und Text werden angezeigt. Im Anschluß
daran wird eine Variable *schalter*, die in der *while*-Schleife abgefragt
wird, auf 1 gesetzt. Solange diese Variable einen Wert ungleich 0 hat,
wird die Funktion *auswahl()* aufgerufen. Dieser Vorgang ist sinnvoll, damit nicht beliebig viele Variablen definiert werden. Über diesen Weg
können Sie die Variable *schalter* auch für andere Bereiche verwenden
und ihr andere Werte zuweisen. Solange ihr Wert ungleich 0 ist, ist eine
Auswahl möglich. Vielleicht nehmen Sie dies als Anregung für eine Erweiterung hinsichtlich weiterer Auswertungen. Sie könnten dieses Programm mit der bereits erstellten Leseroutine zusammenfasssen. In der
Funktion *auswahl()* werden über *get_key()* die erlaubten Funktionen gesteuert und die Unterfunktionen *eingabe()*, *lesen()*, *schreiben()* etc.
aufgerufen. Wird die <Esc>-Taste betätigt, dann wird das Programm
nach Schließen der Datei beendet. Die Eingabe läuft wie folgt ab:

1. Sie betätigen die Funktionstaste <F2> und geben die Werte ein. Jeder
    Eingabewert wird durch Drücken von <Return> abgeschlossen. An-
    sonsten gelten bei der Eingabe die gleichen Regeln, wie sie beim er-
    sten Eingabeprogramm bereits erläutert wurden.
2. Durch Drücken von <F3> und anschließend <PgUp> wird der erste
    Datensatz zum Ändern präsentiert. Nochmaliges Betätigen von <F3>
    bewirkt, daß, angefangen bei dem ersten, alle Eingabewerte neu ein-
    gegeben werden können.

```
/***********************************************************/
/* Einfaches Dialogprogramm zur Satzeingabe der Spender.   */
/* Eingabe wird durch <F2> und Dateiblättern durch <PgUp>  */
/* und <PgDn> gehandelt                                    */
/***********************************************************/
#include <stdio.h>
#include <dos.h>

/*-------Globale Variablen-------*/
union scan
     {
     int c;
     char ch[2];
     }sc;

int schalter,satz=0,aendern=0;

/*-------Datumstruktur-----------*/
struct datum
     {
     int tt;
     int mm;
     int jj;
     };


/*-------Spenderstruktur---------*/
struct datgl
     {
     struct datum akt;
     int kennz;
     int plz;
     float summe;
     char name1[30];
     char name2[30];
     char strasse[30];
     char ort[30];
     } spender, zwischen;


/*--------Dateizeiger und -name--*/
FILE *point;
char *DATEI = "MITGL.DAT";

/****************************/
/* Hauptprogramm            */
/****************************/
main()
{
    if(open_dat())
        exit(0);
    init_scr();
    schalter = 1;
    while(schalter)
            auswahl();
```

```
      exit(0);
      fclose(point);
}

/*****************************/
/* Datei öffnen              */
/*****************************/
open_dat()
{
   point = fopen(DATEI, "a+");

   if(point  == NULL )
      {
      printf("\n\07Datei kann nicht geöffnet werden!");
      fclose(point);
      return(1);
      }
   else
      return(0);

}


/*****************************/
/* Rahmen und Text anzeigen  */
/*****************************/
init_scr()
{
   cls(0,0,24,80);
   rahmen(4,10,70,15);
   pr( 6,15,"Datum/Merkmal:");
   pr( 7,15,"Zuname ......:");
   pr( 8,15,"Vorname .....:");
   pr( 9,15,"Strasse .....:");
   pr(10,15,"PLZ/Ort .....:");
   pr(12,15,"Spende ......:");
   pr(16,10,"PgUp/PgDn:Blättern F2:Eingabe F3:Ändern");
   pr(16,58,"Esc:Ende");
   punkte();
}


/*****************************/
/* Eingabefelder kennzeichnen */
/*****************************/
punkte()
{
int i = 11;
   pr(6,30,"  /  /  ");
   while(--i)
       init(i);

}
```

```
/*****************************/
/* Auswahlschleife           */
/*****************************/
auswahl()
{
int wert;
   do
   {
   sc.c = get_key();
   if(sc.ch[0] == 27)
        wert = 27;
   else
        wert = sc.ch[1];
      switch(wert)
      {
      case 81: lesen(0);
               anzeigen();
               break;

      case 73: lesen(1);
               anzeigen();
               break;

      case 60: punkte();
               if(eingabe(0))
                   schreiben();
               pr(21,10,"                      ");
               cls(6,30,12,69);
               break;

      case 61: aendern=1;
               if(satz)
                   if(eingabe(1))
                       schreiben();
               else
                   meldung(1);
               pr(21,10,"                      ");
               aendern = 0;
               cls(6,30,12,69);
               break;

      case 27: schalter = 0;
               break;

      default: printf("\07");
               break;
      }

   }     while(schalter == 1);

}


/*****************************/
/* Fehlermeldung             */
/*****************************/
```

```
meldung(var)
int var;
{

   switch(var)
   {
   case 1 : pr(21,10,"Bitte erst einen Satz blättern!");
            break;
   }
   printf("\07");
   sleep(4);
   go(21,1); var = 0;
   while(var++ < 78) pr(" "); /*Meldung löschen*/
}


/*****************************/
/* Satzeingabe            */
/*****************************/
eingabe(var)
int var;
{
   int feld = 1;
   char string[40];

   pr(21,10,"Eingabe 0 = Abbruch");

   while(feld <= 10)
         {
         init(feld);
         eingabe1(feld);

         if(spender.akt.tt == 0)
             feld=20;
         ++feld;
         }

   if(feld >= 20 && !var)
       return(0);
   else
       return(1);
}


/*****************************/
/* Eingabe in Feld kopieren  */
/*****************************/
eingabe1(feld)
int feld;
{
   switch(feld)
   {
   case 1 :  scanf("%2d",&spender.akt.tt);
             break;
```

```
    case 2 :   scanf("%2d",&spender.akt.mm);
               break;
    case 3 :   scanf("%2d",&spender.akt.jj);
               break;
    case 4 :   scanf("%1d",&spender.kennz);
               break;
    case 5 :   scanf("%30s",&spender.name1);
               break;
    case 6 :   scanf("%30s",&spender.name2);
               break;
    case 7 :   scanf("%30s",&spender.strasse);
               break;
    case 8 :   scanf("%4d",&spender.plz);
               break;
    case 9 :   scanf("%30s",&spender.ort);
               break;
    case 10:   scanf("%f",&spender.summe);
               break;
    }
}


/****************************/
/* Satz wegschreiben        */
/****************************/
schreiben()
{
    fprintf(point,"%2d",spender.akt.tt);
    fprintf(point,"%2d",spender.akt.mm);
    fprintf(point,"%2d",spender.akt.jj);
    fprintf(point,"%1d",spender.kennz);
    fprintf(point,"%4d",spender.plz);
    fprintf(point,"%6.2f",spender.summe);

    fprintf(point,"%30s",spender.name1);
    fprintf(point,"%30s",spender.name2);
    fprintf(point,"%30s",spender.strasse);
    fprintf(point,"%30s\n",spender.ort);
    satz = 0;
}


/****************************/
/* Satz lesen               */
/****************************/
lesen(var)
int var;
{
    /*--Zeiger bei PgUp zum Dateibeginn--*/
    if(var)
       rewind(point);
    fscanf(point,"%2d",&spender.akt.tt);
    fscanf(point,"%2d",&spender.akt.mm);
    fscanf(point,"%2d",&spender.akt.jj);
```

```
   fscanf(point,"%1d",&spender.kennz);
   fscanf(point,"%4d",&spender.plz);
   fscanf(point,"%f",&spender.summe);

   fscanf(point,"%s",&spender.name1);
   fscanf(point,"%s",&spender.name2);
   fscanf(point,"%s",&spender.strasse);
   fscanf(point,"%s",&spender.ort);
   struct_copy(&zwischen,&spender,sizeof(spender));
   satz = 1;
}


/*********************************/
/* Struktur kopieren             */
/*********************************/
struct_copy(ziel,quelle,wieviel)
unsigned char *ziel, *quelle;
int wieviel;
{
   while(wieviel-- > 0)
          *ziel++ = *quelle++;
}


/****************************** /
/* Satz anzeigen               */
/****************************** /
anzeigen()
{
   cls(6,30,12,67);
   go(6,30);    printf("%2d",spender.akt.tt);
   go(6,33);    printf("%2d",spender.akt.mm);
   go(6,36);    printf("%2d",spender.akt.jj);
   go(6,40);    printf("%1d",spender.kennz);
   go(7,30);    printf("%s",spender.name1);
   go(8,30);    printf("%s",spender.name2);
   go(9,30);    printf("%s",spender.strasse);
   go(10,30);   printf("%4d",spender.plz);
   go(10,35);   printf("%s",spender.ort);
   go(12,30);   printf("%6.2f ",spender.summe);

}

/****************************** /
/* Eingabemaske                */
/****************************** /
init(feld)
int feld;
{
   switch(feld)
   {
   case 1 : pr(6 ,30,"..");
            break;
   case 2 : pr(6 ,33,"..");
            break;
```

```
    case 3 : pr(6 ,36,"..");
             break;
    case 4 : pr(6 ,40,".");
             break;
    case 5 : pr(7 ,30,"...........................");
             break;
    case 6 : pr(8 ,30,"...........................");
             break;
    case 7 : pr(9 ,30,"...........................");
             break;
    case 8 : pr(10,30,"....");
             break;
    case 9 : pr(10,35,"...........................");
             break;
    case 10: pr(12,30,".............");
             break;
    }
}


/*********************/
/* get_key           */
/*********************/
get_key()
{
union REGS r;
    r.h.ah = 0;
    return int86(0x16,&r,&r);
}


/***************************/
/* print Zeile,Spalte,text */
/***************************/
pr(x,y,text)
char *text;
{
    go(x,y);
    printf("%s",text);
    go(x,y);       /*zurück zum Beginn*/

}

/*********************/
/* goto Zeile,Spalte */
/*********************/
go(z,s)
{
union REGS r;
    r.h.ah = 2;  /* Cursor-Adreßfunktion    */
    r.h.dl = s;  /* Spalte                  */
    r.h.dh = z;  /* Zeile                   */
    r.h.bh = 0;  /* Videoseite              */
    int86(0x10,&r,&r);
}
```

```
/**********************************/
/* Funktion Bildschirm löschen      */
/**********************************/
cls(w,x,y,z)
{
union REGS r;
    r.h.ah = 6;  /* Screen-Scroll-Code              */
    r.h.al = 0;  /* Clear-Screen-Code               */
    r.h.ch = w;  /* Startzeile                      */
    r.h.cl = x;  /* Startspalte                     */
    r.h.dh = y;  /* Endzeile                        */
    r.h.dl = z;  /* Endspalte                       */
    r.h.bh = 7;  /* Farbattribut (7 für schwarz)    */
    int86(0x10,&r,&r);
}


/********************************************/
/* Funktion Rahmen bilden:                    */
/* Anfzeile,Anfspalte,Endzeile,Endspalte */
/********************************************/
rahmen(az,as,es,ez)
{
int i = 0, x, y;
union REGS r;
    /****Zeile oben/unten****/
    x = az,y = 1;
    do
    {
      for(y = as;y < es;y++)
         {
         r.h.ah = 2;    /*Cursor-Adreßfunktion    */
         r.h.dl = y;    /*Spalte                  */
         r.h.dh = x;    /*Zeile                   */
         r.h.bh = 0;    /*Videoseite              */
         int86(0x10, &r, &r);
         printf("═");
         }
      x = ez;
    }
    while(++i < 2);

    i = 0,y = as-1;
    /****Spalte links/rechts****/
    do
    {
      for(x = az+1;x < ez;x++)
         {
         r.h.ah = 2;    /*Cursor-Adreßfunktion    */
         r.h.dl = y;    /*Spalte                  */
         r.h.dh = x;    /*Zeile                   */
         r.h.bh = 0;    /*Videoseite              */
         int86(0x10,&r,&r);
         printf("║");
         }
```

```
        y = es;
    }
    while(++i < 2);


    /****alle 4 Ecken****/
    /**links oben**/
        r.h.ah = 2;        /*Cursor-Adreßfunktion    */
        r.h.dl = as-1;  /*Spalte                   */
        r.h.dh = az;       /*Zeile                    */
        r.h.bh = 0;        /*Videoseite               */
        int86(0x10,&r,&r);
        printf("┌");
    /**links unten*/
        r.h.ah = 2;        /*Cursor-Adreßfunktion    */
        r.h.dl = as-1;  /*Spalte                   */
        r.h.dh = ez;       /*Zeile                    */
        r.h.bh = 0;        /*Videoseite               */
        int86(0x10,&r,&r);
        printf("└");
    /**rechts oben*/
        r.h.ah = 2;        /*Cursor-Adreßfunktion    */
        r.h.dl = es;       /*Spalte                   */
        r.h.dh = az;       /*Zeile                    */
        r.h.bh = 0;        /*Videoseite               */
        int86(0x10,&r,&r);
        printf("┐");
    /**rechts unten*/
        r.h.ah = 2;        /*Cursor-Adreßfunktion    */
        r.h.dl = es;       /*Spalte                   */
        r.h.dh = ez;       /*Zeile                    */
        r.h.bh = 0;        /*Videoseite               */
        int86(0x10, &r, &r);
        printf("┘");
}
```

Aufgaben

Bereits beim Einlesen in das Programm wird der Datensatz in die Struktur *zwischen* kopiert. Die Funktion zum Satzändern muß noch nachträglich eingebunden werden. Zur Zeit ist der Aufruf noch über die Funktionstaste <F3> vorgesehen, wobei die Funktion *eingabe()* aufgerufen wird. Diese ruft wieder die Funktion *eingabe1()* auf und übergibt dorthin die Variable *feld* als Parameter. In einer *case*-Schleife wird der Parameter (ebenfalls *feld*) ausgewertet und je nach Inhalt die betreffende *case*-Marke angesprungen. Dort erfolgen dann die jeweiligen Eingaben. Sie sehen, daß dort mit *scanf()* die Eingaben in die Komponenten der Struktur *spender* übertragen werden.

Versuchen Sie nun, die gleiche Eingabe mit der Struktur *zwischen* zu gestalten. Wenn die Funktionstaste <F3> betätigt wird, erhält die Variable *aendern* den Wert 1. Diese wird beim Speichern des Satzes wieder auf 0 gesetzt. Sie können die Eingaberoutine kopieren, müssen jedoch den Namen der alten Struktur (*spender*) in den Namen *zwischen* umändern. Die Feldnamen bleiben gleich. Noch ein Hinweis: Bevor Sie den geänderten Satz wieder zurückschreiben, müssen zumindest die geänderten Felder zurückkopiert werden. Alternativ können Sie auch eine zweite Schreibroutine einbinden.

Unions

Die Union kann wie die Struktur Objekte verschiedener Größen und Typen beherbergen. Diese werden wie bei der Struktur einzeln deklariert. Der Unterschied zu einer Struktur besteht aus zwei Punkten:

1. Anstelle des Schlüsselwortes *struc*t wird hier das Schlüsselwort *union* verwendet.

2. Die in einer *union* definierten Variablen haben keine unterschiedlichen Speicheradressen wie bei einer Struktur. Alle in dieser Form abgelegten Komponenten liegen an derselben Speicheradresse.

Die Deklaration sieht wie folgt aus:

```
union datum
    {
    int tt;
    int mm;
    int jj;
    };


struct datei
    {
    union   datum akt;
    int     kennz;
    int     plz;
    float   summe;
    char    name1[30];
    char    name2[30];
    char    strasse[30];
    char    ort[30];
    } spender;
```

Die *union*-Variablen *tt, mm* und *jj* werden wie gehabt in die Struktur *spender* eingebunden. Die Variablen können auch wie gewohnt angesprochen werden. Sie können allerdings nicht davon ausgehen, daß eine Datumseingabe wie 10.05.86 auch so abgespeichert wird. Lediglich der zuletzt eingegebene Wert, in diesem Fall das Jahr 86, wird ordnungsgemäß in die Datei geschrieben, da alle Eingaben an derselben Speicheradresse abgelegt werden. Folglich wurde der Wert 10 durch den Wert 05 und dieser durch den Wert 86 überschrieben. Sie können das Datum auch nicht in der Form 100586 eingeben, da es sich um *int*-Werte handelt. Diese können eine Größe von ca. ±32000 nicht überschreiten.

Im folgenden Beispiel betrachten wir die Adressen dieser *union*-Variablen. Die Deklaration wurde wie o.a. in das Programm übertragen. Es werden zuerst die Adressen der Strukturvariablen angezeigt. Anschließend wird den *union*-Variablen jeweils ein Wert zugewiesen, der erst im Anschluß daran angezeigt wird. Sie erkennen in der Programmausgabe, wie die Adressen vergeben wurden und daß nur der zuletzt zugewiesene Wert unter dieser Speicheradresse zu finden ist. Da alle drei Variablen den Typ *int* haben, zeigen diese den gleichen Wert an.

Beispielprogramm:

```
/***************************/
/* Datentyp union          */
/* gleiche Speicheradresse */
/***************************/
#include <stdio.h>
union datum
    {
    int tt;
    int mm;
    int jj;
    };

struct datei
    {
    union datum akt;
    int    kennz;
    int    plz;
    float  summe;
    char   name1[30];
    char   name2[30]
    char   strasse[30];
    char   ort[30];
    } spender;

/****************************/
/* Hauptprogramm            */
/****************************/
```

```
main()
{
    printf("\nAdresse tt      : %d",&spender.akt.tt);
    printf("\nAdresse mm      : %d",&spender.akt.mm);
    printf("\nAdresse jj      : %d",&spender.akt.jj);
    printf("\nAdresse kennz   : %d",&spender.kennz);
    printf("\nAdresse plz     : %d",&spender.plz);
    printf("\nAdresse summe   : %d",&spender.summe);
    printf("\nAdresse name1   : %d",&spender.name1);
    printf("\nAdresse name2   : %d",&spender.name2);
    printf("\nAdresse strasse : %d",&spender.strasse);
    printf("\nAdresse ort     : %d",&spender.ort);
    spender.akt.tt=11;
    spender.akt.mm=22;
    spender.akt.jj=33;
    printf("\nWert von tt     : %d",spender.akt.tt);
    printf("\nWert von mm     : %d",spender.akt.mm);
    printf("\nWert von jj     : %d",spender.akt.jj);
}
```

Programmausgabe:

```
Adresse tt      : 1692
Adresse mm      : 1692
Adresse jj      : 1692
Adresse kennz   : 1694
Adresse plz     : 1696
Adresse summe   : 1698
Adresse name1   : 1702
Adresse name2   : 1732
Adresse strasse : 1762
Adresse ort     : 1792
Wert von tt     :   33
Wert von mm     :   33
Wert von jj     :   33
```

Sie werden nun mit Recht fragen, welcher Vorteil hinter dieser Methode steckt. Programme, die sehr speicherintensiv arbeiten, oder residente Programme, die nicht sehr groß sein dürfen, müssen achtsam mit Variablendefinitionen umgehen. Sie können sich vorstellen, wieviel Speicher verlorengeht, wenn mehrere Vektoren und zusätzlich viele numerische Variablen angelegt werden. Durch die *union*-Vereinbarung können Sie mehrere Variablen einem Speicherplatz zuordnen. Diese Angelegenheit erfordert allerdings eine sehr strukturierte Vorgehensweise, da bei jeder Zuweisung der alte Wert einer anderen Variablen verlorengeht. Wird diese irgendwo abgefragt, trifft die erwartete Bedingung u.U. nicht mehr zu.

In unserem Dateiprogramm können beispielsweise die Felder *plz* und *ort* zu einem *char*-Vektor zusammengefaßt werden. Datenbereiche, die logisch zusammengehören, müssen ebenfalls nicht über eine Struktur angelegt werden, sondern können sinnvoll als *union* deklariert werden. Mit etwas Training gewöhnt man sich an diese Form. Speicherplatz wird eingespart, und die Variablen können wie sonst auch behandelt werden. Als Beispiel sehen Sie das folgende Programm. Dies demonstriert, wie die Variablen angesprochen werden. Die Zuweisung erfolgt vor der jeweiligen *printf( )*-Funktion, da sonst, wie bereits erwähnt, der alte Inhalt verlorengeht.

Beispielprogramm:

```
/***************************/
/* Datentyp union          */
/* gleiche Speicheradresse */
/***************************/
#include <stdio.h>
union test
     {
     int   wi;
     char  wc;
     float wf;
     char  ws[10];
     } var;

/****************************/
/* Hauptprogramm            */
/****************************/
main()
{
    var.wi = 100;
    printf("\nAdresse wi: %d Wert: %d",&var.wi,var.wi);
    var.wc = 'X';
    printf("\nAdresse wc: %d Wert: %c",&var.wc,var.wc);
    var.wf = 305.20;
    printf("\nAdresse wf: %d Wert: %6.2f",&var.wf,var.wf);
    strncpy(var.ws,"Meier",5);
    printf("\nAdresse ws: %d Wert: %s",&var.ws,var.ws);

}
```

Programmausgabe:

```
Adresse wi : 1692   Wert: 100
Adresse wc : 1692   Wert: X
Adresse wf : 1692   Wert: 305.20
Adresse ws : 1692   Wert: Meier
```

In der Abb. 3.4 wollen wir nachvollziehen, welchen Inhalt die einzelnen Variablen zum Zeitpunkt der Zuweisung hatten. Wenn Sie allerdings nach der *strncpy( )*-Funktion, die den Namen Meier in die *char*-Variable kopiert, die Variable *wf* oder *wi* ausgeben, wird dieser Name nicht erscheinen. Diese Variablen haben einen anderen Datentyp.

	Variablen				Adresse
Zuweisung	wi	wc	wf	ws	1692
var.wi = 100	100	100	100	100	1692
var.wc = 'X'	X	X	X	X	1692
var.wf = 350.20	305.20	305.20	305.20	305.20	1692
strncpy(Meier)	Meier	Meier	Meier	Meier	1692

Abb. 3.4: Inhalt der Variablen union

Arrays von Strukturen

Neben den bisher beschriebenen einfachen Strukturen sind auch Arrays von Strukturen möglich. Mit der folgenden Definition werden 100 Strukturvariablen mit dem Namen *spender* angelegt:

```
struct datei
    {
    int    kennz;
    int    plz;
    float summe;
    char  name1[30];
    char  name2[30];
    char  strasse[30];
    char  ort[30];
    } spender[100], hilf;
```

Die einzelnen Elemente sind vom Strukturtyp *datei*, der bereits aus den vorigen Beispielen bekannt ist. Zusätzlich zu diesem Array wurde eine einfache Strukturvariable mit dem Namen *hilf* angelegt, die für das folgende Beispiel benötigt wird. Wir greifen hier wieder auf den ersten Programmentwurf zurück und ändern ihn entsprechend um. Die Eingabe wird wieder mit dem Merkmalswert 9 beendet.

Bisher wurden die Sätze unmittelbar nach der Satzeingabe in die Datei geschrieben. Nun werden diese zunächst in einem Array zwischenge-speichert, dessen Elemente über die Zählvariable *zaehl* angesprochen werden.

Bei Erreichen des Elements 100 trifft die *while*-Bedingung nicht mehr zu. Die Datensätze werden zunächst nach der Komponente *name1* und innerhalb dessen noch einmal nach der Komponente *name2* sortiert. Dies geschieht in der Funktion *sortiere()*. Aus dieser Funktion heraus wird je nach Vergleichsergebnis *(strcmp())*, die Funktion *tausche()* aufgerufen. Dort werden die Arrayelemente in ihrer Position gewechselt. Aus diesem Grund wurde das Strukturmuster mit dem Namen *hilf* angelegt, in dem der zu tauschende Satz zwischengespeichert und von dort nach dem Tauschvorgang wieder in das neue Array übertragen wird.

Erst nach der Sortierung werden die Eingabesätze in die Datei geschrie-ben. Dies geschieht mit der Funktion *schreiben()*. In dieser Funktion werden die Daten mittels des Aufrufs *bild_anz(i)* auf dem Bildschirm ausgegeben. Die Variable *i* wird als Parameter an die Funktion *bild_anz(i)* übergeben. Beachten Sie bitte den Zugriff auf die einzelnen Komponenten des Arrays. Nach dem Strukturnamen folgt zunächst der Indexwert und nach dem Punkt der Name der jeweiligen Komponente.

allgemein: `Strukturname[Index].Komponentenname`

Beispiele: `scanf("%1d",&spender[zaehl].kennz);`
`scanf("%30s",&spender[zaehl].name1);`

Der Aufbau des Arrays von Strukturen ist in Abb. 3.5 verdeutlicht.

`spender[0].kennz`	`spender[0].plz`	`spender[0].summe`
`spender[1].kennz`	`spender[1].plz`	`spender[1].summe`
`spender[2].kennz`	`spender[2].plz`	`spender[2].summe`
`spender[3].kennz`	`spender[3].plz`	`spender[3].summe`
`...`		
`...`		
`spender[100].kennz`	`spender[100].plz`	`spender[100].summe`

Abb. 3.5: Aufbau eines Arrays von Strukturen

Nach der Eingabe von Werten könnten die Arrayelemente so wie in Abb. 3.6 aussehen.

Index	Komponente	Inhalt
0	spender[0].kennz spender[0].plz spender[0].summe spender[0].name1 spender[0].name2 spender[0].strasse spender[0].ort	1 4112 100.20 Müller Hermann Erasmusstrasse Hünxe
1	spender[1].kennz spender[1].plz spender[1].summe spender[1].name1 spender[1].name2 spender[1].strasse spender[1].ort	1 4000 50.00 Müller Peter Geistenstrasse Düsseldorf
2	spender[2].kennz spender[2].plz spender[2].summe spender[2].name1 spender[2].name2 spender[2].strasse spender[2].ort	5 4110 50.00 Hallmann Beate Stralsunderweg Dinslaken
3 - 99	... ...	
100	spender[100].kennz spender[100].plz spender[100].summe spender[100].name1 spender[100].name2 spender[100].strasse spender[100].ort	3 5000 150.00 Breithauer Paul Drosselweg Köln

Abb. 3.6: Ein mit Werten gefüllter Array von Strukturen

Beispielprogramm:

```
/***************************/
/* Array von Strukturen    */
/* sortieren               */
/***************************/
#include <stdio.h>

struct datei
     {
     int     kennz;
     int     plz;
     float   summe;
     char    name1[30];
     char    name2[30];
     char    strasse[30];
     char    ort[30];
     } spender[100], hilf;

/*--------Dateizeiger und -name--*/
FILE *point;
char *DATEI  = "MITGL.DAT";

int schalter = 1, zaehl = 0;
/****************************/
/* Hauptprogramm            */
/****************************/
main()
{
   if((point = fopen(DATEI, "a+")) == 0)
      {
      printf("\n\07Datei kann nicht geöffnet werden!");
      exit(0);
      }

   /*----Satz eingeben; Merkmal 9 = Ende---*/
   while(schalter && zaehl < 100)
      {
      printf("\nBitte Satz eingeben; Ende = 9");
      printf("\nMerkmal ....: ");
      scanf("%1d",&spender[zaehl].kennz);
        if(spender[zaehl].kennz != 9)
           {
           printf("\nVorname ....: ");
           scanf("%30s",&spender[zaehl].name1);
           printf("\nZuname .....: ");
           scanf("%30s",&spender[zaehl].name2);
           printf("\nStraße ....: ");
           scanf("%30s",&spender[zaehl].strasse);
           printf("\nPLZ ........: ");
           scanf("%4d",&spender[zaehl].plz);
           printf("\nOrt ........: ");
           scanf("%30s",&spender[zaehl].ort);
           printf("\nSpende .....: ");
           scanf("%f",&spender[zaehl].summe);
```

```
            ++zaehl;
            }
            else schalter = 0;
      }


   /*--sortieren, schreiben, anzeigen--*/
   if(zaehl != 0)
      {
      printf("\n\n\nDie Sätze werden sortiert,");
      printf("\nweggeschrieben und angezeigt!");
      sortiere();
      schreiben();
      }

   fclose(point);
   exit(0);

}


/***********************************/
/* Sortierte Sätze wegschreiben    */
/***********************************/
schreiben()
{
   int i;
   for(i = 0; i <= zaehl; i++)
      {
      fprintf(point,"%1d",spender[i].kennz);
      fprintf(point,"4d",spender[i].plz);
      fprintf(point,"%6.2f",spender[i].summe);
      fprintf(point,"%30s",spender[i].name1);
      fprintf(point,"%30s",spender[i].name2);
      fprintf(point,"%30s",spender[i].strasse);
      fprintf(point,"%30s\n",spender[i].ort);
      bild_anz(i);
      }
}


/***********************************/
/* Sortierte Sätze anzeigen        */
/***********************************/
bild_anz(i)
int i;
{
   printf("\n\nMerkmal : %1d",spender[i].kennz);
   printf("\nVorname : %s",spender[i].name1);
   printf("\nZuname  : %s",spender[i].name2);
   printf("\nStraße  : %s",spender[i].strasse);
   printf("\nPLZ     : %4d",spender[i].plz);
   printf("\nOrt     : %s",spender[i].ort);
   printf("\nSumme   : %6.2f",spender[i].summe);
}
```

```
/**********************************/
/* Sätze nach name1 und dann name2 */
/* sortieren                    */
/**********************************/
sortiere()
{
   int i, j, verg;
   for(i = 0;i <= zaehl - 1; i++)
      for(j = i + 1; j <= zaehl; j++)
      {
           verg = strcmp(spender[i].name1,spender[j].name1);
           if(verg > 0)
              tausche(i,j);
           else
           {
           if(verg == 0)
              {
              verg = strcmp(spender[i].name2,spender[j].name2);
              if(verg > 0)
                 tausche(i,j);
              }
           }
      }
}


/************************************/
/* Sätze vertauschen             */
/************************************/
tausche(i,j)
int i, j;
{
   /*---Spender i nach hilf-Struktur -*/
   hilf.kennz = spender[i].kennz;
   hilf.plz   = spender[i].plz;
   hilf.summe = spender[i].summe;
   strncpy(hilf.name1,spender[i].name1,30);
   strncpy(hilf.name2,spender[i].name2,30);
   strncpy(hilf.strasse,spender[i].strasse,30);
   strncpy(hilf.ort,spender[i].ort,30);

   /*---Spender vertauschen ---------*/
   spender[i].kennz = spender[j].kennz;
   spender[i].plz   = spender[j].plz;
   spender[i].summe = spender[j].summe;
   strncpy(spender[i].name1,spender[j].name1,30);
   strncpy(spender[i].name2,spender[j].name2,30);
   strncpy(spender[i].strasse,spender[j].strasse,30);
   strncpy(spender[i].ort,spender[j].ort,30);

   /*---Hilfstruktur nach Spender j --*/
   spender[j].kennz = hilf.kennz;
   spender[j].plz   = hilf.plz;
   spender[j].summe = hilf.summe;
   strncpy(spender[j].name1,hilf.name1,30);
```

```
        strncpy(spender[j].name2,hilf.name2,30);
        strncpy(spender[j].strasse,hilf.strasse,30);
        strncpy(spender[j].ort,hilf.ort,30);
}
```

Zeiger auf Strukturen

In der Funktion *struct_copy()* haben wir gesehen, daß Zeiger auf Strukturen verwendet werden können. Darüber hinaus ist es möglich, Zeiger
oder Arrays von Zeigern innerhalb einer Struktur anzulegen und bei der
Strukturdefinition bereits einen Wert zu vergeben. In der folgenden Definition wurde dies realisiert:

```
struct stat1
     {
     int   kennz;
     char  *symb[8];
     } stat_table[]=
       {
        {1,"Merkmal 1",
          "---------",
          "Einmalspender",
          "Anschreiben, wenn Spende",
          "im letzten Jahr einging."},
        {2,"Merkmal 2",
          "---------",
          "Vereinsspender",
          "Dankschreiben und Anschreiben",
          "getrennt."},
        {3,"Merkmal 3",
          "---------",
          "Firmenspende",
          "Dankschreiben und Quittung",
          "an Geschäftsleitung."},
        {4,"Merkmal 4",
          "---------",
          "Karitative Spende",
          "Dankschreiben an Verband",
          "mit Bitte um Spenderanschriften",
          "und ggf. organisatorische",
          "Zusammenarbeit anbieten."},
        {5,"Merkmal 5",
          "---------"},
        {6,"Merkmal 6",
          "---------"},
        {7,"Merkmal 7",
          "---------"},
        {8,"Merkmal 8",
          "---------"}
       };
```

Das Strukturmuster *stat1* besteht aus einer *int*-Variablen (*kennz*) und aus einem Array mit acht Zeigern (**symb[8]*). Dieses Muster wurde der Struktur *stat_table[]* zugewiesen, wobei in dieser Definition die eckige Klammer nur bei Arrays von Strukturen anzugeben ist. Gleichzeitig erfolgte eine Initialisierung bezüglich der Strukturelemente, wobei hier als Beispiele nur vier Texte entsprechend der Merkmale 1 bis 4 definiert wurden. Da die *int*-Variable *kennz* abgefragt wird, wurde in der Struktur als erstes eine entsprechende Komponente angelegt. Wenn Sie die Summe abfragen wollen, können Sie den Variablentyp *int* durch *float* ersetzen. Im folgenden wird gezeigt, wie die Texte angesprochen werden können.

Das Strukturmuster *stat1* besteht aus der Variablen *kennz* (*int*) und einem Array von Zeigern, das acht String-Elemente aufnimmt. Wenn wir das Array von Strukturen nur als Strukturvariable definieren, dann könnte diese nur den Inhalt der ersten Zuweisung aufnehmen:

```
stat_table.kennz          1
stat_table.symb[0]        Merkmal 1
stat_table.symb[1]        ---------",
stat_table.symb[2]        Einmalspender
stat_table.symb[3]        Anschreiben, wenn Spende
stat_table.symb[4]        im letzten Jahr einging.
bis maximal symb[7]       ...
```

Da dieses Strukturmuster wiederum einem Array zugewiesen wurde, haben wir vom Prinzip her ein zweidimensionales Array, wobei der zweite Index in diesem Fall nicht dem Strukturelement, sondern der Struktur selbst zugewiesen wird:

```
stat_table[0].kennz       1
stat_table[0].symb[0]     Merkmal 1
stat_table[0].symb[1]     ---------",
stat_table[0].symb[2]     Einmalspender
stat_table[0].symb[3]     Anschreiben, wenn Spende
stat_table[0].symb[4]     im letzten Jahr einging.
bis maximal symb[7]       ...

stat_table[1].kennz       1
stat_table[1].symb[0]     Merkmal 2
stat_table[1].symb[1]     ---------"
stat_table[1].symb[2]     Vereinsspender
stat_table[1].symb[3]     Dankschreiben und Anschreiben
stat_table[1].symb[4]     getrennt.
bis maximal symb[7]       ...
```

In dem folgenden Beispielprogramm wird dieses Strukturmuster zusätzlich dem Zeiger **zeiger* und der Funktion **suche_merk()* zugewiesen. In dem Programm soll das folgende Problem gelöst werden: Die erfaßten Spenderdaten sollen aus der Datei eingelesen und auf das Merkmal abgefragt werden. Die Merkmale in der definierten Tabelle (*stat_table[]*) müssen in aufsteigender Reihenfolge sortiert sein. Für jedes Merkmal entsprechend der Werte 1 bis 8 wird ein Informationstext für den Sachbearbeiter angelegt. Nach Einlesen des Satzes wird in der Funktion *suche_merk()* die Komponente *kennz* abgefragt. Die Position in dem Array von Strukturen wird ermittelt und die Adresse dem Zeiger **zeiger* zugewiesen. Ist das Merkmal nicht vorhanden, wird an den Zeiger der Wert 0 übergeben und der nächste Satz gelesen.

Genausogut hätte die Problemlösung auf das Summenfeld ausgerichtet werden können, wobei ein bestimmter Wert abgefragt und ein Symbol oder ein spezieller Text ausgegeben wird.

Beispielprogramm:

```
/***************************/
/* Strukturzeiger          */
/* auf Symboltabelle       */
/* Entsprechend dem Merkmal*/
/* wird das zugeordnete    */
/* Symbol ausgegeben!      */
/***************************/
#include <stdio.h>
#define  ANZAHL sizeof(stat_table) / sizeof(struct stat1)

struct stat1
     {
     int   kennz;
     char  *symb[8];
     } stat_table[]=
       {
         {1, "Merkmal 1",
            "---------",
            "Einmalspender",
            "Anschreiben, wenn Spende",
            "im letzten Jahr einging."},

         {2, "Merkmal 2",
            "---------",
            "Vereinsspender",
            "Dankschreiben und Anschreiben",
            "getrennt."},

         {3, "Merkmal 3",
            "---------",
            "Firmenspende",
            "Dankschreiben und Quittung",
            "an Geschäftsleitung."},
         {4, "Merkmal 4",
```

```
                  "--------" ,
                  "Karitative Spende",
                  "Dankschreiben an Verband",
                  "mit Bitte um Spenderanschriften",
                  "und ggf. organisatorische",
                  "Zusammenarbeit anbieten."},

             {5, "Merkmal 5",
                  "--------"},
             {6, "Merkmal 6",
                  "--------"},
             {7, "Merkmal 7",
                  "--------"},
             {8, "Merkmal 8",
                  "--------"}
          };

struct datei
     {
     int   kennz;
     int   plz;
     float summe;
     char  name1[30];
     char  name2[30];
     char  strasse[30];
     char  ort[30];
     } spender;

struct stat1 *suche_merk(), *zeiger;

/*-------Dateizeiger und -name--*/
FILE *point;
char *DATEI = "MITGL.DAT";
int merkmal;
/*****************************/
/* Hauptprogramm             */
/*****************************/
main()
{
int i = 0;

   if((point = fopen(DATEI, "a+")) == 0)
      {
      printf("\n\07Datei kann nicht geöffnet werden!");
      exit(0);
      }

   printf("\Lesen ab Merkmal? ");
   scanf("%d",&merkmal);

   /*----Satz eingeben; Merkmal 0 = Ende---*/
   while(lesen())
      {
```

```
       if(spender.kennz >= merkmal)
           if((zeiger=suche_merk(spender.kennz,stat_table,
                                 ANZAHL))!=0)

           {
           printf("\n\n");
           i = 0;
           while(zeiger->symb[i])
             printf("%s\n",zeiger->symb[i++]);
           printf("\n\nMerkmal : %1d",spender.kennz);
           printf("\nVorname : %s",spender.name1);
           printf("\nZuname  : %s",spender.name2);
           printf("\nStraße  : %s",spender.strasse);
           printf("\nPLZ     : %4d",spender.plz);
           printf("\nOrt     : %s",spender.ort);
           printf("\nSpende  : %6.2f \n\n",spender.summe);
           }
       }
   fclose(point);
   exit(0);

}

/**********************************/
/* Satz einlesen                  */
/**********************************/
lesen()
{
   fscanf(point,"%1d",&spender.kennz);
   fscanf(point,"%4d",&spender.plz);
   fscanf(point,"%f",&spender.summe);
   fscanf(point,"%s",&spender.name1);
   fscanf(point,"%s",&spender.name2);
   fscanf(point,"%s",&spender.strasse);
   if((fscanf(point,"%s",&spender.ort)) > 0)
     return(1);   /*Dateiende wenn <= 0 */

   return(0);
}


/***************************************/
/* In dieser Funktion wird anhand      */
/* des Spendermerkmals (kennz)         */
/* das entsprechende Symbol aus        */
/* dem stat1-Strukturmuster heraus-    */
/* gesucht.                            */
/* Die Merkmalkennzeichen müssen       */
/* aufsteigend sortiert sein.          */
/* Als return-Wert wird bei "gefunden" */
/* die Zeigerposition des Symbols,     */
/* im anderen Fall 0 zurückgeliefert.  */
/***************************************/
struct stat1 *suche_merk(merk,tabelle,laenge)
int merk;
```

```
struct stat1 tabelle[];
int laenge;
{
   struct stat1 *unten      = &tabelle[0];
   struct stat1 *oben       = &tabelle[laenge-1];
   struct stat1 *mitte;

   while(unten <= oben)
     {
     mitte = unten + (oben-unten) / 2;
       if(merk < mitte->kennz)
           oben = mitte - 1;
       else
         if(merk > mitte->kennz)
            unten = mitte + 1;
            else
            return(mitte);
     }
   return(0);
}
```

Rekursive Strukturen

Im Abschnitt über Arrays von Strukturen haben Sie gesehen, wie mehrere
Sätze in ein Array übertragen werden. Dabei können maximal so viele
Sätze eingegeben werden, wie das Array aufnehmen kann; in unserem
Beispiel also 100. Flexibler kann eine solche Aufgabe mit der rekursiven
Methode gelöst werden, wobei hier mittels der *malloc()*-Funktion für
den folgenden Satz jeweils dynamisch Speicherplatz reserviert wird. Der
rekursive Charakter einer Struktur besteht darin, daß ein Zeiger innerhalb
des Strukturmusters angelegt wird, der wieder auf die Struktur selbst
zeigt. Eine rekursive Struktur ist somit in sich selbst wiederholend. Zwar
darf eine Struktur nicht sich selbst als Muster enthalten, einen Zeiger innerhalb der Struktur auf dieses Muster zu setzen, ist jedoch zulässig. Wir
bleiben bei der Satzbeschreibung der Spenderdatei und ändern das Beispielprogramm "Array von Strukturen sortieren" um. Die Definition sieht
dann wie folgt aus:

```
struct datei
    {
    int    kennz;
    int    plz;
    float  summe;
    char   name1[30];
    char   name2[30];
    char   strasse[30];
    char   ort[30];
```

```
        struct datei *naechster;
        } spender, *knoten, *anfang,
          *reserviere();
```

Der Zeiger, der auf die Struktur zurückverweist, wurde mit der Deklaration *struct datei *naechster* angelegt. Die einzelnen Strukturelemente (*kennz, plz* usw.) sind Bestandteil dieses Zeigers. Wir haben also eine Struktur, die aus beliebig vielen Ebenen besteht. Die erste Ebene umfaßt die angelegten Strukturvariablen **knoten* oder **anfang*. Die folgenden Ebenen bestehen aus dem Zeiger **naechster*, der wieder auf die Struktur verweist.

Wir haben hier also kein Array, sondern beliebig viele Ebenen, da der Zeiger **naechster* immer wieder auf die Struktur zeigt (siehe auch Abb. 3.7).

Das folgende Programm liefert ein Beispiel dazu und läuft wie folgt ab. In der Hauptschleife erfolgt wieder die Eingabe der Felder (Merkmal 9 = Ende). Der Eingabesatz wird aber nicht in einem Array abgespeichert. Zunächst wird mit

```
        knoten = reserviere()
```

der jeweils benötigte Speicherplatz reserviert. Dies geschieht in der Funktion *reserviere()*, die ebenfalls auf das Strukturmuster verweist:

```
/*************************************/
/* Speicherplatz reservieren        */
/*************************************/
struct datei *reserviere()
{
    char *malloc();
    return((struct datei *) malloc(sizeof(struct datei)));
}
```

Die Anweisung (*struct datei **) ist in diesem Fall eine Zwangskonvertierung durch den *cast*-Operator (siehe Kapitel 1, "Operatoren"). Dieser Operator bewirkt, daß der von der Funktion *malloc()* gelieferte Zeiger in einen Strukturzeiger umgewandelt wird. *malloc()* liefert den Anfang des reservierten Speicherbereichs zurück. Im Anschluß daran werden die Eingabefelder in der Funktion *hol_rueber()* in den reservierten Bereich kopiert. Durch die Anweisung

```
        knoten->naechster = anfang;
        anfang = knoten;
```

wird dann der Zeiger *naechster* eine Ebene weiter positioniert, und der Zeiger *anfang* wird ebenfalls neu positioniert. Nach Beendigung der Eingabe durch Merkmal 9 werden die Sätze in der *do-while*-Schleife, von hinten nach vorne, aus dem Speicher ausgelesen, in dieser Reihenfolge auf dem Bildschirm angezeigt und anschließend in die Datei geschrieben. Die *do-while*-Schleife muß zuerst durchlaufen werden, da der Zeiger *knoten* noch nicht neu positioniert wurde. Er verweist noch auf den letzten Satz, da die Eingabe durch Merkmal 9 beendet wurde.

Beispielprogramm:

```
/**************************/
/* Rekursive Strukturen    */
/**************************/
#include <stdio.h>

struct datei
      {
      int    kennz;
      int    plz;
      float  summe;
      char   name1[30];
      char   name2[30];
      char   strasse[30];
      char   ort[30];
      struct datei *naechster;
      } spender, *knoten, *anfang,
        *reserviere();


/*--------Dateizeiger und -name--*/
FILE *point;
char *DATEI = "MITGL.DAT";

int schalter = 1;

/*****************************/
/* Hauptprogramm             */
/*****************************/
main()
{
    if((point = fopen(DATEI, "a+")) == 0)
       {
       printf("\n\07Datei kann nicht geöffnet werden!");
       exit(0);
       }


  /*----Satz eingeben; Merkmal 9 = Ende---*/
  while(schalter)
        {
        printf("\nBitte Satz eingeben; Ende = 9");
        printf("\nMerkmal ....: ");
        scanf("%1d",&spender.kennz);
```

```
        if(spender.kennz != 9)
          {
          printf("\nVorname ....: ");
          scanf("%30s",&spender.name1);
          printf("\nZuname .....: ");
          scanf("%30s",&spender.name2);
          printf("\nStraße .....: ");
          scanf("%30s",&spender.strasse);
          printf("\nPLZ ........: ");
          scanf("%4d",&spender.plz);
          printf("\nOrt ........: ");
          scanf("%30s",&spender.ort);
          printf("\nSpende .....: ");
          scanf("%f",&spender.summe);
          knoten = reserviere();
          hol_rueber();
          knoten->naechster = anfang;
          anfang = knoten;
          }
          else schalter = 0;
     }


  /*--Sätze aus Speicher herausholen,
      wegschreiben und anzeigen-*/
  do
  {
  hol_rueck();
  schreiben();
  bild_anz();
  }
  while((knoten = knoten->naechster) != 0);

  fclose(point);
  exit(0);

}


/***********************************/
/* Sortierte Sätze wegschreiben    */
/***********************************/
schreiben()
{
     fprintf(point,"%1d",spender.kennz);
     fprintf(point,"%4d",spender.plz);
     fprintf(point,"%6.2f",spender.summe);
     fprintf(point,"%30s",spender.name1);
     fprintf(point,"%30s",spender.name2);
     fprintf(point,"%30s",spender.strasse);
     fprintf(point,"%30s\n",spender.ort);


}
```

```
/**********************************/
/* Sortierte Sätze anzeigen       */
/**********************************/
bild_anz()
{

    printf("\n\nMerkmal : %1d",spender.kennz);
    printf("\nVorname : %s",spender.name1);
    printf("\nZuname   : %s",spender.name2);
    printf("\nStraße   : %s",spender.strasse);
    printf("\nPLZ      : %4d",spender.plz);
    printf("\nOrt      : %s",spender.ort);
    printf("\nSumme    : %6.2f",spender.summe);
}


/***********************************/
/* Speicherplatz reservieren       */
/***********************************/
struct datei *reserviere()
{
   char *malloc();
   return((struct datei *) malloc(sizeof(struct datei)));
}


/***********************************/
/* Eingabesatz nach knoten-Struktur */
/* kopieren                        */
/***********************************/
hol_rueber()
{
   knoten->kennz        = spender.kennz;
   knoten->plz          = spender.plz;
   knoten->summe        = spender.summe;
   strncpy(knoten->name1,spender.name1,30);
   strncpy(knoten->name2,spender.name2,30);
   strncpy(knoten->strasse,spender.strasse,30);
   strncpy(knoten->ort,spender.ort,30);
}


/***********************************/
/* Eingabesatz nach spender-Struktur*/
/* kopieren                        */
/***********************************/
hol_rueck()
{
   spender.kennz = knoten->kennz;
   spender.plz = knoten->plz;
   spender.summe = knoten->summe;
   strncpy(spender.name1,knoten->name1,30);
   strncpy(spender.name2,knoten->name2,30);
   strncpy(spender.strasse,knoten->strasse,30);
   strncpy(spender.ort,knoten->ort,30);
}
```

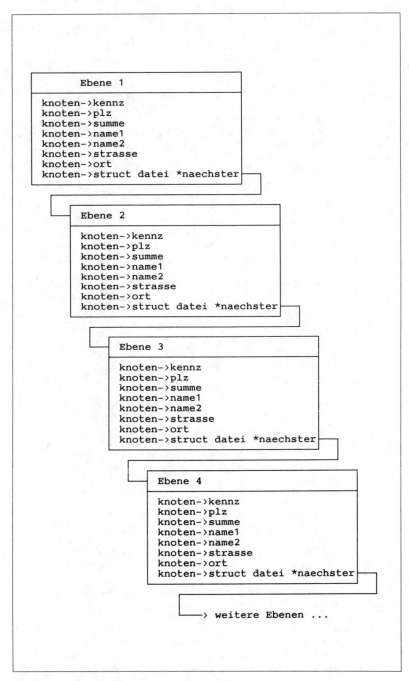

Abb. 3.7: Rekursive Struktur mit mehreren Ebenen

Bit-Strukturen

In Ihrer Praxis werden Sie des öfteren auf das Problem stoßen, einzelne Bits eines beliebigen Wertes abfragen zu müssen. Viele Funktionen, insbesondere die, die mit den Ports arbeiten oder die einen Controller ansteuern, übergeben einen *return*-Wert, dessen einzelne Bits als Schalter betrachtet werden. Diese Bits haben entsprechend ihres Werts *(1/0)* eine bestimmte Bedeutung. Darüber hinaus kann es vorkommen, daß einzelne Bits in Registern manipuliert werden müssen. Selbst wenn Sie Speicherplatz einsparen müssen, kann eine Bitstruktur von besonderer Bedeutung sein. Zum Beispiel der *Interrupt 11*, der die Konfiguration eines Geräts ermittelt, liefert einen 16-Bit-Wert zurück, dessen einzelne Bits bestimmte Konfigurationen aussagen. Natürlich ist es möglich, diesen Wert beispielsweise über Konstanten abzufragen und entsprechende Reaktionen auszulösen. Genausogut können Sie ein solches Bitmuster über eine Struktur anlegen und direkt die einzelnen Bits ansprechen. Im folgenden Programmbeispiel zeigen wir Ihnen, wie eine solche Bitstruktur angelegt wird. Die Syntax sieht etwas anders aus, als es bisher beschrieben wurde. Innerhalb der Struktur wird durch den Doppelpunkt und der gefolgten Zahl festgelegt, wieviel Bits das Strukturelement aufnehmen soll. Alles weitere erledigt der Compiler für Sie. Dieser legt einen Speicherbereich an, der eine Größe der insgesamt definierten Bits hat. In unserem Beispiel hat die Struktur eine Gesamtgröße von lediglich 2 Bytes. Die Komponenten innerhalb dieser Struktur werden jedoch nicht als Bit-, sondern als Bytegröße behandelt. Dies ist insofern notwendig, als es nicht möglich ist, einen Speicherbereich beispielsweise in der Größe von zwei Bits anzulegen. Doch damit werden Sie nicht belastet. Die Umsetzung und Speicherverwaltung erfolgt intern durch den Compiler. Wenn Sie z.B. ein Strukturmuster wie folgt anlegen

```
struct port
    {
    unsigned  bit_0 : 1;
    unsigned  bit_1 : 1;
    unsigned  bit_2 : 1;
    unsigned  bit_3 : 1;
    unsigned  bit_4 : 1;
    unsigned  bit_5 : 1;
    unsigned  bit_6 : 1;
    unsigned  bit_7 : 1;
    unsigned  bit_h : 8;
    };
```

und dieses dann einer Strukturvariablen zuweisen, können Sie die einzelnen Struktur-Elemente wie gewohnt ansprechen. Sie sollten unbedingt beachten, daß bei Bitstrukturen jedes Element auf Standard-C-Systemen als *"unsigned"* definiert werden muß. Wenn Sie ein Element verändern, indem Sie z.B. den Zustand 1 in Zustand 0 umwandeln, verändert sich der Wert, den die Struktur anhand ihrer Definition aufnehmen kann. Sie haben also ein Bit verändert. In diesem Strukturmuster wurden acht einzelne Bits (*bit_0* bis *bit_7*) und ein Byte *(bit_h)* deklariert. *bit_h* nimmt in diesem Fall das "Highbyte" auf. Wenn wir der Struktur nun einen Namen geben und die einzelnen Bits ansprechen wollen, gehen wir wie folgt vor:

```
struct port *muster
muster->bit_0 = 1;
muster->bit_h = 100;   /*Wert 0-255 max.*/
```

Als folgendes sehen Sie ein Programmbeispiel, das sich mit einer Bitmaske beschäftigt. In der Funktion *wert()* kann ein Dezimalwert eingegeben werden. Dieser wird über einen *cast* als *return*-Code der Struktur *muster* zugewiesen. Die einzelnen Bitwerte werden im Anschluß daran durch die Funktion *printf()* ausgegeben. Sie sollten es einmal probieren, die Funktion *wert()* dahingehend zu ändern, daß beispielsweise ein Port angesprochen wird, der einen 16-Bit-Wert als *return*-Code liefert. Die Zwangskonvertierung durch den *cast* sollten Sie allerdings nicht vergessen.

```
/***********************************/
/* Bitstruktur mit struct          */
/***********************************/
#include <stdio.h>
#include <dos.h>
struct port {
            unsigned   bit_0 : 1;
            unsigned   bit_1 : 1;
            unsigned   bit_2 : 1;
            unsigned   bit_3 : 1;
            unsigned   bit_4 : 1;
            unsigned   bit_5 : 1;
            unsigned   bit_6 : 1;
            unsigned   bit_7 : 1;
            unsigned   bit_h : 8;
            } ;

struct port  unsigned *muster , *wert();

main()
{
   while((muster = wert()) != 0)
   {
   printf("\nDie Bitmaske von Wert = %d",muster);
   printf("\nByte 0 = %d",muster->bit_0);
   printf("\nByte 1 = %d",muster->bit_1);
   printf("\nByte 2 = %d",muster->bit_2);
```

```
        printf("\nByte 3 = %d",muster->bit_3);
        printf("\nByte 4 = %d",muster->bit_4);
        printf("\nByte 5 = %d",muster->bit_5);
        printf("\nByte 6 = %d",muster->bit_6);
        printf("\nByte 7 = %d",muster->bit_7);
        printf("\nByte h = %d",muster->bit_h);
        }
        exit(0);

}


/*************************************/
/* Wert in das Bitmuster eingeben    */
/*************************************/
struct port unsigned *wert()
{
unsigned *eingabe;
printf("\nBitte geben Sie einen Wert ein ");
scanf("%d",&eingabe);
return(struct port *) eingabe;
}
```

Typedef

Typedef läßt das Umbenennen eines Variablentyps zu. Wenn Sie eine Struktur, wie im vorigen Beispiel gezeigt wurde, mit *typedef* umbenennen, wird der Name der Struktur nicht mehr als Strukturvariable, sondern als eigener Datentyp angesehen. Diese Vorgehensweise kann die Lesbarkeit eines Programms um ein Vielfaches erhöhen. Jedesmal, wenn ein Datentyp benötigt wird, brauchen Sie beispielsweise nicht mehr den Namen des Strukturmusters einer Variablen zuzuweisen, sondern können vielmehr den mit *typedef* deklarierten Namen verwenden. Als Beispiel wollen wir die vorherige Struktur der Bitmaske verwenden. Die Struktur wird wie gehabt als Muster angelegt und dann mit *typedef* einer Struktur-variablen zugewiesen. Im weiteren Verlauf wird dann dieser Name verwendet, um das Strukturmuster einer Struktur-Variablen zuzuweisen. Der Effekt ist der gleiche, ob wir nun mit der Anweisung *struct* arbeiten, oder erst mit *typedef* einen Namen vergeben und diesen zur Zuweisung benutzen. In beiden Fällen wird eine Strukturvariable definiert.

Beispiel mit struct:

```
struct port {
            unsigned    bit_0 : 1;
            unsigned    bit_1 : 1;
            unsigned    bit_2 : 1;
```

```
                        unsigned   bit_3 : 1;
                        unsigned   bit_4 : 1;
                        unsigned   bit_5 : 1;
                        unsigned   bit_6 : 1;
                        unsigned   bit_7 : 1;
                        unsigned   bit_h : 8;
                        } ;

struct port  unsigned *muster , *wert ();
```

Ein Feld wird mit *muster->bit_0* angesprochen!

Beispiel mit typedef:

```
struct port {
                unsigned   bit_0 : 1;
                unsigned   bit_1 : 1;
                unsigned   bit_2 : 1;
                unsigned   bit_3 : 1;
                unsigned   bit_4 : 1;
                unsigned   bit_5 : 1;
                unsigned   bit_6 : 1;
                unsigned   bit_7 : 1;
                unsigned   bit_h : 8;
                } ;

typedef struct port  port_t;
port_t unsigned *muster , *wert ();
```

Ein Feld wird mit *muster->bit_0* angesprochen!

```
/***********************************/
/* Bitstruktur  mit typedef        */
/***********************************/
#include <stdio.h>
#include <dos.h>
struct port {
                unsigned   bit_0 : 1;
                unsigned   bit_1 : 1;
                unsigned   bit_2 : 1;
                unsigned   bit_3 : 1;
                unsigned   bit_4 : 1;
                unsigned   bit_5 : 1;
                unsigned   bit_6 : 1;
                unsigned   bit_7 : 1;
                unsigned   bit_h : 8;
                } ;

typedef struct port  port_t;
port_t  unsigned *muster , *wert ();
```

```
/***************************************************/
/* Anstelle des Befehls                         */
/*     struct port unsigned *muster, *wert();   */
/* wurde nun der Befehl                         */
/*     port_t  unsigned *muster , *wert();      */
/* verwendet. Der Befehl struct und port_t      */
/* sind nun synonym.                            */
/***************************************************/

main()
{
   while((muster = wert()) != 0)
   {
   printf("\nDie Bitmaske von Wert = %d",muster);
   printf("\nByte 0 = %d",muster->bit_0);
   printf("\nByte 1 = %d",muster->bit_1);
   printf("\nByte 2 = %d",muster->bit_2);
   printf("\nByte 3 = %d",muster->bit_3);
   printf("\nByte 4 = %d",muster->bit_4);
   printf("\nByte 5 = %d",muster->bit_5);
   printf("\nByte 6 = %d",muster->bit_6);
   printf("\nByte 7 = %d",muster->bit_7);
   printf("\nByte h = %d",muster->bit_h);
   }
   exit(0);

}


/************************************/
/* Wert in das Bitmuster eingeben    */
/************************************/
struct port unsigned *wert()
{
unsigned *eingabe;
printf("\nBitte geben Sie einen Wert ein ");
scanf("%d",&eingabe);
return(struct port *) eingabe;
}
```

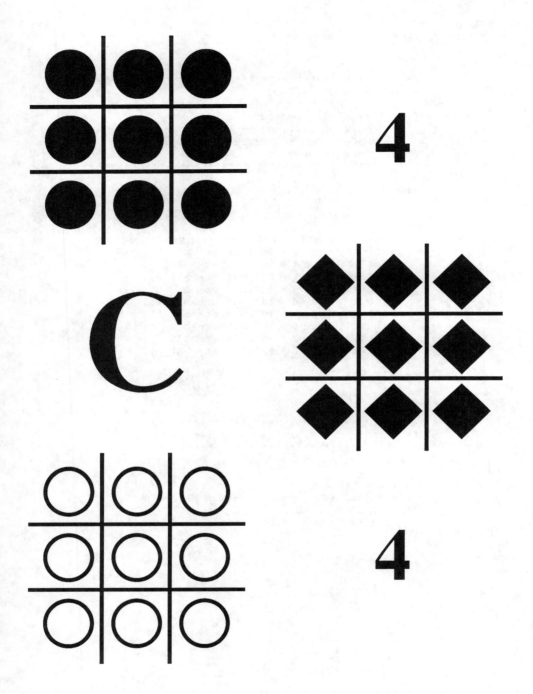

4

C

4

Kapitel 4

Rund um das System

Dieses Kapitel wurde bewußt in mehrere Kategorien aufgeteilt. Für die Systemprogrammierung ist es notwendig, über Interrupts oder Speicheradressierung Bescheid zu wissen. Neben den Dienstprogrammen des Betriebssystems sollte man außerdem noch einige Dinge kennen, die man als Begleitkenntnisse bezeichnen könnte. Das sind z.B. die Zahlensysteme, Register, Adressierungen von Segmenten und der Disketten-Controller.

Alle Bereiche der Systemprogrammierung können und sollen auch gar nicht behandelt werden. Dazu sollten Sie auf die speziellen Assembler- oder System-Handbücher zurückgreifen, wo diese Dinge ausführlicher beschrieben werden [10 – 12]. Die wichtigsten Bereiche, die Ihnen in der C-Programmierung wertvolle Hinweise liefern, werden in den folgenden Seiten jedoch beschrieben, und in den Anhängen C und F finden Sie zusätzliche Systeminformationen. Darüber hinaus enthält der Anhang E interessante Programmbeispiele.

Das Zahlensystem

Für die Leser, die ihr Gedächtnis auffrischen wollen oder deren Kenntnisse noch nicht über die dezimale Darstellung hinausragen, beginne ich mit einer Erläuterung der Zahlensysteme, mit denen der PC arbeitet.

Wenn Sie auf Assembler-Basis mit Ihrem Rechner kommunizieren möchten, sollten Sie verstehen, wie dieser Ihre Werte interpretiert. Zunächst kennt der Rechner nur den Zustand "an" oder "aus", was durch die Werte 0 (aus) oder 1 (an) wiedergegeben und binäres Zahlensystem genannt wird. Die Werte werden hierbei auf der Basis 2 gebildet. Außer der binären Zahlendarstellung gibt es noch die Darstellung auf der Basis 16, was im Fachjargon als hexadezimale Darstellung bezeichnet wird.

Die binäre Darstellung

In den vorherigen Kapiteln wurde erwähnt, wie für ein Programm benötigte Daten oder auch das Programm selbst in den Speicher geladen und dort aufbewahrt werden. Diesen Speicher können Sie sich als ein großes Arbeitsblatt vorstellen, das in verschiedene Bereiche unterteilt ist. Innerhalb der Bereiche werden in einzelnen Speicherzellen Werte aufbewahrt.

Die Werte werden durch ein Bitmuster identifiziert, dessen einzelne Bits den Zustand "an" oder "aus" haben können. Der Laie auf diesem Gebiet wird sich nun die Frage stellen, wie mit diesen beiden Zuständen überhaupt ein Wert erzeugt werden kann. Die kleinste Größe, die wir bis jetzt kennengelernt haben, ist das Byte. Wir wissen auch, daß sich ein Byte aus 8 Bits zusammensetzt. Diese Bits sind sozusagen die Schalter. Aufgrund ihres Zustands in Verbindung mit der Zahlenbasis 2 wird über diese acht Schalter ein Wert erzeugt. Dieser Wert liegt im Dezimalbereich von 0 bis 255. Jedes Zeichen, das Sie über die Tastatur eingeben, hat einen bestimmten Dezimalwert. Das Byte gilt im PC-Bereich als grundlegendes Element. Die Speichergröße eines Rechners wird daher nach diesem Element charakterisiert, wobei wir diese Größenordnung in Byte, Kilo Byte (KB) und Mega Byte (MB) wiedergeben.

Wir wollen nun schrittweise vorgehen und sehen, wie ein Buchstabe oder ein anderes Zeichen gebildet wird. Beginnen wir bei der dezimalen Form, die Ihnen ja vertraut ist. Uns stehen 10 Ziffern zur Verfügung (0 – 9), aus denen wir Zahlen jeder Größenordnung bilden können. Die mathematischen Regeln sind uns bekannt und werden daher nicht weiter behandelt. Bei der Darstellung von Werten, die größer als 9 sind, wird jeweils eine weitere Ziffer benötigt. Der Wert wird also um die nächstfolgende Zehnerpotenz ergänzt. Nehmen wir als Beispiel einmal den Dezimalwert 4500 auseinander.

$$4 \text{ mal } 10^3$$
$$5 \text{ mal } 10^2$$
$$0 \text{ mal } 10^1$$
$$0 \text{ mal } 10^0$$

Wir haben also viermal den Wert 1000, fünfmal den Wert 100 usw.

Bei der Basis 2, der binären Darstellung, arbeiten wir nach dem gleichen Prinzip. Hier rechnen wir jedoch mit Zweierpotenzen. Schauen wir uns diese Form anhand der einzelnen Schalter an (Abb. 4.1), wobei wir zunächst den Wert 0 in seiner binären Form darstellen.

7	6	5	4	3	2	1	0	Bitposition
0	0	0	0	0	0	0	0	Schalterstellung
0								Dezimalwert

Abb. 4.1: Darstellung eines Bytes mit dem Wert 0

Alle Schalter (Bits) haben den Zustand "aus". Somit hat dieses Byte den Wert 0. Betrachten Sie nun in Abb. 4.2, welche Werte aufgrund der einzelnen Schalter als Grundlage dienen, wenn wir die Basis 2 voraussetzen.

Eine 1 auf Bitposition	Zweierpotenz	ergibt	Dez.-Wert
7	2^7	2*2*2*2*2*2*2	128
6	2^6	2*2*2*2*2*2	64
5	2^5	2*2*2*2*2	32
4	2^4	2*2*2*2	16
3	2^3	2*2*2	8
2	2^2	2*2	4
1	2^1	2	2
0	2^0	1	1
Darstellbare Größe, wenn alle Bits = 1: 255			

Abb. 4.2: Zweierpotenzen

Anhand dieser Werte können wir nun pro Byte einen Dezimalwert von 0 bis 255 zuweisen. Wir wollen in Abb. 4.3 das Bitmuster für den Wert 156 betrachten.

7	6	5	4	3	2	1	0	Bitposition
1	0	0	1	1	1	0	0	Schalterstellung
			156					Dezimalwert

Bitposition 7: 2^7	=	128		
Bitposition 4: 2^4	=	16		
Bitposition 3: 2^3	=	8		
Bitposition 2: 2^2	=	4		
Ergebnis		156		

Abb. 4.3: Binäre Darstellung des Dezimalwerts 156

Das Prinzip ist also folgendes: Die jeweilige Bitpositionsnummer (0 – 7) wird für die Basis 2 verwendet, sofern diese den Zustand an bzw. 1 hat. Alle Werte der gesetzten Bitpositionen werden ermittelt und addiert. Das Ergebnis ergibt den dezimalen Wert des Bytes.

Die interne Darstellungsweise wird vom jeweiligen Datentyp bestimmt, wobei z.B. bei einem *char*-Wert alphanumerische Zeichen ausgegeben werden. Das betreffende Zeichen wird aufgrund des Dezimalwerts aus der ASCII-Tabelle ermittelt und ausgegeben.

Addition binärer Zahlen

Ähnlich wie bei der Addition von Dezimalwerten läuft dieses auch bei binären Werten ab. Bei Dezimalwerten muß nach der Addition von zwei oder mehr Ziffern ein Übertrag gemacht werden, sofern das jeweilige Ergebnis größer 9 ist. Werden z.B. Bitpositionen addiert, in denen beide Bits den Wert 1 haben, erfolgt ein Übertrag in die nächsthöhere Bitposition. Bei der Addition mehrerer Bits ist dieser Vorgang etwas umständlicher, da unter Umständen mehrere Überträge berücksichtigt werden müssen. Eine Addition läuft nach folgenden Regeln ab:

$$1 + 1 = 0 \text{ und Übertrag}$$
$$1 + 0 = 1$$
$$0 + 1 = 1$$
$$0 + 0 = 0$$

Bei einer Addition des Bitmusters

```
  1011
+ 0011
------
  1110
```

finden infolgedessen zwei Überträge statt. Die Addition der beiden rechten Bits ergibt den Wert 0 und einen Übertrag von 1 in die nächste Bitposition. Dort ergibt die Addition den Wert 1 und wieder einen Übertrag in die nächste Bitposition.

Vorzeichen

Wie wir bis jetzt gesehen haben, hat bei Zahlen ohne Vorzeichen jedes Bit einen bestimmten Stellenwert, der wiederum von der jeweiligen Position (0 – 7) abhängig ist und einen Maximalwert von 255 zuläßt. Bei einer Zahlendarstellung mit einem positiven oder negativen Vorzeichen entfällt der Stellenwert des höchsten Bits. Der Wert 128 also, der sich aus dem Bit auf der Position 7 ergibt, wird dann nicht mehr berücksichtigt. Pro Byte ist dann nur noch ein Maximal- bzw. Minimalwert von +127 bzw. –127 darstellbar. Das Bit auf Position 7 kennzeichnet dann das Vorzeichen. Hat dieses Bit den Wert 1, ist der Wert negativ. Hat das Bit den Wert 0, ist der Wert positiv.

Darstellung im Zweierkomplement

Die Darstellung von Zahlen mit vorangestelltem Vorzeichen hatte jedoch mehrere Nachteile. Es war eine gesonderte Vorzeichenberechnung notwendig, und das Rechenwerk des Computers mußte sowohl addieren als auch subtrahieren können. Außerdem gab es bei dieser Darstellung zwei Nullen, eine positive (00000000) und eine negative (10000000). Aus diesen Gründen hat man das Verfahren der Komplementbildung entwickelt, wodurch alle elementaren Rechenoperationen auf die Addition zurückgeführt werden konnten.

Um das Zweierkomplement einer negativen Zahl zu bilden, kehrt man die Werte der Bitposition einfach um.

Jedes Bit erhält dann den gegenteiligen Wert: 0 wird zu 1 und 1 wird zu 0. Im Anschluß daran wird eine 1 auf das Ergebnis addiert. Wir schauen uns

diesen Vorgang an einem Beispiel an. Die Zahl 100 soll negativ dargestellt werden.

```
0 1 1 0 0 1 0 0   : 100
1 0 0 1 1 0 1 1   : Komplementbildung
            1     : Additionswert
```
___
```
1 0 0 1 1 1 0 0   : –100
```

In dieser Darstellung können in einem Byte die Werte von –128 bis +127
verschlüsselt werden. In der Praxis werden Sie jedoch kaum in die Lage
kommen, sich mit solchen Zahlendarstellungen auseinandersetzen zu
müssen, da die Sprache C numerische Werte mit oder ohne Vorzeichen
aufnehmen und entsprechend interpretieren kann. Sollten Sie aber in die
Verlegenheit geraten, irgendwelche Werte im Speicher identifizieren zu
müssen, kann es durchaus sinnvoll sein, diese auf Vorzeichen zu überprüfen.

Die hexadezimale Darstellung

Das Arbeiten mit der binären Darstellung kann mitunter sehr fehleranfäl-
lig sein. Insbesondere in der Schreibweise schleichen sich oft Fehler ein,
die schwer zu lokalisieren sind. In dieser Darstellung haben Sie es in der
Regel mit Bitgruppen zu tun. Aus diesem Grund und aus der Tatsache
heraus, daß frühere Prozessoren 4-Bit-Typen waren, entstand ein logisches Alternativsystem, das Bits in Vierergruppen interpretiert. Eine solche Bitgruppe bietet als Zahlendarstellung maximal 16 Kombinations-
möglichkeiten, nämlich alle Bits auf 0 (0000 = 0) bis alle Bits auf 1 (1111
= 15). Dieses Zahlensystem basiert auf der Zahl 16 und wird somit als he-
xadezimales Zahlensystem bezeichnet. Die ersten 10 Zahlen dieses Systems werden durch die Ziffern 0 bis 9 wiedergegeben. Die Zahlen 10 bis
15 hingegen werden mit den Buchstaben A bis F bezeichnet. Wie das binäre und dezimale Zahlensystem auch, hat jede hexadezimale Ziffer einen Stellenwert, der einer Potenz seiner Basis entspricht (siehe auch Abbildung 4.4).

hexadezimal	binär	dezimal
0	0000	0
1	0001	1
2	0010	2

Abb. 4.4: Darstellung pro Halbbyte (4 Bits)

hexadezimal	binär	dezimal
3	0011	3
4	0100	4
5	0101	5
6	0110	6
7	0111	7
8	1000	8
9	1001	9
A	1010	10
B	1011	11
C	1100	12
D	1101	13
E	1110	14
F	1111	15

Abb. 4.4: Darstellung pro Halbbyte (4 Bits) (Fortsetzung)

X	D	X	D	X	D	X	D
0000	0	000	0	00	0	0	0
1000	4096	100	256	10	16	1	1
2000	8192	200	512	20	32	2	2
3000	12288	300	768	30	48	3	3
4000	16384	400	1024	40	64	4	4
5000	20480	500	1280	50	80	5	5
6000	24576	600	1536	60	96	6	6
7000	28672	700	1792	70	112	7	7
8000	32768	800	2048	80	128	8	8
9000	36864	900	2304	90	144	9	9
A000	40960	A00	2560	A0	160	A	10
B000	45056	B00	2816	B0	176	B	11
C000	49152	C00	3072	C0	192	C	12
D000	53248	D00	3328	D0	208	D	13
E000	57344	E00	3584	E0	224	E	14
F000	61440	F00	3840	F0	240	F	15
1 B Y T E				1 B Y T E			

*Abb. 4.5: Die Umwandlungstabelle hexadezimal/dezimal (Hexadezimalwert X,
Dezimalwert D)*

Wie Sie sehen, werden pro Halbbyte die hexadezimalen Werte über die Bitgruppen (je 4 Bits) ermittelt. Der dezimale Wert 1000 setzt sich beispielsweise wie folgt zusammen:

$$768 + 224 + 8 = 1000 \quad \text{Dezimalwert}$$
$$300 + E0 + 8 = 3E8 \quad \text{Hexadezimalwert}$$

Dezimalzahlen und BCD

An dieser Stelle wollen wir noch die Dezimalzahlen behandeln und auf das BCD-Format eingehen. Viele Funktionen, wie z.B. der Interrupt 1A, der die Uhrzeit liest, erwarten BCD-Werte. Der Grund liegt an dem Zahlenformat, in dem die Werte an die Register übergeben werden müssen. Dezimalzahlen werden als Byte-Werte ohne Vorzeichen in gepacktem oder ungepacktem Format abgespeichert. Bei einer Dezimalzahl enthält jedes Byte zwei binärcodierte Dezimalziffern (Binary Coded Decimal – BCD). Die niederwertige Ziffer wird in den unteren 4 Bits und die höherwertige in den oberen 4 Bits codiert. Daher kann ein gepacktes Dezimal-Byte Werte von 00 bis 99 aufnehmen. Bei einer ungepackten Dezimalzahl wird jedem Byte nur eine BCD-Ziffer zugeordnet, nämlich die der unteren 4 Bits. So betrachtet, kann ein ungepacktes Dezimal-Byte nur Werte von 0 bis 9 aufnehmen. Sie sollten sich den Unterschied merken, da einige Funktionen und Interrupts einen gepackten Wert erwarten.

gepackte Dezimalzahl: 2 BCD-Ziffern
ungepackte Dezimalzahl: 1 BCD-Ziffer (Bits 0 – 3)

Bei einer Multiplikation oder bei einer Division muß die höherwertige Ziffer auf Null stehen, wohingegen bei den anderen Rechenoperationen der Wert keine Rolle spielt. Woher weiß der 8088-Prozessor nun, welche Art von Zahlen er bearbeiten soll? Was erwartet er bei einer Addition? Der 8088 weiß es nicht, und es ist ihm egal. Er nimmt einfach an, daß alle Operanden Binärzahlen sind, und reagiert entsprechend. Dieses Verhalten ist durchaus korrekt, sofern beide Operanden auch binär sind. Ist dies nicht der Fall, brauchen Sie sich also nicht zu wundern, wenn Sie ein falsches Ergebnis erhalten.

Wie werden Zahlen gespeichert?

Der 8088-Prozessor speichert die Zahlen in umgekehrter Reihenfolge ab. Das höherwertige Byte an der niedrigen Adresse und das niederwertige Byte an der folgenden Adresse. Soll z.B. die 16-Bit-Zahl 1234h in der

Speicherstelle mit dem Namen *wert* abgelegt werden, wird der Wert 34h unter dieser Adresse und der Wert 12h im folgenden Byte abgelegt (*wert* + 1). Ähnlich wird eine 32-Bit-Zahl mit doppelter Genauigkeit abgespeichert. Nehmen wir den Wert 12345678h unter der Variablen *wert*. Beginnend an der Adresse von *wert* wird der Wert 78h abgelegt. In den folgenden Bytes werden dann die Werte 56h (*wert* + 1), 34h (*wert* + 2) und 12h (*wert* + 3) abgelegt. Dieses umgekehrte Speicherschema ist bei Operationen mit Zahlen aus mehreren Bytes immer dann zu berücksichtigen, wenn Sie in der Sprache C mit den Speicheradressen oder der direkten Adressierung arbeiten. Auch wenn Sie gepackte oder ungepackte Werte an Funktionen übergeben, die solche Werte erwarten, ist dies zu berücksichtigen. Sofern Sie BCD-Werte übergeben müssen, weisen wir Sie an der betreffenden Stelle darauf hin.

Der Arbeitsspeicher

Der Arbeitsspeicher dient als Zentrale für alle Ausführungen unserer Operationen. Normalerweise beinhaltet dieser Speicher alle Informationen, die ein Programm bei seiner Ausführung benötigt. Im Gegensatz zu externen Speichern (Festplatte, Diskette) handelt es sich hier um einen temporären Arbeitsbereich, der bei Programmende wieder freigegeben wird. Aus Kapitel 1 wissen wir, daß Variableninhalte, die programmintern durch einen Namen angesprochen werden, jeweils eine Adresse haben, unter der die Werte aufbewahrt werden. Die Größen und die Werte, die dort abgelegt werden können, sind von Rechner zu Rechner unterschiedlich. Viele der älteren Modelle haben im Gegensatz zu den neueren ungewöhnlich große Speicherplätze. In diesem Zusammenhang sollte der Begriff "Wort" geläufig sein. Im Gegensatz zur gängigen Speicherform, dem Byte (8 Bits), besteht ein Wort aus 4 Bytes, ein Doppelwort sogar aus 8 Bytes. Der Nachteil solcher Speichermodelle besteht darin, daß viele Programmdaten in der Regel bedeutend weniger Speicherplatz als ein Wort benötigen. In der PC-Welt haben wir dieses Problem nicht. Jede einzelne Speicheradresse hat die Größe eines Bytes und ist daher eine leicht zu behandelnde Informationseinheit.

Im Zusammenhang mit der binären Darstellung haben Sie gelesen, daß ein Byte numerische Werte von 0 bis 255 aufnehmen kann. Der ASCII-Code (siehe Anhang A) verfügt über einen Zeichensatz, der jedem Wert in diesem Bereich ein Zeichen zuordnet. Die Basis dieses Zeichensatzes besteht allerdings nur aus den ersten 128 Zeichen. Der Rest wird als "erweiterter ASCII-Zeichensatz" bezeichnet. Beim Abspeichern von Informationen, die länger als ein Byte sind, wird das äußerst linke Byte auf der niedrigsten Adresse abgelegt. Die weiteren Zeichen befinden sich dann an den folgenden Speicherplätzen. Das gleiche gilt für numerische Werte. Das gängige Speicherformat besteht aus zwei Bytes, was dem 8088-Mikroprozessor in seiner Arbeitsweise sehr entgegenkommt. Dessen Terminologie besagt, daß zwei Bytes ein Wort bilden, daher sind viele Instruktionen auf diese Basis ausgerichtet. Zahlen, die eine Größe von zwei oder mehr Bytes haben, werden mit dem niedrigsten Byte beginnend im Speicher abgelegt.

Die Adressen des Speichers werden numerisch aufsteigend vergeben. Für die Berechnungen und Manipulationen dieser Adressen benutzt der Rechner seine arithmetischen Fähigkeiten. Sie sollten sich darüber im klaren sein, daß ein PC normalerweise über mehr Speicherplatz verfügt, als sein Betriebssystem verwalten kann. Somit ist die Kapazität des PCs auf den Verwaltungsbereich eingeschränkt. Ein allzu kleiner Speicherbereich kann jedoch zu einer erheblichen Behinderung in der Programmierung führen. Insbesondere bei den Modellen, die unter 256 KByte liegen, ist das der Fall, da das Betriebssystem selbst noch einiges an Speicherplatz benötigt. Beim IBM PC haben Sie diese Sorge nicht, da die Adressen beim 8088-Prozessor eine Länge von 20 Bits haben. Rechnen Sie dies einmal hoch, werden Sie feststellen, daß sich damit maximal 1024 KByte adressieren lassen.

Speicheradressierung

Mit einem 16-Bit-Wort können Sie maximal einen Bereich von 0 bis 65535 (64 KByte – oder 1/16 von 1024) ansprechen. Wie werden nun die Adressen erreicht, die über diesen Bereich hinausragen? Für dieses Problem ergab sich folgende Lösung.

Wenn einer 16-Bit-Zahl vier binäre Nullen hinzugefügt werden, erhält man logischerweise eine 20-Bit-Zahl. Wenn Sie diese Nullen an einen 16-Bit-Wert anhängen, dann verschieben Sie also den ursprünglichen Wert. Sie multiplizieren die Zahl quasi mit 16. Damit ist die Lösung aber noch nicht komplett. Schließlich kann man mit dieser 20-Bit-Zahl lediglich einen von 16 Speicherplätzen erreichen, nämlich den, dessen Adresse mit vier Nullen endet. Alle anderen 15 Speicherplätze, deren Adressen nicht mit dieser Zahlenkombination enden, werden also noch nicht erreicht. Dieses Problem wird dadurch gelöst, daß man für eine komplette Adresse einfach zwei 16-Bit-Zahlen verwendet. An die erste werden die vier Nullen angefügt, und der Wert der zweiten 16-Bit-Zahl wird einfach hinzuaddiert. Durch diese Idee entstand die Formel

```
  Segmentadresse
+ Offsetadresse
```

```
= absolute Adresse
```

die wir nun erläutern wollen. Stellen Sie sich den 1024-KByte-Speicherbereich zunächst als Blatt vor, das 16mal unterteilt ist. Jeder dieser 16 Bereiche hat eine Größe von 64 KByte (65535 Byte). Der erste Bereich beginnt mit der Adresse 0 (Null). Bei der Adressierung von Speicherplätzen mit jeweils einem Byte pro Adresse fängt der nächste Bereich also bei der Adresse 65535 an, der folgende Bereich dann bei 131070 usw.

Diese einzelnen Bereiche werden *Segmente* genannt, und die Form dieser Adressenbildung nennt man *Segmentadressierung*. Jede einzelne Adresse eines solchen Segments wird aus einer Segmentadresse plus der relativen Adresse des jeweiligen internen Segmentbereichs gebildet. Diese relative Adresse dient dazu, die letzten vier Bits (Nullbits) eines Segments zu spezifizieren, und sie kann einen beliebigen Wert von 0 bis 64 KByte – 1 beinhalten. Die Leser, denen der Umgang mit dem DEBUG-Programm vertraut ist, haben dies sicher schon kennengelernt und sind mit dieser Materie vertraut. Am häufigsten wird mit Hilfe der relativen Adresse ein Speicherplatz belegt oder verändert.

Wir wollen uns den Vorgang einmal bildlich vorstellen. Die Schreibweise einer Adresse solchen Formats lautet:

```
      Segment  :  Offset
z.B.    40     :  0017 (Adresse des Tastaturbereichs im ROM-BIOS)
```

Die absolute Adresse errechnet sich daraus wie folgt:

Segmentadresse

0	0	4	0

Offsetadresse

0	0	1	7

Adreßbildung

	0	0	4	0	0
+	0	0	1	7	

0	0	4	1	7	absolute Adresse

Die vollständige Adresse wird aus zwei Teilen gebildet. Der Segmentteil wird so behandelt, als habe er 20 Bits. Dadurch, daß die Hexadezimalzahl der Segmentadresse einfach um eine Stelle nach links geschoben wird, endet sie mit vier binären Nullen. Die absolute Adresse wird dann durch Addition des Offsets aus einem normalen 16-Bit-Register gebildet.

Wenn Sie also auf eine Adresse wie 1111:2222 stoßen, gehen Sie nicht davon aus, daß die richtige Adresse 3333 lautet (1111+2222), sondern sie wird wie folgt berechnet:

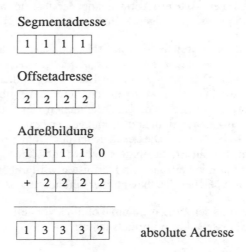

Segmentadresse

1	1	1	1

Offsetadresse

2	2	2	2

Adreßbildung

1	1	1	1	0
+ 2	2	2	2	

| 1 | 3 | 3 | 3 | 2 | absolute Adresse
|---|---|---|---|---|

Für die Arbeit mit segmentierten Adressen verfügt der 8088-Prozessor über Segmentregister. Diese sind speziell für die Aufnahme der Adressen bestimmt. Haben Sie einmal eine Segmentadresse geladen, brauchen Sie nur noch die Offsetadresse anzugeben.

Beachten Sie bitte, daß ohne Änderung des Segmentregisters nur ein temporärer Arbeitsbereich von 64 KByte zur Verfügung steht. Wenn Sie komplexe Anwendungen erstellen, die über diesen Bereich hinausgehen, müssen Sie zum ersten das Segmentregister anpassen und zum zweiten die Variablen als *far* deklarieren, um in diesen Segmentbereich zu gelangen.

Register

Wenn Sie nicht unbedingt Anwendungen erstellen, die einen sehr komplexen Bereich abdecken sollen und mehr als 64 KByte benötigen, werden Sie in der Regel mit einem Segment auskommen. Um trotzdem mit mehr als 64 KByte gleichzeitig arbeiten zu können, ist der 8088-Prozessor mit vier verschiedenen Segmentregistern ausgerüstet. Jedes von diesen erfüllt dabei einen bestimmten Zweck. Diese Register haben die Namen

DS Daten-Segmentregister
CS Code-Segmentregister
SS Stapel-Segmentregister
ES Extra-Segmentregister

und jedes kann bis zu 64 KByte aufnehmen.

Die Segmentregister DS und CS werden von den Daten und dem Code eines Programms belegt. Sozusagen als Zwischenspeicher für programminterne Variablen dient der Stack (Stapelspeicher). Sobald ein Programm lauffbereit ist, entscheidet das Betriebssystem selbst, welche Bereiche für diese Register verwendet werden, und belegt diese Register entsprechend. Diese verweisen dann nicht unbedingt auf Speicherplätze, die in weit entfernten Bereichen liegen. Werden für ein Programm nicht außergewöhnlich viele Daten benötigt, so werden diese Bereiche möglichst nahe beieinander belegt. Dabei können auch Überlappungen auftreten. Angenommen, Ihr Programm benötigt für den Ablaufcode 20 KByte, für Daten 30 KByte und für den Stack 10 KByte, dann werden diese Bereiche aufeinanderfolgend reserviert. Die Abb. 4.6 soll dies verdeutlichen.

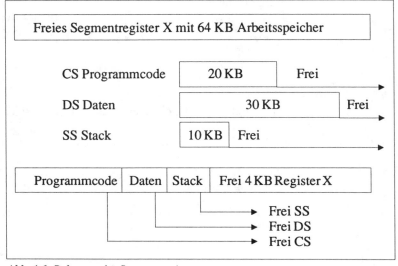

Abb. 4.6: Belegung der Segmentregister

Neben diesen Registern, die für den Arbeitsspeicher benötigt werden, verwendet der 8088-Prozessor noch weitere Allzweckregister. Es handelt sich hierbei ebenfalls um 16-Bit-Register, die allerdings bei der byteweisen Adressierung in je zwei 8-Bit-Register unterteilt werden können. Diese Register heißen AX, BX, CX und DX-Register. Sie können in AH/AL, BH/BL, CH/CL und DH/DL aufgeteilt werden, wobei z.B AH das höherwertige Byte (high) und AL das niederwertige Byte (low) aufnimmt. Aufgrund dieser Möglichkeit ist es für Sie gleichbedeutend, ob Sie den Wert 1234 komplett in das Register AX übergeben oder den Wert 12 nach AH und den Wert 34 nach AL übergeben. Insbesondere das AX-Register wird für uns bei der Arbeit mit den Interrupts von Bedeutung sein, da die Interrupt-Funktionen an dieses Register übergeben werden. Wir werden diese also noch näher kennenlernen.

Die weiteren Register sind in der Abb. 4.7 aufgeführt. Wir werden jedoch nicht näher auf sie eingehen. Sollten in folgenden Beispielen für Sie unbekannte oder noch nicht erwähnte Register vorkommen, werden wir dort eine kurze Beschreibung zufügen. Ansonsten sind Sie mit speziellen Assembler-Handbüchern besser beraten, da dort eine vertiefte Einweisung vorgenommen wird. Für die Sprache C selbst ist die Kenntnis von Assembler nicht unbedingt eine Grundvoraussetzung.

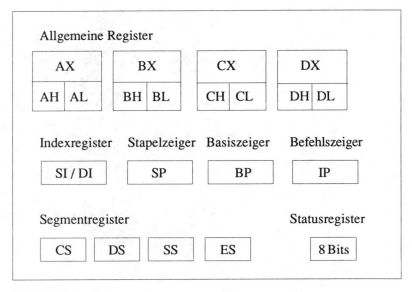

Abb. 4.7: Register

Die allgemeinen Register AX bis DX sind 16-Bit-Register, die jeweils in zwei Register mit 8 Bits unterteilt werden können. Diese Register können einzeln über das High- oder Low-Register oder auch als Ganzes angesprochen werden.

Die Indexregister SI und DI dienen der Adressierung von Strings (Zeichenketten) im Hauptspeicher. Das SI-Register dient als Quellindex und das DI-Register als Zielindex beim Kopieren von Speicherbereichen. Beide Register sind 16-Bit-Register.

Der Stapelzeiger SP zeigt immer auf den obersten Wert im Stapel (Stack). Der Basiszeiger BP dient als zusätzliches Register für den Stack und kann ebenfalls als 16-Bit-Register verwendet werden. Der Befehlszeiger IP zeigt auf den nächsten auszuführenden Befehl des Programms.

Die 4 Segmentregister sind für Sonderfunktionen vorgesehen. Sie dienen der Adressierung von Speicherbereichen bis zu 1 Megabyte. Diese Adressen werden durch Kombination der Segmentadresse mit einer zweiten 16-Bit-Adresse (Offset) gebildet. Diese Register bezeichnet man als 20-Bit-Register.

Das Statusregister dient sozusagen als Bitschalter. Seine 8 Bits enthalten Informationen über gerade ausgeführte arithmetische oder logische Operationen.

Die Speicherschnittstelle

Die Datenübertragung zwischen der CPU (Central Process Unit) und dem Hauptspeicher erfolgt über eine Speicherschnittstelle. Zugeordnete Daten, die als Befehl gelten, werden in die Befehlswarteschlange eingereiht und von dem Steuersystem an die ausführende Einheit übergeben. Zur gleichen Zeit werden von der Busschnittstelle weitere Befehle nachgeführt (sofern vorhanden). Durch diese Vorgehensweise wird erreicht, daß nach der Befehlsausführung unmittelbar "Nachschub" kommt. Der Programmablauf wird beschleunigt.

In diesem Zusammenhang werden Sie auch den Begriff "Pipeline-Verarbeitung" hören. Die arithmetisch-logische Einheit führt die mathematischen oder logischen Operationen durch. Bei arithmetischen Operationen werden dem Statusregister gesetzte Statusbits übergeben. Ein gesetztes Vorzeichenstatusbit bedeutet z.B., daß das Ergebnis einer Rechenoperation negativ ist.

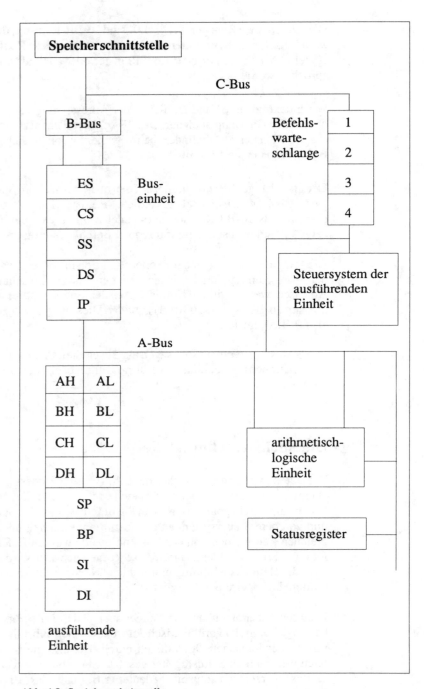

Abb. 4.8: Speicherschnittstelle

Der PSP

Für ein Programm werden zusätzliche Informationen benötigt, sobald es in den Speicher geladen wird. Bestimmte Interrupt-Vektoren müssen gesichert werden, falls sievom Programm verändert werden. Der Segmentbereich des Programms sowie diverse Parameter, die an das Programm übergeben werden, müssen ebenfalls bekannt sein. Für diese Informationen steht der PSP (program segment prefix – Programmsegment-Vorsatz) zur Verfügung. Es handelt sich hierbei um einen Speicherbereich mit einer konstanten Länge von 256 Bytes. Dort werden die für das DOS benötigten Informationen nach jedem Laden eines Programms (.COM oder .EXE) zur Verfügung gestellt. Die Position des PSPs ist nur insofern bekannt, daß sich dieser Satz unmittelbar vor dem geladenen Programm im Speicher befindet. Der PSP ist kein fester Bestandteil des Programms selbst. Das heißt, er wird nicht mit dem Programm auf der Diskette oder Festplatte abgespeichert, sondern lediglich beim Laden des Programms erstellt.

Die Adresse des PSPs kann jedoch ermittelt werden. Sehen Sie dazu auch im Abschnitt "Interrupts" bei den Funktionen 26 (38) und 62 (98) des DOS-Interrupts 21 nach. Der PSP beinhaltet folgende Informationen:

Satzposition	Information	Länge
00h	Aufruf Interrupt 20h	2 Bytes
02h	Adresse des Programmendes	2 Bytes
04h	DOS-reserviert	1 Byte
05h	Aufruf Interrupt 21h	5 Bytes
0Ah	Sicherung Interrupt-Vektor 22h	4 Bytes
0Eh	Sicherung Interrupt-Vektor 23h	4 Bytes
12h	Sicherung Interrupt-Vektor 24h	4 Bytes
16h	DOS-reserviert	22 Bytes
2Ch	Segmentadresse der Umgebung	2 Bytes
2Eh	DOS-reserviert	46 Bytes
5Ch	Dateisteuerblock 1	16 Bytes
6Ch	Dateisteuerblock 2	16 Bytes
80h	Zeichenanzahl der Kommandozeile	1 Byte
81h	komplette Kommandozeile ohne CR	127 Bytes

In der Position 00h wird ein Funktionsaufruf des DOS-Interrupts 20h abgelegt. Dieser beendet das Programm und gibt den Speicher wieder frei. Der Wert in der Position 02h gibt das Programmende in dem Segment an.

Ist z.B. noch RAM-Speicher frei und benötigt das Programm zusätzlichen Speicherplatz, so kann über diesen Wert ermittelt werden, wieviel Speicherplatz noch frei ist, und dieser für das Programm verfügbar gemacht werden. Ist allerdings kein Speicherplatz mehr frei, so muß über eine DOS-Funktion weiterer Speicher bereitgestellt werden. Die Information an der Position 05h ermöglicht das Aufrufen der DOS-Funktionen des Interrupts 21h (z.B. Dateien öffnen/schließen, Ein-/Ausgabefunktionen). Wird vom Programm einer der Interrupt-Vektoren 22h, 23h oder 24h (hex) verändert (z.B. durch Umleiten eines Interrupts), so ist für das System noch eine "Kopie" vorhanden, so daß der ursprüngliche Zustand nach Programmende wieder hergestellt werden kann, falls eine Änderung durchgeführt wurde. An der Position 16h werden Informationen wie z.B. das aktuelle Verzeichnis (Directory) und gesetzte Suchpfade abgelegt. Bei einer Parameterübergabe an das Programm werden die ersten beiden Parameter jeweils im Dateisteuerblock 1 und 2 abgespeichert. Dieser Vorgang begründet sich noch aus alten Zeiten. Seinerzeit ging man hinsichtlich der Kompatibilität zu CP/M noch davon aus, daß die ersten beiden Parameter Dateinamen benannten. Nach dem heutigen Entwicklungsstand können Sie davon ausgehen, daß dieser Bereich nicht mehr interessant ist. Es werden ohnehin alle Parameter, inklusive dieser beiden, ab der Position 81h abgelegt. Die Anzahl der Parameter, einschließlich des Programmnamens, wird an der Position 80h aufbewahrt.

.EXE- und .COM-Dateien

Der Grund, warum .COM-Dateien (Kommandodateien) schneller geladen werden als .EXE-Dateien (vom Linker erzeugte ausführbare Dateien), ist einfach erklärt. .COM-Programme dürfen einen Segmentbereich von 64 KByte nicht überschreiten, da sie sozusagen als Kopie des RAM-Speichers auf der Festplatte oder Diskette gespeichert werden. Beim Laden einer .COM-Datei werden keine zusätzlichen Informationen benötigt. Der Programmcode sowie der Datenbereich und der Stack befinden sich innerhalb des 64-Kbyte-Bereichs. Der Programmierer unterliegt daher gewissen Einschränkungen. Weiter oben wurde beschrieben, daß insgesamt 16 Segmente adressiert werden können, nämlich alle, deren Adressen mit vier binären Nullen enden. Innerhalb dieses Segments wird mit der Offsetadresse gearbeitet, die zur absoluten Adresse führt, indem sie auf die Segmentadresse addiert wird. Die Offsetadresse bezieht sich also auf das aktuelle Segment und ist somit variabel. Die Segmentadresse hingegen ist immer konstant und wird nicht verändert. Da eine .COM-Datei nicht immer in das gleiche Segment geladen und alles komplett in einem Segment abgelegt wird, kann über diesen Bereich hinaus keine weitere Adressierung erfolgen. Für den Programmierer stellt sich nun die Problematik, daß er mit seinem Programm die 64-KByte-Grenze (inkl. Datenaufkommen und Stack) einhalten muß. Darüber hinaus können keine *far*-Operationen durchgeführt werden. Da der Stapelspeicher bei .COM-Programmen am Ende abgelegt wird und sich bei jedem Aufruf eines internen Unterprogramms unweigerlich um 2 Bytes dem Segmentende nähert, muß der Programmierer hier ebenfalls die Grenze im Auge behalten.

.EXE-Programme sind hier nicht so beschränkt. Im Abschnitt "Register" haben Sie gesehen, wie Code-, Daten- und Stacksegment angeordnet sind und daß sie sich auch überlagern können. Ein .EXE-Programm wird jedoch nicht so schnell geladen wie ein .COM-Programm, da es zuvor eine Aufbereitungsfunktion (EXEC-Funktion) durchläuft. Außerdem wird es nicht in ein fest vorgegebenes Segment geladen. Bedingt durch die Tatsache, daß ein .EXE-Programm nicht nur aus einem Segment besteht, sind *far*-Anweisungen zumindest bei der Codierung des Quelltextes unvermeidlich. Doch dafür sorgt der Compiler. Der Vorteil für den Programmierer besteht allerdings auch darin, daß er mit anderen Segmenten arbeiten kann. Allerdings gibt es auch hier das Problem der Adressierung, da für einen Aufruf eines Unterprogramms die Segment- und die Offsetadresse bekannt sein müssen. Die Segmentadresse kann allerdings bei jedem Durchlauf unterschiedlich sein, abhängig davon, in welchem Segment sich das Programm gerade befindet. Bei .COM-Programmen tritt dieses Problem nicht auf, da der Bereich auf ein Segment begrenzt ist. Für .EXE-Programme stellt der Programm-Linker diese Informationen zur Verfügung. Am Beginn jedes .EXE-Programms werden Informationen abgelegt, die u.a. aussagen, welche Segmentadressen während der Verarbeitung oder des Programmablaufs benötigt werden. Der Informationsblock eines .EXE-Programms gliedert sich wie folgt:

Satzposition	Information	Länge
00h	Kennzeichen für .EXE-Programm 5A4Dh	2 Bytes
02h	Dateilänge modulo 512	2 Bytes
04h	Dateilänge dividiert durch 512	2 Bytes
06h	Anzahl anzupassender Segmente	2 Bytes
08h	Header-Größe	2 Bytes
0Ah	Mindestanzahl der benötigten Paragraphen	2 Bytes
0Ch	Maximale Anzahl der Paragraphen	2 Bytes
0Eh	Adresse Stacksegment	2 Bytes
10h	Inhalt SP-Register beim Start	2 Bytes

Satzposition	Information	Länge
12h	Prüfsumme über den Header des .EXE-Programms	2 Bytes
14h	Inhalt IP-Register beim Start	2 Bytes
16h	Adresse Codesegment	2 Bytes
18h	Adresse Relocation-Tabelle des .EXE-Programms	2 Bytes
1A	Overlay-Nummer	2 Bytes
1C	Pufferspeicher	variabel
	Adresse der anzupassenden Segment- adressen (Relocation-Tabelle)	variabel
	Pufferspeicher	variabel
	Code- und Datensegment	variabel
	Stacksegment	variabel

Sobald die Segmente an die tatsächlichen Adressen angepaßt sind, werden das DS- und ES-Register auf den Anfang des PSPs gesetzt, und das Programm kann diese Informationen über diese Register erreichen und nutzen. Wenn Sie z.B. Parameter an Ihr Programm übergeben, werden diese aus dem PSP entnommen. In der Sprache C haben Sie den Vorteil, daß Sie lediglich die Parameter in Ihrem Programm definieren müssen (*main*-Funktion *argc*, *argv[]*). Die Anzahl sowie der Programmname und Parameter stehen zu Ihrer Verfügung. Vielleicht war es jedoch interessant zu lesen, was sich dahinter verbirgt und wie der Ablauf in groben Zügen vonstatten geht.

Aufbau des Arbeitsspeichers

Wir wollen einmal betrachten, wie der 1 MByte große Adreßraum aufgeteilt ist. Bestimmte Bereiche dieses Speichers sind für spezielle Zwecke reserviert. Grob gesehen ist es so, daß der obere Bereich für interne Funktionen reserviert ist und der untere Bereich dem Anwender zur Verfügung steht. Diese Organisation bietet die Vorteile der Nutzung der reservierten Arbeitsspeicherblöcke, während gleichzeitig so viele Adressen wie möglich zur Verfügung stehen. Das obere Viertel des Arbeitsspeichers ist für den ROM (Read Only Memory – Nur-Lesespeicher) reserviert und beginnt ab der Adresse C0000 (hex). Von der Adresse F6000 bis FE000 ist dieser Speicher für das ROM-BASIC reserviert, und weiter oben ab der Adresse FE000 bis FFFFF ist das ROM-BIOS untergebracht. Der Rest dieses oberen Viertels C0000 bis F6000 könnte für weitere ROM-Daten Verwendung finden, ist z.Z. allerdings noch nicht belegt. Die Adressen

A0000 bis C0000 sind für den Bildschirmspeicher reserviert. Dort werden Ein- und Ausgaben bearbeitet. Monochrom-Ausgaben werden im Adreßbereich B0000 bis B8000 und Grafik- oder Farbausgaben im Bereich B8000 bis C0000 verarbeitet. In der Abb. 4.9 ist dargestellt, wie dieser Speicher aufgebaut ist.

Tatsächlich sind für den Bildschirmspeicher noch mehr Adressen reserviert als nur der 64-KByte-Bereich von B0000 bis C0000. Laut IBM-Dokumentation ist der vorherige Block ebenfalls verwendbar. Der Sinn und Zweck der ersten 16 KByte (A0000 bis A4000) ist jedoch in den Handbüchern unterschiedlich beschrieben. Die verbleibenden 48 KByte (A4000 bis B0000) sind allerdings ein Bestandteil des 112-KByte-Bereichs, der für den Bildschirmspeicher reserviert ist. Somit reicht die tatsächliche Begrenzung von A4000 bis C0000. Die gesamte Speichermenge unterhalb der Adresse A0000 (640 KByte) dient der üblichen Verwendung des Arbeitsspeichers. Beachten Sie für Ihre Programmerstellung bitte, daß z.B. Bildschirmausgaben mit einer Herkules-Karte im Adreßbereich B0000 bis B8000 und Ausgaben wie Grafik mit einer installierten EGA-Karte ab der Adresse B8000 abgelegt werden. Die Funktion *display()*, die am Ende dieses Kapitels beschrieben wird, arbeitet mit dem Bildschirmspeicher. Dort wird u.a. abgefragt, welche Adresse angesprochen werden muß. Weitere Informationen sind in dem jeweiligen Systemhandbuch des Herstellers zu finden.

00000	siehe Abb. 4.9 b
10000	Speicher Systemplatine und Erweiterung
40000	256 KByte-Grenze des normalen Arbeitsspeichers
A0000	reserviert für Bildschirm-I/O
B0000	Monochrome Ausgabe
B8000	Farb-/Grafik-Ausgabe
	Frei für Bildschirmausgabe
C0000	
	Frei für zukünftigen ROM
F6000	ROM-BASIC
FE000	ROM-BIOS
FFFFF	

Abb. 4.9 a: Aufbau des Arbeitsspeichers

00000	BIOS-Interrupt-Vektoren
00080	DOS-Interrupt-Vektoren
00100	reservierte Interrupts (40H bis 5FH)
00180	Benutzer-Interrupts (60H bis 7FH)
00200	BASIC-Interrupts
00400	BIOS-Datenbereich
00500	BASIC- und DOS-Datenbereich
00600	62,5 KByte Benutzerspeicher

Abb. 4.9 b: Aufbau des Arbeitsspeichers

Diskettenbelegung

Als weitere Komponente bei Ihrer Arbeit mit Turbo C oder einer sonstigen Programmiersprache sind Kenntnisse in der Diskettenverwaltung unbedingt erforderlich. Wenn Sie erkannt haben, was sich z.B. hinter der FAT oder dem Disketten-Controller verbirgt, wird Ihnen so manche Programmiertechnik in einem ganz anderen Licht erscheinen. Wir wollen hier die wichtigsten Punkte beschreiben.

Boot-Record

Auf einer Festplatte oder Diskette (sofern sie richtig formatiert wurde), befindet sich der Boot-Record, auch Urlader genannt. Dieser Boot-Record beinhaltet alle Informationen, die für ein ordnungsgemäßes Aktivieren des Betriebssystems notwendig sind. Sie finden dieses Schema bei fast allen Rechnern. Diese Informationen bestehen aus Programmen oder Programmnamen, die gestartet werden, sobald das Gerät eingeschaltet oder auch durch "Warmstart" neu hochgefahren wird. Starten Sie Ihr Gerät mit einer Boot-Diskette, so wird exakt die Adresse 31744 (7C00) des Arbeitsspeichers gelesen. Das heißt, daß das ROM-BIOS die Steuerung an das Boot-Programm übergibt und der Urlader das Betriebssystem lädt. Eine Boot-Diskette unterscheidet sich insofern von einer normal formatierten Diskette, daß diese die beiden Systemdateien IBMBIO.COM und

IBMDOS.COM enthält. Diese sind mit dem Dateiattribut *hidden* (versteckte Datei) versehen und werden mit dem normalen DIR-Befehl von DOS nicht angezeigt. Da sich diese Dateien auf fest definierten Adressen befinden, muß das Boot-Programm nicht die gesamte Diskette absuchen. Das ist auch gut so, da der Boot-Record nur eine Größe von 512 Bytes hat (Diskettensektor) und nicht viele Routinen beinhalten kann.

Disketten und Kopierschutz

Wie viele Informationen auf einer Diskette abgelegt werden sollen, hängt nicht zuletzt vom Betriebssystem und dem Laufwerk des Geräts ab. Das DOS-System kann zwei Diskettengrößen (*double-* oder *high-density*) einlesen. Das kleine Laufwerk mit der doppelten Schreibdichte werden Sie überwiegend bei XT-Geräten finden. Bei der AT-Serie hingegen finden Sie entweder nur das große Laufwerk oder auch beide Laufwerke vor, wobei das große Laufwerk als Standardlaufwerk A gilt.

Eine *double-density*-Diskette (doppelte Schreibdichte) hat 40 Spuren mit jeweils 9 Sektoren zur Verfügung. Jeder Sektor nimmt 512 Bytes auf. Wenn Sie eine Diskette mit dieser Schreibdichte formatieren, erhalten Sie im Anschluß daran die Meldung, daß 368.640 Bytes Diskettenspeicherplatz zur Verfügung stehen. Voraussetzung ist allerdings, daß es sich wirklich um eine doppelseitige Diskette handelt. Ist dies nicht der Fall, halbiert sich der Wert, und die Seite der Diskette wird beim Zugriff über ein Programm mit Seite 0 angesprochen (siehe BIOS-Interrupt 13). Die verfügbare Byte-Anzahl läßt sich einfach überprüfen. Multiplizieren Sie einfach die Anzahl der Seiten mit den Spuren, diesen Wert dann mit den Sektoren und schließlich noch mit 512 Bytes:

$$\text{Speicherkapazität} = \text{Seiten} * \text{Spuren} * 9 * 512$$

Disketten mit der Bezeichnung *high-density* nehmen maximal etwas mehr als 1 Megabyte auf und werden in 80 Spuren mit je 15 Sektoren und diese mit je 512 Bytes formatiert. Bei doppelseitigen Disketten erhalten Sie somit einen Wert von 1.228.800 Bytes, die auf der Diskette abgespeichert werden können.

Beim Formatieren von Disketten geschieht folgendes: Es werden Adreßmarken beschrieben, die jeden Sektor bestimmen und dessen Größe bezeichnen. Wenn Sie Disketten über eigene Software verarbeiten, sollten Sie dies berücksichtigen, da fehlende Adreßmarken beim Einlesen von Daten zu Fehlermeldungen führen. Dies gilt sowohl für selbst erstellte Programme als auch für den Diskettenzugriff über das DOS-Betriebssy-

stem. Ferner werden beim Formatieren alle freien Sektoren mit dem
ASCII-Zeichen 246 (^) belegt. Sollten Sie also Disketten sektorenweise
einlesen (siehe Anhang E) und Sie stoßen auf diese Zeichen, dann wurde
dieser Sektor noch nicht benutzt.

Die Formatierung läßt vier Sektorgrößen zu (124, 254, 512 und 1024
Bytes pro Sektor) wobei der DOS-Standard bei 512 Bytes liegt. Dieser
Punkt bildet auch einen Teilaspekt des Kopierschutzes. Das DOS-System ist so konzipiert, daß es nur 512 Bytes pro Sektor einliest. Einige
Hersteller verfahren beim Anlegen eines Kopierschutzes so, daß z.B. eine
bestimmte Spur in einer anderen Sektorgröße formatiert wird und einige
Daten dort Software-mäßig abgespeichert werden. Versuchen Sie diese
nun mit den DOS-Befehlen DISKCOPY oder COPY einzulesen, werden
Sie kein Glück haben. Es werden nur die Daten aus den Sektoren übertragen, die dem DOS-Standard entsprechen. Ein gutes Kopierprogramm
umgeht dies, indem der Lesevorgang an dieses Format angepaßt wird.

Das ist aber noch nicht alles. Selbstverständlich muß die betreffende Spur
oder der Sektor auf der Zieldiskette ebenfalls auf dieses Format umgewandelt werden. Da Sie in Turbo C eine Reihe von Funktionen zur Verfügung haben, ist ein solches Vorgehen auch hiermit möglich. Mit verschiedenen Interrupts können Sie aus einem Programm heraus Diskettenfehler
abfragen. Es gibt ca. 16 verschiedene Diskettenfehler, und mit etwas Geschick lassen die Interrupt- oder Turbo C-Funktionen ein Umgehen dieser Fehlerquellen zu. Sie erkennen also, daß Sie mit dieser Programmiersprache (oder auch mit anderen wie Pascal oder Assembler) in der Lage
sind, eigene Disketten entsprechend zu schützen oder geschützte Disketten einzulesen.

Zuteilung von Diskettenspeicherplatz an Dateien

Wir wollen im folgenden kurz beschreiben, wie Dateien auf der Diskette
abgelegt werden. Der Anwender braucht sich selbst nicht um die Diskettenbelegung zu kümmern. Das erledigen für ihn spezielle Dateizuord-
nungsroutinen.

Generell wird die Datei sektorenweise gespeichert. Das bedeutet, daß jeweils 512 Bytes abgelegt werden und dann der nächste freie Sektor gefunden werden muß. Dabei sollen bereits vorhandene Daten natürlich nicht
überschrieben werden. Auf einer frisch formatierten oder leeren Diskette
können Sie davon ausgehen, daß Ihre Datei in aufeinanderfolgenden Sektoren abgelegt wird.

Wie bereits erwähnt, sind spezielle Bereiche für die Dateien IBMBIO.COM und IBMDOS.COM reserviert und über konstante Adressen ansprechbar.

Beim Speichern von anderen Dateien, die nicht für das System verwendet werden, sieht dies anders aus. Zur Identifikation der Dateien wird ein Dateiverzeichnis angelegt, in dem u.a. Name und Dateigröße abgelegt werden. Wenn Sie nun eine Datei auf die Diskette schreiben, so muß das Betriebssystem den Dateinamen in diese Tabelle eintragen und dafür Sorge tragen, daß alle Daten auf der Diskette Platz haben. Dieses Verzeichnis beinhaltet alle Informationen, die für Sie notwendig sind (Name, Datum, Zeit etc.), wenn Sie z.B. die Dateigröße oder die letzte Modifikation feststellen wollen.

Ausgenommen davon sind Informationen, die Auskunft darüber geben, in welchen Sektoren Ihre Daten abgelegt wurden. Infolgedessen wird noch eine weitere Tabelle benötigt, die diese Speicherplatzverteilung protokolliert. Dieses Verzeichnis heißt Dateizuordnungstabelle und ist auch unter dem Namen FAT (file allocation table) bekannt. Wir wollen beide Tabellen näher erläutern.

Das Dateiverzeichnis

Jede Datei hat bestimmte Attribute, die dem Betriebssystem mitteilen, was mit der Datei gemacht werden darf. Diese können z.B. Auskunft darüber geben, ob die Datei gelöscht werden darf oder ob diese mit dem DIR-Befehl von DOS angezeigt werden darf. In der Sprache C haben Sie die Möglichkeit, diese Attribute zu verändern und Ihre Daten entsprechend zu schützen oder zu kontrollieren (siehe auch Anhang E).

Beim Abspeichern einer Datei auf Diskette oder Festplatte wird das zugehörige Dateiattribut in dem Dateiverzeichnis zusammen mit den anderen Informationen über die Datei in einem Satz abgelegt.

Jeder dieser Informationssätze hat eine Länge von 32 Bytes. Maximal können in einem Sektor also 16 solcher Einträge abgelegt werden. Bevor wir diesen Informationssatz näher beschreiben wollen, zeigen wir in Abb. 4.10, wie die ersten Spuren aufgeteilt sind und welche Informationen dort abgelegt werden.

(Spur 0)	Sektor #:	0	1	2	3	4	5	6	7	8
	Inhalt:	Boot	FAT	FAT	FAT	FAT	DIR	DIR	DIR	DIR
(Spur 1)	Sektor #:	9	10	11	12	13	14	15	16	17
	Inhalt:	BIO	BIO	BIO	BIO	BIO	BIO	BIO	BIO	BIO
(Spur 3)	Sektor #:	18	19	20	21	22	23	24	25	26
	Inhalt:	BIO	DOS	DOS	DOS	DOS	DOS	DOS	DOS	DOS
(Spur 4)	Sektor #:	27	28	29	30	31	32	33	34	35
	Inhalt:	DOS	DOS	DOS	DOS	DOS	DOS	DOS	DOS	DOS
(Spur 5)	Sektor #:	36	37	38	39	40	41	42	43	44
	Inhalt:	DOS	DOS	DOS	DOS	DOS	DOS	DOS	DOS	DOS
(Spur 6)	Sektor #:	45	46	47	48	49	50	51	52	53
	Inhalt:	DOS	DOS	DOS	DOS	DOS	DOS	DOS	DOS	COM

(Spur 0, S. 0)	Sektor #:	0	1	2	3	4	5	6	7	8
	Inhalt:	Boot	FAT	FAT	FAT	FAT	DIR	DIR	DIR	DIR
(Spur 0, S. 1)	Sektor #:	9	10	11	12	13	14	15	16	17
	Inhalt:	DIR	DIR	DIR	BIO	BIO	BIO	BIO	BIO	BIO
(Spur 1, S. 0)	Sektor #:	18	19	20	21	22	23	24	25	26
	Inhalt:	BIO	BIO	BIO	BIO	DOS	DOS	DOS	DOS	DOS
(Spur 1, S. 1)	Sektor #:	27	28	29	30	31	32	33	34	35
	Inhalt:	DOS	DOS	DOS	DOS	DOS	DOS	DOS	DOS	DOS
(Spur 2, S. 0)	Sektor #:	36	37	38	39	40	41	42	43	44
	Inhalt:	DOS	DOS	DOS	DOS	DOS	DOS	DOS	DOS	DOS
(Spur 2, S. 1)	Sektor #:	45	46	47	48	49	50	51	52	53
	Inhalt:	DOS	DOS	DOS	DOS	DOS	DOS	DOS	DOS	DOS
(Spur 3, S. 0)	Sektor #:	54	55	56	57	58	59	60	61	62
	Inhalt:	DOS	DOS	COM	COM	COM	COM	(COM..)		

Abb. 4.10: Diskettenbelegung

Boot – Urlader
FAT   – Dateizuordnungstabelle
DIR   – Dateiverzeichnis
BIO   – IBMBIO.COM
DOS   – IBMDOS.COM
COM   – COMMAND.COM

Die gezeigte Diskettenbelegung ist sehr sinnvoll, da der Schreib-/Lese-
zeiger zumindest in den meisten Fällen am Diskettenanfang positioniert
ist. Somit ist ein schneller Zugriff möglich, insbesondere was das Lesen
in den beiden Tabellen betrifft. Wären diese Tabellen z.B. in der Diskettenmitte positioniert, würde im benannten Zusammenhang ein schnelle-

res Suchen erzielt. Allerdings ist dann die Verwaltung seitens des Betriebssystems komplizierter, da beide Diskettenhälften nach oben und unten hin geprüft werden müssen.

In den Include-Dateien von Turbo C, wie z.B. in *dos.h* oder in *dir.h*, finden Sie fertige Strukturen vor, in denen der Informationssatz bereits als Strukturmuster definiert ist. Darüber hinaus werden Funktionen bereitgestellt, die Ihnen die "ersten Schritte" in der systemnahen Programmierung erleichtern:

```
#define FA_RDONLY    0x01        /* nur Lesen */
#define FA_HIDDEN    0x02        /* versteckte Datei */
#define FA_SYSTEM    0x04        /* Systemdatei */
#define FA_LABEL     0x08        /* Datenträgeretikett */
#define FA_DIREC     0x10        /* Verzeichnis */
#define FA_ARCH      0x20        /* Archivierungsbit */


struct fcb
    {
    char      fcb_drive;         /* Laufwerk
                                    0 = Standard
                                    1 = A, 2 = B */
    char      fcb_name[8];       /* Dateiname */
    char      fcb_ext[3];        /* Erweiterung */
    short     fcb_curblk;        /* aktueller Block */
    short     fcb_recsize;       /* log. Satzlänge */
    long      fcb_filsize;       /* Dateigröße */
    short     fcb_date;          /* Datum des letzten
                                    Zugriffs */
    char      fcb_resv[10];      /* DOS reserviert */
    char      fcb_currec;        /* aktueller Satz */
    long      fcb_random;        /* Zugriff Satznummer */
    };
absread(int drive, int nsects, int lsect, void *buffer);
abswrite(int drive, int nsects, int lsect, void *buffer);


struct ffblk
    {
    char      ff_reserved[21];   /* reserviert */
    char      ff_attrib;         /* Attribut */
    unsigned  ff_ftime;          /* Uhrzeit */
    unsigned  ff_fdate;          /* Datum */
    long      ff_fsize;          /* Größe */
    char      ff_name[13];       /* Name */
    };
```

Beginnen wir mit der Erläuterung der oben definierten Attribute. Die Kennzeichen wurden konstant definiert und aussagefähigen Namen, wie z.B. FA_RDONLY, zugewiesen. Anhand dieser Konstanten oder deren Hexadezimalwerte können Sie prüfen, um was für eine Datei es sich beim Einlesen handelt.

In den Strukturmustern sind folgende Informationen definiert: Dateiname, Attribute, Datum/Uhrzeit des letzten Zugriffs, Dateigröße in Bytes. In Turbo C gibt es die Funktionen *findfirst( )* und *findnext( )*, die das Einlesen von Dateiverzeichnissen ermöglichen (siehe auch Anhang E, "Verzeichnisse lesen"). Sie können dort Parameter wie z.B. *.* (lt. DOS) oder die ersten Buchstaben eines Dateinamens übergeben und alle Namen in programminternen Vektoren ablegen. Darüber hinaus haben Sie auch die Möglichkeit, Dateiattribute zu ändern, was im Programm DNOREAD beschrieben wird (am Ende von Anhang E).

Das letzte Strukturmuster mit dem Namen *ffblk* ist in der Include-Datei *dir.h* definiert. Die beiden Funktionen *absread( )* und *abswrite( )* ermöglichen Ihnen ein sektorenweises Einlesen oder Wegschreiben von Daten. Dabei werden Parameter wie Laufwerk, Anzahl und Länge der Sektoren und der Puffer an die Funktion übergeben und die Daten in den Puffer eingelesen oder aus ihm heraus geschrieben. Dies wird im Programmbeispiel zu Interrupt 13 beschrieben, in dem Disketten sektorenweise bearbeitet werden können (Anhang E).

Datum und Uhrzeit

Wichtige Informationen für den Anwender enthalten die Felder *Datum* und *Uhrzeit* im Dateiverzeichnis. Mit diesen kann ermittelt werden, wann der letzte Zugriff stattgefunden hat. Allerdings steht die Zeitangabe nicht in der gewohnten Form zur Verfügung, sondern sie muß erst noch umgewandelt werden. Diese Vorgehensweise ist notwendig, da aus Platzgründen kein Datum in der Form tt/mm/jj und keine Uhrzeit in ähnlicher Form abgelegt werden kann. Schließlich gingen ca. 12 Bytes dadurch verloren. Sie werden aber gleich sehen, wie diese Werte in die gewohnte Form umgerechnet werden.

Wenn eine Datei verändert wird, berechnet das Betriebssystem die Zeit und das Datum neu und übergibt diese Werte an den Informationssatz. Diese Berechnung ist aus Datensicherheitsgründen notwendig. Für Systemverwalter oder auch für Sachbearbeiter sind diese Informationen mitunter sehr wertvoll. Auch für den normalen Anwender kann es interessant sein, diese Information zu besitzen.

Die Variablen nennen wir der Einfachheit halber *zeit* und *datum*. Die Formeln für die Berechnungen lauten wie folgt:

```
datum  =  (jahr - 1980) * 512 + monat * 32 + tag
zeit   =  stunden * 2048 + minuten * 32 + sekunden
```

Wenn Sie Dateien einlesen, stoßen Sie auf die Ergebnisse dieser Formeln. Sie werden diese Werte sicherlich nicht auf dem Bildschirm ausgeben. Kein Anwender, der nicht weiß, was dahinter steckt, kann mit diesen Werten etwas anfangen. Um nun ein vernünftiges Datum zu erhalten, müssen Sie die Berechnung umgekehrt durchführen. Wir verwenden wieder die Variable *datum*. Die Formel für die Berechnung des Datums lautet dann:

```
jahr   =   1980 + datum / 512;
monat  =   (datum % 512) / 32;
tag    =   datum % 32;
```

Mittels der Variablen *jahr*, *monat* und *tag*, die als *int*-Werte deklariert werden, können Sie nun eine formatierte Ausgabe liefern. Zur Übung sollten Sie nun versuchen, die Umwandlung für die Uhrzeit selbst herauszufinden.

Die Dateizuordnungstabelle FAT

In der Dateizuordnungstabelle (file allocation table – FAT) werden die Speicherplatzzuweisungen von Dateien auf dem Datenträger protokolliert. Ein DOS-Befehl wie beispielsweise COPY, bei dem seitens des Anwenders ein schnelles Arbeiten vorausgesetzt wird, kann sich nicht die Mühe machen, alle Sektoren zu durchsuchen. Wir wollen gar nicht erst schätzen, wie lange es dann dauern würde, wenn eine Datei von ca. 150 KByte auf eine Diskette übertragen wird. Die Aufgaben der Dateizuordnungstabelle wurden bereits weiter oben erwähnt.

Für eine Datei verfügbare oder freie Speicherplätze werden in dieser Tabelle durch einen Nullwert gekennzeichnet. Diese freien Bereiche werden durch eine Verkettung miteinander verbunden. Das heißt: Sobald eine Datei auf die Diskette kopiert werden soll, sucht das Programm in dieser Tabelle den ersten freien Bereich und überträgt einen Teil der Datei dort hinein. Dann sucht das Programm den nächsten Freiraum und füllt diesen ebenfalls auf. Dieser Vorgang wiederholt sich so lange, bis die Datei komplett übertragen wurde. Die Adressen der einzelnen Bereiche werden jeweils in der Dateizuordnungstabelle abgelegt, und beim Einlesen einer Datei wird darauf Bezug genommen. Dieser Vorgang wird durch eine Information eingeleitet, die dem Dateiverzeichnis entnommen wird. Diese Information gibt Auskunft darüber, wo in der Dateizuordnungstabelle der erste Eintrag zu finden ist. Dort wird wieder auf eine weitere Position verwiesen, in der sich die Folgeadresse befindet. Diese Adresse teilt dem Programm mit, wo der zweite Bereich der Daten liegt. Dieser

Vorgang wiederholt sich so lange, bis alle zugehörigen Daten eingelesen wurden. Nach dem gleichen Prinzip wird beim Schreiben auf Diskette verfahren, nur in umgekehrter Reihenfolge. Dieses Prinzip wird in der Abb. 4.11 noch einmal verdeutlicht.

Dort ist die logische Verbindung zwischen dem Dateiverzeichnis und der Dateizuordnungstabelle zu erkennen. Von dort geht die Verbindung weiter zu den Adressen der jeweiligen Bereiche, in denen die Daten abgelegt wurden. Die Bereiche der Datei 2 wurden durch X1 bis X3 und die Bereiche der Datei 1 durch Y1 bis Y2 gekennzeichnet.

Wir wollen noch einmal zusammenfassen: Es existieren zwei Tabellen. In der ersten Tabelle, dem Dateiverzeichnis, werden die Informationen zu der Datei selbst abgelegt. Diese Informationen betreffen u.a. das Attribut, den Namen, das Datum usw. und haben mit dem eigentlichen Dateiinhalt nichts zu tun. Es ist lediglich ein Verweis vorhanden, der Mitteilung darüber gibt, wo dieser Inhalt zu finden ist.

Die zweite Tabelle, die Dateizuordnungstabelle, führt Protokoll darüber, welche Plätze auf der Diskette von welchen Dateien belegt sind. Es werden hier keine Attribute oder Dateinamen, sondern nur die Adressen der Dateibereiche aufbewahrt. Diese Datenbereiche sind sektorenweise in bunter Reihenfolge angeordnet, je nach Anordnung der freien Bereiche, die sich auf der Diskette befinden.

Dateiverzeichnis			
Name	Datum	Zeit	Wo
Datei1	123456	654321	7
Datei2	103000	402300	3
...	...	...	..

Verweis auf Position 3 in FAT

Dateizuordnungstabelle FAT		
1	FFE	Einseitige Diskette
2	FFF	Filler
3	3	Der erste Bereich zu Datei 2 beginnt in X1. Die zweite Adresse findest Du in 4.

Abb. 4.11: Speicherplatzzuweisung für Dateien

Dateizuordnungstabelle FAT		
4	4	Der zweite Bereich zu Datei 2 beginnt in X2. Die dritte Adresse findest Du in 5.
5	5	Der dritte Bereich zu Datei 2 beginnt in X3.
6	FFF	Endemarke zu Datei 2.
7	7	Der erste Bereich zu Datei 1 beginnt in Y1. Die zweite Adresse findest Du in 8.
8	8	Der zweite Bereich zu Datei 1 beginnt in Y2.
9 ...	FFF ...	Endemarke zu Datei 1. ....

Sektorenauszug der Diskette

Datei 2 X1	Datei 2 X1	Datei 2 X1			
			Datei 2 X3	Datei 2 X3	Datei 2 X3
Datei 1 Y1	Datei 1 Y1		Datei 2 X2	Datei 2 X2	Datei 2 X2
Datei 1 Y2	Datei 1 Y2	Datei 1 Y2	Datei 1 Y2		

Abb. 4.11: Speicherplatzzuweisung für Dateien (Fortsetzung)

Die Adressen der FAT

Die bisherige Beschreibung, wie auch in Abb. 4.11 dargestellt, hat Ihnen die Speicherplatzorganisation bei einseitigen Disketten beschrieben. Sie haben gesehen, daß die Daten Sektor für Sektor geschrieben oder gelesen werden. Bei doppelseitigen Disketten werden die Daten in Gruppen von jeweils zwei Sektoren übertragen, wobei sich eine Speichergruppe aus einer geraden und einer ungeraden Sektornummer zusammensetzt. Denken Sie also beim Lesen von Disketten bitte daran, daß bei doppelseitigen Disketten jeweils zwei Sektoren nur einer Adresse zugeordnet sind.

Sie sollten sich an dieser Stelle bereits merken, daß die Numerierung in der FAT bezüglich der Daten ab Spur 0, Sektor 8 mit der Nummer 2 beginnt. Der vorherige Bereich, gekennzeichnet durch die Nummern 0 und 1, ist u.a. für die Systemdateien, die Tabellen selbst und für diverse Systeminformationen reserviert.

Für diese Gruppierungsform gibt es mehrere Gründe. Die Grundidee war, daß eine Kompatibilität geschaffen werden mußte, die auch spätere Erweiterungen zuläßt, insbesondere dahingehend, daß diese Gruppen ggf. bei größeren Disketten auf beispielsweise 4 Sektoren erweitert werden könnten.

Bei Speichergruppen zu je zwei Sektoren stellt sich natürlich auch die Frage, wie Dateien abgelegt werden, die noch nicht einmal die Größe eines Sektors haben. Die Antwort darauf lautet: Die Daten werden nach dem gleichen Prinzip abgespeichert oder gelesen!

Nun wird allerdings der Anschein erweckt, daß der Hersteller nicht im Sinne des Verbrauchers gehandelt hat, da ein Sektor ungenutzt bleibt. Die Begründung wird Ihnen jedoch einleuchten. Die FAT hat einen bestimmten Platz auf der Diskette, und dieser Tabelle steht ein vorgegebener Bereich zur Verfügung, in dem die Einträge aufbewahrt werden. Um diese Tabelle nicht in unendliche Dimensionen wachsen zu lassen, besonders dann, wenn eine Erweiterung stattfindet, wurde dieses Verfahren entwickelt.

Rechnen Sie einmal nach, wieviel Einträge bei einer doppelseitigen Diskette hineinpassen, wenn pro Datei zwei Sektoren belegt werden. Anschließend versuchen Sie einmal nachzuvollziehen, wie viele Dateien Platz hätten, wenn jede Datei nur 100 Bytes groß wäre. Welcher Aufwand steckt für ein Programm dahinter, dies zu organisieren, ganz abgesehen von der Tatsache, daß die Tabelle überlaufen würde.

In der Regel werden Sie jedoch nicht mit solchen Problemen konfrontiert. Wenn doch, wird Ihnen Ihr System eine entsprechende Meldung liefern. Die Bedeutung dieser Tabelle sollte nun klar sein, und wir wollen noch kurz die Codierung der FAT besprechen.

Die Codierung der FAT

Nach den bisherigen Informationen können wir davon ausgehen, daß auf einer Diskette etwa 300 Speichergruppen Platz finden, von denen jede eine Adresse hat. Ein Byte kann einen maximalen Wert von dezimal 255 oder hexadezimal FF aufnehmen. Daher muß ein Eintrag also größer als ein Byte sein. Die FAT hat die Größe eines Sektors, nämlich 512 Bytes. Es ist also nicht genügend Platz in dieser Tabelle, um 2 Bytes pro Eintrag aufzunehmen. Wir würden die 512-Byte-Grenze der FAT überschreiten. Das Verfahren läuft nun so ab, daß drei Hexadezimalstellen verwendet werden, womit pro Eintrag 1 1/2 Bytes notwendig sind. Sie erkennen an dieser Stelle auch das oben erwähnte Problem wieder. Es tauchen Schwierigkeiten auf, wenn Sie versuchen, 1 1/2 Bytes irgendwo abzuspeichern. Man kann dieses Problem umgehen, indem zwei Einträge zu einem Eintrag zusammengefaßt werden und somit drei Bytes für zwei Einträge abgelegt werden. Die Umrechnung der Speicherplätze ist infolgedessen nicht so schnell nachzuvollziehen.

Nehmen wir an, daß die Nummer n in der FAT gespeichert werden soll, so wird diese Nummer zunächst mit 1 1/2 multipliziert: $n = (n*3)/2$. Diese Nummer wird nun als entsprechende Position in der FAT verwendet. Es wird also eine 2 Byte große Zahl in ein Register geladen, so daß sich dort vier Hexadezimalstellen befinden. Benötigt werden aber nur drei Stellen. Nun wird überprüft, ob die Nummer des Eintrags eine ungerade Zahl war. Wenn ja, wird die niedrigste und andernfalls die höchste Hexadezimalstelle subtrahiert. Durch dieses Subtrahieren des ersten oder des letzten Hex-Wertes entsteht infolgedessen ein Ergebniswert mit drei Hexadezimalstellen pro Adresse und zusammengefaßt ein drei Bytes großer Wert für zwei Adressen. Nach dem gleichen Verfahren müssen die Adressen auch wieder entschlüsselt werden.

Sollten Sie bereits die Einträge einer FAT gesehen haben, wissen Sie, wie die Werte aussehen und daß sie auf den ersten Blick nichts Besonderes aussagen. Wenn Sie jedoch mit dem Hintergrund vertraut sind, wird es Ihnen auch gelingen, ein Programm zu erstellen, das eine FAT im Bedarfsfall repariert. Allerdings handelt es sich hier um eine Aufgabe, die u.U. Assembler-Kenntnisse voraussetzt.

Das Programmbeispiel "Disketten lesen" in Anhang E gibt Ihnen eine erste Anregung, um Disketten sektorenweise zu editieren, ohne die FAT anzusprechen. Werfen Sie zum Abschluß des Themas noch einen Blick auf die Abb. 4.12. Dort wird Ihnen der soeben beschriebene Vorgang verdeutlicht.

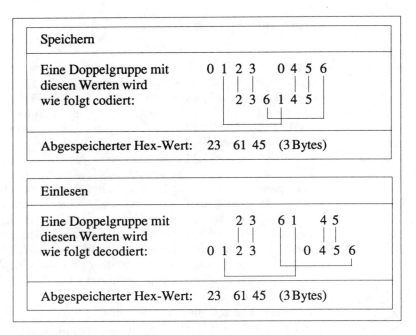

Abb. 4.12: Adressen in der FAT

Diverse Informationen zur Spur 0

Im Abschnitt "Die Adressen der FAT" haben Sie gelesen, daß die Nummern 0 und 1 in der FAT für Informationen reserviert sind. Beim Starten des Systems muß das Programm aus dem Boot-Sektor in der FAT entnehmen, wo die Systemdateien IBMDOS.SYS und IBMBIO.SYS liegen. Das Boot-Programm kennt diese Adressen nicht. Zwar liegen diese Systemprogramme in festgelegten Bereichen, diese stehen allerdings in der FAT. Außerdem muß das Format der Diskette bekannt sein. Wenn Sie in der DOS-Umgebung arbeiten, bekommen Sie von alledem nichts mit. Aber der Befehl COPY muß z.B. feststellen, wie eine Datei auf die Diskette geschrieben werden muß. Weiterhin muß erkenntlich sein, ob es sich um eine ein- oder doppelseitige Diskette handelt. Einseitige Disketten sind in der FAT im ersten Byte durch FE (hex) und doppelseitige Disketten im gleichen Byte durch FF (hex) gekennzeichnet.

Eine einseitige Diskette hat 313 Speichergruppen, die in der FAT von 2 bis 314 numeriert werden. Es werden also 7 Sektoren bei einseitigen Disketten reserviert (insgesamt gibt es 320 Sektoren), davon jeweils 1 Sektor für das Boot-Programm, 2 für die FAT und 4 Sektoren für das Dateiver-zeichnis. Sie werden sich wundern, daß für die FAT 2 Sektoren reserviert werden. Bisher sprachen wir nur von einem Sektor. Da diese Tabelle eine sehr hohe Bedeutung hat, wird zusätzlich eine Kopie von ihr angelegt. Ein weiterer Grund ist sicher auch eine mögliche Kapazitätserweiterung der Disketten.

Eine doppelseitige Diskette hat 315 Speichergruppen, wobei jede Gruppe aus zwei Sektoren besteht. Diese werden in der FAT von 2 bis 316 nume-riert. Die Anzahl der Sektoren beträgt hier 640. Davon werden jeweils 1 für den Boot-Sektor, 2 für die FAT und 7 für das Dateiverzeichnis reser-viert. Als Rest verbleiben 630 Sektoren, die in Speichergruppen von je-weils 2 Sektoren aufgeteilt werden und somit 315 Speichergruppen lie-fern.

Beim Formatieren von Disketten haben Sie mitunter schon einmal die Meldung erhalten, daß eine gewisse Byteanzahl in "Bad Blocks" (fehler-haften Sektoren) liegt. Auch diese Information wird in der FAT abgelegt. Ein fehlerhafter Sektor ist an der entsprechenden Nummer durch FF7 (hex), also 4087 (dez), gekennzeichnet. Stoßen Sie also auf diesen Wert, ist bei einseitigen Disketten ein Sektor und bei doppelseitigen Disketten eine Speichergruppe von zwei Sektoren defekt.

Freie Sektoren werden durch eine 0 gekennzeichnet. Das Ende eines Da-tenblocks (auch Dateiende genannt) wird durch FFF (hex) identifiziert. Für spezielle Zwecke bezüglich der Dateibearbeitung wurden die Hex-Werte FF8 bis FFF (4088 bis 4095) freigehalten. Zur Zeit ist davon aller-ding nur FFF für das Dateiende vorbelegt. Was bestimmte Fehler betrifft, so sind die Hex-Werte FF0 bis FF7 (4080 bis 4087) vorgesehen. Der Wert FF7 kennzeichnet beispielsweise einen fehlerhaften Sektor.

Ports und Bausteine

Zwei Bausteine, der Disketten-Controller und der Timer-Baustein, sind von der Arbeitsweise her für uns besonders interessant. Daher wollen wir diese auch kurz beschreiben und das Zusammenspiel der CPU mit den Bausteinen deutlich machen. Einen dritten Baustein, den Interrupt-Con-troller, werden wir weiter unten im Zusammenhang mit den Interrupts be-sprechen. Wenn wir ein System betrachten, haben wir einerseits die CPU als solche und andererseits zusätzliche Einheiten wie Tastatur, Platten-laufwerk, Bildschirm usw. Die jeweiligen Ports sind als Schnittstellen zwischen der CPU und den jeweiligen Einheiten zu betrachten. Generell gesehen, unterstützen die verschiedenen Bausteine die CPU bei der Systemverwaltung, indem durch ständigen Kontakt dieser Komponenten Informationen geliefert oder Arbeiten koordiniert werden. Die einzelnen Bausteine sind über Portadressen erreichbar und können aus dem Programm heraus angesprochen werden. Weiter unten finden Sie eine Auflistung der verschiedenen Portadressen, die bei den Rechnern PC/XT und AT unterschiedlich sein können.

Der Disketten-Controller

Bei der Diskettenbearbeitung arbeiten zwei verschiedene Bereiche zusammen: die Mechanik und die Elektronik. Der Laie sei gewarnt, seine Hand an die hochsensible Mechanik eines Diskettenlaufwerks zu legen. Die Justierung ist so fein abgestimmt, daß ein kleiner Fehlgriff alles durcheinanderbringen kann. Wir wollen uns daher nur mit der Elektronik beschäftigen, und dann auch nur, wenn eine Datensicherung vorhanden ist.

Der Disketten-Controller stellt die Verbindung zwischen dem Rechner und dem Laufwerk her und besteht aus einer elektronischen Schaltung. Wir wollen die Abb. 4.13, die den Aufbau des Controllers darstellt, im folgenden näher beschreiben. Über den Systembus am linken Bildrand werden die Daten-, Adreß- und Steuerleitungen verbunden. Diese werden über einen Puffer an den Controller-Baustein sowie an das Laufwerk geführt. Es können vier Diskettenlaufwerke angeschlossen werden. Diese werden über den zwischengeschalteten Decoder und das Laufwerk-Auswahl-Register angesprochen (8), und über Leitung (9) wird dann der Motor aktiviert. Es wurden nur die Leitungen 8 und 9 dargestellt. Zusätzlich sind noch die Leitungen 8.1, 8.2 usw. für die restlichen drei Laufwerke und Motoren vorhanden. Werden Daten auf die Diskette geschrieben, so wird über eine Schreibschaltung (hier nicht dargestellt, diese verläuft vom Controller unmittelbar zur Schreibschaltung) und den Takt-/Zeitgeber das endgültige Schreibsignal erzeugt. Der Schreib-/Lesekopf überträgt dieses Signal auf die Diskette.

Beim Einlesen der Daten stellt die Leseschaltung über den Takt/Zeitgeber (0), die ursprünglichen Daten wieder her und stellt diese dem Controller zur Verfügung. Für die Pegelanpassung der Signale vom und zum Disketten-Controller sind entsprechende Verstärker vorhanden. Da dieser Controller mit TTL-Pegeln (+5 Volt und 0 Volt) arbeitet, sind diese Verstärker besonders wichtig. Die Signale des Schreib-/Lesekopfes weisen einen geringeren Spannungspegel auf, da sie schwankende Amplituden haben. Das richtige Timing während der Datenübertragung wird durch den Takt-/Zeitgeber erledigt. Dieser ist sowohl mit der Leseschaltung als auch mit der Schreibschaltung verbunden. Wollen Sie diesen Controller programmieren, so erfolgt dies wie bei anderen PC-Bausteinen auch über die Leitungen des Adreß-, Daten- und Steuerbusses. Sie müssen dabei zunächst eine Einheit über die Portadressen ansprechen, wobei die Signale anzeigen, ob gelesen oder geschrieben werden kann. Dazu steht Ihnen der Disketten-Controller unter der Adresse 3F2 (hex) und das Laufwerk-Auswahl-Register unter den Adressen 3F4 (hex) und 3F5 (hex) zur Verfügung. Das Laufwerk-Auswahl-Register ist ein 8-Bit-Register, das nur beschrieben werden kann. Lesen wäre auch nicht besonders sinnvoll, da Sie etwas auswählen wollen. Die Bits 0 und 1 definieren, welches Laufwerk von Ihnen ausgewählt wurde. Die Bits 2 und 3 sind Steuersignale, die vom Controller selbst gesperrt sind. Die Bits 4 bis 7 bestimmen, welcher Laufwerksmotor eingeschaltet werden soll. Betrachten Sie dazu auch die Abb. 4.14, die die Bitbelegung für einige Register darstellt.

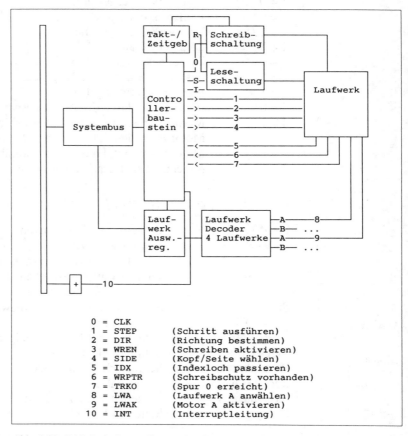

Abb. 4.13: Disketten-Controller mit Laufwerk

Statusbits (Statusregister)

Bit 0 = 1   Schreib-/Lesekopf Laufwerk A positionieren
Bit 1 = 1   Schreib-/Lesekopf Laufwerk B positionieren
Bit 2 = 1   Schreib-/Lesekopf Laufwerk C positionieren
Bit 3 = 1   Schreib-/Lesekopf Laufwerk D positionieren
Bit 4 = 1   Schreib-/Lesebefehl wird verarbeitet
Bit 5 = 1   Diskettensteuerung nicht im DMA-Modus
Bit 6 = 0   Datenüberleitung Prozessor → Datenregister
Bit 6 = 1   Datenüberleitung Datenregister → Prozessor
Bit 7 = 1   Datenregister sende-/empfangsbereit

Bits des Laufwerk-Auswahl-Registers

1 = 0 / 0 = 0   Laufwerk A ausgewählt
1 = 0 / 0 = 1   Laufwerk B ausgewählt
1 = 1 / 0 = 0   Laufwerk C ausgewählt
1 = 1 / 0 = 1   Laufwerk D ausgewählt
2 = 1   Diskettensteuerung aktiviert
2 = 0   Diskettensteuerung zurückgesetzt
3 = 1   Interrupt 0E freigegeben
3 = 0   Interrupt 0E durch Controller gesperrt
4 = 1   Motor A arbeitet, Laufwerk auswahlbereit
5 = 1   Motor B arbeitet, Laufwerk auswahlbereit
6 = 1   Motor C arbeitet, Laufwerk auswahlbereit
7 = 1   Motor D arbeitet, Laufwerk auswahlbereit

Controller-Signale (1 = Ausgang / 2 = Eingang)

Head-Load	1	Schreib-/Lesekopf senken
Drive-Select	1	Laufwerkauswahl
Index	2	Indexloch hat Lichtschranke passiert
Motor on	1	Laufwerksmotor einschalten
Direction	1	Step-Richtung bestimmen
Step	1	Schreib-/Lesekopf weiterbewegen
Write DTA	1	Daten schreiben
Write ENB	1	Schreiben auf Diskette freigeben
Track 0	2	Spur 0 erreicht
Write Protect	2	Schreibschutz vorhanden
Read DTA	2	Daten einlesen
Side select	1	Diskettenseite auswählen
Ready	2	Laufwerk bereit

Abb. 4.14: Registertabellen

Der Controller-Baustein wird über die Adresse 3F4 des Statusregisters und über die Adresse 3F5 des 8-Bit-Datenregisters angesprochen, wobei der Inhalt des Statusregisters nur ausgelesen werden kann. Sie erhalten dadurch Auskunft über den jeweiligen Betriebsmodus der Einheit (siehe Abb. 4.14, Statusregister).

Das Datenregister des Controllers besteht aus einem Registerstapel. Dieser besteht aus einzelnen Registern, wobei nur ein Register am Datenbus selbst anliegt. Daten, Parameter und Befehle werden in diesem Stapel abgelegt, und ein Auslesen der einzelnen Register ist möglich. Die Daten werden dann in den Registern abgelegt, die von der Diskette ausgelesen wurden.

Auf dem gleichen Weg können auch die Statusinformationen ausgelesen werden. Sie sehen in der Abb. 4.13, wie über das Laufwerk-Auswahl-Register der Decoder angesteuert wird und dieser das gewünschte Laufwerk anspricht. Über eine UND-Verknüpfung des dritten Bits (Laufwerk-Auswahl-Register) mit dem INT-Ausgang (10) des Controllers wird ein Interrupt-Signal (Interrupt-Anforderung) für den Disketten-Controller erzeugt. Die Signale vom Controller zum Laufwerk und umgekehrt (1 bis 7) werden über zwischengeschaltete invertierte Verstärker angepaßt. Diese Invertierung sagt aus, daß die logischen Signale von 0 nach 1 oder von 1 nach 0 umgewandelt werden. Dies ist für ein korrektes Zusammenspiel zwischen den beiden Komponenten erforderlich, da die Laufwerksignale mit einer negativen Logik arbeiten.

Wie Sie sehen, führen vier Signale vom Controller zum Laufwerk (1 bis 4), und drei Signale werden zurückgesandt (5 bis 7). Das STEP-Signal bewirkt eine schrittweise Bewegung des Schreib-/Lesekopfes um eine Spur, wobei jeder Impuls dieser Leitung einen Schritt weiter bedeutet. Die Richtung dieser Schritte wird durch das DIR-Signal gegeben. Ist dieses gesetzt, bewegt sich der Kopf in Richtung Diskettenmitte, im anderen Fall erfolgt die Bewegung nach außen zum Diskettenrand. Um die Daten freizugeben, damit diese auf Diskette geschrieben werden können, wird das Signal WREN (write enable) gesetzt. Die Diskettenseite wird schließlich durch das SIDE-Signal ausgewählt. Ist dies gesetzt, also 1, werden die Daten auf Seite 1 geschrieben. Hat es den Wert 0, wird infolgedessen auf Seite 0 übertragen.

Nun zu den Signalen, die vom Laufwerk zurückgeschickt werden (5 bis 7). Das Indexloch einer Diskette dürfte Ihnen bekannt sein. Dieses dient der Anzeige, wo eine Schreibspur beginnt und wo diese endet. Es ist als Bezugspunkt für das Signal IDX gedacht. Über eine Lichtschranke wird ermittelt, wo ein Datenbereich beginnt. Sobald dieser die Lichtschranke passiert, ist diese für einen kurzen Moment unterbrochen, und ein Impuls wird über die IDX-Leitung an den Controller geschickt. Ein weiterer Aspekt ist der Schreibschutz einer Diskette. Es muß erkannt werden, ob die Kerbe am Diskettenrand überklebt wurde. Im Diskettenlaufwerk befindet sich an dieser Position eine Lichtschranke, die beim Schreiben auf Diskette überprüfen muß, ob dies überhaupt zulässig ist. Ist ein Schreibschutz vorhanden, so wird die Lichtschranke unterbrochen. Sie ist gesperrt! Über die Leitung des WRPTR (write protected) wird ein entsprechendes Signal an den Controller übergeben. Wir wissen, daß bei Disketten die Spur 0 eine besondere Bedeutung hat (Boot-Sektor, FAT). Bei der Übertragung von Daten auf die Diskette muß dies also berücksichtigt werden. Dafür, daß diese Spur nicht überschrieben wird, ist das Signal TRK0 zuständig. Dieses teilt dem Controller mit, wann diese Spur erreicht wurde.

Sie sehen in der Abb. 4.13, daß in dem Schreib-/Lesekanal jeweils eine Schreib- und eine Leseschaltung eingefügt ist. Da auf der Diskette nicht die erzeugten Controller-Signale abgespeichert werden, sind diese Schaltungen erforderlich. Ein spezieller Takt, der durch den Takt-/Zeitgeber bestimmt wird, ist zusätzlich erforderlich. Daher ist dieser jeweils mit der Schreibschaltung (W) und mit der Leseschaltung (R) verbunden, wobei diese noch mit dem Originaltakt (0) arbeitet. Über die Synchron-Leitung (S) synchronisiert der Controller dann mit der Leseschaltung die Datenübertragung durch die Input-Leitung (I). Auf nähere Einzelheiten hinsichtlich der Frequenzen wird an dieser Stelle nicht eingegangen.

Portadressen

Der Befehlssatz der 80xx-Prozessoren läßt es zu, Daten über die CPU an einen Port zu schicken und umgekehrt wieder einzulesen. Diese Befehle werden in Assembler durch IN und OUT realisiert. In Turbo C stehen Ihnen für die Realisation die Funktionen

```
int inport(int port);
int outport(int port, int wort);
int outportb(int port, char byte);
```

zur Verfügung. Die Kommunikation dieser Ports wird über die CPU abgewickelt, die sich wiederum des Daten- und Adreßbusses bedient.

Ein Port selbst ist ein Kanal, der für den Dateneingang und -ausgang zur Verfügung steht. Dieser ist mit der jeweiligen Hardware-Einheit verbunden. Wird nun ein solcher Port angesprochen, geschieht dies zunächst über ein Kontrollsignal, das der Hardware mitteilt, daß ein Port und nicht etwa ein RAM-Speicher angesprochen wird. Dies ist insofern notwendig,

als einige Ports Adressen haben, die auch an den RAM-Speicher vergeben sind.

Wollen Sie mit den Turbo C-Funktionen *int86()* oder *bdos()* arbeiten, so
sollten Sie bei der Registerübergabe folgende Syntax beachten, die vorgegeben ist.

```
IN    Akkumulator, Anschluß
OUT   Anschluß, Akkumulator
```

Akkumulator ist bei Byte-Übertragungen an das AL-Register und bei
Wort-Übertragungen an das AX-Register zu übergeben. *Anschluß* ist
eine Variable mit einem dezimalen Wert von 0 bis 255. Mit diesem Wert
wird auf eines der ersten 256 Geräte verwiesen. Darüber hinaus können
Sie für den Anschluß (Port) auch das DX-Register verwenden, über das
65536 verschiedene Anschlüsse angesprochen werden können. Mit diesem Register kann die Portadresse auch leicht verändert werden, damit
z.B. die gleichen Daten an verschiedene Anschlüsse gesendet werden
können. Die Syntax in Assembler sehen Sie anhand des Beispiels:

```
IN    AL,200        ;Einlesen eines Bytes von Port 200
IN    AL,PORT_NAME  ;Einlesen über einen Portnamen
OUT   30H,AX        ;Ein Wort auf Port 30H ausgeben
OUT   DX,AX         ;Ausgabe auf Port in DX
```

Sie können nicht davon ausgehen, daß die Portadressen bei allen Geräten
identisch sind. Bedingt durch verschiedene Konfigurationen und die
Adressenvergabe durch das System selbst, ist es leicht möglich, daß es
Schwierigkeiten hinsichtlich der Kompatibilität gibt. In Abb. 4.15 sind
die Portadressen in einer Tabelle zusammengefaßt, wobei einige Unterschiede zwischen der XT- und der AT-Serie festgestellt werden können.

Baustein	XT	AT
Erster serieller Anschluß	3F8 – 3FF	3F8 – 3FF
Zweiter serieller Anschluß	2F8 – 2FF	2F8 – 2FF
Disketten-Controller	3F0 – 3F7	3F0 – 3F7
Festplatten-Controller	320 – 32F	1F0 – 1F8
Interrupt-Controller 2 (8259A)	–	0A0 – 0BF
Interrupt-Controller (8259A)	020 – 021	020 – 03F
Tastatur (8042)	–	060 – 06F
Netzwerkkarte	–	360 – 36F

Abb. 4.15: Portadressen XT und AT

Baustein	XT	AT
DMA-Controller 1 (8237A-5)	000 – 00F	000 – 01F
DMA-Controller 2 (8237A-5)	–	0C0 – 0DF
Farb-/Grafikkarte	3D0 – 3DF	3D0– 3DF
Erweiterungseinheit	210 – 217	–
Takt-/Zeitgeber	040 – 043	040 – 05F
Monochromkarte u. Paralleldrucker	3B0 – 3BF	3B0– 3BF
Programmierbare periphere Verbindung	060 – 063	–
Spiele-Adapter (Joystick)	200 – 20F	200 – 207
Anschluß für 1. Paralleldrucker	378 – 37F	378 – 37F
Anschluß für 2. Paralleldrucker	–	278 – 27F
Prototyp-Karte	300 – 31F	300 – 31F
Echtzeituhr (MC 146818)	–	070 – 07F
Mathematischer Coprozessor	–	0F0 – 0F1
Mathematischer Coprozessor	–	0F8 – 0FF
DMA-Seitenregister	080 – 083	080 – 09F

Abb. 4.15: Portadressen XT und AT (Fortsetzung)

Der Timerbaustein 8253

Für die Uhrzeit oder die Töne auf Ihrem PC ist dieser Baustein zuständig. Hauptsächlich aber arbeitet der Timer-Baustein für andere Prozessoren, indem er für diese das Auf- oder Abwärtszählen übernimmt. In der systemnahen Programmierung beim Einbinden von Assembler-Modulen in Ihre Bibliothek werden Sie diesen Baustein des öfteren ansprechen.

Wir haben es hier mit einem 16-Bit-Zähler zu tun, der drei voneinander unabhängige Kanäle besitzt. Sie können an diese Kanäle jeweils einen Takt im Bereich von 0 bis 2 MHz übergeben. Dividieren Sie diesen Wert durch eine beliebige Zahl, dann kann am jeweiligen Ausgang des Kanals eine Frequenz bis 2 MHz erzeugt werden. Der Kanal 0 dieses Bausteins steht für die Steuerung der internen Systemuhr zur Verfügung. Der Kanal 1 hat die Aufgabe, ein Signal an den DMA-Controller zu senden, um diesen zum Auffrischen der dynamischen Speicherverwaltung zu veranlassen. Der Kanal 2 ist direkt mit dem Lautsprecher verbunden und für den Sound verantwortlich. Jeder einzelne dieser Kanäle ist in der Lage, in einer der sechs folgenden möglichen Betriebsarten zu arbeiten, obwohl diese Fähigkeiten von Ihrem PC nicht optimal genutzt werden. Diese werden nur zum Erzeugen eines Ausgangssignals verwendet. Die Betriebsarten lauten:

Modus 0:	Erzeugen eines Interrupts, sobald eine bestimmte Anzahl Impulse gezählt wurde oder auch bei Zählerüberlauf
Modus 1:	Programmierbares Monoflop (monostabiles Kippglied)
Modus 2:	Taktgenerator
Modus 3:	Rechtecksignal-Generator
Modus 4:	Triggern des Ausgangs (durch Software)
Modus 5:	Triggern des Ausgangs (durch Hardware)

Für eine bestimmte Impulsanzahl liegt im Modus 0 die Leitung OUT. Die Impulse werden über die CLK-Leitung mit dem Zustand 0 übertragen und werden nach Erreichen des vorgegebenen Zählerstands wieder auf 1 gesetzt. Mit diesen Übergängen (0/1) läßt sich vom Programm her die Arbeit des Prozessors unterbrechen.

Ähnlich wird im Modus 1 verfahren. Die Zählfunktion wird hierbei jedoch nicht aus dem Programm heraus ausgelöst. Dies geschieht durch einen positiven Flankenwechsel an der Gate-Leitung selbst. Dieser Zählvorgang ist also vom jeweiligen Zustand abhängig.

Der Modus 2 stellt einen Divisor durch eine 16-Bit-Zahl dar. Während der festgelegten Zeit befindet sich der Ausgang auf Zustand 1 und wird nach Erreichen der Zeit wieder in Zustand 0 zurückversetzt. Sie finden diese Arbeitsweise z.B. in Verbindung mit Kanal 1 (Erzeugen eines Refresh-Zyklus für Speicherbausteine) vor.

Soll ein symmetrischer Zähler in Verbindung mit dem 16-Bit-Wert aufgebaut werden, so ist der Modus 3 auszuwählen. Dieser wird zur Kontrolle der Uhrzeit sowie zum Erzeugen von Tönen verwendet.

Die letzten beiden Betriebsarten 4 und 5 ähneln den Modi 0 und 1. Die OUT-Leitung für die Dauer der vorgegebenen Impulse liegt hier auch auf 1. Anschließend wechselt diese für eine Periode auf den Zustand 0, um dann wieder in den Zustand 1 zu wechseln. Die Besonderheit der Betriebsarten 4 und 5 liegt daran, daß sich ihr Zustand vor Beendigung auffrischen und im Anschluß neu starten läßt. Der Zustand der Leitung OUT bleibt in diesem Fall wie vorgegeben, solange der Zählvorgang andauert. Jede neu angekommene Signalflanke startet den Zählvorgang erneut. In der Abb. 4.16 wird der Aufbau des Steuerregisters beschrieben.

Die Portadressen dieses Bausteins liegen im Bereich 040 (hex) bis 043 (hex), wobei die Register der Kanäle die Adressen 040 (Kanal 0), 041 (Refresh-Signal zum DMA, Kanal 1) und 042 (Kanal 2) haben. Die Programmierung dieser drei Kanäle ist relativ einfach. Im Abschnitt "Einbinden von Modulen in die Bibliothek" sehen Sie ein Assembler-Programm, das einen Ton erzeugt und mit diesem Kanal arbeitet. Zum Programmieren dieses Bausteins muß zunächst zur Initialisierung jedem steuernden Kanal ein Modus-Byte in das Register geschrieben werden. Darüber hinaus ist es sinnvoll, vor dem Einlesen des Zählers einen Befehl zum Zwischenspeichern einzufügen. Dies wird mit dem Wert 0 der Bits 4 und 5 des Steuerregisters erreicht. Da der Zähler während des Lesevorgangs weiterarbeitet, könnte es passieren, daß die Werte des Low- und High-Bytes unterschiedlich ausfallen. Soll ein Ton ausgegeben werden, so erreichen Sie dies, indem Sie den Kanal B ansteuern und dessen Bits (PB0 und PB1) für die gewünschte Tondauer auf 1 setzen. Mit Hilfe der in Kanal 2 erzeugten Rechteckwellen wird dieser Ton dann erzeugt. Mit den Kanälen 0 und 2 können Sie für den Anfang einfach herumexperimentieren. Mit dem Kanal 1 sollten Sie erst nach einiger Übung beginnen. Ein falsches Refresh-Signal kann mitunter zum Systemabsturz führen oder andere unangenehme Dinge nach sich ziehen.

Bits	Belegung	Bedeutung
0	1	BCD-Zähler ist eingeschaltet
0	0	16-Bit-Zähler ist eingeschaltet
1, 2, 3	000	Modus 0 ist eingestellt
1, 2, 3	001	Modus 1 ist eingestellt
1, 2	10	Modus 2 ist eingestellt
1, 2	11	Modus 3 ist eingestellt
1, 2, 3	100	Modus 4 ist eingestellt
1, 2, 3	101	Modus 5 ist eingestellt
4, 5	00	Aktuellen Zählerstand einlesen
4, 5	01	Low-Byte LSB laden
4, 5	10	High-Byte MSB laden
4, 5	11	Zuerst LSB, dann MSB laden
6, 7	00	Zähler 0 ist angewählt
6, 7	01	Zähler 1 ist angewählt
6, 7	10	Zähler 2 ist angewählt
6, 7	11	noch nicht verwendet

Abb. 4.16: Aufbau des Steuerregisters des 8253

Interrupts

Neben den Berechnungsvorgängen, die der Rechner in der Regel durchführt, gibt es bestimmte Anforderungen, auf die der Prozessor reagieren
muß. Es handelt sich um Aufträge, die seine Aufmerksamkeit verlangen
und ihm mitteilen, daß die Arbeit, die er zur Zeit erledigt, unterbrochen
werden muß. Zum ersten haben wir eine Methode, die auch als "Polling"
bezeichnet wird. Der Rechner ist ständig auf der Suche nach Aufgaben,
die über seine jetzige Tätigkeit hinausgehen. Findet er nichts, setzt er den
in der Ausführung befindlichen Prozeß fort und beginnt seine Suche nach
kurzer Zeit erneut. Wird ein Auftrag gefunden, erledigt er diesen und setzt
die eigentliche Arbeit fort. Dieser Vorgang läuft nach einem bestimmten
Rhythmus ab und beeinträchtigt letztlich den Gesamtablauf. Sie können
sich vorstellen, wie lästig und behindernd es ist, wenn Sie eine Arbeit erledigen und zwischendurch immer wieder verschiedene Leute nach zusätzlicher Arbeit fragen müssen.

Die andere Methode ist effektiver. Wir nennen diese "Interrupting". Hierbei führt der Rechner seine Arbeit konstant durch und wird nur aus diesem
Rhythmus gebracht, wenn eine Unterbrechung angefordert wird. Der
Vorteil ist klar. Es werden schließlich nicht ständig Unterbrechungen
verlangt, und der Arbeitsablauf wird nicht durch ständiges Suchen unterbrochen. Eine Anforderung zur Unterbrechung wird als Interrupt bezeichnet, und wir werden gleich sehen, was sich dahinter verbirgt.

Der Interrupt-Controller 8259

Um einen reibungslosen Ablauf zu gewährleisten, übernimmt der Interrupt-Controller die Koordination der Interrupts selbst. Man könnte ihn als
zweite Hand oder als Sekretärin des Prozessors bezeichnen. Wird nun ein
Interrupt angefordert, dann untersucht der Controller zunächst einmal
dessen Priorität. Die Prioritäten werden in der Rangordnung von 0 bis 7
eingestuft, wobei jeder Priorität ein Kanal zugeordnet ist (IR0 bis IR7).
Die Priorität 0 besitzt die höchste und die jeweils folgende eine entsprechend untergeordnete Stellung. Diese Kanäle sind wie folgt angeordnet:

IR0	Takt der Systemuhr
IR1	Tastatur
IR2	Grafikkarte
IR3	zweite serielle Schnittstelle
IR4	erste serielle Schnittstelle
IR5	Festplatten-Controller
IR6	Disketten-Controller
IR7	Parallele Schnittstelle

In dieser Rangfolge wird der betreffenden Einheit, die über einen der Kanäle erreichbar ist, mitgeteilt, daß diese etwas bearbeiten oder ggf. Unterstützung liefern soll. Nachdem nun eine dieser Einheiten Zugang zum Prozessor hat, wird diesem mitgeteilt, daß er seine Arbeit für kurze Zeit unterbrechen soll. Dies geschieht wie folgt. Der Zugriff auf den Prozessor wird durch eine Bitmaske geregelt. Jedes dieser 8 Bits hat entweder den Zustand "Ein/1" oder "Aus/0" und ist entsprechend seines Werts für den betreffenden Kanal zuständig. Der Zeitpunkt des Zugriffs, d.h. wann der Prozessor dem Interrupt-Controller mitteilt, daß der Zugriff gestattet ist, erfolgt seitens des Prozessors. Dieser schickt an den Interrupt-Controller ein "Freigabe-Signal". Ist nun für einen der Kanäle ein Auftrag vorhanden, wird das betreffende Bit auf 1 gesetzt, und der Zugriff für folgende Interrupts für diesen Kanal ist erst einmal gesperrt. Durch die Maskierung des betreffenden Kanals macht der Interrupt-Controller den Prozessor darauf aufmerksam, daß etwas nebenbei erledigt werden muß. Ist dieser mit der Anfrage einverstanden, wird eine Leitung (INTA / Interrupt-Erkennung) durch den Bus-Controller aktiviert und eine Freigabe an den Interrupt-Controller erteilt. Dieser legt nun einen 8-Bit-Interrupt-Vektor auf den Bus und übergibt diesen an den Prozessor. Der Vektor beinhaltet die Adresse einer Funktion. Über diese Adresse greift der Prozessor auf die Funktion zu und führt diese aus.

Interrupt-Vektoren

Jede der im folgenden aufgeführten Interrupt-Kategorien besteht aus mehreren Interrupt-Nummern, wobei z.B. der Disketten-Interrupt die Nummer 13 und der Bildschirm-I/O-Interrupt die Nummer 10 hat. Diese verfügen wiederum über eine bestimmte Anzahl eigener Funktionen, die von Anwenderprogrammen angesprochen werden können.

Ganz zu Beginn des Arbeitsspeichers ist eine Tabelle gespeichert, die die Adressen der Interrupt-Routinen beinhaltet (siehe auch "Aufbau des Arbeitsspeichers" und Abb. 4.9 in diesem Kapitel). Diese Adressen werden Interrupt-Vektoren genannt. Die Vektoren sind segmentiert und beanspruchen 4 Bytes. "Segmentiert" bedeutet in diesem Fall, daß die Adresse aus 4 Bytes gebildet wird. Die Segmentadresse wird in den beiden höherwertigen Bytes und die Offsetadresse in den beiden niederwertigen Bytes abgelegt. Sie können sich leicht ausrechnen, daß die erste Adresse auf Speicherplatz 0 und die zweite infolgedessen auf Speicherplatz 4 zu finden ist. Soll nun eine bestimmte Interrupt-Nummer aufgerufen werden, so wird die Adresse der Funktion wie folgt ermittelt:

Interrupt-Nummer * 4 = Adresse der Funktion

Diese Adresse wird in die Register CS und IP gelesen. Die aktuelle Programmadresse, aus der die Interrupt-Funktion aufgerufen wurde, wird zusätzlich auf dem Stack gesichert. Der Grund dafür ist, daß die Werte, die sich vor dem Funktionsaufruf in den Registern befanden, in jedem Fall erhalten bleiben müssen. Andernfalls könnte der gesamte Programmablauf durcheinander geraten. Eine Fehlersuche wäre dementsprechend schwierig, da man von außen normalerweise keinen Einfluß auf diese Funktionen hat. Der Rechner beginnt nun mit der Durchführung des unter dieser Adresse gefundenen Interrupt-Programms und gibt die Kontrolle nach Beendigung wieder an das Programm zurück. Die alten Registerwerte werden wieder hergestellt und die aktuelle Programmadresse vom Stack zurückgeholt.

Beispiel einer Funktion

Wir wollen nun betrachten, wie ein Interrupt angefordert wird und welche verschiedenen Ebenen durchlaufen werden. Nehmen wir als Beispiel das Betätigen einer Taste oder das Einlegen einer Diskette in ein Laufwerk. In beiden Fällen muß der Rechner reagieren. Sie werden staunen, welche komplexen Vorgänge sich dahinter verbergen, wenn ein Zeichen auf dem Bildschirm erscheinen soll.

Bei einem Tastendruck zum Beispiel läuft folgendes ab. Durch ein Kabel ist Ihre Tastatur mit dem Rechner verbunden. Der Prozessor der Tastatur hat die Aufgabe zu überprüfen, ob eine Taste gedrückt oder nicht gedrückt ist. Der Tastencode spielt hierbei noch keine Rolle, da jede Taste eine Nummer im Bereich von 1 bis 83 hat. Wurde nun eine Taste betätigt, veranlaßt der Tastatur-Prozessor seinerseits, daß der Interrupt-Controller angesprochen wird. Dieser ruft den Interrupt 9 auf. Es wird eine BIOS-Routine aufgerufen, die den Tastencode ggf. mittels eines bestimmten Statuswerts an den Tastaturpuffer übergibt. Der Statuswert gibt seinerseits Auskunft darüber, ob und welche Tastennummer gedrückt oder losgelassen wurde, und der Puffer ist als Speicherbereich anzusehen, wo mehrere solcher Statuswerte aufbewahrt werden. Doch damit ist das Zeichen noch nicht auf Ihrem Bildschirm angelangt. Die BIOS-Routine muß darüber hinaus auch prüfen, ob eine bestimmte Tastenkombination, wie z.B. <Ctrl><Alt><Del> (Warmstart), ausgelöst wurde. In diesem Fall muß diese Routine dafür Sorge tragen, daß das System neu hochgefahren wird. Bleiben wir bei dem Transport zum Bildschirm oder zu Ihrem Programm. Der Tastaturpuffer kann 16 Bytes aufnehmen. Ist dieser Bereich gefüllt, dann löst die BIOS-Routine ein Warnsignal aus. Damit ist die Aufgabe dieser Routine (Interrupt 9) erst einmal beendet.

Der Tastaturpuffer wird vom Interrupt 16 bearbeitet. Diese BIOS-Funktion muß z.B. prüfen, ob überhaupt etwas im Puffer vorhanden ist. Wenn das der Fall ist, wird der Statuswert an einen Tastaturtreiber weitergegeben und der Code im Puffer gelöscht.

Wir gelangen nun aus der BIOS-Ebene hinaus in die eigentliche DOS-Ebene, wo der Tastaturtreiber in Aktion tritt. Seine Aufgabe ist es, den Statuswert z.B. anhand des ASCII-Zeichensatzes zu entschlüsseln und an einen nochmals übergeordneten Interrupt (DOS-Interrupt 21) zu übergeben. Dieser Interrupt hat ebenfalls mehrere Funktionen und sorgt nun dafür, daß das Zeichen entweder einem Anwenderprogramm übergeben wird oder direkt auf dem Bildschirm erscheint. Sie sehen selbst, welcher komplexe Vorgang sich hinter dem Drücken einer Taste auf der Tastatur verbirgt, wovon der Anwender in der Regel überhaupt nichts merkt.

Die Möglichkeiten der Interrupt-Steuerungen als solches, die uns die Sprache C bietet, sind allerdings nicht so kompliziert. Wir werden bei der Beschreibung der Interrupts so vorgehen, daß diese einzeln vorgestellt und erläutert werden. Darüber hinaus sind im Anhang E einige Beispiele dazu aufgeführt. Sie sehen dort, welche Register verwendet werden und welche Werte an diese übergeben werden. Außerdem wird in der Beschreibung der einzelnen Interrupts gezeigt, welche Interrupt-Funktionen einen *return*-Wert liefern und wie dieser ggf. übernommen werden kann. Doch zunächst sollten wir die beiden Kategorien betrachten, in die wir die Interrupts unterscheiden können.

Interrupt-Kategorien

Der Grundgedanke für die Einführung von Interrupts war, daß der Rechner auch Aufgaben von Systemkomponenten übernehmen soll, die außerhalb des Prozessors liegen. Doch es wurde sehr schnell erkannt, daß Interrupts auch für interne Zwecke genutzt werden können, und so wurden sie, ihrem Zweck entsprechend, in zwei Kategorien unterteilt. Wir unterscheiden daher:

    Software-Interrupts
    Hardware-Interrupts

Die Software-Interrupts unterteilen sich nochmals in Funktionen, die uns das BIOS selbst zur Verfügung stellt, und in Funktionen, die von DOS aus bereitgestellt werden.

Software-Interrupts

Diese Kategorie ist die interessantere der beiden benannten Formen, da ihre Funktionen in vielfältiger Weise in den Programmen Verwendung finden können. Dabei ist es gleichgültig, ob Sie das aktuelle Datum benötigen oder Grafiken erstellen möchten. Sie müssen lediglich die Interrupt-Nummer aufrufen und entsprechend richtige Werte an die Register übergeben. Ihr Programm wird dann unterbrochen, die Funktion aufgerufen, und im Anschluß daran wird die Kontrolle wieder an Ihr Programm übergeben. Eine Vielzahl der Funktionen, die über den Befehlsstandard der Sprache C hinausgehen, wurden aus Interrupt-Funktionen erstellt und in die Modulbibliothek eingebunden.

Hardware-Interrupts

Diese Interrupts werden von der CPU selbst gerufen und können u.U. höchste Alarmbereitschaft auslösen, insbesondere dann, wenn der gesamte Ablauf z.B. durch mangelnde Stromversorgung gestört wird oder ein Teilerüberlauf stattfindet. So kann es mitunter passieren, daß ein Programm während der Durchführung einfach abgebrochen wird.

Das geschieht natürlich nur in Fällen, wo es für das System unbedingt erforderlich ist, da sonst die Systemordnung gefährdet wird.

Wenn die Unterbrechung erfolgt, sieht es allerdings nicht so aus, daß der Interrupt sofort bearbeitet wird. Vielmehr muß das System zunächst einige Register sichern, die vielleicht für den Gesamtablauf benötigt werden, da mehrere Programme darauf zugreifen oder diese den Programmablauf steuern. Ein Interrupt kann also auch auf diese Register zugreifen, deren Werte nach Funktionsende wieder hergestellt werden müssen. Sind mehrere Interrupt-Aufträge im Zwischenspeicher aufgelaufen, so werden diese entsprechend einer bestimmten Priorität verarbeitet. Eine Prioritätenregelung der Interrupts ist erforderlich, da einige Hardware-Interrupts vom System selbst gerufen werden und in bestimmten Situationen Vorrang haben müssen. Die Beschreibung dieser Hardware-Interrupts wird Ihnen in der Sprache C von wenig Nutzen sein, aber es ist trotzdem interessant, zu sehen, was sich hinter einem Hardware-Interrupt verbirgt. Wir wollen die wichtigsten Hardware-Interrupts kurz beschreiben.

Interrupt 0: Division durch Null

Der 8088-Prozessor verfügt im Maschinencode über die Befehle IDIV und DIV. Er bietet somit die Möglichkeit, 16- oder 32-Bit-Zahlen durch

8- bzw. 16-Bit-Zahlen zu dividieren. Der Interrupt 0 wird immer dann gerufen, wenn ein Divisor den Wert 0 hat und versucht wird, durch ihn zu dividieren. Diese Einschränkung entspricht ja auch den mathematischen
Regeln. Auf Ihrem Ausgabegerät erscheint dann die Meldung "Division
by zero" oder ähnliches.

Interrupt 1: Einzelschritt

Vielleicht kennen Sie das Debug-Programm, mit dem es möglich ist, ein
Maschinenprogramm Befehl für Befehl durchzuarbeiten? Dort wird mit
diesem Interrupt gearbeitet. Das Trap-Bit im Statusregister muß dazu auf
1 gesetzt werden. Hat dieses Bit den Wert 1, wird der Interrupt von der
CPU aufgerufen, und Sie können schrittweise nachvollziehen, welchen
Wert die Register nach jedem Befehl beinhalten. So einfach wie beschrieben ist der Ablauf allerdings nicht. Um nicht nach jedem einzelnen Befehl
den Interrupt 1 aufrufen zu müssen, sichert der Prozessor das Statusregister auf dem Stack und löscht das Register beim Eintritt in die Interrupt-
Funktion. Andernfalls würde bei einer unendlichen Rekursion ein Stack-
Überlauf auftreten. Genau dieser Vorgang wiederholt sich bei jedem Befehl, bis Sie alle gewünschten Informationen haben und dafür sorgen, daß
das Trap-Bit wieder auf 0 gesetzt und der Interrupt 1 nicht mehr gerufen
wird. Um dies allerdings zu bewerkstelligen, sind Kenntnisse in der Assembler-Sprache erforderlich, denn das Trap-Bit kann nur aus der Inter-
rupt-Routine heraus verändert werden. Das gesamte Statusregister muß
gelöscht und der Ursprung wieder vom Stack geholt werden. Im Anschluß daran ist diese Routine mit dem IRET-Befehl zu verlassen.

Interrupt 2: NMI (Non Maskable Interrupt)

Der Assembler-Befehl CLI kann alle Interrupts, ausgenommen den NMI,
unterdrücken. Man sagt, er ist nicht maskierbar. Dieser Interrupt hat nun
die besondere Aufgabe, auf Fehler aufmerksam zu machen, die auf einen
Defekt der Bausteine (RAM) hinweisen. Dieser Interrupt hat die höchste
Priorität, da ein solcher Fehler zum Systemabsturz führen kann. Selbst
wenn sich mehrere Interrupt-Anforderungen in der Warteschlange befinden, wird dieser zuerst aufgerufen.

Interrupt 3: Breakpoint

Im Gegensatz zu den anderen Interrupts, die aus einem 2-Byte-Code bestehen (Interrupt-Nummer/Interrupt-Funktion), hat dieser Interrupt einen 1-Byte-Code. Er findet insbesondere beim Austesten von Program-

men Verwendung, um das Programm an einer bestimmten Stelle zu unterbrechen und die Registerinhalte zu überprüfen.

Der besondere Vorteil ist seine Größe von einem Byte, was in der Assembler-Sprache begründet liegt. Normalerweise wird eine Assembler-Funktion mit der Anweisung RET beendet, die ebenfalls ein Byte Länge hat. An dieser Stelle wird nun der Aufruf zum Interrupt 3 gesetzt. Damit ist sichergestellt, daß im Maschinencode tatsächlich nur ein Byte überschrieben wird. Würden Sie einen anderen Befehl dazu verwenden, der z.B. einen 2 Byte langen Code hat, wird zumindest das erste Byte des folgenden Unterprogramms überschrieben.

Interrupt 4: Überlauf

Läßt sich z.B. das Ergebnis einer Multiplikation nicht mehr in dem definierten Bitmuster darstellen, tritt ein Überlauf (overflow) ein. Sie erhalten dann eine Meldung wie "Overflow" oder "Feldüberlauf" auf Ihrem Bildschirm.

Interrupt 5: Bildschirm drucken

Auf Ihrer Tastatur befinden sich die Tasten <Shift> und <PrtSc>, die gleichzeitig betätigt einen Ausdruck des aktuellen Bildschirminhalts liefern. Bei erweiterten Tastaturen haben Sie dafür die <Druck>-Taste zur Verfügung. Für eine solche Hardcopy ist dieser Interrupt 5 zuständig.

Die Interrupts 6 und 7 sind unbenutzt und nicht definiert. Mit den erforderlichen Kenntnissen können Sie eigene Adressen in der Interrupt-Tabelle anlegen und somit eigene Funktionen erstellen.

Interrupt 8: Zeitgeber

Dieser Interrupt wird ca. 18mal pro Sekunde aufgerufen und durch den Timer-Chip 8253 an die CPU weitergeleitet. Dieser Aufruf bewirkt, daß ein Zeitzähler (time-counter) ständig hochgezählt wird und Ihnen u.a. die Möglichkeit bietet, die aktuelle Uhrzeit abzufragen. Doch auch bei der Erzeugung von Tönen können Sie mit dem Timer-Chip arbeiten, z.B. wenn der Ton eine bestimmte Zeit andauern soll (siehe auch "Einbinden von Modulen in die Bibliothek", Programm TON, in Kapitel 2).

Interrupt 9: Tastatur

Der Intel-Prozessor in der Tastatur überwacht die Tastenanschläge dahingehend, ob eine Taste oder Tastenkombination betätigt wurde. Ist dies
der Fall, wird durch den Interrupt 9 ein Ablauf eingeleitet, der bereits weiter oben beschrieben wurde.

BIOS-Interrupts

Wir wollen uns nun damit befassen, wie die einzelnen Interrupts in Turbo
C benutzt werden können. In den bisher beschriebenen Beispielen haben
Sie gesehen, daß ausschließlich mit den Funktionen *int86()* und *bdos()*
gearbeitet wurde. Dies werden wir beibehalten, obwohl auch gerne be-
hauptet wird, daß die Funktion *int86x()* noch effizienter arbeitet.

Wir sollten uns zunächst an ein Beispiel aus Kapitel 1 erinnern. Dort
konnte man eine Zeile und Spalte ansteuern und mit *printf()* einen Text
ausgeben. Wir wollen nicht weiter auf die dort verwendeten Formatierungszeichen eingehen, sondern nur betrachten, wie der Befehl mit dem
Interrupt 10 (Bildschirm-I/O) nachvollzogen werden kann. Wenn Sie
darüber hinaus zusätzliche Parameter einbauen, die eine weitere Formatierung zulassen, können Sie einen beliebigen Text mit Farbattributen anzeigen lassen.

Das folgende Programm besteht neben der Funktion *main()* aus zwei
weiteren Funktionen (*goto_xy()* und *pr1()*). Die Funktion *goto_xy()*
übernimmt als Parameter Zeile und Spalte. Mit der Übergabe von dem
Wert 2 an das AH-Register wird die eigentliche Interrupt-Funktion des
Interrupts 10 bestimmt. An die Register DL und DH werden Zeile und
Spalte übergeben. Die Funktion *int86()* ruft den Interrupt 10 auf, der die
Adressen und die Interrupt-Nummer an den Interrupt-Controller übergibt. Den weiteren Ablauf kennen Sie bereits. Nach dem gleichen Prinzip
arbeitet die Funktion *pr1()*. Dorthin werden, aus der *while*-Schleife heraus, jeweils ein Zeichen aus dem Zeiger *titel* und das Farbattribut 0x70
(invers) übergeben. Die *main()*-Funktion schreibt einmal den Text durch
printf() normal und in der *while*-Schleife den gleichen Text invertiert.
Dabei arbeitet die Funktion *printf()* nach dem gleichen Verfahren wie
unsere selbst definierte Funktion *pr1()*. Da hier die Ausführung mitunter
sehr langsam ist, werden wir im Abschnitt "Grafik" noch beschreiben,
wie Sie in den Bildschirmspeicher direkt hineinschreiben und eine enorme Geschwindigkeit bei der Ausgabe erzielen können.

Beispielprogramm:

```
/*********************************/
/* Interrupt 10                  */
/* Funktion  2 Cursorposition    */
/* Funktion  9 Schreibe Zeichen  */
/*********************************/
#include <stdio.h>
#include <dos.h>
#define  INTERRUPT  0x10
char *titel = "Überschrift\0";

main()
{
int zeile,spalte;
    goto_xy(10,20);
    printf("%s",titel);
    zeile = 11;
    spalte = 20;
    while(*titel)
            {
            goto_xy(zeile,spalte++);
            pr1(*titel,0x70);
            *titel++;
            }
}

/************************************/
/*Schicke cursor nach Zeile,Spalte  */
/************************************/
goto_xy(x,y)
int x, y;
{
union REGS r;
    r.h.ah = 2;      /*Cursor-Adreßfunktion   */
    r.h.dl = y;      /*Zeile                  */
    r.h.dh = x;      /*Spalte                 */
    r.h.bh = 0;      /*Videoseite             */
    int86(INTERRUPT,&r,&r);
}

/************************************/
/*Schreibe Zeichen mit Farbe        */
/************************************/
pr1(text,farbe)
int farbe;
char text;
{
union REGS r;
    r.h.ah = 9;      /*Cursor-Adreßfunktion   */
    r.h.bh = 0;      /*Bildschirmseite        */
    r.h.bl = farbe;  /*Farbe                  */
    r.x.cx = 1;      /*wie oft nacheinander   */
    r.h.al = text;   /*Zeichen                */
    int86(INTERRUPT,&r,&r);
}
```

BIOS-Interrupt-Tabelle

Als erstes werden wir in diesem Abschnitt in Kurzform alle BIOS-Interrupts und deren Funktionen vorstellen. Im Anschluß daran folgt eine Beschreibung der Tabellenreihenfolge. Dort werden die einzelnen Funktionen beschrieben. In Anhang E finden Sie einige Programmbeispiele, die mit diesen Funktionen arbeiten. Wir beginnen mit den BIOS-Funktionen sowie deren Beschreibung und erläutern daran anschließend die DOS-Interrupts. Die Interrupts, die das Carry-Flag bei auftretendem Fehler auf 1 setzen, werden jeweils durch einen Stern (*) gekennzeichnet. Wird dieses Flag gesetzt, so ist bei den BIOS-Funktionen der Fehlercode aus dem AL-Register und bei den DOS-Funktionen dem AX-Register zu entnehmen. Das Carry-Flag ist in der Include-Datei *dos.h* definiert und kann der Struktur REGS oder des zugewiesenen Strukturnamens entnommen werden (*name.cflag*).

Interrupt 10 (16) Bildschirm I/O

Funktion		Bedeutung
0	(0)	Videomodus setzen
1	(1)	Cursorgröße definieren
2	(2)	Cursor in Zeile und Spalte positionieren
3	(3)	Lesen der aktuellen Cursorposition
4	(4)	Lesen der Lichtgriffelposition
5	(5)	Bildschirmseite auswählen
6	(6)	Scroll-UP
7	(7)	Scroll-DOWN
8	(8)	Zeichen mit Farbe an Cursorposition lesen
9	(9)	Zeichen mit Farbe an Cursorposition schreiben
A	(10)	Zeichen ohne Farbe an Cursorposition schreiben
B	(11)	Rahmen-Hintergrundfarbe auswählen (I)
B	(11)	Farbpalette wählen (II)
C	(12)	Grafikpixel schreiben
D	(13)	Grafikpixel lesen
E	(14)	Zeichen schreiben
F	(15)	Videomodus lesen
13	(19)	Zeichenkette ausgeben (AT)

Interrupt 11 (17): Konfiguration feststellen

Keine Unterfunktion.

Interrupt 12 (18): Speichergröße feststellen

Keine Unterfunktion.

*Interrupt 13 (19): Diskettenbearbeitung

Hinweis: Carry-Flag wird bei Fehler auf 1 gesetzt.

Funktion		Bedeutung	
0	(0)	Reset	
1	(1)	Diskettenstatus einlesen	
2	(2)	Sektorenweise lesen	
3	(3)	Sektorenweise schreiben	
4	(4)	Vergleichen	
5	(5)	Formatieren	
15	(21)	Laufwerktyp feststellen	(AT)
16	(22)	Diskettenwechsel feststellen	(AT)
17	(23)	Diskettenformat festlegen	(AT)

Bei der Festplattenbearbeitung sind teilweise die Funktionsnummern gleich. Die Unterscheidung erfolgt nach der Wertzuweisung des Laufwerks an das DL-Register: Laufwerk A = 0, B = 1, C = 0x80 (Festplatte).

*Interrupt 13 (19): Diskettenbearbeitung (XT/AT)

Hinweis: Carry-Flag wird bei Fehler auf 1 gesetzt.

Funktion		Bedeutung
0	(0)	Reset
1	(1)	Diskettenstatus einlesen
2	(2)	Sektorenweise lesen
3	(3)	Sektorenweise schreiben
4	(4)	Vergleichen
5	(5)	Formatieren
8	(8)	Format abfragen
9	(9)	Fremde Laufwerke anpassen
A	(10)	Erweitertes Lesen
B	(11)	Erweitertes Schreiben
D	(13)	Reset
10	(16)	Laufwerk bereit?
11	(17)	Laufwerk justieren
14	(20)	Controller-Diagnose

Interrupt 14 (20): Serielle Schnittstelle

Funktion		Bedeutung
0	(0)	Initialisierung
1	(1)	Ausgabe eines Zeichens
2	(2)	Einlesen eines Zeichens
3	(3)	Status abfragen

*Interrupt 15 (21): Kassetten-Ein-/Ausgabe (AT)

Hinweis: Carry-Flag wird bei Fehler auf 1 gesetzt.

Funktion		Bedeutung	
83	(131)	Flag setzen nach Zeitintervall	
84	(132)	Status der Feuerknöpfe (Joysticks) abfragen	(I)
84	(132)	Stellung der Joysticks abfragen	(II)
85	(133)	Wurde SYSREG-Taste gedrückt?	
86	(134)	Warten	
87	(135)	Speicherbereich verschieben	
88	(136)	Speichergröße über 1 MByte ermitteln	
89	(137)	In Protected-Modus umschalten	

Interrupt 16 (22): Tastatur

Funktion		Bedeutung
0	(0)	Zeichen auslesen
1	(1)	Zeichen vorhanden?
2	(2)	Tastaturstatus abfragen

Interrupt 17 (23): Paralleler Drucker

Funktion		Bedeutung
0	(0)	Zeichen drucken
1	(1)	Drucker initialisieren
2	(2)	Druckerstatus abfragen

Interrupt 18 (24): ROM-BASIC

Keine Unterfunktion.

Interrupt 19 (25): Booten des Rechners (Urlader)

Keine Unterfunktion.

*Interrupt 1A (26): Datum und Uhrzeit

Hinweis: Carry-Flag wird bei Fehler auf 1 gesetzt.

Funktion		*Bedeutung*	
0	(0)	Zeitzähler einlesen	
1	(1)	Zeitzähler setzen	
2	(2)	Echtzeit-Uhr einlesen	(AT)
3	(3)	Echtzeit-Uhr setzen	(AT)
4	(4)	Datum aus Echtzeit-Uhr lesen	(AT)
5	(5)	Datum setzen in Echtzeit-Uhr	(AT)
6	(6)	Alarmzeit setzen	(AT)
7	(7)	Alarmzeit löschen	(AT)

Interrupt 1B (27): <Ctrl><C>-Behandlung

Interrupt 1C (28): Uhr weiterzählen (periodischer Interrupt)

Interrupt 1D (29): Videotabelle

Interrupt 1E (30): Laufwerktabelle

Interrupt 1F (31): Zeichentabelle

Die BIOS-Funktionen im einzelnen

Wenn nicht anders beschrieben, können die Register SI und DI nach dem Funktionsaufruf verändert sein, und die Funktion gilt für den PC, den XT und den AT. Der Dezimalwert der Funktion wird in runden Klammern () angegeben. In der Beschreibung werden grundlegende Systemkenntnisse vorausgesetzt, und der Schwerpunkt wird auf die Übergaben und *return*-Werte gesetzt. Eine kurze Beschreibung zur Funktionsweise wird dort hinzugefügt, wo es notwendig ist. Für Leser, die sich noch intensiver mit den einzelnen Interrupts beschäftigen möchten, sei an dieser Stelle auf ein Buch [13] verwiesen, das im Literaturverzeichnis beschrieben wird. Dort wird das Thema "Interrupts" vertieft behandelt.

Interrupt 10 (16): Bildschirm I/O

Funktion 0 (0): Videomodus setzen

AH = 0
AL = Modus

Keine Ausgabe

Funktion 1 (1): Cursorgröße definieren

AH = 1
CH = Start
CL = Ende

Keine Ausgabe

Bemerkung: Gültige Werte für Start/Ende sind
                      Monochromkarte   0 – 13
                      Farbgrafikkarte 0 – 7

Funktion 2 (2): Cursor in Zeile und Spalte positionieren

AH = 2
BH = Bildschirmseite (je nach Videokarte 0–4)
DH = Zeile   (1 – 25)
DL = Spalte   (1 – 80)

Keine Ausgabe

Bemerkung: Wenn Sie bildschirmintensiv arbeiten, kann es mitunter
                      vorkommen, daß der Cursor je nach Ausgabe an der be-
                      treffenden Position blinkt, was dann sehr unschön wirkt.
                      Sie können dies mittels einer Dummy-Funktion ausräu-

men, indem Sie den Cursor außerhalb des Bildschirmbereichs und der gültigen Zeilen und Spalten positionieren.

Funktion 3 (3): Lesen der aktuellen Cursorposition

AH = 3
BH = Bildschirmseite (je nach Videokarte 0–4)

Ausgabe: DH = Positionszeile
              DL = Positionsspalte
              CH = Start (siehe Funktion 1)
              CL = Ende (siehe Funktion 1)

Bemerkung: Sie erhalten vier Ausgabewerte, wobei DH und DL die Zeile und Spalte der Position und CH und CL die definierten Werte der gesetzten Cursorgröße beinhalten.

Funktion 4 (4): Lesen der Lichtgriffelposition

AH = 4

Ausgabe: AH = 0, Position z.Z. nicht lieferbar
              AH = 1, Position gefunden

Text: DH = Zeile (Textmodus, z.B. 0 – 24)
              DL = Spalte (Textmodus, z.B. 0 – 80)

Grafik: CH = Zeile (Grafikmodus, z.B. 0 – 199)
              BX = Spalte (Grafikmodus, z.B. 0 – 639)

Bemerkung: Die Koordinaten richten sich nach der Begrenzung des aktuellen Videomodus. Hat das AH-Register den Wert 0, werden keine Positionen geliefert. Der Vorgang muß dann wiederholt werden.

Funktion 5 (5): Bildschirmseite auswählen

AH = 5
AL = Bildschirmseite (je nach Videomodus)

Keine Ausgabe

Bemerkung: Der Bildschirminhalt wird beim Umschalten nicht verändert. Er erscheint jedoch nicht unbedingt auf der neuen Seite. Je nach Videomodus oder Größe des Seitenbereichs kann eine Überlagerung eintreten und ein Teil der anderen Seite mit erscheinen.

Funktion 6 (6): Scroll-UP

AH = 6
AL = Anzahl der zu scrollenden Zeilen
CH = Startzeile oben
CL = Startspalte oben links
DH = Endzeile unten
DL = Endspalte unten rechts
BH = Farbattribut der folgenden Zeilen, die nach dem Scrollen ausgegeben werden.

Keine Ausgabe

Bemerkung: Mit der Startzeile/-spalte sowie mit der Endzeile/-spalte wird ein Fensterbereich angegeben, in dem der angezeigte Text gescrollt werden soll. In das AL-Register wird die Anzahl der zu scrollenden Zeilen übergeben. Dieser Vorgang betrifft nur die aktuelle Seite.

Funktion 7 (7): Scroll-DOWN

AH = 7

Bemerkung: Die Übergaben an die Register entsprechen der Funktion 6 (Scroll-UP). Nur werden in dieser Funktion die Zeilen nach unten gescrollt.

Funktion 8 (8): Zeichen mit Farbe an Cursorposition lesen

AH = 8
BH = Bildschirmseite (je nach Videomodus)

Ausgabe: AL = 0, dann Fehler, sonst
               AL = ASCII-Zeichen
               AH = Farbattribut

Bemerkung: Sie können diese Funktion auch im Grafikmodus aufrufen. Das Zeichen wird dann mit dem ROM-Zeichen der Videokarte über das jeweilige Bitmuster verglichen. Im Fehlerfall wird an das AL-Register der Wert 0 übergeben. Das Zeichen konnte dann nicht im ROM-Speicher bzw. der dort abgelegten Bitmuster-Tabelle gefunden werden.

Funktion 9 (9): Zeichen mit Farbe an Cursorposition schreiben

AH = 9
BH = Bildschirmseite (je nach Videomodus)
CX = Anzahl, wie oft das Zeichen hintereinander ausgegeben werden soll
AL = ASCII-Zeichen
BL = Farbattribut

Keine Ausgabe

Bemerkung: Sofern ein Zeichen mehrmals hintereinander ausgegeben werden soll, darf der Zeilenbereich nicht überschritten werden. Sie können diese Funktion auch im Grafikmodus verwenden. Das Bitmuster des Zeichens wird dann mit dem Muster der ROM-Tabelle (0 – 127) und auch mit dem Muster der RAM-Tabelle verglichen und, wenn vorhanden, ausgegeben. Im Grafikmodus muß über den DOS-Befehl GRAFTBL der erweiterte Zeichensatz geladen werden. Im 640*200-Punkte-Modus sind für die Farbe die Werte 0 und 1 gültig. Im 320*200-Punkte-Modus sind für die Farbe die Werte 0 bis 3 gültig.

Funktion A (10): Zeichen ohne Farbe an Cursorposition schreiben

AH = 10
BH = Bildschirmseite (je nach Videomodus)
CX = Anzahl, wie oft das Zeichen hintereinander ausgegeben werden soll
AL = ASCII-Zeichen

Keine Ausgabe

Bemerkung: Der Cursor wird durch diese Funktion in der folgenden Zeile positioniert. Ansonsten gilt die Beschreibung der Funktion 9.

Funktion B (11): Rahmen-Hintergrundfarbe auswählen (I)

AH = 11
BH = 0
BL = Rahmen-Hintergrundfarbe

Keine Ausgabe

Bemerkung: Der Farbwert liegt im Bereich der Werte 0 – 15 (16 Far-
                ben). Im Textmodus werden Bildschirmrahmen und Hin-
                tergrund getrennt definiert. Im Grafikmodus ist die Farbe
                des Rahmens gleich der Farbe des Hintergrunds.

Funktion B (11): Farbpalette wählen (II)

AH = 11
BH = 1
BL = Nummer der Farbpalette

Keine Ausgabe

Bemerkung: Es stehen zwei Farbpaletten zur Verfügung:
                0 für Rot – Gelb – Grün
                1 für Magenta – Weiß – Cyan

Funktion C (12): Grafikpixel schreiben

AH = 12
DX = X-Koordinate (Zeile)
CX = Y-Koordinate (Spalte)
AL = Farbe

Keine Ausgabe

Bemerkung: Beachten Sie, daß sich der Farbwert nach dem Bild-
                schirmmodus richtet. Für den Modus mit 320*200 gilt
                Farbe 1 oder 0. Für den Modus mit 640*200 Punkten gilt
                Farbe 0, 1, 2 oder 3. Die Farben richten sich nach der aus-
                gewählten Farbpalette. Beispiele zur Grafik finden Sie
                im Abschnitt "Grafik" in diesem Kapitel.

Funktion D (13): Grafikpixel lesen

AH = 13
DX = X-Koordinate (Zeile)
CX = Y-Koordinate (Spalte)

Ausgabe: AL = Farbwert

Bemerkung: Als *return*-Wert erhalten Sie hier, im Gegensatz zum Textmodus, nur den Farbcode des Pixels, da nur dieser angesprochen wird. Ansonsten gilt die gleiche Beschreibung wie bei Funktion 12.

Funktion E (14): Schreiben eines Zeichens

AH = 14
AL = ASCII-Zeichen
BL = Vordergrundfarbe (nur Grafikmodus)

Keine Ausgabe

Bemerkung: Im Gegensatz z.B. zur Funktion 9 werden hier die ASCII-Zeichen entsprechend der Bedeutung interpretiert. Geben Sie z.B. das BELL-Zeichen (07) oder ein CR (13) aus, wird nicht das ASCII-Zeichen selbst, sondern die zugeordnete Funktion des Zeichens durchgeführt. Darüber hinaus muß der Cursor bei Ausgabe mehrerer Zeichen nicht weiter positioniert werden. Nach jeder Ausgabe eines Zeichens wird die aktuelle Position inkrementiert und auf der folgenden Position aufgesetzt. Ist das Zeilenende erreicht, wird in die nächste Zeile zum Zeilenanfang verzweigt. Bei Erreichen des Bildschirmendes werden die oberen Zeilen nach oben gescrollt.

Funktion F (15): Videomodus lesen

AH = 15
AL = Videomodus

Ausgabe:

AL	=	Modus	
0	=	40*25 schwarzweiß, Text	(Farbe)
1	=	40*25 farbig, Text	(Farbe)
2	=	80*25 schwarzweiß, Text	(Monochrom)

3   = 80*25 farbig, Text   (Farbe)
4   = 320*200 vierfarbig, Grafik   (Farbe)
5   = 320*200 vierfarbig, Grafik   (Farbe)
      Hier wird die Farbe schwarzweiß dargestellt.
6   = 640*200 zweifarbig, Grafik   (Farbe)
7   = interner Modus der Monochromkarte.
AH = Anzahl Zeichen pro Zeile
BH = Bildschirmseite

Funktion 13 (19): Zeichenkette ausgeben (AT)

AH = 19
AL = Modus zur Ausgabe (0-3)
        0 = Attribut in BL, Cursorposition unverändert
        1 = Attribut in BL, Cursorposition aktualisiert
        2 = Attribut im Puffer (sonst wie 0)
        3 = Attribut im Puffer (sonst wie 1)
BL = Attribut-Byte der Zeichen
CX = String-Länge
DH = Zeile
DL = Spalte
BH = Seite
ES = Segmentadresse des Puffers der Zeichenkette
BP = Offsetadresse des Puffers der Zeichenkette

Keine Ausgabe

Bemerkung: Im Modus 1 und 3 wird der Cursor an das Ende der ausge-
                gebenen Zeichenkette positioniert (Modus 0 und 2 nicht).
                Ansonsten gilt die gleiche Beschreibung wie bei der
                Funktion E (14). Für die Segment-/Offsetadresse können
                Sie   die   Funktion   *FP_SEG(puffer)*   und   auch
                FP_OFF(puffer) benutzen.

Interrupt 11 (17): Konfiguration festellen

Keine Unterfunktion.

Ausgabe: AX = Konfiguration

Bemerkung: Keine Eingabe an die Register.
                Dieser Interrupt wird mit *int86()* aufgerufen. Die Bit-

kombination muß entschlüsselt werden (siehe Beispiel). Die gesetzten Bits geben folgendes wieder:

gültig für XT:

0	ist auf 1 gesetzt, wenn mindestens ein Laufwerk vorhanden ist
1	frei
2, 3	Größe des RAM-Speichers auf der Hauptplatine: 00 = 16 KByte 01 = 32 KByte 10 = 48 KByte 11 = 64 KByte
4, 5	Videomodus beim Einschalten: 00 = frei 01 = 40*25 Zeichen Farbe 02 = 80*25 Zeichen Farbe 03 = 80*25 Zeichen Monochrom
6, 7	Anzahl der Diskettenlaufwerke, wenn Bit 0 auf 1 gesetzt ist: 00 = 1 Laufwerk 01 = 2 Laufwerke 10 = 3 Laufwerke 11 = 4 Laufwerke
8	ist auf 0 gesetzt, wenn ein DMA-Baustein vorhanden ist
9 – 11	Anzahl der RS232-Karten (siehe Bits 6 und 7)
12	wird auf 1 gesetzt, wenn ein Spieladapter vorhanden ist
13	frei
14, 15	Anzahl der Drucker (siehe Bits 6 und 7)

gültig für AT:

0	ist auf 1 gesetzt, wenn mindestens ein Laufwerk vorhanden ist
1	ist auf 1 gesetzt, wenn 8087 oder anderer mathematischer Coprozessor angeschlossen ist
2, 3	frei
4, 5	Videmodus beim Einschalten 00 = frei 01 = 40*25 Zeichen Farbe 02 = 80*25 Zeichen Farbe 03 = 80*25 Zeichen Monochrom

6, 7	Anzahl der Diskettenlaufwerke, wenn Bit 0 auf 1 gesetzt ist:
	00 = 1 Laufwerk
	01 = 2 Laufwerke
	10 = 3 Laufwerke
	11 = 4 Laufwerke
8	frei
9 – 11	Anzahl der RS232-Karten (siehe Bits 6 und 7)
12	frei
13	frei
14, 15	Anzahl der Drucker (siehe Bits 6 und 7)

Um diese Funktionen richtig zu interpretieren, sollte der Gerätetyp bekannt sein, und die Speichergröße (Bits 2 und 3) bezieht sich nur auf die Hauptplatine. Die genaue Speicherkapazität wird durch den Interrupt 12 (folgender) ermittelt.

Den aktuellen Videomodus sollten Sie über die Funktion 15 des Interrupts 10 ermitteln. Hier wird lediglich der Modus beim Booten angegeben. In dieser Funktion wird nur das AX-Register verändert.

Interrupt 12 (18): Speichergröße feststellen

Keine Unterfunktion.

Ausgabe: AX = Speichergröße in KByte

Bemerkung: Keine Eingabe an die Register. Der PC und der XT können maximal 640 KByte aufnehmen. Der AT hingegen kann über die Grenze 1 Megabyte hinaus noch zusätzlich maximal 14 Megabyte RAM-Speicher aufnehmen. Dieser zusätzliche Bereich wird hier allerdings nicht wiedergegeben. Sie sollten dazu die Funktion 88 des Interrupts 15 verwenden. Diese ist nur beim AT verfügbar.

In dieser Funktion wird nur das AX-Register verändert.

*Interrupt 13 (19): Diskettenbearbeitung

Eine Beschreibung der Fehlernummern, die bei der Diskettenbearbeitung als *return*-Wert aus dem AH-Register entnommen werden können, finden Sie in Anhang C.

Diskettenfunktionen:

Funktion 0 (0): Reset

AH = 0
DL = 0 oder 1

Ausgabe: AH = Fehlernummer

Bemerkung: Diese Funktion führt ein Reset auf dem Disketten-Controller und dem angesprochenem Laufwerk durch. Der Übergabewert an das DL-Register gibt zu erkennen, ob es sich um ein Laufwerk oder die Festplatte handelt.

Funktion 1 (1): Diskettenstatus einlesen

AH = 1
DL = 0 oder 1 (siehe Funktion 0)

Ausgabe: AH = Fehlernummer

Bemerkung: Diese Funktion liefert den Status der letzten Diskettenoperation. Die Bitbelegung sollte dem jeweiligen technischen Handbuch entnommen werden.

Funktion 2 (2): Sektorenweise lesen

AH = 2
DL = Laufwerknummer (0 = A, 1 = B)
DH = Diskettenseite 1 oder 0 (einseitige immer 0)
CH = Spur (0 – 39 kleines / 0 – 78 großes Laufwerk)
CL = Sektor (1 – 9 ggf. auch 0 – 8)
AL = Anzahl zu lesender Sektoren
ES = Segmentadresse des Puffers
BX = Offsetadresse des Puffers

Ausgabe: AH = Fehlernummer

Bemerkung: Bedingt durch die Übergabe der Pufferadresse, steht der
                  Inhalt nach dem Einlesen in diesem zur Verfügung. Der
                  Puffer kann z.B. als Vektor mit 512 Bytes angelegt wer-
                  den. Beachten Sie, daß die Größe des Puffers nicht über
                  die 64-KByte-Grenze hinausgehen darf, es sei denn, Sie
                  arbeiten mit mehreren Segmenten.

Funktion 3 (3): Sektorenweise schreiben

AH = 3

Es gilt die Beschreibung der Funktion 2.

Funktion 4 (4): Vergleichen

AH = 4
DL = Laufwerknummer (0 = A, 1 = B)
DH = Diskettenseite 1 oder 0 (einseitige immer 0)
CH = Spur (0 – 39 kleines / 0 – 78 großes Laufwerk)
CL = Sektor (1 – 9 ggf. auch 0 – 8)
AL = Anzahl zu vergleichender Sektoren
ES = Segmentadresse des Puffers
BX = Offsetadresse des Puffers

Ausgabe: AH = Fehlernummer

Bemerkung: Es werden einer oder mehrere Sektoren mit dem Puffer
                  des Speichers verglichen. Sinnvollerweise geschieht dies
                  z.B. in Verbindung mit der Funktion 3. Auch hier muß die
                  64-KByte-Grenze eingehalten werden.

Funktion 5 (5): Formatieren

AH = 5
DL = Laufwerknummer (0 = A, 1 = B)
DH = Diskettenseite 1 oder 0 (einseitige immer 0)
CH = Spur (0 – 39 kleines / 0 – 78 großes Laufwerk)
CL = Sektor (1 – 9 ggf. auch 0 – 8)
AL = Anzahl zu formatierender Sektoren
ES = Segmentadresse der Formattabelle
BX = Offsetadresse des Formattabelle

Ausgabe: AH = Fehlernummer

Bemerkung: Diese Funktion arbeitet nur dann korrekt, wenn logisch
                    aufeinanderfolgende Sektoren und eine Spur komplett
                    formatiert werden. Andernfalls würden Adreßmarkie-
                    rungen nicht mehr stimmen. Sie können jedoch einen be-
                    stimmten Sektor gezielt formatieren, indem Sie ein ent-
                    sprechendes Format in die Tabelle eintragen. Die Tabelle
                    muß eine Länge von 512 Bytes haben und für jeden Sek-
                    tor vier Informationen zur Verfügung stellen. Die Adres-
                    se dieser Tabelle wird wieder an die Register übergeben.
                    Der Aufbau lautet:

                    Byte 0   Nummer der Spur
                    Byte 1   Nummer der Seite
                    Byte 2   logisch folgender Sektor
                    Byte 3   Sektorformat
                              0 = 128 Byte
                              1 = 256 Byte
                              2 = 512 Byte (DOS-Standard)
                              3 = 1024 Byte

                    Der nächste Sektor wird ab Byte 4 definiert. Spur und
                    Seite können konstant bleiben, der Sektor muß der lo-
                    gisch folgende sein, und das Format ist jeweils individu-
                    ell.

Funktion 15 (21): Laufwerktyp feststellen (AT)

AH = 21
DL = Laufwerknummer (0 = A, 1 = B)

Ausgabe: AH = 0, Laufwerk nicht gefunden
                    AH = 1, Laufwerk erkennt keinen Diskettenwechsel
                    AH = 2, Laufwerk erkennt Diskettenwechsel
                    AH = 3, Festplatte

Bemerkung: Da der Controller des ATs zwei Laufwerke und zwei
                    Festplatten verwalten kann, wird für die erste Festplatte
                    die Nummer 1 oder 0x80 und für die zweite Festplatte die
                    Nummer 2 oder 0x81 vergeben.

Funktion 16 (22): Diskettenwechsel feststellen (AT)

AH = 22
DL = Laufwerknummer (0 = A, 1 = B)

Ausgabe: AH = 0, es hat kein Wechsel stattgefunden
                    AH = 6, Diskettenwechsel hat stattgefunden

Funktion 17 (23): Diskettenformat festlegen (AT)

AH = 23
AL = 1,   320/360-KByte-Diskette in 320/360-KByte-Laufwerk
      2,   320/360-KByte-Diskette in 1,2 Megabyte-Laufwerk
      3,   1,2 Megabyte-Diskette in 1,2 Megabyte-Laufwerk

Festplattenfunktionen, nur gültig für XT und AT:

Funktion 0 (0): Reset

AH = 0
DL = 0x80 (Festplatte 1) oder 0x81 (Festplatte 2)

Keine Ausgabe

Bemerkung: Die Übergabe an das DL-Register dient nur der Kennung,
                   ob es sich um die Festplatte oder das Laufwerk handelt.

Funktion 1 (1): Status lesen

AH = 1
DH = 0x80 oder 0x81

Ausgabe: siehe Funktion 1, Diskettenfunktionen

Funktion 2 (2): Lesen

AH = 2
DL = 0x80 oder 0x81
DH = Nummer des Schreib-/Lesekopfes

CH = Nummer des Zylinders
CL = Sektor
AL = Anzahl zu lesender Sektoren (1 – 128)
ES = Segmentadresse des Puffers
BX = Offsetadresse des Puffers

Ausgabe: AH = Fehlernummer

Bemerkung: Werden mehrere Sektoren eingelesen und dabei der letzte
Sektor eines Zylinders erreicht, so wird im ersten Sektor
des folgenden Schreib-/Lesekopfes aufgesetzt. Um alle
Zylinder einlesen zu können, werden die Bits 8 und 9 der
Zylindernummer mit den Bits 6 und 7 der Sektornummer
gleichgesetzt. Das CH-Register kann sonst nur 256 Zylinder adressieren.

Funktion 3 (3): Schreiben

AH = 3

Es gilt die Beschreibung der Funktion 2.

Funktion 4 (4): Vergleichen

AH = 4
DL = 0x80 oder 0x81
DH = Nummer des Schreib-/Lesekopfes
CH = Nummer des Zylinders
CL = Sektor
AL = Anzahl zu vergleichender Sektoren (1 – 128)

Ausgabe: AH = Fehlernummer

Bemerkung: Im Gegensatz zur Diskettenfunktion wird hier nicht der
Sektor mit dem Speicherinhalt verglichen. Beim Schrei-
ben eines Sektors werden 4 Prüfbytes mit abgespeichert.
Durch diese ist ein nachträglicher Vergleich möglich.

     Bezüglich der Arbeitsweise des Lesevorgangs (Zylinder)
gilt die gleiche Beschreibung wie bei der Funktion 2 (Lesen).

Funktion 5 (5): Formatieren

AH = 5
DL = 0x80 oder 0x81
DH = Nummer des Schreib-/Lesekopfes
CH = Nummer des Zylinders
CL = 1
AL = 17
ES = Segmentadresse des Puffers
BX = Offsetadresse des Puffers

Ausgabe: AH = Fehlernummer

Bemerkung: Es wird immer ein kompletter Zylinder formatiert. Da die
                Zylinder standardmäßig 17 Sektoren haben, wird infol-
                gedessen der Wert 1 in das CL- und der Wert 17 in das
                AL-Register eingetragen. Der Puffer muß eine Größe
                von 512 Bytes haben, wobei nur die ersten 34 Bytes von
                Bedeutung sind. Jeweils 2 Bytes beinhalten die Informa-
                tionen des physikalischen Sektors. Das jeweils erste In-
                formationsbyte hat während des Ablaufs keine Bedeu-
                tung. Nach der Formatierung gibt dieses Auskunft dar-
                über, ob der jeweilige Sektor korrekt formatiert werden
                konnte. Das zweite Byte muß die logische Nummer des
                physikalischen Sektors aufweisen und vor Funktionsbe-
                ginn definiert werden.

Funktion 8 (8): Format abfragen

AH = 8
DL = 0x80 oder 0x81

Ausgabe: AH = Fehlernummer
                DL = Anzahl angeschlossener Festplatten
                DH = Anzahl Schreib-/Leseköpfe (0 = erster)
                CH = Zylindernummer
                CL = Sektornummer

Bemerkung: Sie berechnen die Gesamtkapazität nach folgender For-
                mel:

                        Köpfe * Zylinder * Sektoren * 512

                ergibt die Kapazität. Ansonsten gilt die gleiche Beschrei-
                bung wie bei der Funktion 2.

Funktion 9 (9): Fremde Laufwerke anpassen

AH = 9
DL = Nummer der anzupassenden Festplatte

Ausgabe: AH = Fehlernummer

Bemerkung: Alle Informationen einer Festplatte werden vom BIOS
                aus einer bestimmten Tabelle entnommen. Unter dem In-
                terrupt-Vektor mit der Adresse 41h finden Sie die Tabelle
                zum Laufwerk 1 (0x80) und unter der Adresse 46h die
                Tabelle zum Laufwerk 2 (0x81). Dort werden die Infor-
                mationen wie z.B. Anzahl der Schreib-/Leseköpfe oder
                Anzahl der Zylinder abgelegt und können daraus ent-
                nommen werden.

Funktion A (10): Erweitertes Lesen

AH = 10
DL = 0x80 oder 0x81
DH = Nummer des Schreib-/Lesekopfes
CH = Nummer des Zylinders
CL = Nummer des Sektors
AL = Anzahl zu lesender Sektoren (1 – 128)
ES = Segmentadresse des Puffers
BX = Offsetadresse des Puffers

Ausgabe: AH = Fehlernummer

Bemerkung: In der Regel werden die 4 Prüfbytes vom Controller be-
                rechnet. Hier werden diese direkt dem Puffer bzw. dem
                jeweiligen Sektor entnommen. Der eingelesene Sektor
                wird also um diese 4 Bytes erweitert (normal sind 512
                Bytes). Ansonsten gilt die gleiche Beschreibung wie bei
                der Funktion 2.

Funktion B (11): Erweitertes Schreiben

AH = 11

Hier gilt die gleiche Beschreibung wie bei der Funktion A (10) und der
Funktion 2.

Funktion D (13): Reset

AH = 13
DL = 0x80 oder 0x81

Ausgabe: AH = Fehlernummer

Bemerkung: Diese Funktion ist identisch mit der Funktion 0 (Reset).

Funktion 10 (16): Laufwerk bereit?

AH = 16
DL = 0x80 oder 0x81

Ausgabe: AH = Fehlernummer

Bemerkung: Sie können abfragen, ob die letzte Operation durchgeführt oder noch in Arbeit ist. Darüber hinaus läßt sich
feststellen, ob das Laufwerk reagiert.

Funktion 11 (17): Laufwerk justieren

AH = 16
DL = 0x80 oder 0x81

Ausgabe: AH = Fehlernummer

Bemerkung: Besonders nach dem Auftreten eines Fehlers sollte zusätzlich zum Reset auch diese Funktion aufgerufen werden.

Funktion 14 (20): Controller-Diagnose (Selbsttest)

AH = 20
DL = 0x80 oder 0x81

Ausgabe: AH = Fehlernummer

Bemerkung: Es wird ein Controller-Test durchgeführt, der intern ab-
läuft. Treten bei dieser Selbstdiagnose Fehler auf, so wird
auch hier an das AH-Register ein Fehlercode übergeben
(siehe Tabelle Festplattenfehler in Anhang C).

Interrupt 14 (20): Serielle Schnittstelle

Funktion 0 (0): Initialisierung

AH = 0
DX = serielle Schnittstelle (0 oder 1)
AL = Initialisierungsparameter

Bit 0, 1	Datenlänge	
	10 = 7 Bits	
	11 = 8 Bits	
Bit 2	Anzahl Stopbits	
	0 = 1 Stopbit	
	1 = 2 Stopbits	
Bit 3, 4	Paritätsprüfung	
	00 = keine Prüfung	
	01 = Prüfung auf ungerade	
	11 = Prüfung auf gerade	
Bit 5 – 7	Baud-Rate	
	000 = 110 Baud	
	001 = 150 Baud	
	010 = 300 Baud	
	011 = 600 Baud	
	100 = 1200 Baud	
	101 = 2400 Baud	
	110 = 4800 Baud	
	111 = 9600 Baud	

Ausgabe: AH Status I (Schnittstelle)
Bit 0 = Daten bereitgestellt
Bit 1 = Daten überschrieben
Bit 2 = Paritätsfehler
Bit 3 = Protokoll nicht eingehalten
Bit 4 = Unterbrechung aufgetreten
Bit 5 = Trans-Hold-Register leer
Bit 6 = Trans-Shift-Register leer
Bit 7 = Time-Out

AL Status II (Modem)
Bit 0 = (Delta) Sendebereit
Bit 1 = (Delta) Modem eingeschaltet
Bit 2 = (Delta) Telefonkontakt
Bit 3 = (Delta) Verbindung zum Empfangsmodem
steht
Bit 4 – 7 Gleichbedeutend wie 0 – 4, nur nicht
im Delta-Modus

Bemerkung: Diese Funktion ermöglicht das Konfigurieren und Initia-
lisieren einer seriellen Schnittstelle. Sie legen die Baud-
Rate, Parität etc. mittels der Bitmaske fest. Der jeweilige
Status wird nach AH und AL übergeben. Im Betriebssy-
stem DOS entsprechen die Namen den Schnittstellen
COM1 und COM2 (COM1 = 0, COM2 = 1).

Funktion 1 (1): Ausgabe eines Zeichens

AH = 1
DX = serielle Schnittstelle (0 oder 1)
AL = ASCII-Zeichen

Ausgabe: AH = Bestätigung durch Bit 7
Bit 7 = 0, Zeichen übertragen
Bit 7 = 1, Fehler (siehe Status I)

Funktion 2 (2): Einlesen eines Zeichens

AH = 2
DX = serielle Schnittstelle (0 oder 1)

Ausgabe: AH = Bestätigung durch Bit 7
Bit 7 = 0, Zeichen eingelesen und kann aus
AL übernommen werden
Bit 7 = 1, Fehler (siehe Status I)

Bemerkung: Bei der Ausgabe eines Zeichens sowie beim Einlesen
wird bei korrekter Durchführung das Bit 7 des AH-Regi-
sters auf 0 gesetzt. Sollte ein Fehler auftreten, so nimmt
dieses Bit den Zustand 1 an, und anhand des Bitmusters
kann der Fehler abgefragt werden. Betrachten Sie dazu
bitte die Statustabelle aus der Beschreibung zur Funktion
0 (Initialisieren).

Funktion 3 (3): Status abfragen

AH = 3
DX = serielle Schnittstelle (0 oder 1)

Ausgabe: AH = Status der Schnittstelle
AL = Status des Modems

Bemerkung: In Verbindung mit den Funktionen 1 und 2 (Ausgeben/Einlesen) sollte zuvor mit dieser Funktion der Status abgefragt werden. Sie sichern damit einen Übertragungsvorgang dahingehend ab, daß ein Datenverlust zur Übertragungseinheit abgefangen wird. Zur Ermittlung des jeweiligen Status nehmen Sie die Tabelle aus Funktion 0.

*Interrupt 15 (21): Kassetten-Ein-/Ausgabe (AT)

Funktion 83 (131): Flag setzen nach Zeitintervall

AH = 131
CX = High-Wort zu verstreichender Millisekunden
DX = Low-Wort zu verstreichender Millisekunden
ES = Segmentadresse des Flags
BX = Offsetadresse des Flags

Keine Ausgabe

Bemerkung: Nach Aufruf dieser Funktion wird das Bit 7 des angegebenen Flags nach der angegebenen Wartezeit auf 1 gesetzt.

Funktion 84 (132): Status der Feuerknöpfe abfragen (I)

AH = 132
DX = 0

Ausgabe: AL = Status der Feuerknöpfe
                    Bit 7 = 1, Feuerknopf 1 Joystick 1
                    Bit 6 = 1, Feuerknopf 2 Joystick 1
                    Bit 5 = 1, Feuerknopf 1 Joystick 2
                    Bit 4 = 1, Feuerknopf 2 Joystick 2

Bemerkung: Ist eines dieser Bits gesetzt, wurde der Feuerknopf der jeweiligen Joysticks betätigt. Die eigentliche Stellung des Joysticks wird mit dieser Funktion ebenfalls ermittelt. Tragen Sie dazu in das DX-Register den Wert 1 ein.

Funktion 84 (132): Stellung der Joysticks abfragen (II)

AH = 132
DX = 1

Ausgabe: AX = X-Koordinate Joystick 1
                        BX = Y-Koordinate Joystick 1
                        CX = X-Koordinate Joystick 2
                        DX = Y-Koordinate Joystick 2

Funktion 85 (133): Wurde SysReg-Taste gedrückt?

AH = 133
AL = 1, Taste losgelassen
AL = 0, Taste betätigt

Keine Ausgabe

Bemerkung: Sobald die System-Anfrage-Taste betätigt wird, ruft die
                     Tastatur diese Funktion auf. Das Programm kann diese
                     Funktion auf eine interne Routine umleiten und bestimm-
                     te Aktionen durchführen, wenn diese Taste gedrückt
                     wird. Vom Programm selbst sollte diese Funktion nicht
                     aufgerufen werden.

Funktion 86 (134): Warten

AH = 134
CX = High-Wort der Pause in Millisekunden
DX = Low-Wort der Pause in Millisekunden

Keine Ausgabe

Bemerkung: Wird diese Funktion gerufen, dann erfolgt eine Wartezeit
                     mit der Dauer der angegebenen Millisekunden. Diese
                     Pause oder Wartezeit kann nicht abgebrochen werden.

Funktion 87 (135): Speicherbereich verschieben

AH = 135
ES = Segmentadresse der GDT
SI = Offsetadresse der GDT
CX = Anzahl zu verschiebender Worte

Ausgabe: AH = 1, RAM-Fehler (Parity-Error)
                        AH = 2, bei Aufruf war GDT nicht o.k.
                        AH = 3, Protected-Modus wurde nicht initialisiert

Bemerkung: Die globale Beschreibertabelle (GDT) beschreibt einzelne Speichersegmente des Protected-Modus. Sie sollten dazu wissen, daß im Real- und im Protected-Modus die Segmente unterschiedliche Einschränkungen haben. Wir verweisen an dieser Stelle auf ein Buch [13], das eine ausführliche Beschreibung zu diesem Thema liefert.

Funktion 88 (136): Speichergröße über 1 Megabyte ermitteln

AH = 136

Ausgabe: Speichergröße in KByte

Bemerkung: Die Speichergröße unterhalb 1 Megabyte wird mit Interrupt 12 ermittelt.

Funktion 89 (137): In Protected-Modus umschalten

AH = 137

Keine Ausgabe

Bemerkung: Durch diesen Funktionsaufruf wird der 80286-Prozessor in den Protected-Modus umgeschaltet. Verwenden Sie diesen Aufruf nur, wenn Ihnen dieser Modus vertraut ist. Andernfalls können Sie leicht einen Systemabsturz verursachen.

Interrupt 16 (22): Tastatur

Funktion 0 (0): Zeichen auslesen

AH = 0

Ausgabe: AL = 0, dann erweiteter Code, und AH beinhaltet den Code (erweitert)
AL ungleich 0, dann beinhaltet AH den Scan-Code der Taste und AL das ASCII-Zeichen

Bemerkung: Es wird ein Zeichen aus dem Tastaturpuffer ausgelesen. Ist dort noch kein Zeichen vorhanden, wartet die

Funktion so lange, bis dort ein Zeichen abgelegt wird,
und liest dieses aus. Der Scan-Code ist von der ange-
schlossenen Tastatur abhängig, wohingegen der ASCII-
Code fest definiert ist.

Funktion 1 (1): Zeichen vorhanden?

AH = 1

Ausgabe: Wenn Zero-Flag = 0
                  AL = 0, dann erweiterter Code, und AH beinhaltet den
                  Code (erweitert).
                  AL ungleich 0, dann beinhaltet AH den Scan-Code der
                  Taste und AL das ASCII-Zeichen.

Funktion 2 (2): Tastaturstatus abfragen

AH = 2

Ausgabe: AL = Status
                  AL = 0, kein Zeichen vorhanden
                  AL ungleich 0, dann Bits auf 1 gesetzt
                  Statusbit   0, <Shift>-Rechts betätigt
                                1, <Shift>-Links betätigt
                                2, <Crtl>-Taste betätigt
                                3, <Alt>-Taste betätigt
                                4, <ScrollLock> an
                                5, <NumLock> an
                                6, <CapsLock> an
                                7, <Ins> an

Interrupt 17 (23): Paralleler Drucker

Der Druckerstatus bedeutet (wenn jeweiliges Bit gesetzt):

Bit 0   Time-Out-Fehler
Bit 1   frei
Bit 2   frei
Bit 3   Übertragungsfehler
Bit 4   Online = 1 / Offline = 0
Bit 5   Papier zu Ende
Bit 6   Empfangsbestätigung
Bit 7   Drucker arbeitet

Funktion 0 (0): Zeichen drucken

AH = 0
AL = ASCII-Zeichen
DX = Nummer des anzusteuernden Druckers (0 – n)

Ausgabe: AH = Druckerstatus

Bemerkung: Das ASCII-Zeichen wird direkt an den Drucker weitergegeben, und wenn kein Fehler auftritt, ausgegeben. Sie sollten generell auch den Status auf korrekte Ausführung überprüfen.

Funktion 1 (1): Drucker initialisieren

AH = 1
DX = Nummer des anzusteuernden Druckers (0 – n)

Ausgabe: AH = Druckerstatus

Bemerkung: Verwechseln Sie dieses Initialisieren nicht mit den Mitteilungen über bestimmte Ausgabeformate wie Fettdruck usw. Diese werden dem Drucker gesondert mitgeteilt. Sie sollten diese Funktion generell vor der Erstübertragung von Daten aufrufen.

Funktion 2 (2): Druckerstatus abfragen

AH = 2
DX = Nummer des anzusteuernden Druckers (0 – n)

Ausgabe: AH = Druckerstatus

Bemerkung: Diese Funktion liefert den Druckerstatus. Dieser wird den beiden vorherigen Funktionen ebenfalls mitgeteilt (siehe Tabelle).

Interrupt 18 (24): ROM-BASIC

Keine Unterfunktion.

AH = 24

Keine Ausgabe

Bemerkung: Wenn kein ROM-BASIC vorhanden ist, hat diese Funktion keine Wirkung. Andernfalls gelangen Sie in den BASIC-Interpreter. Sie kommen jedoch nicht mehr in das rufende Programm zurück.

Interrupt 19 (25): Booten (Urlader)

Keine Unterfunktion.

AH = 24

Keine Ausgabe

Bemerkung: Dieser Aufruf entspricht der Tastenkombination <Ctrl> <Alt><Del> (Warmstart).

*Interrupt 1A (26): Datum und Uhrzeit

Beachten Sie bitte, daß die Werte bei der Eingabe an die Register (ausgenommen AH) im BCD-Format eingegeben und auch aus den Registern wieder übergeben (Ausgabe) werden. Die Werte müssen entsprechend konvertiert werden. In Anhang F finden Sie ein Beispiel, wie auf das Datum zugegriffen wird. Dazu wurde auf eine Struktur zurückgegriffen, die zwei Ziffern eines BCD-Formats beinhaltet.

Funktion 0 (0): Zeitzähler einlesen

AH = 0

Ausgabe: CX = High-Wort Zeitzähler
DX = Low-Wort Zeitzähler
AL = 0, weniger als 24 Stunden sind seit dem letzten Lesen vergangen
AL ungleich 0, mehr als 24 Stunden sind seit dem letzten Lesen vergangen

Bemerkung: Nur AT-Rechner haben eine batteriebetriebene Uhr. Beim Booten wird der Zeitzähler auf diese Zeit eingestellt. Beim XT hingegen wird der Zeitzähler auf 0 gesetzt. Mit den Funktionen des Interrupts 21 greifen Sie lediglich auf die normale Uhr des Rechners zu und können die Systemzeit nicht ändern. Hier geht es. Der Inhalt des Zeitzählers wird 18,2mal pro Sekunde erhöht. Wenn Sie diese Funktion mehrmals hintereinander rufen, erhalten Sie jedesmal ein anderes Ergebnis.

Funktion 1 (1): Zeitzähler setzen

AH = 1
CX = High-Wort Zeitzähler
DX = Low-Wort Zeitzähler

Keine Ausgabe

Bemerkung: Mit dieser Funktion wird der Zeitzähler neu gesetzt und die innere Uhr verändert (siehe auch Funktion 0).

Funktion 2 (2): Echtzeit-Uhr einlesen (AT)

AH = 2

Ausgabe: CH = Stunde
    CL = Minute
    DH = Sekunde

Bemerkung: Diese Funktion wird nur vom AT unterstützt. Sie erhalten die aktuelle Zeit der batteriebetriebenen Uhr (siehe auch Funktion 0).

Funktion 3 (3): Echtzeit-Uhr setzen (AT)

AH = 3
CH = Stunde (BCD-Format)
CL = Minute (BCD-Format)
DH = Sekunde (BCD-Format)
DL = 1 (Sommerzeit)
DL = 0 (keine Sommerzeit)

Bemerkung: Diese Funktion wird nur vom AT unterstützt. Sie stellen die aktuelle Zeit der batteriebetriebenen Uhr neu ein. Das BCD-Format besagt, daß pro Byte 2 Ziffern einer Zahl codiert werden. Wenn Sie nur dezimale Werte angeben, wird die Zeit nicht richtig eingestellt (siehe auch Funktion 0).

Funktion 4 (4): Datum aus Echtzeit-Uhr lesen (AT)

AH = 4

Ausgabe: CH = Jahrhundert
              CL = Jahr
              DH = Monat
              DL = Tag

Bemerkung: Diese Funktion wird nur vom AT unterstützt, und die Werte der Register entsprechen dem BCD-Format. Sie müssen beim Setzen des Datums auch so eingegeben werden.

Funktion 5 (5): Datum in Echtzeit-Uhr setzen (AT)

AH = 5
CH = Jahrhundert
CL = Jahr
DH = Monat
DL = Tag

Keine Ausgabe

Bemerkung: Diese Funktion wird nur vom AT unterstützt, und die Werte der Register entsprechen dem BCD-Format. Sie werden beim Lesen des Datums auch so ausgegeben.

Funktion 6 (6): Alarmzeit setzen (AT)

AH = 6
CH = Stunde
CL = Minute
DH = Sekunde

Keine Ausgabe

Bemerkung: Die Alarmzeit bezieht sich nur auf den jeweils aktuellen Tag. Wird diese Uhrzeit erreicht, so wird der Interrupt 4A aufgerufen. Dieser wird beim Booten auf einen IRET-Befehl abgelegt. Ist dies nicht der Fall, hat die Funktion keine Wirkung. Die Werte müssen im BCD-Format übergeben werden. Bevor Sie diese Funktion rufen, muß mit der Funktion 7 die alte Alarmzeit gelöscht werden.

Funktion 7 (7): Alarmzeit löschen (AT)

AH = 7

Keine Ausgabe

Bemerkung: Die Alarmzeit wird gelöscht und kein Alarm mehr ausgelöst. Diese Funktion muß vor jedem neuen Setzen der Alarmzeit gerufen werden.

Interrupt 1B (27): <Control><C>-Behandlung

Diese Funktion setzt ein Flag, das eine Mitteilung für eine DOS-Eingabe- oder Ausgabefunktion dahingehend liefert, daß diese Taste betätigt wurde. Rufen Sie diese Funktion aus einem Anwenderprogramm heraus auf, so hat sie keine Wirkung. Die DOS-Funktionen (Ein-/Ausgabe) prüfen dieses Flag ab und brechen den Vorgang bzw. das Programm ab, wenn die Taste betätigt wurde.

Interrupt 1C (28): Uhr weiterzählen

Der Timer-IC ruft den Interrupt 8 in einer Sekunde 18,2mal auf. Im Anschluß daran wird dieser Interrupt aufgerufen. Dieser periodische Interrupt gibt einem Anwenderprogramm die Möglichkeit, diesen Zyklus zu verwenden. Allerdings bewirkt ein Aufruf selbst so gut wie gar nichts. Sie können diese Funktion jedoch auf eine eigene Routine umleiten, um eine Zeitanzeige zu realisieren.

Interrupts 1D, 1E und 1F

Interrupt 1D (29) Videotabelle
Interrupt 1E (30) Laufwerktabelle
Interrupt 1F (31) Zeichentabelle

Diese drei Interrupts werden weder aus dem BIOS noch aus den DOS-Funktionen heraus aufgerufen. Sie gelten lediglich als Zeiger auf die jeweilige Tabelle. Der Vektor des betreffenden Interrupts beinhaltet die Segment- und Offsetadresse der entsprechenden Tabelle. Die Adressen der Vektoren lauten:

Vektor 1D: 0000:0074
Vektor 1E: 0000:0078
Vektor 1F: 0000:007C

Wo immer Sie einen Hinweis auf diese Interrupts finden, hüten Sie sich und rufen diese nicht auf. Die jeweilige Tabelle wird sonst als ausführbarer Funktionscode betrachtet, was wiederum einen Systemabsturz zur Folge hat.

DOS-Interrupts

Im folgenden werden wir die DOS-Interrupts beschreiben. Sie werden feststellen, daß einige Funktionen, zumindest vom Ergebnis her, identisch zu den BIOS-Interrupts sind. Auch die DOS-Funktionen können von Turbo C-Programmen aufgerufen werden. Sie sind jedoch wesentlich umfangreicher und beziehen sich schwerpunktmäßig auf die direkten Systemzugriffe. Sie können Dateien bearbeiten (löschen, anlegen, öffnen etc.) oder den RAM-Speicher verwalten. Sie können auf Dateiinformationen zugreifen oder ein Programm resident machen. Dieses und vieles mehr verbirgt sich hinter den DOS-Interrupts.

Es gibt ca. 100 Funktionen, die Sie verwenden können. Wenn Sie mit etwas Training in der Lage sind, mit diesen Funktionen umzugehen, und darüber hinaus das notwendige Verständnis für die einzelnen Abläufe haben, ist der erste Schritt in die Systemprogrammierung getan.

Wir unterteilen die DOS-Funktionen wie die BIOS-Interrupts auch in einzelne Funktionsbereiche: Zunächst folgt eine Tabelle aller Funktionen, unterteilt in ihre Arbeitsbereiche. Im Anschluß daran werden die einzelnen Funktionen beschrieben. Sollten Sie in der Beschreibung auf den Begriff "PSP" stoßen, so erinnern Sie sich daran, daß eine Beschreibung dazu in diesem Kapitel im Abschnitt "Der PSP" gegeben wurde. Auch hier wird in vielen Funktionen das Carry-Flag gesetzt. Dies ist Bestandteil der Struktur REGS, die in der Include-Datei *dos.h* definiert ist.

DOS-Interrupt-Tabelle

Zunächst sehen Sie die Funktionen des Interrupts 21 in einer Zusammenfassung. Diese Funktionen werden entsprechend ihrer Aktion auch in zusammengehörige Gruppen unterteilt. Eine Auflistung dieser Gruppierungen finden Sie in Anhang C. Darüber hinaus finden Sie dort weitere Informationen zum Thema Interrupt. Wir beschreiben die einzelnen Funktionen in der folgenden Reihenfolge.

21 h

Funktion		Bedeutung
0	(0)	Programm beenden
1	(1)	Zeicheneingabe mit Zeichenanzeige
2	(2)	Zeichenausgabe auf dem Bildschirm
3	(3)	Zeichen von serieller Schnittstelle lesen
4	(4)	Zeichen auf serieller Schnittstelle ausgeben
5	(5)	Zeichenausgabe auf den Drucker
6	(6)	Zeichen einlesen und ausgeben
7	(7)	Zeichen einlesen ohne <Ctrl><Break>-Prüfung
8	(8)	wie 7, aber mit <Ctrl><Break>-Prüfung
9	(9)	Zeichenkette ausgeben (Feldende = $)
A	(10)	Zeichenkette von Tastatur lesen
B	(11)	Überprüfung, ob Taste betätigt wurde
C	(12)	Eingabepuffer löschen
D	(13)	Blocktreiber-Reset (Plattenpuffer löschen)
E	(14)	aktuelles Laufwerk auswählen
F	(15)	Datei öffnen (FCB)
10	(16)	Datei schließen (FCB)
11	(17)	ersten Directory-Eintrag suchen (FCB)
12	(18)	nächsten Directory-Eintrag suchen (FCB)
13	(19)	Datei löschen (FCB)
14	(20)	sequentielles Lesen (FCB)
15	(21)	sequentielles Schreiben (FCB)
16	(22)	Datei anlegen (FCB)
17	(23)	Datei umbenennen (FCB)
19	(25)	Standardlaufwerk abfragen
1A	(26)	Adresse des Plattenpuffers (DTA) setzen
1B	(27)	Laufwerkinformationen (Standardlaufwerk)
1C	(28)	Laufwerkinformationen (aktuelles Laufwerk)
21	(33)	wahlfreies Lesen
22	(34)	wahlfreies Schreiben
23	(35)	Dateigröße feststellen
24	(36)	Datensatz-Nummer setzen

Funktion		Bedeutung
25	(37)	Interrupt-Vektor ändern
26	(38)	PSP erstellen
27	(39)	wahlfreies Lesen mehrerer Datensätze
28	(40)	wahlfreies Schreiben mehrerer Datensätzee
29	(41)	Dateinamen in einem String suchen
2A	(42)	Datum lesen
2B	(43)	Datum setzen
2C	(44)	Uhrzeit lesen
2D	(45)	Uhrzeit setzen
2E	(46)	Verify-Flag setzen
2F	(47)	DTA-Adresse einlesen
30	(48)	Versionsnummer von MS-DOS lesen
31	(49)	Programm beenden und resident machen
33	(51)	0) Break-Flag lesen / 1) Break-Flag setzen
35	(53)	Interrupt-Vektor-Adresse feststellen
36	(54)	Freie Kapazität der Platte ermitteln
38	(56)	lies/setze Landeskennzahl
39	(57)	Unterverzeichnis erstellen
3A	(58)	Unterverzeichnis löschen
3B	(59)	aktuelles Verzeichnis setzen
3C	(60)	Datei neu anlegen
3D	(61)	Datei öffnen
3E	(62)	Datei schließen
3F	(63)	Datei lesen
40	(64)	Datei beschreiben
41	(65)	Datei löschen
42	(66)	Dateizeiger positionieren
43	(67)	Dateiattribut lesen/setzen
44	(68)	0) Gerätestatus lesen
		1) Gerätestatus setzen
		2) Daten von Zeichentreiber empfangen
		3) Daten an Zeichentreiber senden
		4) Daten von Blocktreiber empfangen
		5) Daten an Blocktreiber senden
		6) Eingabestatus lesen
		7) Ausgabestatus lesen
		8) Kann der Datenträger gewechselt werden?
		9) Testen, ob lokales oder entferntes Laufwerk
		10) Testen, ob lokaler oder entfernter Kanal
		11) Zugriffswiederholung setzen
45	(69)	zweiten Handle für Zugriff anlegen
46	(70)	zweiten Handle schließen und neu anlegen

Funktion		**Bedeutung**
47	(71)	aktuelles Verzeichnis abfragen
48	(72)	RAM-Speicher reservieren
49	(73)	RAM-Speicher freigeben
4A	(74)	Speicherbereichsgröße ändern
4B	(75)	0) Programm laden und starten
		1) Anderes Programm als "Overlay" laden
4C	(76)	Programm beenden, Dateien schließen und
		Status an rufendes Programm übergeben
4D	(77)	Status des mit 4C beendeten Programms lesen
4E	(78)	ersten Directory-Eintrag suchen (Handle)
4F	(79)	nächsten Directory-Eintrag suchen (Handle)
54	(84)	Verify-Flag lesen
56	(86)	Datei umbenennen
57	(87)	0) Datum/Zeit der letzten Änderung lesen
		1) Datum/Zeit der letzten Änderung setzen
58	(88)	0) Konzept der Speicherverteilung einlesen
		1) Konzept der Speicherverteilung setzen
59	(89)	Fehlerinformationen lesen
5A	(90)	temporäre Datei anlegen
5B	(91)	Datei neu anlegen
5C	(92)	Zugriffsschutz setzen/freigeben
5E	(95)	Verwaltung der Netzzuweisungsliste
5F	(96)	Netzfunktionen
62	(98)	PSP-Adresse lesen

Die DOS-Funktionen im einzelnen

Interrupt 20 (32): Programm beenden

Keine Unterfunktion.

CS = Segmentadresse des PSPs

Keine Ausgabe

Bemerkung: Das aktuelle Programm wird beendet und die Kontrolle wieder an das rufende Programm übergeben. Die Adresse des PSPs kann ermittelt werden. Sehen Sie sich dazu auch die Funktionen 26 (38) und 62 (98) des Interrupts 21 und die Beschreibung zum PSP in diesem Kapitel an.

Interrupt 21 (33): Systemfunktionen aufrufen

Bei der Ein-/Ausgabe von Zeichen kann das angesprochene Medium umgeleitet werden. Steuerzeichen wie z.B. CR, BELL o.ä. werden in einer Datei als ASCII-Zeichen abgelegt. In einigen Funktionen hingegen wird die betreffende Aktion des Zeichens ausgelöst. Sofern Sie Ihre Ein-/Ausgabe nicht umgeleitet haben (z.B. Datei), sollten Sie dies beachten. In der Regel bestehen die Standard-Ein-/Ausgabe-Einheiten aus der Tastatur und dem Bildschirm. Werden Funktionen gerufen, die in Verbindung mit dem Drucker oder den Schnittstellen arbeiten, erfolgt die Ausgabe zu der betreffenden Einheit erst, wenn diese empfangsbereit ist. Außerdem sollten Sie insbesondere beim Arbeiten mit den Schnittstellen beachten, daß DOS gewisse Standardeinstellungen vornimmt. Diese lauten 2400 Baud bei einem Stopbit, 8 Bits Zeichenlänge und keine Paritätsprüfung. Einige der Funktionen sind selbsterläuternd, so daß eine Bemerkung dazu entfällt. Beispiele zu einigen Funktionen finden Sie in Anhang E.

Die Funktionen F (15) bis 17 (23) sind FCB-Funktionen (File Control Block – Dateisteuerblock).

Funktion 0 (0): Programm beenden

AH = 0
CS = Segmentadresse des PSPs

Keine Ausgabe

Bemerkung: Es gilt die gleiche Beschreibung wie bei Interrupt 20.

Funktion 1 (1): Zeicheneingabe mit Zeichenanzeige

AH = 1

Ausgabe: AL = Zeichen

Bemerkung: Ein Zeichen wird von der Tastatur bzw. vom Standard-Eingabegerät gelesen. Ist noch kein Zeichen im Tastaturpuffer vorhanden, so wartet diese Funktion so lange, bis ein Zeichen eingegeben wird. Sollte ein erweiterter Tastaturcode vorhanden sein, so wird zunächst der Wert 0 an das Ausgaberegister zurückgeliefert. Dann muß man die Funktion erneut aufrufen, um den Code einzulesen.

Funktion 2 (2): Zeichenausgabe auf den Bildschirm

AH = 2

DL = Zeichen

Keine Ausgabe

Bemerkung: Ein Zeichen wird auf den Bildschirm bzw. auf das Standard-Ausgabegerät ausgegeben. Hier ist zu beachten, daß bei Bildschirmausgaben die Steuerzeichen nicht als ASCII-Wert erscheinen, sondern die Aktion entsprechend der Zuordnung (BEL, CR) ausgelöst wird.

Funktion 3 (3): Zeichen von serieller Schnittstelle lesen

AH = 3

Ausgabe: AL = empfangenes Zeichen

Bemerkung: Wird diese Schnittstelle nicht umgeleitet, dann erfolgt der Zugriff auf das unter COM1 bezeichnete Gerät. Die Kommunikationsparameter müssen zuvor mit dem DOS-Befehl MODE eingestellt werden. Diese Schnittstelle hat keinen Puffer, so daß bei einem allzu schnellen Zeichenempfang und allzu langsamer Programmverarbeitung Daten verlorengehen können.

Funktion 4 (4): Zeichen auf serielle Schnittstelle ausgeben

AH = 4
DL = Zeichen

Keine Ausgabe

Bemerkung: Sofern keine Umleitung erfolgte, gilt die gleiche Beschreibung wie bei der Funktion 3.

Funktion 5 (5): Zeichenausgabe auf Drucker

AH = 5
DL = Zeichen

Keine Ausgabe

Bemerkung: Sofern keine Umleitung erfolgte, wird das Zeichen nach
                  LPT1 ausgegeben. Es erfolgt eine Prüfung auf Auslösen
                  von <Ctrl><Break>. Tritt dieses Zeichen auf, wird der
                  Interrupt 23 aufgerufen.

Funktion 6 (6): Zeichen einlesen und ausgeben

$AH = 6$
$DL = 0 - 254$ (Zeichen ausgeben)
$DL = 255$ (Zeichen einlesen)

Keine Ausgabe bei Zeichenausgabe

Ausgabe beim Einlesen: AL = Zeichen, wenn Zero-Flag = 0

Bemerkung: Sollte ein erweiterter Tastaturcode im Puffer vorhanden
                  sein, so wird zunächst der Wert 0 im Ausgaberegister AL
                  zurückgeliefert. Dann muß man die Funktion erneut auf-
                  rufen, um den Code einzulesen. Das ASCII-Zeichen 255
                  dient als Kennung zum Einlesen und kann nicht ausgege-
                  ben werden. Es erfolgt keine Prüfung auf <Ctrl>
                  <Break>.

*Funktion 7 (7): Zeichen lesen ohne Ausgabe (<Ctrl><Break> wird
                 nicht geprüft)*

$AH = 7$

Ausgabe: AL = Zeichen

Bemerkung: Sollte ein erweiterter Tastaturcode im Puffer vorhanden
                  sein, so wird zunächst der Wert 0 im Ausgaberegister AL
                  zurückgeliefert. Dann muß die Funktion erneut gerufen
                  werden, um den Code einzulesen. Ist noch kein Zeichen
                  vorhanden, dann wartet diese Funktion auf eine Eingabe.
                  Das Zeichen wird nicht angezeigt, und <Crtl><Break>
                  wird nicht geprüft.

Funktion 8 (8): Zeichen lesen ohne Ausgabe (<Ctrl><Break> wird geprüft)

AH = 8

Ausgabe: AL = Zeichen

Bemerkung: Es gilt die gleiche Beschreibung wie bei der Funktion 7.
Hier wird das Auftreten von <Ctrl><Break> jedoch geprüft.

Funktion 9 (9): Zeichenkette ausgeben (Feldende = $)

AH = 9
DS = Segmentadresse des Strings
DX = Offsetadresse des Strings

Keine Ausgabe

Bemerkung: Es wird eine Zeichenkette an der aktuellen Cursorposition ausgegeben. Das Dollarzeichen ($) markiert das Ende
der Zeichenkette, wird aber selbst nicht mit ausgegeben.

Funktion A (10): Zeichenkette von Tastatur lesen

AH = 10
DS = Segmentadresse des Strings
DX = Offsetadresse des Strings

Keine Ausgabe

Bemerkung: Die Eingabe muß mit CR (Return) abgeschlossen werden. Bevor Sie die Funktion aufrufen, müssen Sie an der
Position 1 des Puffers die Anzahl der einzugebenden Zeichen eintragen, um der Funktion das Maximum mitzuteilen. Wird bei der Eingabe die vorletzte Stelle des Puffers
erreicht, so ertönt ein Signal, und sie kann dann nur noch
mit <Return> abgeschlossen werden.

Funktion B (11): Überprüfe, ob Taste gedrückt wurde

AH = 11

Ausgabe: AL = 0, kein Zeichen im Puffer
                    AL = 255, es sind Zeichen vorhanden

Bemerkung: Hiermit wird überprüft, ob ein oder mehrere Zeichen im
                    Puffer vorhanden sind. Diese werden nicht ausgelesen.
                    Bei <Ctrl><Break> wird der Interrupt 23 aufgerufen.

Funktion C (12): Eingabepuffer löschen

AH = 12
AL = Nummer der aufzurufenden Funktion nach Löschen
     (Wenn Sie die Funktion A (10) aufrufen, müssen Sie zusätzlich an
     die Register DS:DX die Segment- und Offsetadresse überge-
     ben.)

Ausgabe: AL = Zeichen, wenn Funktion 1, 6, 7 oder 8 aufgerufen
                    wurde

Keine Ausgabe bei Funktion A (10)

Bemerkung: Zuerst wird der Tastaturpuffer gelöscht. Im Anschluß
                    daran wird die Funktion aufgerufen, die dem AL-Regi-
                    ster übergeben wird. Zulässig sind: 1, 6, 7, 8 und A
                    (10).

Funktion D (13): Blocktreiber-Reset (Plattenpuffer löschen)

AH = 13

Keine Ausgabe

Bemerkung: Alle Daten, die sich z.Z. noch in einem Puffer befinden,
                    werden auf die jeweiligen Plattenlaufwerke zurückge-
                    schrieben. Die Dateien werden nicht geschlossen. Sie
                    müssen die Datei selbst schließen, da sonst der Eintrag im
                    Verzeichnis nicht aktualisiert wird und dann kein Zugriff
                    auf die Daten möglich ist.

Funktion E (14): Aktuelles Laufwerk auswählen

AH = 14
AL = Laufwerk (A = 0, B = 1)

Ausgabe: AL = Anzahl der logischen Laufwerke (Volumes)

Bemerkung: Mit dieser Funktion wird auf das angegebene Laufwerk
                          umgeschaltet. Alle Befehle und Zugriffe werden nach
                          dem Funktionsaufruf zu dem gewählten Laufwerk ge-
                          führt.

FCB-Funktionen von F (15) bis 17 (23)

Funktion F (15): Datei öffnen

AH = 15
DS = Segmentadresse des FCBs der Datei
DX = Offsetadresse des FCBs der Datei

Ausgabe: AL = 0,   Datei geöffnet
                          AL = 255, Datei nicht vorhanden

Bemerkung: Wenn die Datei vorhanden ist, kann sie nach dem
                          Funktionsaufruf gelesen oder beschrieben werden.

Funktion 10 (16): Datei schließen

AH = 16
DS = Segmentadresse des FCBs der Datei
DX = Offsetadresse des FCBs der Datei

Ausgabe: AL = 0,   Datei geschlossen
                          AL = 255, Datei nicht vorhanden

Bemerkung: Sollten Sie auf Laufwerk A oder B arbeiten, sorgen Sie
                          bitte dafür, daß ggf. bei einem Diskettenwechsel wieder
                          die Diskette mit der zuvor geöffneten Datei eingelegt
                          wird. Es wird sonst ein falscher Eintrag zurückgeschrie-
                          ben, der möglicherweise andere Daten unbräuchbar
                          macht.

Funktion 11 (17): Ersten Directory-Eintrag suchen

AH = 17
DS = Segmentadresse des FCBs
DX = Offsetadresse des FCBs

Ausgabe: AL = 0,   ersten Eintrag gefunden
                     AL = 255, kein Eintrag vorhanden

Bemerkung: Im Verzeichnis (Directory) wird der erste Eintrag des Dateinamens gesucht, der im FCB an der angegebenen Adresse steht. Beim Suchen von versteckten Dateien oder Dateien mit ähnlichem Attribut muß mit dem erweiterten FCB gearbeitet werden.

Funktion 12 (18): Nächsten Directory-Eintrag suchen

AH = 18
DS = Segmentadresse des FCBs
DX = Offsetadresse des FCBs

Ausgabe: AL = 0,   ersten Eintrag gefunden
                     AL = 255, kein Eintrag vorhanden

Bemerkung: Diese Funktion kann erst aufgerufen werden, wenn mit Funktion 11 (17) der erste Eintrag gefunden wurde.

Funktion 13 (19): Datei löschen

AH = 19
DS = Segmentadresse des FCBs
DX = Offsetadresse des FCBs

Ausgabe: AL = 0,   Datei gelöscht
                     AL = 255, Datei nicht vorhanden

Bemerkung: Beim Löschen von Dateien mit speziellem Attribut (hidden o.ä.) muß mit dem erweiterten FCB gearbeitet werden.

Funktion 14 (20): sequentielles Lesen

AH = 20
DS = Segmentadresse des FCBs
DX = Offsetadresse des FCBs

Ausgabe: AL = 0,   Satz eingelesen
AL = 1,   Dateiende erreicht
AL = 2,   Pufferbereich zu klein
AL = 3,   Teil des Satzes gelesen

Bemerkung: Nachdem die Datei geöffnet wurde, kann diese sequentiell gelesen werden. Nach dem Einlesen wird der Datenzeiger um einen Satz weiterpositioniert. Der Fehler 3 tritt nur dann auf, wenn der letzte Satz nicht vollständig ist, und Fehler 2 kann auftreten, wenn sich der DTA (Plattenpuffer) am Ende des Segments befindet und die Grenze beim Lesen des Satzes überschritten wird.

Funktion 15 (21): sequentielles Schreiben

AH = 21
DS = Segmentadresse des FCBs
DX = Offsetadresse des FCBs

Ausgabe: AL = 0,   Satz weggeschrieben
AL = 1,   Datenträger voll
AL = 2,   Pufferbereich zu klein

Bemerkung: Nachdem die Datei geöffnet wurde, kann diese sequentiell beschrieben werden. Nach dem Schreiben wird der Datenzeiger um einen Satz weiterpositioniert.

Funktion 16 (22): Datei neu anlegen

AH = 22
DS = Segmentadresse des FCBs
DX = Offsetadresse des FCBs

Ausgabe: AL = 0,   Datei neu angelegt
AL = 255, Datei nicht angelegt

Bemerkung: Eine bereits vorhandene Datei wird gelöscht und neu an-
                gelegt. Eine nicht vorhandene Datei wird nur angelegt.
                Spezielle Attribute können nur mit erweitertem FCB ver-
                geben werden.

Funktion 17 (23): Datei umbenennen

AH = 23
DS = Segmentadresse des FCBs
DX = Offsetadresse des FCBs

Ausgabe: AL = 0,   Datei umbenannt
                AL = 255,   Datei nicht vorhanden

Bemerkung: Der Dateiname wird geändert. Bei Namensgleichheit
                oder einer nicht vorhandenen Datei wird die Funktion
                nicht durchgeführt.

Funktion 19 (25): Standardlaufwerk abfragen

AH = 25

Ausgabe: AL = Laufwerk

Bemerkung: Das aktuelle Laufwerk wird ermittelt (A = 0, B = 1).

Funktion 1A (26): Adresse des Plattenpuffers (DTA) setzen

AH = 26
DS = Segmentadresse des DTAs
DX = Offsetadresse des DTAs

Keine Ausgabe

Bemerkung: Der Plattenpuffer (Disk Transfer Area – DTA) wird in ei-
                nen neuen Speicherbereich übertragen. Ist der alte Puf-
                ferbereich z.B. nicht groß genug, um übertragene Daten
                aufzunehmen, muß dieser in einen größeren Bereich ver-
                setzt werden. Die Adresse kann mit der Funktion 2F (43)
                gelesen werden.

Funktion 1B (27): Laufwerksinformationen lesen (Standardlaufwerk)

AH = 27

Ausgabe: AL = Sektoren pro Datengruppe (Cluster)
                CX = Sektorgröße in Bytes
                DX = Datengruppen pro Laufwerk
                DS = Segmentadresse der FAT
                BX = Offsetadresse der FAT

Bemerkung: Sie erhalten Informationen über das Standardlaufwerk.

Funktion 1C (28): Laufwerksinformationen lesen (aktuelles Lauf-
*   werk)*

AH = 28

Ausgabe: AL = Sektoren pro Datengruppe (Cluster)
                CX = Sektorgröße in Bytes
                DX = Datengruppen pro Laufwerk
                DS = Segmentadresse der FAT
                BX = Offsetadresse der FAT

Bemerkung: Im Gegensatz zu der Funktion 1B (27), die nur Informa-
                tionen über das Standardlaufwerk liefert, erhalten Sie
                hier die Informationen über das gerade aktuelle Lauf-
                werk.

Funktion 21 (33): wahlfreies Lesen

AH = 33
DS = Segmentadresse des FCBs
DX = Offsetadresse des FCBs

Ausgabe: AL = 0, Satz eingelesen
                AL = 1, Dateiende erreicht
                AL = 2, Pufferbereich zu klein
                AL = 3, Teil des Satzes gelesen

Bemerkung: Mit dieser Funktion kann ein Datensatz direkt (relativ)
                aus einer Datei gelesen und in den DTA übertragen wer-
                den. Die Adresse und Länge des Datensatzes muß im

FCB ab der Speicherstelle 21h vorhanden sein. Der Datenzeiger wird dann an die entsprechende Position gesetzt, und der Satz wird eingelesen. Die Datensatz-Adresse können Sie mit der Funktion 24 (36) setzen.

Funktion 22 (34): wahlfreies Schreiben

AH = 34
DS = Segmentadresse des FCBs
DX = Offsetadresse des FCBs

Ausgabe: AL = 0, Satz weggeschrieben
       AL = 1, Datenträger voll
       AL = 2, Pufferbereich zu klein

Bemerkung: Mit dieser Funktion kann ein Datensatz direkt (relativ) in eine Datei geschrieben werden. Ansonsten gilt die Beschreibung wie bei der Funktion 21 (33).

Funktion 23 (35): Dateigröße feststellen

AH = 35
DS = Segmentadresse des FCBs
DX = Offsetadresse des FCBs

Ausgabe: AL = 0, Datei vorhanden
       AL = 255, Datei nicht vorhanden

Bemerkung: Anhand der vorhanden Datensätze kann auch das Byte-Volumen ermitteln werden, indem Satzlänge mit Satzanzahl multipliziert wird. Die Anzahl der Datensätze kann jedoch auch dem FCB ab Adresse 21h entnommen werden.

Funktion 24 (36): Datensatznummer setzen

AH = 36
DS = Segmentadresse des FCBs
DX = Offsetadresse des FCBs

Keine Ausgabe

Bemerkung: In Verbindung mit dem wahlfreien Lesen oder Schreiben können Sie mit dieser Funktion die Adresse des Datensatzes bestimmen (relative Satznummer). Die Datei muß geöffnet sein.

Funktion 25 (37): Interrupt-Vektor ändern

AH = 37
AL = Interrupt-Nummer
DS = Segmentadresse neu
DX = Offsetadresse neu

Keine Ausgabe

Bemerkung: Sie sollten zuvor mit der Funktion 35 (53) die Adresse des Interrupt-Vektors lesen und diese sichern. Am Programmende ist es ratsam, diese wieder herzustellen.

Funktion 26 (38): PSP erstellen

AH = 38
DX = Segmentadresse des neuen PSPs

Keine Ausgabe

Bemerkung: Im Grunde genommen ist diese Funktion nicht mehr sinnvoll. Sie diente unter MS-DOS 1.0 dazu, Programme zu laden. Mittlerweile gibt es die Funktion 4B, um Programme zu laden und auszuführen.

Funktion 27 (39): wahlfreies Lesen mehrerer Sätze

AH = 39
CX = Anzahl zu lesender Sätze
DS = Segmentadresse des FCBs
DX = Offsetadresse des FCBs

Ausgabe: AL = 0, Datensätze gelesen
AL = 1, Dateiende erreicht
AL = 2, Pufferbereich zu klein
AL = 3, Teil des Satzes gelesen

Bemerkung: Hier gilt die gleiche Beschreibung wie bei der Funktion 21 (33), nur für mehrere Datensätze.

Funktion 28 (40): wahlfreies Schreiben mehrerer Sätze

AH = 40
CX = Anzahl zu schreibender Sätze
DS = Segmentadresse des FCBs
DX = Offsetadresse des FCBs

Ausgabe: AL = 0,   Datensätze geschrieben
                   AL = 1,   Datenträger voll
                   AL = 2,   Pufferbereich zu klein
                   CX = Anzahl geschriebener Sätze

Bemerkung: Hier gilt die gleiche Beschreibung wie bei der Funktion 22 (34), nur für mehrere Datensätze.

Funktion 29 (41): Datei in einem String suchen

AH = 41
AL = Suchcode
DS = Segmentadresse des Strings
SI = Offsetadresse des Strings
ES = Segmentadresse des FCBs
DI = Offsetadresse des FCBs

Ausgabe: AL = 0,   Dateiname hat keine Wildcards
                   AL = 1,   Dateiname mit Joker
                   AL = 255, ungültige Laufwerksangabe
                   DS:SI,   Adresse des ersten Zeichens nach
                                     dem Dateinamen
                   ES:DI,   Adresse des FCBs

Bemerkung: Die zu übergebende Adresse kann sowohl ein String als auch die Adresse der Befehlszeile sein.

Funktion 2A (42): Datum lesen

AH = 42

Ausgabe: AL = Wochentag (0 – 6, 0 = Sonntag)
                   CX = Jahr (1980 – 2099)

DH = Monat (1 – 12)
DL = Tag   (1 – 31)

Bemerkung: Diese Funktion liefert in den angegebenen Registern das
aktuelle Systemdatum als Binärwerte.

Funktion 2B (43): Datum setzen

AH = 43
AL = Wochentag
CX = Jahr
DH = Monat
DL = Tag

Ausgabe: AL = 0,   Datum wurde eingetragen
AL = 255, falsches Datum

Bemerkung: Die Funktion setzt das Systemdatum. Für die Größenordnung der Übergabewerte gilt die gleiche Beschreibung
wie bei der Funktion 2A (42).

Funktion 2C (44): Uhrzeit lesen

AH = 44

Ausgabe: CH = Stunde (0 – 23)
CL = Minute (0 – 59)
DH = Sekunde (0 – 59)
DL = Hundertstelsekunde (0 – 99)

Bemerkung: Diese Funktion liefert in den angegebenen Registern die
aktuelle Systemzeit als Binärwerte.

Funktion 2D (45): Uhrzeit setzen

AH = 45
CH = Stunde
CL = Minute
DH = Sekunde
DL = Hundertstelsekunde

Ausgabe: AL = 0,   Uhrzeit wurde eingetragen
                         AL = 255, falsche Uhrzeit

Bemerkung: Die Funktion setzt die Systemzeit. Für die Größenord-
                    nung der Übergabewerte gilt die gleiche Beschreibung
                    wie bei der Funktion 2C (44).

Funktion 2E (46): Verify-Flag setzen

AH = 46
AL = 1, setze Statusbit (Daten vergleichen)
AL = 0, lösche Statusbit (Daten nicht vergleichen)

Keine Ausgabe

Bemerkung: Wird dieses Flag gesetzt, werden die Daten nach dem
                    Schreiben auf den Datenträger nochmal auf korrekte
                    Übertragung mit dem Inhalt aus dem Speicher ver-
                    glichen. In DOS können Sie dafür den Befehl VERIFY
                    ON oder VERIFY OFF verwenden. Die aktuelle Stellung
                    dieses Schalters kann mit der Funktion 54 (84) ermittelt
                    werden.

Funktion 2F (47): DTA-Adresse einlesen

AH = 47

Ausgabe: ES = Segmentadresse des DTAs
                    BX = Offsetadresse des DTAs

Bemerkung: Bei FCB-Dateizugriffen wird ein Puffer (Disk Transfer
                    Area – DTA) für Plattenoperationen benötigt. Diese
                    Funktion liefert seine Adresse, die standardmäßig an Po-
                    sition 80h (128) im PSP liegt. Die Adresse kann mit der
                    Funktion 1A (26) verändert werden.

Funktion 30 (48): Versionsnummer von MS-DOS lesen

AH = 48

Ausgabe: AX = Version (z.B. 0201 bedeutet Version 2.1)

Bemerkung: Diese Funktion liefert die DOS-Versionsnummer. In den Registern BX:CX steht außerdem noch die OEM-Nummer.

Funktion 31 (49): Programm resident machen

AH = 49
AL = Programmende-Code
DX = Speichergröße (in Seiten)

Keine Ausgabe

Bemerkung: Der benötigte Speicherbereich, in Einheiten zu 16 Bytes, gibt an, wieviel Speicher nicht mehr überschrieben werden darf (siehe auch "Residente Programme" in Anhang E).

Funktion 33 (51): Break-Flag lesen/setzen

AH = 51
AL = 0, lesen
AL = 1, setzen
DL = 0, Break-Test nur bei Ein-/Ausgaben (nur für AL = 1)
DL = 1, Test bei jedem Funktionsaufruf (nur für AL = 1)

Ausgabe: DL = 0, Break-Test nur bei Ein-/Ausgaben
                DL = 1, Test bei jedem Funktionsaufruf

Bemerkung: Mit dieser Funktion kann festgelegt werden, wie oft MS-DOS die Tastatur nach einem Programmabbruch durch <Ctrl><Break> bzw. <Ctrl><C> überprüft.

Funktion 35 (53): Interrupt-Vektoradresse lesen

AH = 53
AL = Interrupt-Nummer

Ausgabe: ES = Segmentadresse des Interrupts
                BX = Offsetadresse des Interrupts

Bemerkung: Sie erhalten den Inhalt des Vektors, der auf die Interrupt-Funktion verweist.

Funktion 36 (54): Freie Kapazität der Platte ermitteln

AH = 54
DL = Laufwerk (0 = aktuelles, 1 = A, 2 = B)

Ausgabe:	AX	= FFFF (65535), Laufwerk nicht gefunden
	AX	ungleich FFFF, dann Anzahl der Sektoren pro Datengruppe
	BX	= freie Datengruppen
	CX	= Sektorgröße in Byte
	DX	= Datengruppen pro Laufwerk

Bemerkung: Die freie Kapazität kann über die Formel Byte pro Sektor
* Anzahl Sektoren * Datengruppen = Kapazität in Bytes
ermittelt werden.

Funktion 38 (56): Landesspezifische Angaben lesen/setzen

AH = 56
AL = 0 (lesen)
DS = Segmentadresse eines Speicherbereichs von 32 Bytes
DX = -1, landesspezifische Angaben setzen
DX ungleich -1, Offsetadresse des Speicherbereichs
AL = 0, aktuelles Land
AL = 1 - 254, Landescode (internationale Telefonvorwahl)
AL = 255, Landescode steht im BX-Register
BX = Landescode (nur bei AL = 255)

Ausgabe:	AX = 2,	Landescode nicht vorhanden (nur wenn Carry-Flag = 1)
	DS:DX =	Speicherbereich mit landesspezifischen Angaben (nur wenn Carry-Flag = 0)

Bemerkung: Wenn im AL-Register der Wert 0 steht, beinhaltet der
Speicherbereich an der durch DS:DX angegebenen
Adresse folgende Tabelle:

Bytes	*Länge*	*Bedeutung*
0 – 1	2	Uhrzeit und Datum
		0 = hh:mm:ss MM/TT/JJ USA
		1 = hh:mm:ss TT/MM/JJ Europa
		2 = JJ/MM/TT hh:mm:ss Japan
3 – 7	5	Währungssymbol
9 – 10	2	Trennzeichen für Tausender

Bytes	Länge	Bedeutung
12 – 13	2	Dezimalsymbol
15 – 16	2	Trennzeichen für das Datum
18 – 19	2	Trennzeichen für die Uhrzeit
21	1	Stellung des Währungssymbols
22	1	Nachkommastellen der Währung
23	1	Darstellung der Uhrzeit
24 – 27	4	Groß/Kleinschreibungsumwandlung
29 – 30	2	Trennzeichen für Daten

Wenn Sie diese Angaben neu setzen wollen, müssen Sie die entsprechende Bitbelegung Ihrem DOS-Handbuch entnehmen.

Funktion 39 (57): Unterverzeichnis erstellen

AH = 57
DS = Segmentadresse des Verzeichnisses
DX = Offsetadresse des Verzeichnisses

Ausgabe: Carry-Flag = 0,   dann Verzeichnis angelegt
                 Carry-Flag = 1,   dann
                                        AX = 3, Pfad nicht gefunden
                                        AX = 5, Zugriff verweigert

Funktion 3A (58): Unterverzeichnis löschen

AH = 58
DS = Segmentadresse des Verzeichnisses
DX = Offsetadresse des Verzeichnisses

Ausgabe: Carry-Flag = 0,   dann Verzeichnis angelegt
                 Carry-Flag = 1,   dann
                                          AX = 3, Pfad nicht gefunden
                                        AX = 5, Zugriff verweigert
                                        AX = 6, Verzeichnis ist das aktuelle

Funktion 3B (59): aktuelles Verzeichnis setzen

AH = 59
DS = Segmentadresse des Verzeichnisses
DX = Offsetadresse des Verzeichnisses

Ausgabe: Carry-Flag = 0,   dann Verzeichnis angelegt
                    Carry-Flag = 1,   dann
                                       AX = 3, Pfad nicht gefunden

Handle-Funktionen von 3C (60) bis 42 (66)

Funktion 3C (60): Datei neu anlegen

AH = 60
DS = Segmentadresse des Dateinamens
DX = Offsetadresse des Dateinamens
CX = Dateiattribut

Ausgabe: Carry-Flag = 0,   dann
                                       AX = Dateihandle
                    Carry-Flag = 1,   dann
                                       AX = 3, Pfad nicht gefunden
                                       AX = 4, kein Handle frei
                                       AX = 5, Zugriff verweigert

Bemerkung: Der Dateiname muß dem ASCII-Format entsprechen und
                    mit EOS abgeschlossen sein. Eine vorhandene Datei
                    wird gelöscht!

Funktion 3D (61): Datei öffnen

AH = 61
DS = Segmentadresse des Dateinamens
DX = Offsetadresse des Dateinamens
AL = Zugriffsmodus

Ausgabe: Carry-Flag = 0,   dann
                                       AX = Dateihandle
                    Carry-Flag = 1,   dann
                                       AX = 1, Datei nicht "SHARE"
                                       AX = 2, Datei nicht vorhanden
                                       AX = 3, Pfad nicht gefunden
                                       AX = 4, kein Handle frei
                                       AX = 5, Zugriff verweigert

Bemerkung: Eine Beschreibung zum Zugriffsmodus finden Sie in Ka-
                    pitel 2 bei den Datei-Funktionen *open()*, *creat()* usw.

Funktion 3E (62): Datei schließen

AH = 62
BX = Dateihandle

Ausgabe: Carry-Flag = 0, Datei geschlossen
Carry-Flag = 1, falsches Handle

Funktion 3F (63): Datei lesen

AH = 63
BX = Dateihandle
CX = Satzgröße in Bytes
DS = Segmentadresse des Puffers
DX = Offsetadresse des Puffers

Ausgabe: Carry-Flag = 0,   dann
                              AX = Anzahl gelesener Sätze
              Carry-Flag = 1,   dann
                              AX = 5, Zugriff verweigert
                              AX = 6, falsches Handle

Funktion 40 (64): Datei beschreiben

AH = 64
BX = Dateihandle
CX = Satzgröße
DS = Segmentadresse des Puffers
DX = Offsetadresse des Puffers

Ausgabe: Carry-Flag = 0,   dann
                              AX = Anzahl der geschriebenen
                                        Sätze
              Carry-Flag = 1   dann
                              AX = 5, Zugriff verweigert
                              AX = 6, falsches Handle

Bemerkung: Mit der Lese- und Schreibfunktion können Sie die Verbindung zu einer Ausgabeeinheit herstellen, die durch die Kanalnummer (Handle) verbunden ist. Die Satzgröße gibt an, wie viele Bytes gelesen oder weggeschrieben werden sollen.

Funktion 41 (65): Datei löschen

AH = 65
DS = Segmentadresse des Dateinamens
DX = Offsetadresse des Dateinamens

Ausgabe: Carry-Flag = 0,   dann Datei gelöscht
                   Carry-Flag = 1,   dann
                                     AX = 2, Datei nicht vorhanden
                                     AX = 5, Zugriff verweigert

Funktion 42 (66): Dateizeiger positionieren

AH = 66
AL = Offset (Ausgangspunkt)
     0 = Dateianfang
     1 = aktuelle Position
     2 = Dateiende
BX = Handle (Kanalnummer)
CX = High-Wort Offset
DX = Low-Wort Offset

Ausgabe: Carry-Flag = 0,   dann
                                     DX = High-Wort des Zeigers
                                     AX = Low-Wort des Zeigers
                   Carry-Flag = 1,   dann
                                     AX = 1, falscher Offset
                                     AX = 5, falsches Handle

Bemerkung: Bei Übergaben der Werte 1 oder 2 an das AL-Register
                   können zum Zurücksetzen des Dateizeigers auch Minus-
                   werte verwendet werden. Die zurückgelieferte Adresse
                   DX:AX bezieht sich immer auf den Dateianfang.

Funktion 43 (67): Dateiattribut lesen/setzen

AH = 67
AL = 0, lesen
AL = 1, setzen
CX = Attribut (nur, wenn AL = 1)
DS = Segmentadresse des Dateinamens
DX = Offsetadresse des Dateinamens

Ausgabe: Carry-Flag = 0, dann
            CX = Attribut
            Carry-Flag = 1, dann
            AX = 1, unbekannter Aufruf
            AX = 2, Datei nicht vorhanden
            AX = 3, Pfad nicht vorhanden
            AX = 5, Zugriff nicht möglich

Bemerkung: Das Attribut gibt die Berechtigung des Dateizugriffs wieder. Sie bestimmen mit dem Übergabewert an das AL-Register, ob das Attribut gelesen (AL = 0) oder neu gesetzt (AL = 1 und CX = Attr.) wird. Die gültigen Attribute sind in der Include-Datei *dos.h* fest definiert. Volume-Label (Datenträgeretikett) oder Verzeichnisse können nicht geändert werden.

Funktion 44 (68): Geräte-Status lesen/setzen

AH = 68
AL = 0 lesen
AL = 1 setzen
BX = Handle (Kanalnummer)

Ausgabe: Carry-Flag = 0, dann
            DX   = Attribut
            Bit 0 = Eingabetreiber
            Bit 1 = Ausgabetreiber
            Bit 2 = NUL-Treiber
            Bit 3 = Uhrtreiber
            Bit 5 = Modus der Zeichen-
                     kennung (RAW)
            Bit 6 = Dateiende (EOF)
            Bit 7 = Zeichentreiber
            Bit 14 = Kontrollstring-
                     Bearbeitung (CRTL)

Bemerkung: Hat AL den Wert 0, dann wird das Attribut eingelesen und an das DX-Register übergeben. Beim Setzen des Attributs wird an das AL-Register der Wert 1 und an das DX-Register das Attribut übergeben. Die Bitbeschreibung bezieht sich nur dann auf die Treiber, wenn das Bit gesetzt ist.

Funktion 44 (68): Daten vom Kanal empfangen

AH = 68
AL = 2
BX = Handle (Kanalnummer)
CX = Anzahl zu lesender Bytes
DS = Segmentadresse des Puffers
DX = Offsetadresse des Puffers

Ausgabe: Carry-Flag = 0,   dann
                                 AX = Anzahl der
                                 übertragenen Bytes
               Carry-Flag = 1,   falscher Funktionscode
                                 AX = 6, falsches Handle

Funktion 44 (68): Daten an Kanal senden

AH = 68
AL = 3
BX = Handle (Kanalnummer)
CX = Anzahl zu schreibender Bytes
DS = Segmentadresse des Puffers
DX = Offsetadresse des Puffers

Ausgabe: Carry-Flag = 0,   dann
                                 AX = Anzahl der
                                 übertragenen Bytes
               Carry-Flag = 1,   falscher Funktionscode
                                 AX = 6, falsches Handle

Bemerkung: Mit dieser Funktion können aus einem Programm heraus Daten direkt an einen Kanal gesendet werden. Die Anzahl der Bytes wird durch das CX-Register bestimmt, und die Datenstruktur wird nicht von DOS vorgegeben, sondern kann vom Treiber bestimmt werden.

Die gleiche Beschreibung gilt, wenn AL die Werte 4 oder 5 aufnimmt. Anstelle des Handles wird dort die Laufwerksnummer an das BX-Register übergeben und somit eine Geräteeinheit angesprochen.

(0 = aktuelles Laufwerk, 1 = A, 2 = B)

Die Übergabeadresse des Puffers gilt für die Werte 2 bis 5 des AL-Registers.

Funktion 44 (68): Eingabestatus lesen

AH = 68
AL = 6
BX = Handle

Ausgabe: Carry-Flag = 0,   dann
                                        AX   = Status
                                        0   = Treiber bereit
                                        255 = Treiber nicht bereit
                  Carry-Flag = 1,   dann
                                        AX   = Fehlernummer
                                        1   = falsche Funktion
                                        5   = Zugriff verweigert

Bemerkung: Mit dieser und der folgenden Funktion prüfen Sie den
                  Status dahingehend, ob Daten gesendet oder empfangen
                  werden können:

                  Eingabe = Senden an ein Programm
                  Ausgabe = Empfangen von einem Programm

Funktion 44 (68): Ausgabestatus lesen

AH   = 68
AL   = 7
BX   = Handle

Ausgabe: Carry-Flag = 0,   dann
                                        AX   = Status
                                        0   = Treiber bereit
                                        255 = Treiber nicht bereit
                  Carry-Flag = 1,   dann
                                        AX   = Fehlernummer
                                        1   = falsche Funktion
                                        5   = Zugriff verweigert

Funktion 44 (68): Kann der Datenträger gewechselt werden?

AH = 68
AL = 8
BL = Laufwerk

Ausgabe:	Carry-Flag = 0,	dann	
		AX	= Status
		0	= Datenträger kann gewechselt werden
		1	= Datenträger kann nicht gewechselt werden
	Carry-Flag = 1,	dann	
		AX	= Fehlernummer
		1	= falsche Funktion
		15	= falsches Laufwerk

Funktion 44 (68): Testen des Device-Remote (ob lokales oder entferntes Laufwerk)

AH = 68
AL = 9
BL = Laufwerk

Ausgabe:	Carry-Flag = 0,	dann	
		DX	= Attribut
		Bit 12	= 0, lokal
		Bit 12	= 1, entfernt
	Carry-Flag = 1,	dann	
		AX	= Fehlernummer
		1	= falsche Funktion
		15	= falsches Laufwerk

Bemerkung: "Lokal" sagt aus, daß die Datei oder das Gerät (device) Bestandteil eines PCs ist. "Entfernt" (remote) sagt aus, daß die Datei oder das Gerät Bestandteil einer PC-Vernetzung ist.

Funktion 44 (68): Testen des Handle-Remote (ob lokaler oder entfernter Kanal)

AH = 68
AL = 10
BX = Handle (Kanalnummer)

Ausgabe:	Carry-Flag = 0,	dann	
		DX	= Attribut
		Bit 15	= 0 lokal
		Bit 15	= 1 entfernt

Carry-Flag = 1, dann
                  AX   = Fehlernummer
                  1   = falsche Funktion
                  15   = falsches Laufwerk

Funktion 44 (68): Zugriffswiederholung setzen

AH = 68
AL = 11
BX = Anzahl Wiederholungsversuche
CX = Pause zwischen diesen Versuchen

Ausgabe: Carry-Flag = 0 dann kein Fehler
               Carry-Flag = 1 dann falsche Funktion

Bemerkung: In einer PC-Vernetzung kommt es mitunter vor, daß mehrere Programme gleichzeitig auf eine Datei oder ein Gerät zugreifen. Durch den Wert 11 im AL-Register wird ein Wiederholungsfaktor bestimmt, der in einem vorgegebenen Rhythmus einen erneuten Versuch startet, die Datei oder die Einheit anzusprechen.

Funktion 45 (69): Zweiten Handle für Zugriff anlegen

AH = 69
BX = Handle (Kanalnummer)

Ausgabe: Carry-Flag = 0, dann
              AX = zweites Handle
           Carry-Flag = 1, dann
              AX = Fehlernummer
              4   = kein Handle frei
              6   = Handle ist nicht geöffnet

Bemerkung: Sie erhalten einen zweiten Kanal, der ebenfalls auf die Datei des ersten Handles zugreift.

Funktion 46 (70): Kanal auf zweiten Kanal kopieren

AH = 70
BX = Quell-Handle
CX = Ziel-Handle

Ausgabe: Carry-Flag = 0,   dann
                               AX = zweites Handle
            Carry-Flag = 1,   dann
                               AX = Fehlernummer
                               4 = kein Handle frei
                               6 = Quell-Handle nicht geöffnet

Bemerkung: Im Gegensatz zur Funktion 69 übergeben Sie zwei
              Handles, die mit unterschiedlichen Dateien oder Geräten
              verbunden sind. Falls unter der in CX angegebenen Ka-
              nalnummer bereits ein Gerät oder eine Datei geöffnet
              wurde, wird dieser Handle zunächst geschlossen. Dann
              wird der in BX angegebene Handle auf diesen kopiert.
              Wird nun z.B. der Datenzeiger des ersten Handles be-
              wegt, so wird der zweite Handle ebenfalls entsprechend
              positioniert. Die Datei kann über beide Handles ange-
              sprochen werden.

Funktion 47 (71): Aktuelles Verzeichnis abfragen

AH = 71
DL = Laufwerk
DS = Segmentadresse des Puffers
SI = Offsetadresse des Puffers·

Ausgabe: Carry-Flag = 0,   kein Fehler
            Carry-Flag = 1,   dann
                              AX = 5 falsches Laufwerk

Bemerkung: Wird die Funktion fehlerfrei durchgeführt, so steht die
              komplette Pfadbezeichnung des aktuellen Verzeichnis-
              ses im Puffer.

Funktion 48 (72): RAM-Speicher reservieren

AH = 72
BX = Speicherbedarf in 16-Byte-Einheiten

Ausgabe: Carry-Flag = 0, dann
                            AX = Adresse des Speicherbereichs
            Carry-Flag = 1, dann
                            AX = Fehlernummer
                            7 = Speicher-Kontrollblock
                                 zerstört
                            8 = Speicher zu klein

Bemerkung: Wurde der Speicher reserviert, so wird im Regelfall die Adresse AX:0000 übergeben. Diese Funktion hat bei .COM-Dateien keine Wirkung, da bereits der gesamte Speicher reserviert wurde (16 Bytes = 1 Paragraph).

Funktion 49 (73): RAM-Speicher freigeben

AH = 73
ES = Segmentadresse des Speichers

Ausgabe: Carry-Flag = 0, kein Fehler
Carry-Flag = 1, dann

	AX =	Fehlernummer
	7 =	Speicher-Kontrollblock zerstört
	9 =	dieser Bereich wurde nicht reserviert

Funktion 4A (74): Speicherbereichsgröße ändern

AH = 74
BX = neuer Bedarf in 16-Byte-Einheiten
ES = Segmentadresse des Speichers

Ausgabe: Carry-Flag = 0, kein Fehler
Carry-Flag = 1, dann

	AX =	Fehlernummer
	7 =	Speicher-Kontrollblock zerstört
	8 =	Speicher zu klein
	9 =	dieser Bereich wurde nicht reserviert
	BX =	maximal mögliche Speicheranforderung

Bemerkung: Die Größe eines reservierten Speichers kann verändert werden. Für alle Funktionen, die den Speicherplatz manipulieren, gilt äußerste Vorsicht. Wird eine falsche Adresse an das ES-Register übergeben, kann u.U. ein anderer reservierter Bereich überschrieben oder freigegeben werden. Dies führt in den meisten Fällen zum Systemabsturz.

Funktion 4B (75): Programm laden und starten (EXEC)

AH = 75
AL = 0
ES = Segmentadresse der Parameter
BX = Offsetadresse der Parameter
DS = Segmentadresse des Programmnamens
DX = Offsetadresse des Programmnamens

Ausgabe:	Carry-Flag = 0,	kein Fehler
	Carry-Flag = 1,	dann

                              AX = Fehlernummer

         1   falsche Funktion
         2   Programm oder Pfad nicht gefunden
         5   Zugriff verweigert
         8   Speicher zu klein
      10   falsche Umgebungsvariablen oder Block
      11   ungültiges Programmformat

Bemerkung: Nach Aufruf und Beendigung des gerufenen Programms wird wieder in das alte Programm zurückgekehrt. Es können EXE- und .COM-Programme gerufen werden. Joker dürfen im Programmnamen nicht enthalten sein. Pfad- und Laufwerksangaben sind zulässig. Als Programmname und Parameterblock muß das ASCII-Format verwendet werden. Der Puffer muß mit EOS abgeschlossen sein (\0). Der Parameterblock hat folgenden Aufbau:

Byte	Bedeutung
0 – 1	Segmentadresse der Umgebung
2 – 3	Offsetadresse Kommandoparameter
4 – 5	Segmentadresse Kommandoparameter
6 – 7	Offsetadresse FCB 1
8 – 9	Segmentadresse FCB 1
10 – 11	Offsetadresse FCB 2
12 – 13	Segmentadresse FCB 2

Geben Sie für den Umgebungsblock die Segmentadresse 0 an, so wird der Block des rufenden Programms verwendet.

Funktion 4B (75): Programm als "Overlay" laden (EXEC)

AH = 75
AL = 3
ES = Segmentadresse der Parameter
BX = Offsetadresse der Parameter
DS = Segmentadresse des Programmnamens
DX = Offsetadresse des Programmnamens

Ausgabe: Carry-Flag = 0 kein Fehler
                  Carry-Flag = 1 siehe vorherige Funktion

Bemerkung: Der Parameterblock hat hier ein anderes Format:

                  Bytes 0 – 1   Segmentadresse, an die das Programm ge-
                                 laden werden soll, der Offset ist 0
                  Bytes 2 – 3   Verschiebungsfaktor
                                 (.COM-Dateien = 0)
                                 (.EXE-Dateien = Segmentadresse des zu
                                 ladenden Programms)

                  Das Programm wird geladen, aber nicht automatisch aus-
                  geführt. Es befindet sich zunächst im Speicher.

*Funktion 4C (76): Programm beenden, Dateien schließen und Status an
                    rufendes Programm übergeben*

AH = 76
AL = Programmende-Code

Keine Ausgabe

Bemerkung: Der Programmende-Code kann von dem rufenden Pro-
                  gramm mit der Funktion 4D (77) ermittelt und ausgewer-
                  tet werden.

                  Der vom beendeten Programm belegte Speicher wird
                  wieder freigegeben, und die von diesem Programm ge-
                  öffneten Dateien (ausgenommen Zugriffe durch FCB)
                  werden geschlossen.

Funktion 4D (77): Status des mit 4C beendeten Programms lesen

AH = 77

Ausgabe: AL = Programmende-Code
             AH = Beendigungsart
             AH = 0, normales Ende
             AH = 1, Ende durch <Ctrl><Break>
             AH = 2, Ende durch Gerätefehler bei Zugriff auf
                       diese Einheit
             AH = 3, Ende durch Funktion 49 (resident)

Funktion 4E (78): Ersten Directory-Eintrag lesen (Handle)

AH = 78
CX = Attribut
DS = Segmentadresse des Dateinamens
DX = Offsetadresse des Dateinamens

Ausgabe: Carry-Flag = 0, dann Eintrag gefunden
             Carry-Flag = 1, dann
                              AX = Fehlernummer
                               2 = Pfad nicht vorhanden
                              18 = Eine Datei mit diesem Attribut
                                    ist nicht vorhanden

Bemerkung: Wird eine Datei gefunden, so können die Informationen
             aus den ersten 43 Bytes des DTAs entnommen werden.
             Dessen Adresse wird z.B. mit der Funktion 2F (47) ermit-
             telt.

Funktion 4F (79): Nächsten Directory-Eintrag lesen (Handle)

AH = 79
CX = Attribut
DS = Segmentadresse des Dateinamens
DX = Offsetadresse des Dateinamens

Bemerkung: Diese Funktion wird nur dann zu einem Erfolg führen,
             wenn zunächst mit der Funktion 4E (78) der erste Eintrag
             gelesen wurde.

Funktion 54 (84): Verify-Flag lesen

AH = 84

Ausgabe: AL = 1, Daten werden verifiziert
AL = 0, Daten werden nicht verifiziert

Bemerkung: Die Stellung dieses Schalters kann mit der Funktion 2E
(46) verändert werden.

Funktion 56 (86): Datei umbenennen

AH = 86
DS = Segmentadresse alter Name
DX = Offsetadresse alter Name
ES = Segmentadresse neuer Name
DI = Offsetadresse neuer Name

Ausgabe: Carry-Flag = 0, kein Fehler
Carry-Flag = 1, dann

          AX = Fehlernummer
          2   = Datei nicht vorhanden
          3   = Pfad nicht gefunden
          5   = Zugriff verweigert
          11 = unterschiedliche Laufwerke

Funktion 57 (87): Datum/Zeit der letzten Änderung

AH = 87
AL = 0, lesen
AL = 1, setzen
BX = Handle
CX = Uhrzeit (nur, wenn AL = 1)
DX = Datum   (nur, wenn AL = 1)

Ausgabe: Carry-Flag = 0, kein Fehler dann
          CX = Uhrzeit (wenn AL = 0)
          DX = Datum   (wenn AL = 0)
Carry-Flag = 1, dann
          AX = Fehlernummer
          1, falsche Funktion
          6, falsches Handle

Bemerkung: Die Datei muß vorhanden und geöffnet sein, da Sie sonst
                über den Handle nicht zugreifen können. Die Register
                CX:DX werden wie folgt entschlüsselt:

CX:	*Bits*	*Bedeutung*
	0 – 4	Sekunde in Zweierschritten
	5 – 10	Minute
	11 – 15	Stunde

DX:	*Bits*	*Bedeutung*
	0 – 4	Tag
	5 – 8	Monat
	9 – 15	Jahr

Beim Setzen des Datums geben Sie entsprechend des
Formats diese Werte als Übergabe an die Register
CX:DX. In das AH-Register ist dann der Wert 1 einzutra-
gen.

Funktion 58 (88): Speicherverteilung lesen/setzen

AH = 88
AL = 0, lesen
AL = 1, setzen
BX = 0, First Fit (nur, wenn AL = 1)
BX = 1, Best Fit (nur, wenn AL = 1)
BX = 2, Last Fit (nur, wenn AL = 1)

Ausgabe: Carry-Flag = 0 und AL = 0, dann
                            AX = Verfahren
                                  0, von unten suchen (First Fit)
                                  1, nach dem besten Verfahren
                                     suchen (Best Fit)
                                  2, von oben suchen (Last Fit)
                Carry-Flag = 1, falsche Funktion

Bemerkung: In den meisten Fällen ist der Speicher schon aufgeteilt
                und verschiedenen Programmen zugewiesen. Fordern
                Sie nun über die Funktion 48 (72) zusätzlichen Speicher
                an, so muß das System nach einem passenden Speicher-
                platz suchen. Die Suche beginnt entweder an den niedrig-
                sten oder an den höchsten Speicheradressen (0 / 2). Der
                Parameter 1 gibt an, daß das System nach dem kleinsten
                zusammenhängenden Bereich sucht, der in etwa der vor-
                gegebenen Reservierungsgröße entspricht.

Funktion 59 (89): Fehlerinformationen lesen

AH = 89
BX = 0

Ausgabe: AX = Beschreibung des Fehlers
BH = Ursache des Fehlers
CH = Fehlerquelle
BL = empfohlene Aktion

Bemerkung: Über diese Funktion können Sie erweiterte Informationen einlesen, wenn beim Arbeiten mit dem Interrupt 21
oder 24 ein Fehler auftrat. Der in AX gelieferte Code
wird in Anhang C näher beschrieben.

Funktion 5A (90): Temporäre Datei anlegen

AH = 90
CX = Attribut
DS = Segmentadresse des Verzeichnisses
DX = Offsetadresse des Verzeichnisses

Ausgabe: Carry-Flag = 0, dann
AX = Handle
DS = Segmentadresse des
vollständigen Dateinamens
DX = Offsetadresse des vollständigen
Dateinamens

Carry-Flag = 1, dann
AX = Fehlernummer
3   = Pfad nicht vorhanden
5   = Zugriff verweigert

Bemerkung: Die angelegte Datei dient nur als Zwischenspeicher für
Daten. Der Dateiname wird DOS-intern ermittelt und
dient lediglich der programminternen Information, da
mehrere Dateien angelegt werden können. Der temporäre Speicher wird nach Programmende wieder freigegeben. Die Datei selbst muß allerdings erst wieder geschlossen und dann gelöscht werden.

Funktion 5B (91): Datei neu anlegen

AH = 91
CX = Dateiattribut
DS = Segmentadresse des Dateinamens
DX = Offsetadresse des Dateinamens

Ausgabe: Carry-Flag = 0 dann
                              AX = Handle
              Carry-Flag = 1, dann
                              AX = Fehlernummer
                              3   = Datei nicht vorhanden
                              4   = kein Handle frei
                              5   = Zugriff nicht möglich
                              80 = Datei schon vorhanden

Bemerkung: Diese Funktion legt eine Datei neu an und gibt ihr das in CX vereinbarte Attribut. Im Gegensatz zur Funktion 3C (60) wird hier eine bestehende Datei nicht gelöscht, sondern eine Fehlermeldung wird zurückgegeben.

Funktion 5C (92): Zugriffsschutz setzen/freigeben

AH = 92
AL = 0, Zugriffsschutz setzen
AL = 1, Zugriffsschutz freigeben
BX = Handle (Kanalnummer)
CX:DX = Offset des betreffenden Bereichs
SI:DI   = Länge des betreffenden Bereichs

Ausgabe: Carry-Flag = 0, kein Fehler
              Carry-Flag = 1, dann
                              AX = Fehlernummer
                              1   = falsche Funktion
                              6   = falsches Handle
                              33 = Bereich oder Teile davon sind bereits geschützt bzw. waren nicht geschützt

Bemerkung: Mit dieser Funktion kann ein Teil einer Datei vor anderen Programmen geschützt werden. Dabei erfolgt eine dreimalige Zugriffswiederholung, bevor der Interrupt 24 ausgelöst wird. Diese Anzahl kann mit der Unterfunktion

11 der Funktion 44 (68) verändert werden. Vor dem Programmende sollte der Zugriffsschutz entfernt werden, da sonst undefinierte Zustände auftreten können. Über die Auswertung der Fehlermeldung kann festgestellt werden, ob ein Bereich frei oder gesperrt ist.

Funktion 5E (94): Netzfunktionen

AH = 94
AL = 0, Maschinennamen lesen
AL = 2, Drucker vorbereiten
DS:DX = Zeiger auf einen Puffer (nur, wenn AL = 0)
BX = Index der Zuweisungsliste   (nur, wenn AL = 2)
CX = Länge des Strings   (nur, wenn AL = 2)
CS:DI = Zeiger auf den String   (nur, wenn AL = 2)

Ausgabe: Carry-Flag = 0, kein Fehler
                 Carry-Flag = 1, dann
                                  AX = Fehlernummer
                                  1   = keine Netzwerk-Software vorhanden

Bemerkung: Beim Arbeiten mit dem Netzwerk dient diese Funktion mit dem Wert 0 im AL-Register dazu, den Namen des lokalen Rechners in den Puffer zu schreiben, der durch DS:DX adressiert wird. Wenn in das AL-Register der Wert 2 eingegeben wird, kann zur Identifikation eines Druckauftrags vor jede zu druckende Datei ein String von Steuerzeichen gesetzt werden.

Funktion 5F (95): Verwaltung der Netzzuweisungsliste

AH = 95
AL = 2, Eintrag lesen
AL = 3, Eintrag setzen
AL = 4, Eintrag löschen
BX = Index der Zuweisungsliste   (nur, wenn AL = 2)
BL = 3, Drucker   (nur, wenn AL = 3)
BL = 4, Laufwerk   (nur, wenn AL = 3)
CX = Benutzerkennung   (nur, wenn AL = 3)
DS:SI = Zeiger auf Puffer mit dem lokalen Namen
ES:DI = Zeiger auf Puffer mit dem Namen im Netz
                                 (nur, wenn AL = 2)

Ausgabe: Carry-Flag = 0, kein Fehler
                  Carry-Flag = 1, dann
                                AX = Fehlernummer
                                1   = falsche Funktion
                                3   = Pfad nicht vorhanden
                                5   = Zugriff nicht erlaubt
                                8   = Speicher zu klein
                                15 = falsches Laufwerk
                                18 = keine weiteren Daten
                                BL = 3, Drucker (nur, wenn AL = 2)
                                BL = 4, Laufwerk (nur, wenn AL = 2)
                                CX = Benutzerkennung, (nur wenn
                                       AL = 2)

Bemerkung: Innerhalb des Netzwerkes können mit dieser Funktion
                  Einträge in der Zuweisungsliste gelesen, geschrieben
                  oder gelöscht werden.

Funktion 62 (98): PSP-Adresse lesen

AH = 98

Ausgabe: BX = Segmentadresse des PSPs

Bemerkung: Sie erhalten die Adresse des PSPs, zuständig für das aktu-
                  elle Programm. Im Normalfall liegt diese Adresse bei
                  BX:0000

Weitere Interrupts

Interrupt 22 (34): Programm beenden
Interrupt 23 (35): Break
Interrupt 24 (36): Erweiterter bzw. kritischer Fehler

Hierbei handelt es sich um Interrupt-Vektoren, die von den Interrupts gerufen werden, die für die Programmbeendigung zuständig sind (Interrupt
20 und die Funktionen 0 und 4C (76) des Interrupts 21). Diese Vektoren
dürfen nicht verändert werden. Da jedoch die Möglichkeit besteht, Interrupts zu manipulieren, muß der Ursprung dieser Vektoren wieder hergestellt werden. Im Abschnitt "Der PSP" am Anfang des Kapitels 4 sehen
Sie im Aufbau des PSPs, daß diese Vektoren gesichert werden. Nehmen

Sie als Beispiel den Interrupt 24 (36), der bei der Diskettenbearbeitung das Programm abbricht, wenn ein schwerwiegender Fehler auftritt. Um dies zu vermeiden, kann der Interrupt manipuliert und der Fehler programmintern abgehandelt werden. Nach Programmbeendigung wird dieser Interrupt vom System für andere Programme wiederhergestellt. Die Adressen dieser Interrupts bzw. der Vektoren lauten:

Interrupt 22:	0000:0088
Interrupt 23:	0000:008C
Interrupt 24:	0000:0090

Interrupt 25 (37): Absolutes Lesen der Diskette

Keine Unterfunktion

AL = Laufwerk
DS = Segmentadresse des einzulesenden Puffers
BX = Offsetadresse des einzulesenden Puffers
DX = Startadresse (relative Sektornummer)
CX = Anzahl zu lesender Sekoren

Ausgabe:	Carry-Flag = 0, kein Fehler
	Carry-Flag = 1, dann AX = Fehlernummer
	Die gültigen Disketten- und Festplatten-Fehler entnehmen Sie bitte der Tabelle am Beginn des BIOS-Interrupts 13.

Bemerkung:	Für das Laufwerk gelten die Werte
	0 = Laufwerk A
	1 = Laufwerk B
	80h = Festplatte 1 (C)
	81h = Festplatte 2 (?)
	Es kann der gesamte Bereich, also nicht nur der von DOS verwaltete Bereich, bearbeitet werden. Allerdings können nur logisch aufeinanderfolgende Sektoren gelesen werden. Beachten Sie bitte, daß die 64-KByte-Segmentgrenze für den Puffer eingehalten wird.

Interrupt 26 (38): Absolutes Schreiben der Diskette

Keine Unterfunktion

Für diesen Interrupt gilt die gleiche Beschreibung wie für den Interrupt 25 (37).

Interrupt 27 (39): Programm beenden und resident machen

Keine Unterfunktion

CS = Segmentadresse des PSPs
DX = benötigter Speicherbereich +1

Keine Ausgabe

Bemerkung: Das Programm wird beendet und bleibt resident im Speicher (siehe auch die Beschreibung zum residenten Programm in Anhang E).

Bereits reservierter Speicher durch die Funktion 48h (72)
des Interrupts 21 wird nicht freigegeben. Dieser kann nur
durch die Funktion 49h (73) freigegeben werden. Offene
Dateien werden nicht geschlossen.

Grafik

Grafikausgaben werden immer mehr zu einem wichtigen Standard in der
Informationsverarbeitung. Jeder weiß zum Beispiel, daß eine Druckliste
ausgewerteter Daten mitunter sehr unübersichtlich sein kann. Wenn Sie
darüber hinaus noch schnellstens eine genaue Übersicht benötigen, müssen Sie in vielen Fällen ein Genie sein und den Ausdruck in Windeseile
interpretieren. Nicht nur in der Statistik ist es daher notwendig, solche
Ausgaben so übersichtlich wie möglich zu gestalten.

Die normalen Funktionen, die ASCII-Zeichen auf dem Bildschirm ausgeben, reichen bei weitem nicht aus, um Prozentwerte o.ä. exakt wieder-
zugeben. In einigen Programmiersprachen, wie z.B. BASIC oder Pascal,
stehen Funktionen zur Verfügung, die Ihnen bei der Grafikgestaltung
helfen. Mittlerweile haben sich auch Microsoft und Borland entschlos-
sen, die jeweils neuesten Versionen ihrer C-Compiler mit Grafikfunktionen auszurüsten.

Für die Leser, die jedoch nicht die neueste Version von Turbo C haben,
werden wir in diesem Kapitel einige Beispiele liefern, die mit dem DOS-
Interrupt 10 arbeiten und Grafikausgaben liefern.

Was wird benötigt?

Man benötigt einen grafikfähigen Bildschirm mit Grafikkarte. Turbo C
unterstützt folgende Grafikkarten:

MDA   Monochrome-Display-Adapter – nur für monochrome Darstellung von Texten.

CGA   Color-Graphics-Adapter – für farbige Darstellung von Texten
und Grafiken.

EGA   Enhanced Graphics-Adapter – für farbige Darstellung von
Texten und Grafiken mit hoher Auflösung.

VGA   Versatile Graphics-Adapter – für farbige Darstellung von
Texten und Grafiken auf PS/2-Systemen, wobei die Auflösung noch höher als bei der EGA-Karte ist.

Darüber hinaus wird die Herkules-Karte unterstützt. Diese Karte gibt
Texte und Grafiken monochrom wieder. Diese Grafikkarten bestehen
hauptsächlich aus zwei Funktionsgruppen: einmal aus dem Bildschirmspeicher selbst, der vom Hauptspeicher des Rechners abgetrennt ist, und
außerdem aus mehreren Bausteinen, die den Bildschirminhalt zyklisch
auslesen (50 – 60mal in der Sekunde) und daraus ein Signal für den Bildschirm erzeugen. Über BIOS-Funktionen oder aus Programmen heraus
kann der Bildschirmspeicher verändert werden, das heißt, Texte oder
Grafiken können direkt in diesen Speicher geschrieben werden.

Text- und Grafikmodus

Daten können auf zweierlei Arten ausgegeben werden. Daher unterscheidet der PC zwischen dem Text- und dem Grafikmodus. Die Notwendig-
keit dafür besteht aufgrund der verschiedenen Anzeigeformate und Arbeitsweisen. Das Muster eines ASCII-Zeichens wird intern umgewandelt, wohingegen ein Pixel (Bildschirmpunkt) direkt angesprochen werden kann.

Sofern der Bildschirmmodus nicht verändert wird, befindet sich Ihr Gerät
standardmäßig im Textmodus. Alle Zeichen, die z.B. mit *printf()* ausgegeben werden, erscheinen als normale Textzeichen auf Ihrem Bildschirm. Dieser wird in 24 Zeilen zu jeweils 80 Spalten unterteilt. Stellen
Sie sich diesen Bildschirmspeicher in Zeilen und Spalten als Matrix vor,

wobei zwei davon übereinanderliegen. Die erste nimmt das Textzeichen selbst auf, ohne daß dieses Zeichen in Erscheinung tritt. Für die eigentliche Anzeige sorgt die zweite Matrix. Diese nimmt entsprechend der Position aus der ersten Matrix ein Farbattribut auf (siehe Abb. 4.17). Die äußerst linke, obere Position befindet sich in Zeile 1, Spalte 1. Die Adressierung ist so aufgebaut, daß im Textmodus mit den Koordinaten bei 1 begonnen wird.

Im Grafikmodus verläuft die Adressierung ähnlich. Durch Unterstützung des Interrupts 10 und dessen Funktionen (siehe "Interrupts" in diesem Kapitel) haben Sie die Möglichkeit, den Modus Ihres Bildschirms zu ändern. Schalten Sie den Grafikmodus ein, wird der Bildschirmspeicher in einzelne Pixel (Bildschirmpunkte) unterteilt. Jedes dieser Pixel kann angesprochen werden.

Ein Pixel kann auch als Bitschalter interpretiert werden. Ist dieser Schalter auf 1 gesetzt, erscheint das Pixel, andernfalls bleibt der Bildschirm schwarz. Für farbige Ausgaben dieser Pixel werden mehrere Bits pro Pixel benötigt (2 Bits = 4 Farben, 4 Bits = 16 Farben etc.). Im Textmodus erfolgt die Umsetzung des Bitmusters über den Videoadapter. Die Pixel hingegen werden direkt umgesetzt.

Die Anzahl der Bildschirmpunkte ist von der jeweiligen Grafikkarte abhängig. Ein Byte im Bildschirmspeicher entspricht bei der Herkules-Karte 8 aufeinanderfolgenden Pixels (horizontal). Die EGA- und VGA-Karten arbeiten nach der gleichen Organisation, haben jedoch mehrere Speicherebenen. Eine von 16 möglichen Farben eines Bildschirmpunkts wird durch das parallele Auslesen des betreffenden Bits aus vier verschiedenen Speicherebenen erzeugt. Zur Adressierung dieser Bildschirmpunkte werden in der Regel die Koordinaten x und y verwendet (x = horizontal, y = vertikal). Jeder einzelne Bildschirmpunkt läßt sich ansprechen und bearbeiten. Die erweiterten Grafikfunktionen der Turbo C-Version 1.5 sind so aufgebaut, daß die x-Koordinate zuerst angegeben werden muß. So besagt z.B. der Funktionsaufruf im Textmodus

```
gotoxy(10,20);
```

daß die Zeile 10 und Spalte 20 angesprungen werden soll. Im Grafikmodus besagt die Funktion

```
window(20,10,60,18);
```

daß ein Fenster festgelegt wird, das ab der Zeile 20 in Spalte 10 beginnt und in der Zeile 18 in Spalte 60 endet.

Nummer	CGA	Monochrom
0	Schwarz	Dunkel
1	Blau	Unterstrichen
2	Grün	Hell
3	Kobaltblau	Hell
4	Rot	Hell
5	Violett	Hell
6	Braun	Hell
7	Weiß	Hell
8	Grau	Dunkel
9	Hellblau	Blinkend Unterstr.
A	Hellgrün	Blinkend
B	Hellkobaltblau	Blinkend
C	Hellrot	Blinkend
D	Hellviolett	Blinkend
E	Gelb	Blinkend
F	Hellweiß	Blinkend

Abb. 4.17: Farbtabelle der EGA-Karte

Arbeitsweise des Bildschirmspeichers

Alle Daten, die zur Ausgabe auf den Bildschirm bestimmt sind, werden im Bildschirmspeicher abgelegt. Besonders, wenn Sie im Textmodus arbeiten, läßt sich durch direktes Schreiben der Daten in diesen Speicher eine sehr hohe Ausgabegeschwindigkeit erzielen. Um die Daten dort hineinzuschreiben, benötigt man jedoch die Adressen dieser Speicherbereiche, die bei den einzelnen Karten unterschiedlich sind. Die Adressen der gängigsten Karten lauten:

Monochrom-Adapter:	B0000 bis B0FFF
Herkules-Karte:	B0000 bis BFFFF
EGA-Karte:	A0000 bis BFFFF
CGA-Karte:	B8000 bis BBFFF

Das Kernstück der eigentlichen Verarbeitung bildet der Video-Controller. Dieser wandelt die Daten aus dem Bildschirmspeicher in elektrische Signale für das eigentliche Bild auf dem Monitor um, der dann den gewünschten Text oder die gewünschte Grafik anzeigt. ASCII-Zeichen haben, wie bereits erwähnt, ein bestimmtes Bildschirmmuster. Dieses Muster setzt sich aus einer bestimmten Anzahl von Pixeln zusammen und ist in einer Tabelle abgelegt. Im Textmodus sind bereits mehrere Punkte einem Byte zugeordnet, so daß weniger Speicherplatz als im Grafikmodus benötigt wird.

Dieser gewonnene Speicherplatz wird so genutzt, daß der PC mit mehreren Bildschirmseiten arbeitet. Im Grafikmodus arbeitet die CGA-Karte z.B. mit 80 Zeichen pro Zeile und vier Bildschirmseiten, im Textmodus jedoch mit 40 Zeichen pro Zeile, aber dafür mit acht Bildschirmseiten. Da der Monochrom-Adapter keine Grafik darstellen kann, läßt dieser auch keine Bearbeitung mit Bildschirmseiten zu. Bei Farbgrafikkarten und bei der Herkules-Karte ist der Zugriff auf die Bildschirmpunkte identisch. Allerdings wird bei der Farbgrafikkarte zusätzlich noch das Farbattribut berücksichtigt.

Bei Zeichen mit Unterlängen (q, g, j usw.) treten bei der CGA-Karte keine Probleme auf, da diese eine Matrix von 8 x 8 Punkten bereitstellt. Bei der EGA-Karte ist diese Auflösung noch höher (14 x 8), und beim Monochrom-Adapter sowie bei der Herkules-Karte hat die Matrix einen Bereich von 14 x 9 Punkten. Vorsicht sollte bei einfachen Controllern geboten sein, da die Matrix dort lediglich mit 5 x 7 Punkten definiert ist und bei bestimmten Zeichen Ausgabeprobleme bereitet. Selbstverständlich könnte dies noch verbessert werden. Doch dann kämen auf den Anwender einige Mehrkosten zu, da die Speicherkapazität des Bildschirms erhöht werden müßte und ein leistungsfähigerer Bildschirm erforderlich wäre.

Damit wollen wir die allgemeinen Informationen abschließen und uns Programmbeispielen widmen. Mit dem folgenden Beispiel sollen besonders die Leser angesprochen werden, deren Turbo C-Version noch ohne Grafikpaket ist. Eine grafikfähige Ausrüstung sollten Sie allerdings zum Testen der Programme haben. Zunächst einmal werfen wir einen Blick auf die Standardroutinen, die für alle Programme erforderlich sind. Diese arbeiten ausschließlich mit dem DOS-Interrupt 10 (Video-I/O) und seinen Unterfunktionen. Wie die Register belegt werden, entnehmen Sie bitte dem jeweiligen Programmbeispiel.

Programmbeispiele

In dem folgenden Text werden zunächst die benötigten Funktionen in Programmodulen vorgestellt. Die gezeigten Module werden dann in Beispielprogrammen verwendet.

Funktion Bildschirmmodus:

```
/***********************/
/* Bildschirmmodus     */
/***********************/
modus(code)
int code;
{
union REGS r;
    r.h.al = code;
    r.h.ah = 0;
    int86(DISPLAY, &r, &r);
}
```

Diese Funktion wird aufgerufen, um den Bildschirmmodus festzulegen. In der Abbildung 4.18 sehen Sie eine entsprechende Tabelle zum DOS-Interrupt 10 und den verschiedenen Modi. Der jeweilige Modus wird als Parameter übergeben und an das AL-Register weitergeleitet. Der Wert 0, der dem AH-Register zugewiesen wird, besagt, daß die Funktion 0 (Videomodus einstellen) des Interrupts 10 aufgerufen wird. Die Konstante DISPLAY ist demzufolge mit dem Wert 0x10 definiert.

Code	Modus	Grafik-auflösung	Text-auflösung	Farben
00	Text	320 x 200	40 x 25	Monochrom
01	Text	320 x 200	40 x 25	16
02	Text	640 x 200	80 x 25	Monochrom
03	Text	640 x 200	80 x 25	16
04	Grafik	320 x 200	40 x 25	Monochrom
05	Grafik	320 x 200	40 x 25	16
06	Grafik	640 x 200	80 x 25	Monochrom
07	Text	720 x 350	80 x 25	Monochrom

Abb. 4.18: Videomodus, Interrupt 10

Funktion Tabelle:

```
/***********************/
/* Farbpalette wählen  */
/***********************/
```

```
palette(farbe)
int farbe;
{
union REGS r;
    r.h.ah  = 11;       /* Funktion Farbpalette */
    r.h.bh  = 1;        /* Vordergrundfarbe      */
    r.h.bl  = farbe;
    int86(DISPLAY, &r, &r);
}
```

In dieser Funktion wird die Farbpalette ausgewählt. Wenn Sie die Programme testen oder eigene Funktionen zur Grafikausgabe schreiben, experimentieren Sie einfach mit diesen beiden Funktionen herum und schauen, was passiert. In den Programmbeispielen werden die Modi 4 und 6 verwendet. Sie sollten noch beachten, daß der Modus und die Farbpalette entsprechend der Grafikkarte ausgewählt werden. Es könnte sonst passieren, daß die Ausgaben nicht wie gewünscht erscheinen.

Funktion Pixel schreiben:

```
/*********************/
/* Pixel schreiben     */
/*********************/
wrt_pix(x_koor, y_koor, farbe)
int x_koor, y_koor, farbe;
{
union REGS r;
    /*--Probe, ob Koordinaten korrekt--*/
    if(x_koor < 0 || x_koor > 199)  return;
    if(y_koor < 0 || y_koor > 319)  return;

    r.h.ah = 12;       /*  Funktion Pixel schreiben  */
    r.h.al = farbe;    /*  Farbe des Pixels          */
    r.x.dx = x_koor;   /*  Zeilenkoordinate          */
    r.x.cx = y_koor;   /*  Spaltenkoordinate         */
    int86(DISPLAY, &r, &r);
}
```

Diese Funktion schreibt das Pixel in den Bildschirmspeicher. Die Variablen, die an diese Funktion übergeben werden, sind selbstaussagend, so daß keine weitere Erklärung dazu notwendig ist. Die Abfragen vor der Übergabe an die Register dienen lediglich der Sicherheit. Falls Sie diese Funktion mit zu großen oder zu kleinen Werten ansprechen, kann also nichts passieren.

Das Beispielprogramm gibt drei dicke Schrägstriche diagonal in drei Farben aus.

Beispielprogramm:

```
/*************************/
/* Schräge Linien        */
/*************************/
#include <dos.h>
#include <stdio.h>
#define  DISPLAY   0x10

/**********************/
/* Bildschirmmodus    */
/**********************/
modus(code)
int code;
{
union REGS r;
    r.h.al  = code;
    r.h.ah  = 0;
    int86(DISPLAY, &r, &r);
}


/**********************/
/* Farbpalette wählen */
/**********************/
palette(farbe)
int farbe;
{
union REGS r;
    r.h.ah  = 11;      /*  Funktion Farbpalette  */
    r.h.bh  = 1;       /*  Vordergrundfarbe      */
    r.h.bl  = farbe;
    int86(DISPLAY, &r, &r);
}


/**********************/
/* Pixel schreiben    */
/**********************/
wrt_pix(x_koor, y_koor, farbe)
int x_koor, y_koor, farbe;
{
union REGS r;
    /*--Probe, ob Koordinaten korrekt--*/
    if(x_koor < 0 || x_koor > 199)  return;
    if(y_koor < 0 || y_koor > 319)  return;
    r.h.ah = 12;       /*  Funktion Pixel schreiben  */
    r.h.al = farbe;    /*  Farbe des Pixels          */
    r.x.dx = x_koor;   /*  Zeilenkoordinate          */
    r.x.cx = y_koor;   /*  Spaltenkoordinate         */
    int86(DISPLAY, &r, &r);
}


/**********************/
/* Hauptprogramm      */
/**********************/
```

```
main()
{
int farbe, i;
    modus(4);      /* Grafikmodus ein  */
    palette(0);
    for(i = 0; i < 200; i++)
        for(farbe = 0; farbe < 4; farbe++)
            {
            wrt_pix(i,i+(farbe*4),farbe);
            wrt_pix(i+1,i+(farbe*4),farbe);
            wrt_pix(i+2,i+(farbe*4),farbe)
            wrt_pix(i+3,i+(farbe*4),farbe);
            wrt_pix(i+4,i+(farbe*4),farbe);
            wrt_pix(i+5,i+(farbe*4),farbe);
            wrt_pix(i+6,i+(farbe*4),farbe);
            }
    getchar();     /* Taste drücken    */
    modus(2);      /* Textmodus ein    */
}
```

Als nächstes sehen wir ein Beispiel, bei dem gerade Linien mit Farbattribut gezogen werden. Dazu wird die Funktion *linie()* angesprochen. Als Übergabewerte werden die Start- und Endkoordinaten (*start_x*, *start_y* und *end_x*, *end_y*) sowie das Farbattribut benötigt. In Ihrem eigenen Interesse sollten Sie den Berechnungsvorgang in dieser Funktion sowie in den folgenden selbst einmal nachvollziehen.

Beispielprogramm:

```
/************************/
/* Gerade Linien ziehen */
/************************/
#include <dos.h>
#include <stdio.h>
#define  DISPLAY   0x10
/**********************/
/* Bildschirmmodus    */
/**********************/
modus(code)
int code;
{
union REGS r;
    r.h.al  = code;
    r.h.ah  = 0;
    int86(DISPLAY, &r, &r);
}
/*********************/
/* Farbpalette wählen */
/*********************/
palette(farbe)
```

```
int farbe;
{
union REGS r;
    r.h.ah = 11;      /* Funktion Farbpalette  */
    r.h.bh = 1;       /* Vordergrundfarbe      */
    r.h.bl = farbe;
    int86(DISPLAY, &r, &r);
}


/***********************/
/* Pixel schreiben     */
/***********************/
wrt_pix(x_koor, y_koor, farbe)
int x_koor, y_koor, farbe;
{
union REGS r;
    /*--Probe, ob Koordinaten korrekt--*/
    if(x_koor < 0 || x_koor > 199)  return;
    if(y_koor < 0 || y_koor > 319)  return;
    r.h.ah = 12;      /* Funktion Pixel schreiben */
    r.h.al = farbe;   /* Farbe des Pixels         */
    r.x.dx = x_koor;  /* Zeilenkoordinate         */
    r.x.cx = y_koor;  /* Spaltenkoordinate        */
    int86(DISPLAY, &r, &r);
}


/***********************/
/* Hauptprogramm       */
/***********************/
main()
{
int farbe, i;
    modus(4);         /* Grafikmodus ein  */
    palette(0);
    linie(5,0,100,100,1);
    linie(6,0,100,100,2);
    linie(7,0,100,100,3);
    linie(8,0,100,100,1);
    linie(50,90,180,300,2);
    linie(10,10,20,200,2);
    getchar();        /* Taste drücken    */
    modus(2);         /* Textmodus ein    */
}


/***********************/
/* Linie ziehen        */
/***********************/
linie(start_x, start_y, endx, endy, farbe)
int start_x, start_y, endx, endy, farbe;
{
register int t;
int x_leiste, y_leiste;
int incx, incy, abstand, cx, cy;
float ratio_x, ratio_y;
```

```
/*  Inkrement berechnen  */
x_leiste = endx - start_x;
y_leiste = endy - start_y;

if(x_leiste > 0) incx = 1;
else if(x_leiste == 0) incx = 0;
else incx = -1;

if(y_leiste > 0) incy = 1;
else if(y_leiste == 0) incy = 0;
else incy = -1;

x_leiste = abs(x_leiste);
y_leiste = abs(y_leiste);

if(x_leiste > y_leiste)
   abstand = x_leiste;
else
   abstand = y_leiste;

/*---Linie ziehen----------*/
ratio_x = ratio_y = 1.0;
for(t = 0, cx = 0, cy = 0; t < abstand; t++)
{
    wrt_pix(start_x, start_y, farbe);
    if(x_leiste)
       ratio_x = (float) cx / (float) x_leiste;
    else
       ratio_x = 0;

    if(y_leiste)
       ratio_y = (float) cy / (float) y_leiste;
    else
       ratio_y = 0;

    if(abstand == x_leiste)
       {
       start_x = incx;
       cx++;
       }
    else
       if(ratio_x > ratio_y)
          {
          start_x += incx;
          cx++;
          }

    if(abstand == y_leiste)
       {
       start_y += incy;
       cy++;
       }
```

```
        else
           if(ratio_y > ratio_x)
                 {
                 start_y += incy;
                 cy++;
                 }
        }
}
```

Das folgende Beispiel baut auf dem vorhergehenden auf. Es werden Linien gezogen, die sich kreuz und quer durch den Bildschirm ziehen können, was besonders geeignet zum Ausarbeiten von Liniendiagrammen o. ä. ist. Aus der *main()*-Funktion ersehen Sie, daß hier einmal mit dem Modus 4 und einmal mit Modus 6 gearbeitet wurde. Die Auflösungen sind, wie Sie vielleicht feststellen werden, unterschiedlich.

Beispielprogramm:

```
/**********************************************/
/* Schräge Linien ziehen,                     */
/* mit Parameter von ... bis ... berechnen    */
/* und Unterschied zwischen Modus 4 und 6     */
/**********************************************/
#include <dos.h>
#include <stdio.h>
#define  DISPLAY    0x10
/***********************/
/* Bildschirmmodus     */
/***********************/
modus(code)
int code;
{
union REGS r;
    r.h.al  = code;
    r.h.ah  = 0;
    int86(DISPLAY, &r, &r);
}

/***********************/
/* Farbpalette wählen  */
/***********************/
palette(farbe)
int farbe;
{
union REGS r;
    r.h.ah  = 11;     /* Funktion Farbpalette  */
    r.h.bh  = 1;      /* Vordergrundfarbe      */
    r.h.bl  = farbe;
    int86(DISPLAY, &r, &r);
}
```

```
/************************/
/* Pixel schreiben      */
/************************/
wrt_pix(x_koor, y_koor, farbe)
int x_koor, y_koor, farbe;
{
union REGS r;
    /*--Probe, ob Koordinaten korrekt--*/
    if(x_koor < 0 || x_koor > 199)  return;
    if(y_koor < 0 || y_koor > 319)  return;
    r.h.ah = 12;      /* Funktion Pixel schreiben  */
    r.h.al = farbe;   /* Farbe des Pixels          */
    r.x.dx = x_koor;  /* Zeilenkoordinate          */
    r.x.cx = y_koor;  /* Spaltenkoordinate         */
    int86(DISPLAY, &r, &r);
}


/************************/
/* Hauptprogramm        */
/************************/
main()
{
int farbe, i;
    modus(4);          /* Grafikmodus ein  */
    palette(0);
    linie(10,50,80,90,1);
    linie(100,200,180,190,2);
    linie(110,210,190,200,3);
    linie(10,50,180,190,1);
    getchar();         /* Taste drücken    */

    modus(6);          /* Grafikmodus ein  */
    linie(10,50,80,90,1);
    linie(100,200,180,190,2);
    linie(110,210,190,200,3);
    linie(10,50,180,190,1);
    getchar();         /* Taste drücken    */

    modus(2);          /* Textmodus ein    */

}


/************************/
/* Linie ziehen         */
/************************/
linie(start_x, start_y, endx, endy, farbe)
int start_x, start_y, endx, endy, farbe;
{
register int t, abstand;
int koor_x, koor_y, x_leiste, y_leiste;
int posi_x, posi_y;
x_leiste=0; y_leiste=0;
```

```
/*   Inkrement berechnen   */
koor_x = endx - start_x;
koor_y = endy - start_y;

if(koor_x > 0) posi_x = 1;
else if(koor_x == 0) posi_x = 0;
else posi_x = -1;

if(koor_y > 0) posi_y = 1;
else if(koor_y == 0) posi_y = 0;
else posi_y = -1;

koor_x = abs(koor_x);
koor_y = abs(koor_y);
if(koor_x > koor_y)
    abstand = koor_x;
else
    abstand = koor_y;

/*---Linie ziehen---------*/
for(t=0; t <= abstand+1;t++)
{
    wrt_pix(start_x, start_y, farbe);
    x_leiste += koor_x;
    y_leiste += koor_y;
    if(x_leiste > abstand)
        {
        x_leiste -= abstand;
        start_x += posi_x;
        }
    if(y_leiste > abstand)
        {
        y_leiste -= abstand;
        start_y += posi_y;
        }

}

}
```

Als nächstes betrachten wir, wie ein Rechteck gezeichnet und aufgefüllt wird. Es wurden wiederum die Modi 4 und 6 verwendet.

Beispielprogramm:

```
/************************************************/
/* Rechteck I                                   */
/* Unterschiede im jeweiligen Grafikmodus       */
/* einmal mit Modus 6 und einmal mit Modus 4    */
/************************************************/
#include <stdio.h>
#include <dos.h>
```

```
#define   VIDMOD1    0x06   /*Grafikmodus*/
#define   VIDMOD2    0x04   /*Grafikmodus*/
#define   NORMAL     0x03   /*Textmodus  */
#define   DISPLAY    0x10   /*int.Funk.10*/
union REGS  i, o;          /* i = Input-Register   */
struct SREGS s;            /* o = Output-Register  */
                           /* s = Segment-Register */
main()
{
int i,j;
    /*---Grafikmodus 6------------------*/
    modus(VIDMOD1);
    palette(0);
    for(i=10,j=50;i<100,j<150;i+=10,j+=10)
        draw_box(i,j,50,50,3);
    for(i=100,j=150;i>10,j<250;i-=10,j+=10)
        draw_box(i,j,50,50,3);
    for(i=10,j=50;i<100,j<150;i+=10,j+=10)
        fuellen(i,j,50,50,3);
    for(i=100,j=150;i>10,j<250;i-=10,j+=10)
        fuellen(i,j,50,50,3);
    getchar();

    /* -Grafikmodus 4------------------*/
    modus(VIDMOD2);
    palette(0);
    for(i=10,j=50;i<100,j<150;i+=10,j+=10)
        draw_box(i,j,50,50,3);
    for(i=100,j=150;i>10,j<250;i-=10,j+=10)
        draw_box(i,j,50,50,3);
    for(i=10,j=50;i<100,j<150;i+=10,j+=10)
        fuellen(i,j,50,50,3);
    for(i=100,j=150;i>10,j<250;i-=10,j+=10)
        fuellen(i,j,50,50,3);
    getchar();

    modus(NORMAL);
}


/**************************/
/* Rechteck ab Position   */
/* spli zeichnen          */
/**************************/
draw_box(zeil,spli,hoehe,breite,farbe)
int zeil,spli,hoehe,breite,farbe;
{
int x_koor,y_koor;

    /*  Offset = spli (Spalte links)*/
    /*  Strich oben-----------------*/

    for(x_koor=spli;x_koor<spli+breite;x_koor++)
        setpix(x_koor,zeil,farbe);
```

```
            /* Strich unten----------------*/
            for(x_koor=spli;x_koor<spli+breite;x_koor++)
                setpix(x_koor,zeil+hoehe,farbe);

            /* Strich links---------------*/
            for(y_koor=zeil;y_koor<zeil+hoehe;y_koor++)
                setpix(spli,y_koor,farbe);

            /* Strich rechts--------------*/
            for(y_koor=zeil;y_koor<zeil+hoehe;y_koor++)
                setpix(spli+breite,y_koor,farbe);

    }

/**************************/
/* Rechteck am Bildschirm-*/
/* anfang füllen          */
/* von links nach rechts  */
/* senkrecht              */
/**************************/
fuellen(zeil,spli,breite,hoehe,farbe)
int zeil,spli,breite,hoehe,farbe;
{
int x_koor,y_koor;
    for(x_koor=spli;x_koor<spli+breite;x_koor++)
        for(y_koor=zeil;y_koor<zeil+hoehe;y_koor++)
            setpix(x_koor,y_koor,farbe);

    }

/**************************/
/* Pixel schreiben        */
/* nach Koordinaten xkoor */
/* und ykoor mit Farbe    */
/**************************/
setpix(xkoor,ykoor,farbe)
short xkoor,ykoor;
int farbe;
{
i.x.ax = 0x0c01;            /*Funktionsnummer*/
i.x.cx = xkoor;            /*Pixelzeile      */
i.x.dx = ykoor;            /*Pixelspalte     */
i.h.al = farbe;
int86x(0x10,&i, &i, &s);
}

/**********************/
/* Bildschirmmodus    */
/**********************/
modus(code)
int code;
{
union REGS r;
    r.h.al = code;
    r.h.ah = 0;
    int86(DISPLAY, &r, &r);
}
```

```
/**********************/
/* Farbpalette wählen */
/**********************/
palette(farbe)
int farbe;
{
union REGS r;
    r.h.ah = 11;     /* Funktion Farbpalette */
    r.h.bh = 1;      /* Vordergrundfarbe     */
    r.h.bl = farbe;
    int86(DISPLAY, &r, &r);
}
```

Im nächsten Beispiel wird ein Rechteck in einer anderen Variante gezeichnet und gefüllt. Beachten Sie insbesondere, daß die Funktion
draw_box() nun anders arbeitet. Das Programm wurde so umgeschrie-
ben, daß sowohl einzelne Linien als auch Rechtecke gezeichnet werden
können. Darüber hinaus verläuft der Vorgang in der Funktion *fuellen()*
ebenfalls anders. Zum Auffüllen des Rechtecks wird gleichfalls die
Funktion *linie()* verwendet.

Sie sehen hier bereits einen Ansatz, wie man diese Funktionen kombinie-
ren und unterschiedlich zusammenfassen kann. Wenn Sie darüber hinaus
noch eine Steuerung über Funktionstasten einbauen, sind Sie schnell in
der Lage, eigene Grafiken zu erstellen. Sie könnten z.B. so vorgehen, daß
die Cursortasten jeweils einen Punkt und die Tasten PgUp und PgDn
mehrere Punkte zeichnen.

Beispielprogramm:

```
/**************************************/
/* Rechteck zeichnen   II             */
/* von oben nach unten füllen         */
/**************************************/
#include <dos.h>
#include <stdio.h>
#define DISPLAY  0x10
/**********************/
/* Bildschirmmodus    */
/**********************/
modus(code)
int code;
{
union REGS r;
    r.h.al = code;
    r.h.ah = 0;
    int86(DISPLAY, &r, &r);
}
```

```
/************************/
/* Farbpalette wählen  */
/************************/
palette(farbe)
int farbe;
{
union REGS r;
    r.h.ah = 11;     /*  Funktion Farbpalette  */
    r.h.bh = 1;      /*  Vordergrundfarbe      */
    r.h.bl = farbe;
    int86(DISPLAY, &r, &r);
}
/************************/
/* Pixel schreiben     */
/************************/
wrt_pix(x_koor, y_koor, farbe)
int x_koor, y_koor, farbe;
{
union REGS r;
    /*--Probe, ob Koordinaten korrekt----*/
    if(x_koor < 0 || x_koor > 199)  return;
    if(y_koor < 0 || y_koor > 319)  return;
    r.h.ah = 12;     /*  Funktion Pixel schreiben  */
    r.h.al = farbe;  /*  Farbe des Pixels          */
    r.x.dx = x_koor; /*  Zeilenkoordinate          */
    r.x.cx = y_koor; /*  Spaltenkoordinate         */
    int86(DISPLAY, &r, &r);
}
/************************/
/* Hauptprogramm       */
/************************/
main()
{
int farbe, i;
    modus(4);        /*  Grafikmodus ein  */
    palette(0);

    draw_box(0,0,40,50,1);
    draw_box(100,120,140,250,2);
    draw_box(150,150,90,0,3);
    getchar();       /*  Taste drücken    */

    fuellen(0,0,40,50,1);
    fuellen(100,120,140,250,2);
    fuellen(150,150,90,0,3);
    getchar();       /*  Taste drücken    */

    modus(2);        /*  Textmodus ein    */
}


/************************/
/* Linie ziehen        */
/************************/
linie(start_x, start_y, endzei, endspa, farbe)
```

```
int start_x, start_y, endzei, endspa, farbe;
{
register int t, abstand;
int koor_x, koor_y, x_leiste, y_leiste;
int posi_x, posi_y;
x_leiste=0; y_leiste=0;


    /*  Inkrement berechnen  */
    koor_x = endzei - start_x;
    koor_y = endspa - start_y;

    if(koor_x > 0) posi_x = 1;
    else if(koor_x == 0) posi_x = 0;
    else posi_x = -1;

    if(koor_y > 0) posi_y = 1;
    else if(koor_y == 0) posi_y = 0;
    else posi_y = -1;

    koor_x = abs(koor_x);
    koor_y = abs(koor_y);

    if(koor_x > koor_y)
        abstand = koor_x;
    else
        abstand = koor_y;

    /*---Linie ziehen----------*/
    for(t=0; t <= abstand+1;t++)
    {
        wrt_pix(start_x, start_y, farbe);
        x_leiste += koor_x;
        y_leiste += koor_y;
            if(x_leiste > abstand)
            {
            x_leiste -= abstand;
            start_x += posi_x;
            }
        if(y_leiste > abstand)
            {
            y_leiste -= abstand;
            start_y += posi_y;
            }

    }

}


/***********************/
/* Rechteck zeichnen   */
/***********************/
draw_box(startzeil, startspal, endzei, endspa, farbe)
```

```
int startzeil, startspal, endzei, endspa, farbe;
{
    linie(startzeil,startspal,endzei,startspal,farbe);
    linie(startzeil,startspal,startzeil,endspa farbe);
    linie(startzeil, endspa, endzei, endspa, farbe);
    linie(endzei, startspal, endzei, endspa, farbe);
}

/**********************/
/* Rechteck füllen    */
/**********************/
fuellen(startzeil, startspal, endzei, endspa, farbe)
int startzeil, startspal, endzei, endspa, farbe;
{
register int anfang, end, i;

    anfang = startzeil < endzei ? startzeil : endzei;
    end    = startzeil > endzei ? startzeil : endzei;

    for(i=anfang; i<= end; i++)
        linie(i, startspal, i, endspa, farbe);

}
```

In einem letzten Beispiel betrachten wir noch die Funktion *circle()*. Der Berechnungsvorgang läuft in dieser Funktion ab, und im Anschluß daran wird die Funktion *draw_circle()* aufgerufen, die ihrerseits dafür sorgt, daß der Kreis ausgegeben wird. In der Funktion *fuell_kreis()* ist bei genauen Kreisausgaben, bei denen der Rahmen erhalten bleiben soll, zu beachten, daß der Radius etwas kleiner angegeben wird. Andernfalls wird der Rahmen überschrieben.

Beispielprogramm:

```
/****************************/
/* Kreis zeichnen und füllen */
/****************************/
#include <dos.h>
#include <stdio.h>
#define  DISPLAY   0x10

double radi_rech;

/**********************/
/* Bildschirmmodus    */
/**********************/
modus(code)
int code;
{
union REGS r;
    r.h.al  = code;
```

```
    r.h.ah  = 0;
    int86(DISPLAY, &r, &r);
}
/***********************/
/* Farbpalette wählen  */
/***********************/
palette(farbe)
int farbe;
{
union REGS r;
    r.h.ah = 11;       /*  Funktion Farbpalette  */
    r.h.bh = 1;        /*  Vordergrundfarbe      */
    r.h.bl = farbe;
    int86(DISPLAY, &r, &r);
}
/***********************/
/* Pixel schreiben     */
/***********************/
wrt_pix(x_koor, y_koor, farbe)
int x_koor, y_koor, farbe;
{
union REGS r;
    /*--Probe, ob Koordinaten korrekt----*/
    if(x_koor < 0 || x_koor > 199)  return;
    if(y_koor < 0 || y_koor > 319)  return;
    r.h.ah = 12;       /*  Funktion Pixel schreiben  */
    r.h.al = farbe;    /*  Farbe des Pixels          */
    r.x.dx = x_koor;   /*  Zeilenkoordinate          */
    r.x.cx = y_koor;   /*  Spaltenkoordinate         */
    int86(DISPLAY, &r, &r);
}


/***********************/
/* Hauptprogramm       */
/***********************/
main()
{
int farbe, i;
    modus(4);          /*  Grafikmodus ein  */
    palette(0);

    circle(50,90,50,2);
    circle(100,100,20,3);
    fuell_kreis(50,90,50,2);
    fuell_kreis(100,100,20,3);
    getchar();         /*  Taste drücken    */
    modus(2);          /*  Textmodus ein    */
}


/***********************/
/* Kreis berechnen     */
/***********************/
circle(x_base, y_base, radius, farbe)
```

```
int x_base, y_base, radius, farbe;
{
register int x_koor, y_koor, delta;
    radi_rech = 1.0;
    y_koor    = radius;
    delta     = 3 - 2 * radius;
    for(x_koor=0;x_koor<y_koor;  )  /*  bewußt leer*/
        {
        draw_circle(x_koor,y_koor,x_base,y_base,farbe);

            if(delta < 0)
                delta += 4*x_koor+6;
            else
                {
                delta += 4*(x_koor-y_koor)+10;
                y_koor--;
                }
        x_koor++;
        }
        x_koor=y_koor;

        if(y_koor)
            draw_circle(x_koor,y_koor,x_base,y_base,farbe);

}
/***********************/
/* Kreis ziehen        */
/***********************/
draw_circle(x,y,x_base,y_base,farbe)
int x,y,x_base,y_base,farbe;
{
int startx, endx, x1,starty,endy,y1;

    starty = y * radi_rech;
    endy   = (y+1) * radi_rech;
    startx = x * radi_rech;
    endx   = (x+1) * radi_rech;

    for(x1=startx; x1<endx; ++x1)
        {
        wrt_pix(x1+x_base, y+y_base ,farbe);
        wrt_pix(x1+x_base, y_base-y ,farbe);
        wrt_pix(x_base-x1, y_base-y ,farbe);
        wrt_pix(x_base-x1, y+y_base ,farbe);
        }

    for(y1=starty; y1<endy; ++y1)
        {
        wrt_pix(y1+x_base, x+y_base ,farbe);
        wrt_pix(y1+x_base, y_base-x ,farbe);
        wrt_pix(x_base-y1, y_base-x ,farbe);
        wrt_pix(x_base-y1, x+y_base ,farbe);
        }

}
```

```
/***********************/
/* Kreis füllen,        */
/* sollte mit etwas     */
/* kleineren Radius     */
/* aufgerufen werden,   */
/* um den Rand zu er-   */
/* halten               */
/***********************/
fuell_kreis(x_koor,y_koor,radius,farbe)
int x_koor,y_koor,radius,farbe;
{
    while(radius)
        {
        circle(x_koor,y_koor,radius,farbe);
        radius--;
        }
}
```

Textausgabe im Bildschirmspeicher

Neben der Grafik ist für den Informationsbedarf die Textausgabe genauso wichtig. Auch hier ist es mitunter sehr wichtig, die Daten schnell zum Bildschirm zu transportieren. Bisher haben wir gesehen, wie die Bildschirmpunkte selbst adressiert werden. Natürlich wollen Sie nicht nur Grafiken erstellen, sondern häufig auch normale Texte also ASCII-Zeichen ausgeben.

Die Funktion *printf( )* ist insbesondere dann zu langsam, wenn viele Informationen möglichst schnell auf dem Bildschirm ausgegeben werden sollen. Dies könnte z.B. der Aufbau einer Maske oder beim Blättern in einem Verzeichniss die Ausgabe der Dateinamen sein, besonders dann, wenn Sie das komplette Dateiverzeichnis ausgeben möchten. Wenn Sie darüber hinaus die Felder jeweils neu positionieren müssen, haben Sie schon viel an Ausgabegeschwindigkeit verloren.

Da die Funktion *printf( )* oder die Ausgabefunktionen einiger Interrupts die auszugebenden Zeichen ohnehin in den Bildschirmspeicher übertragen, können wir uns den Umweg ersparen. Wir schreiben den Text einfach selbst in diesen Speicher. Für die folgenden Beispiele werden wir teilweise auch Turbo C-Funktionen verwenden. Die Funktion arbeitet wie folgt: Es werden Parameter übergeben, die die Koordinaten, den auszugebenden Text, dessen Länge und das Farbattribut festlegen. Für die Parameter werden folgende Kürzel verwendet:

Parameter	Funktion	Typ
z	Ausgabe Zeile	int
s	Ausgabe Spalte	int
t	Ausgabe String	Zeiger
l	Ausgabe Länge	int
a	Ausgabe Farbe	int

Da wir direkt in den Speicher hineinschreiben, müssen wir die richtige Adresse ermitteln. Dies geschieht durch die Formel

```
int offs = (160 * --z) + ( s * 2);
```

womit die jeweilige Offsetadresse des Bildschirmspeichers berechnet wird. Wir haben somit die Startzeile und -spalte ermittelt. Beachten Sie, daß der auszugebende Text hintereinander in den Bildschirmspeicher geschrieben wird. Wenn Sie z.B. bei der Spalte 80 angelangt sind, müssen Sie einen Zeilenvorschub nicht berücksichtigen, da alle Zeilen fortlaufende Adressen haben. Durch die Funktion *peekb()* wird eine Speicheradresse gelesen, die uns Auskunft darüber gibt, wo der Bildschirmspeicher beginnt. Wir haben nun die Anfangsadresse des Bildschirms und die Offsetadresse, an der der Text erscheinen soll. Mit der Funktion *pokeb()* und einer *for*-Schleife können wir den Text direkt in den Bildschirmspeicher hineinschreiben, wodurch dieser auch direkt auf dem Monitor erscheint. Die Schleife wird so lange durchlaufen, bis die Textlänge in der Variablen l erreicht ist.

Funktion Bildschirmspeicher beschreiben:

```
/************************************/
/* Bildschirmspeicher beschreiben   */
/* mit Turbo C-Funktion pokeb()     */
/************************************/
bild(z,s,t,l,a)
char *t;
int z,s,l,a;
{
int offs = (160 * --z) + (s * 2);
int n;
   if(peekb(0x40,0x49)==7)
      {
      for(n=0;n<l;n++)
         {
         pokeb(0xb000,offs++,t[n]); /*Herkules-Karte*/
```

```
            pokeb(0xb000,offs++,a);
            }
        }
    else
        {
        for(n=0;n<l;n++)          /*EGA-Karte*/
            {
            pokeb(0xb800,offs++,t[n]);
            pokeb(0xb800,offs++,a);
            }
        }

    }
```

Nachdem wir die Hauptfunktion vorgestellt haben, wollen wir die unterschiedliche Ausgabegeschwindigkeit von drei verschiedenen Möglichkeiten zur Bildschirmausgabe betrachten. Die Funktion *printf()* kennen Sie bereits, und Sie wissen auch, daß über den Interrupt 10 einige Video-I/O-Funktionen angeboten werden. In dem folgenden Beispielprogramm wird mit diesen Möglichkeiten in den Funktionen *pr1()* und *pr2()* gearbeitet. Beide Routinen geben den Text aus. Dies geschieht allerdings auf Umwegen, da zunächst der Cursor positioniert und das auszugebende Zeichen interpretiert und umgewandelt werden muß. Wenn Sie das Programm eingeben und starten, werden Sie feststellen, daß die Ausführung etwas Zeit benötigt. Um Ihnen den Unterschied zu verdeutlichen, wurde eine Funktionstasten-Abfrage eingefügt, so daß die jeweilige Ausgabe erst nach Betätigung dieser Tasten erfolgt. In der Funktion *pr1()* wird durch die Unterfunktion 2 des Interrupts 10 der Cursor in der entsprechenden Zeile und Spalte positioniert und der Text ausgegeben. Die Funktion *pr2()* wird in der *for*-Schleife (*case* 60) entsprechend der Textlänge aufgerufen. Die Funktion selbst ruft die Unterfunktion 9 des Interrupts 10 auf, wodurch jeweils ein oder mehrere gleiche Zeichen mit Farbattribut ausgegeben werden können. Beachten Sie bitte, daß diese Funktion nicht das Zeichen selbst, sondern vielmehr den ASCII-Wert erwartet. Infolgedessen wird also für die Ausgabe der Zahl 3 deren ASCII-Wert 51 übergeben.

Beispielprogramm:

```
/************************************/
/* Bildschirmspeicher beschreiben   */
/* mit Unterschied der Geschwindig- */
/* keit von printf() und Interrupt  */
/* 10, Unterfunktion 9.             */
/************************************/
#include <dos.h>
#include <stdio.h>
```

```
union scan {
      int c;
      char ch[2];
   }   sc;

void cls();

/*************************************/
/*          Hauptprogramm            */
/*************************************/
main()
{
   cls(0,0,24,79);
   eingabe();
   exit(0);
}

/*************************************/
/*          Auswahl eingeben         */
/*************************************/
eingabe()
{
int wert_key, i, s = 1, j, s1;
   do
   {
   sc.c = get_key();
   wert_key = sc.ch[1];
      switch(wert_key)
      {
      case 59: s = 0;
                for(i=1;i<23;i++)
                bild(i,s++,"11111111111111111",17,0x70);
                s = 0;
                break;
      case 60: s = 19;
                for(i=0;i<22;i++)
                pr1(i,s++,"2222222222222222");
                s = 0;
                break;
      case 61: s = 38;
                for(i=0;i<22;i++)
                   {
                   s++; s1 = s;
                   for(j=1;j<17;j++)
                   pr2(i,s1++,51,0x70);
                   }
                s = 0;
                break;
      case 67: cls(0,0,24,79);
                break;
      }
   }
   while(sc.ch[0] != 27);
   cls(0,0,24,79);
}
```

```
/**************************************/
/* Funktion Interrupt 16             */
/* Tastatur einlesen und Code        */
/* zurückliefern (Unterfunktion 0)   */
/**************************************/
get_key()
{
union REGS r;
    r.h.ah = 0;
    return int86(0x16, &r, &r);
}


/**************************************/
/* Funktion mit printf()             */
/* Schicke Cursor nach zeile,spalte  */
/* und zeige String an               */
/**************************************/
pr1(z,s,text)
char *text;
int z,s;
{
union REGS r;
    r.h.ah=2;    /*Cursor-Adreßfunktion    */
    r.h.dl=s;    /*Spalte                  */
    r.h.dh=z;    /*Zeile                   */
    r.h.bh=0;    /*Bildschirmseite         */
    int86(0x10, &r, &r);
    printf("%s",text);

}


/**************************************/
/* Funktion mit Interrupt 10,        */
/* Unterfunktion 9                   */
/* Schicke Cursor nach zeile,spalte  */
/* und zeige Zeichen mit Attribut    */
/**************************************/
pr2(z,s,text,att)
int z,s,text,att;
{
union REGS r;
    goto_xy(z,s);
    r.h.ah=9;        /*Funktionsnummer         */
    r.h.bh=0;        /*Bildschirmseite         */
    r.h.bl=att;      /*Farbattribut, 7 = normal*/
    r.x.cx=1;        /*Wie oft ausgeben?       */
    r.h.al=text;     /*Ausgabezeichen          */
    int86(0x10, &r, &r);

}


/**************************************/
/* Cursor positionieren              */
/**************************************/
```

```
goto_xy(z,s)
int z,s;
{
union REGS r;
    r.h.ah=2;           /*Cursor-Adreßfunktion      */
    r.h.dl=s;           /*Spalte                    */
    r.h.dh=z;           /*Zeile                     */
    r.h.bh=0;           /*Bildschirmseite           */
    int86(0x10, &r, &r);
}


/*************************************/
/* Bildschirm löschen                */
/*************************************/
void cls(w,x,y,z)
{
union REGS r;
    r.h.ah=6;           /*Scroll-Down-Code          */
    r.h.al=0;           /*Clear-Screen-Code         */
    r.h.ch=w;           /*Startzeile                */
    r.h.cl=x;           /*Startspalte               */
    r.h.dh=y;           /*Endzeile                  */
    r.h.dl=z;           /*Endspalte                 */
    r.h.bh=7;           /*Farbe für Folgezeile      */
    int86(0x10, &r, &r);

    pr1(24,1,"F1:Bildschirmspeicher");
    pr1(24,25,"F2:printf");
    pr1(24,35,"F3:Interrupt");
    pr1(24,50,"F9:Bildschirm löschen");
}

/*************************************/
/* Funktion Bildschirmspeicher       */
/* beschreiben mit Turbo C-Funktion  */
/*       - pokeb() -                  */
/*************************************/
bild(z,s,t,l,a)
char *t;
int z,s,l,a;
{
int offs = (160 * --z) + (s * 2);
int n;
    if(peekb(0x40,0x49)==7)
       {
       for(n=0;n<l;n++)
          {
          pokeb(0xb000,offs++,t[n]);  /*Herkules-Karte*/
          pokeb(0xb000,offs++,a);
          }
       }
    else
       {
       for(n=0;n<l;n++)                        /*EGA-Karte*/
```

```
        {
        pokeb(0xb800,offs++,t[n]);
        pokeb(0xb800,offs++,a);
        }
    }

}
```

Eigene Ausgabefunktion DISPLAY

Mit den oben beschriebenen Möglichkeiten können Sie eine Vielzahl von
Standardroutinen entwickeln, die Ihre Bildschirmausgabe vereinfachen.
Um ein Programm auch von der Optik her zu gestalten, wäre es z.B. sinnvoll, verschiedene Bereiche durch Rahmen abzugrenzen. Wenn Sie dazu
jedes Zeichen einzeln ausgeben müßten, wäre das sicher sehr mühsam.
Einfacher ist es, das Problem in einer kleinen Routine zu lösen und diese
so zu gestalten, daß an allen möglichen Positionen ein Rahmen ausgegeben werden kann.

Das folgende Programm liefert Ihnen einen Vorschlag und bietet bereits
einige Funktionen, die Sie für Ihren eigenen Bedarf übernehmen können.
Dazu gehört:

- Textausgabe im Bildschirmspeicher mit Farbattribut und an jeder Position.
- Ausgabe eines beliebig großen Rahmens, ebenfalls mit Farbattribut.
- Funktionstasten-Abfrage, die den ASCII-Wert der betätigten Taste zurückliefert.
- Teilbereiche des Bildschirms löschen (Erweiterung durch Farbattribut
  möglich).
- Cursorpositionierung an Zeile und Spalte. Der Text kann mit *printf()*
  ausgegeben werden.

Wenn Sie nun die Ausgabe in den Bildschirmspeicher noch dahingehend
ändern, daß der vorherige Inhalt gesichert wird, haben Sie z.B. die Möglichkeit, diesen wieder anzuzeigen, nachdem mit *cls()* der betreffende
Teilbereich gelöscht wurde. Vielleicht erinnern Sie sich: Mit den Turbo
C-Funktionen *peek()* oder *peekb()* können Speicheradressen ausgelesen
werden.

Auch bei dem folgenden Programmvorschlag ist die Ausgabegeschwindigkeit sehr groß. In der Funktion *eingabe()* wird der Bildschirm mit unterschiedlich großen Rahmen vollgeschrieben. Diese Funktion dient le-

diglich der Demonstration und sollte entweder entfernt oder für andere Zwecke angepaßt werden. Eine Beschreibung zum Programmablauf selbst ist nicht erforderlich. Die Variablen sind an den entsprechenden Stellen beschrieben. In der Funktion *cls()* wird der Wert *7* an das AH-Register übergeben. Dieser ist für die Bildschirmfarbe nach dem Löschen zuständig und kann durch einen Übergabeparameter ersetzt werden.

Beispielprogramm:

```
/**************************************/
/* Programmbeispiel DISPLAY           */
/* Standardfunktion rahmen()          */
/* An allen Positionen kann ein       */
/* Bildschirmrahmen erstellt werden.  */
/* Der Funktionsaufruf lautet:        */
/* rahmen(az,as,es,ez,at);            */
/* az = Anfangszeile                  */
/* as = Anfangsspalte                 */
/* es = Endspalte                     */
/* ez = Endzeile                      */
/* at = Ausgabefarbe                  */
/**************************************/
#include <dos.h>
#include <stdio.h>
union scan {
        int c;
        char ch[2];
     }  sc;

void cls();

/**************************************/
/*          Hauptprogramm             */
/**************************************/
main()
{
    cls(0,0,24,79);
    eingabe();
    exit(0);
}

/**************************************/
/*          Auswahl eingeben          */
/**************************************/
eingabe()
{
int wert_key, end = 24, s = 1, s1 = 79;
int x, j, att;
printf("\nBitte drücken Sie F1 oder F2");
printf("\nF9 = Bildschirm löschen, ESC = Ende");
    do
```

```
   {
sc.c = get_key();
wert_key=sc.ch[1];
   switch(wert_key)
      {
   case 59: att = 0x70; j = 2;
            cls(0,0,24,79);
            while(j--)
            {
              for(x=1;x<12;x++)
              {
              rahmen (x,s,s1,end-x,att);
              s += 3; s1 -= 3;
              }
            att = 0x7;
            }
            break;
   case 60: att = 0x70; j = 10;
            cls(0,0,24,79);
            while(j--)
            {
              for(x=1;x<12;x++)
              {
              rahmen (x,s,s1,end-x,att);
              s += 3; s1 -= 3;
              }
            if(j%2) att = 0x7;
            else     att = 0x70;
            s = 1; s1 = 79;
            }
            break;

   case 67: cls(0,0,24,79);
            break;

      }

   }
while(sc.ch[0] != 27);

cls(0,0,24,79);

}

/*************************************/
/* Funktion Interrupt 16             */
/* Tastatur einlesen und Code        */
/* zurückliefern  (Unterfunktion 0)  */
/*************************************/
get_key()
{
union REGS r;
   r.h.ah = 0;
   return int86(0x16, &r, &r);
}
```

```
/************************************/
/* Cursor positionieren            */
/************************************/
goto_xy(z,s)
int z,s;
{
union REGS r;
    r.h.ah = 2;        /*Cursor-Adreßfunktion   */
    r.h.dl = s;        /*Spalte                 */
    r.h.dh = z;        /*Zeile                  */
    r.h.bh = 0;        /*Bildschirmseite        */
    int86(0x10, &r, &r);
}

/************************************/
/* Bildschirm löschen              */
/************************************/
void cls(w,x,y,z)
{
union REGS r;
    r.h.ah = 6;        /*Scroll-Down-Code       */
    r.h.al = 0;        /*Clear-Screen-Code      */
    r.h.ch = w;        /*Startzeile             */
    r.h.cl = x;        /*Startspalte            */
    r.h.dh = y;        /*Endzeile               */
    r.h.dl = z;        /*Endspalte              */
    r.h.bh = 7;        /*Farbe für Folgezeile   */
    int86(0x10, &r, &r);

}

/************************************/
/* Funktion Bildschirmspeicher     */
/* beschreiben mit Turbo C-Funktion */
/*       - pokeb() -                */
/************************************/
bild(z,s,t,l,a)
char *t;
int z, s, l, a;
{
int offs = (160 * --z) + (s * 2);
int n;
    if(peekb(0x40,0x49) == 7)
       {
       for(n=0;n<l;n++)
          {
          pokeb(0xb000,offs++,t[n]); /*Herkules-Karte*/
          pokeb(0xb000,offs++,a);
          }
       }
    else
       {
       for(n=0;n<l;n++)                /*EGA-Karte*/
          {
          pokeb(0xb800,offs++,t[n]);
```

```
                pokeb(0xb800,offs++,a);
                }
            }

}

/*************************************/
/* Funktion Rahmen bilden           */
/* Anfangszeile = az, Endzeile = ez */
/* Anfangsspalte = as, Endspalte = es*/
/* Farbattribut = at                */
/*************************************/
rahmen(az,as,es,ez,at)
int az,as,es,ez,at;
{
int i = 0, x, y;
    /*-------------------- Zeile oben/unten --------*/
    x = az,y=1;
    do
    {
       for(y = as; y < es; y++)
            bild(x,y,"═",1,at);
       x = ez;
    }
    while(++i < 2);
    i = 0, y = as - 1;


    /*------------------ Spalte links/rechts -------*/
    do
    {
       for(x = az + 1; x < ez; x++)
            bild(x,y,"║",1,at);
       y = es;
    }
    while(++i < 2);                              .

    /*----------- alle 4 Ecken ---------------------*/
    /**links oben**/
      x = az; y = as - 1;
      bild(x,y,"╔",1,at);
    /**links unten*/
      x = ez; y = as - 1;
      bild(x,y,"╚",1,at);
    /**rechts oben*/
      x = az; y = es;
      bild(x,y,"╗",1,at);
    /**rechts unten*/
      x = ez; y = es;
      bild(x,y,"╝",1,at);
}
```

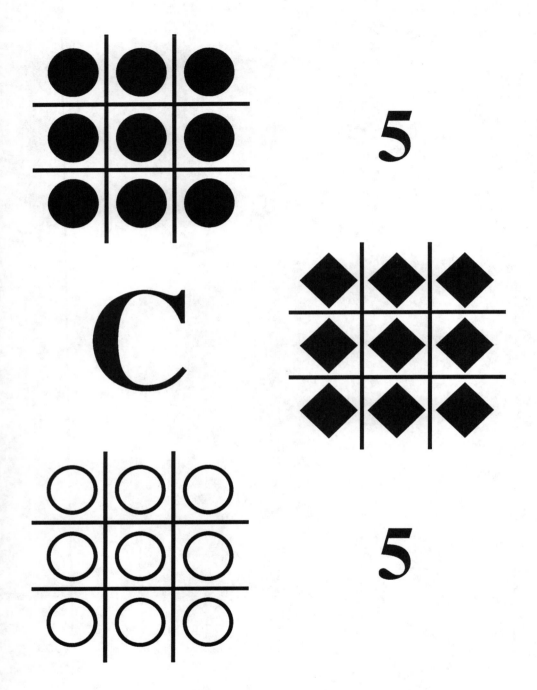

Kapitel 5

Turbo C 1.5

In diesem Kapitel werden wir uns mit der neuen Turbo C-Version 1.5 befassen. Eine der stärksten Verbesserungen gegenüber früheren Versionen ist sicher das Grafikpaket. Bisher war es mitunter sehr mühsam, Grafiken ohne Standardfunktionen zu erstellen. Eine 3D-Grafik ließ sich nur durch komplizierte Berechnungen darstellen. Die erweiterte Version beinhaltet zahlreiche Grafikfunktionen, die u.a. auch die Möglichkeit bieten, den Grafikmodus durch einen Funktionsaufruf zu initialisieren. Der Vorteil besteht für den Anwender z.B. darin, daß sich dieser nicht mehr mit den Bildschirm- und Grafikkarten-Adressen beschäftigen muß. Diese werden von der Funktion abgefragt und angesprochen. Aber nicht nur der Funktionsstandard wurde erweitert, auch der Editor sowie das Programm TC.EXE (inkl. der Menüpunkte) wurden um einiges verbessert. Nebensächlichkeiten wie das Sichern des DOS-Bildschirms (dieser wird nach Verlassen des Editors wieder angezeigt) oder die Möglichkeit, Funktionstasten des Editors komplett zu ändern (TCINST.EXE), werden wir nicht beschreiben. Diese Verbesserungen werden Sie beim Arbeiten mit der neuen Version ohnehin schnell feststellen. Die wichtigsten Bereiche werden jedoch kurz beschrieben, und im Anschluß daran gehen wir näher auf die Grafikfunktionen ein. Zumindest bei den Grafikfunktionen werden die Turbo Pascal-Anwender feststellen, daß viele dieser Module von der Syntax her mit Turbo Pascal identisch sind.

Projektdatei

Standardmäßig müssen die Bibliotheken des jeweiligen Speichermodells in die Programme eingebunden werden. Das in der Erweiterung beinhaltete Grafikpaket setzt z.B. ein zusätzliches Linken der Bibliothek *Graphics.lib* voraus. Ohne diese Bibliothek können Sie mit den Grafikfunktionen nichts anfangen. Abhilfe läßt sich in solchen Fällen leicht schaffen. Sie legen eine Projektdatei an, die einen beliebigen gültigen Namen hat. Die Namenserweiterung muß allerdings mit .PRJ enden. In diese Datei tragen Sie den Namen des Programms und im Anschluß daran den Namen der Bibliothek ein. Diese Projektdatei wird anschließend im Editor geladen. Bedingt durch diese Datei teilen Sie Turbo C mit, welches Programm compiliert und welche Bibliothek, über den Standard hinaus, zusätzlich gelinkt werden soll. Wir spielen diesen Ablauf kurz durch. Angenommen, das Programm hat den Namen *kreis* und die Bibliothek *Graphics.lib* soll zusätzlich gelinkt werden. Zunächst legen Sie die jektdatei an. Dies können Sie mit einem Editor oder auch einfach mit dem DOS-Befehl *copy con* durchführen.

```
copy con kreis.prj <Return>
kreis <Return>
graphics.lib <F6>
```

Sie erhalten eine Meldung ,die besagt, daß eine Datei kopiert bzw. angelegt wurde. Sie können Turbo C starten. Sobald die Standardmaske erscheint, laden Sie zunächst die Projektdatei. Betätigen Sie dazu bitte die Tastenkombination

<Alt><P>

Es öffnet sich der Menüpunkt *Project*. Sollte bereits ein Name eingetragen sein, löschen Sie diesen, indem Sie *clear project* auswählen und <Return> betätigen. Anschließend wählen Sie den Punkt *Project name* an und betätigen ebenfalls die <Return>-Taste. In der folgenden Zeile befindet sich der Eintrag *.PRJ. Wenn Sie erneut die <Return>-Taste betätigen, erhalten Sie eine Liste aller Projektdateien. Durch Betätigen der Cursortasten können Sie eine Datei auswählen und durch Drücken der <Return>-Taste in das Menü aufnehmen. Genausogut kann der Name einer Datei dort direkt eingetragen werden. Wenn Sie das Programm erstellt haben und z.B. durch <Alt><R> compilieren, sorgt Turbo C dafür, daß die Grafik-Bibliothek hinzugelinkt wird. Für Leser, die mit der Kommandozeilen-Version arbeiten, lautet der Aufruf einfach:

```
tcc kreis graphics.lib
```

In diesem Fall wird keine Projektdatei benötigt. Die notwendigen Informationen werden durch die Kommandozeile mitgeteilt.

Suche nach Klammerebenen

Diese neue Suchfunktion wird durch <Ctrl><Q><[> oder <Ctrl><Q><]> eingeleitet. Hiermit haben Sie die Möglichkeit, Klammer- oder Kommentarebenen zu überprüfen. Der Cursor muß bereits auf einem der folgenden Zeichen positioniert sein:

$$() [] \{ \} <> \text{ " " } /* */$$

Betätigen Sie dann die beschriebene Tastenkombination oder die von Ihnen definierte alternative Taste, dann wird das zugehörige Symbol herausgesucht. Diese Suche eignet sich insbesondere bei mehreren Schachtelungen der o.a. Symbole, da mehrere Ebenen bei der Suche berücksichtigt werden. Angenommen, Sie erhalten bei der Zuweisung

```
wert = (funk()/2 -)(x * y + ( a - c)));
```

eine Fehlermeldung. Positionieren Sie den Cursor auf der ersten runden Klammer, und betätigen Sie die beschriebene Tastenkombination. Die zugehörige Klammer wird herausgesucht. Auf diese Weise tasten Sie sich dann schrittweise vor, bis Sie auf den Punkt stoßen, wo eine Klammer fehlt oder überflüssig ist.

Quelltext durchsuchen

Weiterhin steht Ihnen ein externes Suchprogramm mit dem Namen GREP zur Verfügung. Dies ermöglicht Ihnen, eine oder mehrere Textdateien nach einem Text zu durchsuchen. Die Syntax lautet:

```
GREP option "text" datei(en)
```

und wurde von dem artverwandten UNIX-Programm mit gleichem Namen übernommen. Durch den Parameter *option* legen Sie folgendes fest:

–c　　Sofern der zu suchende Text in einer Datei gefunden wird, erhalten Sie die Angabe, wie oft der Text in dieser Datei vorkommt.

–n　　Es wird die jeweilige Zeilennummer angezeigt, in der der Text gefunden wurde.

–l　　Es wird der Dateiname ausgegeben, in der der Text gefunden wurde.

–z　　Jede durchsuchte Datei wird auf dem Bildschirm ausgegeben, gleichgültig, ob der Text darin gefunden wurde oder nicht.

–d   Es wird nicht nur das aktuelle Verzeichnis, sondern auch zugehörige Unterverzeichnisse werden durchsucht.

–i   Groß- und Kleinbuchstaben werden gleich behandelt.

–v   Es werden alle Zeilennummern ausgegeben, in denen der Text nicht gefunden wurde.

–w   Durch diese Option schreibt das Suchprogramm eine neue Version von sich selbst. Sie können dadurch eine Standardeinstellung vorgeben, die beim Aufruf des Programms generell durchgeführt wird.

–r   Sie legen fest, daß der Text ein Ausdruck ist. Normalerweise wird der Suchtext als String mit dem Inhalt der Datei verglichen. Die Datei wird byteweise durchgearbeitet und in der Länge des Suchtextes auf Gleichheit geprüft. Ist dieser Text allerdings durch ein Feld- oder Zeilenende getrennt, kann der Text nicht interpretiert werden. Angenommen Sie suchen den Text "Bestätigung auf Vorhanden-sein" und dieser ist in der Datei auf zwei Zeilen verteilt. Sie werden diesen nicht finden, da mindestens ein Zeilenvorschub vorhanden ist. Für diese Option gelten folgende Zusatzangaben:

[]   Zeichen in eckigen Klammern werden als kompletter Zeichensatz behandelt. Die Angabe [a–z] veranlaßt das Suchen nach allen Kleinbuchstaben und die Angabe [A–MO–Z] beispielsweise das Suchen nach allen Großbuchstaben außer N.

$ Wenn Sie dieses Zeichen am Ende des zu suchenden Textes angeben, gilt dies als Zeilenende.

\   Das Zeichen nach dem Backslash wird direkt interpretiert. Sie können somit auch Steuerzeichen suchen, die normalerweise als Option oder Parameter betrachtet werden.

+   Dieses Zeichen ist gleichzusetzen mit den Jokern * oder *.* in DOS. Sie können einen Teiltext angeben, der mit einem Stern- oder Pluszeichen abgeschlossen wird. Alle Texte, die den Teiltext beinhalten, werden ausgegeben. Das gleiche gilt für * (Stern).

.   Durch den Punkt legen Sie fest, daß beliebige Zeichen innerhalb des Strings nicht verglichen werden.

^   Dieses Zeichen bildet das Gegenstück zum $-Zeichen und gilt somit als Zeilenanfang.

Beispiele:

Aufruf: `grep -ri [a-c]:\\pfad *.c`

Findet:	A:\pfad	*Findet nicht:*	d:\pfad
	C:\pfad		A:\\pfad\\

Aufruf: `grep -ri [^a-z]Text[^a-z] *.c`

Findet:	dieser Text ist	*Findet nicht:*	Diese Texte sind
	mein Text kann		alle Texte waren

Aufruf: `grep funk(`

Findet:	funk(	*Findet nicht:*	diesefunkist(
	getfunk(		Funk(

Erweiterung der Kommadozeilen-Version

Hier ist besonders eine Erweiterung der Suchwege für Bibliotheken interessant. In der Version 1.0 konnte nur ein einziger Suchpfad für Bibliotheken angegeben werden. Nun haben Sie die Möglichkeit, mehrere Suchpfade anzugeben, in denen Bibliotheken zum zusätzlichen Linken abgelegt werden können. Die Standardbibliotheken, die in jedem Fall beim Linken Ihres Programms angesprochen werden, lauten:

```
C?.lib
EMU.lib
FP87.lib
MATH?.lib
C0.obj
```

Das Fragezeichen (?) dient als Kennung für das jeweilige Modell (*small* = CS.lib). Über diesen Standard hinaus können zusätzliche Bibliotheken angesprochen werden. Dazu ist allerdings die Namenserweiterung .LIB mit anzugeben. Der Aufruf

```
tcc prog meine.lib \meinpfad -L \deinpfad\deine.lib;
```

durchsucht zunächst das aktuelle Verzeichnis und anschließend das Verzeichnis *meinpfad* nach der Bibliothek *meine.lib*. Im Anschluß daran wird zusätzlich durch die Option *–L* veranlaßt, daß die Bibliothek *deine.lib* aus dem Verzeichnis *deinpfad* hinzugelinkt werden soll.

Die Bibliotheksverwaltung TLIB

Mit TLIB können Sie eigene Bibliotheken erstellen. Es können z.B. Module eingefügt oder bestehende Bibliotheken miteinander verknüpft werden.

Wir stellen uns folgende Problematik vor: Sie kennen sich mittlerweile gut aus und haben eine ganze Reihe eigener Funktionen erstellt. Diese möchten Sie natürlich so oft wie möglich verwenden. Allerdings möchten Sie Ihre Funktionen nicht jedesmal mit *#include* in Ihr Programm laden. Aller Wahrscheinlichkeit nach nimmt dies an Umfang und Unübersichtlichkeit zu. Sie möchten eine eigene Bibliothek erstellen.

Genau dies werden wir durchspielen. Zunächst einmal benötigen wir ein Objektmodul, das in unsere Bibliothek eingebunden werden soll. Diese ist jetzt noch nicht vorhanden, aber Sie werden gleich sehen, wie eine Bibliothek erstellt wird. Als Beispiel schreiben wir vier Funktionen, die die Ergebnisse der Rechenoperationen +, −, * und / liefern sollen. Probleme, die dabei auftreten können, werden wir anschließend besprechen. Das Programm könnte folgenden Aufbau haben:

```
/*****************************/
/* Programm Libdemo.c        */
/* Funktionen zum Einbinden  */
/* in die Bibliothek Test.lib */
/*****************************/

/********************/
/* Multiplikation    */
/********************/
mul(int i, int j)
{
return (i * j);
}

/********************/
/* Division          */
/********************/
div(int i, int j)
{
   if(j && i)
     return(i / j);
   else
     return(0);
}

/********************/
/* Addition          */
/********************/
```

```
add(int i, int j)
{
return (i + j);
}

/*********************/
/* Subtraktion       */
/*********************/
sub(int i, int j)
{
return (i - j);
}
```

Nachdem Sie das Programm eingegeben haben, muß es compiliert, aber nicht gelinkt werden. Wir benötigen lediglich das compilierte Objektmodul. Veranlassen Sie dies bitte durch Betätigen der Tasten <ALT><C>, und wählen Sie dann den Punkt *Compile to OBJ* aus. Im Anschluß daran können Sie den Editor verlassen.

Erstellen einer Bibliothek

Überprüfen Sie, ob das Objektmodul vorhanden ist. Verzweigen Sie anschließend in das Verzeichnis, in dem Ihre .EXE-Dateien abgelegt werden. Wenn Ihre Suchpfade richtig gesetzt sind, können Sie die neue Bibliothek in diesem Verzeichnis anlegen. Die Syntax dazu lautet:

```
tlib bibliotheksname +modul
```

Wir nennen die Bibliothek einfach *test*, und das Modul hat den Namen *libdemo.obj*. Sie geben also folgendes ein:

```
tlib test +libdemo
```

Es wird eine Bibliothek mit Namen *TEST.LIB* erstellt. Dies können Sie mit dem DOS-Befehl DIR kontrollieren.

Sie können Ihre Bibliothek auch in einen Pfad kopieren, wo eigene Bibliotheken abgelegt werden. Genausogut können Sie diese auch in den Pfad C:\TURBOC\LIB hineinkopieren. Wenn Sie diese Funktionen aus Ihrem Programm heraus ansprechen möchten, muß diese Bibliothek hinzugelinkt werden. Den Ablauf haben wir bereits im Abschnitt "Projektdatei" beschrieben. Wir wollen nun ein kleines Testprogramm schreiben, das diese Funktionen anspricht und die entsprechenden Ergebnisse liefert. Dazu wird eine Projektdatei mit beliebigem Namen (hier TEST.PRJ) und folgendem Eintrag angelegt:

```
meinprg
test.lib
```

Zum Testen verwenden wir das folgende Programm:

```
/********************************/
/* Programm Meinprg.c           */
/* Demoprogramm zum Aufruf      */
/* eigener Module, die im       */
/* Programm Libdemo.c erstellt  */
/* wurden und in die Bibliothek */
/* Test.lib eingebunden wurden  */
/********************************/

#include <stdio.h>

main()
{
    printf("\nDie selbsterstellten Funktionen");
    printf("\nwerden aufgerufen!");
    printf("\nErgebnis 10 + 10 = %d",add(10,10));
    printf("\nErgebnis 10 * 10 = %d",mul(10,10));
    printf("\nErgebnis 50 - 20 = %d",sub(50,20));
    printf("\nErgebnis 50 / 10 = %d",div(50,10));
    printf("\n\nWir danken für Ihren Besuch ..");
}
```

Laden Sie die Projektdatei, und schreiben Sie das Programm ab. Im Anschluß daran können Sie es compilieren und das Ergebnis überprüfen.

Was sollte beachtet werden?

Hier folgen einige Tips, die besonders in der Praxis einige Hilfestellungen liefern.

– Verwenden Sie möglichst keine Include-Dateien. Dort sind bereits Prototypen definiert. Wenn Sie Include-Dateien laden, wird es passieren, daß Überlagerungen hinsichtlich der einzelnen Module auftreten.

– Versuchen Sie, die Module so neutral wie möglich zu gestalten. Je weniger Standardfunktionen aus anderen Bibliotheken verwendet werden, desto unproblematischer wird das Erstellen einer Bibliothek.

– Wenn Sie mehrere Module erstellen und in einer Bibliothek unterbringen, beachten Sie bitte, daß die einzelnen Modulfunktionen unterschiedliche Namen haben müssen. Bei gleichnamigen Modulen bricht
das Programm TLIB den Bearbeitungsvorgang ab. Eine Bibliothek
wird dann nicht erstellt.

– Treten Namensgleichheiten mit Funktionen aus anderen Bibliotheken
auf, so benennen Sie am besten Ihre eigenen Funktionen um. Sie vermeiden dadurch Kompatibilitätsprobleme mit anderen Programmen.
Dort werden mit Sicherheit Funktionen aufgerufen, die als Standard
gelten.

– Sollten trotzdem Probleme auftreten, können Sie Module komplett
entfernen. Einzelne Funktionen, die innerhalb eines Moduls vorhanden sind, können leider nicht aus der Bibliothek herausgenommen
werden

Parameter zu TLIB

Für den Aufruf von TLIB gibt es vier verschiedene Parameter, wobei die
Parameter Plus (+) und Minus (–) kombiniert werden können. Es kann angegeben werden, ob ein Modul eingefügt, ersetzt, herausgenommen oder
ganz gelöscht werden soll. Sollten Sie diese Parameter einmal vergessen
haben, starten Sie das Programm TLIB ohne weitere Angabe. Sie erhalten
dann eine kurze Liste der Möglichkeiten, die zur Verfügung stehen. Die
Parameter bedeuten im einzelnen:

–   Das nach diesem Parameter folgende Modul wird aus der Bibliothek gelöscht.

+   Das folgende Modul wird in die Bibliothek eingefügt.

*   Das Modul wird aus der Bibliothek gelöscht. Der Objektcode
     bleibt erhalten und wird unter dem angegebenen Namen auf der
     Festplatte abgelegt.

@   Adreßangabe einer Konfigurationsdatei. In dieser Datei können
     Sie bestimmte Konstellationen vorgeben (z.B. +modul1
     –*modul1). Als Parameter werden dann nicht mehr die angegebenen Zeichen, sondern der Name der Datei übergeben.

&   Durch diesen Parameter lassen sich mehrere Zeilen miteinander
     verbinden. Angenommen, Sie kommen mit einer Kommandozei

le nicht aus, so verwenden Sie diese Option als Verknüpfungs-operator. Dieses Zeichen wird in der jeweils folgenden Zeile vor dem nächsten Parameter angegeben.

/C   Im Normalfall unterscheidet TLIB nicht zwischen Modulnamen in Groß- oder Kleinschrift. Geben Sie diese Option an, dann werden Modulnamen nach Groß- oder Kleinschrift unterschieden.

,Liste   Diesen Parameter können Sie angeben, wenn Sie eine Liste der beinhalteten Module haben möchten. Für Liste gilt folgendes:

CON   Ausgabe aller Module auf dem Bildschirm
LPT1   Ausgabe aller Module auf Drucker
Dateiname Ausgabe aller Module in eine Datei; sofern Sie keine Namenserweiterung angeben, wird .LST angefügt.

Sie können folgende Kombinationen angeben:

−+ oder +−   Ein in der Bibliothek vorhandenes Modul wird ersetzt. Der Name des neuen Moduls muß mit dem Namen des bestehenden Moduls übereinstimmen.

−* oder *−   Ein in der Bibliothek vorhandenes Modul wird komplett gelöscht. Im Gegensatz zu der Option * (ohne −) wird der Objektcode nicht mehr auf der Festplatte gespeichert.

Beispiele:

Aufruf: `tlib <Return>`

Ergebnis: Sie erhalten eine Liste der möglichen Optionen.

Aufruf: `tlib neulib +mod1 +mod2 +mod3 +mod4`

Ergebnis: Es wird eine neue Bibliothek mit Namen *neulib* angelegt. Die Module *mod1.obj* bis *mod4.obj* werden in dieser Bibliothek abgelegt.

Aufruf: `tlib neulib -+mod4 -*mod3 +modneu`

Ergebnis: Das Modul *mod4.obj* wird herausgenommen und durch das neue Modul *mod4.obj* ersetzt. Der Objektcode bleibt erhalten und wird außerhalb der Bibliothek im aktuellen Verzeichnis abgelegt. Das Modul *mod3.obj* wird komplett gelöscht, und das Modul *modneu.obj* wird in die Bibliothek eingetragen.

Angenommen, Sie haben eine Datei mit folgendem Eintrag angelegt: *test +mod1,con*, und Sie rufen TLIB mit dem Parameter @ auf.

Aufruf: `tlib @dateiname`

Ergebnis: Das Modul *mod1.obj* wird in die Bibliothek eingetragen, und eine Liste aller Module wird auf dem Bildschirm ausgegeben.

Aufruf:
```
tlib meine  +mod1
            &+mod2
            &+mod3
```

Ergebnis: Unter Zuhilfenahme des Parameters & wurden die Module in mehreren Zeilen angegeben. Das Resultat ist identisch mit dem Aufruf

```
tlib meine +mod1 +mod2 +mod3
```

Alle drei Module werden in die Bibliothek eingetragen.

Aufruf: `neulib +cs.lib +maths.lib,modlist`

Ergebnis: Die beiden Bibliotheken *cs.lib* und *maths.lib* werden in die Bibliothek *neulib.lib* übertragen. Beide einzutragenden Bibliotheken bleiben erhalten, und die Liste der Module wird in die Datei *modlist.lst* übertragen.

Grafiktreiber konvertieren

Die neue Turbo C-Version stellt Ihnen eine Reihe von Grafiktreibern zur Verfügung. Die Funktion *registerbgidriver()* prüft nach, ob der Bildschirmtreiber von der Platte geladen werden muß oder ob dieser Treiber bereits Bestandteil der Bibliothek *graphics.lib* o.ä. ist. Durch das Programm BGIOBJ haben Sie die Möglichkeit, eine oder mehrere Treiberdateien in die Bibliothek einzubinden. Allerdings wird Ihr Programm dadurch nicht unbedingt kleiner. Die Grafiktreiber, die Ihnen seitens Turbo C bereitgestellt werden, haben die Namenserweiterung .BGI. Wenn Sie diese in die Bibliothek einbinden möchten, gehen Sie wie folgt vor:

– Konvertieren Sie die Treiber mit Hilfe des Programms BGIOBJ in Objektdateien. Dies geschieht durch den Aufruf

```
bgiobj Treiber-Dateiname <Return>
```

Wenn Sie BGIOBJ ohne weitere Angabe starten, erhalten Sie die möglichen Optionen. Die Angabe *Treiber* gilt für den Grafiktreiber. Diese
können Sie mit dem DOS-Befehl *dir *.bgi* anzeigen lassen.

— Nach der Umwandlung können Sie den Namen der Objektdatei entweder in eine Projektdatei eintragen oder direkt in die Grafikbibliothek
einbinden. Der Aufruf zum Einbinden lautet:

```
tlib graphics +Treiber-Dateiname
```

Der Grafiktreiber setzt sich aus dem angegebenen Namen bei der
Übername in die Bibliothek und aus der Erweiterung *_driver* zusammen.

— Nun müssen Sie in Ihrem Programm dafür Sorge tragen, daß der Treiber registriert wird. Dies geschieht durch den Funktionsaufruf:

```
if(registerbgidriver(Treibername_driver) < 0)
    {
    printf("\nTreiber nicht aktiv");
    exit(0);
    }
```

Durch diese Registrierung teilen Sie dem Linker mit, daß der Treiber
nicht mehr von der Festplatte geladen werden muß.

Da das Grafikpaket hinsichtlich der verschiedenen Speichermodelle auf
far-Zeiger ausgerichtet ist, sollten Sie bei der Konvertierung durch BGI-
OBJ die Option */F* verwenden. Das Objektmodul wird dann ebenfalls als
far-Routine erzeugt.

Das Grafikpaket

Die grundlegenden Dinge über Grafik wurden bereits in Kapitel 4 beschrieben. An dieser Stelle werden wir daher nur noch direkten Bezug auf
die Funktionen der neuen Version nehmen. Einige von Ihnen werden
vielleicht schon versucht haben, grafische Darstellungen auf dem Bildschirm auszugeben. Je nach installierter Karte werden Sie sicherlich auch
auf Schwierigkeiten gestoßen sein. Mit dem Turbo C-Grafikpaket ist es
wesentlich einfacher, als wenn Sie eigene Funktionen kreieren.

Grob betrachtet kann man das Grafikpaket in mehrere Funktionsbereiche untergliedern. Wir werden diese entsprechend der Zuordnung beschreiben. Im Anschluß daran folgt eine Kurzbeschreibung weiterer wichtiger Funktionen.

Hinweis: Für alle Grafikfunktionen wird die Include-Datei *graphics.h* benötigt. Zusätzlich muß die Bibliothek *graphics.lib* in jedes Programm, das Grafikfunktionen verwendet, eingebunden werden. In der folgenden Beschreibung der Grafikfunktionen werden die Include-Dateien und die Bibliothek nicht mehr erwähnt, sondern es wird nur noch die Syntax beschrieben. In einigen Beschreibungen werden Sie Konstantennamen vorfinden. Sie erkennen diese an der Großschrift. Alle Konstanten sind in der Include-Datei *graphics.h* definiert und dokumentiert.

Beachten Sie bitte beim Testen der Grafikfunktionen, daß Sie dem Linker durch eine Projektdatei mitteilen, daß die Bibliothek *graphics.lib* hinzugelinkt wird!

Diverse Übergabe- und *return*-Codes

Um Ihnen ein langes Suchen der verschiedenen gültigen Werte abzunehmen, haben wir einige Listen bereits vorweggenommen, die von diversen Funktionen benötigt werden. Hier finden Sie u.a. die gültigen Grafiktreiber oder Farbcodes, die in der Include-Datei *graphics.h* definiert sind. Die entsprechenden Konstanten sind selbsterklärend.

Grafiktreiber

MCGA-Treiber

```
0 = 1 Seite,   4  Farben,   320*200 Punkte,   Palette 0
1 = 1 Seite,   4  Farben,   320*200 Punkte,   Palette 1
2 = 1 Seite,   4  Farben,   320*200 Punkte,   Palette 2
3 = 1 Seite,   4  Farben,   320*200 Punkte,   Palette 3
4 = 1 Seite,   2  Farben,   640*200 Punkte
5 = 1 Seite,   2  Farben,   640*480 Punkte
```

HERC-Treiber

```
0 = 2 Seiten,  2  Farben,   720*348 Punkte
```

PC3270-Treiber

0 = 1 Seite,   2   Farben,   720*350 Punkte

EGAVGA-Treiber mit 256 KByte RAM-Speicher

0 = 4 Seiten,   16 Farben,   640*200 Punkte
1 = 2 Seiten,   16 Farben,   640*350 Punkte
2 = 2 Seiten,   2 Farben,   640*350 Punkte

EGAVGA-VGA-Treiber

0 = 2 Seiten,   16 Farben,   640*200 Punkte
1 = 2 Seiten,   16 Farben,   640*350 Punkte
2 = 1 Seite,   16 Farben,   640*480 Punkte

EGAVGA-EGA-Treiber mit 64 KByte RAM-Speicher

0 = 1 Seite,   16 Farben,   640*200 Punkte
1 = 1 Seite,   4 Farben,   640*350 Punkte
2 = 1 Seite,   2 Farben,   640*350 Punkte

ATT400-Treiber

0 = 1 Seite,   4 Farben,   320*200 Punkte,   Palette 0
1 = 1 Seite,   4 Farben,   320*200 Punkte,   Palette 1
2 = 1 Seite,   4 Farben,   320*200 Punkte,   Palette 2
3 = 1 Seite,   4 Farben,   320*200 Punkte,   Palette 3
4 = 1 Seite,   2 Farben,   640*200 Punkte
5 = 1 Seite,   2 Farben,   640*400 Punkte

CGA-Treiber

0 = 1 Seite,   4 Farben,   320*200 Punkte,   Palette 0
1 = 1 Seite,   4 Farben,   320*200 Punkte,   Palette 1
2 = 1 Seite,   4 Farben,   320*200 Punkte,   Palette 2
3 = 1 Seite,   4 Farben,   320*200 Punkte,   Palette 3
4 = 1 Seite,   2 Farben,   640*200 Punkte

Farbcodes

Farbe	CGA	EGA/VGA
Schwarz	0	0
Blau	1	1
Grün	2	2
Türkis	3	3
Rot	4	4
Violett	5	5
Braun	6	20
Hellgrau	7	7
Dunkelgrau	8	56
Hellblau	9	57
Hellgrün	10	58
Helltürkis	11	59
Hellrot	12	60
Hellviolett	13	61
Gelb	14	62
Weiß	15	53

Linienart und Liniendicke

0	=	durchgezogene Linie
1	=	gepunktete Linie
2	=	Punkt-Strich-Linie
3	=	gestrichelte Linie
4	=	eigene Definition (in diesem Fall wird durch *upattern* bzw. *punkt_muster* die Linie selbst definiert)
1	=	normale Linie (Dicke = 1 Pixel)
3	=	dicke Linie (Dicke = 3 Pixel)

Schraffurwerte

0	=	Füllen mit Hintergrundfarbe
1	=	Füllen mit der Farbe color
2	=	gestrichelte Linie
3	=	Schrägstrich rechts normal (/)

4	=	Schrägstrich rechts dick
5	=	Schrägstrich links dick (\)
6	=	Schrägstrich links normal
7	=	leichte Schraffur
8	=	starke Schraffur
9	=	wechselnde Linien
10	=	weit auseinanderstehende Punkte
11	=	eng zusammengefügte Punkte
12	=	eigene Definition mit setfillpattern()

Initialisierungsfunktionen

initgraph(), detectgraph(), closegraph() und graphdefaults()

Syntax:
```
void far initgraph(int far *gr_treiber,
                   int far *gr_modus,
                   char far *gr_treiber_pfad);

void far detectgraph( int far *gr_treiber,
                      int far *gr_modus);

void far closegraph(void);
void far graphdefaults(void);
```

In der Include-Datei *graphics.h* sind für die Initialisierung einige Konstanten definiert, die dem *int*-Zeiger *gr_treiber* zugewiesen werden können. Wenn Sie die Konstante *DETECT* in der Funktion *initgraph()* verwenden, wird durch die Funktion *detectgraph()* der bestmögliche Modus eingestellt. Den Modus *(gr_modus)* müssen Sie dann nicht definieren. Der Zeiger *gr_treiber_pfad* verweist auf das Verzeichnis, in dem die verschiedenen Grafiktreiber abgelegt sind. Geben Sie hier einen Nullzeiger an, wird nur im aktuellen Verzeichnis gesucht.

Die Funktion *closegraph()* sollte nach Beendigung der Grafikausgabe unbedingt aufgerufen werden. Durch diesen Funktionsaufruf wird der zuletzt eingeschaltete Modus wieder hergestellt.

Die Funktion *detectgraph()* setzt die beiden Parameter *gr_treiber* und *gr_modus* auf die Kennziffer des zu verwendenden Treibers.

Durch die Funktion *graphdefaults()* werden alle Parameter des Turbo C-Grafikpakets auf die Standardeinstellung zurückgesetzt. Dies gilt für:

- den Grafikcursor (Position 0,0)
- den Hintergrund (schwarz)
- die Schraffur (SOLID_FILL, MAX_COLOR)
- die Textausgabe (DEFAULT_FONT, HORIZ_DIR, 4)

Das Arbeiten mit diesen Funktionen werden Sie bei den Funktionen kennenlernen, die Grafiken erstellen.

setgraphmode() und getgraphmode()

Syntax:
```
void far setgraphmode(int modus);
int far getgraphmode(void);
```

Der *return*- oder Übergabe-Code für den Modus besteht aus einem Wert zwischen 0 und 5. Die Auswertung dieses Wertes ist von der jeweiligen Grafikkarte abhängig. Die Funktion *setgraphmode()* setzt und *getgraphmode()* liest den jeweiligen Grafikmodus. Die möglichen Parameter können der Liste mit den Grafiktreibern entnommen werden.

restorecrtmode()

Syntax:
```
void far restorecrtmode(void);
```

Diese Funktion erfüllt nur dann ihren Zweck, wenn Sie mit *initgraph()* den Videomodus aktiviert haben. Durch *restorecrtmode()* wird der vorherige Modus wieder eingeschaltet.

Beispielprogramm:

```
/***************************/
/* Programm Restore        */
/***************************/
#include <stdio.h>
 #include <graphics.h>

main()
{
int gr_treiber = DETECT, gr_modus;

   /*Grafikmodus*/
   initgraph(&gr_treiber, &gr_modus,"\\TURBOC");
   outtext("Wir sind im Grafikmodus");
   sleep(3);
```

```
/*Vorheriger Modus*/
restorecrtmode();
printf("\nHuch ..");
sleep(3);

/*Grafikmodus*/
setgraphmode(gr_modus);
outtext("Nanu ??");
sleep(3);

closegraph();

}
```

registerbgidriver() und registerbgifont()

Syntax: `int registerbgidriver(void (*treiber)(void));`
            `int registerfarbgidriver(void far *treiber);`
            `int registerbgifont(void (*obj_treiber)(void));`
            `int registerfarbgifont(void far *obj_treiber);`

Alle durch diese Funktionen registrierten Grafiktreiber werden von der
Funktion *initgraph()* nicht mehr als externe Treiber auf der Festplatte
(.BGI), sondern als in das Programm eingebundene .OBJ-Dateien be-
trachtet. Diese Treiber werden also nicht mehr auf dem *Heap* geladen,
sondern vielmehr direkt angesprochen. Der Treiber wird in eine interne
Tabelle geladen. Als Übergabe an die Funktion wird folgendes erwartet:

registerbgidriver()	erwartet die Adresse des eingebundenen Grafik-treibers.
registerfarbgidriver()	arbeitet wie die Funktion *registerbgidriver()*. Der Treiber wird allerdings im eigenen Codesegment erwartet.
registerbgifont()	erwartet die Adresse eines eingebundenen Zeichensatzes. Es wird ebenfalls nicht mehr auf der Festplatte nach den Dateien mit der Erweiterung .CHR gesucht. Der Zeichensatz wird für die Funktion *settextstyle()* in eine interne Tabelle eingetragen.
registerfarbgifont()	ist identisch mit der Funktion *registerbgifont()*. Der Zeichensatz wird allerdings in einem eigenen Codesegment erwartet.

getmoderange()

Syntax: ```
void far getmoderange(int gr_treiber,
                      int far *low_modus,
                      int far *high_modus);
```

Diese Funktion liefert den kleinst- und den größtmöglichen Grafikmodus in den Variablen *low_modus* und *high_modus* zurück, die Sie für den angegebenen Treiber verwenden können. Sie übergeben lediglich das Treiber-Kennzeichen. Sie können diese Funktion im Grafik- und Textmodus aufrufen. Bei auftretendem Fehler erhalten Sie als *return*-Code in beiden Variablen den Wert –1.

*Beispielprogramm:*

```
/***************************/
/* Programm Modus          */
/***************************/
#include <stdio.h>
#include <graphics.h>

main()
{
int gr_treiber = EGA;
int low, high;

   getmoderange(gr_treiber,&low,&high);
   printf("\nKleinstmöglicher Modus %d",low);
   printf("\nGrößtmöglicher Modus   %d",high);
   getche();

}
```

graphgetmem() und _graphfreemem()

Syntax: ```
void far *far _graphgetmem(unsigned anz);
void far _graphfreemem(void far *zeiger,
                       unsigned anz);
```

Diese Funktionen werden von allen Grafikfunktionen aufgerufen, die Speicherplatz auf dem *Heap* belegen. Die Funktion *_graphgetmem()* belegt den in *anz* angegebenen Speicherplatz auf dem *Heap* und liefert als *return*-Code einen Zeiger auf diesen Bereich zurück.

Die Funktion *_graphfreemem()* erwartet als Übergabe einen Zeiger auf den belegten Bereich und die freizugebende Speichergröße.

Beide Funktionen arbeiten mit den Funktionen *farmalloc()* und *far-free()*. Sollten Sie eigene Funktionen erstellen, beachten Sie bitte, daß die Definition genau eingehalten werden muß (siehe Beispiel).

Beispielprogramm:

```
/***************************/
/* Programm graphsp        */
/* Umleiten der Funktionen */
/* graphgetmem() und       */
/* graphfreemem()          */
/***************************/
#include <alloc.h>
#include <stdio.h>
#include <graphics.h>
#define GERADE 0  /* Vertikalschrift = 1*/
char *text[] = {"Textgrafik",
                "leicht",
                "gemacht"};


main()
{
draw_1();
closegraph();
}


/***************************/
/* Text ausgeben           */
/***************************/
draw_1()
{
int gr_treiber = DETECT, gr_modus;
int y = 0, i = 0;
initgraph(&gr_treiber, &gr_modus,"\\TURBOC");
settextjustify(CENTER_TEXT, BOTTOM_TEXT);

    settextstyle(0, GERADE ,8);
    for(y = 0, i = 0; i < 3; i++)
        {
        y += textheight("H") + 5;
        outtextxy(getmaxx() / 2, y, text[i]);
        }
    getch();
    clearviewport();

}

/***************************/
/* Speicher reservieren    */
/***************************/
void far * far _graphgetmem(unsigned anz)
```

```
{
printf("\nEs wird %d Speicher belegt",anz);
sleep(3);
return(farmalloc(anz));
}

/**************************/
/* Speicher freigeben     */
/**************************/
void far _graphfreemem(void far *zeiger, unsigned anz)
{
printf("\nEs wird %d Speicher freigegeben",anz);
sleep(3);
farfree(zeiger);
}
```

setgraphbufsize()

Syntax: `unsigned far setgraphbufsize(unsigned groesse);`

Diese Funktion setzt die Größe des internen Grafikpuffers, der für die
Funktionen zum Zeichnen und Schraffieren benötigt wird. Dieser Puffer
wird bei der Initialisierung durch *initgraph()* auf dem *Heap* abgelegt und
durch *closegraph()* wieder gelöscht. Der Standardpuffer hat eine Größe
von 4 KByte und ist normalerweise groß genug für die Funktionen. Vor
der Initialisierung können Sie diesen verkleinern oder vergrößern.

Beispielprogramm:

```
/**************************/
/* Programm Grafikdemo    */
/**************************/
#include <stdio.h>
#include <graphics.h>

main()
{
unsigned alte_groesse;
unsigned neue_groesse = 3500;

/*Alte Größe lesen und neue setzen*/
  alte_groesse = setgraphbufsize(neue_groesse);
  printf("\nAlte Größe %d",alte_groesse);
  printf("\nNeue Größe %d",neue_groesse);

/*Alte Größe wiederherstellen*/
  neue_groesse = setgraphbufsize(alte_groesse);
  printf("\nAlte Größe %d",neue_groesse);
  printf("\nNeue Größe %d",alte_groesse);

}
```

Darstellungsfunktionen

line(), lineto() und linerel()

Syntax: ```void far line(int von_x, int von_y,```
                   ```int bis_x, int bis_y);```

           ```void far lineto(int bis_x, int bis_y);```
           ```void far linerel(int cur_plus_x, int cur_plus_y);```

Diese Funktionen zeichnen Linien unter Verwendung der Linienart, der
Liniendicke und -farbe, die mit *setlinestyle()* gesetzt wurden. Die Funktion *line()* zeichnet die Linie im Bereich der Startkoordinaten *(von)* und
der Endkoordinaten *(bis)*. Der Grafikcursor wird nicht weiterpositioniert.

Die Funktion *lineto()* verwendet als Linienstart die momentane Cursorposition und zeichnet die Linie bis zu den angegebenen Koordinaten
(bis). Der Grafikcursor wird zur Zielposition bewegt.

Nach dem gleichen Prinzip arbeitet die Funktion *linerel()*. Hier wird die
angegebene Position allerdings als relative Entfernung zur aktuellen Cursorposition interpretiert. Das folgende Beispiel verwendet alle drei Funktionen unter Voraussetzung der gleichen Übergabewerte. Die Ergebnisse
fallen jedoch völlig unterschiedlich aus.

Beispielprogramm:

```
/**************************/
/* Programm Linie         */
/**************************/
#include <stdio.h>
#include <graphics.h>

main()
{
draw_1();
draw_2();
draw_3();
closegraph();
}
/**************************/
/* Schräg mit line()      */
/**************************/
draw_1()
{
int x = 10, y = 30;
int gr_treiber = DETECT, gr_modus;
```
```

```
int i = 0;
initgraph(&gr_treiber, &gr_modus,"\\TURBOC");
    setcolor(WHITE);
    for(i = 0; i < 200; i += 10)
    {
    line(x+i,x+x+i,y+i,y+y+i);
    }
getch();
}
/***************************/
/* Schräg mit lineto()     */
/***************************/
draw_2()
{
int x = 10, y = 30;
int i = 0;
    clearviewport();
    for(i = 0; i < 200; i += 10)
    {
    lineto(x+i,y+i);
    }
getch();
}
/***************************/
/* Kurve mit linerel()     */
/***************************/
draw_3()
{
int x = 10, y = 30;
int i = 0;
    clearviewport();
    for(i = 0; i < 200; i += 10)
    {
    linerel(x+i,y+i);
    }
getch();
}
```

getarccoords() und getaspectratio()

Syntax: void far getarccoords(struct
                            arccoordstype far *zeiger);

             void far getaspectratio(int far *x_koor,
                            int far *y_koor);

Die Funktion *getarccoords()* liefert die Parameter des letzten Aufrufs der Funktion *arc()* zurück und findet insbesondere dann Verwendung, wenn ein Kreisbogen mit einer Linie zum Mittelpunkt oder einem anderen Punkt dargestellt werden soll.

Das richtige Größenverhältnis bei der Darstellung (z.B. Quadrate) wird durch die Funktion *getaspectratio()* ermittelt. Wie Sie wissen, ist die Bildschirmauflösung (Breite/Höhe) unterschiedlich groß. Wenn Sie ein Quadrat oder einen Kreis zeichnen, müssen die Werte entsprechend relativiert werden.

Beispielprogramm:

```
/**************************/
/* Programm Viereck       */
/**************************/
#include <graphics.h>

main()
{
draw_1();
closegraph();
}

/**************************/
/* Viereck zeichnen       */
/**************************/
draw_1()
{
int gr_treiber = DETECT, gr_modus;
int x_koor, y_koor,i;
int cx, cy;
long long_y;
initgraph(&gr_treiber, &gr_modus,"\\TURBOC");

    cx = getmaxx() / 2;
    cy = getmaxy() / 2;
    getaspectratio(&x_koor, &y_koor);
    long_y = (long) cx * (long) x_koor / (long) y_koor;
    for(i = 0; i < 5; i++)
        {
        rectangle(cx/2, cy-(int)long_y/2,
                  cx+cx/2, cy+(int)long_y/2);
        cx -= 5; cy -= 5;
        }
getch();
}
```

getlinesettings() und setlinestyle()

Syntax: void far getlinesettings(struct
                                         linesettingstype
                                         far *zeiger);
              void far setlinestyle(int line_art,
                                    unsigned punkt_muster,
                                    int line_dicke);

Die Funktion *getlinesettings()* ermittelt die aktuelle Linienart unter Verwendung der Struktur *linesettingstype*. Diese ist in der Include-Datei *graphics.h* definiert und beinhaltet folgende Felder:

```
int linestyle;        /* Linienart gestrichelt,
                         gepunktet ...*/
unsigned upattern;    /* Muster */
int thickness;        /* Liniendicke */
```

Diese Struktur wird einer Variablen zugewiesen, und beim Funktionsaufruf übergeben Sie die Adresse.

Beispiel:
```
struct linesettingstype info;
getlinesettings(&info);
printf("%d %d %d", info.linestyle,info.upattern,
                   info.thickness);
```

Das Gegenteil wird durch die Funktion *setlinestyle()* erzielt. Sie übergeben die Parameter Linienart, -muster und -dicke. Ein Übergabewert für das Muster erfüllt nur dann seinen Zweck, wenn die Linienart den Wert 4 (benutzerdefiniert) hat. In diesem Fall legen Sie durch die einzelnen Bits das Punktmuster der Linie selbst fest. Das höherwertige Bit (15) entspricht dem zuerst gezeichneten Linienpunkt (0xFFFF zeichnet eine durchgehende Linie, 0x3333 eine unterbrochene Linie etc.). Für die Liniendicke gilt folgendes:

> 1 = normale Linie (Dicke = 1 Pixel)
> 3 = dicke Linie (Dicke = 3 Pixel)

und für die Linienart gelten folgende Werte:

> 0 = durchgezogene Linie
> 1 = gepunktete Linie
> 2 = Punkt-Strich-Linie
> 3 = gestrichelte Linie
> 4 = eigene Definition (in diesem Fall wird durch *upattern* bzw. *punkt_muster* die Linie selbst definiert)

Beispielprogramm:

```
/*************************/
/* Programm Linienarten    */
/*************************/
#include <stdio.h>
#include <graphics.h>
#define USER 4
#define DICKE 1
```

```
main()
{
draw_1();
closegraph();
}
/***************************/
/* Linienarten mit line()  */
/***************************/
draw_1()
{
int x = 10, y = 20, j;
int gr_treiber = DETECT, gr_modus;
initgraph(&gr_treiber, &gr_modus,"\\TURBOC");
    setcolor(WHITE);
    for(j = 0; j < 4; j++)
    {
      setlinestyle(j,0,3);
      line(x,y,x,y+160);
      x += 30;
    }

    /*Eigene Definition*/
    setlinestyle(USER,0xFFFF,DICKE);
    line(x,y,x,y+160);
    x += 30;
    setlinestyle(USER,0x3333,DICKE);
    line(x,y,x,y+160);
    x += 30;
    setlinestyle(USER,0x5555,DICKE);
    line(x,y,x,y+160);
    x += 30;
getch();
}
```

floodfill()

Syntax: `void far floodfill(int x_koor, int y_koor,`
                            `int grenz_farbe);`

Durch diese Funktion können Sie entweder einen Innenbereich oder dessen Umriß mit Farbe auffüllen. Maßgebend ist die Umrißfarbe, die in der Variablen *grenz_farbe* angegeben wird. Angenommen, Sie haben einen Kreis gezeichnet, dessen Umfang in der Farbe Weiß (15) gezeichnet wurde und dessen Mittelpunkt bei den Koordinaten 100,100 (x,y) liegt. Wenn Sie den Innenteil füllen möchten, lautet der Aufruf:

```
floodfill(100,100,WHITE);
```

wobei vorausgesetzt wird, daß die Farbe Weiß vor dem Aufruf der Funktion *circle()* mit *setcolor(WHITE)* gesetzt wurde.

Möchten Sie allerdings die Fläche außerhalb des Kreises, also den restlichen Bildschirm füllen, dann müssen die Koordinaten außerhalb des Kreisbereichs liegen. Die Arbeitsweise der Funktion besagt, daß beginnend bei den Koordinaten (x, y) die Farbe nach außen hin geflutet wird. Tritt irgendwo die angegebene Farbe auf, wird der folgende Bereich nicht aufgefüllt (siehe Beispiel).

circle(), arc(), ellipse(), pieslice() und rectangle()

Syntax: ```
void far circle(int x_koor, int y_koor,
                int radius);
void far arc(int x_koor, int y_koor,
             int start_kreis, int end_kreis,
             int radius);
void far ellipse(int x_koor, int y_koor,
                 int start_kreis, int end_kreis,
                 int x_radius, int y_radius);
void far pieslice(int x_koor, int y_koor,
                  int start_kreis, int end_kreis,
                  int radius);
void far rectangle(int von_x, int von_y,
                   int bis_x, int bis_y);
```

Durch Aufruf der Funktion *circle()* wird ein Kreis dargestellt, dessen Mittelpunkt bei den Koordinaten (*x_koor, y_koor*) liegt und der einen Radius wie angegeben hat.

Die Funktion *arc()* zeichnet einen Kreisbogen, dessen Mittelpunkt bei den Koordinaten (*x_koor, y_koor*) liegt. Die Start- und Endposition des Bogens wird durch die Variablen *start_kreis* und *end_kreis* bestimmt. Die Position wird in Grad angegeben, wobei zu berücksichtigen ist, daß entgegen dem Uhrzeigersinn gearbeitet wird (die Gradzahl 90° befindet sich z.B. oberhalb des Mittelpunkts).

Die Übergabewerte an die Funktion *ellipse()* ähneln den Werten für die Funktion *arc()*. Hier wird ebenfalls die Start- und Endposition des Umfangs angegeben. Darüber hinaus wird in den Parametern *x_radius* und *y_radius* der Radius des vertikalen und des horizontalen Kreises erwartet. Der Mittelpunkt wird ebenfalls durch *x_koor* und *y_koor* bestimmt.

Ein Kreisbogenstück wird durch die Funktion *pieslice()* gezeichnet. Mittelpunkt, Start- und Endposition des Kreises werden wie gehabt übergeben. Beginnend beim Mittelpunkt des Kreises wird jeweils eine Linie zum Start und eine Linie zum Endpunkt des Kreisbogens gezogen.
```

Die Funktion *rectangle()* zeichnet ein Rechteck im Bereich der Positionen *von/bis* (jeweils *x,y*). Die Werte können nicht ausgetauscht werden, d.h., Sie müssen in jedem Fall die obere Bildschirmposition zuerst angeben.

Beispielprogramm:

```
/*************************/
/* Programm Grafikdemo    */
/*************************/
#include <stdio.h>
#include <graphics.h>

main()
{
draw_1();
draw_2();
draw_3();
draw_4();
draw_5();
closegraph();
}
/*************************/
/* Kreis zeichnen und     */
/* füllen                 */
/*************************/
draw_1()
{
int x_koor = 100, y_koor = 100, radius = 50;
int gr_treiber = DETECT, gr_modus;
int i;
initgraph(&gr_treiber, &gr_modus,"\\TURBOC");

    for(i = 1; i < 6; i++)
    {
    setcolor(i);
    circle(x_koor, y_koor, radius);
    floodfill(x_koor, y_koor, i);
    x_koor = y_koor += 30;
    radius += 10;
    }
getch();
}


/*************************/
/* Ellipse zeichnen       */
/*************************/
draw_2()
{
int x_koor,y_koor, x_rad = 100, y_rad = 50;
int i;
    x_koor = getmaxx() / 2;
    y_koor = getmaxy() / 2;
```

```
        clearviewport();
        for(i = 0; i < 5; i++)
        {
        ellipse(x_koor, y_koor, 0, 360, x_rad, y_rad);
        x_koor += 30; y_koor += 20;
        }
    getch();
    }


/***************************/
/* Kreisbogen zeichnen     */
/***************************/
draw_3()
{
int x_koor, y_koor;
int i, size;
    x_koor = getmaxx() / 2;
    y_koor = getmaxy() / 2;
    size = y_koor-10;
    clearviewport();
    for(i = 0; i < 5; i++)
    {
    arc(x_koor, y_koor, 0, 89, size);
    x_koor += 30; y_koor += 20;
    }
getch();
}


/***************************/
/* "Wagenrad"              */
/***************************/
draw_4()
{
int i, j = 72, x_koor = 100, y_koor = 100, k;
    setcolor(WHITE);
    clearviewport();
    setfillstyle(SOLID_FILL, LIGHTRED);
    for(k = 0; k < 5; k++)
        {
        for(j=72,i=0;i<250;i+=50)
            {
            pieslice(x_koor, y_koor, i, j, 49);
            j += 72;
            }
        x_koor += 30; y_koor += 30;
        }

getch();
}


/***************************/
/* Rechteck zeichnen       */
/***************************/
draw_5()
```

```
{
long y_koor = 100, x_koor = 100;
int i;

    setcolor(WHITE);
    clearviewport();
    setfillstyle(SOLID_FILL, LIGHTRED);
    for(i = 0; i < 5; i++)
    {
    rectangle(x_koor, y_koor, x_koor+x_koor, y_koor / 2);
    x_koor = y_koor += 30;
    }

getch();
}
```

drawpoly() und fillpoly()

Syntax: void far drawpoly(int eck_punkt_anz,
                            int far *xy_koor_paare);
           void far fillpoly(int eck_punkt_anz,
                            int far *xy_koor_paare);

Diese Funktionen zeichnen und füllen ein Polygon, dessen Anzahl Eckpunkte in der Variablen *eck_punkt_anz* bestimmt wird. Der *int*-Zeiger *xy_koor_paare* zeigt auf eine Tabelle, in der *eck_punkt_anz* * 2 Werte (*x, y-Paare*) einzutragen sind. Das erste und das letzte Koordinatenpaar muß identisch sein, da sonst das Polygon nicht geschlossen ist. Die Funktion *drawpoly()* zeichnet und die Funktion *fillpoly()* füllt das Polygon mit der momentan gesetzten Farbe auf.

Beispielprogramm:

```
/*****************************/
/* Programm Dreieck zeichnen */
/*****************************/
#include <stdio.h>
#include <graphics.h>

main()
{
draw_1();
fill_1();
closegraph();
}

/*************************/
/* Dreiecke zeichnen     */
/*************************/
```

```
draw_1()
{
int wert[] = {30, 130, 50, 50, 180, 180, 30, 130};
int gr_treiber = DETECT, gr_modus;
int dreieck[8], i, j, k;
initgraph(&gr_treiber, &gr_modus,"\\TURBOC");

    for(k = 0; k < 5; k++)
    {
    for(i = 0; i < 8; i++)  dreieck[i]=wert[i];
    for(j = 0; j < 8; j++)  wert[j] += 25;
    drawpoly(4, dreieck);
    }
getch();
}

/***************************/
/* Dreiecke füllen         */
/***************************/
fill_1()
{
int wert[] = {30, 130, 50, 50, 180, 180, 30, 130};
int dreieck[8], i, j, k;

    for(k = 0; k < 5; k++)
    {
    for(i = 0; i < 8; i++)  dreieck[i]=wert[i];
    for(j = 0; j < 8; j++)  wert[j] += 25;
    setfillstyle(SOLID_FILL, LIGHTGREEN);
    fillpoly(3, dreieck);
    }
getch();
}
```

bar() und bar3d()

Syntax: void far bar(int von_x, int von_y,
                     int bis_x, int bis_y);
          void far bar3d(int von_x, int von_y,
                       int bis_x, int bis_y,
                       int tiefe, int deckel);

Beide Funktionen zeichnen Balkendiagramme, wobei die Funktion *bar3d()* eine dreidimensionale Darstellung liefert. Die Koordinaten bestimmen die obere und untere Begrenzung des Balkens. Durch die *int*-Variable *tiefe* teilen Sie der Funktion *bar3d()* mit, wie tief die 3d-Darstellung gezeichnet werden soll. Die Variable *deckel* betrifft den oberen Abschluß der 3d-Darstellung. Übergeben Sie den Wert 1, wird ein Deckel gezeichnet. Bei einer Übergabe des Werts 0 entfällt dieser. Die Funktion *bar()* stellt den Balken nur durch sein Füllmuster dar. Es wird kein Umriß gezeichnet. Sie können auch für einen einfachen Balken mit Umriß die Funktion *bar3d()* verwenden. Dazu sind in den Variablen *tiefe* und *deckel* einfach Nullwerte (0) zu übergeben.

Beispielprogramm:

```
/****************************/
/* 3d_Balken zeichnen       */
/****************************/
#include <stdio.h>
#include <graphics.h>

main()
{
draw_1();
draw_2();
draw_3();
closegraph();
}

/****************************/
/* 3d-Balken  zeichnen      */
/****************************/
draw_1()
{
int gr_treiber = DETECT, gr_modus;
initgraph(&gr_treiber, &gr_modus,"\\TURBOC");

    setfillstyle(LTSLASH_FILL, LIGHTRED);
    bar3d(80, 100, 140, 30, 40, 1);
    bar3d(100, 200, 200, 100, 80, 1);
    bar3d(120, 300, 300, 200, 100, 1);

getch();
}

/****************************/
/* Balken ohne Umriß        */
/****************************/
draw_2()
{
int i, weite = 20;

clearviewport();
for(i = 15; i > 0; i--)
    bar(i*weite,i*10,(i+1)*(weite+1),200);

clearviewport();
for(i = 1; i < 15; i++)
    bar(i*weite,i*10,(i+1)*(weite+1),200);

    getche();
}
```

```
/***************************/
/* Balken mit  Umriß       */
/***************************/
draw_3()
{
int i, weite = 20;

clearviewport();
for(i = 15; i > 0; i--)
    bar3d(i*weite,i*10,(i+1)*(weite+1),200,0,0);

clearviewport();
for(i = 1; i < 15; i++)
    bar3d(i*weite,i*10,(i+1)*(weite+1),200,0,0);

    getche();
}
```

moveto() und moverel()

Syntax: void far moveto(int x_koor, int y_koor);
             void far moverel(int x_koor, int y_koor);

Beide Funktionen versetzen den Grafikcursor an die neue Position, die durch *x_koor* und *y_koor* angegeben wird. Sind mehrere Grafikfenster gesetzt, wird die Neupositionierung relativ innerhalb des Fensterbereichs ausgeführt. Bei der Funktion *moverel()* ist zu beachten, daß die Koordinaten (*x,y*) relativ zur aktuellen Cursorposition betrachtet werden. Wenn der Cursor z.B. auf Position (20,20) steht und Sie die Funktion mit den Werten

    moverel(100,100);

aufrufen, wird der Cursor an die Position (120,120) gesetzt. Der Funktion *moveto()* hingegen ist die aktuelle Position des Cursors gleichgültig. Sie positioniert genau den angegebenen Punkt.

getfillpattern(), setfillpattern(), getfillsettings() und setfillstyle()

Syntax: void far getfillpattern(char far *muster);
           void far setfillpattern(char far *muster,
                                   int farbe);
           void far getfillsettings(struct
                                    fillsettingstype
                                    far *info);
           void far setfillstyle(int muster, int farbe);

Die Funktionen *getfillpattern()* und *setfillpattern()* ermitteln bzw. legen
das Füllmuster für die Funktionen *bar3d()*, *bar()*, *circle()* usw. fest. Der
Zeiger **muster* zeigt auf eine Tabelle mit einer Länge von 8 Bytes. Ein
Byte besteht aus 64 Pixels. Jedes dieser 8 Bytes in der Tabelle legt durch
ein Bitmuster die Schraffierung in der angegebenen Farbe (*int farbe*)
fest. Ein Schachbrett-Muster könnte wie folgt definiert werden:

```
char muster[]={0xAA, 0x55, 0xAA, 0x55, 0xAA, 0x55,
               0xAA, 0x55};
setfillpattern(&muster, GREY);
```

Die Funktion *getfillsettings()* ermittelt ebenfalls das momentane Füllmuster und liefert als *return*-Code eine Struktur, in der folgende
Variablen definiert sind:

```
int pattern;  /* Nummer des Musters      */
int color     /* Farbe 0 - 15 des Musters */
```

Für das Muster gelten folgende Werte:

0	Füllen mit Hintergrundfarbe
1	Füllen mit der Farbe *color*
2	gestrichelte Linie
3	Schrägstrich rechts normal (/)
4	Schrägstrich rechts dick
5	Schrägstrich links dick
6	Schrägstrich links normal (\)
7	leichte Schraffur
8	starke Schraffur
9	wechselnde Linien
10	weit auseinanderstehende Punkte
11	eng zusammengefügte Punkte
12	eigene Definition mit *setfillpattern()*

Um diese Muster mit Farbe zu setzen, wird die Funktion *setfillstyle()* verwendet. Diese Funktion erwartet als Parameter eine der angegebenen
Musternummern sowie einen gültigen Farbcode. Eigene Muster werden
mit der Funktion *setfillpattern()* gesetzt.

Beispielprogramm:

```
/***************************/
/* Muster                  */
/***************************/
#include <graphics.h>
#include <conio.h>
#define USER_DEF 12
#define DICHT 11
main()
{
draw_1();
closegraph();
}


/***************************/
/* Muster zeichnen         */
/***************************/
draw_1()
{
int gr_treiber = DETECT, gr_modus;
struct fillsettingstype set;
char get[8];
char eigen_def[] = { 0xAA, 0x55, 0xAA, 0x55,
                     0xAA, 0x55, 0xAA, 0x55};


initgraph(&gr_treiber, &gr_modus,"\\TURBOC");

/*****************/
/* Eigenes Muster */
/*****************/
setfillpattern(eigen_def, BLUE);
bar(0,0,100,100);
getch();


/*****************************/
/* Aktuelles Muster ermitteln */
/*****************************/
getfillsettings(&set);
if(set.pattern == USER_DEF)
    getfillpattern(get); /*Bitmuster lesen       */
                         /*wenn benutzerdefiniert*/


/***********************************/
/* Konstanten SLAS_FILL und WHITE  */
/* in graphics.h definiert         */
/***********************************/
setfillstyle(SLASH_FILL, WHITE);
bar(0,0,100,100);
setfillstyle(DICHT, WHITE);
bar(0,100,200,200);
getch();
```

```
/*************************/
/* Alten Stand herstellen */
/*************************/
if(set.pattern == USER_DEF)
    setfillpattern(get, set.color);
else
    setfillstyle(set.pattern, set.color);

}
```

Bildschirmspeicherfunktionen

cleardevice() und clearviewport()

Syntax: void far cleardevice(void);
             void far clearviewport(void);

Beide Funktionen greifen auf den Bildschirmspeicher zu. Die Funktion *cleardevice()* löscht den gesamten Grafikbildschirm, und die Funktion *clearviewport()* löscht nur das aktuelle Grafikfenster. Der Grafikcursor wird durch beide Funktionen in die Position (0,0), also oben links, versetzt.

putpixel() und getpixel()

Syntax: void far putpixel(int x_koor, int y_koor,
                             int farbe);
             int far getpixel(int x_koor, int y_koor);

Die Funktion *putpixel()* setzt einen Bildschirmpunkt in der angegebenen Farbe (*farbe*) mit der Koordinate (*x,y*). Den Farbcode eines gesetzten Pixels erhalten Sie durch die Funktion *getpixel()*. An diese Funktion wird nur die genaue Koordinate (*x,y*) übergeben. Als *return*-Code erhalten Sie das Farbattribut des Pixels. Beachten Sie bei der Funktion *putpixel()* bitte, daß die gültige Farbtabelle eingehalten wird.

Beispielprogramm:

```
/*************************/
/* Pixel                 */
/*************************/
#include <dos.h>
#include <graphics.h>
```

```
#define STERNE 2000
main()
{
draw_1();
draw_2();
closegraph();
}


/**************************/
/* Sterne in Farbe        */
/**************************/
draw_1()
{
int x, x_koor, y_koor, farbe;
int gr_treiber = DETECT, gr_modus;

initgraph(&gr_treiber, &gr_modus,"\\TURBOC");

srand(1);
for(x = 0;  x < STERNE; x++)
    {
    x_koor = rand() % getmaxx();
    y_koor = rand() % getmaxy();
    farbe = 1 + rand() % getmaxcolor();
    putpixel(x_koor, y_koor, farbe);
    }

/*Farbwechsel*/
while(!kbhit())
    {
    srand(1);
    for (x = 0;  x < STERNE; x++)
        {
        x_koor = rand() % getmaxx();
        y_koor = rand() % getmaxy();
        farbe = rand() % getmaxcolor();
        farbe = getpixel(x_koor, y_koor); /*Farbe ermitteln*/
        putpixel(x_koor, y_koor,
                  1 + (++farbe % getmaxcolor()));
        }
    }
getch();
}


/**************************/
/* Linien und Gitter      */
/**************************/
draw_2()
{
int x_koor, y_koor, i = 0;
int anf=5, end=100;
    clearviewport();
    while(i++<3)
```

```
    {
    for(x_koor = anf; x_koor < end; x_koor += 5)
        for (y_koor = anf; y_koor < end; y_koor++)
            putpixel(x_koor,y_koor,WHITE);
    for(y_koor = anf; y_koor < end; y_koor += 5)
        for (x_koor = anf; x_koor < end; x_koor++)
        putpixel(x_koor, y_koor, WHITE);
    anf+=100;end+=100;
    }
getche();
}
```

getviewsettings() und setviewport()

Syntax:
```
        void far getviewsettings(struct
                                viewporttype far *info);
        void far setviewport(int von_x, int von_y,
                            int bis_x, int bis_y,
                            int schnitt);
```

Die Funktion *getviewsettings()* liefert als *return*-Code einen Zeiger auf eine Struktur, die in der Include-Datei *graphics.h* definiert ist und folgende Informationen beinhaltet:

```
    int left;      /* x-Koordinate links oben */
    int top;       /* y-Koordinate links oben */
    int right;     /* x-Koordinate rechts unten */
    int bottom;    /* y-Koordinate rechts unten */
    int clipflag;  /* Schnitt an/aus */
```

Durch die Variable *clipflag* (oder *schnitt*) legen Sie fest, daß zu lange Linien an einer Fenstergrenze abgeschnitten werden (*clipflag* = 1) oder in den nächsten Bereich überlaufen sollen (*clipflag* = 0).

Beispielprogramm:

```
/**************************/
/* Programm Clip          */
/**************************/
#include <conio.h>
#include <graphics.h>
#define CLIPYES 1
#define CLIPNO 0
main()
{
draw_1();
closegraph();
}
```

```
/**************************/
/* Rechteck mit und ohne    */
/* Schnitt                  */
/**************************/
draw_1()
{
int gr_treiber = DETECT, gr_modus;
initgraph(&gr_treiber, &gr_modus, "\\TURBOC");
setcolor(WHITE);

/*Linien werden abgeschnitten*/
setviewport(0,0,100,100,CLIPYES);
clearviewport();
rectangle(10,20,140,120);
getche();

/*Linien werden nicht abgeschnitten*/
setviewport(0,0,100,100,CLIPNO);
clearviewport();
rectangle(10,20,140,120);
getch();
}
```

setactivepage() und setvisualpage()

Syntax: void far setactivepage(int seite);
              void far setvisualpage(int seite);

Nicht alle Grafikkarten unterstützen das Arbeiten mit mehreren Bildschirmseiten. Dies ist nur mit den EGA-, VGA- und Herkules-Karten
möglich. Der Vorteil hierbei liegt z.B. darin, daß dem Anwender eine
Grafik angezeigt wird, während unsichtbar für ihn auf einer anderen Seite
bereits eine neue Grafik erstellt wird. Wenn Sie das Grafikpaket starten,
wird die Speicherseite standardmäßig auf 0 gesetzt, was dem Aufruf
setactivepage(0) oder *setvisualpage(0)* entspricht. Die Funktion
setactivepage() verwendet für das weitere Arbeiten die angegebene Seite, zeigt deren Inhalt jedoch nicht an. Erst wenn Sie die Bildschirmseite
mit *setvisualpage()* neu setzen, wird auch der neue Inhalt angezeigt (siehe Beispiel).

Beispielprogramm:

```
/**************************/
/* Bildschirmseiten         */
/**************************/
#include <stdio.h>
#include <graphics.h>
```

```
main()
{
draw_1();
draw_2();
closegraph();
}

/*************************/
/* Meldung ausgeben      */
/*************************/
draw_1()
{
int gr_treiber = DETECT, gr_modus;
initgraph(&gr_treiber, &gr_modus, "\\TURBOC");
setvisualpage(0);
outtext("Wenn ein Ton erklingt,");
outtext(" drücken Sie bitte eine Taste ..");
}

/*************************/
/* Ellipse zeichnen      */
/*************************/
draw_2()
{
int x_koor,y_koor, x_rad = 100, y_rad = 50;
int i;
setactivepage(1);

    x_koor = getmaxx() / 2;
    y_koor = getmaxy() / 2;
    clearviewport();
    for(i=0;i<5;i++)
    {
    ellipse(x_koor, y_koor, 0, 360, x_rad, y_rad);
    x_koor += 30; y_koor += 20;
    }
/*Warteschleife und Seite auf 1 setzen*/
sound(500);
getche();
nosound();
setvisualpage(1);
getch();
}
```

getimage(), imagesize() und putimage()

Syntax:
```
void far getimage(int von_x, int von_y,
                  int bis_x, int bis_y,
                  void far *bereich);
unsigned far imagesize(int von_x, int von_y,
                       int bis_x, int bis_y);
void far putimage(int von_x, int von_y,
                  int far *bereich,
                  int operation);
```

Diese Funktionen bearbeiten Bildschirmausschnitte. Die Funktion *getimage()* erwartet als Parameter die Koordinaten des Ausschnitts und einen Zeiger auf einen bereitgestellten Bereich. In diesen Bereich wird der Inhalt (Breite/Höhe) hineinkopiert. Der Zeiger **bereich* ist ein 16-Bit-Wort und nimmt die Adresse des Bereichs auf. Somit muß dieser Zeiger 4 Bytes mehr an Speicherplatz zur Verfügung stellen, als die tatsächliche Kopie benötigt. Der Kopie-Bereich wird wie folgt ermittelt:

```
Breite = bis_x - von_x + 1
Höhe   = bis_y - von_y + 1
```

Die Funktion *imagesize()* berechnet die Speichergröße, die für eine Kopie notwendig ist. Die vier zusätzlichen Bytes werden berücksichtigt. Diese Funktion berechnet folgendes:

```
Pixelanzahl = Breite * Höhe
Byteanzahl  = (Pixelanzahl * bits_pixel) / 8
```

Der Wert *bits_pixel* wird durch diese Funktion selbst ermittelt. Dazu wird der gesetzte Grafiktreiber sowie dessen Modus abgefragt. Dieser Wert gibt die Anzahl der Bits für einen Bildschirmpunkt an. Als *return*-Code gibt *imagesize()* die Größe in Bytes zurück.

Durch *putimage()* wird ein Bildschirmbereich, der zuvor mit *getimage()* gespeichert wurde, in den Bereich kopiert, dessen Anfang durch die Variablen *von_x* und *von_y* angegeben wurde. Diese Variablen kennzeichnen die obere linke Anfangsposition des Zielbereichs. Als weiterer Parameter dient der Zeiger **bereich*, der angibt, wo die Daten abgelegt wurden. Für die Operation gelten folgende Werte:

0	=	kopieren (Zielbereich wird überschrieben)
1	=	XOR-Operation mit Zielbereich
2	=	OR-Operation mit Zielbereich
3	=	AND-Operation mit Zielbereich
4	=	NOT-Operation mit Zielbereich (Zielbereich wird überschrieben)

Beispielprogramm:

```
/**************************/
/* Programm Image         */
/**************************/
#include <stdio.h>
#include <graphics.h>
#define COPY 0
main()
```

```
{
draw_1();
closegraph();
}
/*************************/
/* Bereich kopieren      */
/*************************/
draw_1()
{
int gr_treiber = DETECT, gr_modus;
int maxx,x;
unsigned picsize;        /*Bildschirmgröße*/
void *bereich;           /*Zeiger auf Bildschirmausschnitt */
void *malloc();          /*Da mit malloc() gearbeitet      */
                         /*wird, muß diese Funktion eben-  */
                         /*falls als void angegeben werden, */
                         /*ansonsten erhalten Sie eine     */
                         /*Warning-Meldung.                */

initgraph(&gr_treiber, &gr_modus, "\\TURBOC");
setcolor(WHITE);

/*1/4 des Bildschirms*/
maxx = getmaxx() / 4;

/*Hochstehende Rechtecke zeichnen*/
for (x=0;x<100;x+=10)
    rectangle(x,20,x+20,100);
getche();
/*****************/
/* Hier wird der */
/* Inhalt dreimal*/
/* kopiert       */
/*****************/
picsize = imagesize(0,0,maxx,getmaxy()); /*Größe*/
bereich = malloc(picsize);
getimage(0,0,maxx,getmaxy(),bereich);        /*Kopieren*/
for(x = 1; x < 4; x++)
    putimage(x*maxx,0,bereich,COPY);

getche();
}
```

Grafik-/Textfunktionen

outtext() und outtextxy()

Syntax: void far outtext(char far *text);
              void far outtextxy(int x_koor, int y_koor,
                                 char far *text);

Beide Funktionen geben einen Text in der Schriftart, Größe und Rotation aus, die in *settextstyle()* vorgegeben wird (siehe folgende Funktionsbeschreibung). Die Funktion *outtext()* gibt diesen Text ab der aktuellen Cursorposition aus, und die Funktion *outtextxy()* erwartet zusätzlich eine Positionsangabe durch die Variablen *x_koor* und *y_koor*. Sie können sich eine spätere Modifikation Ihres Programms ersparen, wenn Sie bei wechselnder Schriftart die Textgröße durch die Funktionen *textwidth()* und *textheight()* berechnen.

gettextsettings() und settextstyle()

Syntax: `void far gettextsettings(struct textsettingstype`
                                      `far *info);`
               `void far settextstyle(int art, int rotation,`
                                 `int groesse);`

Durch die Funktion *gettextsettings()* werden Parameter ermittelt, die durch *settextstyle()* oder *settextjustify()* gesetzt wurden. Die Werte werden der Strukturvariablen mit dem Muster *textsettingstype* übergeben. Dieses ist in der Include-Datei *graphics.h* definiert und beinhaltet *int*-Variablen, die folgendes aussagen:

```
int font;        /*aktiver Zeichensatz (Nummer)*/
int direction;   /*Rotation (horizontal/vertikal)*/
int charsize;    /*Schriftgröße*/
int horiz;       /*Justierung horizontal*/
int vert;        /*Justierung vertikal*/
```

Die Variablen *horiz* und *vert* geben die Art der Textausgabe zur aktuellen Cursorposition (relativ) an und bestimmen die Justierung des Textes (siehe *settextjustify()*).

Die Variable *font* bzw. *art* gibt Auskunft über den Zeichensatz. Folgende Werte sind gültig und können mit *settextstyle()* gesetzt werden:

0   =   Standardgröße, Schrift 8 * 8 Pixel
1   =   Triplex-Zeichensatz
2   =   kleiner Zeichensatz
3   =   Sans-Serif-Zeichensatz
4   =   Gothik-Zeichensatz

Durch die Variable *direction* bzw. *rotation* wird die Schreibrichtung angegeben (0 = horizontal / 1 = vertikal). In den Variablen *charsize* bzw. *groesse* sind 10 Faktorenwerte (1 – 10) zulässig. Der Faktor 1 bedeutet

z.B. 1 Pixel pro Bildschirmpunkt, der Faktor 2 bedeutet 4 Pixels pro Bildschirmpunkt usw. Finden Sie dort einen Nullwert vor, wurde die Schriftgröße mit der Funktion *setusercharsize()* selbst definiert. Alle Werte
wurden in der Include-Datei *graphics.h* konstant definiert und sind
selbsterklärend. Da diese Funktionen keinen direkten *return*-Code liefern, können Sie nach jedem Aufruf der Funktion *settextstyle()* die
Funktion *graphresult()* aufrufen (siehe Fehlerfunktionen).

Beispielprogramm:

```
/**************************/
/* Programm Textset       */
/**************************/
#include <stdio.h>
#include <graphics.h>
char text[5][10] = { "Hilfe",
                     "Ich",
                     "werde",
                     "immer",
                     "groesser" };

main()
{
draw_1();
closegraph();
}


/**************************/
/* Text in 5 Größen       */
/**************************/
draw_1()
{
int x, y, j;
int gr_treiber = DETECT, gr_modus;
char groesse[20];
initgraph(&gr_treiber, &gr_modus, "\\TURBOC");

    for(x = 1, y = 10, j = 0; x < 10; x += 2)
    {
    sprintf(groesse, "%s", text[j]);
    settextstyle(GOTHIC_FONT, HORIZ_DIR, x);
    outtextxy(x, y, groesse);
    y+= textheight(groesse);
    sleep(1);
    ++j;
    }

getch();
}
```

settextjustify()

Syntax: `void far settextjustify(int horiz, int vert);`

Diese Funktion legt die Ausrichtung des Textes fest, der mit den Funktionen *outtext()* oder *outtextxy()* ausgegeben wird. Sie bestimmen das Verhältnis des auszugebenden Textes entweder relativ zum Grafikcursor (*outtext()*) oder zur angegebenen Position (*outtextxy()*). Maßgebend ist bei diesen Positionen der Textmittelpunkt, d.h. die Position des Cursors oder der Koordinaten betrifft nicht die Ober- oder Unterkante des jeweiligen Buchstabens, sondern genau dessen Mitte. Ein Funktionsaufruf wie z.B.

```
outtextxy(50,50,"BERTA");
```

besagt also, daß der Mittelpunkt des Buchstabens B auf den Koordinaten (50,50) anzutreffen ist. Für diese Funktion sind folgende Werte gültig:

0	=	linksbündig (*horiz*)
1	=	mittenzentriert (*horiz* und *vert*)
2	=	rechtsbündig (*horiz*)
0	=	Cursorposition = Grundlinie (*vert*)
1	=	oberer Abschluß (*vert*)

Beispielprogramm:

```
/*************************/
/* Text ausrichten       */
/*************************/
#include <stdio.h>
#include <graphics.h>
#define GERADE 0
#define VERTIKAL 1
char *text[] = {"Textgrafik",
                "leicht",
                "gemacht"};


main()
{
draw_1();
closegraph();
}

/*************************/
/* Text ausgeben         */
/*************************/
draw_1()
```

```
{
int gr_treiber = DETECT, gr_modus;
int x, y = 0, i = 0;
initgraph(&gr_treiber, &gr_modus, "\\TURBOC");
settextjustify(CENTER_TEXT, BOTTOM_TEXT);
    for(x = 0; x < = 4; x++)
    {
    settextstyle(x, GERADE ,8);
    for(y = 0, i = 0; i < 3; i++)
        {
        y += textheight("H") + 5;
        outtextxy(getmaxx() / 2, y, text[i]);
        }
    getch();
    clearviewport();
    }

}
```

getx() und gety()

Syntax: `int far getx(void);`
           `int far gety(void);`

Diese Funktionen liefern die aktuelle Position des Grafikcursors. Der jeweilige *return*-Code ist abhängig von dem jeweils definierten Bereich durch die Funktion *setviewport()*. Gehen Sie also nicht davon aus, daß die *return*-Codes 10 (*getx()*) und 20 (*gety()*) tatsächlich die Position Zeile 10 und Spalte 20 bestimmen. Wenn Sie mit dem Befehl *setviewport(10,10,60,20,0);* den Bereich geändert haben, bezieht sich der *return*-Code auf diese Koordinaten.

textheight() und textwidth()

Syntax: `int far textheight(char far *text);`
           `int far textwidth(char far *text);`

Bei Grafik-/Textausgaben ist es erforderlich, den Platzbedarf des auszugebenden Strings zu ermitteln, um diesen richtig justieren zu können. Diese Funktionen ermitteln den benötigten Platz aus folgenden Faktoren:

– Ausgabetext
– aktiver Zeichensatz
– Vergrößerungsfaktor (siehe *gettextsettings()*)

Durch *textheight()* wird der vertikale und durch *textwidth()* der horizontale Platzbedarf ermittelt. Angenommen, der Standard-Zeichensatz (8*8 Pixel pro Zeichen) wurde mit dem Größenfaktor 1 gesetzt, und Sie rufen die Funktion zur Ermittlung des vertikalen Platzbedarfs wie folgt auf:

```
textheight("Herrmann");
```

Sie erhalten als *return*-Code den Wert 8. Bei einem längeren String sollten Sie vorsichtig sein, wenn eine breite Schriftgröße gesetzt wurde und die Funktion *textwidth()* zur Berechnung des Platzbedarfs verwendet wird. Es kann Ihnen durchaus passieren, daß der Text nicht mehr auf den Bildschirm paßt. Darüber hinaus sollten Sie diese Funktionen generell bei Textausgaben verwenden. Sie vermeiden spätere Modifikationen. Je nach Grafikkarte und Modus werden Sie kaum Schwierigkeiten haben, insbesondere, was die Portabilität angeht.

setusercharsize()

Syntax: `void far setusercharsize(int x_mal,`
                           `int x_teiler,`
                           `int y_mal, int y_teiler);`

Hier haben Sie die Möglichkeit, den Vergrößerungsfaktor der Textausgabe selbst zu bestimmen, was mit *settextstyle()* nicht möglich ist. Die Berechnung der Schriftgröße läuft wie folgt ab: Die Zeichenbreite wird mit der *int*-Variablen *x_mal* multipliziert und dieser Wert durch den Wert *x_teiler* dividiert. Im Anschluß daran wird die Zeichenhöhe nach dem gleichen Prinzip unter Verwendung der Variablen *y_mal* und *y_teiler* berechnet.

Sie müssen dem Programm zunächst mitteilen, daß die Schriftgöße durch eigene Definition erfolgt. Dies geschieht durch die Funktion *settextstyle()*, bei der als dritter Parameter der Wert 0 (Benutzerdefinition) zu übergeben ist. Eine Textausgabe mit der Höhe von 13 und einer Breite von 8 Pixeln sieht beispielsweise folgendermaßen aus:

```
settextstyle(GOTHIC_FONT, HORIZ_DIR, 0);
setusercharsize(8, 1, 26, 2);
outtextxy(50, 50, "Dr. Dralle");
```

Die Standardvorgabe für diese Funktion hat die Parameter (4, 1, 4, 1).

Beispielprogramm:

```
/***************************/
/* Programm Userdef         */
/***************************/
#include <stdio.h>
#include <graphics.h>

main()
{
draw_1();
draw_2();
draw_3();
closegraph();
}

/***************************/
/* Visitenkarte            */
/***************************/
draw_1()
{
int gr_treiber = DETECT, gr_modus;
char kartnam[3][15] = { "Herrmann",
                        "Mueller",
                        "-Frauenarzt-"};

initgraph(&gr_treiber, &gr_modus, "\\TURBOC");
settextstyle(GOTHIC_FONT,HORIZ_DIR,USER_CHAR_SIZE);
settextjustify(CENTER_TEXT,CENTER_TEXT); /*zentriert*/
setusercharsize(1,1,1,1); /*für die Berechnung*/
rectangle(0,0,300,100);
setusercharsize(300, textwidth(kartnam[0]),
                100, textheight(kartnam[0]));
outtextxy(140,10,kartnam[0]);
outtextxy(140,40,kartnam[1]);
outtextxy(140,80,kartnam[2]);
getch();
}

/***************************/
/* groß                    */
/***************************/
draw_2()
{
clearviewport();
settextstyle(GOTHIC_FONT,HORIZ_DIR,USER_CHAR_SIZE);
settextjustify(CENTER_TEXT,CENTER_TEXT); /*zentriert*/
setusercharsize(8,1,13,2);
outtextxy(100,50,"Dr.");
}

/***************************/
/* noch größer             */
/***************************/
```

```
draw_3()
{
settextstyle(GOTHIC_FONT,HORIZ_DIR,USER_CHAR_SIZE);
settextjustify(CENTER_TEXT,CENTER_TEXT); /*zentriert*/
setusercharsize(16,1,26,2); /*für die Berechnung*/
outtextxy(150,150," Dralle");
getche();
}
```

Farbfunktionen

getcolor(), setcolor() und getmaxcolor()

Syntax:
```
int far getcolor(void);
void far setcolor(int farbe);
int far getmaxcolor(void);
```

Diese Funktionen betreffen die Vordergrundfarbe. Die momentan aktive Farbnummer ermitteln Sie durch die Funktion *getcolor()*, und Sie können diese mit *setcolor()* verändern. Die Interpretation der Farbwerte ist von der jeweils installierten Grafikkarte abhängig. Der Grenzbereich der Farbwerte liegt zwischen 0 und 15. Mit der Funktion *setcolor()* legen Sie fest, welche Farbe für die folgenden Zeichenoperationen verwendet wird. Sie können diese beliebig verändern. Durch die Funktion *getmaxcolor()* erhalten Sie die maximale Anzahl der Farbnummern (siehe Treibertabelle zu Beginn des Grafikpakets).

Beispielprogramm:

```
/**************************/
/* Vordergrundfarbe       */
/**************************/
#include <graphics.h>
#include <stdlib.h>
#include <conio.h>
main()
{
draw_1();
closegraph();
}


/**************************/
/* Bunte Kreise           */
/**************************/
draw_1()
```

```
{
int gr_treiber = DETECT, gr_modus;
int farbe;
initgraph(&gr_treiber, &gr_modus, "\\TURBOC");

    while(!kbhit())
    {
    farbe = getcolor();
    if(++farbe > getmaxcolor())
      farbe = 0;
    setcolor(farbe);
    circle(random(getmaxx() + 1),
           random(getmaxy() + 1), random(50));
    }


}
```

getbkcolor() und setbkcolor()

Syntax: `int far getbkcolor(void);`
             `void far setbkcolor(int farbe);`

Diese Funktionen betreffen die Hintergrundfarbe. Ansonsten gilt die gleiche Beschreibung wie bei den Funktionen *getcolor()* und *setcolor()*. Für den Farbcode sind die Werte 0 – 15 definiert und in der Include-Datei *graphics.h* zu finden. Die Farbtabelle wurde zu Beginn des Grafikpakets aufgelistet.

Beispielprogramm:

```
/***************************/
/* Hintergrundfarben       */
/***************************/
#include <graphics.h>
#include <stdlib.h>
#include <conio.h>
main()
{
draw_1();
closegraph();
}

/***************************/
/* Kreise mit wechselndem  */
/* Hintergrund             */
/***************************/
draw_1()
{
int gr_treiber = DETECT, gr_modus;
```

```
int farbe;
initgraph(&gr_treiber, &gr_modus, "\\TURBOC");

  while(!kbhit())
  {
  farbe=getbkcolor();
  if(++farbe > getmaxcolor())
    farbe = 0;
  setbkcolor(farbe);
  circle(random(getmaxx() + 1),
         random(getmaxy() + 1), random(50));
  delay(100); /*kurze Pause*/
  }

}
```

getpalette(), setpalette() und setallpalette()

Syntax: void far getpalette(struct palettetype
                                far *palette);
             void far setpalette(int nummer, int farbe);
             void far setallpalette(struct palettetype
                                far *palette);

Als Struktur für die Funktionen *getpalette()* und *setpalette()* wird das
Muster *palettetype* verwendet. Dieses beinhaltet folgende Komponenten:

```
unsigned char size; /* Anzahl der Einträge */
unsigned char colors[MAXCOLORS+1]; /* Farbeinträge */
```

Die Anzahl und Einträge sind vom jeweiligen Grafikmodus abhängig
(siehe Grafiktreiber zu Beginn der Grafikbeschreibung). Durch Aufruf
der Funktion *getpalette()* erhalten Sie die notwendigen Informationen
der Palette und können diese mit den entsprechenden *set*-Funktionen verändern. Die Funktion *setpalette()* verändert nur einen Eintrag der Farbpalette. Entscheidend dabei ist die Variable *nummer*, die als Index für den
Eintrag gilt. Eine komplette Palette wird durch die Funktion *setallpalette()* verändert. Die Farbtabelle muß zunächst aufgebaut werden. Die Anzahl der Einträge sowie die Adresse der Tabelle werden anschließend der
Funktion übergeben.

Beispielprogramm:

```
/****************************/
/* Farbpalette              */
/****************************/
```

```
#include <stdio.h>
#include <graphics.h>

main()
{
draw_1();
closegraph();
}

/***************************/
/* Farbwechsel           */
/***************************/
draw_1()
{
int gr_treiber = DETECT, gr_modus;
struct palettetype farb_palette;
int x, y;
initgraph(&gr_treiber, &gr_modus, "\\TURBOC");
getpalette(&farb_palette);
for (x = 1; x < 11; x++)
    {
    setfillstyle(x, (x % 4) +1);
    bar(x*60,30,(x+1)*60,100);
    }

/* Achtung!
   setpalette() funktioniert nicht bei einer
   Herkules-Karte*/

while(!kbhit())
    {
    setpalette(rand() % farb_palette.size, rand() % 64);
    delay(200); /*kurze Pause*/
    }

}
```

Fehlerfunktionen

graphresult() und grapherrormsg()

Syntax: int far graphresult(void);
          char far *far grapherrormsg(int errnum);

Um die Informationen über das Grafikpaket abzurunden und zu beenden, wird im folgenden noch die Fehlerbehandlung beschrieben. Insgesamt können 15 verschiedene Fehler auftreten, deren Meldungen bereits definiert sind und anhand der Fehlernummer ausgegeben werden können. Zur Ermittlung der Fehlernummer wird die Funktion *graphresult()* verwendet, die einen *int*-Wert (*errnum*) zurückliefert. Ist der Wert ungleich 0, kann die eigentliche Fehlermeldung mit Hilfe der Funktion *grapher-rormsg()* ausgegeben werden. Diese erwartet als Parameter eine Fehlernummer zwischen –1 und –15. Anhand dieser Nummer wird ein Zeiger auf den Fehlertext zurückgeliefert. Eine Fehlernummer, die *graphresult()* zurückliefert, bezieht sich immer auf die zuletzt aufgerufene Grafikfunktion. Folgende Meldungen können auftreten:

    0   Kein Fehler.

 –1   Der Grafiktreiber (BGI) wurde nicht geladen oder *initgraph()* wurde nicht durchgeführt (siehe Beispiel).

 –2   Der von Ihnen angesprochene Modus wird nicht von Turbo C unterstützt, oder es ist kein grafikfähiger Adapter vorhanden.

 –3   Es konnte kein Grafiktreiber gefunden werden. Möglicherweise befindet sich diese Datei nicht im Suchpfad, oder Sie haben den falschen Suchpfad bei *initgraph()* angegeben.

 –4   Defekt der Grafiktreiber-Datei. Überprüfen Sie die Treiber-Datei.

 –5   Aus Platzmangel im Hauptspeicher kann der Grafiktreiber nicht geladen werden.

 –6   Betrifft die Funktionen *bar()* und *fillpoly()*. Der Hauptspeicher reicht nicht aus.

 –7   Betrifft die Funktion *floodfill()*. Der Hauptspeicher reicht nicht aus.

 –8   Die Zeichensatz-Datei wurde nicht gefunden.

 –9   Nicht genügend Hauptspeicher für die Zeichensatz-Datei. Diese konnte nicht geladen werden.

–10   Der angegebene Grafikmodus wird von dem initialisierten Grafiktreiber nicht unterstützt.

–11   undefinierter Fehlercode

–12   Ein-/Ausgabe-Fehler beim Laden von Grafikdateien (Treiber, Zeichensatz usw.)

–13   Ungültiger Zeichensatz, möglicherweise auch fehlerhafte Datei.

–14   Die Kennziffer für den Zeichensatz befindet sich außerhalb des gültigen Bereichs (0 – 4) oder ist undefiniert.

–15   Die Kennziffer für den Grafiktreiber ist undefiniert oder außerhalb des gültigen Bereichs (0 – 7) (siehe Beispiel).

Beispielprogramm:

```
/**************************/
/* Fehler                 */
/**************************/
#include <graphics.h>
```

```
#define INV_DEVICE_NUMBER -15
main()
{
draw_1();
closegraph();
}


/*************************/
/* Zuerst falschen Wert    */
/* initialisieren          */
/*************************/
draw_1()
{
int x_koor = 100, y_koor = 100, radius = 50;
int i;
int gr_treiber = 100, gr_modus;
initgraph(&gr_treiber, &gr_modus, "\\TURBOC");
    err_funk();
    for(i = 1; i < 6; i++)
      {
    setcolor(i);
    circle(x_koor, y_koor, radius);
    floodfill(x_koor, y_koor, i);
    x_koor = y_koor += 30;
    radius += 10;
      }

getch();
}


/**********************/
/* Fehlerfunktion      */
/**********************/
err_funk()
{
int errnum=0;
errnum = graphresult();

if (errnum)
   {
   restorecrtmode();
   printf("\n\nBei der Funktion initgraph trat");
   printf("\ndie Fehlernummer %d auf.",errnum);
   printf("\n\nDie Fehlermeldung lautet:");
   printf("\n\n--> %s <--\n",grapherrormsg(errnum));
   printf("\n\n\nBitte drücken Sie eine Taste ...");
   sound(500); delay(100);
   sound(900); delay(100);
   nosound();
   getche();
     if(errnum == INV_DEVICE_NUMBER)
       {
       install();
       return(0);
       }
```

```
        else
          {
          closegraph();
          exit(1);
          }
      }
  }


/**************************/
/* Richtig initialisieren */
/**************************/
install()
{
int gr_treiber = DETECT, gr_modus;
initgraph(&gr_treiber, &gr_modus, "\\TURBOC");
}
```

Textfunktionen

Hier endet die Beschreibung zum Grafikpaket. Wir wenden uns nun den reinen Textfunktionen zu.

gotoxy(), clrscr(), delline(), insline() und window()

Syntax:
```
        void gotoxy(int spalte, int zeile);
        void clrscr(void);
        void delline(void);
        void insline(void);
        void window(int von_x, int von_y,
                    int bis_x, int bis_y);
```

In verschiedenen Beispielen ist Ihnen die Arbeitsweise der Funktion *gotoxy()* bereits vorgestellt worden. Mit ihr wird lediglich der Cursor neu positioniert.

Über die Funktion *clrscr()* läßt sich ebenfalls nicht viel sagen. Diese Funktion löscht den Bildschirm und positioniert den Cursor in Zeile und Spalte 1. Wenn Sie vorher die Funktion *textbackground()* aufrufen, können Sie den Farbhintergrund des Bildschirms ändern. Noch ein interessanter Aspekt sollte erwähnt werden. Wenn Sie mit *window()* einen Fensterbereich definiert haben und die Funktion *clrscr()* aufrufen, wird auch nur dieser Bereich gelöscht (siehe Beispiel).

Die beiden Funktionen *delline()* und *insline()* löschen eine alte bzw. fügen eine neue Zeile ein. Als Basis für diesen Vorgang wird die momenta-

ne Cursorposition genommen. Befindet sich der Cursor beispielsweise
auf der Position in Zeile 10 und Spalte 20 und Sie rufen die Funktion
delline() auf, dann wird der Zeilenrest ab dieser Position gelöscht, und
die folgenden Zeilen werden nach oben gescrollt. Die Funktion *insline()*
hingegen verschiebt die folgenden Zeilen (inkl. der Zeile, in der sich der
Cursor momentan befindet) nach unten und fügt eine neue Zeile ein. Beide Funktionen berücksichtigen (wie *clrscr()*) das Farbattribut, das mit
textbackground() gesetzt wurde.

Die Funktion *window()* legt innerhalb des definierten Bereichs ein recht-
eckiges Fenster an. Standardmäßig legt Turbo C beim Programmstart ein
Fenster der Größe (1,1,80,25) an. Wenn Sie diesen Bereich beispielsweise halbieren, lautet der Funktionsaufruf

```
window(1,1,40,25);
```

Dann gehört der Zeilen- und Spaltenbereich (1,41) bis (25,80) nicht mehr
zum aktiven Fenster. Wenn Sie Koordinaten angeben, die sich außerhalb
des gesetzten Bereichs befinden, wird der *window()*-Aufruf ignoriert.
Alle verwendeten Bildschirmkoordinaten beziehen sich immer auf den
jeweiligen Fensterbereich. Die Position (1,1) ist also nicht unbedingt in
der oberen linken Ecke des Bildschirms, es sei denn, Sie haben das Fenster für diesen Bereich definiert.

Wenn Sie z.B. ein Fenster mit dem Aufruf

```
window(20,10,50,20);
```

anlegen und dann

```
gotoxy(1,1);
```

aufrufen, befindet sich der Cursor auf der Position in Zeile 10 und Spalte
20.

textbackground(), textcolor() und textmode()

Syntax: void textbackground(int farbe);
              void textcolor(int farbe);
              void textmode(int modus);

Durch die Funktionen *textbackground()* und *textcolor()* legen Sie die
Hintergrundfarbe der folgenden auszugebenden Zeilen sowie die Farbe
des Ausgabetextes fest. Der gültige Wertebereich für die Funktion *text-*

background() liegt zwischen 0 und 7 und für Funktion *textcolor()* im Bereich von 0 bis 15. Für *textcolor()* kann darüber hinaus noch der Wert 128 (blinkend) verwendet werden. Folgende Werte sind gültig und in der Include-Datei *conio.h* definiert:

Vorder- und Hintergrundfarben

0	=	Schwarz
1	=	Blau
2	=	Grün
3	=	türkis
4	=	Rot
5	=	Violett
6	=	Braun
7	=	Hellgrau

Nur Vordergrundfarben

8	=	Dunkelgrau
9	=	Hellblau
10	=	Hellgrün
11	=	Helltürkis
12	=	Hellrot
13	=	Hellviolett
14	=	Gelb
15	=	Weiß
128	=	Blinkend

Der Textmodus kann durch die Funktion *textmode()* verändert werden. Das aktuelle Fenster wird auf den gesamten Bereich des angegebenen Modus erweitert und der Bildschirm gelöscht. Darüber hinaus wird das Standardattribut für die folgende Textausgabe gesetzt. Dazu wird intern die Funktion *normvideo()* aufgerufen. Folgende Modusangaben sind gültig:

−1	=	Umschalten zum vorherigen Modus. Dieser Aufruf ist allerdings nur sinnvoll, wenn Sie in den Grafikmodus zurückkehren möchten.
0	=	40 Spalten, schwarzweiß
1	=	40 Spalten, farbig
2	=	80 Spalten, schwarzweiß
3	=	80 Spalten, farbig
7	=	80 Spalten, schwarzweiß, Monochrom- und Herkules-Adapter.

highvideo(), lowvideo() und normvideo()

Syntax: void highvideo(void);
             void lowvideo(void);
             void normvideo(void);

Die Funktion *highvideo()* setzt die folgende Textausgabe auf hohe Intensität. Das höchstwertige Bit der aktuellen Vordergrundfarbe wird somit auf 1 gesetzt. Durch die Funktion *lowvideo()* wird dieses Bit wieder auf 0 gesetzt, und folgende Textausgaben erscheinen dementsprechend. Der Zustand vor dem Programmstart wird durch die Funktion *normvideo()* wieder hergestellt. Wenn Sie Veränderungen vornehmen, sollten Sie diese Funktion immer bei Programmende aufrufen.

Das folgende Programm verwendet einige der bisher beschriebenen Funktionen. Sollten Sie jedoch keine Farbgrafikkarte haben, werden nicht alle Funktionen hinsichtlich der Farbe korrekt arbeiten.

Beispielprogramm:

```
/***********************/
/* Programm text_1      */
/***********************/
#include <conio.h>
#include <stdlib.h>
main()
{
draw_1();
draw_2();
draw_3();
normvideo();
}


/***********************/
/* Zeile löschen bis    */
/* Zeilenende, ganz     */
/* löschen und einfügen */
/***********************/
draw_1()
{
int i;
for(i=1;i<25;i++)
   {
   gotoxy(70,i);
   printf("--> %d\n",i);
   }
gotoxy(5,10);
printf("Ich bin hier");
getche();
```

```
clreol();
printf("Huch !?");
getche();
delline();
printf("Zeile gelöscht und nach oben gescrollt");
getche();
insline();
printf("Zeile eingefügt und nach unten gescrollt");
getche();
clrscr();
}

/***********************/
/* Bunte Fenster       */
/***********************/
draw_2()
{
int spalte,zeile,i=0;

textbackground(BLACK);
clrscr();
while(i++ < 20)
    {
    spalte = random(70);
    zeile = random(17)+1;
    window(spalte, zeile,
            spalte + random(10),
            zeile  + random(8));
    textbackground(random(16));
    delay(500);
    printf("Links oben");
    }
getche();
}

/***********************/
/* clrscr-Demo         */
/***********************/
draw_3()
{
int i,j;

window(1,1,80,25);
textbackground(BLACK);
clrscr();
for(i = 0; i < 24; i++)
    for(j = 0; j < 80; j++)
        printf("0");

highvideo();
window(20,10,40,20);
textbackground(WHITE);
textcolor(BLACK);
for(i = 1; i < 10; i++)
```

```
        {
    gotoxy(1,i);
    printf("* Neues Fenster        *");
        }
getche();
clrscr();
getche();
}
```

gettextinfo() und textattr()

Syntax: void gettextinfo(struct text_info *info);
            void textattr(int attribut);

Informationen über den gesetzten Textmodus erhalten Sie durch die
Funktion *gettextinfo()*. Die Informationen sind in der Struktur *text_info*
durchweg als *unsigned char* definiert und geben folgende Auskunft:

```
        winleft           /* Textfenster links oben */
        wintop            /* Textfenster links oben */
        winright          /* Textfenster rechts unten */
        winbottom         /* Textfenster rechts unten */
        attribute         /* Textattribute */
        normattr          /* Standardattribut */
        currmode          /* Videomodus 0,1,2,3,7 */
        screenheight      /* Textfenster-Höhe */
        screenwidth       /* Textfenster-Breite */
        curx              /* Aktuelle Cursorposition */
        cury              /* Aktuelle Cursorposition */
```

Eine Kombination der Funktionen *textcolor()* und *textbackground()*
bietet Ihnen die Funktion *textattr()*. Diese setzt sowohl die Hintergrund-
als auch die Vordergrundfarbe des folgenden Textes. Das Attribut wird
von der Funktion wie folgt bewertet:

Bit	Bewertung
0	Vordergrund
1	Vordergrund
2	Vordergrund
3	Vordergrund
4	Hintergrund
5	Hintergrund
6	Hintergrund
7	blinkend

Durch Shiften der definierten Farbkonstanten können Sie das Attribut auch in mehreren Kombinationen zusammenfügen. Ein Aufruf wie

```
textattr(BLINK + GREEN + (BLUE << 4));
```

gibt den folgenden Text grünblinkend auf blauem Hintergrund aus. Über Geschmack läßt sich ja bekanntlich streiten.

Beispielprogramm:

```
/***********************/
/* Fensterparameter    */
/***********************/
#include <conio.h>
#include <stdlib.h>
main()
{
draw_1();
normvideo();
}

/***********************/
/* Zeile löschen bis   */
/* Zeilenende, ganz    */
/* löschen und einfügen */
/***********************/
draw_1()
{
int i;
struct text_info info;
textattr(BLINK);
window(5,5,40,20);
gettextinfo(&info);
gotoxy(5,1);
printf("\nFensteranfang: %d",info.winleft);
gotoxy(5,2);
printf("\nFensteranfang: %d",info.wintop);
gotoxy(5,3);
printf("\nFensterende: %d",info.winright);
gotoxy(5,4);
printf("\nFensterende: %d",info.winbottom);
gotoxy(5,5);
printf("\nTextattribut: %d",info.attribute);
gotoxy(5,6);
printf("\nStandardattribut: %d",info.normattr);
gotoxy(5,7);
printf("\nVideomodus: %d",info.currmode);
gotoxy(5,8);
printf("\nStandardhöhe: %d",info.screenheight);
gotoxy(5,9);
printf("\nStandardbreite: %d",info.screenwidth);
getche();
}
```

gettext(), puttext() und movetext()

Syntax:
```
int gettext(int von_x, int von_y,
            int bis_x, int bis_y,
            void *bereich);
int puttext(int von_x, int von_y,
            int bis_x, int bis_y,
            void *bereich);
int movetext(int von_x, int von_y,
             int bis_x, int bis_y,
             int neu_x, int neu_y);
```

Die Funktion *gettext()* sichert den Bildschirmbereich, der durch die Koordinaten angegeben wird, in den durch **bereich* angegebenen Speicher.
Durch *puttext()* wird dieser Ausschnitt wieder in den Bildschirmbereich
zurückkopiert. Diese Funktionen berücksichtigen das jeweilige Textat-
tribut, so daß die doppelte Menge Speicherplatz benötigt wird. Wenn Sie
diesen Bereich mit *malloc()* reservieren, ergibt sich demnach folgende
Formel:

```
machfrei = (bis_y - von_y + 1) *
           (bis_x - von_x + 1) * 2;

zeiger = malloc(machfrei);
gettext(von_x, von_y, bis_x, bis_y, zeiger);
```

Die Funktion *movetext()* arbeitet ähnlich. Allerdings wird hierbei der
Bildschirmbereich nicht in einen reservierten Speicher, sondern vielmehr in einen anderen Bildschirmbereich hineinkopiert. Für den Zielbereich wird lediglich die Anfangsposition (Zeile, Spalte) benötigt und der
Funktion übergeben. Diese Funktion arbeitet mit den Standardwerten
und berücksichtigt ein zusätzliches definiertes Fenster nicht. Die Position
(10,10) z.B. bedeutet also tatsächlich Zeile 10 und Spalte 10, gleichgültig, wie groß das momentane Fenster ist. Tritt bei der Übertragung kein
Fehler auf, dann erhalten Sie als *return*-Code den Wert 1. Andernfalls,
z.B. wenn der angegebene Quellbereich nicht in den Zielbereich hinein-
paßt, erhalten Sie den Wert 0.

wherex() und wherey()

Syntax:
```
int wherex(void);
int wherey(void);
```

Diese Funktionen liefern die aktuelle Cursorposition, *wherex()* die Spalte und *wherey()* die Zeile der Position zurück. Wie bei den Grafikfunktionen *getx()* und *gety()* wird die Position unter Berücksichtigung des aktuellen Fensters ermittelt.

Beispielprogramm:

```
/*************************/
/* Bildschirmkoordinaten */
/*************************/
#include <conio.h>
#include <stdlib.h>
main()
{
draw_1();
draw_2();
draw_3();
normvideo();
}

/***********************/
/* where ..            */
/***********************/
draw_1()
{
int x,y;
window(10,5,40,20);

gotoxy(1,1);
x = wherex(); y = wherey();
printf("Position %d %d",x,y);

gotoxy(2,2);
x = wherex(); y = wherey();
printf("Position %d %d",x,y);

gotoxy(3,3);
x = wherex(); y = wherey();
printf("Position %d %d",x,y);

getche();
}

/***********************/
/* put/gettext         */
/* Treppe unterbrechen */
/* und wiederholen     */
/***********************/
draw_2()
{
int x, y = 1;
int slo=20,zlo=5,sru=60,zru=12;
void *pointer;
void *malloc(); /*Bitte beachten, sonst
                   erhalten Sie eine
                   Warning-Meldung.*/

window(1,1,80,25);
clrscr();
for (x = 1; x < 24; x++)
```

```
        {
        gotoxy(y,x);
        printf("└─────┐");
        y+=3;
        }

getche();
window(slo,zlo,sru,zru);
pointer = malloc((sru-slo+1) * (zru-zlo+1) * 2);
gettext(slo,zlo,sru,zru,pointer);
clrscr();
gotoxy(5,5);
printf("Nanu, wo ist sie?");
getche();
puttext(slo,zlo,sru,zru,pointer);
getche();

}

/***********************/
/* movetext            */
/***********************/
draw_3()
{
int i;
window(1,1,80,25);
clrscr();
gotoxy(1,1);
for(i = 0; i < 12; i++)
    {
    gotoxy(1,i);
    printf("+->Dieser Bereich wird dreimal kopiert<-+");
    }
getche();
movetext(1,1,40,12,41,1);
movetext(1,1,40,12,1,13);
movetext(1,1,40,12,41,13);

getche(); }
```

Neue Funktionen

fgetpos() und fsetpos()

Syntax: `int fgetpos(FILE *datei, fpos_t *position);`
             `int fsetpos(FILE *datei, const fpos_t *position);`

Include: `stdio.h`

Hier kann man eigentlich nicht von einer neuen Funktion reden, da das Ergebnis durch die bekannten Funktionen *ftell()* und *fseek()* ermittelt wird. Die Funktion *fgetpos()* ermittelt die aktuelle Position des Dateizeigers und übergibt diese als *return*-Code. Bei **position* handelt es sich um eine Variable vom Typ *long*. Dieser wurde mit *typedef* der Name *fpos_t* zugewiesen. *fsetpos()* setzt entsprechend die Position. Das zugehörige Dateiende-Kennzeichen wird gelöscht, und mit *ungetc()* zurückgestellte Daten sind ebenfalls nicht mehr vorhanden. Die Funktionen arbeiten wie folgt:

```
fgetpos()
return((*position = ftell(datei) == -1) ? -1 : 0);

fsetpos()
return(fseek(datei, *position, SEEK_SET));
```

_heaplen und _stklen

Syntax: extern unsigned _heaplen;
             extern unsigned _stklen;

Include: –

Durch *_heaplen* erhalten Sie die Größe des *near-Heap*. Diese wird in Bytes angegeben und kann nur für die Speichermodelle *tiny*, *small* und *medium* verwendet werden. Standardmäßig hat *_heaplen* den Wert 0 (64 KBytes) und *_stklen* den Wert 4096. Als Minimum ist für *_stklen* der Wert 256 angegeben, der nicht unterschritten werden sollte.

Bei den Modellen *medium* und *small* befindet sich der *near-Heap* zusammen mit dem Stack und dem Datenteil in einem Segment. Der Compiler berücksichtigt dies und ändert *_heaplen* entsprechend um. Die Größe des Datenteils und des Stacks wird von der Segmentgröße 64 KBytes subtrahiert. In dem Modell *tiny* befindet sich darüber hinaus auch der Programmcode im gleichen Segment, so daß sich für die Ermittlung von *_heaplen* folgende Formel ergibt:

```
_heaplen = Segment - (Datenteil + Stack + Programmcode + PSP)
```

Der PSP (Programmsegment-Präfix) hat eine Länge von 256 Bytes (siehe Kapitel 4, "Der PSP").

Beispielprogramm:

```
/***************************/
/* Speichervariablen       */
/***************************/
#include <stdio.h>
extern unsigned _heaplen = 1;
extern unsigned _stklen  = 2048;
/*Eigene Programmgröße und Segmentteil ermitteln*/

main()
{
extern unsigned _psp;
unsigned prg_end;

prg_end = _SS + (_SP >> 4);          /*Ende des Stacks*/
printf("\nProgrammanfang        = %04x",_psp);
printf("\nProgrammende + Stack  = %04x",prg_end);
printf("\nSegmente zum Programm = %04x",prg_end - _psp);
}
```

chsize()

Syntax: int chsize(int handle, long groesse);

Include: io.h

Diese Funktion verändert die Dateigröße. Ist die Datei z.Z. kleiner als die in *groesse* angegebene Bytezahl, wird der Rest mit Nullstrings (\0) aufgefüllt, andernfalls wird die Datei entsprechend gekürzt. Bevor diese Funktion aufgerufen wird, muß die Datei im Schreibmodus geöffnet werden. Bei fehlerfreier Durchführung wird der Wert 0, andernfalls der Wert –1 übergeben und *errno* auf folgende Werte gesetzt:

>   EBADF   ungültiges Handle oder Datei nicht offen
>   EACCESS   Zugriff verweigert

delay()

Syntax: void delay(unsigned millisekunden);

Include: dos.h

Diese Funktion ist eine Erweiterung der Funktion *sleep()*, bei der Sie lediglich eine Zeiteinheit in Sekunden angeben können. Hier entspricht eine Sekunde etwa dem Wert 1000, und dadurch sind die Möglichkeiten bei Warteschleifen wesentlich verbessert worden. Interessant wäre diese Funktion z.B. in Verbindung mit *sound()*, wobei die Regulierung der Tonlänge nicht nur auf Sekunden ausgerichtet ist. Diese Funktionen wurden in vorherigen Beispielen bereits verwendet.

div() und ldiv()

Syntax: `div_t div(int dividend, int divisor);`
            `ldiv_t ldiv(long dividend, long divisor);`

Diese Funktionen liefern einen *return*-Code, der mit *typedef* einer Struktur zugewiesen wurde. Die Verbesserung dieser Funktionen besteht darin, daß auch der Restwert einer Division übergeben und in der Struktur abgelegt wird.

Jede Funktion hat ihre eigene Struktur, der Unterschied besteht allerdings nur im jeweiligen Datentyp. Die Funktion *div()* liefert *int*-Werte, und die Funktion *ldiv()* liefert *long*-Werte zurück. Die Strukturen sind wie folgt definiert:

```
typedef struct {
                int quot;    /*Quotient*/
                int rem;     /*Divisionsrest*/
              } div_t;

typedef struct {
                long quot;   /*Quotient*/
                long rem;    /*Divisionsrest*/
              } ldiv_t;
```

Beispielprogramm:

```
/*************************/
/* Division              */
/*************************/
#include <stdlib.h>

main()
{
div_t wert_int;
ldiv_t wert_long;

wert_int  = div(100,6);
wert_long = ldiv(200000L, 6000L);
```

```
printf("\nErgebnis DIV  %d / %d", wert_int.quot,
                                   wert_int.rem);

printf("\nErgebnis LDIV %ld / %ld", wert_long.quot,
                                    wert_long.rem);

}
```

sound() und nosound()

Syntax: `void sound(unsigned frequenz);`
           `void nosound(void);`

Include: `dos.h`

Die übergebene Frequenz wird in Schwingungen pro Sekunde gemessen.
Es wird ein Ton erzeugt, der erst durch die Funktion *nosound()* wieder
beendet wird. Für die Erzeugung eines Tons sind zumindest drei Funktionen erforderlich:

```
sound(500);   /*Ton erzeugen*/
delay(500);   /*1/2 Sekunde warten*/
nosound();    /*Ton abstellen*/
```

Diese Funktion wurde bereits mehrmals in unseren Beispielen verwendet.

_rotl(), _rotr(), _lrotl() und _lrotr()

Syntax: `unsigned _rotl(unsigned wert, int anz);`
           `unsigned _rotr(unsigned wert, int anz);`
           `unsigned long _lrotl(unsigned long wert,`
           `                     int anz);`
           `unsigned lond _lrotr(unsigned long wert,`
           `                     int anz);`

Include: `stdlib.h`

Diese Funktionen führen "echte" Rotationen des übergebenen Werts
durch. Die Shift-Operatoren << und >> füllen die freiwerdenden Bits
mit 0 auf. Hier ist dies nicht mehr der Fall. Die Anzahl der zu rotierenden
Bits wird jeweils der Variablen *anz* übergeben. Der Rotationswert wird
in die *int-* oder *long*-Variable *wert* eingetragen. Dieser wird um *anz* Bits
nach links oder rechts verschoben.

```
_rotl()  :  int-Wert links rotieren
_rotr()  :  int-Wert rechts rotieren
_lrotl() :  long-Wert links rotieren
_lrotr() :  long-Wert rechts rotieren;
```

Beispielprogramm:

```
/************************/
/* Werte rotieren       */
/************************/
#include <stdlib.h>
#include <stdio.h>
#define BASIS 0xABCD int j=0;
main()
{
draw_1();
draw_2();
}

/*************************/
/* Links rotieren        */
/*************************/
draw_1()
{
int x, y, linksrum = BASIS;
printf("\nBitweise links rotieren\n");
for(x = 0; x < 17; x++)
    for (y = 15; y >= 0; y--)
        {
        putch((linksrum & (1<<y) ? '1' : '0'));
        printf("   Hexwert %4x / X = %d\n",linksrum,x);
        linksrum = _rotl(linksrum,1);  /*Links um 1 Bit*/
        j++;
        if(j > 20) {pause();}
        }
getche();
}
/*************************/
/* Rechts rotieren       */
/*************************/
draw_2()
{
int x, y, rechtsrum = BASIS;
clrscr();j=0;
printf("\nBitweise rechts rotieren\n");
for(x = 0; x < 17; x++)
    for (y = 15; y >= 0; y--)
        {
        putch((rechtsrum & (1<<y) ? '1' : '0'));
        printf("   Hexwert %4x / X = %d\n",rechtsrum,x);
        rechtsrum = _rotr(rechtsrum,1);  /*Rechts um 1 Bit*/
```

```
        j++;
        if(j > 20) {pause();}
        }
getche();
}


/***************************/
/* Pause                   */
/***************************/
pause()
{
sound(500); delay(200); nosound();
printf("\nWeiter -- Taste drücken / Leertaste = Ende\n");
if(getche() == 32) exit(0);
j = 0;
}
```

strtoul()

Syntax: `unsigned long strtoul(const char *stringwert,`
            `                    char **error, int format);`

Include: `stdlib.h`

Diese Funktion arbeitet genauso wie die Funktion *strtol()*. Hier wird lediglich ein absoluter Wert (ohne Vorzeichen) des Typs *unsigned long* als
return-Code geliefert (siehe Kapitel 2, "String-Funktionen").

tmpnam() und tmpfile()

Syntax: `char *tmpnam(char *name);`
            `FILE *tmpfile(void);`

Include: `stdio.h`

Durch jeden Aufruf der Funktion *tmpnam()* erhalten Sie als *return*-Code
einen 12 Byte langen Namen, den Sie für eine temporäre Datei verwenden können. Das System erstellt diesen Namen unter Berücksichtigung
der vorhandenen Dateinamen. Sie können also sicher sein, daß der zurückgelieferte Name noch nicht vorhanden ist. Der Name beginnt in der
Regel mit *TEMP* gefolgt von aufsteigenden Ziffern. Als Erweiterung
wird .$$$ verwendet. Wenn Sie eine Datei unter diesem Namen öffnen,
müssen Sie auch selbst dafür Sorge tragen, daß die Datei wieder gelöscht
wird. Es handelt sich also hier um eine reine Stringfunktion, die Ihnen ei-
nen Dateinamen liefert.

Anders sieht diese Angelegenheit bei der Funktion *tmpfile( )* aus. Hier erhalten Sie einen Zeiger auf eine temporäre Datei, die bei Programmende automatisch wieder gelöscht wird. Diese Datei wird mit dem Modus *"w+b"* (Binärdatei zum Schreiben) geöffnet und intern verwaltet. In diese Datei können Sie ganz normal Daten hineinschreiben oder aus ihr auslesen. Der Name bleibt für Sie allerdings unbekannt. Sollte diese Datei nicht angelegt werden können, erhalten Sie als *return*-Code den Wert 0. Dies sollte allerdings nur dann eintreten, wenn Ihre Festplatte oder Diskette keine Daten mehr aufnehmen kann.

Beispielprogramm:

```
/***************************/
/* Temporäre Dateien       */
/***************************/
#include <stdio.h>
int j = 0; FILE *point;
main()
{
int i;
char string[50];
/*10 temporäre Dateinamen ausgeben*/
for(i = 0; i < 10; i++)
    printf("\n%s",tmpnam(NULL));

/*Temporäre Datei anlegen und beschreiben*/
point = tmpfile();
for(i = 0; i < 10; i++)
    fprintf(point, "Wir-werden-uns-nie-wiedersehen\n");
/*Dateizeiger zurücksetzen und Daten einlesen*/
rewind(point);
for(i = 0; i < 10; i++)
    {
    fscanf(point,"%s",string);
    printf("\n%s",string);
    }

/*Temporäre Datei schließen*/
fclose(point);
}
```

random() und randomize()

Syntax: `int random (int zahl);`

            `void randomize(void);`

Include: `stdlib.h`

          `time.h`   (für *randomize()*)

Die Funktion *random()* liefert eine Zufallszahl im Bereich von 0 bis zu dem übergebenen *int*-Wert. Die Funktion *randomize()* initialisiert den Zufallszahlen-Generator mit dem momentanen Time-Counter der Systemuhr. Die Uhrzeit wird somit als Startwert betrachtet. Beide Funktionen sind als Makros definiert. *random()* greift auf die Funktion *rand()* zurück und liefert den *return*-Code nach folgendem Schema:

```
return(rand() % zahl);
```

Beispielprogramm:

```
/**************************/
/* Zufallszahlen          */
/**************************/
#include <stdio.h>
#include <time.h>
#include <stdlib.h>
main()
{
int i;
randomize(); /*Startwert setzen*/
for(i = 0; i < 15; i++)
   printf("\nSchön sind die Frauen mit %d %d Jahr.",
            random(100),random(100));

printf("\nQuatsch! Frauen sind immer schön.");
}
```

Modifizierte Funktionen

bsearch(), lsearch() und lfind()

Syntax: `void *bsearch(const void *key, const void *basis,`
            `size_t *elemente, size_t weite,`
            `int (*compare()(const void * ,`
                              `const void *);`

Diese Syntax gilt ebenfalls für die Funktionen *lsearch()* und *lfind()*.

Include: `stdlib.h`

Folgendes wurde geändert:

– Die Übergabewerte *elemente und *weite* wurden in der Include-Datei durch *typedef* als *unsigned* deklariert.
– Die Anzahl der Tabelleneinträge für *bsearch()* wird in der Variablen *elemente* als Wert übergeben.
– Für die Funktionen *lsearch()* und *lfind()* wird in *elemente ein Zeiger auf die Anzahl der Tabellen-Einträge übergeben.

calloc(), malloc() und realloc()

Syntax:
```
void *calloc(size_t elemente, size_t block);
void *malloc(size_t size);
void *realloc(void *block, size_t neu);
```

Include:
```
stdlib.h
alloc.h
```

Folgendes wurde geändert:

– Hier erfolgte die Anpassung lediglich dahingehend, daß bei einer Null-Übergabe der Parameter

  block (calloc())
  size (malloc())
  neu (realloc())

als Funktionsergebnis der Wert 0 zurückgeliefert wird.

cprintf() und cputs()

Syntax:
```
int cprintf("formatzeichen", variablen);
void cputs(char *aus_str);
```

Include: `conio.h`

Folgendes wurde geändert:

– *cprintf()* wurde für die Funktion *window()* angepaßt. Der Text bzw. die Ziffern werden im aktuellen Fenster ausgegeben. Der *return*-Code gilt immer noch. Es wird die Anzahl der ausgegebenen Zeichen zurückgeliefert.

– *cputs()* arbeitet ebenfalls innerhalb des aktuellen Fensters und liefert als *return*-Code das zuletzt ausgegebene Zeichen zurück.

Wenn Sie mit *window()* arbeiten, sollten Sie generell diese Funktionen (oder *getche()* / *putch()*) zur Ein-/Ausgabe verwenden. Die anderen Ausgabefunktionen (*printf()* usw.) nehmen auf den definierten Bereich keine Rücksicht. Sie können dies allerdings mit der Funktion *gotoxy()* umgehen, indem Sie Zeile und Spalte ansteuern und dann den Text o.ä. ausgeben.

getche() und putch()

Syntax: `int getche(void);`
              `int putch(int zeichen);`

Include: `conio.h`

Folgendes wurde geändert:

– *putch()* arbeitet ebenfalls im aktuellen Fenster und liefert als *return*-Code das ausgegebene Zeichen.
– *getche()* arbeitet ebenfalls im aktuellen Fenster. Als *return*-Code wird das eingegebene Zeichen (*int*) geliefert.

read()

Syntax: `int read(int  handle, void *buffer,`
              `              unsigned laenge);`
              `int _read(int handle, void *buffer,`
              `              unsigned laenge);`

Include: `io.h`

Folgendes wurde geändert:

– Die Anzahl der einzulesenden Bytes (*laenge*) wurde als *unsigned* deklariert.

strerror() und _strerror()

Syntax: `char *strerror(int fehlernummer);`
              `char *_strerror(const char *meldung);`

Include: `string.h`

Folgendes wurde geändert:

– In der alten Version konnten Sie durch *strerror()* eine eigene Fehlermeldung ausgeben. Diesen Ablauf übernimmt nun die neue Funktion
  _strerror() (mit Unterstrich). Der Ablauf ist gleich. Sie sollten aller-
  dings beachten, daß die Fehlermeldung eine maximale Länge von 94
  Bytes haben kann. Der Übernahmezeiger oder -string muß also entsprechend Platz zur Verfügung haben.
– *strerror()* erwartet nun als Parameter einen *int*-Wert und sucht mit
  dieser Nummer die Fehlermeldung heraus. Als *return*-Code wird ein
  Zeiger auf diese Meldung geliefert. In der Regel wird der Fehlercode
  der Variablen *errno* übergeben.

country()

Syntax: `struct country *country(int landkz,`
                          `struct country *country);`

Folgendes wurde geändert:

– Die Struktur *country* wurde um eine *char*-Komponente ergänzt. Diese hat den Namen *co_time* und gibt Auskunft über den auszugebenden
  Stundenrhythmus (12/24 Stunden).

Beispielprogramm:

```
/***************************/
/* Landesspezifische Angaben */
/***************************/
#include <stdio.h>
#include <dos.h>
#define EUROPA 1
main()
{
struct country hol;
country(EUROPA,&hol);
printf("\nDatumsformat       : %d",hol.co_date);
printf("\nWährungssymbol     : %s",hol.co_curr);
printf("\nTrennung 1000      : %s",hol.co_thsep);
printf("\nDezimalpunkt       : %s",hol.co_desep);
printf("\nTrennung Datum     : %s",hol.co_dtsep);
printf("\nTrennung Zeit      : %s",hol.co_tmsep);
printf("\nWährungsformat     : %c",hol.co_currstyle);
printf("\nNachkommastellen   : %c",hol.co_digits);
printf("\nUhrzeit            : %c",hol.co_time); /*--->NEU*/
printf("\nGroß-/Kleinschrift : %ld",hol.co_case);
printf("\nDatentrenner       : %c",hol.co_dasep);
printf("\n Füller :%s",hol.co_fill);
}
```

Anhang A

ASCII-Tabelle

ASCII-Symbole in Dezimal-, Oktal- und Hexadezimaldarstellung

Dez	Oktal	Hex	CHR	Dez	Oktal	Hex	CHR	Dez	Oktal	Hex	CHR
000	000	00	NUL (Ctrl-A)	043	053	2B	+	086	126	56	V
001	001	01	SOH (Ctrl-B)	044	054	2C	,	087	127	57	W
002	002	02	STX (Ctrl-C)	045	055	2D	−	088	130	58	X
003	003	03	ETX (Ctrl-D)	046	056	2E	.	089	131	59	Y
004	004	04	EOT (Ctrl-E)	047	057	2F	/	090	132	5A	Z
005	005	05	ENQ (Ctrl-F)	048	060	30	0	091	133	5B	[
006	006	06	ACK (Ctrl-G)	049	061	31	1	092	134	5C	\
007	007	07	BEL (Ctrl-H)	050	062	32	2	093	135	5D	]
008	010	08	BS (Ctrl-I)	051	063	33	3	094	136	5E	^
009	011	09	HT (Ctrl-J)	052	064	34	4	095	137	5F	_
010	012	0A	LF (Ctrl-K)	053	065	35	5	096	140	60	`
011	013	0B	VT (Ctrl-L)	054	066	36	6	097	141	61	a
012	014	0C	FF (Ctrl-M)	055	067	37	7	098	142	62	b
013	015	0D	CR (Ctrl-N)	056	070	38	8	099	143	63	c
014	016	0E	SO (Ctrl-O)	057	071	39	9	100	144	64	d
015	017	0F	SI (Ctrl-P)	058	072	3A	:	101	145	65	e
016	020	10	DLE (Ctrl-Q)	059	073	3B	;	102	146	66	f
017	021	11	DC1 (Ctrl-R)	060	074	3C	<	103	147	67	g
018	022	12	DC2 (Ctrl-S)	061	075	3D	=	104	150	68	h
019	023	13	DC3 (Ctrl-T)	062	076	3E	>	105	151	69	i
020	024	14	DC4 (Ctrl-U)	063	077	3F	?	106	152	6A	j
021	025	15	NAK (Ctrl-V)	064	100	40	@	107	153	6B	k
022	026	16	SYN (Ctrl-W)	065	101	41	A	108	154	6C	l
023	027	17	ETB (Ctrl-X)	066	102	42	B	109	155	6D	m
024	030	18	CAN (Ctrl-Y)	067	103	43	C	110	156	6E	n
025	031	19	EM (Ctrl-Z)	068	104	44	D	111	157	6F	o
026	032	1A	SUB	069	105	45	E	112	160	70	p
027	033	1B	ESCAPE	106	070	46	F	113	161	71	q
028	034	1C	FS	071	107	47	G	114	162	72	r
029	035	1D	GS	072	110	48	H	115	163	73	s
030	036	1E	RS	073	111	49	I	116	164	74	t
031	037	1F	US	074	112	4A	J	117	165	75	u
032	040	20	SPACE	075	113	4B	K	118	166	76	v
033	041	21	!	076	114	4C	L	119	167	77	w
034	042	22	"	077	115	4D	M	120	170	78	x
035	043	23	#	078	116	4E	N	121	171	79	y
036	044	24	$	079	117	4F	O	122	172	7A	z
037	045	25	%	080	120	50	P	123	173	7B	{
038	046	26	&	081	121	51	Q	124	174	7C	|
039	047	27	'	082	122	52	R	125	175	7D	}
040	050	28	(	083	123	53	S	126	176	7E	~
041	051	29	)	084	124	54	T	127	177	7F	DEL
042	052	2A	*	085	125	55	U				

(Anmerkung: Der ASCII-Code verwendet nur 7 Bits eines Bytes. Das höchstwertige Bit (Bit 7) ist in dieser Tabelle auf Null gesetzt. Es kann in anderen Fällen auch den Wert 1 haben. Dann ist zum dezimalen Codewert 128, zum oktalen 200 und zum hexadezimalen 80 zu addieren.)

Anhang B

Lösungen

Aufgabe 1:

Vereinfachen Sie folgende Zuweisungen:

```
summe = summe + 500;
var1  = var1 >> var2;
num1  = num2;
num2  = num3;
```

Lösung:

```
summe += 500;
var1 >>= var2;
num1 = num2 = num3;
```

Aufgabe 2:

Können folgende Abfragen auch anders lauten?

```
if(wert >= 1)
if(wert == 0)
```

Lösung:

```
if(wert)
if(!wert)
```

Aufgabe 3:

Prüfen Sie anhand der folgenden Funktionsdefinition, ob die anschließend beschriebenen Funktionsübergaben alle richtig sind.

Funktionsdefinition:

```
funk(string,zahl,zeichen)
char *string;
int zahl;
char zeichen;
```

Funktionsaufrufe:

```
funk("abcdef",10,'x');          (1)
funk("text01",0.1,'x');         (2)
funk(123, 456,' ');             (3)
funk("123456",1000,'X');        (4)
```

Lösung:

(1) richtig.
(2) falsch, denn an die *int*-Variable *zahl* wird ein *float*-Wert übergeben.
(3) falsch, denn an den *char*-Zeiger *string* wird ein *int*-Wert übergeben.
(4) richtig.

Aufgabe 4:

Sind die folgenden Zuweisungen anhand der definierten Variablen korrekt?

```
int wert1;
float wert2;
char *text, feld[30];
```

Zuweisung:

```
wert1 = 1000;           (1)
wert2 = 500;            (2)
text  = "abcdef";       (3)
feld  = "abcdef";       (4)
wert2 = (float) 100/14; (5)
```

Lösung:

(1) richtig
(2) richtig, sollte jedoch 500.0 lauten, da *float*-Werte lt. C-Norm mit Nachkommastellen angegeben werden.

(3) richtig.

(4) falsch, Vektorzuweisungen dürfen nicht in Anführungszeichen erfolgen. Dazu werden entweder die C-String-Funktionen oder Ein-
zelzuweisungen an die einzelnen Vektorelemente in Hochkommata
benutzt.

(5) richtig, mit der Zwangskonvertierung wird das Ergebnis in *float*
umgewandelt und der *float*-Variablen zugewiesen.

Aufgabe 5:

Was gibt die Funktion *display()* auf dem Bildschirm aus, wenn DISP = 1
ist und für *code* der Wert 5 übergeben wird?

```
display(5,10, (code == disp) ? "text" : "leer");
```

Lösung:

Es wird "leer" ausgegeben, da die Bedingung *code == DISP* nicht erfüllt
ist. Es tritt also Parameter 2, in diesem Fall "leer" in Kraft.

Aufgabe 6:

Erklären Sie den Begriff "Zeiger".

Lösung:

Ein Zeiger wird als Variable behandelt. Sie benutzen ihn, um auf Speicherbereiche zu "zeigen" und den dort abgelegten Wert für Ihr Programm
zu verwenden. Ein Zeiger erhält genau wie eine Variable eine Klassifizierung entsprechend des Inhalts, auf den er zugreifen soll. Zeiger sind typgebunden.

Aufgabe 7:

Erklären Sie den Begriff "Vektor"

Lösung:

Dieser Begriff steht für das englische Wort "Array" und stellt eine ein-
oder mehrdimensionale Verbindung von Speicherbereichen dar. Vektoren können über Zeiger angesprochen werden. Die einzelnen Vektorelemente werden über einen Index angesprochen.

Aufgabe 8:

Welche Arten von Vektoren unterscheiden wir?

Lösung:

Man unterscheidet eindimensionale und mehrdimensionale Vektoren.

Aufgabe 9:

Definieren Sie jeweils:

char	Zeiger und Vektor
float	Zeiger und Vektor
double	Zeiger und Vektor
long	Zeiger und Vektor
int	Zeiger und Vektor

Lösung:

```
char      *czeiger, cvektor[10];
float     *fzeiger, fvektor[10];
double    *dzeiger, dvektor[10];
long      *lzeiger, lvektor[10];
int       *izeiger, ivektor[10];
```

Aufgabe 10:

Ist die folgende Aussage richtig?

Ein *char*-Zeiger kann auf jedes beliebige Feld oder auf jede beliebige Variable verweisen und deren Inhalt ändern.

Lösung:

Nein!

Aufgabe 11:

Begründen Sie Ihre Antwort zu Aufgabe 10!

Lösung:

Zeiger sind typgebunden. Für die jeweiligen Variablentypen wird unterschiedlich viel Speicherplatz benötigt. Ein *char*-Wert belegt z.B. 1 Byte und ein *int*-Wert 2 Bytes. Daher müssen Zeiger entsprechend definiert oder deklariert werden.

Aufgabe 12:

Was sind Variablen und Konstanten?

Lösung:

Konstanten sind festdefinierte Werte, die am Programmanfang einen Wert erhalten und während des Programmablaufs nicht verändert werden können. Variablen können am Programm- oder Funktionsbeginn definiert oder deklariert und im weiteren Verlauf beliebig verändert werden.

Aufgabe 13:

Wie viele Funktionen können maximal in einer Funktion zusätzlich angelegt werden?

Lösung:

Keine! Funktionen dürfen nicht verschachtelt werden.

Aufgabe 14:

Wozu dienen Operatoren?

Lösung:

Operatoren dienen definitionsgemäß zur Durchführung von Operationen. Es können Werte an andere Variablen zugewiesen oder Eigenwerte von Variablen verändert werden. Außerdem können Funktionsergebnisse zugewiesen oder Variablenwerte abgefragt werden. Wir unterscheiden u.a. arithmetische, Vergleichs- und Bit-Operatoren, die unterschiedliche Verarbeitungsformen übernehmen.

Aufgabe 15:

Was geschieht, wenn in einer Abfrage mehrere Verknüpfungen sind?

Lösung:

Sie werden entsprechend ihrer Priorität verarbeitet.

Aufgabe 16:

Nennen Sie die Ihnen bekannten Typenbezeichnungen.

Lösung:

char, float, int, long, double, short.

Aufgabe 17:

Nennen Sie einige ungültige Variablennamen.

Lösung:

Operatoren dürfen nicht im Namen vergeben werden. Zahlenwerte dürfen nicht am Namensanfang stehen. Falsch sind z.B.:

```
1name, -name, *1, (name), +name, <<name usw.
```

Aufgabe 18:

Ist die folgende Aussage richtig?

Es dürfen nur numerische Werte mit einem *char*-Zeiger angesprochen werden.

Lösung:

Nein! Mit einem *char*-Zeiger dürfen nur *char*-Werte behandelt werden.

Aufgabe 19:

Wozu dienen Funktionen?

Lösung:

Sie dienen dem funktionalen Aufbau eines Programms. Eine Untertei-
lung in kleine Programmbereiche, die wiederum von anderen Bereichen
benutzt werden können, erlaubt ein optimiertes und strukturiertes Programmieren (Top-Down-Programmierung). Die Funktionen können getrennt erstellt und anschließend zu einem Projekt zusammengefügt werden.

Aufgabe 20:

Wie oft muß *main* vorkommen, wenn mehrere Dateien einzeln compiliert und dann gelinkt werden?

Lösung:

Nur einmal.

Aufgabe 21:

Wann muß ein Semikolon als Abschluß angegeben werden und wann
darf keins stehen?

Lösung:

Ein Semikolon muß vorkommen

- nach jedem Definitions-oder Deklarationsende,
- nach jedem Befehlsabschluß und
- nach jedem Funktionsaufruf.

Ein Semikolon darf nicht vorkommen:

- nach einem Funktionsnamen, dieser gilt nur als Ansprungmarke für
  den Funktionsaufruf.
- nach einer *if-* oder *while*-Klammer, da die folgenden Befehle dann
  nicht mehr erkannt werden.

Aufgabe 22:

Wann sprechen wir von einer Deklaration und wann von einer Definition?

Lösung:

Bei einer Deklaration wird die Variable oder Funktion bekannt gemacht, aber noch kein Speicherplatz reserviert.

Bei einer Definition wird bereits ein Wert zugewiesen oder Speicherplatz reserviert.

Anhang C

Weitere Informationen zu den Interrupts

Gerade in der Systemprogrammierung, insbesondere beim Arbeiten mit den Interrupts, wird viel mit der direkten Adressierung gearbeitet. Im folgenden finden Sie diverse Informationen zum Interrupt 21 sowie eine Aufgliederung des Interrupts 21 nach den verschiedenen Funktionsgruppen. Wo es notwendig erschien, wurde eine Beschreibung des Bitmusters hinzugefügt.

Parameter und Gruppierung des Interrupts 21

Als erstes folgt eine Tabelle, die die Parameter und Parameterblöcke des DOS-Interrupts 21 enthält. Sie ersehen daraus u.a. den Aufbau des FCBs oder der DTA sowie diverse Erläuterungen, die Ihnen bei der Arbeit mit dem Interrupt 21 von Nutzen sein werden. Die in den runden Klammern auftretenden Hex-Werte sind Funktionsnummern.

Begriff	Bedeutung
System	Speicherbereich, in dem alle Systemvariablen wie z.B. *prompt* oder *path* abgelegt sind.
Dateiattribut	Dieses Zeichen gibt den Status einer Datei an:

0	Zugriff für alles erlaubt
1	Datei nur zum Lesen zulässig
2	Hidden-Datei (kein Öffnen durch 0F)
4	System-Datei (kein Öffnen durch 0F)
8	Verzeichnis (kein Ändern durch 43)
10	Unterverzeichnis (kein Ändern durch 43)
20	Datei wurde beschrieben (Statusbit)
40	DOS-reserviert
80	DOS-reserviert

Begriff	Bedeutung
Dateieintrag	Mit folgendem Satzaufbau wird eine Datei im Dateiverzeichnis abgelegt:

Bytes
00 – 07   Dateiname
08 – 0A   Erweiterung
0B   Dateiattribut
0C – 0F   DOS-reserviert
16 – 17   Uhrzeit der letzten Modifikation
18 – 19   Datum der letzten Modifikation
1A – 1B   Adresse der ersten Datengruppe des Speichermediums
1C – 1D   Dateigröße Wort
1E – 1F   Dateigröße Wort
           Die Dateigröße berechnet sich durch (Wort 1C und 1D)+(Wort 1E und 1F) * 10

DTA   Disk Transfer Area (Plattenpuffer) für Ein-/Ausgabe:

Bytes
00 – 14   DOS-reserviert
0F   Dateiattribut
16 – 17   Uhrzeit der letzten Modifikation
18 – 19   Datum der letzten Modifikation
1A – 1B   Dateigröße Wort
1C – 1D   Dateigröße Wort
           Die Dateigröße berechnet sich durch (Wort 1A und 1B)+(Wort 1C und 1D) * 10
2B – 7F   Puffer

FCB   File Control Block (Dateisteuerblock) regelt den Dateizugriff:

Funktionen auch bei ungeöffnetem FCB:

Bytes
00   Laufwerknummer (0 = A, 1 = B)
01 – 08   Dateiname
09 – 0B   Erweiterung

Begriff	Bedeutung

Funktionen beim geöffneten FCB (durch 0F):

0C – 0D	Aktuelle Datenblocknummer
0E – 0F	Datenblock-Größe
10 – 11	Dateigröße (Register)
12 – 13	Dateigröße (Segment)
14 – 15	Datum der letzten Modifikation

Bits
0 – 4 Tag
5 – 8 Monat
9 – F Jahr (0 = 1980, 1 = 1981 ...)

16 – 17	Uhrzeit der letzten Modifikation

Bits
0 – 4 Sekunden (1 = 2 sec,
                          2 = 4 sec ...)
5 – A Minuten
B – F Stunden

18 – 1F	DOS-reserviert
20	Aktueller sequentieller Satz
21 – 22	Aktueller wahlfreier Satz (Register)
23 – 24	Aktueller wahlfreier Satz (Segment)
25 – 27	Frei

Handle   16-Bit-Kennsatz, der als Zugriffskanal auf eine Datei gesetzt wird und zu deren Identifikation dient:

0	Standardeingabe Tastatur
1	Standardausgabe Bildschirm
2	Gerät für zuständige Fehlerausgabe
3	Ein-/Ausgabe über die serielle Schnittstelle
4	Druckerausgabe (parallel)

IOCTL   Ein-/Ausgabe-Kontrollfunktion für Peripherie

Kanalcode   Ein Code für Zugriffe auf Dateien oder Geräte:
Gerät

Bits
0 = 1 Gerät ist Standardeingabe
1 = 1 Gerät ist Standardausgabe
2 = 1 Gerät ist Pseudoeinheit
3 = 1 Gerät ist Systemuhr
4   DOS-reserviert

Begriff	Bedeutung
	5 = 0 Control-Zeichen werden verarbeitet
	5 = 1 Control-Zeichen werden nicht verarbeitet
	6 = 0 EOF wurde erreicht
	7 = 1 Gerät wird spezifiziert
	8 – D DOS-reserviert
	E = 1 Gerät kann Steuerdaten empfangen und senden
	F DOS-reserviert

Datei — *Bits*
0 – 5   angesprochenes Laufwerk (0 = A, 1 = B)
6 = 0   Kanal wurde beschrieben
7 = 0   Code spezifiziert eine Datei
8 – F   DOS-reserviert

LSB — Low-Byte einer 16-Bit-Adresse (Least Significant Byte)

MSB — High-Byte einer 16-Bit-Adresse (Most Significant Byte)

Parameter — Laden und Starten eines Programms:

Bytes
00 – 01   Segmentadresse Umgebung
02 – 05   Segmentadresse und Adresse der Befehls-zeile, die ab Byte 80 (DTA) des PSP über-geben wird.
06 – 09   Segmentadresse und Adresse des ungeöff-neten FCB, der ab Byte 5C im PSP (FCB1) neu abgelegt wird
0A – 0D   Segmentadresse und Adresse des ungeöff-neten FCB, der ab Byte 6C im PSP (FCB2) neu abgelegt wird
00 – 01   Segmentadresse des Programmbeginns
02 – 03   Verschiebungsfaktor

Statuscode —
0   Programm ohne Fehler beendet
1   Programmabbruch durch <Ctrl><Break>
2   Programmabbruch durch Gerätefehler
3   Programm durch Funktion 31 beendet

Begriff	Bedeutung
Suchcode	Code zur Behandlung einer zu suchenden Datei:

Bits

0 = 0	Abbruch bei Separator (: oder \)
0 = 1	Separatoren ignorieren
1 = 0	Bei keiner Laufwerksangabe wird in FCB A eingetragen
1 = 1	Bei keiner Laufwerksangabe bleibt FCB unverändert
2 = 0	Ist kein Dateiname vorhanden, so werden 8 Leerzeichen im FCB eingetragen.
2 = 1	Ist kein Dateiname vorhanden, so bleibt der FCB unverändert.
3 = 0	Wie Bit 2, nur mit Dateierweiterung
3 = 1	Wie Bit 2, nur mit Dateierweiterung

Interrupt 21 (33) nach Funktionsgruppen

Funktion	Bedeutung

Zeichenein- und -ausgabe

1	(1)	Zeicheneingabe mit Zeichenanzeige
2	(2)	Zeichenausgabe auf Bildschirm
3	(3)	Zeichen von serieller Schnittstelle lesen
4	(4)	Zeichen auf serielle Schnittstelle ausgeben
5	(5)	Zeichenausgabe auf Drucker
6	(6)	Zeichen einlesen und ausgeben
7	(7)	Zeichen einlesen ohne <Crtl><Break> prüfen
8	(8)	Wie 7, aber mit <Ctrl><Break> prüfen
9	(9)	Zeichenkette ausgeben (Feldende = $)
A	(10)	Zeichenkette von Tastatur lesen
B	(11)	Überprüfe, ob Taste betätigt wurde
C	(12)	Eingabepuffer löschen

Programm beenden

0	(0)	Programm beenden und Interrupt-Vektoren zurücksetzen

Funktion	Bedeutung

Programm beenden

| 31 (49) | Programm beenden, aber für Neustart im Speicher resident machen |
| 4C (76) | Programm beenden mit Dateien schließen und Status an rufendes Programm übergeben |

Uhrzeit/Datum

2A (42)	Datum lesen
2B (43)	Datum setzen
2C (44)	Uhrzeit lesen
2D (45)	Uhrzeit setzen

DTA-Bereich

| 1A (26) | DTA-Adresse setzen |
| 2F (47) | DTA-Adresse lesen |

Zugriff auf Unterverzeichnisse

39 (57)	Unterverzeichnis anlegen
3A (58)	Unterverzeichnis löschen
3B (59)	Aktuelles Verzeichnis setzen
47 (71)	Aktuelles Verzeichnis abfragen

Verzeichnisse durchsuchen

11 (17)	Ersten Verzeichniseintrag suchen (FCB)
12 (18)	Nächsten Verzeichniseintrag suchen (FCB)
4E (78)	Ersten Verzeichniseintrag suchen (Handle)
4F (79)	Nächsten Verzeichniseintrag suchen (Handle)

Zugriff auf Interrupt-Vektoren

| 25 (37) | Interrupt-Vektor ändern |
| 35 (53) | Interrupt-Vektoradresse feststellen |

Zugriff auf Datenträger (Diskette/Festplatte)

0D (13)	Blocktreiber-Reset (Plattenpuffer leeren)
0E (14)	Aktuelles Laufwerk auswählen
19 (25)	Standardlaufwerk abfragen

Funktion	Bedeutung

Zugriff auf Datenträger (Diskette/Festplatte)

1B (27)	Laufwerksinformationen (Standardlaufwerk)
1C (28)	Laufwerksinformationen (aktuelles Lauwerk)
36 (54)	Freie Kapazität der Platte ermitteln

Zugriff auf Gerätetreiber (IOCTL)

44 (68)
- 0 – Gerätestatus lesen
- 1 – Gerätestatus setzen
- 2 – Daten empfangen von Zeichentreiber (Kanal)
- 3 – Daten senden an Zeichentreiber (Kanal)
- 4 – Daten empfangen von Blocktreiber (Laufwerk)
- 5 – Daten senden an Blocktreiber (Laufwerk)
- 6 – Eingabestatus lesen
- 7 – Ausgabestatus lesen
- 8 – Kann der Datenträger gewechselt werden?
- 9 – Testen, ob lokales oder entferntes Laufwerk (Device-Remote)
- 10 – Testen, ob lokaler oder entfernter Kanal (Handle-Remote)
- 11 – Zugriffswiederholung setzen

RAM-Speicher verwalten

48 (72)	RAM-Speicher reservieren
49 (73)	RAM-Speicher freigeben
4A (74)	Speicheranforderung ändern
58 (88)	Konzept der Speicherverteilung lesen/setzen

Dateibearbeitung (Handles)

3C (60)	Datei neu anlegen
3D (61)	Datei öffnen
3E (62)	Datei schließen
3F (63)	Datei lesen
40 (64)	Datei beschreiben
41 (65)	Datei löschen
42 (66)	Dateizeiger positionieren
56 (86)	Datei umbenennen
45 (69)	Zweiten Handle für Zugriff anlegen
46 (70)	Zweiten Handle schließen und neu anlegen
5A (90)	Temporäre Datei anlegen

Funktion	Bedeutung

Dateibearbeitung (FCB)

0F (15)	Datei öffnen
10 (16)	Datei schließen
13 (19)	Datei löschen
14 (20)	sequentielles Lesen
15 (21)	sequentielles Schreiben
16 (22)	Datei anlegen
17 (23)	Datei umbenennen
21 (33)	wahlfreies Lesen
22 (34)	wahlfreies Schreiben
23 (35)	Dateigröße ermitteln
24 (36)	Datensatz-Nummer setzen (relative Satznummer)
27 (39)	wahlfreies Lesen mehrerer Sätze
28 (40)	wahlfreies Schreiben mehrerer Sätze
29 (41)	Dateinamen in einem String suchen

Zugriff auf DOS-Flags

2E (46)	Verify-Flag setzen
33 (51)	Break-Flag lesen/setzen
54 (84)	Verify-Flag lesen

Zugriff auf den PSP

26 38)	PSP erstellen
62 (98)	PSP-Adresse lesen

Zugriff auf landesspezifische Informationen

38 (56)	Landesspezifische Angaben lesen/setzen

Zugriff auf Datei-Informationen

43 (67)	Dateiattribut lesen/setzen
57 (87)	Datum/Zeit der letzten Änderung lesen/setzen

Diverse Funktionen

30 (48)	Versionsnummer von MS-DOS lesen
4B (75)	0 – Programm laden und starten
	1 – Anderes Programm als "Overlay" laden
4D (77)	Status des mit 4C beendeten Programms lesen
59 (89)	Fehlerinformationen lesen

Fehlercode bei der Disketten-Bearbeitung

Diskettenfehler

01	Unzulässiger Funktionsaufruf
02	Adreßmarkierung nicht gefunden
03	Es wurde versucht, auf schreibgeschützte Diskette zu schreiben
04	Der angesprochene Sektor wurde nicht gefunden
08	Speicherüberlauf (DMA-Überlauf)
09	Es wurde versucht, den zulässigen Puffer von 64 KB zu überschreiten
10	Lesefehler
20	Fehler des Disketten-Controllers
40	Spur wurde nicht gefunden
80	Time-Out (Laufwerk reagiert nicht)

Festplattenfehler

01	Unzulässiger Funktionsaufruf, oder das angesprochene Laufwerk ist nicht vorhanden
02	Adreßmarkierung nicht gefunden
04	Sektor nicht gefunden
05	Controller-Fehler bei Reset
07	Initialisierungsfehler des Controllers
09	Speicherfehler, der gültige Segmentbereich wurde überschritten
0A	Sektor defekt
10	Lesefehler
11	Lesefehler wurde durch ECC korrigiert
20	Controller defekt
40	Suchoperation wurde unterbrochen oder ist gescheitert
80	Time-Out (Laufwerk reagiert nicht)
AA	Laufwerk noch nicht bereit
CC	Schreibfehler

Anhang D

Fehlermeldungen des Compilers

Wir unterscheiden drei Fehlerklassen:

– Warning:
Der Compiler arbeitet weiter, weist Sie allerdings darauf hin, daß z.B. eine falsche Zeigerzuweisung oder eine unsinnige Klammerung erfolgte. Treten nur Warning-Meldungen auf, wird das Programm trotzdem gelinkt und ein .EXE-Code erstellt.

– Error:
Sie haben z.B. einen Befehl falsch geschrieben oder eine Variable nicht definiert. Der Compiler arbeitet bis zum Programmende durch, erstellt allerdings kein .EXE-Programm. Die Fehler müssen zunächst korrigiert werden.

– Fatal Error:
Der Compiler stellt seine Tätigkeit sofort ein. Dies könnte z.B. dann der Fall sein, wenn eine Include-Datei eingeladen werden soll, die nicht existiert.

Warnungen

"Name" declared but never used
Sie haben innerhalb einer Funktion (*main()* o. ä.) eine Variable deklariert, die überflüssig erscheint, da diese in der Funktion nicht angesprochen wird.

"Name" is assigned a value witch is never used
Es erfolgte eine überflüssige Zuweisung. Die Zuweisung hat für den weiteren Funktionsverlauf keine Bedeutung, da dieser Wert nicht weiterverarbeitet wird.

"Name" not part of a structure
Sie haben ein Element in Verbindung mit einem Strukturnamen angesprochen. Das Element ist allerdings kein Bestandteil der Struktur.

Ambiguous operators need parentheses
Eine Klammerung mit mehreren Operator-Kombinationen ist nicht eindeutig. Sie sollten sich genau an die Rangfolge der Operatoren halten und
eine kombinierte Zuweisung entsprechend klammern.

Both return and return of a value used
Der Compiler teilt Ihnen mit, daß Sie die Funktion mit *return;* und mit
return(wert); verlassen.

Call to function with no prototype
Prototypen werden in einer Include-Datei definiert. Sie haben eine
Funktion aufgerufen, für die noch kein Prototyp angelegt wurde. Diese
Warnung kann auch dann auftreten, wenn ein *#include* erst an späterer
Programmstelle erfolgte und der Funktionsaufruf bereits vorher stattge-
funden hat.

Code has no effect
Operationen ohne Ergebniszuweisung oder die Benennung einer
Variablen ohne weitere Angabe sind von der Syntax her korrekt. Diese
haben allerdings keinerlei Wirkung.

Beispiel:
```
var1 * var2;
wert + wert1;
var_name;
```

Die beiden Rechenoperationen multiplizieren und addieren Werte, wobei das Ergebnis "irgendwo" landet, da es keiner Variablen zugewiesen
wurde. Durch *var_name;* soll wahrscheinlich "irgend etwas" aufgerufen
oder angesprochen werden. Wenn Sie es nicht wissen, kann der Compiler
Ihnen auch nicht weiterhelfen.

Constant is long
Die Konstante wird als *long* abgespeichert. Wenn Sie einen expliziten
Zusatz wie *l* oder *L* oder eine explizite Typumwandlung vergessen und
ein Dezimalwert größer als seine vorgegebene *int*-Grenze wird, erscheint diese Meldung. Der Compiler findet keinen zusätzlichen Hinweis
auf einen *long*-Wert, und die Variable wurde z.B. nur als *int*-Variable
angelegt. Aus Sicherheitsgründen speichert der Compiler den zu groß ge-
ratenen Wert als *long* ab.

Constant out of range in comparison

Diese Meldung tritt auf, wenn eine Variable einen Wert aufnimmt, der nicht ihrem Variablentyp entspricht. Als *unsigned* deklarierte Variablen erwarten positive Werte. Wird dieser Variablen ein Wert wie –1 oder –n übergeben, dann wird eine Warnung ausgegeben, wenn keine explizite Typumwandlung erfolgte. Dies muß jedoch nicht immer der Fall sein. Das Bitmuster –1 läßt sich durchaus als *unsigned* darstellen (ist allerdings maschinenabhängig), so daß trotzdem ein korrektes Ergebnis erzielt werden kann.

Conversion may lose significant digits

Diese Meldung besagt, daß beispielsweise ein *long*-Wert einer *int*-Variablen zugewiesen wurde. Bedingt durch die unterschiedlich großen Speicherbereiche wurde der Rest, der nicht mehr in die *int*-Variable hineinpaßte, abgeschnitten. Dies tritt allerdings nur bei Implementierungen auf, deren Variablengrößen tatsächlich unterschiedlich sind.

Funktion should return a value

Funktionen, die nicht als *void* oder *int* deklariert werden, "müssen" einen Wert zurückliefern. Dies wurde von Ihnen z.B. bei einer mit *char *funk()* bezeichneten Funktion nicht berücksichtigt. Hier wird erwartet, daß ein Zeiger zurückgeliefert wird.

Mixing pointers to signed and unsigned char

Es findet eine Mischung von *unsigned* und *signed* char-Zeigern ohne explizite Typumwandlung statt. Zumindest in Turbo C hat dies jedoch keine Bedeutung. Diese Warnung scheint vielmehr der Portabilität hinsichtlich anderer Versionen zu dienen.

No declaration for function "Name"

Diese Warnung tritt auf, wenn eine Funktion aufgerufen wird, für die noch keine Deklaration erfolgte.

Non-portable pointer assignment

Sie erhalten einen Hinweis, daß eine falsche Zeiger-Zuweisung erfolgte. Dies kann z.B. bei folgenden Anweisungen der Fall sein:

```
int *pointint = char *pointchar;
char *pointchar = 5;
```

Eine Null-Zuweisung an einen *char*-Zeiger ist allerdings zulässig.

Non-portable pointer comparison

Hier findet ein Vergleich unterschiedlicher Zeiger ohne explizite Typumwandlung statt. Auch hier ist ein Vergleich mit Null zulässig.

Non-portable return type conversion
Diese Warnung erhalten Sie, wenn der *return*-Wert einer Funktion nicht dem Typ der Funktionsdefinition entspricht. Null ist allerdings zulässig.

Parameter "Name" is never used
Innerhalb einer Funktionsklammer oder unmittelbar nach dem Funktionsnamen wurde ein Parameter angegeben, der innerhalb der Funktion nicht angesprochen wird. Diese Meldung tritt auch dann auf, wenn eine lokale Variable den gleichen Namen wie ein Parameter hat.

Possible use of "Name" before definition
Sie haben eine Variable deklariert, die bei der Verwendung noch keinen Wert aufgenommen hat.

Beispiel:
```
int i;
Befehle ... (i wird nirgends angesprochen)
if(i == 5)
aktion();
```

Die Variable wird auf den Wert 5 abgefragt, wurde bisher allerdings nur deklariert und hat noch keinen Wert.

Possible incorrect assignment
Diese Warnung tritt häufig in Zusammenhang mit dem Zuweisungs-Operator auf.

Beispiel:
```
if(wert1 = wert2)
```

Der Compiler vermutet, daß die korrekte Abfrage

```
if(wert1 == wert2)
```

lauten sollte.

Redefinition of "Name" is not identical
Es wurde ein bereits definiertes Makro durch einen neuen Namen ersetzt. Der alte Name ist ungültig geworden.

Restarting compile using assembly
Diese Meldung wird nur bei der Kommandozeilen-Version erzeugt. Der Compiler hat eine *asm*-Anweisung entdeckt. Sie haben den Parameter –B beim Compilieren nicht angegeben oder das Einfügen der Direktive *#pragma inline* vergessen.

Structure passed by value

Bei Strukturzuweisungen wurde vermutlich der Adreß-Operator verges-sen. Dies tritt insbesondere bei Strukturelementen auf, die numerischer Natur sind.

Superfluous & with function or array

Diese Meldung erhalten Sie, wenn der Adreß-Operator überflüssig ist, und zwar beispielsweise dann, wenn mit Strukturelementen gearbeitet wird, die als *char* deklariert wurden.

Suspicious pointer conversion

Der Compiler versucht eine Zeigerumwandlung durchzuführen, die nicht korrekt erscheint. Bei diesen Umwandlungen sollten Sie einen *cast* ver-wenden. Diese Meldung könnte bei folgender Definition auftreten:

```
char *text;
text = 123;
```

Text ist ein *char*-Zeiger, der einen *int*-Wert aufnehmen soll. Der Compi-ler wandelt diesen um und stört sich an den unterschiedlichen Typen.

Undefined structur "Name"

Es wurde eine Struktur angesprochen, die nicht definiert ist. Sie sollten zunächst die Schreibweise überprüfen.

Unknown assembler instruction

Es wurde eine unbekannte *asm*-Anweisung gegeben. Es wird lediglich auf unbekannten Opcode geprüft. Adressierungen und Operanden wer-den nicht geprüft.

Unreachable code

In Ihrem Programm sind Anweisungen, die niemals ausgeführt werden. Dies liegt z.B. daran, daß diese durch *return* oder *goto* übersprungen werden.

Void function may not return a value

Sie haben eine *void*-Funktion definiert, und in dieser kommt eine *re-turn()*-Funktion mit Wertübergabe an den Aufruf vor. *void*-Funktionen liefern allerdings kein Ergebnis zurück.

Zero length structure

Sie haben eine Struktur angelegt, die keine Größe hat. Von der Syntax her ist dies zulässig. Die Struktur kann allerdings nicht angesprochen wer-den, ohne daß ein Fehler erzeugt wird.

Syntax-Fehler

operator not followed by macro argument name
Durch das Nummernzeichen # wird ein Makro-Argument in eine Zeichenkette umgewandelt. Sie haben ein ungültiges Argument angegeben.

"Name" not an argument
Sie haben in einem Funktionsaufruf einen Parameter angegeben, der nicht in der Funktion als Argument deklariert ist.

Ambiguous symbol "Name"
Die Elementnamen verschiedener Strukturen können gleich sein. Werden diese durch den Punkt-Operator angesprochen, tauchen keine Probleme auf. Verwenden Sie allerdings einen Zeiger auf eine Struktur und arbeiten mit dem Pfeil-Operator, dann muß dem Compiler mitgeteilt werden, auf welche Struktur der Zeiger zeigen soll.

Argument # missing name
Bei einem Funktionsaufruf wurde ein Wert übergeben, der keinen Parameternamen innerhalb dieser Funktion hat. Der Wert kann somit nicht angesprochen werden.

Argument list syntax error
Entweder haben Sie einen Funktionsaufruf nicht durch die runde Klammer abgeschlossen oder nicht alle Parameter durch Kommas getrennt.

Array bounds missing]
Bei der Deklaration eines Arrays oder dessen Zugriff wird die eckige Klammer erwartet.

Array size too large
Ein angelegtes Array ist zu groß. Sie können maximal 64 KBytes verwenden.

Assembler statement too long
Eine *asm*-Anweisung wurde zu groß. Sie können maximal 480 Zeichen verwenden.

Bad configuration file
In der Konfigurationsdatei TURBOC.CFG befinden sich ungültige Parameter. Sie sollten die Optionen des Compilers überprüfen.

Bad file name format in include directive

Für das Laden einer Include-Datei wurde ein ungültiges Format angegeben. Die Dateinamen dürfen nur wie folgt angegeben werden:

```
#include <stdio.h>  /*Turbo C-definiert*/
#include "meins.h"  /*Benutzerdefiniert*/
```

Bad ifdef directive syntax
Bad ifndef directive syntax
Bad undef directive syntax

Ungültige ..*def*-Anweisung. Jeder dieser Präprozessor-Befehle erwartet den Namen eines Bezeichners und sonst nichts.

Bit field size syntax

Die Größe eines Bitfeldes darf nur im Bereich von 1 bis 16 liegen.

Call of non-function

Sie haben einen Funktionsaufruf angegeben. Der Name wurde vom Compiler gefunden. Allerdings handelt es sich nicht um einen Funktionsnamen, sondern möglicherweise um eine *char*- oder *int*-Variable. Die Klammern stören den Compiler in diesem Fall nicht, da der Name vorhanden ist. Ein Funktionsaufruf für eine Funktion, die nicht bekannt ist und deren Name ebenfalls nicht existiert, wird erst vom Linker als Fehler erkannt und gemeldet.

Cannot modify a const object

Sie haben versucht, eine Konstante zu verändern. Mit #*define* angelegte Konstanten dürfen nicht verändert werden. Dies liegt an der Arbeitsweise des Compilers. Beim Übersetzen wird der definierte Wert überall dort eingesetzt, wo der Name der Konstanten gefunden wird.

Case outside of switch

Eine *case*-Marke befindet sich außerhalb einer *switch*-Klammer.

Case statement missing

Die *case*-Marke wurde falsch angegeben. Die Angabe richtet sich nach der Variablen, die in der *switch*-Anweisung definiert ist. Bei *switch* mit *int*-Variablen muß die *case*-Marke ebenfalls einen *int*-Wert als Ansprungziel haben. Genausogut aber könnten Sie den Doppelpunkt vergessen haben.

Cast syntax error

Innerhalb einer Typumwandlung wurde ein falsches Format angegeben oder eine runde Klammer vergessen.

Character constant too long
Ein einzelnes Zeichen darf entweder nur ein Byte oder maximal 2 Bytes bei Steuerzeichen aufnehmen. Diese Länge wurde überschritten.

Compound statement missing }
Sie haben eine geschweifte Klammer vergessen. Der Compiler arbeitet bis zu der Stelle weiter, wo seiner Meinung nach spätestens eine solche Klammer stehen müßte.

Conflicting type modifiers
Bei einer Deklaration wurden mehrere Typen angegeben. Sie können einer Variablen nur einen Typ und zusätzlich nur eine Entfernungsbezeichnug zuweisen:

```
int long wert;   /*falsch*/
char int zeich;  /*falsch*/
char far *point; /*richtig*/
```

Constant expression required
An dieser Stelle wird eine Konstante erwartet.

Could not find file "Name"
Eine Datei wurde nicht gefunden. Überprüfen Sie die Pfade oder den Dateinamen.

Declaration missing ;
Sie haben ein Semikolon vergessen.

Declaration needs type or storage class
Die Deklaration ist ungültig. Möglicherweise haben Sie einen Variablentyp vergessen.

Declaration syntax error
Bei einer Deklaration wurde ein ungültiger Name verwendet. Überprüfen Sie den Variablennamen auf ungültige Zeichen.

Default outside of switch
Die *default*-Marke befindet sich außerhalb der *switch*-Klammer.

Define directive needs an identifier
Sie haben die #*define*-Syntax nicht eingehalten. Möglicherweise haben Sie den Namen vergessen.

Division by zero
Ein konstanter Ausdruck beinhaltet eine Division durch 0. Dies könnte dann auftreten, wenn Sie mit *#define* eine Formel anlegen. Der Compiler berechnet den Wert bereits bei der Übersetzung und stellt diesen Fehler fest.

Do statement must have a while
Sie haben eine *do*-Schleife nicht mit *while* abgeschlossen.

Do-while statement missing)
Do-while statement missing (
Do-while statement missing ;
Eines dieser drei Zeichen wurde bei einer *do-while*-Schleife vergessen.

Duplicate case
Innerhalb einer *switch*-Schleife wurden mehrere gleiche *case*-Adressen gefunden.

Enum syntax error
Enum constant syntax error
Bei einer Deklaration mit *enum* wurde vermutlich keine Konstante angegeben.

Error writing output file
Diese Meldung tritt dann auf, wenn der Compiler oder Linker keine Möglichkeit mehr hat, eine Objekt- oder .EXE-Datei anzulegen (Platzmangel).

Expression syntax
Diese Meldung tritt immer dann auf, wenn Sie Anweisungen o.ä. erzeugt haben, die der Compiler nicht interpretieren kann.

Extra parameter in call to "Name"
Diese Meldung erhalten Sie, wenn bereits eine Funktion definiert wurde und diese mit überflüssigen Argumenten aufgerufen wird.

File name too long
Der Dateiname einer Include-Datei ist zu lang (maximal 64 KByte).

For statement missing (
For statement missing)
For statement missing ;
In einer *for*-Schleife fehlt eines der drei Zeichen.

Function call missing)
In einem Funktionsaufruf fehlt die runde Klammer.

Function definition out of place
An dieser Stelle ist eine Funktionsdefinition unzulässig. Innerhalb einer Funktion darf keine weitere Funktion definiert werden.

Funktion doesn't take a variable number of arguments
Wenn Sie mit variablen Funktionsparametern und *va_start* arbeiten, müssen Sie als Parameter die Bezeichnung "..." (3 Punkte) angeben. Vergessen Sie dies, wird diese Meldung ausgegeben.

Goto statement missing label
Bei einem *goto*-Befehl wurde keine Sprungadresse angegeben.

If statement missing (
If statement missing)
Bei einer *if*-Abfrage wurde eine Klammer vergessen.

Illegal character 'C' (0xnn)
An dieser Stelle wurde ein ungültiges Zeichen entdeckt. Dies könnte ein Umlaut oder ein falsches Operator-Zeichen sein.

Illegal initialization
Ein Array wurde falsch initialisiert.

Illegal octal digit
Für oktale Konstanten sich nur die Werte 0 bis 7 als Ziffern zulässig.

Illegal pointer subtraction
Ein Zeiger darf nur von einem Zeiger subtrahiert werden.

Illegal structure operation
Prüfen Sie, ob Sie z.B. einen Adreß-Operator vergessen oder anstelle des Punkt-Operators den Pfeil-Operator verwendet haben.

Illegal use of floating point
Ein Gleitkommawert wird mit einer falschen Operation verarbeitet (Schiebe- oder Bit-Operationen z.B. sind nur auf *int*-Werte anwendbar).

Illegal use of pointer
Zeiger dürfen nur addiert, verglichen, zugeordnet und subtrahiert werden. Außerdem können sie mit dem Pfeil- oder Stern-Operator angesprochen werden. Überprüfen Sie also den Zugriff oder die Operation.

Improper use of typedef symbol
An dieser Programmstelle wird nicht der Variablentyp, sondern die Variable selbst erwartet. Vermutlich haben Sie einen *typedef*-Namen hingeschrieben. Dieser beinhaltet nicht den Variablennamen, sondern dessen Typ.

In-line assembly not allowed
asm-Anweisungen können nur in der Kommandozeilen-Version von Turbo C verwendet werden.

Incompatible storage class
Im Gegensatz zu einer Funktionsdeklaration kann eine Funktionsdefinition nicht als extern angegeben werden.

Incompatible type conversion
Sie sind an die Grenzen expliziter Typumwandlungen geraten. Überprüfen Sie die Logik oder die Syntax.

Incorrect command line argument: Name
Incorrect configuration file argument: Name
Für die Kommandozeilen-Version von Turbo C wurden ungültige Parameter verwendet. Möglicherweise wurde ein Trennzeichen (–) vergessen.

Incorrect number format
Für den Variablentyp sind keine Nachkommastellen erlaubt.

Incorrect use of default
Prüfen Sie die Syntax Ihrer *default*-Marke.

Initializer syntax error
Es traten Fehler bei der direkten Initialisierung einer Variablen auf. Der Compiler kann den Wert nicht zuweisen.

Invalid indirection
Der Indirektions-Operator (*) darf nur mit Zeigern verwendet werden, die nicht als *void* deklariert sind.

Invalid macro argument separator
Parameter in Makro-Aufrufen müssen durch Komma-Operatoren getrennt werden.

Invalid pointer addition
Zwei Zeiger können nicht zusammenaddiert werden.

Invalid use of arrow
Der Pfeil-Operator ist in dieser Form nicht erlaubt. Es muß der Name eines Strukturelements folgen.

Invalid use of dot
Der Punkt-Operator ist in dieser Form nicht erlaubt. Es muß der Name eines Strukturelements folgen.

Lvalue required
Lvalue (Linkswert) ist als Ausdruck zu verstehen, dem etwas zugeordnet werden kann. Dazu gehören:

> numerische und Zeiger-Variablen
> Strukturelemente
> Array-Elemente
> indirekte Adressierungen

Macro argument syntax error
Der Übergabeparameter ist kein Bezeichner.

Macro expansion too long
Durch eine Makro-Erweiterung werden mehr als 4096 Zeichen erzeugt. Dies ist ein typisches Rekursionsproblem. Die rekursive Definition von Makros in C kann in einigen Fällen zu Problemen führen, insbesondere beim *return*-Code.

May compile only one file when an output file is given
Diese Meldung wird bei der Kommandozeilen-Version erzeugt, und zwar dann, wenn Sie den Dateinamen explizit mit mehreren Dateinamen und die Ausgabedatei nicht angeben.

Mismatched number of parameters in definition
Es wurden andere Parameter als in der Prototyp-Definition der Include-Datei verwendet.

Misplaced break
Misplaced continue
An dieser Stelle ist *break* oder *continue* unzulässig.

Misplaced decimal point
Dezimalpunkte im Exponenten von Gleitkommazahlen sind unzulässig.

Misplaced else
Sie haben *if* vergessen.

Misplaced elif directive
Misplaced else directive
Misplaced endif directive
Der jeweils zugehörige Präprozessor-Befehl wurde vergessen.

Must be addressable
Diese Meldung könnte dann auftreten, wenn Sie versuchen, die Adresse einer Pseudovariablen zu ermitteln. Diese haben keine Adresse, und der Adreß-Operator ist unzulässig.

Must take address of memory location
Der Adreß-Operator ist für dieses Objekt unzulässig.

No file name ending
Der Name der Include-Datei ist ungültig.

No file names given
Der Compiler weiß nicht, was er compilieren soll.

Not an allowed type
Sie haben einen für C nicht zulässigen Typ definiert.

Out of memory
Ihr Programm wird zu groß. Außerdem kann diese Meldung auftreten, wenn Sie zu viele Zusatzprogramme resident geladen haben und ein Großteil des Speichers bereits belegt ist.

Pointer required on left side of –>
Der Pfeil-Operator ist nur in der Kombination

```
Zeigername.Elementname
Strukturname.Komponenten
```

erlaubt.

Redeclaration of "Name"
Sie haben versucht, eine Variable mehrmals zu deklarieren.

Size of structure or array not known
Die Struktur- oder Arraygröße ist nicht bekannt. Möglicherweise haben Sie eine leere Struktur angelegt und sprechen diese nun an. Genausogut könnten Sie ein Array angelegt haben, das innerhalb der eckigen Klammern keine Größenangabe hat und nicht initialisiert wurde.

Statement missing ;
Es fehlt ein Semikolon als Abschluß.

Structure or union syntax error
Sie haben möglicherweise die eckige Klammer vergessen.

Structure size too large
Die zulässige Strukturgröße wurde überschritten.

Subscript missing]
Es fehlt eine eckige Klammer. Genausogut kann diese Meldung erscheinen, wenn Sie die Klammerebenen nicht berücksichtigt haben oder zu viele Operatoren angegeben haben.

Switch statement missing (
Switch statement missing)
Die Syntax der *switch*-Angabe ist nicht korrekt.

Too few parameters in call to "Name"
Für diesen Aufruf wurden zuwenig Parameter an die Funktion übergeben.

Too many cases
Sie können innerhalb einer *switch*-Anweisung nur maximal 257 *case*-Marken setzen.

Too many decimal points
Too many exponents
Für eine Gleitkommazahl wurden zu viele Dezimalpunkte oder Exponenten angegeben.

Too many initializers
Für eine Variable wurden zu viele Initialisierungswerte angegeben.

Too many storage classes in declaration
Too many types in declaration
Einer Variablen wurden zu viele Typen oder Speicherklassen zugewiesen. Es ist nur ein Grundtyp und eine Grundklasse zulässig.

Too much automemory in function
Der Speicherplatz für Variablen der Klasse *auto* ist stark vom Speichermodell abhängig. Wenn diese Meldung erscheint, belegen die lokalen Funktionsvariablen zu viel Speicherplatz.

Too much code defined in file
Sie sollten Ihr Programm in mehrere Module aufteilen, da der zulässige
Quellbereich von 64 KBytes überschritten wurde.

Too much global data defined in file
Der zulässige Bereich von 64 KByte für ein Modul ist überschritten. Für
Code-, Daten- und Stack-Segment werden jeweils lediglich 64 KBytes (1
Segment) angelegt.

Two consecutive dots
Strukturelemente und die Nachkommastellen von Gleitkommazahlen
werden mit einem Punkt abgegrenzt. Eine variable Anzahl von Parametern wird durch drei Punkte gekennzeichnet. Mit zwei Punkten kann der
Compiler nichts anfangen, deshalb gibt er diese Meldung aus.

Type mismatch in parameter n
Es trat ein Typenkonflikt bei dem Parameter mit der Nummer n auf.

Type mismatch in parameter n in call to "Name"
Es trat ein Typenkonflikt bei dem Parameter mit der Nummer n beim
Aufruf von *Name* auf.

Type mismatch in parameter "Name"
Es trat ein Typenkonflikt bei dem Parameter *Name* auf.

Type mismatch in parameter "Name" in call to "Name1"
Es trat ein Typenkonflikt bei dem Parameter *Name* beim Funktionsaufruf
der Funktion *Name1* auf.

Type mismatch in redeclaration of "Name"
Wenn eine noch nicht definierte Funktion aufgerufen wird, nimmt der
Compiler den Typ *int* an. Wird die Funktion an späterer Stelle mit einem
anderen Typ definiert, entsteht diese Fehlermeldung. Sie könnten die
Funktion vor dem ersten Aufruf definieren oder bereits vorher einen Pro-
totyp anlegen.

Unable to create output file "Name"
Entweder die Diskette/Festplatte ist voll oder schreibgeschützt. Die Datei
kann nicht mehr erzeugt werden.

Unable to create turboc.lnk
Beim Compilieren erzeugt die Kommandozeilen-Version eine temporäre Datei. Diese kann nicht mehr angelegt werden.

Unable to execute command "Name"
TLINK/MASM wurde nicht gefunden. Entweder sind die Suchpfade
nicht gesetzt oder die Diskette/Festplatte kann nicht gelesen werden.

Unable to open include file "Name"
Die Include-Datei kann nicht geöffnet werden. Überprüfen Sie den Namen und ob diese Datei im Verzeichnis der Include-Dateien vorhanden
ist.

Unable to open input file "Name"
Die Quelltext-Datei (Source-Code) konnte nicht geöffnet werden oder
wurde nicht gefunden.

Undefined label "Name"
Eine *goto*-Adresse wurde nicht gefunden.

Undefined structure "Name"
Es wurde eine unbekannte Struktur aufgerufen oder ein Strukturelement
angesprochen, das nicht definiert wurde. Hier liegt in den meisten Fällen
ein Schreibfehler vor.

Undefined symbol "Name"
Sie haben eine Variable o.ä. angesprochen, die nicht definiert oder deklariert wurde.

Unexpected end of file in comment started on line n
Hier fehlt das Endekennzeichen (*/) eines Kommentars. Die Zeilennummer des Fehlers wird durch *n* angegeben.

Unexpected end of file in conditional started on line n
Der Compiler hat ein unerwartetes Dateiende mitten im Quellcode entdeckt. Vermutlich fehlt *#endif*. Die Zeilennummer des Fehlers wird
durch *n* angegeben.

Unknown preprocessor directive: "Name"
Sie haben das Kennzeichen für den Präprozessor (#) angegeben, aber der
Befehl ist nicht zulässig.

Unterminated character constant
Sie haben ein *char*-Zeichen nicht korrekt abgeschlossen. Normalerweise
wird dies z.B. mit *char dummy* = *'A'*; zugewiesen.

Unterminated string

Sie haben eine Zeichenkette nicht korrekt abgeschlossen. Diese beginnt und endet mit ", z.B.:

```
char *point = "Text";
```

Unterminated string or character constant

Sie haben eine Zeichen- oder String-Konstante nicht korrekt abgeschlossen.

User break

Der Compiler wurde durch <Ctrl><Break> aufgefordert, seine Arbeit abzubrechen.

While statement missing (
While statement missing)

In der *while*-Anweisung wurde eine runde Klammer vergessen.

Wrong number of arguments in call of "Name"

Ein Makro wurde mit einer falschen Anzahl von Parametern aufgerufen.

Fatale Fehler

Bad call of inline function

Alle Inline-Funktionen sind am Anfang und Ende durch einen doppelten Unterstrich gekennzeichnet und in den Include-Dateien abgelegt. Aufrufe dieser Funktionen mit inkorrekter Syntax oder falschen Parametern führen zu einem Fehler.

Irreducible expression free

Vermutlich haben Sie eine kombinierte Zuweisung bzw. einen Ausdruck zu freizügig oder zu groß gestaltet. Es ist Ihnen gelungen, den Compiler aus seinem Rhythmus zu bringen. Sie könnten versuchen, den Ausdruck anders zu formulieren oder zu gestalten.

Register allocation failure

Der Compiler hat keine Register mehr zur Verfügung, um eine Anweisung oder einen Ausdruck auszuwerten.

Sollte eine dieser drei Meldungen erscheinen, ist es in jedem Fall ratsam, den Hersteller zu informieren.

Mitunter kommt es auch vor, daß eine Fehlermeldung, die eher unter den Syntax-Fehlern eingestuft werden kann, mit dem Hinweis "Fatal Error" erscheint. Dies ist allerdings nicht ganz so tragisch. Es wurde z.B. versucht, eine Include-Datei zu öffnen, die nicht gefunden wurde. Der Compiler gibt die entsprechende Meldung als Fatal Error aus, wahrscheinlich, weil diese Angelegenheit wirklich fatal für ihn ist.

Anhang E

Programmbeispiele

Einer der wichtigsten Punkte in der C-Programmierung ist ein richtiger Einsatz der Turbo C-Funktionen und Interrupts. Wir werden Ihnen durch einige Beispielprogramme den richtigen Umgang mit den Funktionen vorführen und Anregungen zur Standardisierung liefern.

Es folgen einige kleine Beispiele, die einerseits mit verschiedenen Interrupts und andererseits auch mit diversen Turbo C-Funktionen arbeiten. Grafikbeispiele finden Sie in Kapitel 4.

Scrollen und Bildschirmseite wählen

In den folgenden Beispielen sehen Sie, wie gescrollt, und außerdem, wie die Bildschirmseite angewählt wird. Es können ggf. Überlagerungen der Texte eintreten. Wundern Sie sich also nicht, wenn der zuerst angezeigte Text nach Auswählen einer anderen Seite plötzlich ganz woanders steht. Dies hängt mit der Bereichsdefinition der jeweiligen Seite und ggf. auch mit dem gerade aktiven Modus zusammen.

Beispielprogramm:

```
/*******************************/
/* Interrupt 10                */
/* Funktionen  06 und 07       */
/* Auf-/Ab-Scrollen            */
/*******************************/
#include <stdio.h>
#include <dos.h>


/*******************************/
/* Hauptprogramm               */
/*******************************/
main()
```

```
{
    pr(7,20,  "......Scrollbereich oben..........");
    pr(8,20,  "................................");
    pr(9,20,  "................................");
    pr(10,20, "................................");
    pr(11,20, "......Scrollbereich unten.........");

    getchar();         /*--Scroll UP*/
    scroll(6,1,7,20,11,53,7);      /*--Farbe normal*/
    pr(11,20,"Nach oben gescrollt!   ---> 1     ");
    scroll(6,1,7,20,11,53,0x70); /*--invertiert*/
    pr(11,20,"Nach oben gescrollt!   ---> 2     ");
    getchar();         /*--Scroll DOWN*/
    scroll(7,1,7,20,11,53,7);
    pr(7,20,"Nach unten gescrollt!   ---> 1     ");
    scroll(7,1,7,20,11,53,0x70);
    pr(7,20,"Nach unten gescrollt!   ---> 2     ");
    exit(0);
}


/************************************/
/* Schicke Cursor nach Zeile,Spalte */
/* und zeige STRING an              */
/************************************/
pr(x,y,text)
char *text;
{
union REGS r;
    r.h.ah = 2;      /*Cursor-Adreßfunktion    */
    r.h.dl = y;      /*Spalte                  */
    r.h.dh = x;      /*Zeile                   */
    r.h.bh = 0;      /*Bildschirmseite         */
    int86(0x10, &r, &r);
    printf("%s",text);
}


/************************************/
/* Funktion SCROLL                  */
/************************************/
scroll(hooru,anz,zo,so,zu,su,atb)
{
union REGS r;
    r.h.ah = hooru;/*Scroll-Interrupt 6=hoch 7=runter  */
    r.h.al = anz;  /*Anzahl der zu scrollenden Zeilen  */
    r.h.ch = zo;   /*hochscrollen bis Zeile oben       */
    r.h.cl = so;   /*hochscrollen bis Spalte links oben */
    r.h.dh = zu;   /*hochscrollen ab Zeile unten       */
    r.h.dl = su;   /*hochscrollen ab Spalte rechts unten */
    r.h.bh = atb;  /*Attribut für gel.zeilen 7=Anzeigen */
                   /*0=keine Folgeanzeige,1=Unterstrich */
    int86(0x10, &r, &r);/*call BIOS                     */
}
```

Beispielprogramm:

```
/*********************************/
/* Interrupt 10                  */
/* Funktion  05                  */
/* Bildschirmseite wählen        */
/*********************************/
#include <stdio.h>
#include <dos.h>

/*********************************/
/* Hauptprogramm                 */
/*********************************/
main()
{
int seite;
    seite=0;seiten_wahl(seite);    /*--Seite 0--*/
    pr(1 ,30,"...Bildschirmseite 0...",seite);
    pr(2 ,30,".....................",seite);
    pr(3 ,30,"...Bildschirmseite 0...",seite);
    getchar();
    seite=1;seiten_wahl(seite);    /*--Seite 0--*/
    pr(4 ,30,"...Bildschirmseite 1...",seite);
    pr(5 ,30,".....................",seite);
    pr(6 ,30,"...Bildschirmseite 1...",seite);
    getchar();    seite=0;seiten_wahl(seite);  /*--Seite 0--*/
    getchar();    seite=1;seiten_wahl(seite);  /*--Seite 1--*/
    getchar();
    exit(0);

}


/***********************************/
/* Schicke Cursor nach Zeile,Spalte */
/* und zeige STRING an             */
/***********************************/
pr(x,y,text,seite)
char *text;
int x, y, seite;
{
union REGS r
    r.h.ah = 2;     /*Cursor-Adreßfunktion   */
    r.h.dl = y;     /*Spalte                 */
    r.h.dh = x;     /*Zeile                  */
    r.h.bh = seite; /*Bildschirmseite        */
    int86(0x10, &r, &r);
    printf("%s",text);
}

/***********************************/
/* Bildschirmseite wählen          */
/***********************************/
seiten_wahl(seite)
int seite;
```

```
{
union REGS r;
    r.h.ah = 5;              /*Funktion Seite wählen    */
    r.h.al = seite;          /*Bildschirmseite          */
    int86(0x10, &r, &r);     /*Call BIOS                */
}
```

Cursor positionieren und Cursorgröße verändern

Die beiden folgenden Programmbeispiele zeigen, wie die Größe des Cursors verändert wird und wie der Cursor an eine bestimmte Position versetzt wird.

Beispielprogramm:

```
/**********************************/
/* Interrupt 10                   */
/* Funktion   01                  */
/* Cursorgröße setzen             */
/**********************************/
#include <stdio.h>
#include <dos.h>
#define  INTERRUPT  0x10
union REGS r;
int funktion = 1;  /*--Interrupt Funktion--*/


/**********************************/
/* Hauptprogramm                  */
/**********************************/
main()
{
int bildzeile = 1, bildspalte = 2;

    r.h.ah  = funktion;
    r.h.ch  = bildzeile;
    r.h.cl  = bildspalte;
    int86(INTERRUPT, &r, &r);
    printf("\nCursor wurde neu definiert!");
    getchar();

}
```

Beispielprogramm:

```
/********************************/
/* Interrupt 10                 */
/* Funktion  02                 */
/* Cursor positionieren         */
/********************************/
#include <stdio.h>
#include <dos.h>
#define  INTERRUPT  0x10
union REGS r;

/********************************/
/* Hauptprogramm                */
/********************************/
main()
{
int seite = 0, zeile = 10, spalte = 20;
   r.h.ah  = 2;
   r.h.bh  = seite;
   r.h.dh  = zeile;
   r.h.dl  = spalte;
   int86(INTERRUPT, &r, &r);
   printf("Cursorposition Zeile 10/Spalte 20");
   getchar();
}
```

Speichergröße und Konfiguration ermitteln

Das folgende Programm zeigt, wie die Speichergröße und Konfiguration ermittelt wird. Die Speichergröße wird als Dezimalwert mit *printf()* ausgegeben. Für die Konfiguration wird eine Bitmaske angelegt. Wenn die Funktion *config()* aufgerufen wird, übergibt diese den Wert aus dem AX-Register an die Struktur *bitmaske*. Der Wert wird durch einen *Cast* bei der Übergabe an diese Struktur zwangskonvertiert.

Beispielprogramm:

```
/********************************/
/* Interrupts 11 und 12         */
/* Funktion:  keine             */
/* Speichergröße/Konfiguration  */
/********************************/
#include <stdio.h>
#include <dos.h>
```

```
struct maske  {
                unsigned  bit_0 : 1;
                unsigned  bit_1 : 1;
                unsigned  bit_2 : 1;
                unsigned  bit_3 : 1;
                unsigned  bit_4 : 1;
                unsigned  bit_5 : 1;
                unsigned  bit_6 : 1;
                unsigned  bit_7 : 1;
                unsigned  bit_h : 8;
                } unsigned *bitmaske, *config();


/**********************************/
/* Hauptprogramm                 */
/**********************************/
main()
{
   printf("\nSpeicher in KByte = %d",speicher());
   bitmaske = config();
   printf("\nKonfiguration  = %x",bitmaske);
   getchar();
   printf("\nByte 0 = %d",bitmaske->bit_0);
   printf("\nByte 1 = %d",bitmaske->bit_1);
   printf("\nByte 2 = %d",bitmaske->bit_2);
   printf("\nByte 3 = %d",bitmaske->bit_3);
   printf("\nByte 4 = %d",bitmaske->bit_4);
   printf("\nByte 5 = %d",bitmaske->bit_5);
   printf("\nByte 6 = %d",bitmaske->bit_6);
   printf("\nByte 7 = %d",bitmaske->bit_7);
   printf("\nByte 8 = %d",bitmaske->bit_h);
}


/************************************/
/* Funktion Speichergröße ermitteln  */
/************************************/
speicher()
{
union REGS r;
    r.h.ah = 12;      /*Funktion Speichergröße    */
    int86(0x10, &r, &r);
    return  r.x.ax;
}


/************************************/
/* Funktion Konfiguration ermitteln */
/************************************/
struct maske unsigned *config()
{
union REGS r;
    r.h.ah = 11;      /*Funktion Speichergröße    */
    int86(0x10, &r, &r);
    return(struct maske *) r.x.ax;
}
```

Disketten lesen

In Kapitel 4 wurde einiges zum Diskettenaufbau beschrieben. Hier zeigen wir Ihnen, wie Disketten sektorenweise bearbeitet werden können. Die eigentliche Funktion, die auf die Diskette zugreift, wird mit Hilfe des Interrupts 13 erstellt. Ein Sektor wird eingelesen und verändert. Der geänderte Sektor wird im Anschluß daran wieder auf die Diskette zurückgeschrieben.

Durch die beiden Funktionsaufrufe

```
fehler = disk_read(2,0,1,1,1,1);
fehler = disk_read(3,0,1,1,1,1);
```

wird das Laufwerk A (0), Seite 1, Spur 1 und Sektor 1 angesprochen. Beim Einlesen (2) kann dabei nichts passieren. Sollten Sie allerdings etwas ändern und zurückschreiben, so verwenden Sie zum Testen in jedem Fall eine Diskette, die Sie gesichert haben oder nicht mehr benötigen.

Beispielprogramm:

```
/********************************/
/* Interrupt 13                 */
/* Funktionen 02 und 03         */
/* Sektor lesen und schreiben   */
/********************************/
#include <stdio.h>
#include <dos.h>
#define  INTERRUPT  0x13
char buff[512], neu[20];

/********************************/
/* Hauptprogramm                */
/********************************/
main()
{
int fehler = 0, posi, i;
    /*-----Lesen Sektor 1, Spur 1, Seite 1---*/
    fehler = disk_read(2,0,1,1,1,1);
    if(fehler)
        printf("\n\07Fehler %x beim Lesen",fehler);
    else
        printf("\n%s",buff);
    printf("\nÄndern ab Position?  0 = Ende ");
    scanf("%d",&posi);
    if(posi)
        {
        printf("\nNeuer Text? ");
        scanf("%20s",&neu);
```

```
        strcat(neu,'\0'); i = 0;
        while(neu[i] != '\0')
        {
        buff[posi] = neu[i];
        posi++; i++;
        }
    fehler = disk_read(3,0,1,1,1,1);
    if(fehler)
        printf("\n\07Fehler %x beim Schreiben",fehler);
    }

exit(0);
}

/***************************/
/* Funktion DISKREAD       */
/***************************/
disk_read(cmd,lauf,seite,spur,sektor,anzahl)
int cmd,lauf,seite,spur,sektor,anzahl;
{
union REGS r; union SREGS s;
r.h.ah = cmd;           /*Funktion des Interrupts 13 (1-5)  */
r.h.l = lauf;           /*Laufwerk 0=A, 1=B, 0x80=C, 0x81=D */
r.h.dh = seite;         /*Seitennummer 0 oder 1             */
r.h.ch = spur;          /*Spur 0 bis 39                     */
r.h.cl = sektor;        /*Sektor 1 bis 9                    */
r.h.al = anzahl;        /*Anzahl Sektoren                   */
r.x.bx = FP_OFF(buff);  /*Offset des Puffers in BX          */
s.es  = FP_SEG(buff);   /*und in Extrasegment ES            */
int86(INTERRUPT, &r, &r); return(r.h.ah);
}
```

Tastaturpuffer lesen

Es folgt ein Programm, das die Zeichen aus dem Tastaturpuffer einliest
und diese einmal als ASCII-Zeichen und einmal als ASCII-Wert ausgibt.
Wenn Sie eine Funktionstaste oder Cursor-Steuertaste betätigen, erhalten Sie ebenfalls das darauf abgelegte ASCII-Zeichen. Das Programm
wird durch Betätigen der <Esc>-Taste beendet.

Beispielprogramm:

```
/**********************************/
/* Interrupt 16                   */
/* Funktion  0                    */
/* Tastaturpuffer lesen           */
/**********************************/
```

```
#include <stdio.h>
#include <dos.h>
#define INTERRUPT 0x16


/********************************/
/* Hauptprogramm               */
/********************************/
main()
{
union  scan {
       int c;
       char ch[2];
     }  sc;
     printf("\nBitte drücken Sie die Tasten,");
     printf("\ndessen ASCII-Wert Sie haben möchten");
     printf("\n<Esc> = Ende\n");
     do {
     sc.c = get_key();
     if (sc.ch[0] == 0)
        printf("\nZeichen %c = %d ",sc.ch[1],sc.ch[1]);
        else
        printf("\nZeichen %c = %d ",sc.ch[0],sc.ch[0]);
        }
        while(sc.ch[0] != 27);

}


/***********************************/
/* Funktion Tastatur lesen         */
/***********************************/
get_key()
{
union REGS r;
    r.h.ah = 0;
    return int86(INTERRUPT, &r, &r);
}
```

Booten und ROM-BASIC laden

Das folgende Programm arbeitet mit den Interrupts 18 und 19. Der Interrupt 18 funktioniert nur dann korrekt, wenn auf Ihrem Gerät das ROM-BASIC vorhanden ist. Verwechseln Sie dies nicht mit GW-BASIC. Die Funktion 19 arbeitet jedoch auch auf kompatiblen Geräten. Es erscheint zunächst eine Auswahl der Funktionstasten <F1> und <F2>. Wird eine dieser beiden Tasten betätigt, erfolgt die gewählte Aktion. Das Programm wird mit <Esc> beendet.

Beispielprogramm:

```
/*********************************/
/* Interrupts 18 und 19          */
/* Funktion: keine               */
/* ROM-BASIC/Booten              */
/*********************************/
#include <stdio.h>
#include <dos.h>
#define BASIC
0x18 #define BOOTEN 0x19

/***********************************/
/* Hauptprogramm                   */
/***********************************/
main()
{
union scan {
    int c;
    char ch[2]; }  sc;
printf("\nF1:BASIC F2:Booten Esc:Ende");
    do {
    sc.c = get_key();
        if(sc.ch[1] == 59) basic();
        else
        if(sc.ch[1] == 60) booten();
        else
        if(sc.ch[0] != 27)
          printf("\n\07Nur F1/F2 oder Esc zulässig!");
        }
        while(sc.ch[0] != 27);
    }

/***********************************/
/* Funktion Tastatur lesen         */
/***********************************/
get_key()
{
union REGS r;
    r.h.ah = 0;
    return int86(0x16, &r, &r);
}

/***********************************/
/* Funktion ROM-BASIC              */
/***********************************/
basic()
{
union REGS r;
    r.h.ah = 0;
    int86(BASIC, &r, &r);

}
```

```
/***************************************/
/* Funktion Booten                   */
/***************************************/
booten()
{
union REGS r;
    r.h.ah = 0;
    int86(BOOTEN, &r, &r);
}
```

Datum und Uhrzeit

Das folgende Programm liest die Uhrzeit und das Datum ein und gibt sie
auf dem Bildschirm aus. Sie können das Datum ändern und wieder wegschreiben. Beachten Sie bitte, daß die Werte an die Register im BCD
übergeben werden müssen und auch so wieder ausgegeben werden. Die
printf()-Funktion gibt allerdings dezimale Werte aus. Wenn Sie mit eigenen Ausgabefunktionen arbeiten, sollten Sie dies berücksichtigen. Für
das BCD-Format wurde eine Struktur mit dem Namen *maske_t* angelegt. Da zusätzlich eine Funktion mit Namen *maske_konvert()* gerufen
wird, muß diese dementsprechend definiert werden. Näheres zum BCD-
Format finden Sie in Kapitel 4 im Abschnitt "Dezimalzahlen und BCD".

Beispielprogramm:

```
/*******************************************/
/* Datum und Zeit                          */
/* BIOS-Interrupt 1A                       */
/* Eingabedatum in BCD-Format umwandeln */
/*******************************************/
#include <stdio.h>
#include <dos.h>
#define INTERRUPT 26
union REGS r;

struct maske {
            unsigned  bit_l : 4;
            unsigned  bit_h : 4;
            } ;

struct maske  unsigned *maske_t, *maske_konvert();

/***************************************/
/* Hauptprogramm                     */
/***************************************/
main()
```

```
        {
        int wert;
            time_counter(0);
            printf("\nZeitzaehler High = %d",r.x.cx);
            printf("\nZeitzaehler Low  = %d",r.x.dx);
            time_counter(4);
            printf("\nDatum = %d.%d.%d%d",  (int) r.h.dl,
                                             (int) r.h.dh,
                                             (int) r.h.ch,
                                             (int) r.h.cl);

            /*---Tag----------*/
            printf("\nNeues Datum tt ");
            scanf("%2d",&wert);
            maske_t=maske_konvert(wert);
            r.h.dl= (int) maske_t;

            /*---Monat--------*/
            printf("\nNeues Datum mm ");
            scanf("%2d",&wert);
            maske_t=maske_konvert(wert);
            r.h.dh= (int) maske_t;

            /*---Jahr---------*/
            printf("\nNeues Datum jj ");
            scanf("%2d",&wert);
            maske_t=maske_konvert(wert);
            r.h.cl= (int) maske_t;

            /*---Jahrhundert--*/
            maske_t=maske_konvert(19);
            r.h.ch= (int) maske_t;
            time_counter(5);
            exit(0);
        }

        /**********************************/
        /* Funktion Zeitzaehler           */
        /**********************************/
        time_counter(funk)
        int funk;
        {
                r.h.ah = funk;
                int86(INTERRUPT, &r, &r);
        }

        /**********************************/
        /* Eingabewerte konvertieren      */
        /**********************************/
        struct maske unsigned *maske_konvert(wert)
        unsigned wert;
        {
                return(struct maske *) wert;
        }
```

Verzeichnisse lesen

Es folgt ein Programm, das alle Verzeichnisse einliest. Dazu wird zunächst die Routine *read_info()* aufgerufen. Diese arbeitet mit den Turbo C-Funktionen *findfirst()* und *findnext()*. Zuerst werden alle Hauptverzeichnisse eingelesen und die Verzeichnisnamen in den Vektor *ROOT-DIR* übertragen. Im Anschluß daran wird die Funktion erneut durchgearbeitet. Dies geschieht nun jedoch zu dem Zweck, die jeweiligen Unterverzeichnisse einzulesen. Ist in diesen Verzeichnissen nochmals ein Unterverzeichnis vorhanden, so wird dieses ebenfalls eingelesen. Die Funktion arbeitet so lange, bis alle Verzeichnisse eingelesen wurden. Ist dieser Vorgang beendet, so stehen alle Verzeichnisnamen im Vektor *ROOTDIR*, und die Anzahl aller Verzeichnisse steht in der Variablen *pfadanz*. Sie können alle DOS-gültigen Suchkriterien wie *.* oder *. etc. verwenden. Bedingt durch diese Verzeichnisse haben Sie auch die Möglichkeit, alle Dateien einzulesen. Sie verwenden einfach den jeweiligen Pfad aus dem Vektor für die Funktionen *findfirst()* und *findnext()*. Beachten Sie bitte, daß Sie jeweils den ersten Lesevorgang mit der Funktion *findfirst()* und die weiteren mit der Funktion *findnext()* auslösen.

Beispielprogramm:

```
/****************************/
/* Funktion findnext()      */
/* Verzeichnisse einlesen   */
/****************************/
#include <stdio.h>
#include <dos.h>
#include <dir.h>
#include <ctype.h>

FILE *point;
int  zaehler = 0, pfadanz = 0, schalter = 0, ok = 0;
int  ende = 0, fehler, datread = 0;
char ROOTDIR[250][50];    /*beim Einlesen für DIR danach DAT*/
char SHOWDIR[80][50];     /*zum Zwischenspeichern beim Lesen*/
char UNTER[80][50];       /*für Verzeichnisse nach dem Lesen*/
char *LAUF = "C:\\" , RUNWAY = 'C';
char *STERN = "\\*.*", *STERNP = "\\*.";
char *DATEI;
char FOUND[50], ZWISCHEN[50], BLANKLINE[50];
struct ffblk ffblk;
int SEGADDR=0;

/****************************************/
/*       H A U P T P R O G R A M M      */
/****************************************/
main()
```

```
{
int i = 0;
read_info(0);  /*Wenn Übergabe = 0, wird der Pfad abgefragt, ob
                  mindestens ein Pfad vorhanden ist.    */

 /*--Alle Verzeichnisse anzeigen--*/
 while(i < pfadanz)
     {
     printf("\n%s",ROOTDIR[i]);
     ++i;
     }

exit(0);
}

/************************************/
/*    Unterverzeichnisse lesen      */
/************************************/
read_info(erstemal)
int erstemal;
{
    int i = 1, rootanz = 1, ii = 1;
    int anf,anf1;
    ROOTDIR[0][0] = RUNWAY;
    ROOTDIR[0][1] = ':';

    zaehler = 0;

        /*-------------------------Erster Eintrag ROOT*/
        read_first(ROOTDIR[0],0x10);
        if(fehler == 0)
            {
            ++zaehler;
            strcpy(ROOTDIR[zaehler],LAUF);
            strcat(ROOTDIR[zaehler],FOUND);
            }

        /*-------------Abfrage, ob Pfad vorhanden*/
        if(erstemal == 0 && fehler != 0)
            {
            pfadanz=1;
            return;
            }

        /*---------------------Resteinträge ROOT--*/
        do
        {
        read_next(0x10,&ffblk);
            if (fehler == 0)
            {
            ++zaehler;
            strcpy(ROOTDIR[zaehler],LAUF);
            strcat(ROOTDIR[zaehler],FOUND);
            }
        }
```

```
    while(fehler == 0);

    strcpy(UNTER[0],ROOTDIR[0]);


/*--------------------Unterverzeichnisse-----*/
do
   {
  schalter = 0;
    do
      {
    strcpy(UNTER[i],ROOTDIR[rootanz]);
    read_first(ROOTDIR[rootanz],0x10);

        if (fehler != 1)
        {
            if(fehler == 0)
              {
                strcpy(ZWISCHEN,UNTER[i]);
                strcat(ZWISCHEN,"\\");
                strcat(ZWISCHEN,FOUND);
                copy_probe();
                if(ok)
                   {
                   ++ii;
                   strcpy(UNTER[ii],UNTER[i]);
                   strcat(UNTER[ii],"\\");
                   strcat(UNTER[ii],FOUND);
                   }
              }
                do
                {
                read_next(0x10);
                if (fehler != 1)
                    {
                        if(fehler == 0)
                        {
                            strcpy(ZWISCHEN,UNTER[i]);
                            strcat(ZWISCHEN,"\\");
                            strcat(ZWISCHEN,FOUND);
                            copy_probe();
                            if(ok)
                                {
                                ++ii;
                                strcpy(UNTER[ii],UNTER[i]);
                                strcat(UNTER[ii],"\\");
                                strcat(UNTER[ii],FOUND);
                                schalter = 1;
                                }
                        }
                    }
                }
                while(fehler != 1);
        }
        if(fehler == 1)
```

```
            ++ii;
            i = ii;

        }
        while(++rootanz <= zaehler);
        zaehler = i - 1;

            if(schalter == 1)
            {
            aufb_again(i);
            i = 1, rootanz = 1, ii = 1;
            }
    }
    while(schalter == 1);

    pfadanz = ii;

}

/******************************/
/* Verzeichnisnamen zurück-   */
/* kopieren nach ROOTDIR und  */
/* Unterverzeichnis erneut    */
/* lesen                      */
/******************************/
aufb_again(i)
int i
{
int z;
    for(z = 1; z < i; z++)
        strcpy(ROOTDIR[z],UNTER[z]);
}

/************************************/
/* Vorhandene Verzeichnisse prüfen  */
/************************************/
copy_probe()
{
int z;
ok = 1;

    for(z = 1; z < zaehler; z++)
        if( strcmp(ZWISCHEN,ROOTDIR[z])==0)
            ok = 0;
}

/************************************/
/* Verzeichnis lesen 1. Eintrag     */
/************************************/
read_first(DIEDIR,att)
char DIEDIR[50];
int att;
{
    int dummy;
    fehler = 0;
```

```
     if(datread == 0)
        strcat(DIEDIR,STERNP);
     else
        strcat(DIEDIR,STERN);
     dummy = findfirst(DIEDIR,&ffblk,att);
     if(ffblk.ff_attrib == 0x10 && !dummy && datread == 0)
        {
        strcpy(FOUND,ffblk.ff_name);
        if(strcmp(FOUND,".") == 0 || strcmp(FOUND,"..") == 0)
           fehler = 2;
        return;
        }
     fehler = 1;
  }

/*************************************/
/* Verzeichnis lesen nächster Eintrag */
/*************************************/
read_next(att)
int att;
{
int dummy;
fehler = 0;

  dummy = findnext(&ffblk);
  if(ffblk.ff_attrib == att && !dummy && datread == 0)
     {
     strcpy(FOUND,ffblk.ff_name);
     if(strcmp(FOUND,".") == 0 || strcmp(FOUND,"..") == 0)
        fehler = 2;
     return;
     }
  fehler = 1;
}
```

Residente Programme

In Kapitel 4 haben Sie gelesen, daß mit einigen Interrupts ein Programm beendet werden kann, das jedoch resident im Speicher verbleibt. Turbo C bietet für diesen Vorgang die Funktion *keep()* an. Diese verwendet den DOS-Interrupt 31h, wobei der Status als *Exit*-Code an DOS übergeben wird.

Wie Interrupt-Vektoren in eigene Funktionen umgeleitet werden, wissen Sie bereits. Sie könnten z.B. die Taste <PrtSc> in eine eigene Funktion umleiten oder die dafür notwendige Tastenkombination auf einer anderen Taste ablegen. Interessanter ist es aber vielleicht zu zeigen, wie die

Uhrzeit mit einem residenten Programm in Verbindung gebracht wird. Dazu stellen wir uns folgendes Problem vor: Zu einer bestimmten Uhrzeit soll der Anwender aufgefordert werden, eine kurze Pause einzulegen. Dies wird durch eine entsprechende Meldung zu einem bestimmten Zeitpunkt bekanntgegeben. Der alte Bildschirminhalt soll gesichert werden und, sobald die Pause beendet ist, wieder ausgegeben werden.

Hier ist die Aufgabe in einem zusammenhängenden Programm gelöst worden. Aus Speicherplatzgründen könnte man auch ein kleines Programm schreiben, das bei Erreichen der Pausenzeit ein anderes Programm startet. Die Funktion *keep()* erwartet als Parameter lediglich den Status und die Größe des Programms. Eins sollte jedoch beachtet werden. Standardfunktionen wie *printf()* oder *scanf()* haben keine Wirkung. Dies liegt daran, daß viele dieser Funktionen auf dem DOS-Interrupt 21h basieren. Dieser kann aus einer Service-Interrupt-Routine heraus nicht aufgerufen werden.

Beispielprogramm:

```
/****************************/
/* Pause                    */
/****************************/
#include <stdio.h>
#include <dos.h>
#include <alloc.h>
#include <mem.h>
#define INTERRUPT     0x1c
#define FARBE         7
#define TIME_ZAEHLER     5492549L
#define MAXIMAL          100000000L
unsigned long int restwert;
unsigned char sekunden;
unsigned char minuten;
unsigned stunden;
int schalter = 0;
char far* tm_pos;
char buf[80*25*2];
void install(faddr,inum)

void interrupt (*faddr)();
int inum;
{
setvect(inum,faddr);
}

void interrupt (*timer_intr_ptr)(void);

/***********************/
/* Zahlen in Bildschirm- */
/* speicher schreiben    */
/***********************/
```

```
void wrt_ziffer(char far* point, int wert)
      {
      point[0] = 48+wert/10;
      point[2] = 48+wert%10;
      point[3] = point[1] = FARBE;
      }


/**************************/
/* Zeichen in Bildschirm-*/
/* speicher schreiben     */
/**************************/
void wrt_zeichen(char far* point, char zeichen)
      {
      point[0]=zeichen;
      point[1]=FARBE;
      }


/**************************/
/* Umgeleiteter Interrupt */
/**************************/
void interrupt timer_interrupt(void)
{
      restwert += TIME_ZAEHLER;
        if (restwert >= MAXIMAL)
           {
           restwert -= MAXIMAL;
              if(++sekunden > 59)
              {
              sekunden = 0;
                  if(++minuten > 59)
                  {
                  minuten = 0;
                    if(++stunden > 23)
                    {
                    stunden = 0;
                    }
                  }
              }
           }
        if(minuten == 55 && sekunden > 1 && sekunden < 3)
           bild_restore(buf);
        if(minuten >= 53 && minuten <= 54)
        {
        bild_sichern(buf);schalter = 1;
        out_off();
        wrt_ziffer(tm_pos,stunden);
        wrt_zeichen(tm_pos+4,':');
        wrt_ziffer(tm_pos+6,minuten);
        wrt_zeichen(tm_pos+10,':');
        wrt_ziffer(tm_pos+12,sekunden);
        }
}
```

```
/**************************/
/* Initialisieren und Zeit */
/* einlesen                 */
/**************************/
void inittimer(void)
{
  struct time ti;
  char far* screen;

  if(peekb(0x40,0x49) == 7)          /*----welche Karte*/
        {
        screen = MK_FP(0xb000,0);    /*----Herkules    */
        }
  else
        {
        screen = MK_FP(0xb800,0);
        }

  tm_pos = screen + 160 * 0 + 2 * 30;

  timer_intr_ptr = getvect(INTERRUPT);
  gettime(&ti);
  stunden  = ti.ti_hour;
  minuten  = ti.ti_min;
  sekunden = ti.ti_sec;
  restwert = ti.ti_hund * 1000000L;
  setvect(INTERRUPT,timer_interrupt);

}


/**************************/
/* Wenn Maske angezeigt   */
/* wird, den alten Inhalt */
/* des Bildschirms sichern */
/**************************/
bild_sichern(char near *buffer)
{
  if(schalter) return;
  if(peekb(0x40,0x49) == 7)
     movedata(0xb000, 0,_DS, (unsigned) buffer, 80*25*2);
  else
     movedata(0xb800, 0,_DS, (unsigned) buffer, 80*25*2);

}


/**************************/
/* Wenn Minuten = 55, dann */
/* alten Inhalt wieder    */
/* anzeigen               */
/**************************/
bild_restore(char near *buffer)
{

if(!schalter) return;
```

```
    if(peekb(0x40,0x49) == 7)
        movedata(_DS, (unsigned) buffer, 0xb000, 0, 80*25*2);
    else
        movedata(_DS, (unsigned) buffer, 0xb800, 0, 80*25*2);
    schalter=0; }


/*********************************/
/* Funktion Bildschirm beschreiben   */
/*********************************/
bild(z,s,t,l,a)
char t[80];
{
int offs = (160 * --z) + (s * 2);
int n;

            if (peekb(0x40,0x49) == 7)
            {
                for(n = 0; n < l; n++)
                {
                pokeb(0xb000,offs++,t[n]);   /*Herkuleskarte*/
                pokeb(0xb000,offs++,a);
                }
            }
            else
            {
                for(n = 0; n < l; n++)            /*EGA o.ä.*/
                {
                pokeb(0xb800,offs++,t[n]);
                pokeb(0xb800,offs++,a);
                }
            }

}


/*****************************/
/* Diese Maske wird ausgegeben,*/
/* wenn Minuten >=53 und <=54  */
/* ist                       */
/*****************************/
out_off()
{
bild(1,17, "  Es ist ..: ",13,7);
bild(1,38, "  Uhr!                              ",25,7);
bild(2,17, "                                    ",33,0x70);
bild(3,17, "  Pause!                            ",33,0x70);
bild(4,17, "  ========                          ",33,0x70);
bild(5,17, "  Entspannen Sie sich!              ",33,0x70);
bild(6,17, "  Wenn 55 Minuten voll sind,        ",33,0x70);
bild(7,17, "  wird der Bildschirm wieder        ",33,0x70);
bild(8,17, "  freigegeben!                      ",33,0x70);
bild(9,17, "  Bitte warten Sie ...              ",33,0x70);
bild(10,17,"                                    ",33,0x70);
}
```

```
/*****************************/
/* Hauptprogramm             */
/*****************************/
main()
{
char huge* begin, huge* end;
unsigned int size;
inittimer();
begin = MK_FP(_psp,0);          /*Programmanfang*/
end   = sbrk(0);                /*Programmende  */
size  = (end - begin + 15) / 16;   /*Programmgröße */
keep(0,size);
}
```

Im nächsten Programm sehen Sie, wie die <PrtSc>-Taste umgeleitet wird. Dieses Programm befindet sich ebenfalls resident im Speicher. Jedesmal, wenn die <PrtSc>-Taste betätigt wird, erscheint eine Meldung auf dem Bildschirm.

Nach Programmende muß der Rechner neu gebootet werden, um das Programm wieder aus dem Speicher zu entfernen. Der alte Bildschirminhalt wird allerdings nicht gesichert. Dies sollte Sie jedoch nicht daran hindern, eine solche Funktion einzubauen.

Beispielprogramm:

```
/*****************************/
/* Dieses Programm leitet die */
/* <PrtSc>-Taste um           */
/*****************************/

#include <stdio.h>
#include <dos.h>
#include <alloc.h>

#define int_nr    0x1c
#define F_TASTE   0x05

void install(faddr,inum)
void interrupt(*faddr)();
int inum;
{
setvect(inum,faddr);
}


void interrupt didi()
```

```
{
bild(8,17, "  ┌──────────────────────────────┐  ",36,0x70);
bild(9,17, "  │  Sind Sie nicht über die neuen │  ",36,0x70);
bild(10,17,"  │  Anweisungen von OBEN informiert│  ",36,0x70);
bild(11,17,"  │  worden, daß jeglicher Lärm,    │  ",36,0x70);
bild(12,17,"  │  egal welcher Form, strengstens │  ",36,0x70);
bild(13,17,"  │  untersagt ist?                 │  ",36,0x70);
bild(14,17,"  │  Bitte fragen Sie Ihren         │  ",36,0x70);
bild(15,17,"  │  Vorgesetzten ...               │  ",36,0x70);
bild(16,17,"  └──────────────────────────────┘  ",36,0x70);
}


/************************************/
/* Funktion Bildschirm beschreiben  */
/************************************/
bild(z,s,t,l,a)
char t[80];
{
int offs = (160 * z) +( s * 2);
int n;

            if(peekb(0x40,0x49) == 7)
            {
               for(n = 0; n < l; n++)
               {
               pokeb(0xb000,offs++,t[n]); /*Herkuleskarte*/
               pokeb(0xb000,offs++,a);
               }
            }
            else
            {
               for(n = 0; n < l; n++)        /*EGA o.ä.*/
               {
               pokeb(0xb800,offs++,t[n]);
               pokeb(0xb800,offs++,a);
               }
            }

}

/**********************/
/* Hauptprogramm      */
/**********************/
main()
{
char huge* begin, huge* end;
unsigned int size;
install(didi,F_TASTE);
begin = MK_FP(_psp,0);              /*Programmanfang */
end   = sbrk(0);                    /*Programmende   */
size  = (end - begin + 15) / 16;    /*Programmgröße  */
keep(0,size);
}
```

Zeiger

Zeiger und Vektoren wurden bereits in Kapitel 1 beschrieben. Hier werden noch einige spezielle Eigenheiten und Techniken erwähnt. Eins sollten Sie sich unbedingt merken: Verwenden Sie niemals einen Zeiger, der
noch nicht initialisiert wurde!

Betrachten Sie folgende Programmsituation:

```
#include ....
#define ...
char *pointer

main()
{
int ...
char ...
strcpy(pointer,"irgendwas");
```

Was ist geschehen? Der Zeiger *pointer* wurde deklariert und zeigt ir-
gendwohin. Wir wissen allerdings nicht, in welchen Speicherbereich er
zeigt. Es könnte durchaus ein Bereich sein, der für das System oder das
Programm nicht weiter von Bedeutung ist. Genausogut könnte er aber auf
einen Programmcode-Bereich zeigen. Durch die Funktion *strcpy()* wurde ein Text in diesen Bereich hineingeschrieben. Sie sehen, was passieren
kann. Entweder Sie weisen dem Zeiger also einen Bereich zu, oder Sie
sorgen durch *malloc()* dafür, daß der Zeiger einen freien Bereich erhält,
in dem Sie schalten und walten können.

Beispiel:

```
int *point;

main()
{

point = (int *) malloc(200 * sizeof(int));
    if(!point) printf("\nKein Platz mehr");

...
```

Wenn Sie diesen Bereich nicht mehr benötigen, können Sie ihn mit

```
    free(point);
```

wieder freigeben.

Wenn Sie einen Zeiger einer Struktur zuweisen, denken Sie bitte daran,
daß bei der Anweisung *zeiger++* der Zeiger nicht um ein Byte, sondern
um die Strukturgröße weiterbewegt wird. Angenommen, Sie haben einen
zweidimensionalen Vektor angelegt und weisen diesem einen Zeiger zu.
Die Definition lautet wie folgt:

```
int (*point)[100];
int vektor[5][100];

main()
{

point = vektor; /*Zeiger zeigt auf Vektor[0][0]*/

(*(point+1))[5] = wert; /* Zeiger zeigt auf den
                           zweiten Vektor in das 4. Byte*/
```

Gleichbedeutend ist die Schreibweise

```
vektor[1][5] = wert;
```

Zeiger können ebenso auf Funktionen zeigen, so daß diese nicht mit dem
Funktionsnamen, sondern mit dem Namen des Zeigers aufgerufen werden. Diese Vorgehensweise bietet sich z.B. dann an, wenn Sie einen kom-
mandoorientierten Editor o.ä. schreiben. Sollten Sie *Smart* kennen, wissen Sie, daß dort die Möglichkeit gegeben ist, die Funktionen entweder
durch Cursortasten anzuwählen oder ein Befehlskürzel einzugeben und
damit die betreffende Aktion auszulösen. Wie funktioniert dieser Ablauf? Sie legen eine Strukturtabelle an, in der erstens mehrere Zeiger definiert sind, die auf Funktionen verweisen, und zweitens ein Text abgelegt
wird, der als Vergleich für die Befehlseingabe dienen könnte. Genausogut kann dieser Text oder auch ein anderer Wert als Parameter für die
Funktion verwendet werden. Gehen wir schrittweise vor:

1. Zunächst muß der Compiler wissen, daß eine Funktion über einen Zeiger angesprochen werden soll:

   ```
   int printf();
   ```

2. Als nächstes muß der Zeiger richtig deklariert werden. Gerade in diesem Bereich gibt es vielerlei Probleme. Die Sprache C ermöglicht ein
   sehr wahlfreies Gestalten in der Formulierung von Funktionen und
   Zuweisungen. Ein Schreibfehler, sei es aus Unkenntnis oder ein Versehen, kann enorme Folgen haben:

   ```
   int (*point)();
   ```

3. Nun muß der Zeiger die Adresse der Funktion erhalten. Wir wollen voraussetzen, daß Sie diese Zuweisung in der *main()*-Funktion oder einer anderen machen. Sie sollten diese nicht in den Definitionsteil schreiben. Der Compiler würde dies nicht zulassen:

```
point = printf; /*Die runden Klammern können Sie
                    weglassen*/
```

4. Nun möchten Sie die Funktion natürlich über den Zeiger aufrufen. Wie *printf()* arbeitet, ist Ihnen bekannt. Sie können beliebige Parameter und Formatierungszeichen übergeben. Sie können den Aufruf durch den Zeiger genauso behandeln. Eine einfache Textausgabe lautet:

```
(*point) ("TEXT");
```

5. Der Text wird ab der aktuellen Cursorposition ausgegeben. Mit Parametern und Formatierungszeichen lautet der Aufruf:

```
(*point) ("\nTEXT %d %s",ziffer,string);
```

Sie sehen, es ist nicht so schwierig. Wir wollen noch einen Schritt weitergehen. Wenn eine Tabelle mit Zeigern angelegt werden soll, die auf Funktionen verweisen und Parameter übergeben, legen wir die Struktur wie folgt an:

```
#define LEN sizeof(tabelle) / sizeof(struct cmd)
char *buff; /*für Eingabetext*/
int printf(), funk1(); /*Bekanntmachen für Compiler*/

        struct cmd {
                char *cmd;
                int (*point)();
                } tabelle[] =
                {
                "text", printf,
                "text", printf,
                "text", printf,
                ...       funk1
                };
```

Wir setzen nun voraus, daß im Zeiger *buff* bereits ein Text oder Befehl steht:

```
        for(n = 0; n < LEN; n++)
            if(strcmp(buff,tabelle[n].cmd) == 0)
                break;

/*Funktionsaufruf, wenn n kleiner LEN*/
if(n < LEN)
   (tabelle[n].point)();
```

Wie Sie sehen, wurde eine Konstante *LEN* definiert. Somit ist gewährleistet, daß bei einer Erweiterung der Tabelle nicht jedesmal gezählt
werden muß, wie viele Elemente abgelegt wurden.

Das folgende Beispiel verwendet die Funktionen *printf()* und *funk()*. An
beide Funktionen werden Parameter übergeben. Dies ist keine Komplett-
lösung, aber eine erste Anregung die ausgebaut werden kann. Ihrer Phantasie sind keine Grenzen gesetzt. Mit allen Beispielen ist es letztlich so
wie mit einem Gehaltskonto. Sei es noch so klein, alles was drauf ist, kann
auch verwendet werden.

Beispielprogramm:

```
/*************************/
/  Zeiger auf Funktionen   */
/*************************/

int printf(), funk1();
char *text[] = {"text1...1","text2...2","text3...3"};
int (*p[4]) () = {printf,printf,printf,funk1};

main()
{
int n = 0;
printf("\nEnde = 4");
while(printf("\nBitte eine Zahl (0 bis 3)") && n != 4)
   {
   scanf("%d",&n);
   if (n >= 0 && n <= 2)
      (*p[n]) ("\n\07%s",text[n]);
   else if (n == 3)
         (*p[n]) (3);

   }

}

/***************************/
/* Diese Funktion wird durch */
/* (*p[3]) (3) aufgerufen    */
/***************************/
funk1(var)
int var;
{
printf("\nFunktion 1 aufgerufen");
printf("\nWert = %d",var);
}
```

Sie werden ggf. Probleme haben, wenn Sie Zeiger definieren, insbesondere dann, wenn Sie Klammern verwenden. Die Angabe

```
(*struct).feld;
```

ist identisch mit der Angabe

```
strucname->feldname;
```

Schauen wir uns das folgende Beispiel an.

Beispielprogramm:

```
/****************************/
/* Zeigerdemo               */
/****************************/
int v[10][10], (*p)[10] = v;
main()
{
int i,j,n;
int *pi;
n = 0;
for (i = 0; i < 10; i++)
    for (j = 0; j < 10; j++)
        v[i][j] = n++;

pi = (int *) v;
for (i = 0; i < 100; i++)
    printf("%d ",*pi++);        /* 0 - 99 */

printf("\n%d",(*(p+3))[5]);   /* 35 Vektor 3 posi 5      */
printf("\n%d",*(p+3)[5]);     /* 80 Vektor 3 + 5 = posi 80 */
                              /* Zeiger wurde indiziert  */
printf("\n%d",*(*(p+3)+5));   /* 35                      */
printf("\n%d",**(p+1));       /* 10 */
printf("\n%d",*(p[2]+3));     /* 23 */

}
```

Sie sehen einige Anweisungen, die Ihnen sicher noch gar nicht oder recht selten über den Weg gelaufen sind. Sollten Sie nun in die Lage geraten, sich mit diesen Dingen auseinandersetzen zu müssen, hätten Sie als Umsteiger oder Laie einiges zu leisten. Viele Operationen könnten vereinfacht werden, indem man normale Indizierungen verwendet. Diese sind erstens aussagefähiger und zweitens einfacher zu handhaben.

Sie sollten sich die Mühe machen und das folgende Programm abtippen oder von der Programmdiskette laden. Wenn Sie es compiliert haben und starten, erscheint ein Prompt (?), und eine Eingabe wird erwartet. Sie können dann solche Konstruktionen, wie oben abgebildet, eingeben und erhalten eine Analyse, die Ihnen Auskunft darüber gibt, was sich dahinter verbirgt. Es kann zwar nicht alles abgefangen werden, aber viele wichtige Informationen werden Sie mit Sicherheit erhalten.

Beispielprogramm:

```
/**************************************************/
/* C-Deklaration als deutschen Satz ausgeben      */
/* Die Deklaration wird erfragt. Es bestehen      */
/* einige kleinere Einschränkungen hinsichtlich   */
/* der verarbeiteten Syntax (union ist            */
/* unbekannt).                                     */
/*                                                 */
/* Beispiel:                                       */
/*    Die Eingabe "char *(*p)[];" liefert:        */
/*    "p ist vom Typ Zeiger auf Vektor mit         */
/*    Elementen vom Typ Zeiger auf char"           */
/**************************************************/

#include <stdio.h>

#define KLAMMER_A        0
#define KLAMMER_Z        1
#define ZEIGER           3
#define VEKTOR           4
#define FUNKTION         5
#define TYP              6
#define NAME             7
#define SEMIKO           8
#define ENDE             9
#define TEXTENDE         0

char buf[500];
char * string = buf;

char *typNamen[] =   {
        "char",
        "short",
        "int",
        "long",
        "float",
        "double",
        "unsigned",
        "struct",
        "union",
        NULL
                        };

#define KEINER  -1
int lastToken = KEINER;
char *lastText;
```

```
GetChr()
{
   if (!*string)
      return(TEXTENDE);
   return(*string++);
}

UnGetChr()
{
   if (*string)
      --string;
}

White()
{
   int c;

   while((c = GetChr()) == ' ' || c == '\n' || c == '\t')
         ;
   return(c);
}

Scan(ppText)
char **ppText;
{
   static char buf[500], *pBuf = buf;

   char *p, *pAnf;
   int n;

   if (lastToken != KEINER)
      {
      n = lastToken;
      lastToken = KEINER;
      *ppText = lastText;
      return(n);
      }

   p = pBuf;
   *ppText = "";
   *p = White();
   if (*p == TEXTENDE)
      return( ENDE);
   if (*p == '*')
      return( ZEIGER);
   if (*p == ';')
      return( SEMIKO);
   if (*p == ')' )
      return( KLAMMER_Z);
   if (*p == '(')
      {
      *p = White();
      if (*p == ')')
         return(FUNKTION);
```

```
         UnGetChr();
         return(KLAMMER_A);
         }
      if(*p == '[')
         {
         *ppText = p + 1;
         while ((*++p = GetChr()) != TEXTENDE && *p != ']')
            ;
         if(*p == TEXTENDE)
            Syntax("Textende nach [\n");
         *p = '\0';
         pBuf = p + 1;
         return(VEKTOR);
         }
      if((*p >= 'a'  && *p <= 'z')  ||  (*p >= 'A'
                    && *p <= 'Z')  ||  *p == '_')
         {
         pAnf = p;
            do
               *++p = GetChr();
            while((*p >= 'a' && *p <= 'z')
                    ||  (*p >= 'A' && *p <= 'Z')
                    ||  (*p >= '0' && *p <= '9')  ||  *p == '_');
         UnGetChr();
         *p = '\0';
         for (n = 0; typNamen[n]; ++n)
            if(!strcmp(pAnf, typNamen[n]))
               {
               *ppText = typNamen[n];
               return( TYP );
               }
         *ppText = pAnf;
         pBuf = p + 1;
         return( NAME );
         }
      Syntax( "Token %c unbekannt\n", *p );
}


UnScan(token, pText)
int token;
char *pText;
{
   lastToken = token;
   lastText = pText;
}


main()
{
   char *p, *pTyp, *pTyp2 = NULL;
   int token;

   printf("? ");
   if (!gets(string))
```

```
        {
        printf("falsche Eingabe\n");
        exit(1);
        }

    if((token = Scan(&pTyp) != TYP) && token != NAME)
        Syntax("linke Seite\n");
    if (!strcmp(pTyp,"struct") || !strcmp(pTyp,"union"))
        if(Scan(&pTyp2) != NAME)
            Syntax( "struct/union ?????");

    Expr();

    if((token = Scan(&p)) == SEMIKO)
        token = Scan(&p);
    if(token != ENDE)
        Syntax("Statt Textende %s\n", p);
    printf(" %s", pTyp);
    if(pTyp2)
        printf( " %s", pTyp2 );
    putchar('\n');
}

Expr()
{
    int token;
    char *p;

    token = Scan( &p );
    if(token == ZEIGER)
        {
        Expr();
        printf( " Zeiger auf");
        return(ZEIGER);
        }
    if(token == KLAMMER_A)
        {
        token = Expr();
        if (Scan(&p) != KLAMMER_Z)
            Syntax(") fehlt\n");
        return(VektorFunktion(token, p));
        }
    if(token == NAME)
        {
        printf("%s ist vom Typ", p);
        return(VektorFunktion(token, p));
        }
    Syntax("Token unerwartet %s\n", p);
}

VektorFunktion(lastToken, p)
int lastToken;
char *p;
```

```
{
    int token;

    while((token = Scan(&p)) == VEKTOR || token == FUNKTION)
        {
        if(token == VEKTOR)
            {
            if(lastToken == FUNKTION)
                Syntax(
                    "Funktionsergebnis Vektor nicht moeglich\n");
            printf(" Vektor mit %s Elementen vom Typ", p);
            }
        else
            {
            if(lastToken != NAME && lastToken != ZEIGER)
                Syntax("nur name() und (* ...)() erlaubt\n");
            printf(" Funktion mit Ergebnis vom Typ");
            }
        lastToken = token;
        }
    UnScan(token, p);
    return(lastToken);
}

Syntax(s, p1, p2, p3, p4)
char *s;
{
    printf( " ....Syntaxfehler: " );
    printf(s, p1, p2, p3, p4);
    exit(1);
}
```

Konvertieren

Textdateien und Binärdateien sind zweierlei Speicherformen. Sie könnten mit der Aufgabe konfrontiert werden, eine Binärdatei in eine Textdatei oder umgekehrt umwandeln zu müssen. Wenn sich binäre Informationen im Speicher befinden, können Sie die Funktion *memcpy()* verwenden. Ist diese nicht implementiert, läßt sich diese Funktion einfach realisieren.

```
memcpy(char *ziel, char *quelle, int laenge)
{
    while(laenge-- > 0)
        *ziel++ = *quelle++;
}
```

Es wird kein *return*-Code zurückgegeben. Sie rufen diese Funktion wie
folgt auf:

```
memcpy(von, nach, strlen(von));
```

von und *nach* müssen als Zeiger oder Vektor deklariert sein.

Wie sieht diese Angelegenheit aus, wenn die Daten in einer Datei abgelegt sind? Was machen Sie, wenn zusätzlich erwartet wird, daß das Programm die Dateien anhand von Parametern verarbeiten soll? Wie gehen
Sie vor, wenn eine vorgegebene Struktur verwendet werden soll? Das folgende Beispiel faßt alle Möglichkeiten zusammen. Das Programm erwartet zwei Parameter. Als erstes wird die Binärdatei und als zweites die
Textdatei erwartet. Die Möglichkeit einer Eingabe ist gegeben. Die Datei
kann in beide Richtungen konvertiert werden. Da hier mit einer vorgegebenen Struktur gearbeitet wird, müßte diese ggf. herausgenommen werden, und die Schreib-/Leseroutinen müssen dahingehend geändert werden, daß die Zeichen byteweise gelesen und geschrieben werden. Beim
Schreiben werden die Sätze angezeigt, und der Vorgang kann durch
Drücken der Leertaste und <Return> abgebrochen werden.

Beispielprogramm:

```
/*****************************/
/* Konvertierung von Text-   */
/* in Binärdateien und       */
/* umgekehrt                 */
/*****************************/
#include <stdio.h>
#include <dos.h>
#define BIN 2
#define TEXT 1
FILE *text_pointer, *bin_pointer;

struct satz {
            char vorname[21];
            char zuname[21];
            float gehalt;
            } eingabe;

/*******************************/
/* Hauptprogramm               */
/*******************************/
main(argc,argv)
int argc;
char *argv[];
{
int dummy = 0, ende = 1;
```

```
/*-Wenn keine Parameter, dann Abbruch--*/
if (argc <= 1)
   {
   printf("\n\07Es wurden keine Parameter übergeben.");
   printf("\nDer korrekte Aufruf lautet :");
   printf("\n\nKONV1 Binärdatei <Textdatei> \n\n");
   exit(0);
   }

/*-Binärdatei öffnen----*/
bin_pointer = fopen(argv[1],"r+b");
if (!bin_pointer)
   {
   bin_pointer = fopen(argv[1],"wb");
     if (!bin_pointer)
        {
        printf("\nDie Binärdatei %s",argv[1]);
        printf(" konnte nicht geöffnet werden");
        exit(0);
        }
   }

/*-Textdatei öffnen------*/
if (argv[2])
   {
   text_pointer = fopen(argv[2],"r+");
   if (!text_pointer)
      {
      text_pointer = fopen(argv[2],"a+");
      if (!text_pointer)
         {
         printf("\nDie Textdatei %s",argv[2]);
         printf(" konnte nicht angelegt werden");
         exit(0)
         }
      }
   }

/*-Hauptschleife-*/
while(ende)
   {
   while(dummy <  1 || dummy > 4)
      {
      /**********************************************/
      /* Wenn Sie den ANSI-Treiber geladen haben,    */
      /* können Sie den Bildschirm auch wie folgt    */
      /* löschen:                                     */
      /*                                              */
      /* printf("\n\033[2JEingabe ...: 1");           */
      /*                                              */
      /* cls() und dos.h sind dann überflüssig!       */
      /**********************************************/
      cls();
      printf("\nEingabe ..............: 1");
      printf("\nText nach binär ......: 2");
```

```
      printf("\nBinär nach Text ......: 3");
      printf("\nEnde ................: 4");
      printf("\n\nBitte wählen Sie  ... ");
      scanf("%d",&dummy);
      }

   switch(dummy)
      {
      case 1: gibein();
              dummy = 0;
              break;
      case 2: text_nach_bin();
              dummy = 0;
              break;
      case 3: bin_nach_text();
              dummy = 0;
              break;
      case 4: ende = 0;
              break;
      }


   }

/*-Dateien schließen-*/
if(bin_pointer) fclose(bin_pointer);
if(text_pointer) fclose(text_pointer);
}


/*******************************/
/* Satzeingabe und wegschreiben */
/*******************************/
gibein()
{
while(1)
   {
   cls(); /*siehe Hauptschleife*/
   printf("\nEingabe 0 = Ende");
   printf("\nVorname : "); scanf("%s",eingabe.vorname);
      if(eingabe.vorname[0] == '0') return;
   printf("\nZuname : ");  scanf("%s",eingabe.zuname);
   printf("\nGehalt : ");  scanf("%f",&eingabe.gehalt);
   schreiben(TEXT);
   }
}


/*********************/
/* Satz wegschreiben */
/*********************/
schreiben(wo)
int wo;
{
    /* 1 = Text schreiben / 2 = binär schreiben */
    switch(wo)
```

```
              {
        case 1: fprintf(text_pointer,"%s ",eingabe.vorname);
                fprintf(text_pointer,"%s ",eingabe.zuname);
                fprintf(text_pointer,"%4.2f ",eingabe.gehalt);
                break;
        case 2: fwrite(&eingabe,sizeof(eingabe),1,bin_pointer);
                break;
              }

}

/*****************************/
/* Text in binär umwandeln   */
/*****************************/
text_nach_bin()
{
fseek(text_pointer,0L,0);
fseek(bin_pointer,0L,0);

/*--Im folgenden wurde  while(1) verwendet, um durch
<Leertaste><Return> abbrechen zu können. Der erste Satz
wird in jedem Fall verarbeitet --*/

while(1)
   {
   fscanf(text_pointer,"%s",eingabe.vorname);
   printf("\n%s",eingabe.vorname);
   fscanf(text_pointer,"%s",eingabe.zuname);
   printf("\n%s",eingabe.zuname);
   fscanf(text_pointer,"%f",&eingabe.gehalt);
   printf("\n%f",eingabe.gehalt);
   if(getchar() == 32) return;
   schreiben(BIN);
   }

}

/****************************/
/* Binär nach Text          */
/****************************/
bin_nach_text()
{
fseek(bin_pointer,0L,0);
fseek(text_pointer,0L,0);

/*--Im folgenden wurde  while(1) verwendet, um durch
<Leertaste><Return> abbrechen zu können. Der erste Satz
wird in jedem Fall verarbeitet --*/

while(1)
   {
   fread(&eingabe,sizeof(eingabe),1,bin_pointer);
   printf("\n%s",eingabe.vorname);
   printf("\n%s",eingabe.zuname);
   printf("\n%f",eingabe.gehalt);
```

```
    if(getchar() == 32) return;
    schreiben(TEXT);
    }
}

/***********************************/
/*Funktion Bildschirm löschen      */
/***********************************/
cls()
{
union REGS r;
    r.h.ah = 6;     /*Screen-Scroll-Code    */
    r.h.al = 0;     /*Clear-Screen-Code     */
    r.h.ch = 0;     /*Startzeile            */
    r.h.cl = 0;     /*Startspalte           */
    r.h.dh = 24;    /*Endzeile              */
    r.h.dl = 79;    /*Endspalte             */
    r.h.bh = 7;     /*leere Zeile schwarz   */
    int86(0x10, &r, &r);

}
```

Dateien schützen

Wir werden nun ein Programm zeigen, das Ihnen die Möglichkeit gibt,
Dateiattribute zu verändern. Das Programm erwartet als Parameter mindestens einen Datei- oder Programmnamen. Selbst wenn dieser ein Hid-
den-Attribut hat, kann dieses aufgehoben werden. Der Name muß allerdings bekannt sein. In diesem Programm sind vier Möglichkeiten vorgegeben. Diese können auf alle Attribute erweitert werden. Eine Liste der
gültigen Attribute wird im Programm gegeben.

Beispielprogramm:

```
/*******************************/
/* Programm DNOREAD.C          */
/* Dateiattribute ändern       */
/*******************************/

#include <stdio.h>
#include <dos.h>
/*******************************/
/* Tabelle für Dateioptionen   */
/* zu setzen in _chmod(a,b,c)  */
/*  a = Dateiname/Programmname */
/*  b = 1 (setzen) oder 0 (lesen) */
```

```
/*   c = Hexwert 0x00 - 0x??        */
/* Dateiattribute:                  */
/* ===============                  */
/* 0x00 alle Bits auf Null setzen   */
/* 0x100 lesen                      */
/* 0x80  schreiben                  */
/* 0x40  ausführen                  */
/* 0x20  Archivierungsbit           */
/* 0x10  Verzeichnis                */
/* 0x08  Datenträgeretikett         */
/* 0x04  Systemdatei                */
/* 0x02  versteckte Datei           */
/* 0x01  nur lesen                  */
/************************************/
FILE *point;
int this, attribut, zaehler = 1;
char *DATEI;
void goto_xy(), cls(), rahmen();

/*********************************************/
/*         H A U P T P R O G R A M M         */
/*********************************************/
main(int argc, char *argv[])
{
char *dummy;
int ret,fd1;
/*struct stat statbuf;*/

  if(argc < 2)
    fehler();
    cls();
    rahmen();
    anzeigen();
    do
    {
    goto_xy(8,43);
    printf("%s         ",argv[zaehler]);
    eingabe();
    attrib_probe();
    ret = 0;
    ret = _chmod(argv[zaehler],1,this);
    if(ret != 0)
        {
        goto_xy(20,15);
        printf(" Ausführung %s  Wert %4x  .... ",
                argv[zaehler],this);
        }
        else
        {
        goto_xy(20,15);
          if(this != 8)
          printf(" Datei %s Attribute %4x ausgeführt!",
                  argv[zaehler],this);
        }
    }
```

```
        while(++zaehler < argc);
        ende();
}

/**********************************/
/*         Fehlermeldung          */
/**********************************/
fehler()
{
union scan {
        int c;
        char ch[2];
    } sc;
    cls();
    bild(1,1,"Es muß mindestens ein Dateiname    ",34,0x70);
    bild(2,1,"übergeben werden. Im Anschluß      ",34,0x70);
    bild(3,1,"erhalten Sie eine Auswahl, die     ",34,0x70);
    bild(4,1,"verschiedene Attribute vorgibt.    ",34,0x70);
    bild(5,1,"Die korrekte Eingabe lautet:       ",34,0x70);
    bild(6,1,"DNOREAD <PFAD> D1.DAT D2.DAT .... ",34,0x70);
    printf("\n");
    printf("\n");
    printf("\n");
    exit(0);
}

/********************************************/
/*   Attribute Hexwert zuweisen lt. F1-F4   */
/********************************************/
attrib_probe()
{
  int fehler = 1;
  do
   switch(attribut)
    {
    case  1 : fehler = 0;
              this = 0x00;      /*aufheben*/
              break;

    case  2 : fehler = 0;
              this = 0x01;      /*nur lesen*/
              break;

    case  3 : fehler = 0;
              this = 0x02;      /*versteckte Datei*/
              break;

    case  4 : fehler = 0;
              this = 0x04;      /*Systemdatei*/
              break;

    }
   while(fehler == 5);
}
```

```
/**************************************/
/* Schicke Cursor nach Zeile,Spalte  */
/**************************************/
void goto_xy(x,y)
{
union REGS r;
     r.h.ah=2;    /*Cursor-Adreßfunktion */
     r.h.dl=y;    /*Spalte               */
     r.h.dh=x;    /*Zeile                */
     r.h.bh=0;    /*Videoseite           */
     int86(0x10, &r, &r);

}

/***************************************/
/*      Auswahl anzeigen               */
/***************************************/
anzeigen()
{
  bild(4,15,"┌─────────────────────────┐",28,0x70);
  bild(5,15,"│ DATEISCHUTZ  (C) D.Gromm │",28,0x70);
  bild(6,15,"└─────────────────────────┘",28,0x70);
  goto_xy(8,15);
  printf("Datei ...................:");
  goto_xy(10,15);
  printf("Attribute aufheben .......: F1");
  goto_xy(11,15);
  printf("Nur lesen (Löschschutz) ..: F2");
  goto_xy(12,15);
  printf("Datei versteckt anlegen ..: F3");
  goto_xy(13,15);
  printf("Systemdatei anlegen ......: F4");
  goto_xy(14,15);
  printf("Programmende .............: F9");
  bild(17,15,"┌──────────────────────┐",28,0x70);
  bild(18,15,"│ Bitte wählen Sie F1-F4 │",28,0x70);
  bild(19,15,"└──────────────────────┘",28,0x70);

}

/***************************************/
/          Auswahl eingeben          */
/***************************************/
eingabe()
{
int zeile;
union scan {
      int c;
      char ch[2];
   }  sc;
   do
   {
   attribut = 0;
   goto_xy(18,63);
   sc.c = get_key();
```

```
   bild(18,15,"| Bitte wählen Sie F1-F4 | ",28,0x70);
   if (sc.ch[1] == 59)
      attribut = 1,zeile = 10;
   if (sc.ch[1] == 60)
      attribut = 2,zeile = 11;
   if (sc.ch[1] == 61)
      attribut = 3,zeile = 12;
   if (sc.ch[1] == 62)
      attribut = 4,zeile = 13;
   if (sc.ch[0] == 27 || sc.ch[1] == 67)
      {
      cls();
      exit(0);
      }
   if (attribut == 0)
      {
      goto_xy(17,15);
      bild(18,15,"| Nur Funktionstasten F1-F4 |",28,0x70);
      printf("\07");
      }

   }
while(attribut == 0);
goto_xy(10,45);
   printf("            ");
goto_xy(11,45);
   printf("            ");
goto_xy(12,45);
   printf("            ");
goto_xy(13,45);
   printf("            ");
goto_xy(zeile,47);
printf("<===");

}
/************************************/
/*   Inkey Tasteneingabe           */
/************************************/
get_key()
{
union REGS r;
   r.h.ah = 0;
   return int86(0x16, &r, &r);
}


/************************************/
/* Funktion Bildschirm löschen     */
/************************************/
void cls()
{
union REGS r;
   r.h.ah=6;      /*Screen-Scroll-Code    */
   r.h.al=0;      /*Clear-Screen-Code     */
   r.h.ch=0;      /*Startspalte           */
   r.h.cl=0;      /*Startzeile            */
```

```
      r.h.dh=24;      /*Endspalte              */
      r.h.dl=79;      /*Endzeile               */
      r.h.bh=7;       /*leere Zeile schwarz    */
      int86(0x10, &r, &r);

}
/***********************************/
/* Rahmen ausgeben                 */
/***********************************/
void rahmen()
{
int i = 0, x, y;
union REGS r;

      cls();
      /*********************Zeile oben/unten*********/
      x = 3, y = 1;
      do
      {
        for(y = 2; y < 79; y++)
          {
            r.h.ah = 2;      /*Cursor-Adreßfunktion */
            r.h.dl = y;      /*Spalte               */
            r.h.dh = x;      /*Zeile                */
            r.h.bh = 0;      /*Videoseite           */
            int86(0x10, &r, &r);
            printf("=");
          }
        x = 24;
      }
      while(++i < 2);
      i = 0, y = 1;



      /*******************Spalte links/rechts********/
      do
      {
        for(x = 4; x < 24; x++)
          {
            r.h.ah = 2;      /*Cursor-Adreßfunktion */
            r.h.dl = y;      /*Spalte               */
            r.h.dh = x;      /*Zeile                */
            r.h.bh = 0;      /*Videoseite           */
            int86(0x10, &r, &r);
            printf("||");
          }
        y = 79;
      }
      while(++i < 2);

    /*************alle 4 Ecken********************/
    /**links oben**/
      r.h.ah = 2;           /*Cursor-Adreßfunktion */
      r.h.dl = 1;           /*Spalte               */
```

```
      r.h.dh = 3;              /*Zeile                    */
      r.h.bh = 0;              /*Videoseite               */
      int86(0x10, &r, &r);
      printf("┌");
  /**links unten*/
      r.h.ah = 2;              /*Cursor-Adreßfunktion     */
      r.h.dl = 1 ;             /*Spalte                   */
      r.h.dh = 24;             /*Zeile                    */
      r.h.bh = 0;              /*Videoseite               */
      int86(0x10, &r, &r);
      printf("└");
  /**rechts oben*/
      r.h.ah=2;                /*Cursor-Adreßfunktion     */
      r.h.dl=79;               /*Spalte                   */
      r.h.dh=3 ;               /*Zeile                    */
      r.h.bh=0;                /*Videoseite               */
      int86(0x10, &r, &r);
      printf("┐");
  /**rechts unten*/
      r.h.ah = 2;              /*Cursor-Adreßfunktion     */
      r.h.dl = 79;             /*Spalte                   */
      r.h.dh = 24;             /*Zeile                    */
      r.h.bh = 0;              /*Videoseite               */
      int86(0x10, &r, &r);
      printf("┘");
  /**Textzeile Kopf - 1 -*/
      r.h.ah = 2;              /*Cursor-Adreßfunktion     */
      r.h.dl = 1;              /*Spalte                   */
      r.h.dh = 1;              /*Zeile                    */
      r.h.bh = 0;              /*Videoseite               */
      int86(0x10, &r, &r);
}
/***********************************/
/*          Endemeldung            */
/***********************************/
ende()
{
int zeile;
union scan {
      int c;
      char ch[2];
  }   sc;
  do
  {
  attribut = 0;
  sc.c = get_key();
    if  (sc.ch[1] == 67)
        attribut = 1;
    else
      printf("\07");
  }
  while(attribut == 0);
  cls();
  exit(0);
}
```

```
/*************************************/
/* Funktion Bildschirm beschreiben  */
/*************************************/
bild(z,s,t,l,a)
char t[80];
{
int offs = (160 * --z) + ( s * 2);
int n;

        if (peekb(0x40,0x49) == 7)
           {
           for (n = 0; n < l; n++)
              {
              pokeb(0xb000,offs++,t[n]);   /*Herkuleskarte*/
              pokeb(0xb000,offs++,a);
              }
           }
        else
           {
           for (n = 0; n < l; n++)                 /*EGA o.ä.     */
              {
              pokeb(0xb800,offs++,t[n]);
              pokeb(0xb800,offs++,a);
              }
           }

}
```

Drucken

Das Ausdrucken von Daten wurde bisher noch nicht erwähnt. Es gibt selbstverständlich verschiedene Möglichkeiten, Daten auf dem Drucker auszugeben. Sie könnten diverse Interrupts oder die BIOS-Funktionen von Turbo C verwenden. Wir werden es allerdings mit *fprintf()* realisieren. Standardmäßig werden bei Programmstart die Dateien

```
stderr
stdin
stdout
stdprn
```

geöffnet und können angesprochen werden. Interessant ist für uns die Datei *stdprn*. Es handelt sich hierbei um den Standarddrucker LPT1. Dieser kann durch DOS auch nach LPT2 o.ä. umgeleitet werden. Angesprochen wird dieser programmintern in jedem Fall mit *stderr*. Wie Sie vorgehen müssen, wird Ihnen das Beispiel zeigen. Die Funktion *fprintf()* ist Ihnen bekannt, und Sie wissen auch, daß Sie mit diesem Befehl Daten formatiert in eine Datei schreiben können. Es wird lediglich ein zusätzlicher Puffer angegeben. In unserem Beispiel wird durch *#define* die Datei *stdprn* der Konstanten *PRINTER* zugewiesen. Sie können nun die Funktion *fprintf()* wie gewohnt verwenden. Die Ausgabe erfolgt über den Standard- oder umgeleiteten Drucker. Sie werden feststellen, daß diese Methode recht einfach ist. Sie können z.B. Daten aus anderen Dateien einlesen und über diesen Weg ausgeben. Somit ist die Gestaltung von Drucklisten kein besonderes Problem.

Beispielprogramm:

```
/************************/
/* Drucken              */
/************************/
#include <stdio.h>
#define PRINTER stdprn

int zahl_3[4][4];
int dummy = 2;

float zahl_4[4][4];
float dummy_f = 12.89;

int i, j;
char taste;

/***********************/
/* Hauptprogramm       */
/***********************/
main()
{
/************************************/
/* Belegung des Vektors   (INTEGER) */
/************************************/
   for(i = 0; i < = 3; i++)
     for(j = 0; j < = 3 ; j++)
       zahl_3[i][j] = dummy++;

/************************************/
/* Belegung des Vektors   (FLOAT)   */
/************************************/
   for(i = 0; i <= 3; i++)
     for(j = 0; j <= 3; j++)
       zahl_4[i][j] = dummy_f++;

/************************************/
/* Schreiben auf dem Bildschirm (INT) */
/************************************/
   for(i = 0; i < 4; i++)
     for(j = 0; j < 4; j++)
       {
```

```
          printf("|%3d| ", zahl_3[i][j]);
          if (j == 3)
             printf("\n");
       }
    printf("\n\n");
/*****************************************/
/* Schreiben auf dem Bildschirm (FLOAT) */
/*****************************************/
    for(i = 0; i < 4; i++)
       for(j = 0; j < 4; j++)
       {
          printf("|%7.3f| ", zahl_4[i][j]);
          if (j == 3)
             printf("\n");
       }
    printf("\n\n");

/***************************************************/
/* Schreiben auf dem Bildschirm mit Null (FLOAT) */
/***************************************************/
    for(i = 0; i < 4;i++)
       for(j = 0; j < 4; j++)
       {
          printf("|%07.3f| ", zahl_4[i][j]);
          if (j == 3)
             printf("\n");
       }

/***********************************/
/* Warten auf Tastendruck          */
/***********************************/
    taste = getchar();

/***********************************/
/* Schreiben nach LPT1   (INTEGER)    */
/***********************************/
    for(i = 0; i < 4; i++)
       for(j = 0; j < 4; j++)
       {
          fprintf(PRINTER,"|%3d| ", zahl_3[i][j]);
          if (j == 3)
             fprintf(PRINTER,"\n");
       }
    fprintf(PRINTER,"\n\n");

/***********************************/
/* Schreiben nach LPT1   (FLOAT)      */
/***********************************/
    for(i = 0; i < 4; i++)
       for(j = 0; j < 4; j++)
       {
          fprintf(PRINTER,"|%7.3f| ", zahl_4[i][j]);
          if (j == 3)
             fprintf(PRINTER,"\n");
       }
    fprintf(PRINTER,"\n\n");
```

```
/************************************************/
/* Schreiben nach LPT1 mit Null (FLOAT)         */
/************************************************/
   for(i = 0; i < 4; i++)
     for(j = 0; j < 4; j++)
       {
         fprintf(PRINTER,"|%07.3f| ", zahl_4[i][j]);
         if (j == 3)
             fprintf(PRINTER,"\n");
       }
   fprintf(PRINTER,"\n\n");
}
```

Anhang F

Wichtige Systemadressen

In diesem Anhang erhalten Sie diverse Informationen zu den Systemadressen und deren Bedeutung. Die folgenden Adressen wurden entsprechend der Funktionsgruppen zusammengefaßt.

Videoadressen

Adresse: 852   Adressierung der Grafikkarte

Byte-Wert	Bedeutung
1	Monochrom-Monitor einschalten
41	Monochrom-Monitor ausschalten
0	Blinken ausschalten
41	Blinken und Farbsetzung einschalten

Adresse: 984   Adressierung der Farbgrafikkarte

Bit	Funktion	Bit=1	Bit=0
0	Zeichen-Taktfrequenz	40 Zeilen	80 Zeilen
1	Modus	Text	Grafik
2	Farbe	ein	aus (monochrom)
3	Bild	keins	Bilddarstellung
4	Auflösung	320*200	640*200
5	Effekte	blinkend	nur Hell

Adresse: 1097	CRT-Modus
Adresse: 1098 – 1099	Spaltenanzahl des Monitors
Adresse: 1100 – 1101	Größe des Wiederholungsspeichers
Adresse: 1102 – 1103	Videochip-Startadresse
Adresse: 1104	Cursorposition der 1. Seite (Spalte)
Adresse: 1105	Cursorposition der 1. Seite (Zeile)

Adresse: 1106   Cursorposition der 2. Seite (Spalte)
Adresse: 1107   Cursorposition der 2. Seite (Zeile)

Weiter in diesem Intervall bis zur Adresse 1119 (8. Seite)

Adresse: 1120   Ende Cursorabfrage
Adresse: 1121   Beginn der Cursorabfrage mit Sichtbarkeits-
                                 indikator über Bit 5 (wenn 1)
Adresse: 1122   Nummer der aktuellen Seite
Adresse: 1123 – 1124   Startadresse aktuelle Seite
Adresse: 1125   aktueller CRT-Modus
Adresse: 1126   aktuelle Farbpalette (CRT)
Adresse: 47104   Beginn Bildschirmspeicher
Adresse: 45045 – 49055   Speicherbereich monochrom (80*20)

Serielle Schnittstelle

Adresse: 1024 – 1025   Zeiger 1. Schnittstelle (RS232)
Adresse: 1026 – 1027   Zeiger 2. Schnittstelle (RS232)
Adresse: 1028 – 1029   Zeiger 3. Schnittstelle (RS232)
Adresse: 1030 – 1031   Zeiger 4. Schnittstelle (RS232)

Adresse + Offset 5 der jeweiligen Schnittstelle = Statusbyte

Bit   Funktion, wenn 1

0	Daten sind verfügbar
1	Datenüberlauffehler
2	Paritätsfehler
3	Geschwindigkeitsfehler bei Datenübertragung
4	Break-Signal
5	Senderegister-Puffer leer
6	Senderegister-Schieber leer
7	Wartezeit abgelaufen (Time-Out)

Adresse + Offset 6 der jeweiligen Schnittstelle = Statusbyte

Bit   Bedeutung wenn 1

0	Rechner sendebereit (Delta-Funktion)
1	Endgerät bereit (Delta-Funktion)
2	Die folgende Flanke bewirkt "Glocke"
3	Empfangssignal (Delta-Funktion)
4	Sendebereitschaft des Rechners
5	Empfangsbereitschaft des Endgeräts

Bit	Bedeutung wenn 1
6	Glocke
7	Empfangssignal

Parallele Schnittstelle und Drucker

Adresse: 1032 – 1033   Zeiger 1. Schnittstelle
Adresse: 1034 – 1035   Zeiger 2. Schnittstelle
Adresse: 1036 – 1037   Zeiger 3. Schnittstelle
Adresse: 1038 – 1039   Zeiger 4. Schnittstelle

Adresse + Offset 1 = Statusbyte

Bit	Bedeutung, wenn 1
1	Time-Out
3	Fehler bei der Ausgabe
4	Drucker wurde angewählt
5	Papier zu Ende
6	Drucker arbeitet mit Rückmeldung
7	Drucker ist bereit

Konfiguration des Systems

Adresse: 1040   Statusbyte

Bit	Bedeutung	
0	Laufwerke vorhanden	
2 – 3	RAM-Bereich	0 = 16 KB
		1 = 32 KB
		2 = 48 KB
		3 = 64 KB
4 – 5	Grafikkarte	0 = keine
		1 = 40*25-Farbkarte
		2 = 80*25-Farbkarte
		3 = 80*25-Monochrom-Karte
6 + 7	Anzahl Laufwerke	0 = 1 Laufwerk
		1 = 2 Laufwerke
		2 = 3 Laufwerke
		3 = 4 Laufwerke

Die Bitkombinationen 2/3, 4/5 und 6/7 geben jeweils die Werte 0 bis 3 an.

Adresse: 1041   Adapter-Konfiguration

Bit	Bedeutung
0	frei
1 – 3	Anzahl der RS232-Adapter
4	Anzahl Spiel-Adapter
5	frei
6 – 7	Anzahl der Parallel-Adapter

Adresse: 1043 – 1044   Verfügbarer RAM-Speicher in KByte

Adresse: 65534   Rechnertyp

Wert	Typ
252	IBM AT
253	IBM PC-Junior
254	IBM XT oder Kompatibler
255	IBM PC

Tastaturadressen

Adresse: 1047   Tastatur-Konfigurationsbyte

Bit	Bedeutung, wenn 1
0	\<Shift\>\<→\>
1	\<Shift\>\<←\>
2	\<Ctrl\>\<Shift\>
3	\<Alt\>\<Shift\>
4	\<ScrollLock\>
5	\<NumLock\>
6	\<CapsLock\>
7	\<Ins\>

Adresse: 1048   Sondertasten-Konfigurationsbyte

Bit	Bedeutung wenn 1
0 – 1	frei
2	SYS-REQ bei AT
3	\<Ctrl\>\<NumLock\>
4	\<ScrollLock\>
5	\<NumLock\>
6	\<CapsLock\>
7	\<Ins\>

Adresse: 1050 – 1051   Tastaturpuffer Anfangsadresse
Adresse: 1052 – 1053   Tastaturpuffer Endadresse
Adresse: 1054 – 1055   Adresse des ersten Zeichens im Puffer
Adresse: 1056 – 1085   Jeweils in Zweierschritten beinhalten diese Adressen das folgende Zeichen im Tastatur-puffer (pro Zeichen 2 Bytes Adreßbelegung).

Diskettenoperationen

Adresse: 1087   Diskettenmotor-Status

Byte-Wert	Bedeutung
0	Motor ist inaktiv oder nicht vorhanden
1	Laufwerk A wird adressiert
2	Laufwerk B wird adressiert
3	Laufwerk C wird adressiert
4	Laufwerk D wird adressiert

Adresse: 1090   Diskettenstatus

Bit	Bedeutung, wenn 1
0	frei
1	Adreßmarkierung nicht gefunden
2	Sektor nicht gefunden
3	DMA-Überlauf
4 – 5	Datenfehler erkannt (CRC-Fehler)
6	Suchfehler
7	Laufwerk reagiert nicht

Adresse: 1093   Nummer der adressierten Diskettenspur
Adresse: 1094   Position des Schreib-/Lesekopfes
Adresse: 1095   Sektornummer
Adresse: 1096   Anzahl Bytes pro Sektor

Nicht belegter Bereich

Adresse: 1264 – 1279   unbelegt
Adresse: 49056 – 49151   unbelegt
Adresse: 51104 – 51199   unbelegt

Die Speicherbelegung des PCs

Speicherbereich Interrupt-Vektoren

Segmentgröße   1 KByte
Von – bis   0000 – 0040

Speicherbereich Systemvariablen

Segmentgröße   512 Byte
Von – bis   0040 – 0060

Speicherbereich MS-DOS und RAM für Anwendungen

Segmentgröße   638 KByte Hauptspeicher + 512 Bytes
Von – bis   0060 – A000

Speicherbereich EGA-Grafik und High-Resolution-Grafik

Segmentgröße   64 KByte
Von – bis   A000 – B000

Speicherbereich Monochrom-Grafik-Adapter

Segmentgröße   32 KByte
Von – bis   B000 – B800

Speicherbereich Farbgrafik-Adapter

Segmentgröße   32 KByte
Von – bis   B800 – C000

Speicherbereich I/O-ROM und Harddisk-BIOS

Segmentgröße   64 KByte
Von – bis   C000 – D000

Speicherbereich ROM/EPROM

Segmentgröße   128 KByte
Von – bis   D000 – F000

Speicherbereich ROM-BASIC (Startadresse F800)

Segmentgröße   64 KByte
Von – bis   F000 – FE00

Speicherbereich ROM-BIOS

Segmentgröße   512 Bytes
Von – bis   FE00 – FFFF

Anhang G

Empfohlene Bücher

Stichwortverzeichnis

SYBEX

**Fordern Sie ein Gesamtverzeichnis
unserer Verlagsproduktion an:**

SYBEX-VERLAG GmbH	SYBEX INC.	SYBEX	SYBEX
Vogelsanger Weg 111	2021 Challenger drive, NBR 100	6–8, Impasse du Curé	Uitgeverij B. V.
D-4000 Düsseldorf 30	Alameda, CA 94501, USA	F-75018 Paris	Willemsplein 34.3
Tel.: (0211) 61 80 2-0	Tel.: (415) 523-8233	Tel.: 1/4203-95-95	NL–6811 KC Arnheim
Telex: 8 588 163	Telex: 287 639 SYBEX UR	Telex: 211.801 f	Tel.: 085-45 82 22
Fax: 0211/6180227	Fax: (415) 523-2373	Fax: 1/42030145	Fax: 85-51 45 85